成中英文集

第四卷

儒学、新儒学、新新儒学

Confucianism, Neo-Confucianism, Neo-Neo-Confucianism

成中英　著

中国人民大学出版社

· 北京 ·

总　　序

2006年，湖北人民出版社出版了我的四卷本文集。在此四卷本文集中，我整合了获得博士学位后所写的一些中文著作。彼时是吾之哲学体系化的酝酿期，是吾之哲学体系化的第一阶段。为充实此四卷本文集，为将更多应收入的文章放进去，如部分英文著作，就有了出版十卷本文集的构想。整理十卷本得到了私淑于我的学生奚刘琴博士的帮助。奚刘琴博士帮助编辑了八本，加上我的两本英文著作的译稿，一起构成了现在所看到的十卷本。

通过这个十卷本，我回顾自己思想的发展性和完整性，有下面两个感想：第一，我的思想在不断发展中，思考面向繁多复杂，对很多问题都有自己的看法，但时间有限，没办法加以发挥。另外，我在海外教学四十余年，有很多发表过的和未发表的英文著述，由于种种原因目前还无法全部翻译，所以这十卷本未能包含我绝大部分英文著作。第二，我的思想近年来有很大的整合性发展，我努力想把自己的思想整合为一个更完整的整体。尽管还没有达到我的理想，但这些整合性的发展使我对中国哲学未来的发展有莫大的信心，这一信念见诸我在2015年写的《中国哲学再创造的个人宣言》一文。在这篇文章中，我这样说：

> 我个人对中国哲学再发展的宏图与愿景具有充分的理由和信心，或可名此为哲学自信。基于我的哲学心路历程建立的哲学自信，我提出下列个人宣言：
>
> (1) 中国哲学是人类精神传承与世界哲学发展最根本、最重要的成分之一。
>
> (2) 中国哲学的发展体现出，也透视出人类多元核心价值的开放统一性格。
>
> (3) 中国哲学与西方哲学或其他重要哲学与宗教必须形成一个相互依存的本体诠释圆环。
>
> (4) 中国哲学在其根源与已发展的基础上必须发展成为更为完善的本、体、知、用、行体系。
>
> (5) 中国哲学的发展关系着人类存亡的命运以及人类生命共同体与和平世界的

建立使命。①

这个十卷本文集体现了我将自身思想加以体系化的第二阶段之发展。其与四卷本相异之处在于：

第一，十卷本的系统性相当完整，是迄今为止我的学术论著出版规模最为全面的一次，收录了最能代表我思想的各类中文论著，特别是我近十年来发表的论文，包括一部分重要英文论著的中文译稿。因此，本次出版更好地补充了四卷本文集一些衍生的意念，体现出我自己的哲学已更为系统化、一贯化。从四卷本到十卷本，不仅是量的增加，而且是质的系统呈现。

第二，十卷本收入了两部能够代表我学术成就的英文著作的译稿——《皮尔士和刘易斯的归纳理论》与《儒家与新儒家哲学的新向度》，这是有异于四卷本的一大特点，能够使读者对我的英文著作有所了解。

第三，一些个别新论述，包括美学论述及对其他问题的新认识，都被整合了进来。这些整合工作是由奚刘琴博士帮助我完成的。

十卷本文集的出版是我思想的一个里程碑，为以后的整合奠定了基础，同时作为一个比较完整的文献，使我的思想有更好的发展，并与过去的思想有更好的融合。这一过程，我名之为超融，即超越的融合。我希望在今后发展出更多超融的工夫，便于以后的学术研究，促使中国哲学进一步发展。这是我最大的宏愿，希望中国哲学有新的发展和再创造，并能够再辉煌，尤其在今天的世界里面不断地发挥影响，促进中国的发展，促进世界文化的发展与和平。

这个十卷本亦在更广泛的基础上彰显了我哲学体系的规模、结构和内涵，表达了我的思想发展过程，从中能够看到我的重要思想如中国逻辑学的发展、儒学思想的发展、中国管理哲学的发展、中国本体诠释学的发展、中国形而上学的发展、中国政治哲学的发展、知识论的发展、伦理学的发展、美学的发展，其中也提出了很多问题，这是中国哲学当前需要面对和审视的，是对当代中国哲学的一种促进、推动和激励，希望引申出更好的未来。

一、深契西方哲学

我从1985年在北京大学哲学系讲学时，就抱定一个宗旨，即古典的中国哲学和现代的西方哲学应能够建立一个彼此理解的关系。自1965年起，我即开始在美国讲授中国哲学，亦讲西方当代哲学，遂能有此判断。我做这样的努力，就是要把中国哲学从历史的含义激活成为现代的含义，使它能够在知识论、方法论、本体论的观照之下进行一种真

① 成中英：《中国哲学再创造的个人宣言》，见潘德荣、施永敏主编：《中国哲学再创造：成中英先生八秩寿庆论文集》，8页，上海，上海交通大学出版社，2015。

理的意识、现实的所指。当然，我注意到过去有些学者喜欢将西方古典哲学与中国哲学对照，将古希腊哲学与儒家哲学甚至道家哲学对照。但我觉得实际上这是远远不够的，我们的后期中国哲学，从宋明到近现代，实际上也不一定要和西方古典流派对比。若能有针对性地用力，最终我们或许可以有一个全方位的现代对古典、中国现代对西方古典、中国古典对西方现代之对比，并把这个意义展开——这是三言两语无法做到的。欲达致于兹，必须先了解一套诠释的理论、诠释的哲学。

1985 年之际，我已在北京大学哲学系讲诠释学的概念和方法。我们这一代学人注意到一个清楚的事实：西方哲学的发展在于理论和方法的交相利用。理论的发展需要方法的意识，方法的意识又是理论逐渐发展的基础。理论的重要性在于它能够说明现象，能够更进一步地说明现象中有生的发展之可能性。方法意识是一个指导原则，而且比较具体地告诉我们应该怎样去形成一个整合理念，它有一种逻辑的内涵，是程序、概念的集合。当然，理论和方法在某种意义上是一而二、二而一的，是一个整体。从认识的过程来讲，这是一个方法；从对象来说，这是一种理论。由此观之，西方哲学基本上是从对自然哲学的关注、观察，发展到苏格拉底之“内省”的、对人心理价值观的看法。苏格拉底致力于所谓的“诘问”，以此把人的思想挖掘出来。他看到人的灵魂里面包含着一些隐秘的真理，所以他考察一个奴隶的小孩能否认识几何的真理，此即苏格拉底的“内部启蒙法”。到了柏拉图，提出了“理念世界”之逻辑界定法，形成了将现象与真实一分为二的分野，这样就更有利于掌握真实之为何物。柏拉图之后，就是亚里士多德之观察与推论结合的定义法。到中世纪，是一种权威信仰的方法；其后期，乃有皮尔士所说的形上学之概念和范畴构建法。到近代，最主要的就是笛卡儿的怀疑方法、斯宾诺莎的公理规范法、莱布尼茨的逻辑可能性创建法。至康德，形成了本质概念批判的方法。于黑格尔处，则有“正反合”的辩证法。“正反合”特别有意义之处在于，在“正”“反”“合”里面，“反”把“正”取消掉了，呈现出一个和过去几乎没有关系的新层次，谓之超验，超越出来。在此以后，最大的改变，就德国学者而言，即是胡塞尔的现象括除法，然后便是海德格尔的内省体验法。这之后，伽达默尔的哲学诠释则是非方法的方法，见其《真理与方法》。最后，是导向后现代主义的德里达之所谓“解构方法”。这些方法的引进，即是理论的引进；理论的引进，也带有新的方法。两者相互为因为果——这实际上是一种“能指”与“所指”间的关系。

英国哲学的传统是以洛克哲学作为基础，探求一种印象，有联想法、建构法。尔后休谟持怀疑主义，完全走向心理经验的印象主义建构法、上帝直觉认知的方法。到近代，随着科学的发展，乃有逻辑失真论的意义鉴定法，要消除形上学、伦理学甚至美学，只能按科学方法、逻辑方法——这是意义的保证，超过此方法则没有意义。这是很极端的。其后，奎因即重新建构，讲“经验的世界”，尤其谓是语言在表达经验，重构科学的知识，通过语言分析和逻辑分析来构建科学真理。总而言之，如今的西方哲学方法愈来愈复杂。

二、反思中国哲学

方法对于理论有其重要性。其实，西方哲学的一大要点就是欲寻求方法之突破，而方法往往要求一种逻辑对思想形式之规范，以及对此种思想形式达到目标之规范，比如胡塞尔的现象法要求"括除"，形式上就要排除联想领域的心理印象，此后方能达到真实存在之显露。任何方法皆同此理，最重要的是外在之规定，以达致对象化的真理目标。问题是，我们的经验往往不能完全排除，不能完全为一个规定好的目标重建，故必须永远寻找新的方法来创造新的理论。新的理论有时而穷，所以必须反复重新规范目的、起点与过程间的关系。

中国哲学重视人在整体感受与对外在世界之观察时所形成的内在之整体真实直观。所谓"真实"，是基于观察而感受、反之而再观察所形成的自然之"真实"，以现有的经验为主体、为要点。其从不排斥现实的经验，而是要从现实的经验当中体验出观察的成果，以去摸索、掌握感受之意义，并形诸文字。这种文字不一定是最精确的，但相对于语境和经验而言，它具有一定的内涵，且因为此内涵是针对现实所呈现出来的现象，故可以没有界限，也可以引申到达无尽，故中国的终极概念均可以被深化、广化，也可以被显身成道家之"太极""无极"，儒家之"本心""本体"，佛家之"菩提""大圆镜智"——此皆是从内在显身到外在的理念。此处所说的是中国化后受儒、道之影响的佛教，其呈现的终极理念，与儒、道的终极理念在逻辑上具有一致性，即其均既无尽、终极而又可说明现象，不把本体和现象看作真实画等的关系，而是将其看作舍远取近、幻中作幻之经验。在这样的传统中，其重点在于以开放的心态来掌握真实，其方法为在观察、感受、沉思等心灵活动中以及在深化、广化过程中整合、融合我们的经验，使它形成对真实世界的观照、投射，引发出创造性活动。在这个思维内，方法已经消融于本体的思维之中，这和西方之方法独立于理论对象真实之外形成明显的对照。

故我认为，中国哲学若要让哲学思想者表达、传播、沟通人与人心灵中之意义，就必须强调大家内在之概念具有沟通性，具有指向的对象性，必须要有方法学以达致此。方法学的重要性在于把已经获得的经验、要融合的经验，用清晰明白的概念（至少）在形式上说得相当清楚；同时，也能将其各层次、步骤、方面、范畴、范围、过程说清楚。当然，兹方法系基于本体思想本身的超融性、丰富性。此方法可以是分析的、逻辑的、语言的、语义的，但必须要能把错综复杂的关系说清楚，说明其包含性和开放性。在这个意义上，方法的提出并不一定要影响到本体的思想。但吾人并不能因为方法消除在本体的体悟、经验中，就忘记方法的重要性。尤其在人类生活实践已非常频繁、交错的今天，现实中有多种不同的生活之功能性活动，故而要把我们重视的概念与所对应的实际生活之界域疏导得足够清楚。这就是一种基本的本体诠释。此基本的本体诠释，亦即“对本体的诠释”，就是基于分析的、系统的方法，强调分析、系统、概念，并且将本体之概念逻辑地、清楚地表达出来。比如孔子的心性之学，我们固然可以引经据典而论其概念之内涵，但为了说明斯者，还应该深化出孔子对生命之体验为何。唯有在生活的了解中才能掌握孔子之语的内涵，否则其一贯之道就无从彰显。我对早期儒家哲学的认识，即在于对《论语》《大学》《中庸》《孟子》《荀子》《易传》等文本进行深度的解读，以掌握其最深刻的、真实呈现的真善美经验与价值规范。表达出的语言结构还须符合系统性、层次性、整体性、发展性，尤其既重其根源，又重其从根源到系统之间的发展过程。此即对本体发生过程之研究，即诠释本体之进程（onto-generative approach）。之所以称本体是方法，是因为它包含着一种为方法而呈现出来的形式。而它又是本体，所谓“即体即用”“工夫所至即是本体”。此处“工夫”指进一步深刻地掌握本体经验，到深处去融合、甄定各种差异，以回应现实的需要，以进行更细腻的表达。故我认为，“工夫”是对本体的“工夫”，不等于“方法”，也不等于“应用”。

在本体学里，我们通过工夫来深化本体，此之谓“即工夫即本体”。而如果能深刻地掌握本体学，也能有工夫。因此，工夫是人的心性活动过程之实质体验。而心性又是很复杂的概念，涉及朱子以后的性体情用、感体知用、心体思用、意体志用之整合。斯更开拓出心灵所整体感受到的真实内涵，更能呈现出吾人所能体验的真实。① 夫心智者，既可用以掌握性情，又能面对外在的世界，乃将性情与外在宇宙世界进行整合。这种工夫，可谓之“涵养”。此“涵养”是整体的，酝酿在心中，既不离开对外在世界的观察，也不离开内心的活动。苟将“涵养”与“格物穷理”对照观之，则“格物穷理”更是一种对象化的认知活动，而“涵养”则是将此认知感受加以整合与内在体验之举。需要特别强调的是，过去未能把“涵养”说得很清楚，故吾人作此深度分析，加以经验的认识。进一步地，我们可以对人之存在的自我同一性有所认识。心智是整合性情与宇宙现象的认知活动，开拓了性情和世界共存之终极认识、真实显露。故“工夫所至即是本体”，而此之谓“本体”，系假设我们能真正掌握之。若我们真正掌握了本体之真实感，那么就可以据此进行新知识活动、进行观察。但本体与工夫的密切关联并不代表斯是方法或应用，我所提到的中国传统思考当中，一方面要强调“本体”“工夫”之关系是整体的、内在的，另一方面还要强调更外在化的概念分析、逻辑分析、语言分析——此即方法。这些其实也被包含在整体思维活动之中。我认为中国哲学需要进行方法的革新。要建立方法之意识，以帮助我们更好地将传统本体哲学彰显出来，使别人能参与、能认知。不一定能取代别人的真实，但至少能让传统被更好地认识。故曰中国哲学需要方法。

① 蔡清《四书蒙引》：“意与情不同。意者心之发，情者性之动。情出于性，随感而应，无意者也；意则吾心之所欲也，视情为著力矣。心之所之谓之志，心之所念谓之怀，心之所思谓之虑，心之所欲谓之欲，此类在学者随所在而辨别之，然亦有通用者。”

三、揭橥本体诠释

我在上文中提到西方之方法，斯是一种辩证的过程，方法、理论相互超越而产生新的方法、理论。在科学理论方面，其化出了自然主义的知识论；在心灵整合方面，则化出了历史主义之心灵哲学、诠释哲学。此二者有对立的一面，以伽达默尔为代表的内在心灵主义论者要把科学知识、方法也纳入诠释体系里面，奎因、哈贝马斯则分别想把心灵哲学、社会哲学纳入基于概念的理论建设中。西方的这些哲学活动重在表达中的概念之建造、整合，而对终极的本体性之真实缺乏深入的探讨。其长期处在二元论、宗教哲学之上帝论的架构中，故难以深入思考"本体"之类问题，而陷入理论与方法的辩证发展、冲突中。在这个意义上，它们很需要一种本体的深化之革新，恰似中国需要一种方法扩大的革新一样。这是因为，西方与中国的传统只有在此转向中才能更好地融合。并不是说完成这种转向就必须要放弃原来的历史经验或哲学思考，而是要建立一个平台、一个层面，以更好地说明人类共同的经验、找到一种共同的语言，通过彼此沟通，形成一个更能解决问题、取消矛盾冲突的生活世界。以上这些是我在 1985 年到 1995 年间所进行的基本思考，思考结果就是本体诠释学。兹在我别的著作中已多有谈及，此处仅是说明其发展之过程。

在这之前，我在从哈佛大学到夏威夷大学执教将近十年的过程当中，于西方哲学方面也做了很多研究。我有一个很鲜明的立场：想确立一个真实的自然世界和一个真实的人生世界。这也许是当时我作为一位具有中国哲学背景之年轻思考者的基本倾向。面对西方那些怀疑论者，我首先是无动于衷，然后是进一步思考其所以怀疑，最后，我的倾向总在于化解此怀疑，而重新建立一种信念，来肯定真实性、生命性。这是一个中国的出发点。在这个意义上，我是非常中国哲学的。在我的根本经验上面，有中国哲学强烈的真实论、生命论、发展论、根源论、理想论之思想。在西方哲学方面，我其实很重视西方的知识论基础问题，为了要强调基础的重要性，我在大学里一直重视康德和休谟的辩论，举例来说，我在写作博士论文时，就进一步用逻辑的辩论来说明知识经验之可能，说明归纳法的有效性。当然，我的这个论证是一个逻辑论证，到今天依然具有其逻辑与科学之价值。面对一个变化多端、内容复杂的世界，我们要理出一个秩序，就必须先凝练出基本的概念，如对事物的质、量、模式之认识，这样我们才能认识具有真实性的世界。我们不能只把世界看成约化的，更不能仅将之看成一个平面物质。在长期的观察与经验当中，显然可以认为：物质世界之上有一生命世界，再上则有一心灵世界。物质世界即是我们看到的万事万物。生命世界是我们对动植物之生长、遗传、再生现象的认识，动植物均有这样的生命周期，在进化论之基础上可以见其变化，而《易传》亦固有"品物流形"之说；我们亦能观察、感觉、思考自身之生命世界。这种思考与感觉是否如笛卡儿所说需要上帝来保证呢？我认为不需要，因为我们整体的思维呈现出相互一致、前后贯穿之整体性，我们对非抽象的具体整体性之认识，使吾生之真实具有高度的必然性。或问：这个世界是否建立在一个虚幻的“空”上？是否处在魔鬼设计的圈套中？或谓生命本就是无常多变的，生死变幻，瞬息而化。但我们也看到，生命之生生不已者前仆后继，如长江后浪推前浪一般。或曰宇宙在科学上有极限，会因“熵”而熄灭——兹前提在于假设宇宙是封闭的。但今人尚无法证明宇宙之封闭性，恰恰相反，其变化性启发我们视之为一个发展的、开放的宇宙。我们假如心胸更开阔一点，就能进行基本的、长期的观察，一如当年中国先哲观天察地而认识到生命之变动不居、生生不息。斯则是真实论之基础。虽有品类参差，我们亦能感受到这种参差，故能在此基础上掌握个别事物之集体性存在特征，由此推演出未来事物、更大领域内事物之相应。

我们不能离开生命观察而单独谈逻辑，所以在成为一个抽象的“世界”概念之前，世界是真实存在的，故据此能从哲学上了解生死关系之可能性推理。诚然，这种推理有主观性，是主观认识之抽象平衡，但在有其他反证来否定这种认识的现象性、规范性之前，它依然是可以被初步接受的。因此，我提到，归纳逻辑需要在大数原则之下、在真实世界之下、在真实论之基础上取得证明，这是我当初的重要论证。我认为，传统乃至近代科学之知识论，多是基于归纳法来认识知识，而不是基于知识来认识归纳法，这是一个倒置。我们若一定要说得更深刻一点，则此二者系相互为用，会形成一个动态的、平衡的关系。归纳法支持知识，知识支持归纳法，由是形成了知识的可能性，我们的世界在这样的保证下，是一个真实的世界。故曰，我的哲学体系既结合了西方哲学之所长，又为西方哲学开辟了一条重要的路线。在这个意义上，我的本体诠释学是一个结合逻辑推理的知识哲学。

另外，正如休谟所关心的，人类的道德价值、社会价值有没有客观性？故而我们会问：人的存在及人存在之现象有没有客观性？在西方，人们还是很强调人性的，柏拉图、亚里士多德、康德、黑格尔均有这样的对人性之认识。但他们认识的深度远不如中国，故在康德之前，休谟对人性之“知”的能力，对人能否建立道德而产生终极之价值观、行为观乃至宗教哲学，保有高度的警惕与怀疑。在某个意义上讲，休谟也许受到启蒙时代所传之中国儒家哲学的影响，认为人是基于感情、感觉的生物，所以虽然在知识上无法建立真实性，但基于本能的感情与感觉，我们可以产生对人之关怀，我们的感觉往往能够透过一种“同情”的机制来感受他人。当然，主观感情投射的基础何在，休谟并没有对此加以说明。但他认为人存在一种对正义的感知、知觉（sense of justice），我们的正义感使我们基于自己能感受到他人，而观察他人复能反思自己，在“观察他人”与“感受自己”、“观察自己”与“感受他人”间产生呼应，在真实世界的归纳与演绎中建立人之价值的一般性、普遍性，从而获得真实的根本。故必须假设人性拥有这样的能力，即观、感、知、整合、思维，亦即谓人能做此种兼内外经验为一的综合判断。有意思的是，在道德哲学处，休谟反而是真实论的；在科学哲学、自然哲学处，他又是怀疑论的。而观西方哲学，直到康德才能对此有所补充，以回答休谟的怀疑论。我很早就接触并研究康德，早在华盛顿大学攻读硕士时就接触到康德的《判断力批判》（第三批判），在哈佛大学时接触到其《纯粹理性批判》（第一批判）、《实践理性批判》（第二批判）。从“第三批判”开始着手有一个好处，因为康德在其中说明了人有先行决定的判断能力，即直观的判断能力。此判断能力并非缘于某种现实的需要或某种先存的概念，而是直觉观察所呈现出来的情感上之喜悦或目的性认知，它具有内在普遍性；当然，前提是假设“人同此心，心同此理”。但康德对人性的认识，一方面比较形式化、结构化，另一方面比较缺少一种活动的内涵。康德之人性的哲学和中国的心性哲学有相当大的差异，据此形成的道德哲学也有相当大的差异。但正如我一再强调的，我几乎可以证明：康德受到了儒家的影响，主张人之理性的自主性，以此作为道德哲学的基础，从而避开了宗教之“他律”的要求。西方伦理学往往离不开上帝的指令，但可以说康德在西方近代哲学中最早提出人具有自主理性。此自主理性表现在人的自由意志可为自己的行为立法，把道德看作一种内在普遍的道德律，据此道德律以决定行为之充分理由、必要理由。我对康德哲学之述备矣，于此便不再细说。

2006 年，我在《中国哲学季刊》出版了一期专刊，即谓《康德哲学与儒家的关系》，我有一篇论文说明此观点不仅是理论的，而且是历史的。2009 年，香港浸会大学举办了“康德在亚洲学术研讨会”，我在会上作为主讲，特别强调了康德道德哲学和儒家哲学的相同与相异，尤其强调其相异部分，以说明康德没有充分认识到“仁爱”之普遍的价值性、基础性、必要性，他只要求人“自爱”，而没有强调人必然去关切他人，这与儒家有相当的不同。这也表明，他的人性论基本上是理性主义的，是以自我为中心的，与儒家把理性看成人性的一部分，将人的情性、感性、悟性、知性结合为一体的人性论不一样。基于复杂的人性对人之普遍关怀能力的需要，儒家强调“仁义”的重要性，康德亦与此不同。当时我即指出，这一基本差异反映在康德哲学中“完全责任”和“不完全责任”的分别上。以上既是我对康德的批评，同时亦是希望儒家能补充康德，甚至建立新的伦理学，兹遂变成我本体哲学中的一个重要部分。这也说明，我在面对西方哲学时，引申出了我对中国哲学之本体性的新肯定。我们可以发现西方哲学的问题性和缺陷性，但中国哲学中潜存着一种能发之作用，不但在中西沟通上能本体地补足西方（相应地，西方的方法意识、语言意识亦更好地补足了中国），且在此补充发展中也形成了我对世界哲学、整体哲学的认识。我的哲学在自然、宇宙、本体、形而上方面走向了一种动态的而又生态的真实（dynamic and vital reality），在道德哲学方面则走向了强调人性的真实、发展之可能和整体的道德哲学。整体的本体宇宙哲学、整体的道德伦理哲学能更好地展开我对西方哲学的认识。

此外，我于 1959 年到 1963 年在哈佛大学攻读博士学位期间，从事西方哲学研究，对逻辑、知识论、本体学都有一些基本的表达，斯亦成为我的思想基础。我有一个本质上属于中国经验的传统，即对真实和生命的体验，故我对真实性所包含的价值性之坚持是有根源的。在对西方哲学所做的观察下，我亦重新审察中国哲学，正如我在具中国哲学之前理解的背景下审察西方哲学的发展潜力及其面对之困境。同样，在西方哲学之方法意识、问题意识的要求下微观中国哲学，可以发现其表达之不完备性、意念之模糊性、用法之含蓄性、建构之被动接受性，从一开始就是现象学的、建构论的。比如其特别要找寻一个理论的建构，异乎柏拉图、亚里士多德、康德、黑格尔；其对生命的体验产生了一些不断强化、延伸的终极之知识概念，其逻辑是一种扩充的逻辑，而不是一种“正反合”的超越逻辑。关于这方面的逻辑思维，我曾将其表达为“和谐辩证法”，其表达的逻辑思维不是否定并超越、创新，而是在否定中看到新的、差异的真实，再看如何将此新的真实和原有的真实融合起来，形成一个更新的事件。故，兹是五段式的，而非三段式的。三段式的“正反合”变成五段式，则是 a→-a→b→a+b→c。黑格尔的辩证逻辑与五段式不同，省掉了 b 与 a+b，而谓系 a→-a→c。我曾著文专门讨论过此五段式之问题。

总而言之，对西方哲学的认识使我更好地认识了中国哲学，对中国哲学的认识亦使我更好地认识了西方哲学。据西方哲学而观察中国哲学，可知中国哲学的优点在于其本体学，缺点在于其方法学；据中国哲学而观察西方哲学，可知西方哲学的优点在于其方法学，缺点在于其本体学。本体学能否在其二元结构基础上更好地考虑到一种整体的结构，尚未得到一个最根本的回答。我想，以后中西哲学应相互激荡、彼此互补，在不消除对方之前提下形成对西哲之本体、中哲之方法的革新。唯其如此，才能平等地认识彼此，通过对彼此的欣赏产生彼此间的共感、共识，使概念、行为、观念、价值的矛盾之问题得到解决。

四、建构理论体系

基于我对中国哲学之追求本体性所包含的根源性、发展性、体系性（即本体创生过程）之认识，我提出了本体诠释学。本体诠释学建立在本体学之基础上。夫本体学，即把“存有”的概念扩大为“本体”的概念，此即我所谓吾人之本体学不能用存有论（ontology）来替代，而应包含存有论；西方应认识到“存有”变成“本体”的可能性——怀特海已有此种认知。在此基础上，我才逐渐发展出一套更完整的中国哲学体系。对于这一体系，我简述如下：

1. 本体学。直接面对“本”“体”之整体结构。完全从经验的反思、经验的观察、经验的自我认知及经验的不断整合，形成一有丰富经验之内涵，其至少应包含本、体、知、用、行五种活动。吾人可以把“性情”当作人的本体，把“心智”当作知之活动所致，然后再以“用行”来表达本体的实践。

2. 本体诠释学。夫诠释学，即在反思当中找寻意义，在整体中找寻部分的意义，在部分中整合整体的意义。它运用概念、理念，并讲究逻辑之一贯，以归纳、演绎、组合、建造。斯是一种理解、表达，故当然重视语言之结构、寻求语言之意义。其目标是：使我能自我认知，使他人亦能认知——兹体现了一种沟通性、共通性之需要。在此意义上，诠释学即知识学，是知识的一种展开。而我将其整合称为本体诠释学。简单地说，本体诠释学包含自然主义外在化之科学知识论——这是诠释之基层。因为宇宙开放、发展、具多层次，故可据之而有生命哲学的语言，以表达一种生命的体验——生之为生、生生之为生生的体验。对于此“生生”精神，我们有心灵、心理、心性之经验，以保证欲望、欲念和意志都在人的整体里面实现，这是一个心性结构，也在诠释学之范围里面。若谓之前所言关乎如何组成宇宙，此处则关乎如何组成自我。再一个层次：这些心灵、心性、心理活动怎样创造出一个价值活动，产生对真实、道德价值、审美、和谐、正义的认识？这样就变成了一种价值哲学。此价值哲学在我们的行为层面上又变成了一套伦理学——斯是一种规范性之基础，即其能化成一套标准，以规范行为，并导向一种道德哲学。这就是我所说的整体伦理哲学。

3. 整体伦理哲学。我在其建构当中，以德性主义为主，从德性伦理延伸至责任伦理和权利伦理，在此二者之基础上，说明功利主义的可能性与发展性之基础。权利和责任必须要以德性作为基础，功利必须要以权利和责任为基础。任何一个行为必然要求是有德的，必须要满足责任的需要，必须要维护个人的权利，在满足了权利和责任之后，才能谈功利——这样功利才不会影响到人的基本价值。现在的功利主义，最大的问题就是漠视了责任主义，漠视了权利意识，更漠视了根源性的德性意识。这就是我对伦理学的重建，其涵盖中西，具有普遍性的世界意识。

4. 管理哲学。现代化、工业化社会的生活具有组织性、集体性，虽然这并不否定个人存在权利之重要，但是人的基本权利还是要整合成群体，人终究离不开社会，社会也离不开个别之利益的、非利益的群体性组织。利益的群体必须有非利益的道德作为基础。在这种情况下，我们需要一套管理哲学。我对管理哲学的定义是：管理是群体的、外在的伦理，正像伦理是个人的、内在的管理。在此基础上，我科学化了中国的管理，也赋予伦理一种管理之框架。伦理是一种管理，管理亦是一种伦理，重点均在建立秩序、维护秩序。在这种意义上，我们才能谈政治的架构、法律的架构。管理其实涵盖着一种道德和法律的意识。我在写《“德”“法”互补》这篇长文时，强调了康德哲学、孟子哲学、荀子哲学的相互关系。最近我在北京大学做了题为“中国政治哲学探源”的学术系列讲座，共十一讲。讲座中，我特别强调了一个自己长期坚持的观点，即孔子所曰“道之以政，齐之以刑”与“道之以德，齐之以礼”是一种立体结构，此二者非但不是彼此排除的，而且是相互整合的。也就是说，我们对他人和社会应有“德”与“礼”之结构，但维护“德”与“礼”则需要“政”与“刑”之结构，唯其如此，乃能达致一个更好的组织。我在即将出版的书里对此亦有新的发挥。

5. 本体美学。在对本体学的认识基础上，我发展出了一套本体美学。在人的观感之下，本体性、本体宇宙、本体生命在感觉上本身就具备一种快乐，能给人带来一种欣喜；当它出现问题，它就变成一种痛苦；当它被扭曲，它就变成一种伤害。所以，本体美学就是说我们要维护我们在本体体验中的整体性、自然性，让它能呈现出一种自然的快乐。一切美好的东西都可能具有这样的特性，一个真实的美便反映出一种本体的存在，而本体的存在又同样反映出真实的美。这样的美也导向一种善的行为、真的认识。所以，美是“在”和“真”的起点，另外也可以说，知道本体的美需要善之人性的基础、真之宇宙的基础。这也可以说是一种本体诠释之循环。美具有启发性。美代表一种理想、一种最根本的认识。

以上就是我的哲学之基本内涵。

需要说明的是，本文集的结构及主要内容如下：

第一、二卷题名为《本体诠释学》（一）、（二），主要从“何为本体诠释学”“本体诠释学与东西方哲学”两方面收录了我的相关学术论文22篇，又从“《易经》与本体诠释学”“本体诠释学与中西会通”两方面收录学术论文19篇。作为十卷本的首卷，还收录了我的“人生哲思”4篇，以帮助读者更好地理解我的思想发展历程。

第三卷收录了我的一部重要著作《儒家哲学的本体重建》，汇集包括代序在内的与儒学相关的文章19篇。

第四卷着重阐述我的儒学思想，由“古典儒家研究”“新儒学与新新儒学”“儒家精神论”“儒家的现代转化”四部分组成，共收录论文32篇。

第五卷题名为《儒家与新儒家哲学的新向度》，收录了我写于不同时期的21篇论文，涉及中国哲学的向度、儒家的向度、新儒家的维度。

第六卷首先收录了我分论和比较中西哲学的专著：《世纪之交的抉择——论中西哲学的会通与融合》，还收录了另外6篇重要文章，内容涉及我在中西哲学的会通与融合方面的思考。

第七卷题名为《中国哲学与世界哲学》，既是对有关内容的补充与深化，亦表达了我的思想中中国化的根源、特质与世界化的指向、眼光。主要内容涉及中国哲学的特性、西方哲学的特性、中西哲学比较、中国哲学与世界哲学，共24篇文章。

第八卷内容是我的管理哲学思想的重要呈现，主要收录了我的专著《C理论：中国管理哲学》。除此之外，本卷附录部分还收录了关于C管理理论的2篇重要论文。C理论的创立与发展，对中国管理学的发展乃至世界宏观管理学都具有重要的借鉴意义。

第九卷主题为“伦理与美学”，主要收录我在伦理学与美学方面的重要文章，涉及中国伦理精神、伦理现代化、本体美学，以求将我的伦理学与道德哲学以及“本体美学”思想展示给读者。

第十卷题名为《皮尔士和刘易斯的归纳理论》，是我在哈佛大学博士论文的基础上撰写而成的，主要探讨归纳法能否得到逻辑证明的问题。

当然，即便这次的十卷本也未能涵盖我的所有著述，比如2010年我的《本体学与本体诠释学》30万字之手稿、部分英文著述，乃至正在写作的著述。这些尚未得到整合的思想，有待在第三阶段被纳入整个体系中。

最后，这次十卷本出版，有太多人需要感谢，首先要衷心感谢中国人民大学原副校长冯俊博士对我出版此十卷本文集的支持。其次要特别感谢淮阴师范学院奚刘琴博士为我收集及整合大量的论文，并进行编纂。可以说，没有她的时间投入，这个工程不可能顺利完成。最后，我要十分感谢中国人民大学出版社杨宗元编审的精心安排与鼓励以及相关责任编辑的认真努力，他们在不同阶段提供了不同的订正帮助。

目　录

古典儒家研究

战国儒家与孟子思想体系 …… 3
法家与儒家政治哲学之对照
——一个价值论的评价 …… 28
简述理解《性情论》与思孟荀哲学的统合 …… 47
荀子对思孟五行说的批评与思孟荀的本体整合 …… 52
古典儒家与宋明儒家哲学中的宗教实在与宗教理解 …… 56
二程本体哲学的根源与架构 …… 77
朱熹哲学中的方法、知识和真理观 …… 85
论阳明心学与意志之善：良知的四层含义及其当前意义 …… 98
儒家思想的发展与戴震的“善之哲学” …… 102

新儒学与新新儒学

熊十力哲学及当代新儒家哲学的界定与评价 …… 131
从当代西方知识论评价熊十力的本体哲学 …… 142
马一浮的“六艺心统说”与儒家经学的哲学意涵：
从“经典诠释”到“本体诠释” …… 156
论方东美哲学的本体架构 …… 165
超融朱王：唐君毅论知与良知以及对《大学》的诠释 …… 175
港台与海外新儒家学术特征比较探微
——成中英先生访谈录 …… 185
现代新儒家的复杂命题 …… 192
第五阶段儒学的发展与新新儒学的定位 …… 195

新新儒学的意义及其发展
——成中英教授访谈录 …… 205

儒家精神论

儒家和谐论的六个层次 …… 219
儒家的精神性：终极本源性、内在创造性、整体实现目的性 …… 228
论义利之辨与天人合一 …… 250
义利之辨与儒家中的功利主义 …… 256
儒家潜涵的宪法与宪政思想 …… 263
儒家道德的辩证与人的形上学 …… 269
国际《易经》研究：回顾与展望 …… 279

儒家的现代转化

自目的论、责任论分析与重建儒家道德哲学 …… 299
当代儒学两面相：信仰儒学与知识儒学 …… 333
儒学之本与儒学的当代意义 …… 341
儒家宪政与理性形式的现代化 …… 345
从历史与哲学理解儒家全球领导力：古典模型与现代模型 …… 348
儒学复兴与现代国家建设 …… 361
儒家哲学的理论重建及其五项实践 …… 368

古典儒家研究

战国儒家与孟子思想体系*

一　战国儒家的历史渊源

从孔子卒后到孟荀崛起的一百年多间，儒家发展的大略情形，可见于《史记》的《儒林列传》和《韩非子》的《显学》篇。

《史记·儒林列传》的记载如下：

> 自孔子卒后，七十子之徒散游诸侯，大者为师傅卿相，小者友教士大夫，或隐而不见。故子路居卫，子张居陈，澹台子羽居楚，子夏居西河，子贡终于齐。如田子方、段干木、吴起、禽滑釐之属，皆受业于子夏之伦，为王者师。①

由于孔子的有教无类，门下的受业弟子来自社会不同的阶层。他死后，弟子们或是出仕，影响统治者，或是回到社会的各阶层里，继续传播儒家的思想。根据《儒林列传》的记载，孔子的再传弟子居然做到"王者师"，足以证明春秋后期儒学非但不曾中辍，而且相当发达。

《韩非子·显学》篇中记载：

> 世之显学，儒墨也。儒之所至，孔丘也。墨之所至，墨翟也。自孔子之死也，有子张之儒，有子思之儒，有颜氏之儒，有孟氏之儒，有漆雕氏之儒，有仲良氏之儒，有孙氏之儒，有乐正氏之儒。②

这并不是说孔子卒后，儒家分成了八个学派。这只表示儒家源远流长，人才辈出，孔子的受业弟子及再传弟子可以分立门庭，授徒倡学于世。显然子思的时期在孟子之

---

* 原载《"中央研究院"历史语言研究所集刊》，第四十本下册，1969。

① 《史记》卷一百二十一，《儒林列传第六十一》，见《万有文库荟要》第十九册，26~27页，台北，商务印书馆，1965。

② 王先慎：《韩非子集解》卷十九，《显学第五十》，见《诸子集成》第五册，351页，上海，1959。

前，孟子的时代又在孙（荀）子之前。其所谓八派，在思想学说方面也没有原则上的冲突，因彼此虽非一脉相承，而实同宗于孔子。

《史记》上说孟子“受业子思之门人”。如果子思真的是孔子之孙，则孟子当是孔子的第四代弟子。① 荀子较孟子晚生六七十年，而且年“五十始来游学于齐”②，因此在孔子再传弟子的序列中，比孟子晚了三代。战国时代始于公元前403年，孟子生于公元前371年③；孟荀这两位大儒，他们的活动时期正好横跨了战国的中叶。本文既讨论战国时代的儒家思想，自然应以孟荀的思想为中心。孟荀的思想学说之外，战国儒家应兼含《易传》和《礼记》中所含的思想。《礼记》各篇的著作日期不易考定，尤以《大学》、《中庸》两篇，更是众说纷纭。但因一般学者都认为各篇成书的时代不会迟于秦汉之际，

① 孟子如受业于子思之门人，应与孔子第三、第四代弟子同时。然以三十年为一代计算，则应与孔子第五、第六代弟子同时。在“代”的算法上，颇有出入。可是因为儒家各代弟子闻道有先后，各人的寿命又不只是三十岁，上面两种推算都不太可靠。事实上各代弟子闻道之先后、寿命之长短，各自参差不齐，故代与代之间难免重复交错，我们实不能作硬性的划分。下面一表只是把孔门各代弟子的代表，依其流动时期分配，以见其历史渊源。

先秦儒家各代弟子的活动时期（附重要年份）

480B. C.		(479B. C. 孔子卒)
450B. C.	子张（颛孙师），曾参，漆雕启	(436B. C. 曾参卒)
420B. C.	子思（孔伋），东正子春，段干木，禽滑釐，田子方	(403B. C. 战国开始)
		(402B. C. 子思卒)
390B. C.	孟轲	(371B. C. 孟子生)
330B. C.		
300B. C.	荀况	(298B. C. 荀子生)
		(286B. C. 孟子卒)
270B. C.		
240B. C.		
210B. C.		(220B. C. 秦灭齐，一统天下，战国结束)

② 荀子的生卒年代，较之孔子、孟子尤难确定。以“年十五始来游学”和“年五十始来游学”之争，竟有三十五年的出入（参见钱穆：《先秦诸子系年》，301页，商务印书馆《大学丛书》，1935，上海）。从荀卿一生事迹看来，我觉得胡适的说法比较合理，即荀子游学于齐时应为五十岁，合公元前265—前260年（参见胡适：《中国古代哲学史》第三册，23~25页，台北，商务印书馆，1958）。如此算来，荀子生年当在公元前315—前310年，比孟子大约晚生六十年，据清汪中的《荀子年谱》，则荀子之生年为公元前298年，如此则比孟子大约晚生七十年（参见Fung Yu-lan，*A History of Chinese Philosophy*，280页）。既然孟荀二人的生卒年代都是考据推论出来的，其中未免各有差误，如用来互相比较，误差更大。如以此为绝对数字，严加考证，则有流于无关宏旨、劳而拙之弊。我在此计算年代，只为明学术之流变，序人物之先后，并不拟为年月之差，作精密的考据工作。

③ 参见胡适：《中国古代哲学史》第一册64页及第三册91页。Fung Yu-lan之*A History of Chinese Philosophy*（vol. 1，translated by Derk Bodde，Princeton Univ. Press，1953）中所举的孔子卒年与孟子生卒年俱与胡适的相同，见43、107页。孔子之生卒年代，学者的意见虽微有出入，但一般公认其生年为周灵王二十一年（公元前551），其卒年为周敬王四十一年（公元前479）。至于孟子的生卒年代，则众说纷纭，不易考定，如以孟子的活动时期来推算，则明人之孟子谱，虽未详其来历，其日期颇合情理，而又适与元程复心《孟子年谱》及明吕元善《圣门志》所记相同，故从其说。钱穆《先秦诸子系年》中所载孟子之生卒年代和我所采的先后相差十余年，详见本书7页注①。

故把《大学》、《中庸》和《礼记》的其他各篇在此一并归入战国儒家的思想来讨论。①

二　战国儒家的特质

对照春秋时代的儒家，战国时代的儒家表现了若干特质；对照战国时代的诸子，战国时代的儒家也表现了若干特质。我们将在本节中一一加以说明。

甲、思想的表达采取了“辩说”的形式。在《孟子》、《荀子》、《易传》或《礼记》诸篇里面，我们都可以看到，通过辩说和论证的形式表现出来的系统的思想。从命题的前提到结论，通常要经过一个论证的过程，而不再像《论语》里面的那些片段的思想和语录。这是从孔子的“述而不作”到战国儒家的“亦述亦作”的一个转变。

乙、基本观念的明朗化和统一化。《论语》中所表现的思想，既没有精确的基本观念，也缺乏整体性和统一性。试就《论语》中论仁、论君子的地方来说，材料都是片段的，必须经过系统的整理才能窥见其全豹。因此，当孔子说“吾道一以贯之”的时候，他的弟子们只是茫茫然似懂非懂，这证明《论语》中思想的表现缺乏统一性和整体性。到了战国时代，儒家学说的基本观念渐趋明朗。基本观念的显明和统一是思想趋于深刻的一种表现，由此可见儒家思想到了战国时代已日渐成熟。

丙、对天道、性命、理气等形上学问题的正面讨论。《论语》里记载：“子罕言利，与命，与仁。”② 子贡也说：“夫子之言性与天道，不可得而闻也。”③ 孔子既不谈及这些形上学的问题，我们自然无从得一个透彻的解释。到了孟子和荀子等的作品，“性”、“命”等问题即成为讨论的对象。“天道”和“性”、“命”的问题更是《大学》、《中庸》和《易传》的骨干。这不但表现了战国时代儒家思想的范围扩大，同时也表现了其对问题的深入探讨。

丁、建立政治、社会和伦理哲学的形上学基础。举凡政治、社会和伦理哲学，发展到某一个程度，自然而然地就要追究它们在形上学方面的根据。换言之，形上学的体系，就是政治、社会和伦理哲学的基础。在战国时代，儒家学说已经发展到追究形上学

① 《大学》和《中庸》是《礼记》中的两篇。王弼认为是子思所著的，宋儒朱熹认为《大学》是曾子所著。至于《中庸》，《史记》说是子思所著的。如果上面所说正确的话，《大学》、《中庸》是在孟子和荀子以前完成的。胡适亦认为《大学》和《中庸》应成于孟荀之前，才好对孔子、孟子之间的一百多年有个交代，“使学说变迁有线索可寻”（胡适：《中国古代哲学史》第三册，112页）。事实上，如果从《大学》和《中庸》的思想本身来追寻一个学术变迁的线索，则两篇似应在孟荀之后完成。因为两篇的内容似乎是综合了孟荀思想的精要，并建立了更完备的形上学体系。从深度来说，《大学》、《中庸》中的思想似较孟荀更为成熟。从文体上看，两篇均采严谨之论辩形式，此为孟荀以前的作品所少有，故胡适之说，未敢苟同。

② 《论语·子罕第九》。

③ 《论语·公冶长第五》。

基础的程度，因此以前孔子含糊过去的问题，战国儒家都必须予以适当的解答。比方说，孔子虽然提供了不少新观念——如仁、勇、正名[①]，但他并没有说明这些观念具有哪些形上学的基础。战国儒家当时急务之一就是弥补孔子学说中所缺的形上学基础。故有孟子的性善与知言养气之说，有荀子的知识论和逻辑，有《中庸》里的“自诚明、自明诚”与“尽性”之说，有《大学》里的“格致”、“知本”和《易传》里的“生生之谓易”之说。这些都是战国儒家给儒学提供的形上学基础。

戊、提供新的社会模式作为现实改革的蓝图。孔子在政治思想上的贡献，大致限于一些基本原则的增订和补充；至于具体的模式，孔子一般是倾向于沿用传统的周制。[②]孟荀则不然，他们提出了有别于周制的理想模式，具体地提出办理人民福利事业的方针，作为社会建设和政治改革的蓝图。《礼运》“大同”章中也描述了一个理想政治实施后的社会模式。

以上各点是战国时代的儒家对照春秋时代的儒家——以孔子为代表——所表现的特质。下面两点，则就其同时代的诸子来讨论战国儒家的特质：

己、战国儒家本身思想的辩证性。辩证性即对立性和综合性。孟子和荀子同属儒家而彼此对立，但这种对立只是着重点和方法上的对立，并不是绝对的不兼容，因此也蕴含着某一程度的相关性和综合的可能性。这种综合的可能性在《易传》和《大学》的思想里实现了。辩证性的发展可说是战国儒学的一大特色。

庚、对其他各家不加保留的批评。孟子和荀子都以正统自居，极力排斥异端。孟子非议杨墨，批评许行、告子之流，往往不留余地。荀子也批评了道、墨、名、法各家。这大概是受了诸子竞立的刺激和影响。

至于战国儒家与诸子的相互影响，我们只能就诸子的著作去研究、比较和揣测。[③]不过当时儒家以正统自居，乃是很显明的事实。

三　孟子的思想体系

甲、孟子生平大略。孟子的生卒年月，《史记》上没有记载。但明人所纂的《孟子

---

① 关于孔子的正名观念，参见本人《论孔子正名思想》一文（《出版月刊》，1967年3月，台北）。

② 据陈槃先生的意见，孔子虽云“信而好古”，“吾从周”，“遵先王之法”，然彼为“圣之时者”，其沿用周制，未始不无因革损益于其间。盖《论语·卫灵公》：“颜渊问为邦。子曰：‘行夏之时，乘殷之辂，服周之冕，乐则《韶》舞。放郑声，远佞人。郑声淫，佞人殆’。”为邦如此，为政亦何尝不如是，故说孔子大体上沿用周制，至于其因革损益，则书阙简脱，无可致详矣。

③ 钱穆说：“先秦学术，惟儒墨两派。墨启于儒，儒源于故史。其他诸家，皆从儒墨生。要而言之，法原属于儒，而道启于墨，农家为墨道作介，阴阳为儒道通囿。名家乃墨之支裔，小说又名之别派。而诸家之学，交互融洽，又莫不有其旁通，有其曲达。”（钱穆：《先秦诸子系年》，23页）。诸子百家之说，虽不一定同出一源，然纷起于战国时代不及两百年的期间（公元前403—前220），彼此相互的认识和影响是无可避免的。

年谱》和元程复心的《孟子年谱》，均以孟子生于周烈王四年，卒于赧王二十六年，合公元前 371 年至公元前 289 年。① 如以孟子游梁时为五十余岁计算，则其生卒年月，亦与上述年谱相符。如此算来，孟子生于孔子卒后约一百年；如以三十年为一世，孟子当生于孔子三世之后了。《史记》上记载："孟轲，邹人也。受业子思之门人。"就地域上说，邹与鲁相近；就时间上说，弱冠时的孟子刚好与孔子的第四代、第五代弟子同时；受业子思之门人，是极为可能的。

孟子以孔子的私淑弟子自居。他说："予未得为孔子徒也，予私淑诸人也。"② 又说："乃所愿，则学孔子也。"③ 他一生维护儒家的正统，到处和人论辩，不外是"欲正人心、息邪说、距诐行、放淫辞以承三圣者"。他说明自己是不得已而辩的："岂好辩哉，予不得已也。"④

像孔子一般，孟子周游列国，遍访诸侯，目的就是被任用，可以有机会实现他行仁政的理想。孟子以天下为己任，他认为："如欲平治天下，当今之世，舍我其谁也！"⑤ 当尹士批评他去齐三日故意濡滞时，他就说了下面的一段话：

> 夫尹士恶知予哉？千里而见王，是予所欲也；不遇故去，岂予所欲哉？予不得已也。予三宿而出昼，于予心犹以为速，王庶几改之。王如改诸，则必反予。夫出昼而王不予追也，予然后浩然有归志。予虽然，岂舍王哉？王由足用为善。王如用予，则岂徒齐民安？天下之民举安。王庶几改之，予日望之，予岂若是小丈夫然哉？⑥

由此可见孟子用心良苦。事实上孟子一生并不得意。梁惠王虽然曾聘他为卿，对他很礼遇，可是始终没有采纳他的主张，以实现他"王道"和"仁政"的理想。孟子又曾仕齐为卿，也是因不能施展抱负而离去。他又曾赴宋，然后经薛返邹，后来又被礼聘到滕，但滕是介于齐楚之间的小国，孟子无法施其所长，只好离去。最后他只有退而与公

---

① 钱穆《先秦诸子系年》中所附《诸子生卒年世约数》，认为孟子在世时期为公元前 390—前 305 年，享世 86 岁。其根据为何，钱穆没有说明，大概是相对同时诸子的生卒年岁而定的。不过钱穆也没有强调他所考定日期的准确性。他说："今谓孟子生于烈王四年，或谓生于安王十七年，前后相去不越十五年，此不过孟子一人享寿之高下，与并世大局无关也。苟既详考孟子游仕所至，并世情势，及列国君卿大夫往来交接诸学士，则孟子一人在当时之关系已毕显，可无论其年寿之为七十或为八十矣。无征不信，必欲穿凿则徒自陷于劳而且拙之讥，又何为者？"（钱穆：《先秦诸子系年》，173 页）又元程复心的《孟子年谱》，据《四库全书总目提要》史部传记类，疑为谭贞默原著，附窜为元人著作。

② 《孟子·离娄章句下》第二十二章。

③ 《孟子·公孙丑章句上》第二章。

④ 《孟子·滕文公章句下》第九章。

⑤ 《孟子·公孙丑章句下》第十三章。

⑥ 《孟子·公孙丑章句下》第十二章。

孙丑、万章等门人，把他自己的思想和与他人的辩难，写成《孟子》七篇。[①]《史记·孟子荀卿列传》也有如下的记载：

> 孟轲，邹人也。受业子思之门人。道既通，游事齐宣王，宣王不能用。适梁，梁惠王不果所言，则见以为迂远而阔于事情。当是之时，秦用商君，富国强兵。楚魏用吴起，战胜弱敌。齐威王、宣王用孙子、田忌之徒，而诸侯东而朝齐。天下方务于合从连衡，以攻伐为贤。而孟轲乃述唐虞三代之德，是以所如者不合，退而与万章之徒，序《诗》、《书》，述仲尼之意，作《孟子》七篇。[②]

乙、孟子论辩的内容及其形式。孟子论辩的范围可分为四个部分：一是王道和仁政，二是性善和知言养气，三是关于尧、舜、禹、汤、文、武、伊尹、伯夷、周公、孔子的历史事实，四是驳斥杨墨和许行之徒。

1. 为王道和仁政而辩。战国时代诸侯争夺土地，讲求权术，在国内形成强权统治，在国家间则因利害关系，发展成连横合纵的局面。统治者只知贪图个人宫室园囿的享受，维护少数人的利益，而置人民的福利于不顾。为了争城夺地，更不惜牺牲人民的生命和财产。孟子为了拯民于水火，俾得安居乐业，遂提倡严辨义利，分别王道和霸道，施行顺天爱民的仁政。孟子的论辩是针对当时国君的重利轻义、行霸道和施暴政而发的。

2. 为性善和知言养气而辩。孟子认为人性本有诸德之端，此诸德之端即是善。举凡仁义礼智诸德，皆于人性之内有其端，不假外求；凡人求善必就其性"扩而充之"。"知言养气"的工夫就是不断地发掘人类本性之善而付诸实践，扩充诸德之端而使之完满实现，最后达到"不动心"、不为外物所移的境界。孟子的论辩是针对告子的"人性之无分于善不善"和"仁内义外"而发的。

3. 为一些历史事实而辩。孟子以继承道统自任，他把尧、舜、禹、汤、文、武奉为仁君的典型，把伊尹、伯夷、周公、孔子奉为圣贤的代表。因此每逢有人怀疑他们的行为和言论，或者表示不满时，孟子都不厌其详地为他们解释和申辩。此可见于孟子对

---

① 孟子与万章、公孙丑之徒作《孟子》七篇之说是根据《史记》所载（参见《史记》卷七十四，《孟子荀卿列传第十四》，商务印书馆《万有文库荟要》第十四册，60页）。唐之韩愈、林慎思，宋之晁公武及清之崔述，咸以为《孟子》一书非由孟轲自著，而只是万章和公孙丑之徒所纂述者。汉之司马迁、赵岐，宋之苏轼、朱熹，及清之魏源则主张《孟子》之书为孟子与门人所撰者。至于篇数，有谓七篇，有谓十一篇而分内篇七篇、外篇四篇者。按七篇即《梁惠王》、《公孙丑》、《滕文公》、《离娄》、《万章》、《告子》和《尽心》七篇。外四篇则为《性善辩》、《文说》、《孝经》、《为政》。但据翟灏《四书考异》，四篇篇目应为《性善》、《辩文》、《说考经》、《为政》。屈万里《古籍导读》（台北，开明书店，1964）采取翟说。我以为孟子言性善，固不缀"辩"字，但孟子却是为性善与告子辩。翟据《论衡·本性》篇立论，亦大有可疑之处。故我分篇仍依旧说——孙奕《示儿编》及刘昌诗《芦浦笔记》。我疑外篇为后人所托者。参见罗根泽：《孟子传论》（商务印书馆《万有文库荟要》，1965，台北），83~88页。

② 《史记》卷七十四，《孟子荀卿列传第十四》。

“尧非以天下与舜”、“禹不传于贤而传于子”的解释，和对“舜不告而娶”及“舜之放象”的辩护。[①] 又汤之灭夏、武王之灭商，在孟子的观点看来，都是为民除暴。他说：“闻诛一夫纣矣，未闻弑君也。”[②] 他又申明“伊尹以割烹要汤”，“孔子于卫主痈疽，于齐主侍人瘠环”[③] 之非。孟子之所以要说明及解释这些历史事实，主要是为了使尧、舜、孔子等人的言行不致为后世所误解和歪曲，使后代行仁政和习圣贤之道者有所适从。

4. 为驳斥杨墨及许行之徒而辩。孟子的同时，诸子之学甚盛，尤以杨墨为最。孟子以儒学正统自任，认为百家之学都是“邪说”和“淫辞”。为了效法孔子作《春秋》的精神去“正人心、息邪说、距诐行、放淫辞”，他对“异端邪说”的批评是丝毫不留余地的。他说杨朱、墨翟“无父无君，是禽兽也”[④]；说陈仲子之道是“蚓而后充其操者也”[⑤]；批评告子不知义；认为许行仅主力耕，不用心，不善变，徒使人“相率而为伪”[⑥]，不足以治国家。

下面我们讨论孟子的论辩方法，看他如何论事论人，如何建立及证明他的思想，又如何去驳斥别人。这一点前人讨论孟子的思想时往往都忽略了。其实这是一个相当重要的问题。

有人曾经指出孟子精于察识。[⑦] 进一步来说，孟子讨论问题的出发点，往往就是直接体察行为之端及与其相应的心理状态。孟子相信人与生俱来就有自然的感应和为善的倾向，只是这些本性常为后天的习惯和私欲所蔽；但在特殊的情况下，这些本性又会自然地流露出来。孟子精于体察这些端倪，加以引申，以证验人性本具诸德之端，不假外求，并说明扩充诸德之端就是为政和做人之本。孟子用“直接体验”的方法来引申为政和做人之本，可于下列两则见之：

> 臣闻之胡龁曰，王坐于堂上，有牵牛而过堂下者，王见之，曰：“牛何之?”对曰：“将以衅钟。”王曰：“舍之，吾不忍其觳觫，若无罪而就死地。”……是乃仁术也……今恩足以及禽兽，而功不至于百姓者，独何与?[⑧]
>
> 人皆有不忍人之心。先王有不忍人之心，斯有不忍人之政矣。以不忍人之心，行不忍人之政，治天下可运之掌上。所以谓人皆有不忍人之心者，今人乍见孺子将入于井，皆有怵惕恻隐之心。非所以内交于孺子之父母也，非所以要誉于乡党朋友

---

① 参见《孟子·万章章句上》第二章、第三章及第六章。

② 《孟子·梁惠王章句下》第八章。

③ 《孟子·万章章句上》第七章、第八章。

④ 《孟子·滕文公章句下》第九章。

⑤ 《孟子·滕文公章句下》第十章。

⑥ 《孟子·滕文公章句上》第四章。

⑦ 参见静山《孟子精察识》一文（中华丛书编审委员会：《孟子研究集》，1963年3月，台北，217~228页）。原文发表于《大陆》杂志，第八卷第四期，1954。

⑧ 《孟子·梁惠王章句上》第七章。

也，非恶其声而然也。①

从齐宣王不忍牛之觳觫和人不忍孺子入井出发，孟子归结到扩充诸德之端的重要性。孟子说："故推恩，足以保四海；不推恩，无以保妻子。"② 又说："苟能充之，足以保四海；苟不充之，不足以事父母。"③

此外如宋人揠苗助长和齐人有一妻一妾的故事，都是直接从具体的事实出发引到比较抽象的道理，深入而浅出，描写极为生动。又如孟子和墨者夷之论葬的一段，也用了相同的方法。

> 盖上世尝有不葬其亲者，其亲死，则举而委之于壑，他日过之，狐狸食之，蝇蚋姑嘬之，其颡有泚，睨而不视。夫泚也，非为人泚，中心达于面目。盖归反虆梩而掩之。掩之，诚是也。则孝子仁人之掩其亲，亦必有道矣。④

这一段的叙述追溯了葬礼的根源，所描写的是一种心理上的直觉反应，从中心达于面目，发诸行为，以证明"礼"并不是空洞的形式和规范。人生最原始的体验，最直接的经历，往往就接触到德性之端。这是孟子论辩的一个主要基础。

孟子用以论辩他的思想的第二个方法和上述第一个"直接体验"的方法有关联，我们把它叫作"充情知类"法。孟子认为人性中既有诸德之端，自然就有完满地实现诸德的可能。根据这个原则，只要证实了某种德性之端的存在，则该种德性自有其扩充和完满实现的可能。其实现与否，问题不在可能不可能，而在乎个人去不去做。孟子从齐宣王不忍见牛之觳觫的举动，证实他有不忍人的仁端，因此推知他"能"行仁政。仁政之不曾实现，是因为后天的影响，让私欲掩蔽了仁端，或是知而不行，没有让仁端有充分发展的机会。

我们所说的"充情知类"的原则，也就是知行合一的原则，故孟子论四端时说："凡有四端于我者，知皆扩而充之矣。若火之始然，泉之始达。苟能充之，足以保四海；苟不充之，不足以事父母。"⑤

"类"的观念在孟子思想及论辩中占有极重要的地位，在《孟子》一书中出现了不下十三次，而且所有对仁政、对性善和对诸德性起源的论辩，都直接或间接地应用了"类"的观念和类比推理。"知类"就是把天下事物依其异同而分类，并界说各类事物的通性。在讨论问题时用比较显明易见的例子来推论同类中比较深奥难懂的情况，也就是应用类的逻辑。孟子对类的逻辑应用得很娴熟。他首先肯定一个大前提——"凡同类

---

① 《孟子·公孙丑章句上》第六章。
② 《孟子·梁惠王章句上》第七章。
③ 《孟子·公孙丑章句上》第六章。
④ 《孟子·滕文公章句上》第五章。
⑤ 《孟子·公孙丑章句上》第六章。

者，举相似也”①，然后说出一个特殊的情况来，从这个情况中抽出这一类事物的通性，建立一个观念，然后用这个观念“类推”其他相似的情况。孟子就是用两个特殊的情况来分别“不能”和“不为”两个观念，而且推论齐宣王之不保民，是属于“不为”的一类。孟子论辩的内容如下：

曰：“不为者与不能者之形，何以异?”曰：“挟太山以超北海，语人曰：‘我不能。’是诚不能也。为长者折枝，语人曰：‘我不能。’是不为也，非不能也。故王之不王，非挟太山以超北海之类也。王之不王，是折枝之类也。”②

在《孟子》这一章里，“不为”包括了“力足以举百钧，而不足以举一羽”，“明足以察秋毫之末，而不见舆薪”，“恩足以及禽兽，而功不至于百姓”和“为长者折枝”四个情况。保民的“仁政”不是不能做到，仁政之不曾实现，乃是由于为政者之“不为”。

在“凡同类者举相似”的大前提下，孟子说“圣人，与我同类者”③，因而引出“舜何人也，予何人也，有为者亦若是”④的结论来。这结论是逻辑上的必然。《孟子》里又引有若之言：“麒麟之于走兽，凤凰之于飞鸟，太山之于丘垤，河海之于行潦，类也。圣人之于民，亦类也。出于其类，拔乎其萃，自生民以来，未有盛于孔子也。”⑤同类之间固有通性，唯能充其情者，才能够“出于其类，拔乎其萃”。

孟子举过下面一个不知类的例子：

今有无名之指，屈而不信，非疾痛害事也。如有能信之者，则不远秦楚之路，为指之不若人也。指不若人，则知恶之，心不若人，则不知恶，此之谓不知类也。⑥

指之不若人和心之不若人同属于不若人的事物一类。孟子要求人对同类事物有相似的认识和反应，能够举一反三，方才算是知类。

上文中所述的“直接体验”法，往往是在特殊情况下触发的感受。如要把这种体验推广成为理论，就必须把这种特殊情况普遍化。这时候我们就得应用“知类”的原则，把从有限经验中得来的知识推广，并且普遍应用到同类的事物上。“知类”因此是知识的推广和运用，极富归纳和演绎逻辑的意味。“充情”则是个人行为上的实践，把知道的一些善端扩充为全人格的实现。因此，要“充情”就必须“知类”。“充情”和“知类”是相辅相成的——知识是行为的基础，行为是知识的表现和完成，二者不可缺一。

---

① 《孟子·告子章句上》第七章。
② 《孟子·梁惠王章句上》第八章。
③ 《孟子·告子章句上》第七章。
④ 《孟子·滕文公章句上》第一章。
⑤ 《孟子·公孙丑章句上》第二章。
⑥ 《孟子·告子章句上》第十二章。

这是儒家思想的一个重点。

孟子用以论辩他的思想的第三个方法，我们称之为“正名定义”法。这方法是从孔子的正名思想蜕变出来的。① “正名定义”法的应用就是对于不同的事物和情况，冠以不同的名称和定义，然后根据它不同的名称和定义，赋予不同的道德价值。孟子应用这方法的例子很多，诸如：

> 流连荒亡，为诸侯忧。从流下而忘反，谓之流；从流上而忘反，谓之连；从兽无厌，谓之荒；乐酒无厌，谓之亡。先王无流连之乐，荒亡之行。②
>
> 贼仁者谓之“贼”，贼义者谓之“残”，残贼之人谓之“一夫”。闻诛一夫纣矣，未闻弑君也。③
>
> 以顺为正者，妾妇之道也。居天下之广居，立天下之正位，行天下之大道。得志，与民由之；不得志，独行其道。富贵不能淫，贫贱不能移，威武不能屈。此之谓大丈夫。④

现在我们举一个例子来详细说明“正名定义”法的应用。孟子从仁人在位一定会“以不忍人之心，行不忍人之政”⑤ 的前提，推出“焉有仁人在位，罔民而可为也”的结论来。孟子解释“罔民”，就是“陷乎罪，然后从而刑之”⑥。怎么样陷民于罪呢？孟子说过：“民之为道也，有恒产者有恒心，无恒产者无恒心。苟无恒心，放辟邪侈，无不为已。”⑦ 因此，为君者如不给民以恒产，就会陷民于罪，产生“罔民”的结果。从仁君不罔民的前提出发，加上我们对“罔民”的了解，自然就可以推论出“故明君制民之产”⑧ 的为政原则来。这是运用“正名定义”法的一个显例。论辩的关键系乎“罔民”的定义上。“行仁政”和“制民之产”之间的关系，通过“罔民”的观念及其内涵，自然而然就表现出来。

“正名定义”法除了在论辩上的应用外，还给不少儒家思想的观念立下界说。比方说，下面的几个定义就间接地帮助孟子建立了性善论及性命之说：

> 可欲之谓善，有诸己之谓信，充实之谓美，充实而有光辉之谓大，大而化之之谓圣，圣而不可知之之谓神。⑨

---

① 孔子正名思想的发展和运用，请参见拙作《论孔子正名思想》（《出版月刊》，1967 年 3 月）。
② 《孟子·梁惠王章句下》第四章。
③ 《孟子·梁惠王章句下》第八章。
④ 《孟子·滕文公章句下》第二章。
⑤ 《孟子·公孙丑章句上》第六章。
⑥ 《孟子·滕文公章句上》第三章。《梁惠王章句上》第八章“乎”作“于”。
⑦ 《孟子·滕文公章句上》第三章。
⑧ 《孟子·梁惠王章句上》第八章。
⑨ 《孟子·尽心章句下》第二十五章。

界说的建立，观念的澄清，使整个思想体系获得一个稳固的基础。

丙、孟子的性命之说和性善论。在第二节中我们已经说过：凡是政治、社会和伦理哲学，发展到某一个程度，就必须面临一些基本的形上学的问题。孔子可以罕言天道和性命，战国时代的儒家就不能这样做。孟子一而再再而三地讨论到“性”、“命”、“天”、“道”、“心”、“气”、“义”、“理”等问题，一方面固然是由于他的直接体验使他对人的存在及其本质有所了解，另一方面则由于儒家的发展趋势已到了有解答这些基本问题的必要的程度。因此，孟子对“性”、“命”、“天”、“道”与“心”、“气”、“义”、“理”的讨论，是具有时代意义的。他把儒家思想带进了一个新的境界，为孔子的学说提供了一个内在的原则和形上学的体系。

“性”和“命”虽然都秉承于天，可是二者之间却有很大的差别。“性”是个人自我主动的创发能力；“命”则是外在加于个人主体上的限制，是人力所不能控制的客观条件。我们可以说，“性”和“命”代表两种不同的倾向：前者鼓动人的自我发展，后者则限制人的自我发展。在人格的成长中，“性”和“命”二者必须调和、配合。未发挥个人主体的能力，不足以言客观条件的限制，但是不知道避免客观的阻碍或配合外在的因素，个体的努力往往也是徒然的。因此人应当尽量配合外在的因素，在客观条件的限制之下，争取最高度的主动性和创发性。这是我们往后要讨论的孟子性善论的意义。

“性”就是人的本心，也就是孟子所说的“赤子之心”①。这个赤子之心是秉承于天、与生俱来、不假外求的。它包含了恻隐之心、羞恶之心、恭敬辞让之心和是非之心。孟子说：“恻隐之心，人皆有之；羞恶之心，人皆有之；恭敬之心，人皆有之；是非之心，人皆有之。恻隐之心，仁也；羞恶之心，义也；恭敬之心，礼也；是非之心，智也。仁义礼智，非由外铄我也，我固有之也，弗思耳矣。故曰：‘求则得之，舍则失之。’或相倍蓰而无算者，不能尽其才者也。《诗》曰：‘天生烝民，有物有则。民之秉彝，好是懿德。’孔子曰：‘为此诗者，其知道乎！故有物必有则。民之秉彝也，故好是懿德。’”②

“性”是各种德性或诸“情”之端的总汇，是按照“有物必有则”的定律来的，是反躬可求的。有物必有则，凡人皆有性，故“性”有其先天的存在；发挥它，使人逐渐进入“善”、“信”、“美”、“大”、“圣”、“神”③的境界，就是“充情”。不充情，本心就会慢慢为私欲所蔽。纵使如此，“性”还是在那儿，并不因受后天事物的影响而消减。“我固有之也，弗思耳矣”。“求则得之，舍则失之”，“得”、“失”只是心知上的得失，而不是实际上的存亡。因此，孟子说：

① 《孟子·离娄章句下》第十二章。
② 《孟子·告子章句上》第六章。
③ 《孟子·尽心章句下》第二十五章。

> 君子所性，虽大行不加焉，虽穷居不损焉，分定故也。君子所性，仁义礼智根于心。其生色也，睟然见于面，盎于背，施于四体，四体不言而喻。①

“性”也就是孟子所说的良能良知：

> 人之所不学而能者，其良能也；所不虑而知者，其良知也。孩提之童，无不知爱其亲者；及其长也，无不知敬其兄也。亲亲，仁也；敬长，义也。②

孟子所说的“性”是指人的本心，因此在《孟子》里“心”和“性”两词常常通用。孟子认为要发挥人的主动性和创发性，必须要“尽其心”；要“尽其心”，必须要先“知其性”。如何可以“知其性”呢？孟子劝人用心思去反求诸己。他说：

> 心之官则思，思则得之，不思则不得也。此天之所与我者。③

这里孟子甚至有走到唯心主义的极端的趋向。他认为“万物皆备于我”④，因此只要“反心而诚”——用心思去“知其性”、“尽其心”，把人心的善端推广，所谓“亲亲而仁民，仁民而爱物”⑤，则求仁一定得仁、求知一定得知了。因为“性”是“天”所赋予的，能尽心知性，自然也就“知天”了。孟子说：

> 尽其心者，知其性也；知其性，则知天矣。存其心，养其性，所以事天也。⑥

“天”把“性”和“命”这两股表面上互相排斥的力量联合起来，盖“性”是“天”之所授，“命”是“天”之所命，二者皆秉承于“天”。“天”授予个人主体以主动和创发能力，同时也加以一种外在的限制。因之，“性”和“命”要在“天”之内得到统一与和谐。

在《孟子》里，“天”和“命”两词常常通用。虽然“性”也是“天”的一部分，一般的用法却把“天”用来代表人力范围之外的力量及自然界的因素。“天命”不是人力所能引起或控制的，它构成对人的主动性和创发性的一种限制。像上文中“知性则知天”一段，将“天”和“性”两词连用在一起，在《孟子》中是比较少见的。孟子给“天命”下了如下的一个界说：

> ……皆天也，非人之所能为也。莫之为而为者，天也；莫之致而至者，命也。⑦

人所以能配合“天命”的做法，只是“顺天知命”。什么是“知命”呢？很多自然

---

① 《孟子·尽心章句上》第二十一章。
② 《孟子·尽心章句上》第十五章。
③ 《孟子·告子章句上》第十五章。
④ 《孟子·尽心章句上》第四章。
⑤ 《孟子·尽心章句上》第十五章。
⑥ 《孟子·尽心章句上》第一章。
⑦ 《孟子·万章章句上》第六章。

界的规律都是可以从经验中归纳出来的。知道了这些规律，每遇到相类的情况时，可以用来权衡可能产生的结果。人可以依据这些可能性而采取适当的行动，避免触犯这些客观的条件而引起祸端。“命”虽然在我们控制能力的范围之外，它却在我们知识能力的范围之内，我们虽然不能够“逆命”，却能够“知命”，所以孟子说：

莫非命也，顺受其正。是故知命者，不立乎岩墙之下。尽其道而死者，正命也。桎梏死者，非正命也。①

所谓“顺天知命”，不外是下面这个原则：命可避者则避之，不可避者则顺之。根据“知命”的原则，“命”分成可知的和不可知的。可知的里面又分已知的和未知的。人一方面在已知客观条件的限制下，尽量发挥其主动和创发能力去尽其心，知其性；另一方面，对于不可知或未知的客观条件，人只好等它来了才随机应变。因此，对于客观的条件，我们并不是盲目地去顺从，在一般情况之下，还是要争取最大的主动性。所以孟子又说：

君子行法以俟命而已矣。②

孟子常常把历史上一些事件和个人的际遇解释为“天命”，而且都是不可知、不可避的“天命”。因其不可知、不可避，当之者就只好顺受了。下面一段话，一则解释何以尧、舜禅让而禹传位于子，一则解释何以益、伊尹、周公和孔子虽贤而不有天下：

丹朱之不肖，舜之子亦不肖。舜之相尧，禹之相舜也，历年多，施泽于民久。启贤，能敬承继禹之道。益之相禹也，历年少，施泽于民未久。舜、禹、益，相去久远，其子之贤不肖，皆天也，非人之所能为也。③

匹夫而有天下者，德必若舜、禹，而又有天子荐之者，故仲尼不有天下。继世以有天下，天之所废，必若桀、纣者也，故益、伊尹、周公不有天下。④

诸人才德相若而际遇不同，孟子都解释为“天命”——“天与贤则与贤，天与子则与子”，“皆天也，非人之所能为也”⑤。孟子引孔子所说的“唐、虞禅，夏后、殷、周继，其义一也”⑥，就是这个意思。

上文中我们说过：“性”代表鼓动人自我发展的一种力量，“命”代表限制人自我发展的一种力量。孟子认为仁义礼智虽源于天道，却不属于“命”而属于“性”；欲望偏好虽与生俱来，却不属于“性”而属于“命”。这是因为仁义礼智是实现自我主动性的根源和途径；欲望偏好则受制于物，限制人自我的发展。孟子说：

口之于味也，目之于色也，耳之于声也，鼻之于臭也，四肢之于安佚也，性

---

① 《孟子·尽心章句上》第二章。
② 《孟子·尽心章句下》第三十三章。
③④⑤⑥ 《孟子·万章章句上》第六章。

也，有命焉，君子不谓性也。仁之于父子也，义之于君臣也，礼之于宾主也，知之于贤者也，圣人之于天道也，命也，有性焉，君子不谓命也。①

食色感官的欲望和偏好之为“命”，和一般“天命”之为“命”，在意义上略有不同。除了一些可知及已知的自然规律外，一般的命都不是人可以主动地控制或避免的。欲望偏好则是人可以而且应主动控制的。孟子主张“养心在寡欲”，在“性”与“命”的配合上，仁义礼智等德性应该加以发展，欲望和偏好则应该加以节制而使之“寡”。他说：

养心，莫善于寡欲。其为人也寡欲，虽有不存焉者，寡矣；其为人也多欲，虽有存焉者，寡矣。②

孟子对“命”的解释还有一点值得注意。对个人主体而言，“命”包括感官的欲望和偏好，而对统治者而言，“命”还包括了反映于民意的天命。这点和孟子在政治思想上“顺天即顺民”的主张很有关系，我们将在第四节中讨论。

属于“命”的欲望偏好应当加以节制，属于“性”的德性应当加以扩充。该怎样扩充德性呢？我认为《孟子·公孙丑章句上》第二章中所说的“不动心”、“知言”、“养气”与“持志”都是孟子心目中扩充德性的方法与修持。什么是“不动心”呢？前面我们已经说过，孟子把“性”看作人的本心，“不动心”因此就是“不动性”。孟子的“不动心”就是固执善端，不因外物的影响而动摇，亦不因外在的困难而畏缩。③ 怎样才可以达到这种境界呢？我们可以从孟子对告子“不动心”之道——“不得于言，勿求于心；不得于心，勿求于气”——的批评中找到答案。④ 孟子说：

不得于心，勿求于气，可；不得于言，勿求于心，不可。夫志，气之帅也；气，体之充也。夫志至焉，气次焉。故曰：持其志，无暴其气。⑤

在这里，孟子显然把心分为“志”和“气”两部分。⑥ “志”是心的主动，“气”是人体的生命力，是心的附属。“志”可以影响“气”，但“气”也可以反过来影响“志”。“不动心”就是要维持心的主动并同时保有充沛的生命力。孟子说：“志壹则动气，气壹则动志。今夫蹶者、趋者，是气也，而反动其心。”⑦ 要维持心的主动就要“持其志”。怎样“持其志”呢？凡是心志未能接受的主张或肯定的原则，不可贸贸然施

---

① 《孟子·尽心章句下》第二十四章。

② 《孟子·尽心章句下》第三十五章。

③ 参见胡簪云：《“知言”“持志”与“养气”》（《孟子研究集》，210~215页）。并参见戴君仁：《孟子知言养气章》（同上书，197~207页）。

④⑤ 《孟子·公孙丑章句上》第二章。

⑥ 参见胡簪云《“知言”“持志”与“养气”》。

⑦ 《孟子·公孙丑章句上》第二章。

之于气，让生命力轻易消耗，同时也让心志失去了主动。因此孟子同意告子“不得于心，勿求于气”的说法。对于告子“不得于言，勿求于心”的说法，孟子则持异议。告子认为对事物之是与非、义与不义的认识，是来自外物的①，因此“言”与“心”之间并没有直接的因果关系。对孟子来说，心包含了宇宙的道德真理，以仁义礼智为首。“知言”既是要认识一些基本的道德真理，包括事物之是与非、义与不义等，要“知言”，自然就要求于心。如果一个人“不得于言”，这反映他内心尚受蒙蔽，尚未发现心中固有的真理，他必须“反求诸已”，“反身而诚”。因此“心”和“言”之间的关系是非常密切的，由此可知，孟子非但反对告子的“不得于言，勿求于心”，实际上他主张“不得于言，‘应’求于心”。

在下面两段话中孟子将“知言”解释为能够分辨是非曲直：

“何谓知言?”曰：“诐辞知其所蔽，淫辞知其所陷，邪辞知其所离，遁辞知其所穷。”②

生于其心，害于其政；发于其政，害于其事。圣人复起，必从吾言矣。③

要积极地去发现真理，培养分辨正邪是非的能力，有赖于“浩然之气”的培养。什么是“浩然之气”呢？孟子的回答是：

难言也。其为气也，至大至刚，以直养而无害，则塞于天地之间。其为气也，配义与道；无是，馁也。是集义所生者，非义袭而取之也。行有不慊于心，则馁矣。④

善养“浩然之气”，大概就是维持心的主动及扩充诸德之端。因此“浩然之气”是“配义与道”，是“集义所生”的。它是一个人扩充德性、发展自我所产生的结果。有了“浩然之气”，在行动时非但可以不馁，还可以随心所欲不逾矩，这就达到了“不动心”的境界。

上面我们讨论了孟子的性命观。由“性”和“命”观念导出孟子对“天”、对“心”的看法——“天”是“命”的根源，“心”是“性”之所据。孟子的人生理想是“顺天”、“知命”和“充情”，“顺天”、“知命”在个人修养上以“寡欲”为主，在国君施政上则以顺从民意为主。“充情”是扩充人性中固有的德性之端，以达到“不动心”的境界。要做到“不动心”，端赖于“知言”、“持志”和“养气”。由此可见孟子思想的一贯——“天道”和“人道”之间的配合，也就是“性”与“命”之间的配合与和谐。从这里出发，我们可以领略到，孟子的性善论和他仁政的理想却是建筑在他“性”、

---

① 此告子所以有“义外”之说。详见陈大齐《告子及其学说》（《孟子研究集》，145~180页）。至于孟子的义内说和告子的义外说，可参见同书，139~144页。

②③④ 《孟子·公孙丑章句上》第二章。

“命”的观念上面。

孟子性善论的中心思想在“性”之有主动去发挥德性的力量。个人主动的创发能力表现于德性之自然流露。孟子认为人有潜在的德性，必须加以发挥。荀子则谓人性之善为“伪”的结果，但他并不否认人有潜在的向善能力，有能接受改造的潜能。故单就人性中向善的潜在能力而言，孟荀均承认它的存在。实际上，孟荀之间却相差很大。① 因为孟子以为人性的向善是主动的，故向善的方法是复其本心；荀子则以为人性的向善是被动的，故向善的方法是借重外力的陶冶。孟荀之说，一求于内，一求于外；一为主动，一为被动。于是性善、性恶之论，乃各执其一端。

孟子对性善的论证，完全诉诸一个人的直接体验，所以他说：“乃若其情，则可以为善矣，乃所谓善也。”② 性之善属于性的本质，“非由外铄我也，我固有之也”③。孟子说“故有物必有则”，性之善就是性之则。性善的内容包含了恻隐之心、善恶之心、恭敬辞让之心、是非之心四端。孟子认为这四端都是可以在适当的情况下直接体验到的，因此证明人性为善。

在《告子》篇里，孟子批评告子“性无善无不善”的说法，并对告子对性善说的批评作答辩。在这些批评和论辩中，孟子显然把“性之善”解释为潜在的向善及成善能力。他说：“人性之善也，犹水之就下也，人无有不善，水无有不下。”④ 孟子认为这种成善的能力在正常的情况下即会自然流露，而为诸德之端。顺着人性去发挥这种成善的能力，即合乎仁义之道。

可是什么是一般正常的情况呢？什么是未受外在影响而产生的自然情况呢？这是一个相当难回答的问题。孟子诉之于直觉，并没有作进一层的分析，看看这种直觉是否带有后天习惯的成分在内；也没有进一步观察这些所谓自然产生的情况，是否带有“伪”的成分。这是性善论的不足之处。

如果我们视孟子的性善之说为强调个人的主动自发性所必须建立的一套理论，则撇开一些未获得完满解答的问题不谈，孟子的性善之说不失为一个良好的假设，可能导向良好的效果。如同威廉·詹姆斯的“信仰意志”（Will to Believe），性善论自有其实践及形上学的价值。

---

① 陈大齐在其所著《孟子性善说与荀子性恶说的比较研究》（“中央文物供应社”中国文化丛书，1953，台北）一文中指出，“孟子的性善与荀子的性恶说诚属相反，但其实际上的相反程度并不如其学说名称所显示之甚”（31~38页）。陈氏所持之论证为孟荀所用“性”之一字，其意义各不相同。此点殆无疑问，但此并不显示孟荀在对“人性”的了解上无极重要的实质上的（real），而不仅是名词上的（terminological）差异。此项差异乃是孟子以人性有原始主动创发之性，个人可凭借其一己所具的创发力臻于全善之境。至于荀子则不认为人性有原始主动创发之性，而人所具心知似必待解欲恶之蔽而后显其功用。故荀子不以心知为人之原性之一部，而其谓人性为恶，非言心知亦为恶也。再者，根据荀子，个人也未必能据一己已显之理以臻于德义。故教化及礼仪乐法之制作为“改进”人性、实现社会秩序的必要条件。

②③ 《孟子·告子章句上》第六章。

④ 《孟子·告子章句上》第二章。

总之，因为孟子主张性善，诸德性之端遂有内在的根源。性有主动自发的能力，道德遂成为个人自我实现的一种方式。“善”完全得之于心，而不建筑在对外物的认识上。这是孟子反对告子“仁内义外”的基本论点。

丁、孟子的仁政理想。战国时代的人民生活在水深火热之中。当时的人君都好战、好货、好声色犬马之乐。赋敛征役使人民疲于奔命，更因人君要扩张势力，彼此侵略，人民遂成了争城夺地的战争牺牲品——“争地以战，杀人盈野；争城以战，杀人盈城”①。

孟子对当时老百姓的生活，有如下的观察：

庖有肥肉，厩有肥马，民有饥色，野有饿殍（莩），此率兽而食人也。②

今也，制民之产，仰不足以事父母，俯不足以畜妻子，乐岁终身苦，凶年不免于死亡。③

彼夺其民时，使不得耕耨，以养其父母。父母冻饿，兄弟妻子离散。④

凶年饥岁，君之民老弱转乎沟壑，壮者散而之四方者，几千人矣。而君之仓廪实，府库充，有司莫以告，是上慢而残下也。⑤

梁惠王以其土地之故，糜烂其民而战之。⑥

人民的生命财产都没有保障，而人君只管满足一己的吞并野心和欲望，置人民的死生祸福于不顾。这是战国时代一般统治者的行径，也就是孟子所说的“暴政”和“霸道”。孟子认为施暴政、行霸道者，终归会走上灭亡的道路。“王天下”的不二途径，乃是要施行仁政，保民若子。

孟子从历史上看到暴君的灭亡，也从同时代的政治社会的情况中看到以利立国、以力服人的危险性。在下面数则中，孟子力陈暴政之不可行、利之不可为立国之本：

王何必曰利，亦有仁义而已矣。王曰：“何以利吾国?”大夫曰：“何以利吾家?”士庶人曰：“何以利吾身?”上下交征利，而国危矣。万乘之国，弑其君者，必千乘之家；千乘之国，弑其君者，必百乘之家。万取千焉，千取百焉，不为不多矣。苟为后义而先利，不夺不餍。⑦

孔子曰：“道二，仁与不仁而已矣。”暴其民甚，则身弑国亡；不甚，则身危国削。名之曰幽厉，虽孝子慈孙，百世不能改也。《诗》云：“殷鉴不远，在夏后之

① 《孟子·离娄章句上》第十四章。
② 《孟子·梁惠王章句上》第四章，又《滕文公章句下》第九章。
③ 《孟子·梁惠王章句上》第八章。
④ 《孟子·梁惠王章句上》第五章。
⑤ 《孟子·梁惠王章句下》第十二章，又《公孙丑章句下》第四章。
⑥ 《孟子·尽心章句下》第一章。
⑦ 《孟子·梁惠王章句上》第一章。

世。”此之谓也。①

三代之得天下也，以仁；其失天下也，以不仁。国之所以废兴存亡者，亦然。天子不仁，不保四海。诸侯不仁，不保社稷。卿大夫不仁，不保宗庙。士庶人不仁，不保四体。今恶死亡而乐不仁，是犹恶醉而强酒。②

为人臣者，怀利以事其君；为人子者，怀利以事其父；为人弟者，怀利以事其兄。是君臣、父子、兄弟终去仁义，怀利以相接，然而不亡者，未之有也。③

孟子针对当时的好利，提出了仁义的原则；针对当时国君的自私自利，提出了爱民保民的仁政理想。

孔子对君权的来源未做明显的说明，但他似乎不否认君权取决于“天”和“命”。孟子虽然不否认君权的授予是“天命”之所归，可是在下面一段中他却明言君权来自人民，人民是统治权的来源，是国家的基础。

孟子曰：“民为贵，社稷次之，君为轻。是故得乎丘民而为天子，得乎天子为诸侯，得乎诸侯为大夫。”④

“天命”见之于“民意”。因此民意之所归，也就是天命之所归。孟子曾说道：

昔者，尧荐舜于天而天受之，暴之于民而民受之。故曰：天不言，以行与事示之而已矣。……使之主祭，而百神享之，是天受之。使之主事而事治，百姓安之，是民受之也。天与之，人与之。⑤

---

① 《孟子·离娄章句上》第二章。

② 《孟子·离娄章句上》第三章。

③ 《孟子·告子章句下》第四章。

④ 《孟子·尽心章句下》第十四章。陈槃先生以为：“民贵、君轻、君权来自人民之说，由来古矣，不可谓‘有别于周制’，只非孟子始‘重新规定’者。桓六年《左传》，季梁谏随侯曰：‘所谓道，忠于民而信于神也。上思利民，忠也；祝史正辞，信也。……夫民，神之主也。是以圣王先成民，而后致力于神……故务其三时（春夏秋耕稼），修其五教，亲其九族，以致其禋祀，于是乎民和而神降之福，故动则有成。今民各有心，而鬼神乏主。君虽独丰，其何福之有。’又襄十四年《传》：‘师旷侍于晋侯，晋侯曰：“卫人出其君，不亦甚乎！”（师旷）对曰：“或者其君实甚。……夫君，神之主也，民之望也。若困民之主，匮神乏祀，百姓绝望，社稷无主，将安用之，弗去何如，天生民而立之君，使司牧之，勿使失性。有君而为之贰，使师保之，勿使过度。……天之爱民甚矣，岂其使一人肆于民上，以从其淫，而弃天地之性，必不然矣。”’《国语·晋语一》，骊姬谓献公：‘吾闻外人之言曰……长民者无亲，众以为亲。苟利众而百姓和，岂能惮君（韦解：岂惮杀君）？以众故，不敢爱亲，众况厚之（解：言以众故杀君，除民害，众益以为厚）……凡民利是生（解：谓为民生利），杀君而厚利众，众孰沮之。’《国语》中，晋襄公曰：‘圣人知民之不可加也（韦解：加，犹上也），故王天下者，必先诸民，然后庇焉，则能长利。’（韦解：先诸民，先求民志也。庇犹阴也。言王者先及民，而后自庇阴也。长利，有祸利也）案季梁之言，‘先成民而后致力于神’，‘于是乎民和而神降之祸’；师旷之言，困民之君主，使‘百姓绝望，社稷无主’，则此其君，‘将安用之，弗去何为’；晋襄公之言，‘必先诸民’然得所‘庇’阴，是则民贵、君轻，君权来自人民之思想。《孟子·万章下》引《泰誓》所谓‘天视自我民视，天听自我民听’者是也。《泰誓》又曰：‘天佑下民，作之君，作之师……天矜于民，民之所欲，天必从之。’西周经典，此等词义可以触类而通者，不可枚举。此即君权来自人民之古义矣。君权来自人民，则民贵、君轻矣，民贵斯所以为‘国家之基础’矣。”陈氏此说甚有价值。

⑤ 《孟子·万章章句上》第五章。

“天不言”，是因为“天命”假借于“民意”来表现，“天视自我民视，天听自我民听”①；天命并非不可捉摸，它从实在的行与事中表示出来。

天子既秉承天命和民意而为天子，他在行政措施上就得顺天命、顺民意。顺天命就是施行仁政，“亲亲而仁民，仁民而爱物”②；换句话说，就是推广其仁义之端。孟子说：“人皆有所不忍，达之于其所忍，仁也；人皆有所不为，达之于其所为，义也。”③什么是顺民意呢？就是顺应民情以任用贤能、惩处败类。孟子说：

> 左右皆曰贤，未可也；诸大夫皆曰贤，未可也；国人皆曰贤，然后察之，见贤焉，然后用之。左右皆曰不可，勿听；诸大夫皆曰不可，勿听；国人皆曰不可，然后察之，见不可焉，然后去之。左右皆曰可杀，勿听；诸大夫皆曰可杀，勿听；国人皆曰可杀，然后察之，见可杀焉，然后杀之，故曰国人杀之也。如此，然后可以为民父母。④

一个国君如果能够顺从民意，做到“贵德而尊士，贤者在位，能者在职”⑤，就算是已完成了仁政的初步。至于施行仁政的原则和模型，我们将在下文中讨论。

施行仁政的基本原则是顺天爱民，尊仁重义。除了任用贤能之外，孟子还提出两个具体的原则：一是“不嗜杀人”，一是“与民同乐”。所谓“不嗜杀人”就是不驱策人民做争城夺地的战争的牺牲品。当梁襄王问孟子“天下恶乎定”时，孟子说：“定于一。”但谁可以一统天下呢？孟子回答说：“不嗜杀人者能一之。”⑥ 他的理由很简单：

> 王知夫苗乎？七八月之间，旱，则苗槁矣。天油然作云，沛然下雨，则苗浡然兴之矣。其如是，孰能御之？今夫天下之人牧，未有不嗜杀人者也。如有不嗜杀人者，则天下之民皆引领而望之矣。诚如是也，民归之，由水之就下，沛然谁能御之？⑦

“与民同乐”的意思是“忧民之忧”、“乐民之乐”。孟子给齐宣王解说“独乐乐”和“与众乐乐”的不同如下：

> 今王鼓乐于此，百姓闻王钟鼓之声，管龠之音，举疾首蹙额而相告曰：“吾王之好鼓乐，夫何使我至于此极也？父子不相见，兄弟妻子离散。”今王田猎于此，百姓闻王车马之音，见羽旄之美，举疾首蹙頞而相告曰：“吾王之好田猎，夫何使我至于此极也？父子不相见，兄弟妻子离散。”此无他，不与民同乐也。今王鼓乐

---

① 《孟子·万章章句上》第五章。
② 《孟子·尽心章句上》第四十五章。
③ 《孟子·尽心章句下》第三十一章。
④ 《孟子·梁惠王章句下》第七章。
⑤ 《孟子·公孙丑章句上》第四章。
⑥⑦ 《孟子·梁惠王章句上》第六章。

于此，百姓闻王钟鼓之声，管籥之音，举欣欣然有喜色而相告曰："吾王庶几无疾病与，何以能鼓乐也？"今王田猎于此，百姓闻王车马之音，见羽旄之美，举欣欣然有喜色而相告曰："吾王庶几无疾病与，何以能田猎也？"此无他，与民同乐也。今王与百姓同乐，则王矣。①

至于文王之囿，方七十里，民犹以为小，齐宣王之囿，方四十里，民犹以为大，原因是："文王之囿，方七十里，刍荛者往焉，雉兔者往焉，与民同之，民以为小，不亦宜乎？"② 而齐宣王之囿则不然。文王征用民力来经营灵台灵沼，人民非但不抱怨，而且欢欣雀跃，原因是"与民偕乐，故能乐也"③。

如果人君不与民同乐，人民看到人君游乐，自然怨生于心，"人不得，则非其上矣"④。孟子觉得"不得而非其上"者固然不对，但是：

为民上而不与民同乐者，亦非也。乐民之乐者，民亦乐其乐；忧民之忧者，民亦忧其忧。乐以天下，忧以天下，然而不王者，未之有也。⑤

事实上，"不嗜杀人"和"与民同乐"这两个原则都是"不忍人之心"的表现，也就是性之善的推广。仁政的基础不外是为人君者发挥其本性之善，以成其王道。所以孟子认为人君"推恩，足以保四海；不推恩，无以保妻子"，推恩就是扩充"不忍人之心"的应用范围，从"事亲"、"从兄"到"利民爱物"⑥，是积极地"以其所爱，及其所不爱"⑦。

孟子既以为统治权来自人民，为人君者如果不行仁政，人民就可以废除他，所以他说：

贼仁者谓之"贼"，贼义者谓之"残"，残贼之人谓之"一夫"。闻诛一夫纣矣，未闻弑君也。⑧

诸侯危社稷，则变置。牺牲既成，粢盛既洁，祭祀以时，然而旱干水溢，则变置社稷。⑨

统治者由于残贼仁义，使民不聊生，便可以被变置，被废除。这是孟子富有革命性的政治思想。

---

① 《孟子·梁惠王章句下》第一章。

② 《孟子·梁惠王章句下》第二章。

③ 《孟子·梁惠王章句上》第二章。

④⑤ 《孟子·梁惠王章句下》第四章。

⑥ 《孟子·离娄章句上》第二十七章："孟子曰：'仁之实，事亲是也；义之实，从兄是也。'"

⑦ 孟子认为："仁者，以其所爱，及其所不爱；不仁者，以其所不爱，及其所爱。"（《孟子·尽心章句下》第一章）

⑧ 《孟子·梁惠王章句下》第八章。

⑨ 《孟子·尽心章句下》第十四章。

孟子对实施仁政所提出的具体方案，是以孔子庶民、富民、教民①的原则为基础的。他认为人君必须首先注意老百姓的福利，使他们生活安适，免于饥寒，然后教以孝悌之义，使他们除了丰足的物质福利之外，还生活在和谐的社会伦理秩序之中。孟子提供的办法如下：

> 不违农时，谷不可胜食也。数罟不入洿池，鱼鳖不可胜食也。斧斤以时入山林，材木不可胜用也。谷与鱼鳖不可胜食，材木不可胜用，是使民养生丧死无憾也。养生丧死无憾，王道之始也。五亩之宅，树之以桑，五十者可以衣帛矣。鸡豚狗彘之畜，无失其时，七十者可以食肉矣。百亩之田，勿夺其时，数口之家，可以无饥矣。谨庠序之教，申之以孝悌之义，颁白者不负戴于道路矣。七十者衣帛食肉，黎民不饥不寒，然而不王者，未之有也。②

为实现这种社会理想，孟子提出了“制民之产”的方案。他认为老百姓没有固定的产业，就不能够定居下来安心从事生产经营。百姓如没有谋生能力，就会无所不为，危害社会的安宁。所以政府如果不给人民产业，使他们无法谋生，而等他们做了坏事，就以刑罚来惩处他们，这是极不公平的。孟子说：

> 无恒产而有恒心者，惟士为能。若民则无恒产，因无恒心；苟无恒心，放辟邪侈，无不为已。及陷于罪，然后从而刑之，是罔民也。焉有仁人在位，罔民而可为也。是故明君制民之产，必使仰足以事父母，俯足以畜妻子，乐岁终身饱，凶年免于死亡。然后驱而之善，则民之从之也轻。③

至于如何“制民之产”，孟子认为过去在夏、商、周三代已经有相当好的制度可资效法：

> 夏后氏五十而贡，殷人七十而助，周人百亩而彻。其实，皆什一也。彻者，彻也。助者，藉也。龙子曰：“治地莫善于助，莫不善于贡。……《诗》云：‘雨我公田，遂及我私。’惟助为有公田。由此观之，虽周亦助也。……”④

殷、周二代是否已经推行井田制度以代夏后之贡，姑且不论，但在战国时代，由于私人买卖土地，过去的一些土地制度已被破坏，土地分配的界域也划分不清了。如果要恢复过去的土地制度，就必须重新划分土地。这就是孟子所说的“经界”。他说：

> 夫仁政，必自经界始。经界不正，井地不钧，谷禄不平。是故暴君污吏，必慢

---

① 参见《论语·子路》。
② 《孟子·梁惠王章句上》第三章。
③ 《孟子·梁惠王章句上》第八章。
④ 《孟子·滕文公章句上》第三章。

其经界。经界既正，分田制禄，可坐而定也。①

孟子理想的井田制度如下：

请野九一而助，国中什一使自赋。卿以下，必有圭田，圭田五十亩，余夫二十五亩。死徙无出乡，乡田同井。出入相友，守望相助，疾病相扶持，则百姓亲睦。方里而井，井九百亩，其中为公田，八家皆私百亩，同养公田。公事毕，然后敢治私事，所以别野人也。此其大略也。②

显然，孟子当时如要推行这种制度，必须要把已变卖的土地收回，重新分配。可是当时的土地所有者是否愿意把土地归公呢？而且当时的人口，比起三代之世，增加了许多，土地是否仍可以这样分配呢？孟子似乎没有考虑到这些问题，他的仁政方案未免有些不切实际的地方。也许孟子已看到这些困难，所以没有向齐、魏等大国提出他的井田计划，而只是向一个小国——滕国——提出来。

总结来说，孟子的仁政思想虽然有创新的理论基础，可是孟子提出的具体方案却未免太泥古了。我们讨论孟子的仁政思想，应该把他的理想原则与实际方案分开来评价。

戊、孟子对同时代诸子的批评。孟子竭力提倡儒学之际，正是诸子百家之学也很昌盛的时候。孟子对百家之学采取一种严厉批评的态度。他认为百家之学都是“邪说”、“淫辞”，而且表现为“诐行”，因此都非正道。孟子心目中的正道是尧、舜、禹、汤、文、武的先王之道，也就是仁义之道。为了发扬正道以正人心，他表示愿意效法孔子作《春秋》的精神去“息邪说、距诐行、放淫辞”。因此他驳斥诸子百家不遗余力，也不留余地。

百家之中，以杨朱和墨翟的学说最为流行，因此也是孟子攻击最烈的对象。他说：

圣王不作，诸侯放恣，处士横议，杨朱、墨翟之言盈天下。天下之言不归杨，则归墨。杨氏为我，是无君也；墨氏兼爱，是无父也。无父无君，是禽兽也。……杨墨之道不息，孔子之道不著，是邪说诬民，充塞仁义也。③

墨子的学说，在孟子之前即已形成。墨子认为“天下兼相爱则治，交相恶则乱！”④他的目的是要治天下，使“国与国不相攻，家与家不相乱，盗贼无有，君臣父子，皆能孝慈”⑤。这和孟子的王道仁政理想目标原是很接近的。他要天下兼相爱，交相利，本无“无父”的含义，可是他的方法有问题。孟子批评墨子讲兼爱为“无父”是有他的根据的。墨子解释兼爱为“视人之室若其室”、“视人之身若其身”、“视人家若其家”、“视人国若其国”⑥，如果推广这种兼爱的观念，岂不是“视人父若其父”、“视人君若其君”

①② 《孟子·滕文公章句上》第三章。

③ 《孟子·滕文公章句下》第九章。

④⑤⑥ 孙诒让：《墨子间诂》卷四，《兼爱上》第十四章。

了吗？除去了“人父”和“己父”之间的区别，则“己父”即丧失其为“父”的意义，父子这种伦理关系也就无从建立了。这是孟子批评墨子讲兼爱为“无父”的理由。可见孟子对墨子的一般批评，并不是针对其“治天下”和“非攻”的目标，而是针对他的方法和手段。① 孟子对墨者之徒宋轻的批评，也是就方法而言的。他说：

> 先生之志则大矣，先生之号则不可。②

孟子并不反对宋轻去劝秦、楚息兵。相反，墨子主张非攻，孟子也主张非战。他说过：“故善战者服上刑。”③ 他所不满于宋轻的，是他的“号”——他的方法。孟子认为宋轻不应以利说秦、楚之王而应说之以仁义。④ 在此篇中，孟子说明方法上的不同会导致不同的效果。

杨朱“为我”之说，除孟子外，甚少人论及。⑤ 据《孟子》所记载，杨朱“为我”之说的内容为“拔一毛而利天下，不为也”⑥，恰与墨子兼爱之说的“摩顶放踵，利天下，为之”相反。杨朱的“为我”，最初大概就是《淮南子》所说“全性保真，不以物累形”⑦ 的意思，但杨朱之徒可能把“全生保真”看成极端的“自利”，以致孟子时有“拔一毛而利天下，不为也”的解释。照这个解释，一个人连拔一毛而利天下都不肯，他自然不会为国家和社会服务、贡献自己了。这是孟子批评“杨氏为我，是无君也”的理由之所在。因为“君臣”关系是孟子理想社会中的一种基本关系，故不能不对杨朱“无君”的思想加以攻击。但孟子似乎认为杨朱的思想比墨子的思想容易纠正，换言之，比较接近儒家的思想：“逃墨必归于杨，逃杨必归于儒。”⑧

杨墨之外，孟子还批评了他同时代的农家许行和陈相。⑨ 许行的身世和学说不见载于《孟子》以外的书。其说主张君民并耕，以农事为重。孟子指出这种措施不切实际，盖“百工之事，固不可耕且为也”⑩。许行为了耕，不陶冶，不织布，就得靠陶冶者给其械器，靠织布者供其衣冠。可见整个社会的组织，一定有分工合作的必要。这是孟子

---

① 《孟子》中也有批评墨者的一些基本原则的。比如孟子批评墨者之薄其丧、墨者之爱无差等。参见《孟子·滕文公章句上》第五章。

② 《孟子·告子章句下》第四章。

③ 《孟子·离娄章句上》第十四章。

④ 可能墨子的“利”与孟子的“利”含义不同。《论语·子罕第九》也用到“利”这个观念，但并不是和“义”相对的。

⑤ 今《列子·杨朱》篇中，杨朱的思想似是一种注重物质生活的享乐主义。但此说并非杨朱所持，乃魏晋时代所伪托者。

⑥ 《孟子·尽心章句上》第二十六章。

⑦ 《淮南子·泛论训》（中华书局《诸子集成》第七册，《淮南子》，卷十三）。

⑧ 《孟子·尽心章句下》第二十六章。

⑨ 《吕氏春秋·爱类》篇：“神农之教曰：‘士有当年而不耕者，则天下或受其饥矣；女有当年而不绩者，则天下或受其寒矣。’故身亲耕，妻亲绩，所以见致民利也”（中华书局《诸子集成》第六册，《吕氏春秋》，卷二十一）。与许行之说合。所以孟子称之为：“有为神农之言者许行。”

⑩ 《孟子·滕文公章句上》第四章。

反对君民并耕的根据。孟子提出了“劳心”和“劳力”的分工。他认为：“劳心者治人，劳力者治于人。”① 劳心者有他们的任务，不必一定要和百姓一齐力耕，才算做了有益于民的事。古时的圣贤如尧、舜、禹、稷等属于劳心者，他们为民驱猛兽、治洪水、教民稼穑、建立人伦、为天下求贤才，虽不与民并耕，而做的却是更重要的不可少的事情。如果要求君民并耕，谁会有时间来治理国事呢？孟子认为天下物情不一，人有智愚贤不肖，只有分工合作，贤人在位，壮者力田，才可以人尽其才，使国家归于治理。因此他说：“今有璞玉于此，虽万镒，必使玉人雕琢之。至于治国家，则曰‘姑舍女所学而从我’，则何以异于教玉人雕琢玉哉？”②

孟子又曾批评同时代的陈仲子。据孟子说，陈仲子是齐之世家，他大概是当时“圣之清者也”之流的人物。他的“清”表现在“以兄之禄为不义之禄而不食也，以兄之室为不义之室而不居也。辟兄离母，处于於陵”③。孟子对他的批评主要是其“清”不能“充其类”——一方面指明陈仲子的行为不能完全一贯，另一方面则指出陈仲子的做法有悖人情，只有蚯蚓才能做得到。陈仲子不食兄之禄，不居兄之室，可是他在於陵住的房子不一定就是清者所筑；他所食之粟，也不一定就是清者所种。他的清，流于拘谨小节，如要严格地去实行，去“充其操”的话，人说不定就没有可居之室、可食之粟了。这不是要变成蚯蚓才可以办得到吗？

最后，我们要提到的是孟子对告子的驳斥。告子主张生之谓性，性无善无不善，思想颇接近老庄。上文中已论及孟子如何站在性善论的立场来驳斥告子的说法。告子又主张“仁内义外”，也与孟子的仁义均发之本心的说法相冲突。告子认为义是对外在事物性质的一种承认，“彼长而我长之，非有长于我也。犹彼白而我白之，从其白于外也。故谓之外也”④。而孟子认为“义”是发之内心、相应外物的一种价值与情感态度，故谓之内。所以他说：“耆秦人之炙，无以异于耆吾炙。夫物则亦有然者也，然则耆炙亦有外与？”⑤ 孟子、告子两人所指的“义”似乎不相同。⑥ 不但两人所讲的“义”不相同，两人所讲的“仁”也不一定相同。因为孟子认为“仁”乃发自本心的善，而告子既认为性无善无不善，他所谓的“仁”大概只是自然的喜爱而已。

【参考文献】

史记. 见：万有文库荟要. 台北：商务印书馆，1965

王先谦. 汉书补记. 见：万有文库. 上海：商务印书馆，1937

朱熹. 四书章句集注. 上海：商务印书馆，1935

---

① 《孟子·滕文公章句上》第四章。

② 《孟子·梁惠王章句下》第九章。

③ 《孟子·滕文公章句下》第十章。

④⑤ 《孟子·告子章句上》第四章。

⑥ 参见陈大齐：《告子及其学说》（《孟子研究集》，145~180页）。

焦循. 孟子正义. 见：万有文库荟要. 台北：商务印书馆，1965

戴震. 孟子字义疏证. 见：粤雅堂丛书

高诱注. 淮南子. 见：诸子集成. 上海：中华书局，1959

高诱注. 吕氏春秋. 见：诸子集成. 上海：中华书局，1959

孙诒让. 墨子间诂. 台北：世界书局，1962

王先慎. 韩非子集解. 见：诸子集成. 上海：中华书局，1959

顾颉刚编著. 古史辨：第二册. 北平：景山书社，1930

顾颉刚编著. 古史辨：第五册. 北平：景山书社，1935

罗根泽编著. 古史辨：第四册. 北平：北平书局，1932

罗根泽. 孟子传论. 见：万有文库荟要. 台北：商务印书馆，1965

胡适. 中国古代哲学史. 台北：商务印书馆，1958

钱穆. 先秦诸子系年. 见：大学丛刊. 上海：商务印书馆，1915

H. Maspero, *La Chine Antique*, *Histoire du Monde*, Tome IV. edited by E. Cavalignac Paris, 1927

Fung Yu-lan, *A History of Chinese Philosophy*, vol. I. translated by Derk Bodde, Princeton University Press, Princeton, New Jersey, 1953

孟子研究集. 台北：中华丛书编审委员会，1963

陈大齐. 孟子性善说与荀子性恶的比较研究. 见："中央文物供应社"中国文化丛书. 台北：1953

成中英. 论孔子正名思想. 出版月刊，1967

苏振申. 史记仲尼弟子列传疏证. 台北：文化学院出版部，1966

法家与儒家政治哲学之对照*

——一个价值论的评价

一 争点与问题

在1974年，中国大陆掀起了一场“批孔”运动。① 这场运动彻底地全面地从马克思主义与毛泽东思想的政治意识来出发，明显地是想达成一项政治目的。孔子以及儒家之受到严厉的批评，是因为说他们复古，乃历史性的后退，以及所谓的阶级背景。把儒家放在历史脉络里，于是这种“批孔”及批判儒学，便结合了对经典时代法家的赞扬。事实上，法家是用来作为批判与扬弃儒家的基础。从马克思经济历史辩证观点把儒法两家之冲突，描述成一种阶级斗争。因之，整个运动便先设定了中国传统历史的马毛学说的有效性。这个学说描述自奴隶社会至封建社会的发展，在封建社会里，一切为地主阶级所控制。② 但是无论如何，这种马毛意识的分析方法的设定，却已隐藏着概念的混淆不清与问题的单纯化。这种设定，既不企图努力于获得对儒家与法家的发展的客观了解，也不期于获得在中国社会里，人类历史是怎样地演进的客观认识。

除了政治意识形态不论，环绕着在法儒两家之间冲突的真实性质，也有许多基本的争点。首先，是在经典的中国哲学里，“法”（Law）之一词混淆的问题：吾人可问，在何种方式之下，法家来认识“法”这个意蕴？这个“法”是用来达到怎样的目的？儒家又是怎样来看待“法”？儒家较之法家，在不同的立场与不同的目的之下，是不要“法”

---

* 原载《知识与价值——和谐、真理与正义的探索》一书，台湾联经出版事业公司，1986。原文为Chung-ying Cheng，“Legalism Versus Confucianism：A Philosophical Appraisal”，*Journal of Chinese Philosophy*，vol. 8，no. 3，Sep. 1981，pp. 271-299。本文由万先法先生翻译，曾发表于《中华文化复兴月刊》。

① 有关中国大陆“批孔”的理论性文献，请参阅*Chinese Studies in Philosophy*，vol. Ⅳ，nos. 1-2，1972-73；vol. Ⅴ. no. 3，1974；vol. Ⅸ，nos. 3-4，1978。

② 有关此一论说，可参见郭沫若：《中国古代社会研究》（北京，1964），吕振羽：《殷周时代的中国社会》（北京，1962）。

还是要“法”？澄清了这些问题，一方面便能显示法家的真性格和它的社会与政治目标，另一方面，也可在法家使用“法”的现代意涵下，阐释法家施于“法”之一词的负荷。为了正确了解法家，我将描述它怎样兴起，它的政治与社会控制的政策，最主要的内涵为何，以及法家怎样为其政策振振有词。把握了这些背景，我们方能了解为什么在历史脉络里要批评儒家，以及这些批评是否有效。

基于法儒两家的基本导向和哲学的信念，我认为它们之间存有一种最基本的冲突。我也认为法家虽然是有效地在秦代促成中国统一，但潜在的中国文化、价值和生活方式，在法家政体之下却不能发展，因而还会窒息与创伤。在这种意义之下，儒学不仅在理论上获胜，而且历史上也显示其力量远超过法家的洞察力。所以，基本上把握住儒学的真精神，以维护那植根在人性的基本价值，以及抵抗那显现在法家非人性化和社会统治过程的长期斗争，都是必要而充分的。察觉了这点，意涵着儒学不仅是历史上的需要，而且为着重建人与社会的正确了解，也有需要。在这种关联之下，我们可以知道儒家人文主义虽是反对法家，它是与法治和谐地并存，实在地它在人文基础上也吸收了法的规范。当法治和儒家人文并存时，在儒家人文主义之下的儒家民主，将成为抵抗法家暴政恶魔的最佳武器。

二　对马克思学派历史化约哲学（Historical Reduction of Philosophy）的异议

社会的性质以及在历史中社会如何演进，本是复杂的问题。这需要非常彻底的客观科学探讨，才能形成一些适当的答案。由于社会每一地不同于另一地，所以很难设定一种解释的程式，以期能够简确地适合所有社会而皆准。要是以为所有社会都是直线地依照某一固定的程式，从某一阶段演化至某另一阶段，这是不能一概而论的。但是，马克思的社会的历史演进学说，似乎就是提供这样解释的程式。当中国的马克思信徒把这种程式运用到中国历史的时候，很自然地产生一种对古代中国强制性的政治化的描述。很清晰地，没有理由，为什么一种循着人类学、考古学和社会科学原则而来的非马克思学派的中国社会和历史的学说，不能给古代中国社会一种更佳和系统一贯的描述和解释。马克思学派的研究方法把人类文化活动的每一面都政治化了，进而把这些活动化约到一种生产力和生产关系的经济层面。无论如何，一种文化或一种社会，构成一个有机体的整合。当它成长到一定复杂的结构，所有它的部分，血肉相连，互相依赖，没有一个现成的程式可化约这一个有机部分到另一部分，而不会破坏有机的整体。

如上所述，这是非常显明的，没有人真能够把哲学思想和人与社会的展望化约成若干狭窄而被界定的阶级利益的政治、经济的表达和主张，纵使我们假定若干经济和政治的情况可以引发或刺激许多哲学思想，以及哲学思想也可以促进许多社会与政治的识解以反映在某些政治或经济情况之下人类对价值的承担。把哲学思考政治化，就是基本上不承认什么是哲学。哲学固是社会和文化的产物，它尤其是理性与道德良心之产物。它虽是从历史脉络中展出，但在建立人所追求的理想目标，以及界定人所遵从的规范和规则方面，哲学仍能完成它的自主性和超越性。在这种意涵下，哲学是寻求绝对价值与普遍真理的，它天生是理想性与理想化的。

哲学思想有两大基本方向，标识出它能离开政治与经济而独立，而自主：(1) 哲学思想显现一种价值的识见。这识见固是从社会与文化意识表露而来，但它也限定了而且充实了这社会文化意识。当哲学扩展而为对人类必要和普遍的应用时，它便变为自主；(2) 哲学思想显示出人类精神的自由和人类的自我觉醒。它于人类经验不仅是调整性的、规定性的，同时也是构成性的，因之不能说完全是由社会和政治、经济来决定。

基于对人类理性与良知的反省，我们认知人类基本上是自由的。人类的自由，借着哲学、艺术和宗教来表达。由于人类不是事先被决定的，因之他们不能够化约到社会与经济的力量。马毛学派由于没有看清这一点，乃把儒家描述成阶级利益的表现，而不把儒家视为在群己层次上，表达一个社会的理想，以及表达对人类潜能能达到并实现人类社会的信念。哲学虽是独立于政经之外，但它也可作为政经的一个指导原则，为政治、经济提供基础。但它不是政经的奴仆，犹之它不是宗教的奴仆一样。马克思历史唯物论想化约哲学为奴仆，置于经济的控制之下，亦犹之中世纪的神学想化约哲学为奴仆，置于教会控制之下一样。在这两个例证上，哲学的化约，实即人和他的自主性与自由的化约。站在人的自由与自主的立场，我们必须反对这种化约。在透过我们对人与其理想之认识下，儒家与法家之争因而具备了重大的意义。①

三 “法”与“法家”两词之混淆不清

当我们考虑到法家与儒家之争议与冲突的时候，我们必须要问这“法”与“法家”两词是什么意义。我们或者每每把“法”误解成在一个现代的民主社会所立法的意义。我们或者又从儒家反对法家的印象来看，以为儒家是反法治的。事实上，中国“法”这个古字具有许多含义。从古代周初，或者早在商代，直到法家的时代，“法”字都是多方面的。怎样界定“法家”的“法”，不在于“法”的形式，甚至也不在“法”的内容，而是在“法家”的意识里，“法家”所预为假定的动机和意愿以及预有计划的目的与目标。只有依据“法家”的意愿与目的，才能得着一个法家的“法”的意义，或是相关于“法家”的“法”的意愿与目的的一个特殊内涵。然而我们必须认识“法”字有

---

① 所有哲学学派在一个意义下是历史性的 (historical)，但在另一个意义下却是非历史性的 (ahistorical)。在非历史性的意义下，哲学理论可看作提供了有关人类社会与人类个人意识的说明规范与模型。对儒法政治哲学对比之研究乃可看作对两个相反社会模型之研究。

其相当独立的意义；它在理论上，较之“法家”之“法”，在许多特殊的架构中，对于不同的目标、不同的意向，尚有其他的功能与决断。

假若我们探究“法”这一字的用法和意义，古“法”字原写为“灋”，我们便察觉它在古代典籍里有两个主要的意义与用法，像在五经四书以及在晚周其他历史、哲学著作里。一个主要意义，“法”不外乎是做事的“方法”或“模范”。因之，假若人要处事得当，人便须向之学习。“法”的此一意义，我们可以在《尚书》以及《墨子》书里找到。[①] 由此一意义引申，法可以用作动词，像“法”意谓效法或追随他人之典型。由此一意义再引申，我们也可说“法度”、“法仪”、“法纪”，甚或“法术”。在这一意义的关联上，我们也可说“法”含有许多预为决定的规范，因而我们可说“礼法”、“战法”与“平准之法”。在这方面，“法”之最好的定义，可见于《易传·系辞》：“制而用之谓之法”[②]。所以“法”仅是达成一种价值的客观结构或形式。它是任何制定的结构或是任何行政程序的一部分。我们将知道在这种意义下，儒家从未轻视“法”。事实上，“法仪”或“法术”之“法”，是一个古义或古制。儒家正像其他学派一样，虽未竭力阐述这个传统，但也未毁弃它，确已大部分地把“法”包含在政府行政中，成为其一个主要因素。

同样古老地，但在意义与指谓上较为狭小，那便是“法”具有罚典之意义。在罚典意义下，“法”字溯源于古“灋”字，依照许慎《说文解字》所说，“灋”为“刑”。[③]“灋”为两字合写，从水从廌去，平之如水，廌所以触去不直者。因之，刑的意义亦即法，乃是以力量使不直而直之工具。在《周书》与《周礼》中，我们都可找到参考，如“五刑之法”。H. C. 克里尔（H. C. Creel）认为“法”之一词，出现很晚，在《易经》、《尚书》里都无从找到。他是错的，因为他不了解“法”的意义早已含在“典”、“则”这些字眼里，甚至对“型”字亦然。所有这些字都出现在许多古籍之中，克里尔完全没有提到。值得注意的是，“法”具有刑典这个狭隘的意义时也可视作刑法。但刑法一经编成法典后，特别是在特殊的法规下，便成为法家意义的“法”。因之，在法家的意义，“法”字乃有其固定的意义，那就是“法”之一词是特别用作“刑典”或“刑罚”的“法范”。我们将见这种刑典为法家大规模地应用，且可以用以达到一种固定的目标。但这却不是在古代中国历史上传统地认为用刑法来达到的一种目标。

这两种“法”的意义的分辨是非常重要的，不仅可避免“法”之意义的混淆不清，而且可以认清在“法家”适用“法”字时，“法”的真正内涵，也可了解儒家在使用

---

① 请另参考克里尔所著 *Shen Pu Hai*（《申不害》）一书，芝加哥，1974，144 页以后。有关墨家选辑中的“法”的观念，请参阅本人所著论文：“On Implication（tes）and Inference（ku）in Chinese Grammar and Chinese Logic”，*Journal of Chinese Philosophy*，vol. 2，no. 31，1975，pp. 225-244。

② 《易传·系辞上》第十一章。

③ 参见许慎：《说文解字》，202 页，北京，1963。

“法”字时儒家的真精神。

四 法家之兴起及其基本献策

许多学者讨论一个思想学派的兴起与发源，总是以它的历史背景以及其影响力为词。但一个思想学派也是代表一种观点，一种想建立一套新的价值的努力，或是一种去执行它所主张那套价值的新方法。虽说由以往观点而来的历史背景与历史影响，说明了一种思想学派怎样地发源，但那并不一定就说明那一学派主要的发动之点，那主要发动之点包括所采用和有系统地所阐述的一种最显明的观点，以及它那套价值为何，还有它是什么方法，用以达成那套价值。我即将回答这些问题。①

法家的观点是一个绝对的统治者的观点：一个绝对的统治者要统治和控制他的国家，于是他可以尽力去获致权力与财富。统治者企求以绝对权力加诸他的子民，因而他必须建立极严厉的控制。他企求决定一切，而这些决定由他的子民服从与实行。他所拥有的权力可以满足他，因为他可用以作进一步的扩张。因之，他所拥有的权力可使他达到一种目的，一种使他在他一群同僚之中成为领袖的目的，或者一种使他能消灭所有和他竞争的力量的目的，这样他将可征服其他所有强敌而使天下之人统一于他的绝对权威之下。在这种意义之下，法家的观点就是联合所有分裂的力量而归顺于一个力量，以建立强有力的中央集权国家，在一人的统治权威之下。

为求建立中央集权，指挥列强，统治者必须树立一种行政力量，可以有系统地与有效率地执行统治者的命令。所以统治者也必须设计一个政府，同时采取一种态度、技巧或方法，借以有助于增加与保持统治者的权威以及行政效率。我们或可说法家的观念是一种行政或政府的观点。这种法家观点，无可避免地是功利的。它不仅导向控制权力之集中于统治者，与夫用策略、权术，以使此一权力之充分有效与令人慑服，莫敢反对，而且走向国家之积累物质财富与军事力量。由于富国强兵是法家的目标，法家的统治者或大臣们，必须有系统地制定每一政策及措施，使之与功利目标吻合。假若我们要问，在这努力于建立一个富强的国家背后，有什么理由与目标呢？答案是这样的：当一个国家变得富而且强，它便能征服所有的国家并统一世界。于是成为一个富强国家的目的，便是变得更强与更富。《商君书》中说：“今世强国事兼弱，弱国务力守。”② 又说：“名尊地广，以至于王者，何故？战胜者也。名卑地削，以至于亡者，何故？战罢者也。不

① 我们将就一诠释学观点回答这些问题，而此一诠释学观点，将引向对法家基本哲学著作如《商君书》、《韩非子》等的综合性解释，但就一哲学性的注疏分析，这些著作（也包含《慎到》与《申不害》）也各显示不同的法家思想系统。

② 《商君书·开塞》篇。

胜而王，不败而亡，自古及今，未尝有也。"①

在商鞅之时（公元前359—前338）存在着如何统一中国的一大问题。当商鞅为秦臣时，无可否认地，他已有雄心，欲使秦国成为中国之统一者，而且在秦之统治下，达成政治团结的情况。所以他力倡强兵与富国的主义，国家乃从事于征服的战争、一个为了统一的战争。依照强兵与富国的功利目标，商鞅有系统地制定了征召全民皆兵与增进农业生产的政策。此一政策，即所谓"农战政策"。谈到全民皆兵与战争胜利的重要，商鞅这样说：

> 民勇者战胜，民不勇者战败。能壹民于战者民勇，不能壹民于战者民不勇。圣王见王之致于兵也，故举国而责之于兵。②

谈到农耕，商鞅又这样说：

> 国之所以兴者，农战也。……圣人知治国之要，故令民归心于农。③
>
> 故圣人之为国也，入令民以属农，出令民以计战……富强之功，可坐而致也。④

实际上，商鞅所施行者，即"耕战合一"的政策，如此人民平时能耕，战时能战。这种征兵政策将把人民生活陷于一种状态，那就是所有的社会努力，其目标都为着达成国力与国富，以顺从一国人主之所欲与所控制。权力与财富，界定了法家功利观点的指导原则与价值。

最后，为了达到富强的目标，为了便于透过统治者自己的行政所控制与压抑的代理机构，以便利其成功，法家乃引进了"法"，作为一种利器、工具（据了解，即赏罚的法典）。虽说不可否认地，法家如商君以及韩非子，都广义地视"法"为一种行政、一种控制方法与策略——法家谓之"术"，这种术即是保持控制与权力的主要因素。但狭义地，他们更把"法"视作赏罚的法典，专为用作推行法家政策与措施的基本工具。作为法家的创立者，商君专恃运用赏罚制度，作为获致他的统治者集中权力、增强国家军事力量与增加财富的手段。在这种狭小的意义上，法家之"法"的特殊内涵，含有：（1）不论人民的地位或情况，使"法"普遍地施用于所有人民；（2）法可基本地运用于人民生活的主要范围；（3）使罚的条款尽可能为重罚。基于（1），法家之法有废除贵族特权，亦可建立在"法"之前全民平等的效果。基于（2），为着国家的目的，法乃从事于对社会与人民的控制与恐怖，而且广泛地限制个人自由与权利，如个人受教育的权利和追求个人的福利的权利。个人的权利，为着国家前途而牺牲。基于（3），法遂成了统治者为推行政策一种最有效的工具。统治者灌入一种畏罚喜赏的心理，强制人民顺从

①② 《商君书·画策》篇。

③ 《商君书·农战》篇。

④ 《商君书·算地》篇。

其意志。法家之法乃宪令著于官府而布之于百姓，如是透过人民服从法律的习惯以造成一种法警的国家。

法家从他们所了解的心理学与人性方面，来替他们正面地用“法”作辩说。像韩非子说：

> 凡治天下，必因人情。人情者，有好恶，故赏罚可用。赏罚可用，则禁令可立，而治道具矣。①

韩非子也概括“法”之要义，有如下述：

> 是以赏莫如厚而信，使民利之；罚莫如重而必，使民畏之。法莫如一而固，使民知之。②

如上所述，我已从商鞅及韩非子主要著作里描述与分析了法家的主要思想。我们必须认清法家虽有其传统，远溯自管子（公元前685—前645）；虽说法家思想也追溯到其他古代思想家，有如申不害及慎到，但商鞅与韩非子的思想与政治计划却不必全来自管子与申不害。譬如就管子论，值得注意的，管子虽亦以增厚国力与国富为其政府目标，并且也改进农耕，但管子并不压迫商人与商业，有如商君及韩非子一样。而且管仲也不反对用礼义作为教育与社会行为的原则，这又是与商鞅及韩非子相反的另一观点。再就申不害论，他所重视的是政府行政的技巧，而不是一种积极的刑典，也并不太迷惑于统治者的权力意识。③

在这种论点之下，我们或者要问，法家的计划与学说，有如我们前面所述，都是怎样执行的，是在怎样的历史、社会和政治的环境下加速他们的进展与实践。我们还可以问法家计划与学说之于中国历史及社会，其贡献如何，以及在哪些方面影响及于中国历史上后来的实践和观念。本文之旨，不拟回答这些问题。但可予说明的，即法家之兴起实因为时代之急切需要，实因为晚周的社会、政治与经济情况所致，使得法家在中国历史、社会与政府的过程中，有了很大的冲击。但是我们是不是就归结地说，法家学说在价值上优于其他学说，而且较有影响力？我们是不是说，其他学说是错误的或虚妄的，因为它们不能在那时候盛行？我们必须要站在个人和社会的立场，依据我们对人类和其理想的了解，以反映这些问题的价值。我们应该知道有关人在价值方面的自我形象与前途，是如何形成一种自然选择。所以，我们不应仅站在历史立场，也该站在综合的哲学立场来判断法家。这样我们将见法家有它功利的成功，也同时有它反人文的弱点和限制。我们应该阐明法家对人类社会的含义与其计划与学说预设的假定。唯有如此，我们

---

① 《韩非子·八经》篇。
② 《韩非子·五蠹》篇。
③ 此点也为克里尔所著 *Shen Pu Hai* 强调。

才能对儒法两家冲突给予一个公平与较为确切的评价。因此，我们将于下面检视儒家哲学与其为政之道，并看到为什么中国社会拥护儒家，如何相信儒优于法，以及如何法家最后终被扬弃、儒家终被接受为一般教义。

五 孔孟政治哲学及其根据

春秋时代（公元前722—前481）被称为大转型时期。其特征为周朝王纲解纽，各封建国家之间权力斗争，古老的伦理及经济秩序迅速崩溃，以及对价值的广泛追寻。这是一种连续遭遇着不连续，怀旧遭遇着维新，理想遭遇着现实，信仰遭遇着知识，意志遭遇着理性以及自私遭遇着开明思想的时代。就在这样的时代，我们看到儒法两家之相争与冲突。在处理儒法两家的真实关系性质以及它们的冲突之前，我们必须认清儒家哲学在它那个时代所根据、所感受与所诊断的社会和问题，很显明地都不同于法家。为了要很清晰地了解儒家哲学，我们唯有很审慎地分析并衡量孔孟本人的著述和观点①，而不要引进所谓他们的阶级背景或他们政治目的的那种任何预行设定的说法。

在与法家对照之下，法家提出改革计划，完全是从国家与统治者的观点出发（一种统治者中心或国家中心的观点），而儒家之欲改革国家与社会，则是从人文观点出发。所谓人文观点，吾意乃指此一观点着重个人与社会的重要性，人类个人与社会价值超过政府以及国家与其统治者的利益。孔子从未否认统治者职位的重要。他的人文主义的使命，是说一位统治者必须看到人民的重要性与社会价值。因之，一位统治者能够努力领导政府依照人文精神而行事。也因之，我们可以说孔子是以政府与国家为“泛爱众而亲仁”的工具。只有在这种基础之上，政府乃可以说有其存在的价值，而为人民所接受。孔子要求一个政府与一国之君以全民利益为怀，以实践人类价值为目标，这样便是仁政与仁君。仁的思想亦如人文思想（把人当人的内在与普遍性的价值），乃是政府与社会的真实基础。只有这样，真实秩序与和谐才会跟踪而来。

什么是仁？依孔子之说，仁者“爱人”②。爱人便预为假定地承认自己以及他人的主体性。个人与个人相偶，经由共同人性以形成团体，这对孔子说是一历史事实。“爱人”是以人为一目的，不为一手段。这是认定基于普遍人性爱人是一种价值，也唯有在爱人的过程中才能体现并完成自我。以下的对谈，将使孔门仁的学说益为清楚：

> 子贡曰：“如有博施于民而能济众，何如？可谓仁乎？”子曰：“何事于仁，必也圣乎。尧舜其犹病诸！夫仁者，己欲立而立人，己欲达而达人。”③

---

① 吾人将根据儒家哲学的古典经文——四书以申论孔孟哲学思想。

② 《论语·颜渊》第二十二章。

③ 《论语·雍也》第三十章。

这是很明晓地，仁是修己，然后推己及人，但是修己亦是及人。可以说仁是发现自己本身的普遍性价值与承认别人的普遍性人性。这就是废除自私、自我中心与一己的孤僻。因此，仁便是一种自我完成和自我体现的过程。这便是己所不欲、勿施于人的原则。结合仁之积极面与消极面的原则，我们称之为“忠恕之道”，或如《大学》一书称“絜矩之道”。人能知道人际关系是交互相关，而且透过恕道，以己待人，这并不待远求。它内在于人性。这仅须个人略加反省，便可确知。所以孔子云：“我欲仁，斯仁至矣。”①

虽说孔子以为仁深植于每个人人性之中，而为个人道德之深基，孔子也认为仁乃是良好政府与社会之起点之基础，这最少可从三个重要方面来了解：（1）假若每个人在社会上行仁，社会自然会趋于有秩序，政府也自然会运行无碍；（2）君仁莫不仁。君主尽力以导引百姓于行仁，必能达致良好的政府与社会；（3）国君行仁，可以诱致上行下效。所以孔子答季康子为政之问，有云：“子欲善，则民善矣。君子之德风，小人之德草。草上之风必偃。”② 在行仁的方面，修身便是良好政府的开端。当孔子论到修己，他便指出“立己立人，达己达人”。要修己显诸仁，只是以敬诚之心存之便够了。在修己之基础上，自然会走上良好社会及良好政府之路。所以孔子的君子之道，即是“修己以敬”，跟着“修己以安人”与“修己以安百姓”③。概括言之，仁便是修己的意蕴，而修己的过程，亦即是实践仁的伦理与仁的政治的基础。

在我们所描述孔子为政的人文观点基础之上，像孔子深信良好政府肇自良好个人，而良好个人具有为善的力量和能力，我们可以知道孔了为政治改革与社会重整的所有献议是怎样不同于法家。

儒家仁的导向的观点，是反对法家以统治者为中心的观点。后一观点依恃权力和控制，也否定个人的价值。我们可以说儒家的观点是内省的，而法家的观点是外缘的。就儒家深信个人透过己立立人来达成良好政府而论，它的观点不可避免地要反对法家，因为法家深信国家及统治者比诸个人要来得重要，也深信为国家而改造个人是必要的，但为着个人而改造国家则无必要。我们可称儒家观点是一种体现的（realizational），法家观点则是一种强制的（impositional）。最后，儒家认为普遍的人文主义是一种标准的行为，可以在所有人之间展现、扩充与实践。儒家也反对法家主张没有普遍性的客观价值标准的说法，而认为所有价值都来自依统治者的意志与权力利益所制订的法律。我们或可说，这种比较即是“自然法”与“实证法”之比较。儒家认为人类规范必须符合并植根于人类天性及理性的自然法，也必须是个体可以变更，大众可以适用，而在法家则否定这些，认为人性并没有一种积极价值内容，而且人类理性在善恶或是非之间也不能予

① 《论语·述而》第三十章。
② 《论语·颜渊》第十九章。
③ 《论语·宪问》第四十二章。

以内在的区别。①

为了儒法两家之对照得窥全貌，我们还可以指出，孔子并非无睹于社会需用规则来管理人类行为的必要。不过，对这些规则，他称之为“礼”，而非称之为“法”（赏罚之法）。虽说“礼”之存在有其历史的社会的特征，我们仍然可以给予儒家的礼的规则一个普遍性的含义，独立于历史的及社会的脉络之外。“礼”一般被描述为一种人类行为的客观原则、典范或规则，由仁的体念而来。“礼”根于“仁”，亦为在社会的和政府的层面上践仁的工具。所以礼亦可了解为植根于“敬”，植根于人对秩序、和谐之企望以及人在尽伦的一种和悦的相互关系中。礼是组织性的与规范性的。它显现人类的普遍情感，但也要保持个人在社会中的相当地位。在最终意义上，它是认同于人与他人交往时对人之尊严之尊重。所以“礼”又是前文所谓内省的、体现的和人文的。自然，“礼”是特殊化的，而不像“法”是普遍化的。这是因为“礼”对具有社会化的人性的个人，较之仅对独立于社会脉络以外之个人，更加重视。在这种意义之下，毋宁说，“礼”是具体的普遍化（concretely universalistic），而不是像“法”一样抽象的普遍化（abstractly universalistic）。就“礼”言，统治者并不需要强制人民遵从其意志。就“礼”言，人民是自治，是克己复礼，因而形成人与人之间的和谐。所以“礼”对政府的效能是一种祥和之气，来自自身，而不是由外在强制引来秩序。故有子曰：“礼之用，和为贵。先王之道，斯为美，小大由之。”②

在这种关联下，我们可以这样说，孔子回顾历史上良好政府的典范，乃倾心于传统的价值系统与建制，以建立良好政府。这样来说，他只是对历史回顾吗？是不是他也承认他那时代变动中的社会的需要呢？答复这两个问题，应该是说，孔子虽在他的政治改革的理想中有保守的一面，同时他也具有高度的创意。他警觉于社会变迁，但对他来说，变迁并不意指着放弃潜在着所有人类成就中的普遍及永恒的价值。他认为他那时代的社会变迁，只是为发现与肯定人类普遍价值与永恒真理之一机缘。所以他从事于赋予这一普遍意义以若干名称，像仁、德、君子等。这也可说赋予“礼”的观念以一个新而普遍的意义。孔子承认“礼”有它的起因，应随着不同时间与需要而改变与修改。但他却坚认礼有它的普遍内涵与意义，而不可改变。③“礼”是常轨与价值，它指导社会与表现人性。在这样意义之下，甚至可以说他的保守主义即是创新。他竭力强调在社会变迁的过程中文化的持续。他并提醒他那个时代的人，斯文之丧即有个人“认同意识”失落的危险。一个最好的例子显示出孔子的创新思想，那便是他赞许管仲之为一仁人，虽然管仲的作为不恰是一个圣人的作为，管仲相桓公，罔顾周室而一匡天下，但管仲如此行

---

① 此一区别对理解儒法两家哲学基础有重大意义。

② 《论语·学而》第十二章。

③ 译者按：成教授此一解说甚精确，如《论语·为政》第二十三章，孔子即谓殷周之礼，可以损益，但其或继周者，虽百世可知，则不可损益。

为，却可以挽救即将到来的政治混乱与夷狄入侵。此诚管仲之力也。①

当我们论到孟子，我们看到孔子的人文主义与政治哲学，至孟子而更有确切而有系统的阐述和敏锐的界说。孟子在仁的显现、肯定、集养、扩充和实践各方面都提供一个很清晰的形而上的价值论的基础。最值得盛称的是孟子言性善，他一直企求以显示他这一论点是怎样可以建立起来。所以在孟子，人性善不仅仅是一个可欲的目标，也是一个人类生活很浅显的事实。在这种基础上，他辩论说，好的政府很严格地是来自好的统治者；一个好的统治者是以善政治民，以善行教民。

为求达到良好政府，孟子很明白地阐述了下列几方面：（1）他严守义利之辨，反对言利是一个好的政府的要件。事实上，他认为国家之乱乃源于上下交征利，而不言义。在这一最重要的论点上，我不拟在此详述此义，但我们可以说孟子视“利”为代表统治者利益的观点，而“义”则为代表所有人民利益的观点。所以义利之分辨，实即站在统治者为中心的立场与站在人民或社会为中心的立场之分辨。言义，一个统治者，必须视人民之好恶为好恶。在此一意义之下的义，无疑地根于孔子所主张之仁。孟子单独提出“义”是一个特别关于他人以及全民的幸福的行为之原则。（2）孟子非常显明地着重于孔子的教育需求。教育为良好政府之根基。教育不是在政府或统治者方面用来控制或操纵人民的，而是人民自己借教育以自律与自新。假若一个政府不教民，则此一政府可谓为未善尽为民之责。这显示孟子以个人与人文为主旨的政治哲学。（3）虽说孟子重义轻利，以及反对教育讲控制，但他对于社会与经济计划之须提供人民确实的利益与娱乐，以安定其生活，使之能追求生活之最高目标，并不盲目。他的名言“苟无恒产，斯无恒心”，反映了他对生活经济基础的最主要的关怀。他甚至提出一种为人民生活设想的经济援助与社会援助的计划。所以他是实际的，但不是功利的。这显示他在探讨政府功能方面，是一种彻底地人性的、人道的精神。这也显示儒学除了遵行“礼”以外，怎样还能体现制度化方面的计划。

孟子在维护往古的典章制度上，或显得保守。但我们须从理想的意蕴方面去了解他。他诉诸那些典章制度，是以之为例证、为典范，而不是以之为绝对的政策。事实上，他在为政方面的人文观点，其创新意念亦如孔子。甚至较之孔子，尤为显明地，他主张在一种社会里民为重、社稷次之、君为轻，故君最不重要。这种观点，无疑很清楚地显出儒家为政的人文的与民主的关怀，正好与法家反人文与反民主的学说相反。②

---

① 参见《论语·宪问》第十七章。

② 有关对孟子哲学更细致详尽的理解，请参见拙文《我国儒家中孟子思想体系》，收入《中国哲学与中国文化》（台北，1974），83~135页。

六 荀子是儒家吗?

近来在中国大陆所发表的文献里,荀子被描述与被称为一个法家哲学家。[1] 因之,荀子与商鞅、韩非子同列为一派,代表着法家传统,以与儒家传统对比。荀子既常常被称为儒家,而他也自视为儒者[2],指荀子以及描述他为法家,或者根据他的渊博著作说法家观点乃源于他,似乎不公允,而有误导之嫌。就历史事实言,无疑韩非子以及为秦始皇首相的李斯曾师事荀子,但吾人不能据此理由,遽称荀子为法家。相反地,这将是适当而自然的,那就是韩非与李斯都受了作为儒者荀子的影响。这也是真实的,荀子言性恶,韩非与李斯都接受了这一主张,作为他们法家为政和社会控制的献议的学说基础。但是很难就这样便认定荀子为法家。荀子的人性论只是使得他重视教育、修身和以礼为激励道德与改进道德的适当制度。所以,我们应该问,我们真的有充分的理由,来说荀子是法家而不是儒家吗?荀子"礼"的观念是否涵盖着法家"法"的观念呢?是否在荀子著作里,对法家之"法"有所侧重与辩说呢?我将在下文简单地探究这些问题,并显示荀子毫无疑问地是一个儒者。因之,名之为法家,既是歪曲,也是谬误。我将应用前述判断儒家反对法家之准则为讨论的标准。

首先,荀子主张教育的重要以及个人在社会上的求取学问的重要。在他的名著《劝学》篇中,他主张学始乎诵经,即研讨《诗经》、《尚书》与《礼记》。他劝每个人学习为君子,终乎为圣人,这又是儒家的理想。他的《性恶》篇是一项根据他所观察得来的经验学说,就像其他学说一样。这种学说,传统地被视为非儒家的,因为它有悖于孟子性善说,而性善之说早为儒家所接受。一种学说之为儒家的或非儒家的,要视其动机与顺乎逻辑的结论为何。在荀子,他的人性论确证他是重视教育与隆礼。这两个论点都是儒家的精义。儒者之学都深信人的至善性,而荀子透过他的劝学和修身也从未显出他丧失这种信念。他甚至撰写一专篇来讨论修身的意义和过程,在那专篇里,孔子自省方法都被精当地涵盖了。[3] 再者,荀子也相信个人品性的社会调节和人的理解与理性之内在能力。在这二者,他认为人充分能够完成优美的个性与社会完整的秩序意识。他的人性论,经常被误解成使人陷于无望和完全依靠外境。这样看来,其学说便似是法家的,可与韩非、李斯对人之命运的看法相埒。实在说来,荀子学说不过在阐明人性如不善加指导与训练,从社会观点看来,将会导致不是道德上所不欲的行为,便是在社会上所不能接受,亦即反社会的行为。这种学说乃假定我们需要社会规范,我们应该发展与运用这

---

① 请参见 Táng Hsiao-wen, "Why is Hsun Tzu Called a Legalist", *Chinese Studies in Philosophy*, vol. 8, no. 1, Fall 1976, pp. 21-35。

② 参见《荀子·儒效》篇。

③ 参见《荀子·修身》篇。

些规范，用以陶冶人之品性，使人能适合这些社会规范。

其次，荀子“礼”的观念，并不同于法家“法”的观念。在荀子的《礼论》篇，他描述礼如何源起，以及礼在怎样之基础下建立。① 他指出礼乃所以度量分界人之能欲与能求、人之不能欲与不能求，其目的即在避免因所欲所求而引起之纷争战乱。所以荀子描述“礼”是一种社会规则的制度，用以“养人之欲”与“给人之求”，“使欲必而不穷于物，物必不屈于欲”②。他说礼者“养”也，礼的制度是“分”。就荀子言，我们可以说礼就是规则与礼仪，在社会里结合并引入以调适人欲，使之造成和谐的人际关系、良好的安适与优良的秩序。所以在荀子，礼是维持社会秩序所必需，也就像礼是维持人的生存所必需一样。在这一意义下，荀子以为“礼”是基于生命的关怀，基于对天地间自然事实的观察，以及基于对祖先与君师之教的虔诚。古君主都是为了社会目的而制定了原初之礼。

在这样认清“礼”的情况下，荀子给予“礼”之源起一种合理的解释。也在这种情况之下，像孔孟一样，他并不反对去寻求古代好的礼的传统。他进而认为“礼”是修身之具，同时他也强调在教育过程中“礼”之重要性。他说：“礼者，所以正身也；师者，所以正礼也。”③ 他常常以“礼”与“义”和“法”连言，像“礼义”、“礼法”。关于前者，自然是涵示儒家的态度。但后者是否有一种法家的意涵呢？回答仍是否定的。“礼法”既不是在“礼”之形式下的“法”，也不是在“法”之形式下的“礼”。“礼法”仅是一种礼的典范或规范。因为荀子认为礼不只是一种内在情识与个人习惯；礼有它的客观地位，在人与人的行为之间，它是具有充分调整性的与规范性的权威意见。它不像“法”之具有赏罚法典的相同意味，好像“法”是一位自称朕即法律的统治者加诸社会的。礼是透过教育导入，透过修身完成，并透过理性强化。它有其改善个人以改善社会与政府的目的。所以论及“礼”之动机、目标及其可以想象到的影响，“礼”都不与法家之“法”一样，因为它与法家之“法”毫无显著共同之点。

虽然荀子在其著作之中也用“法”之一词，其主要意义与指谓则在“礼”之典则，行为之规范，或者政府组织和制度之法度、方法、原则。所以法是紧扣着“度”与“制”等名词而言的。简言之，“法”是“礼”之一种系统，亦为着社会有秩序的运行，用来管理执行公正的分配与制度化的常范的种种原则。就“法”之理性意义论，也可指出法源于礼。它不是统治者意志的显现。故荀子说：“凡事行，有益于理者立之，无益于理者废之，夫是之谓中事。”④ 在《荀子》一篇论到政府制度的名作《王制》篇里，

---

① 请参见 Antonio Cua，“Dimensions of Li（Propriety）：Reflections on an Aspect of Hsun Tzu's Ethics”，*Philosophy East and West*，vol. 29，no. 4，1979。

② 《荀子·礼论》篇。

③ 《荀子·修身》篇。

④ 《荀子·儒效》篇。

荀子将“礼”与“义”视作组成政府的两大主要的价值。[1] 但他谓王者之政制乃遵守常轨，夫是之谓法。他论到“王者之制”与“王者之法”[2]，其意仅在维持衣服、宫室、丧祭、器用、声乐、等赋以及通流财物之商贾等等古制。这就是归属于我们前面所述最原始的“法”之意义，但这不是所谓赏罚之典之第二义，而此第二义亦如我们前所述，乃为法家视为第一义者。

荀子也确用“刑”字，指罚典。但他的“刑”字仍是儒家“刑”字的精神。他说：“听政之大分，以善至者待之以礼，以不善至者待之以刑。”[3] 他并不主张用赏罚的法典来替代礼义，但是在政制里有“刑”的适当地位。这不仅是“礼”与“刑”并行于儒家，而事实上是古制的延续，此古制是儒家所认同的。

最后，我们必须指陈，从国家统治者立场来看，荀子并不是一个功利主义者，而法家则必是。相反地，荀子遵从孔门利义之辨，并主张仁义的考虑应超过利。他说“君子之求利也略”，又晓示凡人当“利少而义多”[4]。在荀子那里，一个君子乃是能以公义胜私欲。[5] 因而君子唯仁之为守，唯义之为行。[6] 但从国家与社会整体观，荀子显出国富民亦富的最大愿望。他以为国君应依礼义以为治[7]，并应不重税、节国用与不违农时，以寻求民富。虽然荀子并未谈及扩大贸易商贾，却主张货物粟米能畅其流，以适合人民需要。[8] 他虽说到减少商人人数[9]，但他并未主张压抑商人，如法家之所为。他的经济观点以及他赞同保护农夫与人民利益的政策，都是契合于儒家以及原始儒家善良政府的理论及理想。

我们于上文已讨论到荀子政治哲学的主要方向。我们可以看出荀子政治哲学中还没有一点可认同为或而代表了一个法家的立场。最应注意的乃是，以上的分析显示了儒家的基本观点是与荀子所陈述的和所辩论的完全相契。荀子哲学是人文的、反功利的，并代表人类个人的以及整个社会的立场，并正是反对国家统治者纯为寻求他们自身私利的立场。荀子显示了下列信念，即社会不可能由国家独裁变得良好，而只有当个人有了良好的教养，社会才会良好。他并未否定古制，也未诋毁古之圣王。虽然他赞同我们可法后王而自我创建，但他从未有意于轻忽先王之经验、粲然之准则与成就。他之重视礼义，正反映了这种态度。就人之可塑成至善性方面论，荀子是一位内省者与自由意志者，这是无可置疑的。所有这些论点都可获致明显的结论，即荀子是一位大儒，他所持见解为儒家的，较之孟子毫无逊色。称荀子为一法家，纯是一种错误。

---

①②③ 《荀子・王制》篇。

④⑤ 《荀子・修身》篇。

⑥⑦ 参见《荀子・不苟》篇。

⑧ 参见《荀子・王制》篇。

⑨ 《荀子・富国》篇：“轻田野之赋，平关市之征，省商贾之数，罕兴力役，无夺农时，如是则国富矣。”

七　儒法两家冲突之真正性质

儒法两家在精神上与实质上之相互反对，这是无容否认的。它们甚至可说相互冲突，彼此都以对方为不真实。在论政的目标，彼此都以对方为谬妄。弄清了它们之间最坚强的理论冲突，以及弄清了自孔子时代以来，儒法两家历史上的争斗和敌对，我们必须承认与了解为什么这种冲突、敌对与争斗总是存在，怎样此家当权就排斥彼家，以及在什么变异的环境与不同时代，又使得彼家击败此家。

假若我们回顾儒法两家的理论内容，就可知道它们含着彼此反对的观点。儒家是民主导向的、社会导向的、内在的、个体倾向的、教育化的、体现的以及启发的，而法家是决定论的、极权导向的、统治者导向的、操纵的、国家管理化的以及外在化的。基于儒家与法家观点之不同，它们的宗旨和目标全然不同，它们引进两种完全不同的政府形态、社会形态与个人形态。因此，它们需要两种不同形态的统治者。所以，我们可把这两种思想系统，视作政府、社会与个人的建构的两种显然不同的模式。自然，在政府与社会尚有其他种种模式。举例说，道家及墨家的模式。我们依照人文主义（意指人的个人尊严及其发展，都被尊重为终极价值）与人道主义（意指政府努力于裨益于全社会，而不是许多其他外在而抽象的实体）的准则来作一亮度式分析，来类分一下这些模式。我们很容易断定儒家政府的模型是一个彻底地人性与人道的模型，而法家政府模型是彻底地反人性与反人道的。它们完全站在两种不同的光谱的极端。事实上，我们可以借着它们确认与否定人文主义与人道主义，来解释儒法两家主要的差异，那就是人性、自我完成，以及以内在德性、社会和谐为终极价值的确认与否定。儒家愿看到人在社会上发展成一个道德的自治自主的实体，也愿看到在道德的自治个人之间，社会是一个建基在互助互敬上的秩序，也愿看到国家的统治者像一个圣王，致力于个人与社会的发展。法家则不然，它要国家统治者去裁断个人与社会价值，使这些人与价值都服从于一个非人性化的控制系统，以满足于外在目标，个人与社会都随着这外在目标来评估其价值。

现在我们遭遇的问题是政府与社会的模式，依据什么来作选择。我们要问，人为何应该选择儒家模式以替代法家，反之亦然。问题的解答，始于我们该放眼于理性的事实，然后再看哪种模式最适合于我们人性以及人类的潜能。作为人类，我们能够反映自己的经验与所有人类的历史经验，以期决定什么模式的政府最具价值与对我们人性最具真实。明显地，儒家提供的一种模式是基于普遍的人性，而且诉之于我们的内心。同时也明显地，作为人类，我们不能否定我们期望一个政府是人性的，也是人道化的，它承认个人自我完成的个人潜能以及这些发展的自由与平等，同时它能提供并保证为达成这些价值的机会。假若我们承认儒家为人性化及人道化的模式，我们应该无疑地承认儒家乃是导引一个社会与组成一个政府可欲与真实的基础。我们也该以相同理由，在人类长程目标上，来反对法家为不可欲与不真实，因为它在人性化与人道化的根由上暴露了危险。

这是确实的，人类历史曾显示法家为政的方法管理一个既定的社会，有时候颇为成功，而儒家为政模式则失败了，甚者被弃在一旁与备受责难，几致大家不识其存在。一种法家模式的暂时成功是由于历史的紧迫性，在那里人性失落了，个人臣服于不幸的灾祸、困境和混乱，就像不断的战争和贫穷。这些都是个人毫无提防的，个人也无暇来发展一种重整与重组的力量。这便是秦之成功确切的例证，秦朝即是在法家哲学指导下，在公元前221年统一中国的。秦始皇在一个反人文与反人道的基础上，建立了第一个法家的政府与王朝。秦朝成功地统一中国，为后来历史上获致许多重要的成果。但这并不使法家免于责难，说它把一个政府变成对人文与人道社会发展的伤害。秦祚之短，显示这个王朝的存在紧迫得亟须改弦更张，而且仅是完成一项历史任务，并没有完成人类和社会的内在与普遍的目的。秦代法家之治，不仅当其历史的紧迫情况一改变即不能延续，而且在人类再觉醒与社会需要之情况下，它的合法性也遭到考验。历史会为自己说话的。由秦至汉，很快地朝代转移，是一个不可避免的历史事件。在极短期间，儒学在指引政府目标的价值重现光芒，又被承认了，同时为着政府与社会的儒家哲学及其模式也被采用为官方的思想意识。

这是颇堪玩味的，当法家批评儒家，它的批评却是根据一时紧迫情况，因而缺乏普遍的有效性。所以在《商君书・靳令》中，我们看到对儒家的批评，认为假若国有六虱（礼乐，诗书，修善孝悌，诚信贞廉，仁义，非兵与羞战），则在富与战两方面，必极趋于贫弱。商鞅之批评显然是根据他的内务增产、外务备战的政策，也就是根据他认为那时代特殊状况的重要。但是这种批评却昧于在人类生存和人性发展下儒学的普遍性的价值，它的有用性和需要。同样，韩非用了同样方式的论辩以反抗儒家。这些论辩，不是论据未定，便是无见于在一普遍的事实基础上，人性与社会发展的价值。另一方面，当我们转而看到儒家怎样批判法家的计划或者儒家怎样驳复法家论辩时，我们看到儒家是从一个普遍性的基础上来提供一个观点。这普遍性的基础，便是根于承认人性和社会发展的价值独立于历史的紧迫性和时代的特殊需要之外。所以，孔子批评法家的设施只能使人民苟免刑罚，但仍无羞耻之心。① 孔子建议假若道之以德，齐之以礼，人民方可有耻且格而趋于善。同样，孟子说法家“以力服人者，非心服也”②。孔孟的论点都是明朗的。法家政府在使社会有秩序上或可成功于一时，但其所获致的社会秩序是由外力强制而成，并非由内而生，因之不能持久。事实上终会崩溃，因为这是违背人民内在的愿望。荀子也有过对法家相关的评议。他说：“慎子蔽于法而不知贤。申子蔽于势而不知

① 《论语・为政》第三章：“道之以政，齐之以刑，民免而无耻；道之以德，齐之以礼，有耻且格。”

② 《孟子・公孙丑上》第三章。

知。”① 这意味着法家为一隅之见而无以窥事物之全。总之，儒家有一个历史与社会的整体观，是在人性的普遍性形态之下来看政府。或者可说它是理想主义，但我们之需要理想化的识解和理想主义，这是一个事实，它是构成人类整全的主体。否定了理想主义，便是否定了人性的一个主要部分。审察儒法两家之间相互的批判，表明了这两种政府形态之冲突，即是在排他主义与普遍主义之间，以及在为着全人类整体及其性质与价值的整体观与为着部分目标而采取无情的控制手段之间的冲突。撮要言之，这即是人文主义与反人文主义（虚无主义）之间、人道主义与反人道主义之间的冲突。马克思主义者根据阶级斗争来解释这种冲突，乃是把儒家的真性质弄得含混，形成一家之言。

八　结论：儒家人文主义能否在现代世界与科学及法治相结合？

儒家既在古代谱出所向往的理想道德秩序，而对现代的创新有了若干保留，这便发生了儒学在这争相接受科技发明以及以新奇与进步为口号的现代世界里，是否与之相调和的问题。在我们已经描述了儒学的精要义蕴之后，回答这一问题并不困难。儒家的人文主义是完全调和于科技的，而且儒家也能站在适当的地位，善用科技。关于儒学最重要之点，便是儒学提供一种达到与制定评价标准的观点，并提供一种相关于人、社会及政府的判断价值的优先尺度。儒学观点也就是以人的主体性来调和科技的客观性。依照这一观点，科学是在改善人与社会，它也将为这一目的而发展。政府是一个评估机构，它努力于促使科技的人文目的能够经常达到。为了不要让科技剥夺人类或为害人类的自我充实的潜能，因而把人当成科技榨取的目标，那么科技必须人文化（humanized），而为人文的与人道的运作。科技创造与释放能力，供人使用，不是把人置于科技控制与操纵之下。儒学观点保证了科学知识的发展在人类社会中的适当地位。

诚如本文前所指出，儒家为政模式是社会导向的，倾向于个人的自我完成。这是具有个人与社会二者的观点，认清了二者在相互发展与完成中的相依性。不仅于此，它也认清了政府与统治者都应以这种相互发展为其主要目标。这种观点是否民主？或是否与我们所了解的现代世界中的民主制度相契合呢？答案也是肯定的。虽说儒学没有为现代民主政府发展出特殊的运作程序，但它很易于承认民主政治为人的人文化和人道目标的最佳满足提供了最适当的政府形式。甚至在儒家《礼记》一书里，世界大同的理想是被宣称为人类的终极目标。这个理想的可能即是依据天下为公这种体认得来的。②

在儒家人性普遍化的学说与儒家人文主义与人道主义的一般原则之基础上，照着儒家人文价值的架构，来引进与植根民主制度与其设施并参证实施，我们实看不出有任何

---

① 《荀子·解蔽》篇。

② 参见《礼记·礼运》。

理论上的困难。同样，把科技引进与植根于儒家价值系统与其评价的标准之中，我们也看不出有任何理论上的困难。

在结论时，有人或问法治是否调和而且适合于儒家的伦理、人文信念与自然法的立场。要回答这一问题，我们必须记住“法”之为赏罚法典的积极意义与“法”之为社会行为规范的制度化的一般意义二者之间的差异。我们了解儒家从未怀疑在一般意义上的“法”之重要性。没有法的规则与结构组织，一个政府将不可能组成与发出功能。同样，如没有规范性的认可与禁律，一个社会也将不可能有秩序。但是儒家所坚持的是，在引进任何组织于政府以及任何规范于社会时，我们必须了解这一组织与规范将以服务于一般人文化与人道化为目的。它必须保持个人是一个自我实现之个人，保持社会是一个维护与实现人文化的网状社会。换言之，必须由基本人类价值来领导规范、制度或组织的立法。理想地，这些为了建构社会与公共行为的规则，借着学习与教育，内在化于社会中的个人，并作自我的调节。在此意义下，这些规则称之为“礼”。但就广大面基本人类价值而论，从民主与社会观点来看，用儒学来涵盖法律的立法并无困难。假若民主的法治真正相关于儒家的目的，法即可看成规范性的礼与最具一般意义的礼。最重要的问题，是要问法治是否遵从或实行政府的人文化与人道化的目的，以及作为规范社会走向人文化与人道化目的的手段时，它是否真的人文化与人道化。要回答这些问题，一种对法律与政府的人文化与人道化的批判，是必须不断地予以进行的。

为着强调儒家对“法”的正面态度，下述各点是需要指出的：(1) 儒家并没有不爱法律的传统。它承认刑罚法典的需要，不过它反对不公正地扩大以控制人类行为，剥夺人之自由与道德自主性。这就是为什么儒家有异于法家并反对法家。儒家寻求把法置于适当的用途而且要在人文价值架构之内。这就显示儒家化的法律便是一种“人文化”法律的过程。自汉以来，中国法律的长期历史，便是如此。① (2) 儒家的政府哲学便是探究终极价值与一般原则。它在政府及社会组织上，无意于提供一种策略的体制或严谨的立法。它给予个人统治者自由去采取弹性措施，俾能适用于不同的情境。虽然儒家承认在特殊情况下从权措施，但它仍坚持为人性与正义所订下的一般原则的绝对价值。这意味着依照儒家观点，成文法可以制订，但这些法必须根据许多自然法对人性的关怀。当代法律学学术研究，讨论成文法与自然法之分合，使得儒家观点特别有关。② 甚至可以建议，儒家观点可以提供这种综合的基础，就像它能提供法治可交互作用于人类价值的道德的基础一样。(3) 儒家认为好人与好法同等重要，但前者比后者更重要，因为没有前者，好法也会被忽视或滥用。有了前者，好法会被引用，也会被善加运用。这一论点是非常具有建设性的，它点醒我们法在积极意义上是人所创造，其目的在服务人群，是

①② 请参见 Herbert Ma (马汉宾)，“Law and Morality in Chinese Theory and Practice”，以及本人对马氏论文之评论，*Philosophy East and West*，vol. 21，no. 4，1971。

人经常创制法律。这并不意涵人不需要法律。事实上，这意涵好人创好法。什么是好的，无疑地是由社会所引进与认可。不仅科技之需要“人文化”，法律及立法也需要并应该“人文化”。儒家人文主义与人道主义提供了这种“人文化”的一个脉络与架构。透过这个脉络与架构，人类价值与法治不仅并存，且可以组合起来，以达到个人与社会的理想结合。

简述理解《性情论》与思孟荀哲学的统合*

上博竹书《性情论》提出观、比、体、理的方法来说明人性的起源与人性的属性问题，获得天降命、命出性、性生情、情始道的看法。此一过程当然同时需要人性内在的与外在的条件才能满足做到。此一认识甚为重要，因为这是说明孟荀相异的人性说的起点，但也是二者可以统合的要点与枢纽所在。学者不可不察，如此方能掌握孔子创始儒学的真谛、整体与全貌。

简1—9：

> 凡人虽有性，心亡奠志，待物而后作，待悦而后行，待习而后奠。喜怒哀悲之气，性也。及其见于外，则物取之也。性自命出，命自天降。道始于情，情生于性。始者近情，终者近义。知情者能出之，知义者能入之。
>
> 好恶，性也；所好所恶，物也。善不善，性也；所善所不善，势也。凡性为主，物取之也。金石之有声，弗扣不鸣；人之虽有性心，弗取不出。凡心有志也，无与不可。性不可独行，犹口之不可独言也。牛生而长，雁生而伸，其性使然，人而学或变之也。凡物无不异之也，刚之树也，刚取之也。柔之约，柔取之也。四海之内，其性一也。其用心各异，教使然也。①

如以此文与《中庸》相比，我们显然可以惊异于二者的相似以及二者的相异。基于对二者的对照，我想提出以下两个假设：一个假设是此文是对子思的《中庸》的回应与重新诠解，采取了一个经验与外在主义的观点与方式。另一个假设是，子思的《中庸》是对此文从一个体验的内在主义的观点与方式进行重新诠释，并作为一种有力的回应。我认为后一个假设更为可能，理由如下：（1）《中庸》用词十分着力，思维极为深刻，用心非常精密，精神相当高昂，气象恢宏，有俯仰天地、涵容宇宙之概。朱熹以为道统

---

* 此文为2009年中国孔子基金会举办孟子思想研讨会时的应邀论文，虽在会议上宣读，但作者为修订目的未加发表。本辑将该文作为原稿收入，仍有待再版时订正。

① 综合李零、李家浩郭店《性自命出》校本。

之继，我则以为开道统风气之先。(2) 自觉的修己，以诚为始，而持续不已，充分地表现了易道精神。(3) 博学笃行，不待扣而后鸣。(4) 诚是一种心灵实践，也是自我实现与呈现，故能诚其明；明则再致其诚。(5) 天道的自然与随机透现，无处不见道的生生不息，无时不显道的源源创新，道的生命力与创造力无不体现在万事万物之中。(6)《中庸》更展现了人性的创造力，而《性情论》则重视心的影响转化作用。

朱熹的看法是：

> 《中庸》何为而作也？子思子忧道学之失其传而作也。盖自上古圣神继天立极，而道统之传有自来矣。其见于经，则“允执厥中”者，尧之所以授舜也；“人心惟危，道心惟微，惟精唯一，允执厥中”者，舜之所以授禹也。尧之一言，至矣，尽矣！而舜复益之以三言者，则所以明夫尧之一言，必如是而后可庶几也。
>
> 盖尝论之：心之虚灵知觉，一而已矣，而以为有人心、道心之异者，则以其或生于形气之私，或原于性命之正，而所以为知觉者不同，是以或危殆而不安，或微妙而难见耳。然人莫不有是形，故虽上智不能无人心，亦莫不有是性，故虽下愚不能无道心。二者杂于方寸之间，而不知所以治之，则危者愈危，微者愈微，而天理之公卒无以胜夫人欲之私矣。精则察夫二者之间而不杂也，一则守其本心之正而不离也。

《中庸》首段尤见子思对此一本体之道的精神体认：

> 天命之谓性，率性之谓道，修道之谓教。道也者，不可须臾离也，可离非道也。是故君子戒慎乎其所不睹，恐惧乎其所不闻。莫见乎隐，莫显乎微，故君子慎其独也。喜怒哀乐之未发，谓之中；发而皆中节，谓之和。中也者，天下之大本也；和也者，天下之达道也。致中和，天地位焉，万物育焉。
>
> …………
>
> 诚者，天之道也；诚之者，人之道也。诚者不勉而中，不思而得，从容中道，圣人也。诚之者，择善而固执之者也。

子思承上章夫子天道、人道之意而立言也：

> 博学之，审问之，慎思之，明辨之，笃行之。有弗学，学之弗能弗措也；有弗问，问之弗知弗措也；有弗思，思之弗得弗措也；有弗辨，辨之弗明弗措也；有弗行，行之弗笃弗措也。人一能之己百之，人十能之己千之。果能此道矣，虽愚必明，虽柔必强。自诚明，谓之性；自明诚，谓之教。诚则明矣，明则诚矣。

自此以下十二章，皆子思之言，以反复推明此章之意：

> 唯天下至诚，为能尽其性；能尽其性，则能尽人之性；能尽人之性，则能尽物之性；能尽物之性，则可以赞天地之化育；可以赞天地之化育，则可以与天地参矣。

其次致曲，曲能有诚，诚则形，形则著，著则明，明则动，动则变，变则化，唯天下至诚为能化。

至诚之道，可以前知。国家将兴，必有祯祥；国家将亡，必有妖孽；见乎蓍龟，动乎四体。祸福将至：善，必先知之；不善，必先知之。故至诚如神。

诚者自成也，而道自道也。诚者物之终始，不诚无物。是故君子诚之为贵。诚者非自成己而已也，所以成物也。成己，仁也；成物，知也。性之德也，合外内之道也，故时措之宜也。

故至诚无息。不息则久，久则征，征则悠远，悠远则博厚，博厚则高明。博厚，所以载物也；高明，所以覆物也；悠久，所以成物也。博厚配地，高明配天，悠久无疆。如此者，不见而章，不动而变，无为而成。

天地之道，可一言而尽也：其为物不贰，则其生物不测。天地之道：博也，厚也，高也，明也，悠也，久也。今夫天，斯昭昭之多，及其无穷也，日月星辰系焉，万物覆焉。今夫地，一撮土之多，及其广厚，载华岳而不重，振河海而不泄，万物载焉。今夫山，一卷石之多，及其广大，草木生之，禽兽居之，宝藏兴焉。今夫水，一勺之多，及其不测，鼋鼍、蛟龙、鱼鳖生焉，货财殖焉。

《诗》云："维天之命，於穆不已！"盖曰天之所以为天也。"於乎不显！文王之德之纯！"盖曰文王之所以为文也，纯亦不已。

天降命而后命出性，虽不同于《中庸》之"天命之为性"，但基本上同指。最后决定性的性质的是性所生的情。天命并没有决定人性的内涵。情之所出有一部分是外境与外物所决定的。因之性与情有很大的发展空间，必须从经验事实来认定。人的性情接受先天与后天的影响，不可不就在不同的境况下情之生的事实以及何等情之生的事实作一细密的考察。孟荀之不同可说就是反映了此一不同情况下的情与不同种类的情，然后按照其后果来定其性之善恶。《性情论》的特点即在允许情之发生的境的条件的多元差异，也允许情的发展导向后果的条件的多元差异。孟子对此似有说明，"饥岁多凶民"是一表明。但仍然未看到发生条件与转化或导向条件的差异。在一些条件下，人的情是仁爱的，但在另一些条件下，人的仁爱可以变质为恶，也可以继续扩而充之为更大的善。同样，人表现为贪婪之心，但却在另一些条件下转化为仁爱，或更为作恶。

在最原初的状态，自保（self-preservation）与同情（sympathy）是同时并存的，二者都是人所以存在的理由、方式，以及继续发展的条件。从这个角度看，未经价值化的自保可以价值化为自私之心，也可以价值化为求生之心。问题在于未价值化前的人性之情是善是恶，是善恶混？回答是：它可以叫作原始的善，因为它提供了生的发展的一个基础或平台。它不能叫作恶或原始的恶，因为生之为生是与非生或不生对立的。从这个角度看，孔子所说人之生也直就是这个意思。直也者，生而求生也，自然是自然的善。如何发展成为道德的善就需要克己复礼。孟子的四善端也可说包含在求生的原始欲望或感情之中。荀子的三初恶也是如此。但显然孟子继承了孔子，更能认识到自然的善。《性情论》提供了一个比较客观的表述性情的框架，可能更接近孔子，是为子思的特点，但却较孔子更为明白具体。此一框架可以同时用于孟子与荀子，故也为统合孟荀提供了一个线索与基础。

我们可以对《性情论》（兼及郭店竹简《性自命出》，并以二者为同一文本的不同手抄本，但《性自命出》较为完善）的中心思想进行一个梳理，说明它如何一方面导向孟子的心性之说，另一方面又导向荀子的礼乐之教。由此开启了孟荀统合之机，并使我们认识到人之成圣成贤的两个方向：纵向的诚己、尽心、尽性、知性以知天（天人合一的心性之说），以及横向的格、致、诚、正、修、齐、治、平（人我合一的礼乐之教）。二者都必须包含知行合一的要求与诚明互动的工夫。二者的可能差异与关联表达了思孟之学的内五行的两个发展方向：一个向个人的天人合一与仁智合一的方向发展，是为内圣的成就；一个向群体的知行合一与诚信合一的方向发展，是为外王的成就。二者不必重合或对等。

《性情论》三十九简中的性包含了喜怒哀悲之气，好恶善恶（不善）之情。这些可说都是自然的倾向。但性可习，性与习可以辩证地带动彼此，因而动态地产生变化。人性的变化被描述为“用心各异，教使然之”，也就是在经验学习的过程中，由于出发点、指导思想、接受能力的不同而产生不同的结果。人性是由潜在的不定逐渐演化成实在的固定。《性情论》说明了“动、逆、交、厉、出、养、长”等七种人性的变化形式，相当于七种对性的整治与教育，也导引出七者与“物、悦、古、宜、势、习、道”的因果关系，在此基础上提出礼乐之教与个人道德修持方面的见解。所谓性基本上是可固定的情，道则为统合社会的礼。在方法上，著者表明用比、观、体、理的方法来处理问题并建立答案。此等方法的应用是继承了《易传》“观感论”的传统，显然启发了荀子思考问题的路数。也可说是荀子又继承了此一观点与方法，形成荀子哲学的核心与大略，而与代表子思的《中庸》思想与孟子的性善论的心性论大有不同。

简 9—10：

> 圣人比其类而论会之，观其先后而逆顺之，体其义而节取之，理其情而出入之。然后复以孚。孚所以生德于中者也。

在结束之前，我想提出郭店楚简中《太一生水》的反馈生成论模式来对照《性自命出》的导引发生论模式，并启发儒家有关自我内在修持的思想，符合《易传》“观感论”的要求：

> 太一生水，水反辅太一，是以成天。天反辅太一，是以成地。天地复相辅也，是以成神明。神明复相辅也，是以成阴阳。阴阳复相辅也，是以成四时。四时复相辅也，是以成寒热。寒热复相辅也，是以成湿燥。湿燥复相辅也，成岁而止。故岁

者，湿燥之所生也。湿燥者，寒热之所生也。寒热者，四时之所生也。四时者，阴阳之所生也。阴阳者，神明之所生也。神明者，天地之所生也。天地者，太一之所生也。是故太一藏于水，行于时，周而又始，以己为万物母；一缺一盈，以己为万物经。此天之所以不能杀，地之所以不能埋，阴阳之所以不能成。君子知此之谓……天道贵弱，削成者以益生者，伐于强，责于……下，土也，而谓之地。上，气也，而谓之天。道亦其字也。青昏其名？以道从事者，必托其名，故事成而身长。圣人之从事也，亦托其名，故功成而身不伤。天地名字并立，故讹其方，不思相当。天不足于西北，其下高以强。地不足于东南，其上……。不足于上者，有余于下；不足于下者，有余于上。

我们注意到太一生水，而水反辅太一以成天，天又反辅太一以成地，天地反辅以成神明等等，完成了四时之岁。其中水之反辅太一本原，天地相继反辅，然后天地阴阳相互反辅，显示了三个反辅发展原则，形成天地之道。如果太一能够作为生命本原创造了人性，人能回归人性之本原，从本原吸取更多的创造力来充实人的性与由性而来的情，形成性情的相辅相成。这显然是一种人的生命发展与成长的根本途径。人的修身养性也可以从这个角度来了解。无论是自觉的思考还是不自觉的体验人性之本原，都应该是开拓人性、实现人性、发展人性的应循之道。这就是我说的“太一生水”启发了人性自我实现的道理，也说明了自然宇宙论与人性生命论的密切关联。其关联体现在，一方面宇宙生化原理包含在人自身的发展之中，另一方面人性也可以透过自觉积极地吸取自然天地发展之道来促进自身的实现。

基于此一理解，我们可以看到道家的文本（如果《太一生水》篇是道家文本的话）与儒家的文献思想是可以相互启发的，因为“道之为道”既是自然发生论的，也可以说是人性发生论的，并因此让我们认识到道家与儒家在宇宙思想上的共源与共通，即使两者对人性的认识有所不同。其实，道与儒的共源与共通都来自《周易》的哲学思想，不可以为“道”只属于道家或以为道家决定了道的内涵，关于此点，我在他处有所论述。

荀子对思孟五行说的批评与思孟荀的本体整合*

本文分为三部分：第一部分分析《荀子·非十二子》中对子思与孟子的批评，探讨其理据何在。第二部分从哲学思考立场整合子思与孟子的内在主义与荀子的外在主义，提出一个较为完整的儒家人性发展概念，为古典儒学的发展做出一个总结。第三部分为古典儒学整体的发展做出一个本体性的诠释。

一

荀子批评子思与孟子，认为子思倡导五行之说，孟子和之，认为该说是无类、无说、无解。无类是就经验上说，无说是就道理上说，无解是就言辞上说。在《解蔽》篇中荀子说："天下无二道，圣人无两心。""今诸侯异政，百家异说，则必或是或非，或治或乱。"

但何谓五行之说？庞朴从对马王堆帛书内的《五行》篇与郭店竹简内《五行》篇的整合比较分析中找到了回答：郭店简《五行》篇主要是五行说的经篇，帛书《五行》篇主要是五行说的说篇。我们可以合理地认定荀子所批思孟学派的五行说就是子思与孟子提出的"仁义礼智圣"的五德。庞朴的论证清晰地说明了此五德之为五行（但此五行读为 wu hang），即是德之五行。

竹书《五行》篇第一章曰："仁形于内，谓之德之行；不形于内，谓之行。义行于内，谓之德之行；不行于内，谓之行。礼形于内，谓之德之行；不形于内，谓之行。智形于内，谓之德之行；不形于内，谓之行。圣形于内，谓之德之行；不行于内，谓之行。德之行五，和谓之德；四行和，谓之善。善，人道也；德，天道也。"

郭店楚简《五行》篇可能成于子思或其门人之手，但帛书的《五行》篇所含的说的部分是不是孟子的后学所写，或是其他杂家所写，学者有不同的议论。我们也可以问，

---

* 原载"儒家全球论坛"（2007 临沂·苍山）《荀子思想的当代价值国际学术研讨会论文集》。

此等解说的内容是否恰当充分？学者如日本池田知久等别有看法，对此并未取得共识。撇开这些问题不谈，我们可以合理地假设郭店楚简的《五行》篇为子思所提出，是一套哲学理论，因而要问何以荀子会反对？又何以此一五德之说被荀子批评为“甚僻违而无类，幽隐而无说，闭约而无解”？荀子所反对的理由究竟是什么？目前尚无学者对此问题进行深刻的回答。经过分析，我在此处要提出的是：我们必须参考荀子自身的文本来找出荀子批判的理据，认识什么是荀子所说的类、说与解。我提出荀子《天论》、《解蔽》、《正名》、《性恶》四篇的论说与回答此一问题特别相关。

我的看法是：(1) 荀子认识到五德不可能内生或先验地发生，而必须是经由外在礼法的教化才可以建立起来。思孟五行之说因之只是比附。(2) 人性有趋恶的（伤害他人及社会的行为）自然倾向，必须从学习教化中达致善，故圣人所作智的规范与礼法的设施不可缺。(3) 必须假设人类两个发展次序：圣人作为个人经由体验仁智而德圣，然后制作礼义规范；群体则由遵守圣人制作的礼义而发展仁义智之善。(4) 人之智由知开始，逐渐启发出仁义的道德，而非先有心中之仁而后分化为义礼之智。(5) 自然界中的外在五行已成知的体系，不可用所谓形于内的五行（五德）来混淆，这将同时是“以名乱实”与“以名乱名”。

二

在儒家哲学中，孔子可说首先揭橥了人的心灵所蕴含的认知力与意志力，并显示了实践与实现德性的能力。子思进一步体悟到此一能力的超越而内在的根源，所谓天命之谓性。超越代表一个开放的、创化的、整体的存在，而内在则代表此一存在本体化与主体化以实现存在价值的方式。德性固然与人类社会的发展与繁荣相应，包含了对文化礼制等社会规范的认知与体验，可以实现为达到此一认知与体验的德行，但德性与德行也同时导向道德意识与良知的自觉，因而同时具有个体性、内在性、群体性、外在性与超越性。同样我们也可以论说古典儒家文献中的天的概念也包含了或发展出这五个方面的性向。这涉及性与命的区别及其认知。

子思与孟子发挥了此一德性与德行的个体性、内在性与超越性，同时也彰显了此一内在性与个体性走向群体性与外在行为性的能力与过程。荀子在另一方面却明确地发现论述群体性与外在性文化礼制的根本重要性及其教化与转化作用，当然也同时标明了人类心性可以形成德性与实现德行的心理潜能与理性可能。但荀子并不拟强调成德成圣的超越性。相反，荀子更着重天的自然性与外在性。他在《天论》中如此说：

> 大天而思之，孰与物畜而制之。从天而颂之，孰与制天命而用之。望时而待之，孰与应时而使之。因物而多之，熟与骋能而化之。思物而物之，孰与理物而勿失之也。愿于物质所以生，孰与有物之所以成。故错人而思天，则失万物之情。

事实上，子思、孟子与荀子并不必矛盾冲突，虽然荀子并未认识到此点。从一个整体的人性发展理论的观点，应该说思孟与荀子在认知上是互补的，同时这也显示了创造的体验与逻辑的论证的互补。更深一层看，二者也有本体论上的互容性，因为二者均未对人性之为人性的整体（一个开放的整体）做出全面的考察与反思。两个学派的表面的矛盾与其解决也正好推向此一整体的、发展的人性论的建立。我们必须认识孔子是此一理论的首创者，但孔子也启发了两个学派的、辩证的分途发展。由于地下简帛资料的发现，我们乃有机会清晰地认识到此一辩证的发展过程，也是我们能把这一发展推向一个自然的、更为完美而又有创意的结论。在这种理解下，我们可以看到，虽然孟子与荀子对人性的善恶的看法大相径庭，但在荀子也不得不肯定或必须预设历史上有个别的人成为圣人，因而知道，再因而制礼作乐方才成为可能，而一般社会大众也必须有学习的能力，方能接受治理而谋社会的进步。这些都可以说是人性中的趋善之性。至于人心能知道，更显示了人的深度理性，成为人之为人的标志。

在另一方面，我们也不能不承认孟子过分的理想主义，认定人人都能自觉地成圣成贤。就社会大众来说，这是不现实的，也是违反历史的事实的。人类社会必须依靠一个逐渐发展的过程来谋求群体及个人的品质提升。孟子的“乍见孺子将入于井”的论证，可以有限地说明人可能具备的深度良知，但此良知却必须积极地利用历史经验与已形成的社会价值规范来开发。这就是荀子重视礼法教化的道理所在。子思与孟子倡导人性的内在五德，却未能仔细地解说内在五德的本体的根源性，其形成的过程，如何有效地区分内外，以及如何统合内外，自然遭受荀子从知识论上、逻辑学上与本体论上的大力批判。对这些批判，我们固然无法起思孟而诘之，却可以秉承问题之所在，进行我们代替思孟的回应可也。

三

对儒家人性哲学整体的本体诠释——人的存在开始于人的自我意识与对世界的意识的互动、相互界定。世界有物质性与对象性，但却是在变化的过程之中。万物可以看为气的存在。但人知物及其变化，有了心灵的概念，经过反思与检验产生了对应的知的能力，以及具有目的性的行为的方式，以求达到生活的目的与生命主体追求的价值。此即心灵之所由生。但心灵显然有两个表达：一个是内在的心灵情意倾向，一个是外在的身体行为方式。对外在的表达人们可以透过经验观察配合认知，而内在的情意却必须透过自身的反思与体验来确认。二者都代表气的力量。内在的情意实现为两类力：一类是本能的情感力与欲求力，一类是理性的认知力与意志力。前者可以自然表露，后者则能主动实践以导向自我实现与自我的转化，或导向社会的形成，实现人群中人与人的理解、信赖与和谐。这就是德。德者得也，成于内而形于外。成于内即是在心灵中形成行为的理念、准则与动力，形于外则主导身体，表现为具体的行为与活动。由于德为力量，德还有一种更原始的意义，即大自然中品物流行的过程与性质，涵摄在万物的存在之中。中国自夏代以来，五行（金木水火土）的思想指的就是这种自然的外在的力量。

重要的哲学问题是：人类的心灵与行为是否也显示出类比于自然中外在的五种力量呢？根据什么理由来肯定道德的内在的五行的存在与其根源呢？回答是人类在群体生活中生命力的个别自觉、相应的多元共觉、本体性的诠释、自我实践与群体实践，不但显示了五种基本有利于生命发展的德性与德行，而且也显示了人类生命与宇宙天地的生命的原始统一，以及人类可以共同追求的人与自然的合德一致。我们应对此有更深入的思考与体悟，也要有更深刻的合理论证与解说。

古典儒家与宋明儒家哲学中的宗教实在与宗教理解*

为了揭示古典儒家与宋明儒家在作为一种宗教思想形式方面所具有的特征——这些特征是以往所未能充分明确地加以说明的，我们将首先提出一个广泛而又与本文论旨相关的宗教概念，并且在理论上区分四种基本类型的宗教思想。透过这个理论背景，再进一步分析古典儒家与宋明儒家的思想，并尝试把这个思想列归为这四种类型之一。

一　宗教概念与四种基本类型的宗教思想

在当代哲学论著中，有关宗教的本质以及宗教对于人类与个人自我的重要性，虽然众说纷纭，但是一般都同意宗教确实在人类的发展及其生命的圆满中，扮演不可或缺的角色。

基于本文论旨的需要，我们可以把宗教看成对最根本的人类生命问题直接密切的关注。或者，在不致预设任何特殊观点前提下，并援用意义较广泛的语言来说得更确切些，我们可以把宗教看成一种活动，这种活动所涉及的问题乃是有关相对于个人处境的“终极性”、“整体性”的问题，以及有关建立个人与“终极性”、“整体性”之间关系的问题。换句话说，我们可以把宗教看成个人自我投身于“终极性”与“整体性”的一种形式。① 说明此种投身于“终极与整体实在”的形式，乃是宗教思想的本旨。至于是否及如何把这个思想描述为系统的神学或宗教哲学，则并非本文的论题所在。

---

* 选自《知识与价值——和谐、真理与正义之探索》。本文原题“Religions Reality & Religions Understanding in Confucianism and Neo-Confucianism”，发表于“儒家与宗教哲学”讲座，此讲座于1971年3月28日到31日由“亚洲研究学会”及“亚洲比较哲学学会”在华盛顿举办。修订后，复发表于 *International Philosophical Quarterly*（Dec. 1970，pp. 33-60），由戴华君译成中文。

① 保罗·蒂利希（Paul Tillich）把宗教看成对于“终极实在”的追求，因此亦视之为人类对于“终极实在”的关切（参见其《经典宗教与对于终极实在的追求》，*Biblical Religion and the Search for Ultimate Reality*，1955）。我在此引进“整体实在”的观念，以之为宗教关切的对象之一，这是因为人类最终与最基本的关切必须指向一个整体的实在，这个实在超越了一切个体，一切不完整、不完美和受到限制的事物。

有了上面对于宗教的理解，我们可以借着对于宗教中人类经验的一般理解，提出四种基本类型的宗教思想。

第一种类型的宗教思想，把存在经验中所显现的终极与整体的实在，视为完全超绝万有的个体存在（the wholly other）。此完全超绝万有的个体存在就是传统所谓的“上帝”。我们将以传统基督教，特别是奥古斯丁与阿奎那的基督教思想，作为这个传统的代表。[①] 这个传统最重要的特征在于对上帝力量感受到的存在经验，此存在经验又表现为信念（faith），因为，如同奥古斯丁与阿奎那所强调的，信念本身乃为体认上帝对人所作启示的一种表现形式，而上帝是外在的生命之源，是超越一切万有的另一个个体。[②] 使人对这种体验感兴趣的，在于对人类认同与上帝力量的经验被看成至为主观，而同时这种经验的来源与对象却又被看成至为客观。正由于上帝的绝对客观性，对于信念的经验才有绝对主观性。因此，在某种意味下，个人的宗教经验乃被一种绝对的“存在”和“本体”的二分所预先决定了。我们或许可以将这种类型的宗教经验称为“终极与整体实在在个体存在中的投射”。基于此种“终极与整体实在”的存在投射，哲学的省思乃将上帝当作“存在投射”的对象。

第二种类型的宗教思想，则把存在经验中所显现的“终极与整体实在”视为大我或内在的自我。此类宗教经验与第一种类型不同之处，主要在于此类经验并不借着切身的个人认同，将“终极与整体实在”体验为异于自身的对象或另外一个特定的个人。由于不分别“经验自我”与“对实在的经验”，经验的对象乃被认为是整个经验主体的一部分。由于这个“部分—全体”的关系之故，非但“终极与整体实在”不被看成某个个人，甚至作为个人的经验自我亦被消解。此种经验的来源在于经验主体本身，此主体即自我；自我在修养的辩证与动态过程中，亲炙“终极与整体实在”的价值。在这个意味下，“终极与整体实在”可以说是把自身“融入”（infuse）个人存在之中，而不是“投射”（project）到其中。在此所谓的“融入”，乃关乎自我的再造与再发展。我们可以借用佛教“悟”的经验，以及印度吠陀哲学“自我实现”的经验，作为此一类型宗教经验的范例。因此，佛教与吠陀哲学自然皆属对于此类宗教经验的哲学省思了。简言之，此类宗教经验乃是对于“终极与整体实在在存在中的融入”之经验。基于此类经验，哲学的省思乃将“终极与整体实在”当作一种透过“存在融入”而显现的实在。

第三种类型的宗教思想，可以说与一种“演绎”的宗教有关。所谓演绎的宗教，就是一种得自理性前提，或建立于与理性要求相符的基础上的宗教。从这个角度来看宗

---

① 虽然奥古斯丁（Augustine）与阿奎那（Aquinas）的神学之间有着根本的差异，但二者都认为对神的信仰乃是一种神的恩赐，因此基本上不同于人的自然理性。阿奎那的亚里士多德主义倾向并没有阻碍他在理性与信仰之间划一界限，并且赋予后者独特的重要性。

② 正统派基督教神学家以及近世许多不同派别的基督教神学家都强调，神是超越于这个世界之上的另一完全不同的人格。

教，则正如康德所说，宗教乃在“理性所及之范围内”①。而宗教之成为一种假定而被设立，也正是基于理性的要求所致。康德企图以理性道德为基础，来证明宗教之合乎理性。当他在此一企图驱动下，为宗教对无限上帝之存在以及灵魂不朽的假设提供合理之依据时，似乎至少已替宗教奠定了客观与理性的基础，并且使“宗教”脱离“道德”而自成独立之领域。但是，他依然未能以宗教本身为基础来证明宗教。

此一论点的特征在于仰赖理性，以理性作为建立理性宗教的指导原则。值得注意的是，此一类型关于宗教的哲学思考，乃将宗教的关切看成一种理性的需要、一种具有理性基础之事。它进而将宗教意识的对象看成理性知觉与理性要求的对象。此一对象的性质，原只是假设性与解释性的，俾以满足人类对于道德成就在情绪上与实践上的需要。此一类型宗教哲学的本质，可以看成想把宗教变成理性论证范围内的事。“终极与整体实在”的宗教上的性质，乃是理性论证所设定的实体。以上所叙述的，皆可在康德的道德观中找到明证。

第一种类型的宗教思想结合了第三种类型的“理性”要素与第二种类型的“致力于存在之圆满”的要素。与康德系统不同的是，它并不把“终极与整体实在”设定为一种基于满足道德实践之要求而树立的理性建构。它把“终极与整体实在”表现为理性透过道德实践的具体过程，而达成的存在之圆满。事实上，我们可以把前述的结合当作人类与道德达成存在之圆满的理性表征。盖“道德人”的存在之圆满，并不是被投射到一个绝对超越人类处境的作为“终极与整体实在”的对象上去，而是被理解为内存于人类生命之中，被经验为“终极与整体实在”，同时并被赋予理性的形式。如此，它在理性的迫切要求之中，乃占得一席地位。当然，此处至为深远的意义是，这种“理性生命的存在圆满”与“存在圆满的理性展现”之间的对等，使得个体生命成为内在成长与精神内敛的动态过程。是以我们对此二者之间对等之理解，应该以超越性与内在性合一、主体性与客体性合一，以及生命与理性合一这种形而上架构为其背景。我曾指出儒家哲学乃代表此一类型的宗教思想，其中，人类的道德意识成为人类对于“终极与整体实在”之意识的特定显现，而人类内在对于“终极与整体实在”之意识，亦成为人性及其至善的特定的道德成就。② 更进一步，个人与“终极与整体实在”之间的关系，以及此关系内含的意义，二者同时被体悟之处就是道德。

本文旨在借着前述四种宗教思想类型的理论背景，来讨论与解析作为一种宗教思想形式的古典儒家与宋明儒家的哲学传统。我们之所以未能领会古典儒家与宋明儒家的宗教意识，或许是因为一般对宗教问题皆未从充分理论性的角度加以检视，也未细究已经

---

① 康德：《纯然理性界限内的宗教》（*Religion within the Limits of Reason Alone*），席尔得·格力（Theodore M. Greene）与海特·赫得逊（Hoyt H. Hudson）英译本（1960，纽约，Harper & Row 公司出版）。

② 参见拙作《儒家道德的辩证与人的形上学》（“Dialectics of Confucian Morality and the Meta-physics of Man”）一文，刊载于 1971 年 4 月《东西方哲学》月刊(*Philosophy East and West*)。

采用的角度，以求另辟可以取而代之的可能角度。我们可以立即发现，一般所理解的古典儒家与宋明儒家哲学，不能归入第一种类型的宗教思想，因为把一个绝对超越的上帝当作人类存在的敬畏与崇拜之对象，乃是二者传统中找不到的观念。① 第二种类型亦不代表古典儒家与宋明儒家的整体传统的主流所具有的思想特质。② 盖第二种类型所显示的个人非理性的神秘经验在道德价值与道德秩序同时实现而又充满交感相通之事物的架构中，并无真正地位。

至于第三种类型的宗教思想，乃是从科学与逻辑的理性主义之井然有序的背景中发展出来的。在中国的思想中，并无此种明显而又具有严格形式的自我批判的理性。因此，在古典儒家与宋明儒家的传统中，我们看不到任何说法以理性来辩论对于宗教的需要，以宗教为道德实践所不可缺少的假定。所以，唯一的可能性乃在于第四种类型的宗教思想了。对于第四种类型，古典儒家与宋明儒家可以说提供了一个最丰富且最具启发性的例子。

为了便于讨论古典儒家与宋明儒家的宗教哲学所独具的诸多论题与特征，我们首先将试图揭示在古典儒家与宋明儒家的传统中，对于“终极与整体实在”的意识之性质；然后，我们将探究此传统中把握“终极与整体实在”所循的模式。我们将把第一个问题称作“宗教实在的问题”，把第二个问题称作“宗教理解的问题”。我们将会看到，此二问题在古典儒家与宋明儒家的哲学中实乃不可分，盖因作为经验实在之一种途径的“理解”，与作为理解“终极与整体实在”之泉源的“实在”，二者终究不可分。我们将会进一步看到，此不可分的特性实乃奠基于“天”（即“终极与整体实在”）和“人”在本体上的合一，亦奠基于对于“终极与整体实在”的理解，与作为“终极与整体实在”的一种理性表现形式的理解的终极与整体性之间动态的相互合一。

二　古典儒家哲学中对于宗教实在的意识

儒家哲学中，从儒家前期的思想源头，到《孟子》与《中庸》的人性哲学，对于“终极与整体实在”（即“天”）的意识乃经历了一个辩证性的发展。③ 显然，古典儒家前期的“天”，乃代表万物终极的来源与权威。“天”首先赋予众生生命，赋予万物秩序。“天”是宇宙间一切律动的恒常的原始力量。此为“天”之至德。关于这种“天”

---

① 早期的许多基督教传教士，譬如詹姆斯·里雅各（James Legge），试图将基督教的神比拟为儒家所说的“天”。从本文对“天”的概念的分析中可以看出，这是不可能的。

② 尽管17世纪宋明儒家后期的学说中仍然带有若干超越性的神秘主义色彩，但一般而言，古典儒家和宋明儒家的主流在发挥其“仁”、“义”和“礼”（古典儒家），“性”、“心”和“理”（宋明儒家）等概念时，皆致力于排除其理论中的神秘主义因子。

③ 此处所谓“辩证性的发展”是指许多参差、歧异，甚至彼此相矛盾的因素，在发展过程中趋向统合与一致的一种过程。从此一观点对古典儒家与宋明儒家的发展所做的研究，参见拙作《儒家道德的辩证与人的形上学》。

的创造作用，我们应指出，天人之间乃具有一种血亲的直接关系，因为“天”被认为是人类的先祖。《诗经》中“天帝”观念即为明显的例证：“天帝”是凌驾一切的至高力量，人则被认为源自远古的先王，先王的精神则常在“天帝”左右。在这层意义上，作为生命来源的“天”之存在，显然是人类同源的标志。此血缘的事实烘托出极为重要的一点：天人之间绝无本体上或任何其他类型的疏离。因此，与前述第一种类型宗教思想所显示出的基督教的上帝不同的是，天人自初始即为一整体，二者之存有乃是合一的。我们可以在儒家与道家的思想中发现，此点在对于人类之中“终极与整体实在”的意识方面，具有深远的影响。我们必须举出这方面影响的两个结果，此二者乃构成中国哲学中“宗教实在”的两个基本特质。合上述创造力、血缘性和天人之间存有的合一而为中国哲学中“宗教实在”的五个特质。

第一个从天人之血缘和存有之合一而来的结果，乃是“天”之宗教实在的“世俗性”。此特质的最佳明证在于将现世的政权统治直接归因于“天”对于世俗的关切。“天”一直被看成忧心于人类全体的福祉，而统治的君王由于握有实权，因此便负有照顾全民福祉的庄严任务。这种“天”透过现世君权对人类福祉的政治性关切，恰与西方宗教类型中讲求现世的救赎以及度入另一“灵魂界”的思想，成一鲜明对比。①

这个差异不仅是表面上的，因为它烘托出了中国宗教思想中一些极基本的问题和观点。在儒家和道家传统中，一直缺少一种实质上的“个体灵魂”的观念，也没有贬抑现世的倾向，或认为人的自我实现的潜能具有基本上的限制，或认为人是“堕落”的。此因儒家和道家的思想本身在理论上即已自足，二者各以其不同的方式——而又十分相近地——排除了此种需求的必要性，并且从而酝酿出一种宗教观点。由此出发，西方宗教那种救赎的需要反而正好是有待检讨的。② 换句话说，在儒道思想中，“现世”无须由外在加以解释；在儒道思想中，“现世”本身即是得以满足人类基本需要的对于“终极与整体实在”之意识的一种显现。

在儒家哲学中，个人被织入群体之中，因此个人的提升和发展有赖于整体社会秩序的提升和发展。由此以观，政权统治乃是个人修身齐家的道德原则的实践与普及化。因此，在儒家的意识之中，“终极与整体实在”所具有的世俗性的特征，乃与儒家视人为一动态实体的观点有着内在生动的关系。在作为动态实体的人中，“天”遂有落实之处，并从中得到体现。这点解释了作为人性一部分的“天”的内在性，也解释了人性之善的先天性。我们将进一步加以阐发。从上面所述，我们亦可解释对于不朽灵魂的假设是如

---

① “天”对人类现世福祉的政治性关切，可以从《尚书》中对“天”或“帝”的基本观念中见出。可参阅《尚书》之《盘庚中》、《康诰》、《大诰》、《召诰》，《诗经》“大雅”（《文王》、《下武》、《荡》、《云汉》、《民劳》）及“颂”（《清庙》、《天作》、《昊天有成命》、《访落》、《酌》、《长发》）。

② 对于人与世界以及人与“终极与整体实在”之关系的任何基本看法，都牵涉到许多形上学和心理学上的预设。要了解这些看法，必须首先考虑这些预设；仔细研究这些预设，与试图了解那些基本看法一样重要。

何不着边际与不必要。①

如同上面所提示的，天人一体的进一步结果，乃是“天”的内在性与人性之善的先天性。《大学》强调：“天命之谓性。”“天命”者，即天所构成之“命”也，因为所谓“命”，正是“天”透过必然性与规律性之形式而在现实中之参与和显现。在《易传》中，我们发现如是说法：所以为“性”者皆得之于“天”，而“性”即“天”之所自然形成于现实者。阴阳间交感互动的必然性与规律性，肇致万物之性——包括人性——的显发。此即“天之内在于人”的一面。《易传》所述：“天尊地卑，乾坤定矣……乾道成男，坤道成女。乾知大始，坤作成物。”“一阴一阳之谓道。继之者善也，成之者性也。”“成性存存，道义之门。”都可引为证明。

人性的另外一个值得注意的部分，在于得诸天道之人性可以透过修养而进跻于绝对完美的境地，进而实现作为“终极与整体实在”之“天”的精神潜能。此可见于《中庸》的观点：至诚之人可以充分实现其本性，亦可以充分实现万物之性，并参赞天地之化育，进而与天地鼎立。②《易传》谓人性可以成就道业，可以洞识“性命”之极致与“变化”之微妙。由此观之，“天”之内在于人性，正是从上述潜能与要求实现人性中此种潜能的动机而来。人之潜能不但得诸“天”，他更拥有源自内在人性的动力，激使其实现潜能。在儒家学说中，此乃在体验“天”之终极性和整体性的意识里，扮演非常重要的角色。伴随此一意识的，是对人性与“天”之内在相通性的意识，自然呈现的能够实现人性之中“天道”的动力意识，以及对于自身达成此目的之能力的自信。此点与基督教传统中人类为求救赎而仰赖上帝恰成强烈的对比。

人性先天即有之善，来自“天”之内在于人性。整个“天道”及其生生不息的运作，滋育万有潜势的变化，即本质上是善，且不离乎物性。③

关于中国古典哲学对“终极与整体实在”的意识，另有两个基本特质有待详细说明。首先，我们要指出一种“把宗教实在视为德智兼备的实有”的自我意识。④ 在前儒家（the Pre-Confucian）时期的思想与儒家的著作中，“天”及与其相似的观念（如帝的观念）乃被说得仿佛为实在的人格神存在，其观察与判断深入人类善恶的根由。从“天”之被视为人类始祖的现象观之，上面所说的并无令人诧异之处。“天”是人类的血亲，也当然治理人类。⑤ 然而，我们将会看到，把“终极与整体实在”加以人格化的趋

① 在儒家哲学中没有必要假设灵魂的存在，因为在儒学中“个人”可以经由修养的工夫而“赞天地之化育”，达到“天人合一”的境界。

② 《中庸》：“唯天下至诚，为能尽其性；能尽其性，则能尽人之性；能尽人之性，则能尽物之性；能尽物之性，则可以赞天地之化育；可以赞天地之化育，则可以与天地参矣。”

③ 《孟子·尽心》篇说：“可欲之谓善。”《易传·系辞上》曰：“一阴一阳之谓道。继之者善也，成之者性也。”

④ 这点可从《尚书》、《诗经》中以“天”、“帝”拟人的事实见出。

⑤ 《尚书》、《诗经》中此类证据甚多，参见李杜：《先秦的天命思想》，见《中西哲学思想中的天道与上帝》（台北，联经）及本书60页注①。

势，在后来的儒家作品有了相当不同的转向。对于孟子而言①，“天”不过是可修养成善之性（或可谓之自发之性 natura naturans），而在《荀子》中，又转成已成之性。所谓的 natura naturata，亦即为了人类可能的外在之善而加以探究的“性”。②“天”之逐渐远离“人格化”（personalization）——姑此称之——在公元前 3 世纪中，或许是与道家有关的自然主义思想家针对人格化的“天”加以理性的、自然主义的以及形而上的批判之结果。③“天”归属于“道”之下，而“道”则是“至为普遍的实在”及其秩序的自发而又不失必然的活动。因此，“天”逐渐丧失其原有人格化的特色。然而，即使在这个“非人格化”（de-personalization）的转变之下，对于无所不在之“天”的意识，仍然保留通过内省而产生的自我意识，而此自我意识乃是认知“天意”的孔道。

我们或许可说，在对于“天”——生命与价值的终极与整体的根源——的意识活动中，人的自我意识亦必自然发生。《中庸》很清楚地提到此一自我意识的成分，此见于其“君子慎独”之训诫。君子之所以必求慎独者，在于他人所不见之处，从外观之，实至为彰显。此种审慎思辨的能力以及对于“终极与整体实在”之意识，更明白地显现为对于人性之“诚”与“善”的内省。“诚”与“善”其实就是“天”之创造性存有之特质。孟子谓之“良知”，《中庸》谓之“至诚”，《易传》则谓之“感通”。④ 在孔子的《论语》中，这个观念乃表现为“仁”。

在人类对人性的意识中，关于对“终极与整体实在”的内省，我们虽可视之为一必然导引出“人格化的宗教实在”观念之因素，但其实可不必如是观之。如前所提及，我们所不可忽略的事实是，在古典儒家学说的后期发展中，作为宗教意识之对象的宗教实在已从“人格化”趋向“非人格化”。此发展可被视为把“天”内归于人性的提升意识所自然产生之结果。但是，此发展是否与把“宗教实在”看成具有审思能力的观念不相冲突？显然，此一冲突不必存在，因为在“终极与整体实在”之中，理想的人性发展已然实现，而“终极与整体实在”没有理由不被看作具审思能力的“人类实体”的全面实现。不过，在这个极致实现之前，对于“善”的意识乃是人类在实现历程中的属性，是趋向此实现发展之工夫所具有的性质。换言之，由“天”在儒家学说中的发展观之，“终极与整体实在”须透过两个历程的相互关联而获得理解：一是人类致力蹴及以“非人格化”（de-personalization）的“终极与整体实在”为代表的潜在理想之历程，一是将此理想在修养和意识中实现之历程。“神明”乃为发挥人性的极致所达成的理想。“神

① 《孟子·尽心章句上》说：“尽其心者，知其性也；知其性，则知天矣。存其心，养其性，所以事天也。天寿不贰，修身以俟之，所以立命也。”

② 参见《荀子·天论》。

③ 郭沫若在其《先秦时期天道观念的发展》（《青铜时代》，1962）一文中指出这点。

④ 《孟子·尽心章句上》说：“人之所不学而能者，其良能也；所不虑而知者，其良知也。”《中庸》曰：“唯天下至诚，为能尽其性。”《易传·系辞》曰：“易无思也，无为也，寂然不动，感而遂通天下之故。”

明”内存人性之中，但是，若欲实现之，每个个人皆须透过实现自我之工夫行之。

如是观之，我们可以说，“终极与整体实在”既不是人格化的实在，也不是非人格化的实在，但“天”内在于人性，吾人似可自人格化与非人格化立场同时立说。“终极与整体实在”之所以不可被囿限于人格化观点，在于“天”是人性发展的潜在根基。其所以可被人格化，在于个人已臻于天人一体的境界。此乃视“天”为一内存于人性之人格的观念，非视“上帝”为一超越人性之人格的观念。在后一观念中，“上帝”是一个本体上殊异于个人存有与存在的人格，而在前一观念之中，“天”不是另外一个人格，而是个人存有与存在的理想延伸，是个人生命力内在之创造性的根源，也是个人对内在之善性的一种理悟。

以上已完整地描述与刻画出古典儒家哲学中，对于“终极与整体实在”之意识的特征，我们可以下结论，此一意识涵盖了下列六个性质：对于创造力的意识，对于“天人合一”的意识，对于“现世”的意识，对于“天”之内在性的意识，对于先天的善之意识，对于人格化的“天”与非人格化的“天”之等同意识。我们现在可以进一步从事类似的探讨，看一看宋明儒家学说中是否存留上述对于“终极与整体实在”之意识的特征。

三　宋明儒家学说中对于宗教实在的意识

显而易见，宋明儒家自周敦颐、张载和程氏兄弟，经朱熹、陆象山到王阳明，莫不具备强烈的“终极与整体实在”意识，并对之作高度的理论发展。更重要的是，朱熹且采用“道体”一词来称谓“终极与整体实在”。①“道体”代表一种对于“终极与整体实在”之全盘性的意识，而此“实在”也辩证性地解释了万物之生成。虽然此概念中掺杂了道家“无极”的说法，但正如朱熹所正确强调的，掺杂此一说法的目的在于托陈出“道体”的广大无垠。② 在张载的著作中，我们发现“气”的说法类似对于“终极与整体实在”的形而上学：人生于“道”，因此也在“道”中，而当人参与“道”的创化与潜力，人亦成为发动创造的主体。③

从上面宋明儒家的角度观之，我们可以看到，在宋明儒家学说中，与人类关系深切的“终极与整体实在”已在一个多少具系统性的形而上推理过程中，获得显著的理性架构。然而，此架构并非来自纯为理性的设想，而是基于个人深刻严肃的经验推得的结论。此可由宋明儒学几位大哲的一生明显地看出。我们甚至可以说，正是透过这些大哲

① 朱熹《近思录》卷一即名“道体”，此卷主要在显示周敦颐、张载、程明道和程伊川等人对“终极与整体实在”的观点。

② 参见朱熹：《答陆子静书》（《朱子全集》卷一，《论太极图说》）。

③ 参见张载：《正蒙》卷一。

的深邃体验，对于这些经验的理性省思才成为可能。亦即由于宋明儒学中对于体验、琢磨“终极与整体实在”的强调，提供了把握、理解此一“实在”的基础。我们将会看到，在古典儒家与宋明儒家哲学中，“终极与整体实在”及对此“实在”的“理解”乃互相贯通，并成为实现人性中此一“实在”的动态历程之两面。我们想要强调的是，在宋明儒家观念中，对于“终极与整体实在”之意识得到反省与体验双重的发展：“道体”的形而上学与修养心性的理论不但非二，而且不可析解为二。

由于宋明儒家哲学发展出系统的形而上学，在宋明儒家对于“终极与整体实在”的意识中，我们看不到人格化的成分。在“理”的概念推演中，人之本性也得到广泛的形而上架构。① “理”的出现，显然来自宋明儒家反省到一切物性皆可纳入一个理性的理解系统之中：万物之“性”不但是经验的对象，也是理解的对象。换言之，凡是需要经验的事物，也都需要具有审辨领悟能力之心灵的理解。

虽然我们可以在宋明儒家诸说中发现关于“理”的殊异见解，但诸儒显然都会同意，悟解了“理”，我们冀求理解世界与人类的欲望亦得到满足。因此，“理”是一种被理性和具本体意味的知识之间关联所决定的观念。更进一步，“理”在一些宋明儒家（譬如朱熹）的看法中被认为是被客观理解到的终极实在之本身。② 在宋明儒家哲学的整体架构中，我们可以找出一系列的说法，认为终极与整体的形上实在就是直觉上经验到或知性上显露出的理性或心灵。我们在此关切的是，“理”被用来联系“对于终极与普遍实在的理性意识”与“此意识的终极与普遍实在”。“理”统摄并且结合了物理世界与心灵（自我）世界。③ 我们不必经过对于“理”的详细批评就可以清楚看出：“理”是“终极与整体实在”的一个新面貌。这个新面貌乃属理性的方面。④ 从对于“终极与整体实在”之此一特色的意识前后形成的演变观之，我们可列出“理”的存在与具体实现中其他的特征与要素，可以谈及“理”的一体性、创造性以及人格化的被认知。另一方面，我们当然可说到宋明儒家的“理”，以之为显现在古典儒家经验与意识中“终极与整体实在”的存在实现之一个理性显示。

关于宋明儒家对儒家“终极与整体实在”意识的贡献，有两点须再讨论。首先，我们在前面已强调过，“理”的概念（我们可称之“客体性理论”）在宋明儒家哲学中的

---

① 宋明儒学中的“理”在二程与朱熹手中获得了精致的发挥。“理”是存有的原则，同时也是人类对存有之精微知识。事实上，“理”的概念至为丰富，它涵括了一连串对于“人”以及“天”的“实体”与“实体意蕴”的观念。宋明儒家对“理”有多种不同的诠释，见张载、二程、朱熹、陆九渊、王阳明之论述。

② 朱熹曰：“太极非别有一物。太极即阴阳，亦内于阴阳；即五行，亦内于五行；即万物，亦内于万物，皆仅为一理。”又曰：“性即理。”（《朱子语类》卷一，卷四）

③ 王阳明析辨万物后认为，万物的事理无他，只在“致良知”而已。他说：“良知即天理。”基于此，他主张“心即理”（王阳明：《传习录》卷二）。

④ 或许我们应该称这种理性为“生机理性”（organic rationality），因为它在“自然”与“人心”和“万物之理”之间建立起一种有机关系，使其在形上学与知识论的意义上具有一种互通的整体性。

发展同时亦牵涉到一个“主体性理论”（即“心”的理论）的发展。虽然古典哲学已经谈论到心灵，但却一直到宋明儒家的兴起，有关心灵体现客观之“理”与实现“道”的微妙潜能才受到关注。从张载开始，“心统性情”的说法在宋明儒家思想中扮演着重要角色，充实了诸如程氏兄弟与朱熹对于“终极与整体实在”反省内涵以及对此“实在”之理解的哲学。① 在陆象山与王阳明的思想中，心灵亦得到本体论上的与道德哲学上的描述。② 虽然程朱与陆王两方面的理解之间有极大的差异，在本文中，我们的主旨在求其吻合之处。“心”是“体现本体之极致”的活动，同时也是此种极致的境界。它是修养与道德的根源。因此，它也是万物的创化来源。它是“善”的来源，它本身也透露出“善”。因此，基于良知发挥出来的工夫得以将“善”发展到极致。简言之，这个关于“心”的概念完全把握以及“终极与整体实在”的内在性，并且使得把握此一“实在”成为与个人自我实现密切相关之事。

我们对于宋明儒家在“终极与整体实在”之意识方面的新见解所要谈论的第二点，在于此见解完全揭出“道德的本体内涵”与“本体的道德内涵”。例如在程颢与朱熹的思想中，儒家哲学中所谈的德性，诸如“仁”、“义”、“礼”、“智”等，已被明显地视为“理”，也因此得到一个理性与形而上的基础。③ 特别是“仁”，已被了解为宇宙创化的根源、天地之性，以及“终极与整体实在”的具体表征。④ 我们可以从这些说法看出，“仁”、“义”、“礼”、“智”等道德，一方面可谓是原已根着人性中的“终极与整体实在”之体现，另一方面亦可谓是对于“理”之本体理解的实践——“理”是人类心灵初始即能拥有与实践者。我们可以在朱熹以外其他宋明儒家学者的思想中看到类似的基本观点。从这方面来说，宋明哲学乃是我们了解儒家对于“终极与整体实在”的经验与意识——将之了解成一种把原属理性的与形而上的实在本体，转化为道德的或存在方面的自我实现——所不能不事先认清的思想；宋明哲学另外提供我们一个基础，使我们能将“理”了解成对于“终极与整体实在”在存在与道德经验上的一种理性理解。这与我们以前对于第四种宗教思想类型的讨论完全相符。

四 儒家哲学的宗教理解

在《尚书》与《诗经》等儒家前期的作品中，了解“天命”是人类判断与行为的指导，不外是在心理上培养对于“天”的敬畏，在实践上遵从一切被视为“天命”之所至者。“天命”并非任意认定的律则，而是以泽被全民之至善为基础来认定的律则。这

① 参见《近思录》卷一，以及《朱子语类》卷九十八。

② 陆王皆视“心”为最终的实体与良善之原。

③ 参见程颢：《河南程氏遗书》卷二；朱熹：《朱文公文集》卷六十七。

④ 朱熹论“仁”，参见《朱文公文集》卷六十七。

意味着欲理解"天"这个实在，必须要通达历代帝王之兴衰，洞彻此兴衰根源于历代帝王是否顺从"价值"治理天下，亦即洞彻朝代更迭的内在理由。因此，这种理解必定一方面牵涉到"善"之本质的知识，另一方面牵涉到如何实践与保存"善"的知识。两方面的知识皆与"善"在社会和历史中的实际表现密不可分。得到这种理解绝非易事，它必得经过一代又一代知识的经久累积、肯定与修改方能企及，绝非个人限于朝夕的智慧所能想望。新的经验使它一再更进，因此它是一种持续而不滞碍的理解。它深刻地记存于社会中每个个人的心里，真正地反映了该社会群体所体认的宗教实在。尤甚于此，这种理解必定导致创造性的生命实践，促成对于宗教实在之意识的最后形成。

儒家对于理解"终极与整体实在"的看法，显然与上面所说明的形式相符。此一路向需要渐进的修养，并且仰赖个人的自我更新以及"由小我至大我"的转化。《中庸》是以谓"修道之谓教"。缺少修养工夫，则无法理解"天"与"天命"。因此，此种修养必须涵括两个基本法则：(1) 细察并评估社会的历史演进，从而推出蕴藏其中的"天命"；(2) 体验"发展天性与潜能以求跻至善"的动态历程。孔子的一生乃表现出此二修养层面。他曾指出修养者要从实践与历史之中推求新知，并曾指出他自己非"生而知之"者，只不过好古与勤求真知。① 他甚至说他只述而不作。此意谓他只要求从对于人类历史经验的理解中，探寻有价值的道理。② 另外，孔子并未拘限于研究历史的教训，他想要更进一步去建树、实现"真理"与"正义"之客观价值。他说："务民之义，敬鬼神而远之，可谓知矣。"③ 他又说，君子"忧道不忧贫"，"谋道不谋食"④。所谓"道"者，乃人际的秩序与和谐。显然，此种对于"道"的追求并不使人忙碌于崇拜鬼神。此一追求实超越了对鬼神的崇拜，而以理性为基础，试图了解人类的需求及其可能企及的成就。

最后，在孔子思想中，我们亦可看到一种经由长期修身与内在自律过程而得来的对于宗教实在的理解。他列举出此一自律与修养过程的阶段，即"十有五而志于学，三十而立，四十而不惑，五十而知天命"⑤ 等等。显而易见，为了取得对于"终极与整体实在"的理解，以谋求此一实在在实际生活中的落实，第一个步骤在于研习人类长期累积的经验。此一步骤当然不充分，尽管如此，它必须被看成是实现正义、博爱等德性的基础。此一实现显示在"三十而立"与"四十而不惑"的阶段。而当"五十而知天命"的阶段来临时，此一理解乃是生命最终目的的彻底落实与显现，亦即朝向自由与自足的精神成长的完成。因此，"天命"必须一方面被视为包含了"全体与最终者"对于个人生命的具体意义，另一方面，亦必须被视为包含了个人生命对于"全体与最终者"的具

①② 参见《论语·述而》。

③ 《论语·雍也》。

④ 《论语·卫灵公》。

⑤ 《论语·为政》。

体意义。“天命”是知、仁、勇的泉源——此三达德使生命呈现在和谐的形式之中。

从上述儒家的观点看来，“知天命”就是替道德生命提供形而上的、整体的基础，进而促进道德生命的修养与发展，使之为经久创造力的泉源。因此，在这个意味之下，“知天命”并不以其本身为唯一鹄的，它亦以实际生活中绝对自由之实现为鹄的。孔子因而说：“六十而耳顺；七十而从心所欲，不逾矩。”宗教理解的鹄的可以描述为追求“有道德意识伴随的道德实践之生命”。在这个生命之中，“知识”与“实践”相行不悖，且共同构成最终自由的来源——自我全然表现，而又丝毫不违责任与善性。① 更从本质方面来讲，此一自由与理解的达成就是责任与秩序之创造的达成。它因而同于“天道”的创造表现与创造能力。

孔子虽然未曾明确指出取得对于“终极与整体实在”之理解的基础在于个人本性，但从他自身之取得此一理解及其理解的特质，我们无疑地看到，人性与天性终究是一体的。而且，在个人透过求知与实践而修养自身心性之中，个人自然逐渐体认到“终极与整体实在”，并从此一体认中推得个人生命的意义。孟子明确地强调，人类基于对其本性的自然觉悟乃倾向实现其真正本性，亦即其善性。此一人类存在的倾向被称为“性”或“情”。② 从性情的感受中，德性自然彰显与发展。人性正是在此基础上被称为性善。人类不但被认为拥有当下显现德性的性情，另外更被认为生而秉具道德认知的能力（即“良知”）。根据此一能力，人类自然认知并求取行为遵循的法则，而此法则丝毫不离善性。因此之故，人类具有自发的“是非之心”——这是“知”的根源。③ 显然，孟子认为作为内在价值的道德知识，乃根源于自然的性情中，也因此根源于人类的本性中。换言之，道德心就是道德存在，道德存在就是道德心。由于人性与“终极与整体实在”之性根本上无异，个人的道德知识与道德心的修养与保存乃成为求得完全理解“终极与整体实在”的根基。孟子将此理解的境界描写为“万物皆备于我”之境界。④ 此境界又涵括一切之情，正如孟子所谓之“浩然之气”所表现者。⑤ 对于此一与天地联系起来的实质生命状态的体味，乃是个人行为之正义的来源，也是对于此正义的洞见。

宗教理解在《中庸》之中发展到极致。在此，中心观念在于“诚”。“诚”并不是人类的一个简单特质：它不仅是一个助使个人参与天地——“终极与整体实在”——的创造活动的性质，也是一个使人从人性中认识天道及其能力的性质。从这一方面来说，

---

① 参见拙著《儒家哲学之理论与实践》，系1970年12月份参加印度马德拉斯大学哲学研究中心所举办的“世界哲学会议”发表之论文。原文刊于《中国哲学杂志》（*Journal of Chinese Philosophy*），1974年3月，第一卷第二期，179~198页。

② 《孟子·公孙丑》所谓“仁”、“义”、“礼”、“智”四德即是针对此“性”或“情”而言。我们可以说，人的“性”或“情”乃是促使他产生特定行为的基本动力。

③ 善恶之辨乃是修身养性的第一步，因此也是“尽性”、“致圣”的根源。

④ 参见《孟子·尽心上》。

⑤ 参见《孟子·公孙丑上》。

“诚”是证实“终极与整体实在”的一个性质。因此，它一方面属于认识“终极与整体实在”的人，另一方面亦可谓属于该“实在”。它是人的本性，而此本性又同“终极与整体实在”合为一体。更进一步来说，它是人类之中体味“实在”的潜能，此潜能在随后的可能条件之下，可以显现“实在”，且透过“尽性”的工夫，尽己之性，进而尽此“实在”之性。此乃《中庸》将实现此一“实在”的活动与能力称为“人道”的缘由。当然，这意味“实在”之性具有无穷的创造力。我们以上把“诚”的能力描述为一种理解“终极与整体实在”的途径；或许，我们更可以把“诚”视为“理解客观世界与主观心灵之间最终一体性”的能力，视之为“理解个人不违‘终极与整体实在’之创造潜能”的能力，更进而视之为“彻底实现个人价值”的能力。① 基于此种理解，我们看不到任何去考虑“笛卡儿式的怀疑”的需要，也看不到任何造成“怀疑论”或“独我论”的因素。儒家传统中的著作充分地证明了这点。

最后必须说明的是，从《中庸》来看，体味“实在”的能力和理解万物之性的能力具有两个方面，这两个方面可由“诚则明矣，明则诚矣”这句话看出来。“明”是一种心灵中“实在”的彰显，此一彰显进而促成对于“诚”之中的“实在”更有力的把握；另一方面，“诚”是一种适于追求“终极与整体实在”之道的存在状态。下文将会立刻谈到这种动态的同一关系。

在此必须提到，《大学》对于“终极与整体实在”的理解之修养有一个重要贡献。《大学》说：“大学之道，在明明德，在亲民，在止于至善。”② 在解释“明明德于天下”时，《大学》指出修养的八个步骤，从“格物”而“致知”起，止于“治国”而“平天下”。我们不须详究每一步骤的细节就可以清楚看到，《大学》建立了一连串必要的步骤，其中涉及有关知觉与实践、对万物的思考与观察以及自我和他人在群体的社会生活中的相处之道。

这意味着“明明德于天下”的最终目的的达成，必须透过在世务中积极的参与——此参与造成了秩序与和谐。如果我们把“明德”看成“‘终极与整体实在’证实实在的性质（此性质即‘诚’）”，把“明明德”看成“实现此证实实在的性质”，那么，《大学》很明白地告诉我们，除非参与世务，我们不可能知道“终极与整体实在”。知道此一“实在”的必要条件，在于将个人完全投入伦理与政治的生活中。此观点与《中庸》从“诚”到“明”的说法相符。另外，从“格物”到“诚”也就是《中庸》所谓从“明”到“诚”的过程。

---

① 这是中国哲学，尤其是儒家哲学的一项极重要的特质，它也说明了中国在历史上一贯缺乏逻辑理论和理论性科学的原因。

② 朱熹和王阳明对于此处应作“亲民”抑或“新民”有所争议。朱熹认为应作“新民”，王阳明认为应作“亲民”；但是“新民”的手段为何，“亲民”的目标何在，二人皆未触及。作者在此尝试提出一个解答：“亲民”为了要“新民”，而“新民”亦需要“亲民”。由此以观，朱王二说并无歧义。

《大学》并未阐释"明明德"之后的下两个阶段；也就是说，"亲民"和"止于至善"两阶段并未在有关修养对于"终极与整体实在"之理解的哲学中得到地位。以上面的讨论为基础，"亲民"可以被看成"尽民与物之性"，"止于至善"可以被看成"取得及保存'至诚'之能力"——这个能力就是化育的能力，因此也就是参与"终极与整体实在"之造化的能力。以《大学》的理论方法为基础，可以将伦理与政治生活中的知和行连接到对于"终极与整体实在"之最后理解与实现上去。这个最后的境界在《易经》中被称为"神明"。① 个人可以求跻此一境界，因为他可以与"终极与整体实在"相"感通"。② 显然，"感通"是人性中"诚"与"明"的作用，此作用完全不违"终极与整体实在"的真性。

五　宋明儒家哲学的宗教理解

在宋明儒家哲学中，理解"终极与整体实在"很明显地被看作一个人主要关切之事。从周敦颐、张载、二程、朱熹到其他诸子的传统中，对于"道体"（即"终极与整体实在"）的体认显然是一个人从事世务的基础条件。因此，他们更有系统地强调修养对于"终极与整体实在"的理解。在周敦颐和张载的形上学著作中，保存与体验个人之中的"诚"，乃是达成对于"终极与整体实在"（在此被称为"太极"或"太和"）的理解之最重要的步骤。③ 事实上，周敦颐明白地把"诚"当作成圣的基础，因为，根据他的看法，"终极与整体实在"的一切创造的、赋予秩序的活动，都是"诚"的作用。④ "诚"因此可被认为就是"太极"，即变动的最终根源。更进一步，"诚"被说成是人类可以体验的对象，因为人类乃由终极实在之"诚"而出，透过分辨德性，人类即可追求终极实在。

张载的哲学道出了"诚"的精微之处。"诚"与"明"被联系起来，并被称为对于天德的先天知识（诚明所知乃天地所知）。⑤ 此知识乃为"实在"的当下显示，因此构成人类的天性。或许是在此一基础上，张载结论说：人类应互相仁爱，并参与世事，因为通过"诚"而见到的个人自性是开放的、可以推广的（universalizable）。而且，在实现被体验为"诚"之"性"的开放性与可推广性中，个人本性亦应被实现。这个说法使张载进而认为，对于"仁"的体验是理解"实在"的重要因素，对于"仁"的体验就

① 《易传·系辞》："是以明于天之道，而察于民之故，是兴神物以前民用。圣人以此斋戒，以神明其德夫"（第十一章），"纪而裁之存乎变，推而行之存乎通，神而明之存乎其人"（第十二章）。

② 《易传·系辞》："易无思也，无为也，寂然不动，感而遂通天下之故，非天下之至神，其孰能与于此。"（第十章）

③ "太极"观念，参见周敦颐：《太极图说》。"太和"观念，参见张载：《正蒙》卷一。

④ 参见周敦颐：《通书》。

⑤ 参见张载：《正蒙》卷六。

是对于万物的亲和力与有机性一体之体验。理解“终极与整体实在”就是理解其“仁”的活动，亦即理解一个开放、创造与真正的“实在”。理解“终极与整体实在”的唯一途径，在于通过天地活动以感知“仁”，通过性情以观省天地活动。在此意味之下，从对于与自性相关的真正“实在”的感知推衍出来的“仁”的体验，正是理解“终极与整体实在”的一条路径。因此，张载与朱熹皆主张儒家道德如“仁”、“义”等在形而上方面的含义。① “仁”被认为是普被万物的创造活动，甚至是此活动自身；“义”被认为是万物之理序。因此，关于如何修养对于“终极与整体实在”的理解这个问题，他们认为解答之道在于视道德为代表“终极与整体实在”的形而上的活动。要解答该问题，就要了解道德生命的形而上基础与本体含义。

程氏兄弟在关于如何取得对道德的形而上理解这个问题上，特别提出哲学性的几个要点。首先，明道劝人要“观天地生物气象”。② 此“观”非仅使用五官之“观察”，而是深切的“观省”。事实上，“生物气象”不可被轻易观察得知，却必要被感觉与体验才行。此种人类的观省能力，说明了天性乃内存于人性之中。因此，可以想见，天地中“终极与整体实在”的创造力乃被视为证实了内存人性之中的“仁”。此“观天地生物气象”之“观”，代表人类与天地之间自然、密切的交感互动；宗教理解的目的就正在于伸展与充实人类与“终极与整体实在”之间的这个原本的联系。但从欠缺这种宗教意涵的理解中，我们将找不到宗教的任何感性。真正的理解乃是一种修养的形式——修养人类固有的领会“终极与整体实在”（亦即“观天地生物气象”）之能力。我们不妨回味可以证实此观省体验的孔子的话：“逝者如斯夫！”“天何言哉？四时行焉，万物生焉，天何言哉？”③

或许是因为接受周敦颐与张载关于“诚”的见解，程氏兄弟二人皆提出了自我修养的学说，而此学说显然与我们所谓的对于“终极与整体实在”的宗教理解相关。此即“居敬”、“穷理”之说。④ 何谓“居敬”、“穷理”？它们如何与对于“终极与整体实在”之理解历程相关呢？从上面的讨论来看，“敬”显然是一种以“终极与整体实在”为个人生命目标与泉源而加以观想的心灵状态。它因而是一种心灵意识与存在延续，并超越了为己的需求、欲望之拘限。它是一种性情，各种德性如“仁”等可以由此推衍出来。在此意味之下，“敬”可被解释为要让原本不可区分的创造生命同为一回事，亦可被解释为完全的宗教理解之始。它事实上被程伊川描写、界定为“主一”与“无适”。⑤ 因此，它是一种天性的存在单一状态与天性的原始一体状态。它是一种心灵状态，根源于

① 参见张载：《西铭》；朱熹：《论仁》。

② 参见《河南程氏遗书》卷六；《近思录》卷一。此处“生物”之“生”乃一关键字眼，作者认为应作动词解释，而非作形容词解。若作形容词解，则该引句意义失去生动。

③ 《论语》。

④ 参见《河南程氏遗书》卷一~卷十八。

⑤ 参见《近思录》卷二。

对天地初始无穷之创造性的意识中。它是一种天性的状态，而此天性乃是在人类生命中实现的初始创造性。发现与保存“敬”，就是发现与保存原始的天性及个人对此天性的意识，也就是达成所谓的“涵养”。① 这是一条认知和理解“终极与整体实在”的路径。

我们必须注意到，程氏兄弟并不以“居敬”为不可容他的唯一求道方法。他们另外又指出“格物”的重要性。②“格物”和“居敬”同样重要，因为借着“格物”和汲取知识，个人可以使自己成为有用之人，从而致力于生活中实际的事务。“格物”之达成，可以经由洞彻事物的道理，而此又需要个人专志求知。这里看不到任何关于科学研究之观念的发展线索。此乃因为科学研究在于追求有关事实本身的客观真理，而此客观真理无关乎人类与普遍天性之间的一体。“格物”与科学研究不同，格物穷理的目的在于助使我们首先透过“终极与整体实在”，其次透过实践与实际生活，来认识个殊事物。因此，事物之“理”非科学的法则，亦非事物的形式，而是这些事物相对于一个“居敬”者所显现、所体验之“终极与整体实在”之下被赋予的意义。我们须要经由这种专注的态度，才能将个体联系于“终极与整体实在”，正如在“敬”的状态下，个人才能体验该“实在”。我们另外也是经由“敬”，才能将个人的知识联系于实践，才能取得能应用于实际生活的知识。这是因为在“敬”的状态下，行为才能自然不逾天道。所以，格物穷理永远会产生一些实际的“义”之原则或切乎现实生活的原则来，这些原则确保生活的均衡。另一方面，一种容许“敬”持久更新的修养，就是对于“终极与整体实在”的理解。

我们现在可以看到，对于宋明儒家程氏兄弟及其系统性的追随者朱熹而言，对于“终极与整体实在”的理解具有两个方向，此两个方向之间的关系则又可以圆形表示。第一个方向朝着保存原初心灵与个人所体验到的创造性发展，此方向乃是格物穷理的基础。第二个方向朝着发掘与更新实际生活的特殊原则发展，以此方向为基础，在“敬”的修养中对于“终极与整体实在”之意识与深刻体验，才能得到经久的扩充与把持。因此，如同“诚”一般，“敬”是理解“道”的起点与终点。程氏兄弟和朱熹所发展出来的理解“终极与整体实在”的方法，显然是古典儒家传统之延续与系统化。理解的“二向性”代表了他们的高度成就，此“二向性”帮助我们更清楚地看到在古典儒家与宋明儒家思想中，宗教理解的真正特质及真正特性。这个古典儒家与宋明儒家的理解，可以称为“对生命的有机与完整的理解”，此可明显见诸程氏兄弟和朱熹的“居敬”、“穷理”之学说。

在陆象山与王阳明的哲学中，所谓“有机与完整的理解”的方法得到不甚明显的发展。关于人类悟道的本然能力方面，我在程朱的“居敬”之说、陆氏的“求本心”之说

---

①② 参见《近思录》卷二。

以及王氏的"致良知"之说三者中间，看不出有歧义不通之处。[①] 因为若详加分析，"致良知"在存在与实践方面的意义与"居敬"完全相似（虽然二学说在存在与实践方面所指涉的对象不必然相似）。由于篇幅的限制，此中细节且不在此详究。我们应该注意的是，陆王虽然比程颐、朱熹更强调"致良知"在取得悟道及体道之圣知方面的潜力，他们却欠缺如下的认识：个别生命实际意义的推展必须同时仰赖一个自律的"道问学"与"尊德性"的过程。程朱在这方面却有所强调。

六　结论一：宗教实在的动态一体性与古典儒家、宋明儒家的宗教理解

以上，我们讨论了古典儒家与宋明儒家哲学在宗教实在与宗教理解方面的观念，我们欲以此为基础来讨论古典儒家与宋明儒家的宗教思想。我们也已看到，这是讨论古典儒家与宋明儒家的宗教实在的观念，其对"终极与整体实在"之宗教理解的观念，以及其对修养此宗教理解的学说的适宜场合。古典儒家与宋明儒家哲学之中，凡是被认为与宗教相关的事物，皆须透过古典儒家与宋明儒家对"终极与整体实在"以及人类与此"实在"之关系的观念来加以了解。我们已看到，由于其本性与心灵，人类自然能认识与体验他和"终极与整体实在"之间的一体；这个被经验的一体在人类心灵中引发深刻的欲求和意愿，进而去追求对该"实在"的完全理解和把握。我们看到了孔子如何实际应用这种人与"道"一体的经验，也看到了宋明儒家哲学中对"终极与整体实在"的"有机与完整的理解"。我们现在更可看到，人与"道"的一体必须全然体现为一个自然的历程。在此历程中，个人在伦理与政治的活动之中实现其生命。为了维系个人在群体之中的完整，道德实践与对于生活的道德反省乃是必要的途径，而此二者又是修养人、"道"一体之体验与理解所产生的自然历程，这个历程也是修养对于"道"的体验与体现所不可缺少的一面——程朱多少认清了此点。

我们也可了解，完全实现了儒家所谓的道德生命，实践了"仁"、"义"和"礼"之后，对于"终极与整体实在"的意识自然显现。换句话说，对于宗教实在或"终极与整体实在"的意识，乃是道德生命的自然延伸，因为道德生命显示出一个实在，这个实在被了解、珍惜为生命本身的泉源与目的。我们甚至可以说，宗教实在乃是将"终极与整体实在"视为道德生命内在来源与本体基础的理解。如此，道德生命与道德情操透过对于"终极与整体实在"的肯定与意识，而更具有丰富内涵，道德与伦理的生活因此成为推动实现"实在"之无穷创造历程的持久动力。另一方面，对于"道"的意识亦不断在实际生活与道德实践之中，注入新的生命力。我们可以像康德一样谈论道德的自主

① 参较《陆九渊全集》卷一和王阳明《传习录》卷二。

(moral autonomy)，但我们无须为了使道德有意义，而替道德预设一套宗教的前提。道德本身即具意义，同时亦是人类对于“终极与整体实在”之宗教意识或宗教存在境界的完全实现。

如果我们把实际生活与道德实践看成实现生命潜力的一条有秩序的、均衡的途径，如果我们又把它看成生命实质的、有机的理性成就，那么，宗教实在显然正是理性的全然体现。宗教意识与理性不可被分割：二者实乃互为延伸的观念，但又共同形成一整体。因此，儒家意味之下的宗教并不从理性预设的前提发展出来，而是在道德生命与道德生活的实际自我实现历程与成就中，非理性地呈现出来。在这个意味下的宗教与西方所谓之宗教不同，它并不与理性、自然的客观性对立，而是主体与客体之一体：它是主体与客体间被体验之一体的极致。自然界的实在与道德实在皆是这个意味之下的宗教自我实现的方式（方法）与最终的目的。

我们可以进一步说，从古典儒家与宋明儒家的观点来看，宗教实在事实上可以被认为与宗教理解相同。换句话说，宗教理解可以被认为是宗教实在的实现，而宗教实在可以被认为是宗教理解所创造出来的产品。事实上，宗教理解的有机与完整的特质，正反映出宗教实在的特质。宗教实在（即“终极与整体实在”）并不只存于心灵的理解与修养之中。心灵不但意识到而且体现出作为创造性生命与道德生活之目的与来源的宗教实在。意识到宗教实在是“宗教意识”，具有此意识不外乎让个人自性的真髓呈现出它最完整的面貌。

为了使宗教实在与宗教理解的关系更清楚、更具系统性，我们可以列举出在古典儒家与宋明儒家思想中，所谓宗教实在与宗教理解的“有机一体”(organic unity) 与“动态同一”(dynamic identification) 所具有的几个特点：

1. 对于“终极与整体实在”的有机与整全的理解，显示出宗教实在与对此“实在”之宗教理解间的一体。这是因为在宗教实在之创造力的基础上，宗教理解才为可能，而修养成功的宗教理解又能在人性与人的意识之范围内，客观地致使宗教实在的显现更为清晰、深刻。此种宗教实在的自明创造力与人性中的宗教理解之间所具的相互关系，非常清楚地在《中庸》对于“诚”与“明”的阐释中显示出来。

2. 宗教实在与宗教理解之动态或创造性同一，乃是透过知识与实践的动态或创造性的同一而形成的。显然，古典儒家与宋明儒家的宗教实在，正是实际的、普遍的不断创造过程，而这个过程基本上具有实践的外形。另一方面，宗教理解必须经过一连串“博学”、“审问”、“慎思”与“明辨”的个例（此见于新儒家的“格物”、“穷理”的学说）。因此，宗教实在与宗教理解的关系可被看成“知”与“行”的关系。

我们现在可以说明，“知”与“行”可用许多方式加以贯穿为一，其中的一个方式在于把“知”视为唯有从“行”才能推得，把它视为“行”的一种形式，而“行”在其最微妙的形式中，永远含有自我意识或“自知”。由此观之，宗教实在与宗教理解须彼此结合在人性中，一如任何技艺的理论与实践。伊川曾说："知之必好之，好之必求之，求之必得之。"① 知识与宗教理解必会使人把握宗教实在（此为存在的经验）；反过来说，对于宗教实在的把握必会使人辨识心灵中的宗教实在，因为实践与德性必须以对于宗教实在的知识为其持续的基础。

3. 最后，我们可以说，从客观与本体的角度来看，宗教实在与宗教理解乃是同一事物的两面，或同一事物的不同显现。因此，我们可以说，宗教理解是宗教实在在人性中的形式，而人所意识到的宗教实在是最为完整的宗教意识，它是彻底实现的个人所达成的自我知觉。伊川在提及终极与普遍的宗教实在时说："在天为命，在义为理，在人为性，主于身为心，其实一也。"② "命"、"理"与"性"的一体在此并未阻止此三者不能动态地与多貌地显示自身，所以同样，它们的动态多貌性亦必然使它们归向并导引于相同的根源和目的。因此，在本体的意味下，人的宗教理解和作为一自明历程的宗教实在终究为同一回事。透过各自的创造性与潜能，它们也可说是动态的同一。不可避免地，它们必然形成一体。

七　结论二：对于"留米洛斯"（the Numinous）之新解

著名的基督教神学家鲁道夫·奥托（Rudolf Otto）在他的著作《神圣者的观念》（*The Idea of the Holy*）中，分析了在宗教中一种显然为宗教性的性质，他称之为"留米洛斯"。③ 表面上看来，"留米洛斯"乃是宗教里独特的心理经验的对象。奥托的特殊见地在于他列举的一些在宗教中对于"留米洛斯"或神圣者的心理经验所具的不同成分。这些成分乃如下所述：（1）"至高神圣性与高超性"（supreme dignity and magnanimity）；（2）"神圣恐惧性"（holy terror）；（3）"难以抗拒性"（overpoweringness）；（4）"存有充溢性"（plenitude of being）；（5）"人格意志的力量或急迫需要"（energy or urgency of a personal will）；（6）"被造者意识"（creature-consciousness）；（7）"向往"（fascination）。④

假设我们对于奥托列出的宗教实在或"留米洛斯"的成分有了正确的了解，以此了解为背景，我们可以立刻看到，任何在上述古典儒家与宋明儒家宗教思想架构之内的宗教经验和宗教情操，必然非常不同于奥托所辨认出来的，虽然我们还是可以在一个西方基督徒眼底所见的"留米洛斯"和一个古典儒家与宋明儒家观点下所见的"留米洛斯"之间，找到许多相似之处。可以很清楚看到的是，由于在古典儒家与宋明儒家哲学中，宗教理解是一种心灵的情态，此理解当然容纳"至高神圣性"和"存有充溢性"两种成

① 《近思录》卷二。
② 《近思录》卷一。
③ 参见 J. W. 哈维（Harvey）英译本，牛津大学出版社，1936。
④ 参见上书，第二章~第六章。

分。在古典儒家著作中，“天”和“道”的“至高神圣性”常被称作“神明”或“圣”。对于“存有充溢性”的感知，可见于儒家对“天”之沉默无言的谈述，以及程氏兄弟描绘的“天”的普遍创造力。在某种意味下，甚至“难以抗拒性”与“人格意志的力量或急迫需要”两种成分，也显见于儒家对宗教实在的意识中。如果我们把“难以抗拒性”看成个人自我的扩大，而不看成源自非我的外力，则孟子所谓的“尽性”、“浩然之气”中的“浩然”，皆是“难以抗拒性”的例子。如果不提人格化之神的目的，则“人格意志的力量或急迫需要”也可找到例证。不过，此“急迫需要”在当作“平衡把握终极实在之心灵的力量”方面，并不重要。而在古典儒家与宋明儒家修养“道”的热忱中，以谋求深刻道理为目的的道德自律当然可以产生一股“急迫需要”的感觉。

除此之外，其他的成分似乎完全见不到，或者根本不必要。例如，在古典儒家与宋明儒家中，我们找不到“神圣恐惧性”，我们所能找到的是“敬”与“明”。更进一步，“被造者意识”与“完全的非我”（the wholly other）二成分亦不可见。古典儒家与宋明儒家从来不感到那种在作为创造者的“终极与整体实在”与作为被造者的人类之间的本体界的分隔与疏离。人类并不被认为是一种渺小卑微的生命，相反地，反而被视为“创造者”或“共同创造者”（co-creator），参与着具有终极实在之创造力特征的创造工作。因此，人不但没有“被造者意识”，反而有“创造者意识”（creator-consciousness），不但没有意识到“完全的非我”，反而意识到“完全的同我”（the wholly homogeneous）。这是因为最终的“道”从不离人，它在人性中显现自己，通过人来达成具体的圆满。因为缺乏此二成分，所以也就没有必要涵括对神之爱或“向往”的成分——这是一个神秘主义的成分。在基督教中，对神之爱乃朝向超越之实体，此爱且为人的第一必尽之责。然而，在儒家思想中，爱乃指“天”对人之爱，非人对“天”（或对神）之爱，因为爱（即“仁”）被视为“天”的特质，有特质之后生命造化才为可能。对于古典儒家和宋明儒家来说，虽然借着“向往”的成分，人能坚持对善的追求，但此一成分并非人对宗教实在的适当反应。取而代之的是理性的沉静，这是古典儒家与宋明儒家的生活准则：人必须修养此德性以求得有用、有智慧的生命，以及对于“道”的理解。这大概是因为古典儒家与宋明儒家哲学中没有人格化的上帝，也因此没有对此人格化上帝的个人感情。

为了补充对于古典儒家与宋明儒家中“留米洛斯”之描述的不足之处，我们可以提出一个关于古典儒家与宋明儒家中“留米洛斯”的新观念，此一“留米洛斯”原则上不包括前述找不到的成分。另一方面，我们得引进在奥托的观念中没有的成分。根据古典儒家与宋明儒家思想所界定的新观念，这个新的“留米洛斯”包含了下列的新成分：（1）人性中的潜在完全性；（2）一切独特生命历程的有机一体性；（3）原理与德性之于万物中的普遍存在；（4）天地中无穷的创造性的爱（creative love）——此成分可被称为“仁”。我们可以依据本文的讨论，轻易地阐释每一成分。在此，我不作进一步的讨论，只提供由这些成分所构成的对于“留米洛斯”的新观念，以求弥补奥托观念中的缺陷。

我们可以说，透过对于奥托观念的批判，我们已发展出一个对于“留米洛斯”的新观念。我们可称之为古典儒家与宋明儒家的对于“留米洛斯”的观念。此观念乃构成古典儒家与宋明儒家哲学的宗教意蕴。

二程本体哲学的根源与架构*

程颢（1032—1085）和他的弟弟程颐（1033—1107）为宋代新儒家哲学的发展提供了主导力量。他们不仅长期居住洛阳讲学，吸引了众多的弟子，而且从年轻时起就自觉地致力于直承孟子，以创建一种关于道和理的哲学。此外，他们还强调心智方面自我提升的锻炼，并且一直是根据他们心灵的深切体验来发表看法。作为第二代新儒家，程氏兄弟年轻时曾跟随周敦颐学习，受到周敦颐所提出的“孔颜乐处”问题的启发，程颢甚至打算放弃科举，以便潜心于对“道”的探求。程颢、程颐的主要思想体现在他们与门人弟子的讲论当中，这些讲论编为《河南程氏遗书》。

一

虽然周（敦颐）、邵（雍）、张（载）基于《易传》或多或少建立了关于道的系统哲学，但实际上，程颢才真正全身心地投入对道之性质的沉思和阐论之中，在其繁忙的政治生涯中努力体验变易的真实性。他并不想将道变得玄奥，而是希望使道成为一种实际的生命。在此意义上，他揭示出了道的活泼而有生气的一面，此即“天理”（heavenly pattern-principle）。程颢说：“吾学虽有所受，天理二字却是自家体贴出来。”① 对程颢来说，道既在有形之上，又在有形之中，通过《易传》“一阴一阳之谓道”得到最好的表述。当道被看作样式，道就是从现实的深层提取并显示出来的普遍之理，实际上就是阴阳、善恶依据一消一长法则所表现出的相互对待、相互补充的普遍之理。在此意义上，道即是理。程颢进而讲道：“天地万物之理，无独必有对，皆自然而然，非有安排

---

* 原载《南昌大学学报》，2003 年第 1 期，由杨柱才译为中文。原文英文本于 2001 年 5 月北京“国际二程学术研讨会”上公开发表，自署中文题为《二程本体哲学（本体宇宙论与本体伦理学）的根源与架构》。为了简明起见，这里略去括号内的文字。“参考文献”为译者所加。译文经过作者审定。

① 《程氏外书》卷十二，见《二程集》，424 页，北京，中华书局，1981。

也。"① 这个说法是他基于对阴阳、善恶相互对待的观察而提出来的，并非通过读《易经》而形成的概括表述。从这个观察出发，他认为，事物由于相互对待和差异而变得并不同一，简易就必然提升出来，并得以呈现，这是一条自然法则。他进一步观察到，正是在阴阳对立的基础上，生生（creativity of life）才成为可能。但他认为天道就是生生，此生生也就是天理，即生生之理，这是善之根本所在。由此，恶就是生命的毁坏，是生生的对立面。他认为，就像我们人应当具备并遵从源自天的善一样，恶的东西也有其原因或理。这里，我们可以看到程颢对于道与理之间所做的精致的区分，即道是本源之善，为人所继承而成为性；理则是"有对"的，包含善和恶。

由于强调天之生生之道，程颢便经常讲到天地生物气象。关于生生，程颢还提出另一观点：尽管天以纯善的方式产生万物，但天并不安排万物之性，而是万物继天之善，自成其性。这个关于《易传》的说法，其意思是：性具备天之善，但性的构成条件的不同造成性之不同，而人性最有可能成就天之善。在《二程语录》中，程颢讲到，由于气禀（qi-endowments）的作用，不同的人从孩提时起便可能不同地发展出善性或恶性。这里，可以看到张载已基本提出的生即性、性即气之说，这也是因为性由气构成，而此构成过程就是生生。性有一个成其为性的生生过程，性一经形成，由于其分有或保存的道或天理之性并不均衡，性之善恶也就有了区别。而在程颐看来，这里的性就形成一种形上之道与形质之性的差异，这种差异导致理与气之间的重大区别。正如天理一样，道是纯善无恶的，但一旦落实到万物之性，就在气禀的作用下而有善恶（性被看作气的实现过程）。因为气禀而有善恶，善恶也就有其原因，因而有善恶之理。了解到这些原因和理，人就必须遵从和培蓄善，去除恶。在程颐和朱熹那里，不仅理和气之间有明确的区分，而且倾向于以气来说明人之恶。

实际上，程颢的重要见解在于将生生的体验阐释为本源之善，这种体验既不是逻辑原则，也不是思想的反思。因为有这种体验，程颢就能够赋予儒家仁的学说以一种新的含义，即仁是对生命及生命之善的切近而有益的同情感受。在《二程语录》中，程颢说："观鸡雏。（小注：此可观仁。）" 仁是一种关切、关心、同情和慈善的感受，一种消除人我之分的感受。故程颢说："仁者浑然与物同体。"② 在浑然一体中，人能知觉并关切到整体的所有部分。作为整体性的体验，这种对于仁的阐释的中心观念，其关键之处就是把仁理解为一种达到所有部分（全体）统一为一个整体的功能，没有仁也就麻木无知觉。这个对于仁的诠释也提出了这样的假定，即性和心是气禀的结果，而其中的气联结着万物，如同手足相互联结一样；对于感知这种相互联结的原始能力，我们也必须把它看作某种气，并加以培养和关注。程颢进一步讲到，儒学的全部价值就是仁的体

① 《程氏遗书》卷十一，见《二程集》，121 页。
② 《程氏遗书》卷二，见《二程集》，16 页。

验，此即是应当认肯并以诚和敬加以保存的理。（“识得此理，以诚敬存之而已。”① ）注意，这里有四个步骤：（1）体验和感受仁；（2）体验和感受作为仁的分支和义、礼、智、信所含具的价值；（3）认识这些体验和感受之理；（4）以诚和敬保存所认识到的理。人心只要能做到这样，就并不需要着力去抵御恶，也并不需要着力去寻求真理。程颢相信体验和感受能带来一种对于理的自然而然的直观，也即是对于理的悟解。正是在通过反身自省而获得的与天地一体的综合性感受中，人便自然地达到真理，也自然地达到真理之乐。对于程颢来讲，这可以看作最高的阶段，或达到了道的阶段。看起来，上述仁的观念是受到张载《西铭》哲学的影响，但就程颢而言，与其说是对于气的某种令人瞩目的哲学沉思，不如说是对于孟子“浩然之气”的某种直接体验。

这就意味着程颢关于天地之生生的思考和体验，使他能够达到对于包罗万象的程序、普遍规律及天理的更深入的理解。但问题是如何保持这样的理解，以便我们不被外界事物或生活中的突发事件所干扰或打乱。这实际上是张载提出的问题，即定心（他表述为“定性”）以便我们不受外界事物影响的问题。说到底，这是孟子“不动心”（not moving one's heart-mind）的问题。程颢在《定性书》中对此做了回答：人要保持其心不动，方法就在于心应对一切事物密切关注，并且情感能顺应不同的环境。这是一个训练和学习的问题，即学习如何对一切事物敞开心灵、如何对可能出现的事情作出恰当的反应。而且，只有内外两忘，人心才能没有封闭，将变得非常澄明（即不受自私和自疑的妨害）。由于人达到无私和不带偏见的心态，从而澄明公正，人因此也就明了是非。这是人可以确证为心理不动的心态，这种不动是由对现实和真理的形上洞察以及通过自律的训练而产生的。事实上，这即是一种人自然地明了何事当为的状态，一种既自然又道德（应当）的状态，一种以澄明无私为道德公正和真理观念之核心的状态。

可以这样认为，对程颢而言，有一个达到不动心的方法，这种方法就是他所写的《识仁》篇的所谓“识仁”。但是，如何识仁？程颢的回答是：“存久自明。”这意味着人心必须有实在的持守和顺应万物的能力（“实有诸己”），才能了解包容广泛的天理。在此天理的基础上，就会产生一种对于万物的自然而然的关切感受，而这就是仁的体验的开端。程颢又讲到，学习必须以知识为开端（“学以知为本”），这也意指人在学习特殊的问题或通过学习达到特殊的目的之前，必须先完成对于事物的一些基本了解。为了具备对于事物的一些基本了解，人也要以诚和敬来持身。就程颢的本意而言，这是指要有对于现实的集中注意的心态，并且感到安适。这样，人也将从对事物适宜而又自然的执持中体验到自然而然的快乐，这就是达到与天地万物构成一体的体验。这种体验就是《中庸》所描述的“中”与“和”（centrality and harmony）的状态，也是反映自然和宇宙之生生的一种状态。在这个意义上，这种体验与中国佛教的教说有着精微的不同。

---

① 《程氏易传》卷三，见《二程集》，59页。

根据上述可以看出，一方面，程颢是根据《大学》、《中庸》的传统并以这两个文本为契机来创发其对于现实的直接思考，就此而论，他比他的先行者进行了更加独立的哲学思考。但另一方面，他也遭遇到困境，即是如何把他的思想和观念表述成一个逻辑的形上系统。这个系统化的工作要到他的弟弟程颐那里才得以创建，而其完成则要到朱熹——程颐的四传弟子那里才实现。在形成其关于已知现实的体验时，程颢将变易的过程转换为“道”，又将道转换为“理”（事物的法则、秩序）。他还对理、气作了区分，把理看作优先于万物存在之基础的变易和生成状态，并且使得理在一切事物中得到显露，而只有灵明的人心才可以逐渐认识理；气则意指生命和活动，是形成“性”的东西。程颢把《易传》所谓“继善成性”解释为继承道的“源头”或来自道的“源头”（一如以往的解释者，他也没有说清楚“源头”观念）就是善，因为原初赋予的东西就是善。但是，当气变化为现实，就如同流动的河流一样，污染便伴随其中。因此，性一经形成，就是善恶相杂。在此意义上，道德上的恶就是一种后起的污染现象，这种污染现象似乎是不可避免的。程颢于是借用《尚书·大禹谟》“十六字诀”提出关于个人自我净化和自我修养的谨严工夫，这些工夫将使我们成为更道德的人，并通过去除杂染的习气和因素而发展纯粹之心，进而在人生中上达天理。在此意义上，程颢首次提出了新儒学“去人欲”的论题。但并不能说程颢把气看作生生的必要因素就轻视了气，他的看法是要保持生命的自然开放，要始终保持对全部现实的观照态度和对所有生命的关爱。除了强调理的重要这一点之外，程颢更多的是持态度取向和宏观之道（天理），而程颐和朱熹则倾向于系统取向和微观之理。

二

程颐从27岁到53岁（1086年，他决定出任侍讲）一直致力于对道的探究，他的性情与程颢有所不同，他对门人学者更多的是严肃、庄重，在哲学思想方面组织得更为精确、更为有条理。可以说，程颐在构建新儒学思想中获得成功是顺理成章的。

程颐的支配性观念是理，理释作某物之“所以”，这是以往任何学说都不曾讲到的一个新看法。在这个意义上，可以了解到道如何就是理：道是阴阳之为阴阳、物之为物的所以然。所谓“一阴一阳之谓道”，正是表明阴阳变化不能离开道，而不是说道就是阴阳；阴阳是气，而气成其为气，是由于理的缘故。气虽然与理不可分离，但并不是理。那么，理是什么？理决定着气被产生出来并不断生成天地万物的方式，而在宇宙万物和生命的形成及转化过程中，首先有一种不断产生气的真元之气（qi of true source）。程颐指出，就生命中的呼吸来说，吸入的气能够滋养生命，也偶尔进入元气，但元气是来自真元，并非来自吸入的气，而且无论在何处，呼出的气并不等同于吸入的气（这意味着呼吸是气依据元气或生命力来改变其出入性质的机械过程）。同样，宇宙和自然界也能够通过其自身而不依赖外在原因，便永无止息地产生生命。这就是理的作用，理是事物发展所必然遵循的原则。按照程颐的看法，我们所见的世界是为理所主宰的，或用一种更好的表述，是为理所显露的。开阖、往来、屈伸以及生生不息的方式，都是某种理。在某种意义上，程颐把气化世界理性化了，又把理变成一个不可见的基本实体，而这一实体自身看起来却似乎无法理解。

从某种意义上说，程颐在谈到《易传》中气的用语时，构建了一套关于理与气的纯理语言。这使他得以撰成关于《易经》的第一部义理重释的著作，此即著名的《程氏易传》。在此书的序和个别释论，以及其他相关说法中，程颐提出了在变易不息的世界中事物形成和转化的若干原则：

1. 生生不已。程颐根据他对《周易》的继承和理解，断言变化不息是天地的真实永恒状态。他说："惟随时变易，乃常道也。"① 动静构成变化，而纵然我们所处的世界是真实的世界，如果没有动静，也无法存在。就世界作为气所构成的现象界来说，它是元气（即真元之气）不断创生的产物，而元气引起并恒常地保持着世界的变化。

2. 体用一源，显微无间。这明显地是指卦当中象与理的统一，但也意指一切细小的事物及其所包含的理，还指理和气紧密相依的统一，此统一意谓理必然引发气。

3. 动静无端，阴阳无始。这是指自然的宇宙中气的无穷循环。这使人联想到宇宙由气所创生，并没有一个实际的时间作为开端。只要有整体的理，宇宙万物中就始终有气的循环。这个"无端"本体宇宙论与周敦颐的"无极"本体宇宙论、邵雍的"太极"本体宇宙论及张载的"太虚"本体宇宙论有着很大的不同（注意程颐对老子"无生有"的批评）。很明显，这是程颐关于理、气不可分及理永远是两极对称的看法的逻辑结果。可以这样说，程颐将理现象化了，正如他将气理性化（理化）了一样。

4. 理必有对。就像道可以被看作有善有恶一样，理也是两极对称的，因而有阴阳、善恶、是非的对立。程颐的结论是，没有对立就没有道。他说："无一亦无三。"② 这像是一个简单的概括，却又是对于并不易于了解的一分为二和合二为一的微妙过程的概括。而且，理的对立、气的对立以及理与气之间的对立有着多方面的含义，即可以意指反对、对称、冲突、平衡及和谐。总之，一切都包容在一个总体之中。

5. 物极必反。通过广泛的观察可以了解到，万物都处在永恒的变化当中，并且变化总是从一个终点转向另一个相反的终点。许多事例表明，某个事情或状态的极端就可能是被倾覆，并转变为与之正相反对的对立面。这是自然界和人类社会中都存在的灾祸性的变化。由此，程颐认识到人必须接受这个理，并从中吸取教训。在《易传》中，程颐特别强调圣人是如何在其人生的鼎盛时期密切提防极端，不使倾覆。

---

① 《程氏易传·恒卦传》，见《二程集》。

② 《程氏遗书》卷十三，见《二程集》，153页。

在新儒学中，程颐的第二个主要构建是性即理（human nature is li）的命题。所谓性即理，就是将人类存在之开端追溯到现实存在之根源，也即万物的终极之理。但是，在这一命题中，存在着实然与应然的相互作用，而不仅仅是根源上的东西与气化构成的东西之间的相互联结。显然，人的生命和人性是由气形成的，而其中也有理或人之为人的原因，这就是气所具有的作为其存在理由的理。只要说到性即理，就是确指性理或理性。基于这一点，程颐认为性理是一种道德价值观念，因而生命中的性，就其明显特征来说，必然并且应当是根源于理。

随之而来，在性理和由气所形成的身体之欲望之间就存在着基本的区别。此境状中的理就是人的普遍性，因而从观念上说，人之性是相同的。但是，由于人的气禀是个别性的，人的物欲也就各有差别。因此，人之不同，是由于气禀所得不同，这可以解释人为什么会有智愚、善恶之分。这种分别又可以解释为两种性的分别：义理之性（即道德的性）和气质之性。对程颐来说，义理之性是绝对的善，是天所赋予（因而又称天命之性）；气质之性可以是善，也可以是恶，它受人的出生情况和生活环境所决定，也是一种反映体质之特殊性的天生禀赋（即才）。要充分理解人，就应当既了解道德理性的义理之性，又了解以情感能力为首要因素的气质之性，二者都不能轻忽，并且对于二者之间有着怎样的特殊关系也不能轻忽。在程颐看来，告子只讲到气质之性，孟子只讲到义理之性，而重要的是，二者应当同时被考虑到。程颐说："论性不论气，不备；论气不论性，不明。"①

尽管程颐用理、气结合的思想方法架构了一套完整的人性学说，但是根据他的理与气必然相互关联的理论，就必然会提出异议：生命之气有着与之相对应的理，因而是以理为基础的，那么，我们怎么能说作为某种理的气质之性是恶呢？程颐或许可以解释说，有善之理，有恶之理，因而我们所说的恶，即使是以理为基础，但实际是来源于欲望。所以，问题的关键便成为我们如何决定什么是善、什么是恶，以及为什么义理之性是善，而气质之性则是恶。

讲到性，也必须看到，性是根据天或理，因而可以说是为命（destiny）所决定。所以，性是天所自然地赋予的，在人心中实际上是明晰的。性之发动叫作情。在此意义上，心和情都是植根于性，而性和情则结合在一起，并统一于心（如张载所谓"心统性情"）。从这种对于心、性、情结构的理解出发，人如何依据道德转化和道德行为来提升自我，就成为一个关键的问题。

首先，必须看到，每个人都具有依据其智力和道德人格来提高和改善自我的能力。

在程颐看来，人的道德提升和道德改善也是一种具有本体宇宙论意义的理的活动，此即针对心的"主一"（mastering oneness）说和针对情感的"主敬"（mastering reverence）

① 《程氏遗书》卷六，见《二程集》，81页。

说。所谓主一，就是维护人心的完整并保持对于理的悟解和开放。无疑，主一是指向内在的，以使放任的欲望和武断的意向不会产生和泛滥。主一也就是不偏向任何一边（即“无适”），或不带任何偏见，并且排除任何欲望。这个观念的提出也是为了消除人心中的忧虑和外界对人心的干扰，以便此心不受外在干扰的冲击所带来的任何紧张和压迫的制约。从客观上讲，主一并不是要消除这些外来因素，而是指只要保持主体之心的完整性，人就将摆脱这些外在的干扰。只要做到主一，人心就会变“实”（solid），并且属于心志的内在意志力就会得到加强。

如果说敬是对于外在事物的敬畏和注意，主敬就是保持这种敬畏和注意，那么，如果缺乏恰当的关切和注意，人就将一无所获。在此意义上，主敬（也称持敬）是以主一为先决条件。但主敬引导着情感的态度和表达情感的方式，是为了控制人的恣意行为和妄自尊大而做出的一种工夫。主敬有实行的特点，因而主敬即是敬，敬即是主敬。作为一种内在的心理状态，主敬要求自我控制的工夫，因而与佛教的“无执”（non-clinging）及道教的“虚静”（quietism）说有重大的不同。程颐讲：“敬则自虚静，不可把虚静唤做敬。”① 因此，用养气的工夫并不能达到主敬的目的，主敬终究更是一种心的训练，这种心的训练包括指向理的理解力和意志力。因此，要保持人的外在行为符合理和礼，就必须做本心的工夫，也必须把恰当的服饰和恰当的言谈以及节制看作主敬的必要组成部分。这就是说，主敬是以理制气，并在日用常行中达到理。

其次，程颐提出这样一个问题，即缺乏知识的人应该如何践行。

有知识就是知道“循理”，这意味着一个人即使有善性，却可能并不知道处在某一具体情境中，何种事情是应当做的。当孟子告诫人们要遵循并扩充人的道德情感时，已必然颇有意味地假定人们知道何种事情是应当做的。但直到程颐，这个假定才被解释为以认识事物之理为先决条件。而要认识理，就需要格物。程颐把传统的格物概念解释为穷理（exhaustively understanding principles of things），而穷理有多种途径：读书、讨论、辨明是非及发现具体情境中的行为准则。格物是一种包括思考和践行两方面及其相互作用的活动，不是单一的探明真理的工夫，而是一种能够使内心之洞察力和灵明得以逐渐呈现的多方面积累的工夫。程颐在讲到闻见之知和德性之知的区别时，明显沿用了张载的说法，显然，“知”并不是要发现经验中的东西，而是要探明什么事情是应当做的，什么原则是应当遵循的。当程颐说“脱然有贯通处”，已必然包括从德性而来并与德性相关的道德真理的知识。这个知识哲学成为朱熹补《大学》第五章“格物传”的基础。

最后，为了对于将要发生的事情持有公正无私的态度，程颐还构建了涵养理论。

这个理论与寻求所谓人心之“中”有关，人心之“中”是对情感未发动状态的界定，这种状态是情感发动之时达到和谐的先决条件。显然，当情感没有发动的时候，我

① 《程氏遗书》卷十五，见《二程集》，157页。

们并不能找到“中”，而情感一旦发动，却又只是个“和”的问题。因此，寻求“中”可能仅仅意味着以警醒和注意来为人心做防备，以使人的情感不会迷惑、过火甚至错乱，因而人并不能达到符合目标的状态，并不能达到“和”。这种以警醒和注意来为人心做防备的工夫叫作持敬（如上文所论）。程颐曾这样说：“涵养须用敬。”① 这就使得持敬的作用非常清楚，即持敬是为了使人的行为合于礼而对人心做防备，是要恒常地保持人与人、人与世界的和谐关系。这种涵养于情感发生之前的理论也启发了朱熹深入思考未发与已发、“中”与“和”的问题。

---

① 《程氏遗书》卷十八，见《二程集》，188 页。

朱熹哲学中的方法、知识和真理观*

一　导论

近来探讨朱熹（1130—1200）哲学中的“工夫方法”、“学知”、“性理”等概念的文章虽多，但却很少能阐明朱熹如何建构及确立这些概念，而能将此等观念带到知识确实性（validity of knowledge）的基本问题，以及“方法”与“学知”间、“学知”与“性理”间之确当关系上去谈的，更是鲜少。

我们考察《朱子语类》等述作时，发觉其“性理”概念实可透过三个层次及三个向度（dimensions）去了解，即透过本体论、认识论和价值论等三方面了解。

当前的哲学困难，不单在难以比较此三层次所分别出之各层义理，且更在难以透察此三层次及向度如何统合成一体，然后再通过一笼盖性的方法论、整全的本体论，从认识论与价值论去把握“性理”。

如果肯定“性理”是人类知识与认知能力的客观内容及范围，则知识一面是揭露“性理”、完成“性理”的过程，同时也是这过程所求达到的目的。

要打通能知心与所知物之间的距离，必须透过一方法论，将心灵与世界、知识与真理统合起来。所以这一方法论一方面是完成及带动人心导向真理的过程，一方面亦是从心灵去肯定真理本体的过程，因而这一方法论同具有本体论与知识论的意义。确实了解这一方法论，就能揭出能知心与所知真实间的原本一体性，并可终得慧识透察此一体性。我们若能批判地诠释这一体性与慧识的特质，便能更进一步地了解朱熹哲学。

下文将探讨朱熹的“学知”与“性理”两概念之意义，以及其方法论从何而来，又当如何确立等问题。盖其方法论可呈现出知识论和本体论，知识论和本体论亦同样可呈

---

* 原载《知识与价值——和谐、真理与正义之探索》。原文在 1980 年第二届国际中国哲学会议上宣读，由梁燕城君译成中文后曾发表于《鹅湖杂志》。

现出方法论，由此乃可确定“道”、“性”与“知”等的联结关系。朱熹认知方法有二途——“致学”与“涵养”，为心灵的两种功能。我们当了解此二功能和方法是心灵之全体大用，也是一体化地含于人性中。基于这个原因，我们将看到朱熹对致知方法的丰硕贡献。

二 学与知之目的

在中国哲学中的认知和知识问题，不论是儒家或道家，皆不指向纯理论或纯概念知识，换句话说，认知不在纯理智地观物，亦非满足纯理智的兴味或好奇心。从真正的中国哲学观点，认知与知识必须深切地具有实践与价值的意义。致知是去掌握某一目的，因而联结于价值、自我成圣、适应社会，甚至导引至全面真理，而领悟出终极的真实。儒学传统或许就是主要导因，使知识问题集中到人类价值和自我成圣的问题上。它成功地创造了一“价值的架构”或“人生价值系统”，使认知与知识在社会与终极真实中都能得到活源、得到安稳、得到确认。人如何能知道这价值的架构及人生的终极的价值呢？其预设在于人若知己之本性，自然可知真理。这种知识亦即孟子所谓的“良知”，孔子所谓的“知仁”、“知德”，我们可称此种致知为“原初之知”（primary knowledge）。

对本性“原初之知”，本质上可分两个向度来看：一个向度是知其本性，另一向度则为知如何可以更好地发掘及完满地开展本性。让我们回到孔子思想上去说明。虽然孔子未尝提倡人要知己的本性，但当他述及人能做何事及能成就什么时，无不包含对人性的一种“前理论的”（pre-theoretical）了解。他说：“仁远乎哉？我欲仁，斯仁至矣。”①正意涵人能自我决定行善，因为人内在是善的。所谓人的本性，不外是完成善的能力，以及抉择此善的自由。这种含义可见于孔子另一说法：“人能弘道，非道弘人。”② 这指出道虽是至善，却仍只有人才能弘道，盖人本体天赋有弘道的能力。整本《论语》有关善的讨论，无不暗示人本性中的两重意义，即本性之质就是善，而且本性有敏锐的能力去完成善、显示善及阐明善。人不单本性含善及能成善，而且能在顺性而行时，为本性推动去如此做。

总结而言，人求知之理由，不外在尽其心，由尽其心而尽其性，以至能达到与道合一、与天地合一之终极境界。若人求知和发掘自己，目的就在尽性而达天人合一的圣人境界，则最大的问题就在通过什么方法可达致此一目的。这一关键问题使我们立时发觉，朱熹的“学知”方法是何等重要，因为这正是成圣的方法。若要建造起一个价值与目的性的架构，我们必须了解及评定有关此建造方法的论说。

---

① 《论语·述而》第三十章。
② 《论语·卫灵公》第二十九章。

三　尽性中的学知与性理

了解朱熹方法论，首先要知道的是朱子在解释“尽性”时引进了“知”与“理”两概念。他在注《中庸·尽性》章中指出：“尽其性者，德无不实，故无人欲之私，而天命之在我者，察之由之，巨细精粗，无毫发之不尽也。人物之性，亦我之性，但以所赋形气不同而有异耳，能尽之者，谓知之无不明而处之无不当也。”由此可见，尽性是在人性整个巨细精粗的每一面皆要“知”之明、“处”之当。虽然朱熹并未在此提到“理”的概念，但“理”的意思正是人心之全体大用，贯通于众物之表里精粗。

朱熹注《孟子·尽心》章，更涌现出“理”作为心灵的根源建构，因此“致知”基本上就是知理，遂有“穷理”或“尽天理”等说法。

朱熹解心曰“人之神明”，所以“具众理而应万事者也”。他并且以心具之理又源于天，故云：“天又理之所从出者也。”他继续说：“人有是心，莫非全体，然不穷理，则有所蔽而无以尽乎此心之量，故能极其心之全体而无不尽者，必其能穷夫理而无不知者也。既知其理，则其所从出，亦不外是矣。”① 就如朱熹言“格物”时所揭示的，“格物”在“知性”，由“格物”以至“知性”、“穷理”的极峰，则为“践形”。

顺此思想线索，朱熹解释“践形”为“尽其理”、“践其形”。他说：“盖众人有是形，而不能尽其理，故无以践其形。惟圣人有是形，而又能尽其理，然后可以践其形而无歉也。”② 很明显地，朱熹解释所有“穷”与“尽”的概念时，基本上乃是要知理，或可说是在时间历程中普遍地掌握理。

朱熹在解释《大学》中的“格物”概念时，亦很明显地陈示同样的理论立场，他在《大学》解释格物致知补传上言：“所谓致知在格物者，言欲致吾之知，在即物而穷其理也。盖人心之灵莫不有知，而天下之物莫不有理，惟于理有未穷，故其知有不尽也。是以大学始教，必使学者即凡天下之物，莫不因其已知之理而益穷之，以求至乎其极。至于用力之久，而一旦豁然贯通焉，则众物之表里精粗无不到，而吾心之全体大用无不明矣。此谓物格，此谓知之至也。”③

从此一重要的论述中，吾人可明晰地归纳出以下数点：

1. 基本上，致知是要知事物中的理。人心灵有能力，又渴求知理，一切事物也能通过理而被察识。人心既能“豁然贯通”，则我们可以说心能贯透事物终极的理，进一步推出终极之理实为心灵内在所本有（innate）的。

2. 朱熹指出“心能知理”，心可通过对事物的贯通而掌握理，而“终极的理”这一

---

①② 朱熹：《孟子集注·尽心》。

③ 朱熹：《大学补传》。

概念，在朱熹其他述作中被称为“道体”或“本体”。“致知”达极尽处即为知“道体”或“本体”，这就是朱熹格物致知说的本质。

3.“穷理”、“尽知”以至“尽心”、“知性”，皆殊途同归地指出，要达到终极的“理”，达到“道体”、“本体”，亦即达到“太极”的境域。

4. 所谓“即物而穷其理”，不外意指人要探寻事物的理，以求“一旦豁然贯通”，而知终极的理。此贯通之所以可能，唯有在人见一物之理，等同于万物之理皆源于终极的本体的理，故所穷的诸理本身，皆基本上互相贯联成为一相互涵摄的层级架构，以使任何一具体的理均须通过其与其他诸理普遍的相互关系上去了解。故“穷理”同时是归纳地和演绎地形成一知的过程，其目的在导向真实界，而见其有机整全境域之涌现。万物皆在真实境界下方能得到更明朗的了解，人也就更能在事物中怡然自得。（在此必须指出，王阳明实深深地误解了朱熹“穷理”的意义，他在“格竹之理”不成而致病之后，就反对“格物”在“穷理”，却谓格物在“正事”。）

基于此，我们更能指出，“知理”是要知事物的形而上的意义。朱熹从其前驱周敦颐和程氏兄弟中开展出“理”的学说。北宋诸儒以“太极”即“理”，“理”即“太极”，其中“理”、“气”、“性”等概念皆有成熟的发展。朱熹哲学系统就建基于此。但须强调说明的是，他的“理的形而上学”一面是要确立“知”，另一面则是为了普遍及统合事物的知识，来完成一个更高的架构。在进达于“理”时，他亦能察觉到心灵的更深厚、更伟大的功能：心由于本性所赋予，而含一切“理”之潜势在其中，故“性”是心之体，亦是“知理”的终极根基。

四　致知的两个向度

“性”乃人获知真实的根据与模型。人若欲获得确当的知识及达至“豁然贯通”，均须寻求统合一体的“理”或“太极”。这里暗示“知理”并不简单，它包含了致知的两个向度：一是通过“知物”去“知理”，并由此知其整体关联性；另一是察觉本性，进而了解理的统合一体性，遂超越“知物去知理”的过程，直接达到终极而一体的理——太极之知。前者即“致学”，后者即“涵养”。我们将发觉，二者都是全面了悟人性的必需工夫。

正确了解朱熹这两形态的知，就是评定其思想本质与陆王哲学的分水岭。陆王只重第二形态的知。由此亦可明白，朱熹从程颐的路线何以同时强调“学知”与“涵养”两种工夫了。我们将继续探讨二者间如何平衡并用，及揣摩有什么基本理由去评价及解释其思想。

回到前面我们关心的致知之目的问题，我们同时觉察到：不论我们如何看待知识，知识必须产生道德与本体论的效果，使人能“尽性”，即知识必须产生自由行动、自我实现，有转化现实的能力与感受，且使万物得以和谐及合乎中道。当“致知”是要“知理”，则“知理”就能产生这一切，或能成就此等目的。这可以说是从道德或形而上学去论定对“理”的知识。

“知理”能成就以上诸目的，故朱熹哲学的基本预设必在“知理”或知所有道德与形而上的价值。“理”的定义亦可由此去了解。“知理”不是单纯的经验或客观知识，却为超经验的隐喻性之知（或可称为“本体之知”）。进一步说，不单是超经验的隐喻性之知，而且是转化、推动、组构，本体地使个体的知识更形丰富。对朱熹而言，知识创造地完成个体之本性，即前所言的“尽性”。由此言之，“知理”是发展出个体的自我转化，并在实现道德价值及尽人尽物的能力中，宣示出其内在的意义，而达到赞天地之化育的境界。此等自我转化的知识自然有别于概念知识及科学知识，盖后二者缺乏前面的自我转化，也缺乏道德创造和发扬价值的过程。

在《朱子语类》第九卷“论学”中，朱子说：“学者工夫，唯在居敬穷理二事，此二事互相发。能穷理，则居敬工夫日益进；能居敬，则穷理工夫日益密。譬如人之两足，左足行则右足止，右足行则左足止；又如一物悬空中，右抑则左昂，左抑则右昂，其实只是一事。”①

在朱熹所有关于如何“致学”以达道的言论中，这段文字可说提供了最清楚的方法论。朱熹在此很明显地提出达道（道体）的两个基本要求：其一是以学求知事物之理；其二是要保存心灵的本性，使人能进达于本体，并以知掌握道。知本体或知道的整个方法论遂有两个向度，一是穷理，一是用敬，二者由力行而具现。我们可以用如下的架构显示其学道的方法论：

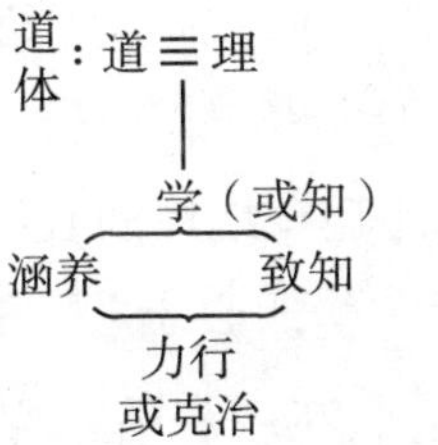

“道体”不但判定“学知”，同时亦为“学知”的标准和目的。极尽“学知”的成果要由“道体”去检讨与判断。而道体也是一种“学知”与“学知”对家的根源，故“道体”是“学知”的起点和终点。所以整个“学知”过程，最后可称为“道体”自我完成的过程。

① 朱熹：《朱子语类》卷九。

五 居敬：学知的建构性要求

“居敬”在致学与求知的过程中何以如此重要？答案在“学知”是求知终极真实，而终极真实又潜存于人的心灵中。由此我们可以说：“居敬”的要求主在存养人的整个心灵以促使人能经验终极真实；也可以说，“居敬”的要求是在掌握及纯化统一心灵的能力，使能知真实的整体，乃至人不会离道——离弃终极的真实。由以上的了解，我们就知道何以“涵养”的本质在“居敬”。“涵”字意谓“浸润”（immersion），“养”字意谓“培植”（nurturing），故“涵养”一词之义在涵浸心灵、培植心灵对道的了解，亦即培植心灵去悟道。本体论地说，涵养是叫人省察自己的心灵，而能圆满地掌握自我。依此解释，我们就明白何以朱熹继承程颢之说，以“居敬”为“学知”的最原初向度。这是因为“居敬”是“学知”的起点及对其支持的基础。“居敬”包含“涵养”这一命题，指出维持“涵养”需要一个特殊的过程，即“居敬”使“涵养”成为可能，且增强“涵养”的质与量。

那么这特殊的“居敬”过程是什么呢？其规模如何？我们应如何了解？

在《近思录》中，程颐、程颢有时称“居敬”为“用敬”或“主敬”，《周易·坤·文言》六二句有云：“直其正也，方其义也，君子敬以直内，义以方外，敬义立而德不孤。”程颐解云：“君子主敬以直其内，守义以方其外。敬立而内直，义形而外方。义形于外，非在外也。敬义既立，其德盛矣。”① 程颐甚至以“敬”和“义”为“坤道”，以对比于开启人外在行为的“乾道”。由此，程颐总结其规模，以“学道”的两个向度和两个要求为：“涵养须用敬，进学则在致知。”

由上可见，“居敬”就是坚稳地持守人心灵，以上达于天，那是心灵内观的态势，可称为“全心”或“正心”，使人能整全地控制心灵，以正确态度去实现价值。

我们遂可说，“居敬”是“直内”的心态，“守义”是“方外”的德行。然而内与外不能分，故“敬”与“义”亦不可分，所以“敬”须从心灵自我存养和修持的工夫上做起，而为本性自然流露的德行。程颐更进一步解释：“敬”为一种涵养工夫，必须及于物，而由“集义”所得（“集义”使人心及于物）。若无“集义”，心即不能及物，“敬”即成悬空的德行而无异于“静”的工夫，空悬于人生活动之外了。②

程颐更深一层解释“敬”与“义”之别：“敬只是持己之道，义便知有是有非。顺理而行，是为义也。”③ 程颐更举例释之，若一人要真诚地孝顺，不单要心欲孝，更必须行孝。故“敬”不只别于“静”，更要“知”如何去行，这可描述为及于物的预备工

---

① 《周易程氏传》卷一，见《二程集》，712页。
②③ 《近思录》卷二，《为学》。

夫。“敬”一面是精神上求上达于天，另一面是直接求及于物。基本上，此乃心灵专一化的境况。我们可释之为人之心灵潜存的指向能力，故为建构一切价值的基础，可以称为“心灵中先于德行的德行”（pre-virtue virtue of mind）。由此更可证明“敬”为“全心”、“正心”的工夫了。

程颐对“敬”的概念发展出一套更具形上意味的诠释。他认为我们若希望心灵能不为思想缠绕，又不落入虚静死寂的话，就必须专一主宰其心。如何专一主宰其心呢？其方法就是“敬”，故程颐云：“敬者，主一之谓敬。”又云：“无适之谓一。”① 程颐指出人若不能持守主一，人心自会散乱而妄无所归，终致完全失去其主宰性。从这方面去了解“敬”，则“敬”又可诠释为自我控制及一心一意。心专一，人遂不为外物所拘限，而又不陷于虚静死寂。如此，人心才能不断磨炼，而得持其志，发而皆中节。由此言之，“敬”乃成为心灵的本体状态。

以“主一”之“敬”描述的心灵状态，对个人道德发展有其意义。事实上，程颐以为人之心灵在“敬”的本体状态中，会自然地成全喜怒哀乐发生前之“中”，并能发而中节而成“和”。其意谓当心灵为“敬”所专一持守，则人自能恰当地宣示及修持其情意，故程颐云：“若曰存养于喜怒哀乐未发之前则可，若言求中于喜怒哀乐未发之前则不可。”② 存养及培植人之心灵，是使心灵发展出其专一主宰的本体状态。因“敬”转化心灵进入自我主宰的境界，以使有潜能与力量去恰当处理事物，遂能令人情意得以和谐，并发而中节。故“敬”不是道家所言之“静”，而是有机活泼地使一切事物得其正。

由前面对“敬”的深入分析，我们就能了解朱熹何以将“居敬”与“穷理”归于同一实体。③ 此二者本为两个要点和概念，但因穷事物之理和以主一持守心灵，皆能导向心灵的自我反省，如朱熹所指出，这两种内心功能皆在本质上必然地发展人格以进达于圣人境界。这两种内心功能也互相补足，彼此增强及补助对方。朱熹云：“持敬是穷理之本，穷得理明，又是养心之助。”④

人仍可质疑“居敬、穷理互相补足”之说的理性和理论基础。在朱熹诸述作中，既未明白提过这问题，也未清晰地列明此说的理性根据。较接近的只有《朱子语类》所云：“居敬是个收敛执持底道理，穷理是个推寻究竟底道理。”⑤ 又说：“只此二者便是相妨，若是熟时，则自不相碍矣。”⑥ 但事实上此说并不完全对。“居敬”与“穷理”二者虽然互不妨碍，但仍各自有其不同功能，分别代表两种活动的持有与范围，盖其分别基于不同的终极真实原则，和不同的真实之形成—及—真实之转化（reality-formation-and-transformation）。这不同的原则即为阴和阳。在此，《太极图说》中阴阳对比的相反完成，完全可用于心灵的功能上。阴阳的对比关系使“居敬”和“穷理”关系得以清朗

---

①② 《近思录》卷四，《存养》。

③④⑤⑥ 《朱子语类》卷九。

化，二者遂可因此获得了解和解释：不但其相反处能如此，其相成相合、其相互的激发亦可被了解和解释。虽然朱熹未释清其理由，但他指出这二者的相互增强和激发，实在很有见地。

事实上，太极的阴阳对比不但为“居敬”、“穷理”提供了逻辑的解释，更提供了心灵功能的形上解释。人心就是一个太极。“居敬”与“穷理”代表了心灵实体的阴阳活动两面。朱熹提到：“心之理是太极，心之动静为阴阳。”① 这说明“居敬”和“穷理”在形上角度言心实体时，同为自然的及必需的。

在说“敬”能察识动静之本时，我们可描述“敬”为心灵实体的创造潜能，这状态亦能说为持守心之发成知与行之前的本性，我们可称之为“探心之本”（root-mindedness），即心灵自寻其根源本性。对照于“敬”来说，“格物致知”是心已发的活动，是“阳”原则之发动，“敬”则是心自我持守，为“阴”原则之发动。当心开放要“致知”，“敬”成为一种能力与原则，使心灵开始知道阳动之理，正如心知道“敬”是阴守之理一样。一旦心有了知识，“敬”则能持守此知。所以“敬”的原则穿透并联结起心灵自我完成的终始，可描述成心灵的形上自我反省，或“自持之心”（self-minding of mind）。这带引我们到孟子的重要理论。

孟子曰：“学问之道无他，求其放心而已矣。”② 这极佳的表达指向那“自持之心”的本质。《孟子》此章曾言“放其心而不知求”，是心灵失去自我控制、不能反省的状态。当心放失，人乃失去目标与学习意识，并且不能集中心力学知。如是，“敬”的工作就在寻回放失之心——一面寻，一面复原之。“敬”同时也是心灵自我反省和集中的后果。

孟子亦谈到学问的两原则，可用以进一步探索“敬”的概念：第一是“勿忘”，第二是“勿助长”。他在讨论人如何“知义”、如何“持其志，毋暴其气”时提出这两原则。宋明理学家多认为“气”使“理”得以具体化，“心”又是“气”之主，故心能自然地依“理”而发展其“气”（“理”即孟子称为“道”与“义”者）。孟子的“学问”过程不是一造作设计或技术，却是以“义”为基础心灵自律。

我们乃可指出，“敬”是心灵自发的过程，既不能“忘”，亦不能造作地“助长”③，人若能依其“本心”或“赤子之心”而行，自能达到“敬”的修养。但更深地从本体论言之，“敬”就是“本心”或“赤子之心”——此心给予人存在的根据，逐渐使人行为趋向完满，推动人通过自主与依道德去学和知，“敬”遂成为学知的终极指导原则。

在《朱子语类》中，朱子多次直接或间接地提到“敬”，特别在卷八至卷十二，他谈到心之“居敬”、“涵养”、“存养”，包括了前面所论到的“敬”之三个主要意义和持

---

① 《朱子语类》卷五。

② 《孟子·告子上》第十一章。

③ 《孟子·公孙丑上》第二章。

守原则。其“敬”与“持敬”概念，实来自二程兄弟。我们不必再引述其原文，但朱熹最大而独一的贡献在将“居敬”连到“穷理”上说。他很洞察地肯定“居敬”与“穷理”共同互补、互换、互相强化而成一整体，且由一体而来。但此处仍有一难题，朱熹却未能很满意地解决。当我们质询“存养”与“致知”何者为先时，朱熹说：“须先致知，而后涵养。”① 当质询及“伊川言：未有致知而不在敬”，则曰：“此是大纲说。要穷理，须是著意。不著意，如何会理会得分晓？”② 但显然朱熹未说清楚何以他判定“致知”先于“居敬”。他若如此判定，就与“敬”的终极意义不对应，“敬”的终极意义是“敬即本心”，此为“致知”与“为学”的始点及潜能。当然在第二义上说，亦须本心有了知识后，“居敬”才更发挥其意义。从前面的解释，知识与“居敬”、“涵养”的关系，可图列如下：

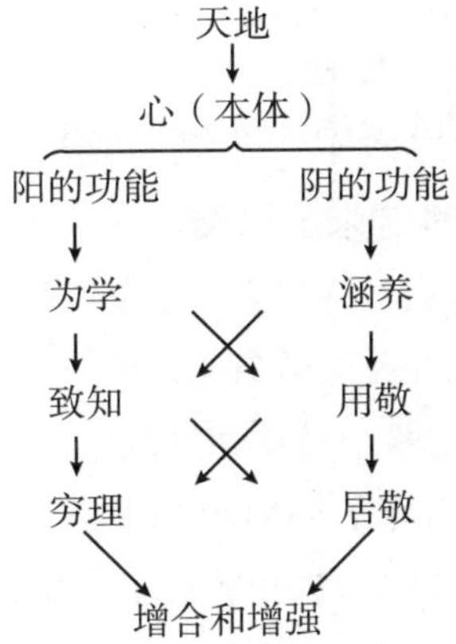

这图指出心是如何由天地根源处出而有阴阳的功能，一面成为其学习与致知能力的源流与根基，另一面成为其整全地存心养性能力的源流与根基。两方面必然连接，互为补足，互为增强，正如阴与阳间的互为补足、互为增强及必然联结。

六　朱熹的方法论结构

从我们分析朱熹“学知”方法的讨论中，我们发觉他方法论的两个范畴性原则——涵养与致知，实互为关系而形成一整体，而且必须通过“心性”及“心与天地之关系”两方面才能正确地了解。事实上，“涵养”与“学知”在方法上的一体，及“用敬”与“穷理”最后在认识论上的一致性，皆须基于本体论层次上“太极”、“阴阳”的统一原则去了解。③ 方法论上所强调的“涵养”和“用敬”，由于其特性是能从心灵中产生对理的体会和深度之知识，故可获得认识论的意义，而这方法论之所以在认识论上重要，又

①② 《朱子语类》卷九。

③ 译者按：这里用的“一体”、“一致”、“统一”诸词，在英文同为 unity 一词，今为行文流畅而避用重复字。

由于其背后的本体论根基使其获得最后的判定。

“涵养须用敬”是“阴”的功能，“进学则在致知”是“阳”的功能。阴阳功能的统一使“涵养”与“致知”得以统一，而其间的交互补足和共同创造激发亦能归于一体。最后这一点带出一概念，即心灵在致知过程中，其伟大功能得以完全完成。这完全完成有一本体论意义。它显示了天地创生的伟大功能，如此我们遂可联结起《大学》的“格物”、“致知”的义理和《中庸》“赞天地之化育”的义理。一般地说，朱熹“学知”方法所包含的内容反映及预设了一项“理的认识论”，而此一认识论亦同等地反映及预设其“太极阴阳本体论”。人若不知这“理的认识论”和“太极阴阳本体论”，就不能了解其“学知方法论”。当我们达到认识论与本体论层次时，才能完全赏识其学知方法何以和如何要有两个向度、两个需要。

朱熹方法论还有很重要的一点，就是这方法须用在人生实际上。我们参阅朱熹与吕祖谦所编的《近思录》的诸标题，发现不单体知“道体”先于“为学”、“致知”和“存养”，且以“克治”为后三者之殿军，并使“克治”的工夫包括了自我整体的修持、完成和规律化。在代表朱子言论的《朱子语类》中，其标题也依同样次序，只是其中的“克治”观念似为“力行”所代表、“存养”也为“持守”所取代罢了。这些标题的规律提供了朱熹“学知方法论”中“理的规律”，即学是首要寻求“道体”，而用之于人生实践上。“涵养”和“学知”这两个范畴性原则，代表了两种功能。它们一面开启出达致终极整全真理之道，一面也指导了如何组织及完美实际的人生。我们也可指出，当人对“理”愈知愈多时，其将“理”应用于人生实践之界域亦愈大，故此我们乃可明白，从“修身”到“齐家”、“治国”、“平天下”的过程，实为人学知道体后，自然地要在客观上实践和具现的。由此，我们可以看到朱熹的“学知方法论”很清晰地呈现了一个明确的模式，我们也可因此了解孔子所谓“下学而上达”① 一语的意思。

从以上探讨，我们可图示朱熹学知方法如下：

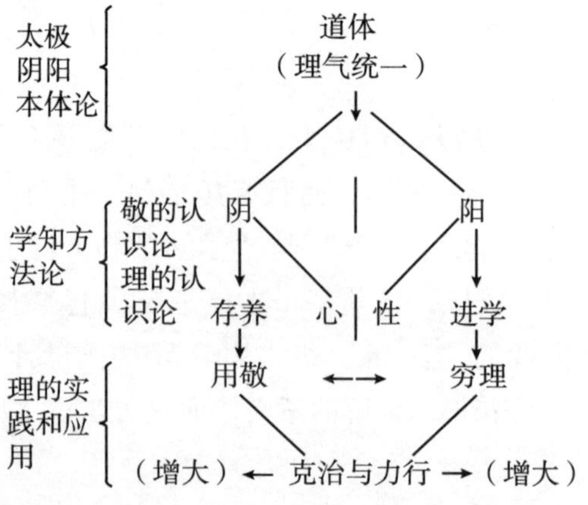

① 《论语·宪问》第三十五章。

七　与现代分析方法的切应

朱熹论方法、知识和真理的观念，在今日西方哲学的讨论下有何地位呢？特别在当代西方哲学所谓“分析性进路”下，其论点如何能被了解呢？如果我们看当代西方认识论的著作，可发觉当代西方对知识和真理探讨的一些基本观念，可用以阐明朱熹的论点。反过来说，朱熹对方法、知识和真理的论点，也可谓达致了当代西方认识论的共同基础。所以朱熹之说有深度的当代意义。如今让我们通过当代西方对知识与真理问题上甚具影响力的哲学家罗得瑞克·齐巽（Roderick Chisholm）教授的思想，来简略地讨论朱熹方法论之三方面。

首先在其《知识论》① 一书中，齐巽依照德国现象学前驱迈农（A. Meinong）之说，辩称有所谓“事物自我呈现的境况”（self-presenting states of affairs）。此一境况一面建构知识的起始场所（starting place），另一面产生所有知识的根基及确证。所谓“事物自我呈现的境况”，是对于一个人而呈现。当其在某一时间出现时，对于该人是必然而又直接有确据的（directly evident）。

对一个人而言，所谓“直接有确据”这个命题，当然意谓人一定接受这命题为真。一个“直接有确据”的事物境况，意谓人一定接受这境况为自然所赋予，并代表着真实（reality）和真理（truth）。真理和真实的“自我呈现”这观念，意涵着：（1）当真理和真实呈现时，也呈现了真正的知识；（2）真理和真实是在心灵中呈现；（3）当真理和真实在心灵中呈现时，心灵立即能证悟其为真理和真实。此即意指心灵有证悟真理和持守真理的能力，而这能力又必有其本体论的依据。

若这样去了解真实与真理的自我呈现，我们就可见二程兄弟及朱熹均相信这种真实和真理的自我呈现。其实我们可以说二程兄弟和朱熹皆以天理的自我呈现为其哲学起点，天理自现就如心灵认知能力自现一样。所有天理或理皆在人学知时向人自现。事实上，朱熹穷理之说认为“理”已呈现在事物中，又内铸于人心里；只要通过学知就可使“理”呈现在心；人人若不为欲望与偏见所障碍，坚持学知，“理”就能自然呈现自己，因此学知是成就“理”自现的最简单的方法。当“理”自现时，人就有知识；反之，如“理”不自现，人就不能有知识。由于“理”能自现的本性，“理”只为心灵所知，而“理”的知识乃能自动自发。这亦反映出人心中所具“虚灵明觉”的容受力，人唯在学知后才有此自觉。

虽然“真实和真理的自我呈现”这概念能阐明朱熹“理的认识论”，我们仍须知道，朱熹对“理”的论点仍超出齐巽和迈农之论。盖对朱熹而言，所有之理和终极之理皆必

---

① Roderick Chisholm, *Theory of Knowledge* (Prentice Hall, New Jersey, 1977).

须透过存养心性自我呈现，但对齐巽言之，“自我呈现”作为知识的根源，只能用于感官和思想感受的内在意识上，至于有关“外物”、“他心”、“伦理”和“形而上学”等命题，则认为只能由逻辑推出或由原则归纳而来，属于“非直接有确据”（indirectly evident）的范围。① 换句话说，朱熹的自我呈现涵盖整全真理的知识，包括有关读书、格物、齐家、治国、伦理和形而上学的知识与真理。或许其中最重要的知识与真理，就是作为一切知识和真理基础的形而上学的知识与真理。

以上的讨论带向朱熹“学知方法”的第二点。由于在齐巽理论中知识与“非直接有确据”之真理间有距离，所以在“非直接有确据”的事物范围内，知识可能会有错误。他说：“如果我们不是怀疑主义者，又不想被直接有确据的事物所限制，我们就必须面对一可能性，即一信念可能是有确据或有证据的信念，但也可能是错误的信念。”② 很明显，这不是他所欲达到的结论。这只是宣示出知识与真理间之矛盾现象。

要疏解此一矛盾，我们或可定义真理即是知识，但这只会使真理不能对应于真实，而人如何能知真实的问题仍难通贯地解决。唯一解答的方法，看来必须满足下列两项要求：

1. 所有真理是“直接有确据”地呈现于心。

2. 所有“非直接有确据”的命题只能当作假设而已。

第一条似正是朱熹的立场，对他来说，“理”必是完全有据地呈现在人心之中，否则人不能说自己了解真理。道的观念即等于整全真理，当人上达于道体，就能有整全知识，此正显明是朱熹所谓“吾心之全体大用无不明”也，人若不能“豁然贯通”，就不能说有真理的知识。

朱熹要在“学知”过程中使“吾心之全体大用无不明”，显示其真理观是整全的。心灵“豁然贯通”的体验正是一标准与指向，使人掌握整全真理和整全知识。换句话说，如前所论，朱熹所谓的真理不能离整全真理而言，知识亦不能离整全知识而言。总括一句，“学知”方法可以说是对全体真理的一个整全知识，故知的方法必是“自我呈现”及“直接有确据的”，除此以外也别无其他知的方法可解决知识与真理间之矛盾问题了。

齐巽在某意义上也明白这点，但他又提出以下的问题：“我们如何能肯定一对我们直接有确据的信念，同时对至高存有也是有确据的呢？一切真理对这存有而言是确实的。”③ 齐巽的答案是：“我们如今不单只追问是否真有这一切真理对之都确实的至高存有，而且更要说我们每一个人都与这存有合一，以致人人都得感通合一。”④ 齐巽称这结论为理想唯心论传统的“真理融贯说”（Coherence Theory of Truth）。但由于这结论看起

---

① Roderick Chisholm, *Theory of Knowledge*，第四章及第七章。

② 同上书，99 页。

③④ 同上书，100 页。

来假设太多，故他自己不敢承担此一结论。但在朱熹形而上学和方法论的讨论下，我们不必太悲观，因为朱子“理一分殊”之说能使每一个体心灵得以互相分别出来。朱熹的心灵哲学也容许人在完成对“理”的终极了解时，人心即成圣人之心，亦即天地之心。换句话说，所有心灵都分享同一太极，故学知之目的在使个体人格心灵合一于天地与圣人之心。这亦是陆象山所同证的一句话：“人人此心同，此理同。”

若问是否真有这一切真理对之都确实的至高存有，则答案是“天地之心”即这存有。所谓有确据，“自我呈现”即为确据。“天地之心”的理解，唯在整全真理的全体自现于本性和世界时成就。以上所解释的真理自现本性及理的全体大用，是否纯为假设呢？答案是：对齐巽而言的假设，却可通过学知过程和心灵全体理的自现成为直接而有确据。此点即是对朱熹“学知方法论”的终极论定。在此方法论中，方法的概念可得“自我呈现”，同时朱熹哲学中的方法、知识和真理亦得以全面一致化。[①] 这是在齐巽讨论下谈朱熹方法论的第三点。

---

① 这种一致性并不意味着他的哲学和方法就是唯心的。人或可疑惑朱熹方法论未必能符合现代物理的科学要求。我们要回答这个问题，可能要另写一论文，但我们能充分地指出，朱熹方法论明显地不符合所有现代物理的科学要求，其追求目的也不在此。但这不是说，朱熹的知识方法论就不能符合科学知识，只要我们容许“致知”在实践和应用层次能相对地独立发展，以及使科学知识结合自我修养的价值论，去力求道德实践和自我的完成，就不难得到成就了。

论阳明心学与意志之善：良知的四层含义及其当前意义*

本文旨在深入王阳明心学的核心思想，进行新的分析与重建。首先说明心之两义：一为非自由的欲念，一为独立于欲念的自由意志。自由意志之心即心之本体，所谓本体即源于天地之性的心的自觉，有其独立行善的智慧与能力，即是良知。但所谓善何谓？善即继天地之性所发扬的创化力，其目的在持续实现和谐的生生或生生的和谐。就其本体言故为即知即行、即行即知，但为突破现实处境种种与重重私欲的障碍，不能不要求随时从事自我克制的工夫，所谓去"心中之贼"，如此良知内在的知行合一才能导向外在的知行合一。致良知是依此所述实现本体的工夫，具有四个根本层次，即是自由意志的悟知、创化善意的体现、道德知觉的建立、道德实践的坚持。此一分析也为阳明最后的四句教提供了一个新的诠释。用于当今人生与社会，不能不重视良知教育的推行，在个人良知本体体现的基础上极力发扬与培护群体良知的互通与互动，以收相互警惕、相互矫正、相互激励与相互提挈之效。

1. 心之为理。心是一个整体的概念。阳明并未分析地界说心，但他却直截了当地说心即理，而其他有关心的话在《传习录》与书信中处处皆是。他说："心即理也。此心无私欲之蔽，即是天理，不须许外面添一分。以此纯乎天理之心，发之事父便是孝，发之事君便是忠，发之交友治民便是信与仁。只在此心去人欲、存天理上用功便是。"① 从这几句话来看，心即理，即是心有理的功能，能尽理的责任，是一个活泼生动的生活与价值实现能力，当然也就是为善去恶的能力。说心即理不是说心之所指即是理之所指，而是说我们对心的理解应该因应我们对理的理解而有同等的内涵，但我们对心的理解与体验并不因之减少，却反而增多，甚至更进一步把我们对理的理解也丰富化了，而有心的含义。如此就把本体性的理和现象性的心连贯起来，也把偏向静态性的性理和动态性的心念贯通起来，形成了一个动静相需、持续不断的生命体系，这也就是人的本体了。

---

* 此文在浙江有关单位主办的阳明学术会议上发表，具体时间及出版的论文集一时无考。本辑将此文作为原稿收入。

① 《传习录》上，2页，见王凤贤、吴光等编：《王阳明全集》，上海，上海古籍出版社，1992。

这也说明心之为心仍可以是理的一种状态，同时也说明理之为理仍可以是一种活动。心即理说明气与理不但不可分，而且相互带动发展出人的心性一体的生命动力体系，直接指向知行合一之说。

2. 知行合一的两重含义。从心的本体之理与心为性理之系统展现为心的知行功能。阳明发挥孟子心之官则思的思想：认知本体并同于本体，故心为本体，故有一切机能。心知的起点为知，其完成处即是行了。这样赋予了知行一个内在的、实现的、体现的含义，以及知行内在的一贯性与统一性。事实上，我们可以分析任何实际知行的关系内在应有的统一性都具有的两个完整化阶段：一是第一阶段或知的完整化阶段，从知之为意象或意念到知之为一个具有内涵的概念与命题是有一个内在的过程与活动的，此点康德在《纯粹理性批判》道之甚详。康德可说为知的起端的内涵与形式完成提供了一个生动的思辨说明，用心知心行来描述是恰当的。由于有了知的概念与命题，如何实践为价值或生命的目标，或如何形成道德的实践就是行的完整化阶段或第二阶段的知行合一的问题了。在道德实践上，阳明的良知之说就突出其重大作用。在这一点上，我认为他继承了又发挥了朱熹对心之为昭明灵觉之活动的思想而直截了当地说为良知："心之昭明灵觉处是良知。"

3. 如何进一步说明良知？我在此先为良知定性：所谓良知者，即是能就已知的情态及处境，观其整体，察其动向，指出应然的行为，此即所谓知善知恶，知微知彰。我要强调的有两大要点：（1）良知有结合经验与心性潜能以做出正确活动判断的能力，如此良知则为意志之善，或名为体现善之意志，故为道德的基础；（2）良知有推动、实行甚至创发的能力，故良知也是良能，是能持续地完成其所知并在两完整化阶段的基础上实现善的意志与意志的善，亦即把意志判断之善转化为实际的善行善事。此点又可借重康德的道德哲学来说明。

4. 善意与良知。康德的善意是先天的，而且往往是与人的性相对持的，故彰显为"实用的纯粹理性"。但就阳明说，心性是一体的，心且能自觉地也是自然地实现与凸显不与心性分离的良知，因为良知原就包含其中，为心性的内在创造性能。问题是如何体现此一至善的良知意志，当然这是一个修养问题，故涉及诚意正心以修己来达到身体力行的问题。此处阳明有一卓见：良知是可以透过意念来自行发动的。由于意念的发动是在已存在的事物之中，会受到习惯与物欲的影响，故意念的为善为恶却必须经由良知的检视与导向方能自然地归之为善了。如此，此一善的意念就转化为善的意志了。在康德，意义有先验的判断与自我立法能力，故能独立地发为"无上的道德命令"，约束行为为善。二者之别，阳明为直觉主义，认知良知的知与行、心与性的一体连通性，只要平时提炼，也就自然易行，左右逢源。而在康德，道德的意志的自我立法虽然严谨，却难免化内在为外在，往往流于形式主义，造成不必要的困境，失却生命的自然自得。然而我们又不能不认识到在群体生活中律则的绝对重要性，尤其要认识到建立理性化的、普遍化的律则对权力的限制与权利的保护的绝对重要性。

5. 致良知的必然性。在阳明的心性体验中，从知行合一的要求必然走向致良知的要求，因为良知是善的根源，也是善的起点，必须认知与体现了良知的本体性与价值性方能完成人之为人的要求。如何体现良知与发动良知故是一个人生命中的大事。就阳明来说，他是要从《大学》的诚意正心开始，从诚意正心开始，事实上也是极为自然的事。因为良知的发动即是心之意念，意念一动就不能不加以注意，使其在起点上就归于正。此即诚意之义。《大学》指出："所谓诚其意者，毋自欺也。如恶恶臭，如好好色也，此之谓自谦。"因而如何诚意乃在自觉地感受自己的感受，所谓冷暖自知，做出切己如实的喜恶判断。阳明以此为准，建立了他的一套道德的直觉主义。因而也就反对朱熹为《大学》格物致知所作的补传，以此为多此一举。现代学者有偏向阳明者，但也有偏向朱熹者。我个人的看法已在他处有所说明。我在此只想简单表明格致与诚正也是属于两个层次的问题，而此两个层次——直感与理察，则不可偏于一面，方能确保道德判断的正确性。尚有者，道德判断往往是一个复杂命题，是要经过观察调查研究思考来得出结论的。而在此一调研过程中，直觉与直感却是少不了的，而且还要有 second-order 的直觉方可。故而格物致知与诚意正心是在一个准确认知过程中相互激荡的两个要素，缺一不可。在我这一新的说明中，阳明与朱熹之争自然也就可以得到一个解决方案。此一如《中庸》所说的"合外内之道，故时措之宜"，也就是"诚者非自成己而已也，所以成物也"。成物就不能不知于外，成己就不能不感于内（所谓仁也）。朱熹重知物成物，阳明重仁人成己，二者并不矛盾，不但不矛盾，而且必须和合为一体，方能发挥人之为人、心之为心、性之为性之大用。

6. 亲民与新民。《大学》说大学之道"在明明德，在亲民，在止于至善"。明明德，显然不能只靠直感，而必须要靠密察。也就是格致与诚正交相为用，方能达到明明德的效果。明德即是良知，明明德即是致良知。有了明德与良知，则不患善之不至。但实现善的次第则可以由近而远，由易而难。在此一理解下，朱熹训《大学》原文"在亲民"为"新民"，是忽略了近处而致远，忽略了简易而取难，阳明只强调原文"亲民"之为"爱民"，却是忽略了远处而就近，忽略了革新之难而从易，都是不完整的。故而，我们也就不能不强调二者的互补性与贯通性。如此者能把《孟子》与《中庸》、《中庸》与《大学》的思想融合为一体了。

7. 良知的四层意义。基于以上的分析，我们来理解阳明最后提出的四句教的含义也就极为容易了。说为容易，指的是意义分明而有实际与实行的重要性。上面提出，心即理，即心或心性的本体为理；理无实际的善恶，因其为本体的存在，可以看作一切存有的开始；无此理，则无此理的存有，有此存有则有此存有之理；良知理解为此即是至善。理落实为气或原始的气就成为意念或意向之所趋，善恶之分也就难以避免。我们可以把"有善有恶"的意之动看成立志的原始凸显，其成为自觉的"有善有恶"也就是自然选择与自由意志的基础了。在此良知的力量已从存有发展为直觉或知识，变得更为积极。到了最后一个阶段，良知以格物的方式做出积极地去恶行善的行动，显然更清楚地实现其为道德的精神力量与意志了。以此总结，我们得出来的良知的四层次的认识，即良知可以是潜层性存有，因而具有本体论的含义；良知又有意志的呈现的活力，是可能性的主体的表露；良知运用其自觉能力来自由地辨别是非善恶，是为道德知觉与道德知识的集聚；良知已不再是被动的存有甚或知觉与知识，而发展成为具有创造力道德改革的动力意志了。良知而有四义，既代表了整体的层次，又代表了一个过程发展的阶段，可以为社会的持续发展提供一个极为重要的模型。至善落实为具体的、全体的善需要一番整合内外的工夫，更需要一个建立在本体论、知识论与实践论上的逻辑思考与价值创建。如此才能体会善为天地一体之仁的自我良知与集体良知。

8. “破山中之贼易，去心中之贼难”。从当代社会的种种道德问题来看，我们所最为缺少的即是个人良知与集体良知的发展与交会。良知并非本体的没有，而是良知发动时即被淹没，甚至没有发动的机会。没有良知的本体认识与肯定，所谓道德的主张与信念都会沦入相对与主观，而道德的共识也就难以建立，因为没有一个相互印证的内在标准，而只能依靠外在的权威来控制。外在权威并非无用，其权威性应来自保护与促进个人良知与集体良知的有效发用与实践。阳明说“去山中之贼易，去心中之贼难”，难就难在反思的体悟不够，观察事态的成败不广，在根源上仍然是因循陋习，姑息贪念，流入反良知之行。如何发展良知的道德内在认知与认同是当前建立社会伦理、国家伦理、国际伦理与全球伦理的终极基础。今日纪念阳明五百周年忌辰其重大意义在此。

儒家思想的发展与戴震的“善之哲学”*

在中国哲学的发展过程中，义理之统贯与承继，较之西方哲学，实有过之而无不及，此点颇为人所留意。这个看法的主要根据在于儒家思想。虽然从魏晋一直到唐末五代，儒家分别受到来自道家与佛家的冲击及吸引而稍形见绌，却仍不失为涵盖中国思想之整体特性的全幅典型。除开这段佛老擅场的时日，儒家依然蔚为学术思想之中坚，且不断繁衍茁壮。

儒家思想于其开展的各个阶段中不时产生显著差异的现象，与变动不居、与时偕行的儒家思想主流并不相扞格。我们不妨将这些差异的现象统归于阐释儒家经典之微言大义所做的种种不同的尝试，不然也可视其为来自其他学派之挑战，或在社会文化新环境与新体验的激荡下所应运而生的产物。

不少治中国思想的学者，于研究中国儒家晚近的著作中，对儒家思想中分歧迥异的面貌未能予以正视，以致意味含混地使用“儒家思想”一词，而不讲明此词之所指究竟为何。① 我们必须分清儒家思想之两橛：西汉以降，表露为中国传统社会之礼制轨范与思想轨范的儒家思想，以及自先秦迄今，赋形于一套屡经变易进展的伦理及形上理念系统的儒家思想。依前一义，儒家思想囊括了所谓的三纲（君为臣纲、父为子纲、夫为妻纲）以及五伦（君臣有义、父子有亲、长幼有序、夫妇有别、朋友有信）的教训与实践。本文不以儒家为一思想轨范或礼制轨范为研究对象，而是以儒家为一套伦理与形上理念之开展作为探讨的范围。首先，我将简短地叙述以往儒家思想之辩证发展的历程。

---

* 本文自英文论著 *Tai Chen's Inquiry into Goodness* 中第一部分译成中文，原书于 1971 年出版于美国夏威夷大学。中文译稿发表于《幼狮学志》第 18 卷第 1 期（1984 年 5 月），译者为唐浩之。

① 在讨论儒家学说之论著选集中，如 *The Confucian Persuasion*（Stanford，1960），*Confucian in Action*（David Nivison 与 Arthur Wright 选辑），以及 *Confucian Personalities*（Stanford，1962，由 Arthur Wright 选辑）等书中，对于儒家学说作为思想轨范与礼制规范之一面，有颇精彩之论述，但对儒家学说作为一套伦理及形上理念之系统而言，却乏善可陈。列文森（Joseph Levenson）所著之 *Confucian China and Its Modern Fate*，vol. 1（Berkeley，1958）乃历史描述之一例，只着眼于历史演变的说明，偶尔也对儒家思想做一番心理学上的还原工作（列文森将还原的结果称为“对传统之感情依托”）。对此点，许多近代知名的儒者所持之正统儒家哲学不是根本略去不论，就是将其地位完全抹杀。

然后，我将说明儒家思想在传统中国发展的最后阶段中，如何透过一位儒家的主要学者兼思想家——戴震（东原），承受了一套精辟的疏通与阐释。

一　儒家思想发展的四大阶段

儒家思想的发展过程中，有四大阶段值得我们留意。第一阶段为原始儒家的开创时期，表现于孔子、孟子与荀子所留传的篇章中。孔子首先体认出人之价值在于人具有独善其身并兼善天下的能力，他同时将此能力在一协调的人伦背景中的开端与终极实现称为仁。

由于仁的概念在儒家哲学中占有一中心的地位，我将对其稍加疏释。仁的意涵甚广：广义言之，仁乃统括诸德的至高德性，而诸德中莫不有仁之显现。是以《论语·阳货》篇第六章子张问仁，孔子答：“能行五者于天下，为仁矣。”五者为“恭、宽、信、敏、惠”。换言之，仁就是一名善人或君子的界定特征。所以《论语·里仁》篇第五章孔子要说：“君子去仁，恶乎成名?”《论语·八佾》篇第三章：“人而不仁，如礼何?人而不仁，如乐何?”仁同时也为众人所共具之善性或懿德的承继持续，而又深植于单独的个人中，且能扩充滋长。因此《论语·颜渊》篇第二十九章孔子说：“仁远乎哉?我欲仁，斯仁至矣。”①《论语·里仁》篇第六章：“有能一日用其力于仁矣乎?我未见力不足者。”

此外，仁的道理还蕴含个人之成人、立人的责任；透过此责任之实践，一人也将完成成己、立己的过程。因此，每个人皆可就其于人伦中所处之地位看待之，不过对于众人及现实而言，每个人依然为一不容归约的独立个体。所以《论语·雍也》篇第三十章孔子说：“夫仁者，己欲立而立人，己欲达而达人。”换言之，孔子一方面视人之天赋才性所涵容的理性、欲望与情感三者即构成一整全的人，一方面领悟到以理性引导人生的重要性，如此则情感与欲望各得其所。这也就是仁的人生，而仁的人生之实践就是为人所固有而未显之仁的践行。

再论到孟子。孟子将人性直截了当地视为行仁与诸德的能力，以及企向仁与诸德的固有潜在倾向。孟子哀叹常人识未及此，遂不曾扩充其固有之善端。所以《孟子·告子上》第十一章曾说：“仁，人心也；义，人路也。舍其路而弗由，放其心而不知求，哀哉!”《孟子·告子上》第二章主张人性中向善的倾向，就像水势向下一般：“人性之善也，犹水之就下也。”

人性为善之佐证，可由人类所具有之若干原始的感情中见其端倪。这些感情即构成诸德之萌始，于是恻隐之心（感情）为仁之端，羞恶之心为善之端，辞让之心为礼之

① 译者按：此处引文应为《论语·述而》篇第三十章，非《论语·颜渊》篇第二十九章。

端，是非之心为义之端。基于此四者，孟子以为人必能成圣贤。

孟子既坚信人性为善，遂更有理由来羽翼其实现一秩序井然的社会及以德行仁之王道政府的主张。以德行仁之王道政府所治理的人民，无一不能享受幸福、正义与和睦的生活，同时如此的政府必能长治久安。孟子特别强调，这种政府的治理原则，乃在在位者能举其心加诸民而与民同乐，并博采民议。换言之，在位者应扩充其本有之善性而以善性治民，人民也因自身所有之善性而服从治理。顺此以观，在位者所关心的府库之充、土地之辟，以及权力之争诸事，对于建立一安和统一的王道邦国，即使不构成障碍，也属多余。孟子揭橥性善论，使得孔子之伦理学与政治哲学承受一新面貌及一新的统贯之道。

荀子为原始儒家之殿军，与孟子同为原始儒家之砥柱，不过两人常将人比配为相反的典型。他的哲学乃由一套社会与文化之进展以及人类理性彻底实现之世间学说所构成。依荀子之见，人性为恶，因一人独处时，恣睢放纵的倾向要远过于抑制持中的倾向，这是由于人所固有之情欲本性影响的缘故。但是，情欲乃人之生命所资取的材质，而仅当情欲之满足与表达合于理性之要求时才有价值。因此，理性之发展在荀子心目中占有关键的地位。依荀子，理性（荀子称为“理”）为一虑知权衡的能力，同时也是辨别善恶、正邪的能力。不过，荀子又表示，因为人之理性在约束控制方面，比起人之情欲的驱策力要软弱甚多，所以个人之理性（即知力）的成长必有赖一客观形态之理的作用。此客观形态之理必须借社会轨范与伦理圭臬得以彰显。简言之，荀子乃拈出一礼字，以作为理性社会化与实用化的表征与形式。荀子心日中的礼，就是恒可施行于现实人际关系中的社会轨范与伦理法则，因为古之圣王制定此礼并予以实施的结果，证明礼足以导向和平、秩序，以及人类福祉之实现。是以荀子主张个人应循礼行为，而且应主动为之；主动依礼行事亦即主动参与社会群体生活之起点，而透过此主动参与，一方面个人心灵可获得满足，他方面个人性格又可磨炼出自制的能力。

由此观之，孔孟荀所细绎而成的原始儒家思想，并非斥绝一切得之于经验的有关人性或人之存在自身及其本然的知识；原始儒家也从不摒弃任何足以增进人类幸福与完美的事物，因为儒家的德目无一不是指人性历经不断的培育与锤炼之成果，而非除罪或赦罪之手段。人类经验中万事万物的价值，无一不是透过全人类之整体生存的角度来衡量，并鉴别其高下。原始儒家的确力主群体对个人的意义并不亚于个人对群体的意义，但其旨不可解释为个人视群体为渺小。显然此义已涵融于儒家仁的概念中：此概念旨在表彰人性可以成就的无上的完美与中和，同时透过此完美与中和，赋予个人与全体人类至尊的价值。

第二阶段中，原始儒家对人类价值及人类与宇宙间关系所持之如上看法没落了。因为此阶段的原始儒家哲学，已为西汉董仲舒等人重新塑造成一套严密且涵盖万象的体系。汉代的儒学是由阴阳与五行所构成的一套封闭且层层相因的体系；此体系有说明事象的力量，甚至可以做出预测，但却不以实验为其理论之基础，是以只能算是一拟似科学；同时此体系还有将人类的价值委于自然中所固有之规律序列之下的倾向，更有将原始儒家之生机论及自由意志的主张，化归为某种物质主义与决定论之缓和形态的趋势。然而，尽管有如此之偏差歧异以及其宇宙论方面之精心巧构，我们仍可于两汉的儒家思想中，指认出属于原始儒家所主张的人性及其完成之理想。其实，汉代的儒家一向不曾否定，也不曾弃绝原始儒家的两项中心信念：在人伦背景中，成己与成人以底于至善的过程，系顺从天之真理行事，同时亦为对六合中万物万力间普遍盛行之交互关系与作用予以宇宙论的肯定后，所必可推至的结论；人类的价值则被视为天赋才性之均衡发展，天赋才性乃就人之情欲的各个层面而言，因为任何邪恶都不直接溯源于人之欲求本性的实体存在，而一概归因于缺乏教化及失调的人伦关系或心理倾向。至于所有的善则莫不可追溯于人本有的才性。总而言之，在儒家思想发展的第二阶段中，自我弃绝的说法是不存在的，因为并没有任何自我弃绝的客观事实，显示乖违至善心性的倾向。

儒家思想的第三阶段，是在广泛的佛家思想冲激下，儒家历经种种考验与不断修正后新生的根本论题得以重新发扬的时期。佛家自其开创之初，即明白地与原始儒家的两项中心信念相抵牾——群体与底于至善之明确关联，以及人之所有才性与底于至善的明确关联。佛家以为世界乃全然主观的作用，又以为作用之果唯苦恼而已。因此，为了一己之解脱，以及全人类之解脱，佛家主张灭绝客观世界以及个人之生机。宋明儒家必须面对此一繁复细密之形上学体系的挑战，于是传统儒学对人之存在所持之伦理根据遂首当其冲，必须予以形上学的辩解。此期儒家之终极目标在于辟佛。但对佛学精心巧构之妙，宋明儒家则常有钦敬之词。因此，重建儒家之大业乃不可避免地引出宋明儒学之开山祖师周濂溪（敦颐）、邵康节（雍）以及张横渠（载）等人之形上学及宇宙论之巨构。

这些学者属于宋明儒学之早期，后期的宋明儒学则以二程兄弟起始，集大成于朱元晦（熹），至王阳明（守仁）而重振生机。我们作此区分是理所当然之事。早期的理学家专志于宇宙论的建构。凡佛家以为虚妄无理之处，他们却要发掘不易之真理。他们致力于亲身体验，寻求万物之间的关系，并且坚持万物一体的立场。他们势将触目所见之世界，视为充满条理、和睦、优美，并且传承天道，於穆不已。然而，顺此以观，他们无形中默认寂然不动之境要胜过积极参与之境。我们很难判定早期持此态度的理学家究竟是否曾受到某派道家或佛家的影响，才作如是观。不过，重要的是，他们相信寂然不动之境足以使人顺其自然地发现理之所在。理是万物的客观秩序、和谐状态以及其中优美之总和。理的概念还涵摄万物中固有的引导、规范、节制与融合之力量或法则。我们若顺此理之约束方向以观，不独可观照出万物之会通处，还可分辨出各个事物之个性。不论是当下呈现的事物，或是可能呈现的事物，莫不皆然。

“理”既做如上的解释，宋明儒者遂拈出气与之对立，而以理作为气之统领并组织的原理。理论上气可与理各分畛域，实际上气从来不曾与理分离索居。人性透过理与气的角度视之，遂又可袭取一新的解释并重新为人理解。理是人性中理性的成分，气是人性中非理性的成分。整个世界被视为理气交互作用所衍生之体系。此正与佛家之诸法皆空观成一明显的对比。气既然在理论上无理可言，于是气乃成为万物中，也是人之中，混乱与堕落之倾向的渊薮。

是以后期宋明儒者与原始儒家迥异之处有二：首先，他们将人之理性全然客观化，成为非人性的万物之条理，人之理性的作用则被视为一客观理性的成果，而客观理性必须透过人之理性（心）以彰显其威权与真相。简言之，宋明儒者的有名的"格物"之训实语焉不详[①]，因为有关客观理性如何被认定为人之理性的有效准则从未予以厘定。朱元晦以为心居敬时导向外物，就能把握其中真相，穷其理蕴。由此我们不难发现，王阳明何以要非难朱元晦，以及他何以能顺此理路之本然开展（就朱元晦之理论困难处而言），而以心作为知识与真理的首要前提。于是，在王阳明心目中，作为客观理性之理已然且不得不涵摄于主体心性中。因此，他一方面保持了变化不已的创生统合体的世界，透过心性之作为成为可能；另一方面则使得自称于其心中已彻悟仁与诚——因之具有完善人格实体——之人，足以拥有至高无上的威权及自主性。

第二点迥异之处，是关于人性与其至善的理想在底于至善的历程中所占之地位。依王阳明之意，个人之情欲导致放纵以及造成良知[②]之蔽者，一律以为不足取。此外，他还主张，处于和谐的状态，亦即一理性的秩序中，个人之情欲实微不足道；而且，基于人类未尝不可主宰、摒除且压抑其情欲，这些情欲乃可完全克服。

所以，一方面我们有气（气乃情欲之本）作为形成万有之必要成分，但理性的圣贤格度中不沾滞丝毫情欲；另一方面，我们又有天生的情欲需要发摅涤尽。但在心之君临下，任何发摅皆在禁止之列。因此，朱熹学派对于理之极端的训示，会演变成阳明学派末流崇尚立异的狂禅，实不足为奇。[③]

儒家思想发展的第三阶段，就以上所整理出的宋明儒学而言，在某种意义下可视为原始儒家之复兴，但在另一种意义下则可视为一套新哲学与新理想的衍生。一般来说，宋明理学缺乏原始儒家所具有之开放结构以及与时迁移的流动性。但在此阶段中，宋明儒者却把儒家思想塑造成一套理想的原理或秩序，旨在修治并检束人性之自然而自由的发展，而此发展的基础就是对于善之理性的直观。因而当社会与文化生活的环境发生变

---

① 此处一方面可解为观察或探究自然事物，旨在明了其存在之理，此即王阳明心目中朱熹所持的观点；另一方面也可解为端正心意，此即王阳明自己主张的观点。

② "良知"是指当心不为偏见、私欲及情感所障蔽遮掩时，心所拥有之本然的解悟。我用此词旨在区分心之活动与心自身。我以为所障蔽的对象是指前者而非后者。

③ 阳明学派发展晚期，从者自称透过洞识与顿悟而获知真理，遂倾向极端的自然主义，并以之为违反传统及教条之行为的借口。读者可参照《明儒学案》中黄宗羲论泰州学派之文。此外，Carsun Chang，*The Development of Neo-Confucian Thought*，vol. 2（New York，Bookman Associates，1962），pp. 113-141，有一简短的叙述。

迁时，理学就无法满足知性因时制宜的要求。

因此，儒家哲家发展的第四亦即最后阶段的趋势，理所当然地集中于明末清初儒者所作之批判上。这些儒者经历改朝换代的剧变，亟欲开辟思考的新阵线以为抗拒之资，并且以之重振民族的道德生机。儒家思想发展的最后阶段的确可称为批判的时期，因为在此阶段中，对于正统宋明理学的程朱及陆王二学派皆展开认真严正的掊击。这些掊击反映出明末儒者苦心孤诣、欲一涤当时士人涣散颓废之习气，重拯其清明之知能；此乃面临民族危机时奋臂一呼的悲愤抗议。忧国的民族思想，民治观念，以生机论与意志论为基础的统合原理，以及对于实用事功之价值的认定，遍布于顾亭林（炎武）、王船山（夫之）、黄梨洲（宗羲）、颜习斋（元）等著名的明末儒者兼思想家的著作中。他们深切感悟宋明理学之流弊足以使人脱离善之实际践履，因而与现实隔绝疏离。对他们而言，“善”在宋明理学的体系中已变成一挂空抽象之物。明清之际的儒者为了复苏儒家生活之生机，必须把善落实于现实生活中，此一现实生活应包含创化之力、个人之践履，以及知行之真正的合一。

于是，此时期之儒者遂赋予《易经》变动不居、反复其道的哲学一项新解释。王船山生机跃动、变动反复的唯生论，其原创力及其对于以气为中心的生机哲学所展现之生气蓬勃的表达，黄梨洲对于专制政体之精辟客观的掊击及其历史观的建立，颜习斋对于人性及事功所建构之致用的唯生哲学，以为反对程朱与陆王二学派之论据，都值得专文研讨。这些学者不只是宋明理学的批评者，同时也是原创的思想家，各有其特殊的贡献①，其中最主要的就是剔除了宋明理学家所持之“善”的抽象挂空的观念，进而提出落实于社会与个人生活以及整个宇宙之环节中具体的“善”之概念。然而，此具体的“善”之概念，一直到王船山与颜习斋力斥宋明理学之后百余年，才得一明白、条理清楚，而且内容广博之铺陈与证成。此一积极的儒家哲学是由清初的儒者兼体系思想家——戴震（东原）建构完成的，他代表了反宋明理学思潮之成熟的顶峰。

由此观之，戴东原乃可被视为明清之际批判的儒学之建设性高峰的代表人物。其哲学则可视为囊括了传统儒家哲学的第四亦即最后阶段之根本特色。因此，我们绝不可忽略东原及其哲学在儒家思想之演变历程中所占的重要地位。下文将集中探讨东原哲学的主要层面。

二　戴东原：儒者哲学家

虽然明末诸子之奋战宋明理学，以及对新入主之满洲人高压统治的反抗，东原都无

① 参考拙作“Reason, Substance, and Human Desires in Seventeenth-Century Neo-Confucianism”，见 Theodore de Bary, ed., *The Unfolding of Neo-Confucian Thought*（Columbia University Press, 1978）, pp. 469-509。

缘亲身体验，但他无论在精神上或在实践上，依然可视为早期批判宋明理学的明末儒者之知证传统的真传弟子与承继者。就哲学的观点而言，像胡适那样去考证东原如何自其教育背景中汲取见解的工作①，是比较无关紧要的，因为从文字或生平的研究中实不能得出任何确立无疑的结论。比较紧要的，是当我们将东原对宋明理学之批判以及他自己的哲学做过一番研究后，就会发现东原的确继承及发扬了较早批判的儒家之真精神。他对于儒家经典及其他有关天文学、水道学与音韵学的著作古本，所采行之诉诸经验的归纳研究，足以表明他不只是遵循前人于训诂考据所用之经验方法，而且还将其层面扩大了。不过，我们探讨的重点不在此，而在于他批评宋明理学所得之重要成果，并循此以窥其对于建构一积极的儒家哲学所做的贡献。

戴东原为安徽休宁人②，其家经商，少时曾为一商店学徒。22岁时受业于江永（江永系以声韵为考据之基础而闻名的学者）。24岁时，写成《考工记图并注》一书，是书使其以博学享有盛名。40岁（1762年）始中举，后虽会试，屡不第。51岁（1773年）时，《四库全书》馆开，乃以举人特召充纂修官。③ 他不遗余力地著作并研究音韵、天官星历、水道、古籍之考据，甚至旁及应用三角学。同时他似乎也热衷于表露其哲学思想，这些哲学思想散见于其论述善、变易、自然法则，以及人性的篇章中。卒后，其著作（约五十种论著中的十五种）编为《戴氏遗书》。④

戴东原的哲学论述⑤，可以下列四种为代表：《法象论》，《原善》三卷，《答彭进士允初书》，以及《孟子字义疏证》。

东原于41岁前写成《原善》一书。⑥ 初稿包括三篇短文，尽属哲学之解说，并无援引儒家经典。段玉裁曾称东原“作《原善》首篇成，乐不可支，吃饭亦别有甘味”⑦。46岁至52岁间，又将《读易系辞论性》与《读孟子论性》两篇短文糅杂于此三篇中，而成流传今日的《原善》三卷本。这些新增的材料旨在疏通证明较早之三篇短文中所阐发的见解。每篇短文中，东原皆增益相关之经文，是以单就篇幅而言，每篇均较原先扩充四至五倍。他同时撰一短文以为全书之引言，透露其著书之旨意在于凸显古经之真义，并以条理井然的方式表露出其对儒家哲学之疏通与阐释所做的贡献。

---

① 参见胡适：《戴东原的哲学》，第二章第一节。

② 此处对东原生平之叙述十分简略。对其生平事迹较整全之介绍，读者可参考 Arthur W. Hummel, ed., *Emminent Chinese of the Ch'ing Period, 1644-1912*, vol. 2 (New York, Pergamon Press, 1944), pp. 695-700。此处的着眼点偏重在其哲学著作方面。

③ 从彼时直至其亡故，东原一直从事《四库全书》的纂辑工作。

④ 后被收入《七经小记》中。

⑤ 胡适的《戴东原的哲学》对这些著作有所论述。

⑥ 我已将《原善》三卷译成英文，并附有注解。本文即该英译本之“引言”部分。迄今尚无任何其他《原善》之西方语文译本。英译本《原善》系由东西中心及夏威夷大学出版社于1971年出版。

⑦ 段玉裁：《戴东原先生年谱》，见《戴东原集》第二卷，84~120页。

《孟子字义疏证》① 被公认为东原之最重要著作，原题为《绪言》，成于东原 44 岁时。八年后改称今名，直到其卒后（1777 年）方问世。东原于殁前一个月，在给段玉裁的一封信中提到此书：

> 仆生平著述，最大者为《孟子字义疏证》一书。此正人心之要。今人无论正邪，尽以意见误名之曰“理”而祸斯民，故《疏证》不得不作。②

显然东原有意将其最终之著作，作为针对当时盛行之宋明理学的态度与意见之批判。

东原于卒前一月，曾书一信，名为《答彭进士允初书》，以批驳那些反对他批判宋明理学的意见。

前面的讨论已点明，东原著书立说时心中有二目标：批评宋明理学所持之“理”的概念，以及重建原始儒家所持之“善”的概念。是以对其哲学之探讨不应对此二者有所偏颇。就此而论，其《原善》三卷遂尤形重要，因为东原于其中将自己的哲学立场加以解说，并予以证成。③

此外，《原善》更可代表东原最富建设性之见解，与《孟子字义疏证》中批评的见解正相对比。详言之，我们可于《原善》中发现东原以“善”的概念重新建构儒家思想。“善”的概念虽为孟子所特重，但其后一直缺乏深入的探讨或细密的推衍。因此，探讨东原对宋明理学之批判时，应着重其《孟子字义疏证》；而于探讨其建设性的“善”之哲学时，则当特别留心《原善》三卷。此外，我们必须谨记，东原哲学之意蕴以及儒家思想发展的第四阶段所蕴含之既批判又建设的知性动向之突出特征，莫不可透过其对“善”之概念透辟缜密的分析而得到印证。

三　戴东原对宋明理学的批判：形上学

东原对宋明理学的批判可分为两个层次来讨论，即形上学的层次，以及伦理学的层次，不过一般咸认二者就某种意义而言实乃互相为用，难以划分。在形上学的层次，东原反对宋明理学家透过“理”的概念来把握实在；在伦理学的层次，东原反对宋明理学家将人性二元化。本节先讨论形上学的层次，伦理学的层次则留待下节再予以讨论。

前文已表明，根据宋明理学的形上学，“理”是万物之普遍的原理、形态，以及结

---

① 陈荣捷曾将此书之部分译成英文。见其所著 *A Source Book in Chinese Philosophy*, pp. 711-722。

② 参见本书 108 页注⑦。

③ 后人对此归结出下列两个理由：第一，《原善》为一成体系的著作，东原于其中并没有援引任何儒家经典，而自行推衍出关于宇宙论及伦理学的看法（我们必须注意，现有《原善》版本所附之援引部分乃书成后再添加）；第二，这部简短的著作虽然与他稍后有关孟子的著作，即《孟子字义疏证》，同样涵盖广博，但可能在说理方面要略胜一筹。

构。“理”不但是人性中统率精神的唯一元素，而且还是人性之真谛与真相的化身；究其实，“理”已与人性中理性的部分相提并论。人能知“理”，因为人性中显然有“理”存在。“理”之客观性，足以为人性之统合与齐一之明证与根据。因此，“理”同时也是人性中固有之德性原理。至于“理”以外的人之存在部分，盖皆属于非理，与德性无关，而且概在摒除之列。

“理”既被作如是观，则我们如何能知“理”乃成疑问。心顺其自然即可知“理”为一解，心察物而后知“理”为另一解；不论取其中任何一解，都会引至“理”之设定，以及个人意见之主观的比附。这个看法正为东原所持，他以为“理”的概念所牵涉的困难，在于我们实在无法以如此先天且抽象的方式来感知“理”的概念，同时，针对关于“理”的歧见异议，也不可能有一放诸四海皆准的内在途径来裁断，因为“理”之究竟归属，往往倒向有权势、有地位或有力量的一边。以“理”为准据的论辩，终将会导致以势服人的论辩。这种情形对权势在握的人实屡见不鲜，他们不是打着“理”的旗帜以镇压其对手的见解，就是假借“理”的名义来文饰其放辟邪侈的行为。

深入言之，“理”一方面会造成天性荏弱者进入绝对无为死寂之地，另一方面又足以使意志刚强者进入完全放荡无耻之境。东原遂察觉，当“理”超乎事物之上，而与个人之意见合而为一时，事物之真实面就只有任凭宰割，不复其本来面目了。[①]“理”与现实事物各分畛域之当下的结果，造成事物失去其实用价值。在政治与社会的层面，此即意指统治者与统治阶级会顺理成章地为害人民；统治者与统治阶级视己身涵容一切“理”，视民众为欺压的对象，若被统治的民众不能投其所好，则应受惩。统治者愈是以“理”治民，民众愈是为“理”所折磨。此外，由于“理”之抽象与唯心的本质的缘故，统治者乃以其臆想之“理”为准则；他将不会深入现实的生活以及人性的具体事实，因而对人民之欲求与感情视而不见。即使他的确看见了，他也只会视此情欲为罪恶，因为人民的情欲正是违反了他称之为“理”的事物。

因此，在宋明理学中，“理”之为抽象的、形上的概念被东原驳斥为与现实以及人性不相合辙，因为此概念不能通过以人之共同感情之一致反应为标准的考验。东原断言，我们必须认清，人性之真际乃其欲与情，亦即人类所有之普遍的癖性。这些癖性乃普遍地为人所有，因而徒运用理性而罔顾这些癖性的价值，必会引生人人皆立刻起反感的畸形产物。这些界定人性的人之情欲，也有一形而上的根据——情欲都是从世间本质为善之普遍的生命材质所衍生。

在讨论东原关于人之情欲的形而上根据以前，我想指明，东原固然反对宋明理学所持之“理”的概念，又肯定人之普遍的情欲的地位，却从不曾否认“理”之存在以及“理”之重要性。事实正好相反，依东原之意，身为实在与人性之原理的“理”，应当由

① 参见戴东原：《孟子字义疏证》，“理”条。

吾人力矫其枉，以符合儒家之真义。

首先，东原以为，当人之情欲在社会环境中得到适当的满足与调和时，此时的情欲就与“理”完全相符。“理”既不可与人之情欲分离，也不可与人之社会整体脱节。“理”是一个社会以及一个团体个人生活中理性层面与感情层面的均衡表露。依此义，“理”是从人之生机跃动的天性中衍生：理就是人之情欲中规中矩的表达。“理”不只是抽离了合理的实用价值之后所剩下的纯粹理性或识力的一个心智机能而已。如果情欲之和谐与适当满足为我们的指标，则“理”绝不可亦不能与其所赋形的情欲分离。因此，“理”必须视为与其合理的运用、相容而一贯。然而，“理之合理的运用”暗指唯有于具体的生命形态及活动中，譬如说在情欲中，才可发掘出“理”的踪迹。

东原之“理”的概念可更深入地以三种角度来说明：(1)“理”是事物之型则，是以不和事物分隔；(2)“理”是就人之情欲而言，人心所包括之全幅内涵与其所思量之内容；(3)“理”是使人认识以上(1)与(2)两项内容之心智机能，因而“理”与气相关，因为气就是使个体、群体，以及宇宙整体底于至善所需之心之认识与导引的能力。

东原以“理”为事物之则，他提出相当诉诸个人且相当征诸经验的一个“理”的概念。“理”寄存于事物中，且随事物之不同而有所差异。其可公开接受众人之观察，发掘“理”之所在，与了解“理”之本然，则有赖人之区分与裁断。换言之，东原将“理”视为我们察于事物至于几微并区分之结果的总名，是以“理”除了可称为物之型则外，又可称为“分理”。如果我们已知事物之间彼此分别之处，则我们必定可知事物各自迥异的特质，这些特质是为“条理”。① 透过如上对“理”的了解，我们就可以经由实地的观察以及理论的分析等客观程序来发掘“理”之所在，而进行此程序之先决条件以及最大限度，都在于事物就其本性而言所能为人理解的程度，以及我们的知力就其本性而言所能理解的程度。东原提出“理义在事情之条分缕析”②，又指出“古人曰‘理解’者，即寻其腠理而析之也”③。以这种方式来决定或发掘“理”的见解，与朱元晦或王阳明的著述中所论及关于格物之见解相较之下，显然是一更确定、更清晰的陈述。

东原更进一步以为“理”为针对事物合而再分、分而再合后的产物。④ 当然此意义的“理”未能免除对一形而上的根据的要求。不过，东原所反对的重点，是朱元晦“理得于天而具于心”的说法。对东原而言，“理”恒居于事物本身，而他所寻求的就是了

---

① 请参见 *Institute of Philosophy at the Chinese Academy of Sciences*，1961。北京中国科学院所编纂《哲学论文集》中论及清代与当代的部分，编者利用具体事物的特性，诸如轻与重、白与黑、小与大，来比较东原对“理”的概念与韩非子对“理”的见解。依《韩非子》之《解老》、《喻老》二文之旨，只要事物中的“理”一旦被决定或确认，我们就可轻易地分划事物并谈论之。

② 戴东原：《孟子字义疏证》，“理”条。

③④ 戴东原：《与段玉裁书》，见《戴东原年谱》。

解事物。万物皆遵循各自存在的自然原理，但这些自然原理都是我们心知的必然原理。此外，因为各物皆有其自身之存在的自然原理，我们就不应强加任何先天的规约于事物之上，任何先天的规约都是我们心知对事物所做的独断的解释。东原以为，这正是我们何以需要一开放的心知以了解各类事物中各自迥异之理。一旦我们已了解各类事物中各自迥异之理，我们就可通透各类事物之本性；以此为基础，我们就有能力做出预测以及全称的概括陈述。

东原料到或许有人以孟子之言——“心之所同然者何也？谓理也，义也。圣人先得我心之所同然耳”① ——来非难其说。非难之主旨，就是“理”可居于心中。东原虽然同意孟子此言，但对于“心即理”或“理即心”之说可由此推衍而出，却深深不以为然，而这种推理似乎正是陆王学派之所为。依东原之意，孟子之言的重点在“所同然”三字。他并不否认心有辨识“理”的功能或能力，但是，因为心于辨识时不能无误，于是有必要以天下一致与适用于天下为标准，来查证及考验辨识的结果。如果心以为“理”之物事不能获致天下一致的反应或应用，则所谓的“理”不过是意见。我们不应仅以心知之作用（即区分裁断的活动），作为“理”之客观性的根据。心知可认识“理”，而且可裁断“理”之任一表象之是非。但只有当对“理”之真知已确立后，“理”才可视为“义”。“义”之为“理”只有一清明之心知可知。因此，保持我们心知之区分裁断的能力无所障蔽，实为一当急之务。如此我们对事物之感知方得无蔽，我们对事物之认识方得免于偏见与含混。（东原对心之蔽的论列，将与其释私与欲合而论之。）

至于具体事物中之“理”的客观性，以及身为能知“理”之心的合理性，东原主张心与构成我们的生命材质不可分离。心知只是我们自然存在的精爽部分，心之活动——思——是为心之精爽之部。依东原之意，一切有血气的生物皆有精爽之部，而精爽的程度则巨细不同。即使在人类的层次，仍有智愚之分。但这事实并不足以影响“理”之客观性。心认识“理”的唯一凭借，就是学习与辨识。心所接受的学习与考察愈多，则心于事物中所辨识出的“理”也就愈多。但此说并非宋明理学家所为，等同于将“理”与“心”或“理”与“性”混为一谈。

四 戴东原对宋明理学家的批判：伦理学

依东原之意，在形上学的层次，“理”就是具体事物所固有之型则与结构，借人之认知能力而得以展露。因此，情欲既然作为现实生活之具体内容的代表，“理”就应当存于人之情欲中。究其实，“理”乃情欲之内在的分际与调和，直接或有助于引至个人

① 《孟子·告子上》，孟子论性之问答。

相互关系间的整体之善与福祉。如此了解之情欲，必须通过天下一致与适用于天下之考验，才能得以证成其价值。

个人情欲之本质没有为恶者。就形而上的观点论之，正好相反，情欲之本质为善，因为情欲来自构成整个宇宙的生命材质。情欲受到外在的误导而产生恶。换言之，恶起源于情欲发展与满足的过程中，未能通过天下一致与适用于天下之考验。因为人之情欲的本质为善，是以情欲为德性的真实基础；又因为个人情欲的发展与满足可以为不善、为恶（此恶系指会妨碍他人情欲之自然的发展与满足），是以情欲善的本质需要透过外在关系加以限制与修正。只有在着眼于天下人之情欲，而以其为限制，以修正一人之情欲的先决条件下，个人的情欲才得以意义圆满地呈现。“理”之为物，正是透过将他人情欲的发展纳入通盘的考虑与体察，以完成个人情欲之发展与满足的功能。因此，个人情欲的价值是以群体的普遍和谐与福祉价值为依归，而“理”就是个人情欲价值的公认准据。

透过前述对“理”的了解，东原对宋明理学之伦理学的批评遂一针见血：宋明理学家将“理”与“性”置于情欲所不及处。于是，一旦他们贬斥情欲为全盘无理可说，他们道德原理所赖以成立的根据，除了他们各自独断的意见外，实不复有任何依凭可为假借；而这些独断的意见，如前文所述，只会使人生之道穷促。依东原之意，“理”非他，不过是人之情欲之至当不可易者，以及天下人的情欲之和谐发展。是以他表示：

> 理也者，情之不爽失也；未有情不得而理得者也。凡有所施于人，反躬而静思之：人以此施于我，能受之乎？凡有所责于人，反躬而静思之：人以此责于我，能尽之乎？以我絜之人，则理明。“天理”云者，言乎自然之分理也；自然之分理，以我之情，絜人之情，而无不得其平是也。①

以己之情，絜人之情，乃儒家“己所不欲，勿施于人”的原则，这是德性与操守形式上的要求，同时亦为吾人情欲发展在形式上的约束，而遵循形式上的要求或拘束来发展情欲，则为我们一切德性在实质内容上的原则。东原对宋明理学之伦理学的批评，就在于理学家未能领略德性在实质内容上所需要条件的重要性，又未能表明适用于德性之实质条件的形式条件。

如果“情”就是以“理”而言的德性所具备之实质基础，则不论形式条件是否具备，“情”这个字仍有其用处。仅当形式条件满足后，“理”字才有其用处。所谓德性之形式条件得到满足，系指“情”于其发展过程中得以调和融洽。此时我们可以顺便提出，适当培育之“情”乃合理性的具体范例，这正足以为“理”的定义。诸般德性唯有在情适当发展的现实格局中，才能各得其确解。因此，仁就是对“情”适当用处之领

---

① 戴东原：《孟子字义疏证》，“理”条。

会①，而“理”为万物所共享，故称为义。

胡适对天下一致与适用于天下之考验标准不以为然。他以为此标准会引人误入歧途。因为一人若以己之情絜人之情，可能会将己情投射于他人之中。② 这项批评只有当我们未能领会到此标准之开放结构时才或可成立。世间没有任何凭借可以保证某种情感与行为绝对为人所欲。但是，经常不变地运用天下一致与适用于天下的考验标准，必将逐渐使善完全实现，因为，时间的磨炼会使一人的知力敏锐，同时知识与体验大增。只有在以一至善之前景为归趋的学习历程中，天下一致与适用于天下的考验标准才可显现出其乃最可靠、最适当的方法，也足以确立价值之所在，此处即指道德或德性之真实价值所在。

以上所述，表明东原如何从作为存有之原的“理”之形上概念的批判，推展至作为道德之原的“理”之伦理概念的批判。同时也表明后者如何潜伏于前者中，前者又如何于后者中得到引申推陈。于是，东原对宋明理学之批判只剩下一个问题尚待解决：“欲”在个人生命中之地位的问题。

宋明理学家莫不谴责“欲”之存在，是以力主去人欲：无欲乃理性生活的最高鹄的。但我们须经由何途才能臻于无欲之境？此问题一经提出，立刻引出致静、致诚、致敬的方法思考。③ 虽然东原承认宋明理学家曾致力攻伐佛老之虚寂哲学，但他表示他仍可辨认出宋明理学中虚寂的倾向，理学家或不自觉地将此倾向潜隐于儒家的观点中。东原以周濂溪的见解为此倾向之一例。濂溪尝云：“一者，无欲也。”④ 东原驳说：无欲即弃绝一切生命的行动，弃绝自我修养的活动，如此怎能实现“理”？他同时也抨击宋明理学的另一陈述：“不出于理则出于欲，不出于欲则出于理。”⑤ 此言之旨在于去欲，因而引人企向一有价值及真正道德的生活。但东原反对此言隐含的意义——理与欲之二元的对立，以为此乃对人性作最不切实际的评断。

东原在讨论天道、性、才、道、权的篇章中⑥，曾指明程朱学派、陆王学派的理学家将“理”从有形质之物中分离的部分原因，是由于他们反对佛家唯识的思想。但人算不如天算，也正是由于受到佛家唯识思想的影响⑦，东原提出一项颇值得注意的看法：宋明理学家恒以原始儒家哲学为其主张之理据，尤其是归本于孟子。但他以为如是之牵

① 参见戴东原：《孟子字义疏证》，“理”条，以及“仁”、“义”、“礼”、“智”条。

② 参见胡适：《戴东原的哲学》，62~63 页。

③ 周濂溪与程明道提出静、定，作为依循天道之人生的终极归趋。程伊川与朱元晦屡言主敬、存诚，作为涵养德性与求取真知的途径。

④ 周濂溪此言系有关如何成圣贤之道。参见濂溪所著《通书》。其中部分已由陈荣捷英译，收入其 *A Source Book in Chinese Philosophy*, pp. 460-480。

⑤ 戴东原：《孟子字义疏证》，“理”条。

⑥ 参见戴东原：《孟子字义疏证》，“权”条。

⑦ 东原怀疑宋明儒者口口声声谈“理”，实已将“理”与佛家所言之藏识合而为一。参见戴东原：《孟子字义疏证》，“权”条。

连实在谬误不过。就东原对孔孟之微言大义的理解，性即理、心即理、理即天道、理即生命之活力及终极原理等概念，在孔孟之教训中不是阙如，就是与之根本背道而驰。原始儒家并未将仁与现实生命之事物分离，也不曾提及心之一元，更不曾脱离具体事物而以“理”为生活之指导原理。事实上，原始儒家如孟子，认为遵循礼义才是尚德生活的终极目标。孟子以个人无私的欲望，而不是以寂静无欲之境，作为人性底于至善的先决条件。简言之，在原始儒家的心目中，除了道德生活之具体事象外，没有任何抽象之理存在。

就孟子而言，人性——包括其所有天生才质——是本然为善的。人性就是才质之性，除此之外，不复有性可言。这与周濂溪、程伊川、朱元晦的说法相去何止千万里！此等宋明理学家皆以才为不善，或以才为恶之根源，因为他们将才与气等而视之，而气是全盘无理可言的。是以张横渠有言：

> 形而后有气质之性，善反之，则天地之性存焉。故气质之性，君子有弗性者焉。①

程伊川步其后尘，亦云：

> 论性不论气，不备；论气不论性，不明。二之则不是。②

朱元晦则更深入追究之，批评孟子只论性而未论气，并将此略而不谈之因归咎于荀子与杨朱的影响。

东原仔细地指出孟子所论之性，就是感官知觉中所显现之性。依东原之说：程朱开将理与孟子之善性的概念视为同一之先河；同时，他们又将气的概念与告子之“生之谓性”的概念，以及孔子之人所相近之性的概念相提并论。但东原以为这是对孟子与告子的一项错误的比附，因为二人皆不曾将性二分为理与气的互相对立。如前文所指出，孟子所谓的性是个人生命才质的整体，告子所谓的性是人之生命的自然禀赋。二者的差别在于：孟子以为人性可以为善，因此应当扩充以底于至善，因为人性本然为善，而且人性中有善端存在；告子以为人应当持养其天生之癖性，而不应于其天性上有所规约限制，因为身为道家信徒的告子，视德性为外铄于人性之上。

因此，虽然理学家与荀告的见解仍有差异，也曾予以批评，但东原认为，荀子与告子才是宋明理学家的同路人，而且理学家可于荀告二人之主张中寻得自身立论的根据。关于荀子的主张，东原有如下的解释：荀子以人性为恶，因为他未明德性与义乃人性所固有。因此，他倡导透过礼之节制来学习与修养，以遏止人性中为恶的倾向，以维持社

---

① 张横渠：《正蒙》。

② 朱熹编：《近思录》卷二。在《近思录》中此引语归明道。《朱子语类》引此语时，则有时归之明道（卷四及卷六十二），有时归之伊川（卷四及卷五十九）；在《朱子文集》（卷三十九）中，此语则归之伊川。此处视为伊川语。

会秩序。宋明理学家如程子、朱子，一方面断言人性之为善在于其有义理之性，另一方面又指称人性之为恶在于其同时也沾滞到气质之性。将人性分为义理之性以及气质之性，自然与荀子性恶之主张部分契合。就人性有恶之成分（如气质之性）而言，人性就是恶的。程子与朱子就明白地断定恶不可不被视为人性之一部。

至于与孟子相对立的告子的主张，以为生之谓性。但生之于告子，不过是食色之情欲，因此如说义理根本于人性中则毫无根据。于是他必定同意荀子的观点，亦即不以为人性之倾向与德性及义之间有任何现实存在的关联。不过，告子又以为性无善无不善，而可以为善，可以为不善。真正的善在于持养一己之天生才质与精神，使之保持静定的状态。此主张实隐含于程子、朱子的观点中，他们以为人性不是可为善（义理之性所致），就是可为不善（气质之性所致）。两人同时也区别人处于静定之境时所有的纯粹本性即“理”，以及现实人生中掺杂了气禀的人性，因而会衍生恶。此区分之目的是为实行一禁欲生活提供理论基础，此生活终将无丝毫情欲，而归本于纯粹之理。这种哲学取向又与告子之顺其自然、持养形而上之善的主张相去不远。陆王学派也采行同样的论辩理路。此派唯心的理学家主张，心之原本即已自足，所以，欲入圣人之门，必须剥落人欲、复其心之本然乃可。①

总而言之，东原对宋明理学家所做之批判重心，在于他意欲回复在理学家的哲学体系中被曲解了的儒家语汇的原始意义。宋明理学家于其著述中使用若干儒家语汇，如天道、人、理、心、性、情、欲、权、诚等，皆已失去原先的意义，而不自觉地以得之于道家、佛家的意义取代，再不然就是以理论上可消融于道家、佛家之教理，以及非正统之荀子、告子的主张替换之。东原之意，就在于使儒家的还归儒家，佛道的还归佛道。②他想回复以《论语》、《孟子》、《礼记》、《易经》为中心之原始儒家的旧观。如果回复旧观是就其字面意义而言，则此回复之可行性或有待商榷。但如果回复旧观是指以孔孟与儒家经典的其他作者的精神，来重建与重新解释原始儒家思想之宏愿，我则不得不叹服东原之聪明及其对儒家思想之原创性的贡献。

五　戴东原之“善的哲学”

现在我要开始探讨东原之儒家哲学的体系建构，此建构得之于其对宋明理学的批判，以及其对原始儒家的深入了解。东原的哲学可名为“善的哲学”。因为东原对儒家哲学之动态及辩证的发展所做之独特贡献，就在于其形上学与伦理学中所包含之广博的善之概念。

---

① 我们还可发现，孟子只提及寡欲，宋明儒者却高谈无欲。

② 这是引用东原自己的说辞，参见其《与彭进士允初书》。

东原哲学的体系建构与其对宋明理学的批判关联密切，遂使人难以决定究竟何者居其哲学中之先导地位。理论上，应当是批评引至且预设了某种哲学观，如东原所持者；而其“善的哲学”足以充分地羽翼，同时也应当引发其对宋明理学适切的批评。然而，就实际发展的顺序而言，似乎东原除了对宋明理学之批评外，早先对于真实的哲学问题还颇为关注，因此，他的早期著作《原善》中并没有对宋明理学进行明白的批评。他的批判哲学较晚出。此外，他早期短篇论述中的三篇①——《法象论》、《读易系辞论性》、《读孟子论性》——早已包含对于事物及其在世间之性质与作用的形上学及宇宙论的解释，这些解释似乎已为日后《原善》中“善的哲学”所做系统铺陈之张本。因为在此书中，善的概念乃被定为事物之全然的根源与型则。我对东原哲学之论列是以上述之著作为基准，并照顾到《孟子字义疏证》中的相关章节。我将专注于东原如何于《原善》中融合并组织其见解，使之成为“善的哲学”。

六　道与天的三大功能

循《易经》之教，东原视实在为道之生生的活动，也就是我们一直在事物变化中所察觉出的成形与变形的过程。东原释道为：“道犹行也，气化流行，生生不息，是故谓之道。”② 但道还可视为相辅相成之阴阳二力的相互变化。东原完全同意此看法，就如他也接受《易传·系辞》之言：“一阴一阳之谓道。继之者善也，成之者性也。”善与性皆为道之特性，二者适可显现道于其生生活动中之作用与运行。关于道的原理有二：（1）万物生生不息的活动是为道，因而也是阴与阳的相互变化；（2）道之生生不息的活动有其内在的秩序与形式。因此，道有条理事物的功能，于是道安排了事物及其变化中的秩序与和谐。圣人透过此秩序与和谐，体会并认识道（亦即阴与阳之互变）的创生与和谐的活动。东原对此见解有如下的解释：

> 天垂日月，地窍于山川，人之伦类肇自男女夫妇，是故阴阳发见，天成其象，日月以精分；地成其形，山川以势会。日月者，成象之男女也；山川者，成形之男女也；阴阳者，气化之男女也；言阴阳于一人之身，血气之男女也。③

依东原之意，道除了有创生活动以及条理事物这两项功能之外，还有分化事物的功能，亦即使事物成为事物自身的功能。事物之所以会变成自身如是之性状，是由于阴阳更进一步分化而生之五行——水、火、木、金、土——的作用。此义为《尚书》首先发明。

---

① 除《法象论》外，其余两篇后编入《原善》中。

② 戴东原：《孟子字义疏证》，“天道”条。

③ 戴东原：《法象论》。

五行被称为性，东原描述道时也用此字眼。东原以为阴阳涵盖五行，就有如五行涵盖阴阳。阴阳五行所配得之各式各样的形态，使事物成为自身如是之性状。一方面，事物各有其自成一格的个别本性；另一方面，这些个别的本性是由道——阴阳以及就五行而言之阴阳的分化——中衍生，因此也参于道中。道有化生万物的力量，这可算作道之重要的特征之一。对道有这样的理解后，我们立刻就可以知道何以会有个别分殊的事物与个别分殊的人。个别分殊的事物与个别分殊的人之所以不齐，系因为他们各自分得道之迥异部分。

东原所欲论列之主旨，在于本性（分化的本性）是起源于道或天道，而人与事物之个别分殊的本性可用其血气与其精爽之存有——心知——来加以描述。东原以这些血气心知作为个别分殊之本性的实体，同时也以阴阳五行作为道的实体。不过我们应当注意，个别分殊之本性的实体不过是道之实体的个别分化而已。如果我们要将道之分化功能与其创生及条理之功能合为一体，则东原对善之意义的说法值得我们留意：善乃世间万物所共有之大物（“善以言乎天下之大共也”）。道引生万物，道分化出万物使各成自身，此外，道条理并和谐万物——这些全为“善”字之使用所意涵。所以东原说：

> 善以言乎天下之大共也。性言乎成于人人之举凡自为。性其本也。所谓善，无他焉，天地之化，性之事能，可以知善矣。①

因为世间万物，包括人在内，虽然各自不齐，却莫不是透过道而得以创生、分化与条理，所以仍有共通之处。“欲”与“觉”构成万物本性的一部分，而动物与人则共有相同的“欲”与“觉”。但依东原之意，这并非对人与物之分别视而不见。物所禀之于道者小，故为物；人所禀之于道者大，故为人。这些自然的禀受是为才或才质。才质是本性之展露，说得更恰当些，是本性之结构形态的展露。譬如说，金所有之才质与金箔所有者不同。但即使在同类的事物中，各自的才质仍有精粗程度的差异。自事物本身观之，使一物以其独特的方式凸显出来是其性；但自无所不包之道观之，则是命使之然。换言之，我们可以透过事物的自然才质来界定一事物，不然也可于事物之自然才质形成后，透过此事物与道之关系来界定之，此关系即称为命。因此，性与命可说是事物的不同的两面②：内在面与外在面。于是，物之所以与人不同，可说是由于它们自道所禀受之命各自不齐，因而各有迥异之性于其才质中展露。道之化生万物的力量，遂可视为赋予万物性与命的力量，因此也就是替万物本身及其间关系建立其自然才质的力量。

---

① 戴东原《读易系辞论性》，并《原善》之首句。

② 孟子系为了主张性善而将性、命相比照的第一人。性代表自由或人的自由意志，而命表示生命之外在机缘。因此，我用“necessity”来翻译“命”。参见《中国古代史》，由台湾“中央研究院”赞助的《战国儒家思想及其发展》，收入《历史语言研究所集刊》第四十册（“中央研究院”出版，1968），881~912页。

七 人之性与才

不同的金属各有不同的性质，可以用来比喻不同的人各有不同的气禀。人人皆自道中得到同样的性，但却是不同的气禀，以配搭其性。析而言之，人皆有性、才、命，三者皆指称相同的实在。人之性涵容了天地之全能。此言之意，以东原用儒家思想之真精神来理解，是指人能尽其性者，涵摄了道之一切的力量与性质，因此与道不分离。人为道所充塞，不过系以一潜在的形态行之。人自身即已圆满无缺，虽然如此，个人之才质就其精粗程度而言仍有所不同，此乃命之所致。人有能力理解道，因为人有得之于道的心知；人也有能力实现道（或天地）之全德，因为人能穷尽或实践自己之性或才。东原提及孟子之言——“形色，天性也。惟圣人然后可以践形”——作为其理论之引证。人同时也有能力登全人类于衽席之上，并且使人之生命绵延不绝，因为人能理解道，而且能实现道之德性，亦即因为人于潜存之性中与天地合而不离。

我想在此处针对东原于天人之际的见解提出两点看法。首先，如前文指出，东原反对把人之才与人之性一分为二。人除了有情欲之外，还有知性与认识事物的能力。但不论是知、情、欲，都是天赋之才，道为其共同的自然根源。因此，三者皆可视为道之力量的互不相同的显现。东原于《原善》中特别强调，心知以及感觉，诸如视、听与其他感官之能力，皆由天出，而且莫不涵容于天生的才质中。我们所有的感觉与情感活动，只要顺其天生的倾向而不违逆普遍的和谐，皆为天道。因此，我们没有理由鄙视这些活动，因为我们无法透过其源起找到任何根据来做出心知与情欲的绝对二分。宋明理学家经常把道与理相提并论，而称之为天理，与气质相对。因为天理与气质之分并无任何形而上的根据，盖二者皆与道相关，我们就不应该对人之情欲的自然作用予以贬损。我们真正应该关切的，就是如何去满足天生的情欲，而不侵犯道之普遍的创生活动中所显示的中正与平和。

东原指出性与才质不可分，人性与人之才质不可分。他同时指出人之才质与物之才质之差异，在于人之才质有理义的倾向，就有如耳之于好声，目之于美色。人之才质中有心知存在，使人超绝于物。人之心知有好理义的倾向，表示人有能力成圣贤，因为心知能够使人通晓理义，认清各种情况中的合适行止。因此，心知极为精爽微细。当心知得以充分发展后，就有能力权衡事情之轻重，因而使人自由，而投身于道之活动中。事实上，心知与其好理义的倾向皆为人天生的禀赋。这亦可说是本然为善的缘故。人之善性并非一抽象之物，而是由人之天生禀赋所形成。

征诸东原所解释之人本然的善性，不但人之有德乃理所当然，而且人之恪守伦常也是极其自然之事，因此人性之发展必然倾向于理义。必然之事恒与道（天地）之常轨相契，因此必然之事恒为自然。依此义，儒家之道德与伦理有一自然的基础，“实然”与

“应然”之间没有任何冲突不和之处，因为大自然（即道）的自然成分中即含有德性，而且“应然”也是存有的一种形态。东原就是透过如此辩证流转的道德与连续不绝的自然，来界说天地至善的本性与人性。这里也含有东原赞成孟子思想而极力反对告子与荀子思想的哲学根由。依东原之意，告子与荀子已树立宋明理学中若干不正确的见解。

不过，我们必须注意，心知之本然虽为善，然当其未得以适当的发展时，则仍会有所蔽。适当的发展就是致力于学习。东原对学之解释尚嫌粗略。他仅提示学在于“明善”。① 但问题就出在如何“明善”。由于善就是仁、礼、义之和，所以真正的明善就是理解并实践仁、礼、义。这也就相当于明白人之情欲中之同然者，分辨处世待人的适当行止，以及扩充所有的德性。这也与借着核对心知所理解的结果，来扩充并培养心知固有之物的过程，基本上无异。东原相信，当心知获致此义之知解后，心知就会完全开悟，换言之，心知将自觉到并完全掌握住自身，同时可因时制宜，无入而不自得。如此，则整全的人性将会实现，此时心知会尽致于圣知，其用遂无穷尽，而与天地之化育相侔。

东原于《原善》中表示，心知有极大的潜力，当其作用完全实现后，将会导人入至善之境。但有一点我们必须注意，就是至善或天德的获致，未能轻易地透过心知之知解而为人所感知。心知之知解足以导向东原称为“神明”的德性之实现与彰显。我已于前文中说明道（天地）有这些德性。但因为道或天地于其创生与条理的功能中，也拥有人类知德的能力，如心知二者，所以东原谓心知之功能与德性，与道（天地）之功能与德性一脉相承并协和一致。②

八　德性之形而上基础

我们现在讨论有关仁、礼、义③等德性之形而上的基础，以及君臣、父子、夫妇、长幼、朋友等伦理关系的问题。道之生生的活动，依东原看来，就是仁德。但因为道之生生活动同时也是条理的活动，观于道对事物的条理，也可知道之基本德性。因此，东原以为，道之条理活动所生之事物的秩序就是礼德，而道于其条理活动中所做之截然划分，究其终极是义德。一旦赋予了如是之形而上意义，仁、礼、义皆被视为道之形而上的特质，而分别指称为道之创生、条理、分化的天生才质。

东原之所以用伦理名词来形容道的活动，在于他深信人的行为与物的作用乃受制于一普遍原理的功能与结构。东原的论证可说明如下：如果人性源于道且不与道须臾离，则伦理德性的实现自然就可视为道之德性的实现，因此，伦理德性属于道之真实的本

① 参见戴东原：《原善》第三卷。
② 参见戴东原：《原善》第二卷。
③ 这三项德性系《原善》中的基本德性。读者如想深入了解，可参见我所英译《原善》第一卷之说明附注。

性。其实，孔子与其他原始儒家学者早已明言唯人可实现、彰显与弘扬道。[①] 东原透过三种形而上的德性以显露天地之常轨，并将原始儒家的这项见解加以引申。依东原之意，形而上之三德构成天地之道所具之善性基础。[②] 这些形而上之德性与伦理的德性不相隔离，正好比天地与人本为一体。天地之造化与潜能在人性中透显，天地之德与道乃于伦理的德性中透显。同时，天地的形而上之德为人类价值与德性的根基，因此，人应该透过对天地的形而上之德的了悟与协同，来了悟且协同人之本性。

伦理的途径与形而上的途径，有如命与性，系描述人和天之现实与理想——事实与潜在——的两种层面的方式。此处东原对人性之自然与必然之分遂有所牵连。人所有的高等能力，如心知以及实践德性的能力，皆为人自然所有。此外，人之有个别的才质也是很自然的。但人是否能尽其能力于极致，则要视个人的进展与修养而定。如果人要协同道之形而上之德，则他必然要发展其本性与才能迄于极致。如果人将其本性与才能无所遗漏地充分发展，则他可说是实现了天地之德，亦即人之德。东原称此德——系人性协同天地化育而发展之结果——为“理”。此义之理，仍然与宋明理学中去欲之修行所依附之理迥异，仍然不是一抽象的原理。

东原“善的哲学”中，以仁、礼、义为名的道之形而上的德性，引生出并对应于仁、礼、义之道德的德性，这个见解我们也可以加以说明。道或天地，赋有生生、分化与和谐的功能，是为善，亦即透过仁、礼、义等形而上之德来了解的善，同时也是从道或天地衍生出人性之过程中所展露的善。因为人性就是道的潜存状态，是以人性可涵容、实现在人伦背景中以道德的德性为范围之形而上的属性。心知就是理解这些道德的德性的才能。此外，因为心本身即含有仁德，所以心极为敏感，充满恻隐之情与创生之力。于是，当心得到适当的表露，就会彰显出其固有之才能与德性，因而规约人所有的情欲与行止，从心自然的静寂状态进至其自然的和谐状态。感官之欲若遵从心之规约而得到满足，就是仁，因此能生生不息且有益于人。人之终极的归趋，就在于获致以仁、礼、义三德为名的至善之境。臻至此境也就是理解此三德并将其付诸实践。

接下来的问题是，仁、礼、义三德如何能真正为人理解并予以实践。东原针对此问题而提出儒家之德目，作为亟力去了解并实践道之形而上之德或善性的成果。他指出人若能知忠并实践忠，他就可近乎仁；知信并守信，就近乎礼；知恕并行恕，就近乎义。东原更深入去界定这些近似的德目：尽己之所能是为忠，履行己之所知是为信于人，施予时公平是为恕。（“竭所能之谓忠，履所明之谓信，平所施之谓恕。”[③]）

东原强调，透过人之情欲最切身的经验来因时制宜，表现适当的行止，同时遵循正

① 参见《论语》、《中庸》。
② 这是戴东原《原善》之主旨。
③ 戴东原：《原善》第三卷。

当的条理，人将可进之于仁、礼、义；而行忠信之人将会无私、诚恳且率直。这些德目完全实践后，人将有智，因为只有此时人才能真正理解道中之善以及诸德，此皆为其认真且持续不断实践诸德以底于至善的成果。人若能扩展这些德性并专注于实践这些德性，就成为君子；人若能自其本性中发展并完成这些德性，就成为圣人。经由此，凡原属人的自然之物，终于归结于道之必然不可缺者。人之伦理的德性乃于道或天地的形而上本性中，不但得到一约束，而且还得到一确认。于是，此处所讨论的道之形而上的理论，可说是替德性的成立提供了轨范以及理据，而德性则证实了人之形而上本性的存在。儒家哲学的伦理理论一向深植于（同时不抵触）一套有关实在的理论以及一套人性的理论，此情形除了东原善的概念外，再也找不到更清楚明白的例子。

我必须再次强调，东原视“善”与“性”为互相交错而不可分，不过“性”是指称具体的事物及发展过程，而“善”是指称自然事物之均衡完美的发展。可称为善的事物，必定与天地之性相协和。不同事物之性固然不齐，其所具之善却恒为一。顺此以观，东原下列话语之含义当很明显：

> 善，其必然也；性，其自然也。归于必然，适完其自然，此之谓自然之极致，天地人物之道于是乎尽。①

人伦也是人之自然的实现，因此人伦于道之本性可得一根据；其可透过五伦来予以描述，《中庸》称之为人道，因为人之行为举止逃不出五伦所构成的格局。一方面，五伦的存在可溯源于人之本性与道之本性；另一方面，五伦必须规范人应该如何行为，应该如何在此伦常之格局中生活。人之本性透过此规范而得其定义，同时人之本性循此规范而得以发展。根据孟子的说法，这些规范是：父子必须有亲，君臣必须有义，夫妇必须有别，长幼必须有序，朋友必须有信。亲、义、别、序、信五者，系人有能力获致之所有德性。五者皆为人自然所有。但人之所以应该发展并珍视这些德性，则为深植于人之本性与道之本性的道德要求与必然。这些德性及其约束的观念可用下面这句陈述充分表之：“只要你能为善，你就必须为；而你必须为之事，你也能为。”道德责任与道德潜能皆深植于人性中，而人性则为天地之性的延伸。

以上我已尝试说明东原如何透过其自然之性及其必然之善的学说，来表达原始儒家的伦理学。此学说利用一套人与道以及二者辩证关系的存有论，来统合义务论与自然主义。统理人之基本五伦的所有规范，是前述之根本德性——仁、礼、义——的基础，而仁、礼、义正代表了人之本性与道之本性的发展及实现至于完美均衡的形态。

我想进一步指出，东原一秉重建原始儒家思想的初衷，主张德性不但于人性中有一自然的基础，而且还是日常人伦之一环，因为人是在日常生活及人伦中发掘出仁、礼、

① 戴东原：《孟子字义疏证》，“道”条。

义等德性。由于五伦中任何一伦都预设了且引生出所有其他四伦，因此，我们也可以证明，每一项根本德性也都预设了且引生出其他德性。此外，我们还可以替德性之交互相关找到另一个理由：所有的德性都只不过是人之生生活动中的道理。各项德性随各种情况与关系不同而互有差异。就其本质而言，它们都是关于人类社会之保存以及群体生活中个别人性的发展。这也正是何以仁在作为持养人类生命与在人群中发展个别本性的德性中，被视为最基本的德性。其他的德性实践时所引生之缺失皆可溯源于实践仁之缺失。礼与义是实践仁之最显著、最具体的结果，我们可于前面讨论道之三项重大功能时看出。礼与义都是植基于道之条理整饬的活动上，就有如仁是植基于道之生生的活动上。由于道之条理整饬的活动同时也是道之生生的活动，真正的仁人必定同时是守礼义之人。东原遂如是探出《论语》中所有基本德性之间的有机关系。

还有两种德性——诚与权，虽然在《论语》中不占显著的地位，东原仍予以特别的考虑。他解释诚为实与真。诚与善并无二致，为仁、智、勇三德遵循仁、礼、义相协发展而成。因此，诚乃深植于日用人伦之现实中，并始于个人血气心知之活动，接着引生对智、仁、勇之道德的觉悟。但也可从学习与道德的觉悟开始，然后进至人伦日用中的完美状态。《中庸》称前者为“自诚明”，称后者为“自明诚”。

权，系指一人于某境况中衡量价值轻重，以及替行为举止与自我修养做出正确决断的能力。每一个人际境况与关系必有其规律或原则可循，此规律或原则是为其内在的条理与秩序。权就是察知其中原则或规律的能力，因此为所有德性之发展所不可缺。但人际境况视时机不同而有所变异。某时机最贵重之物，在另一时机可能成为最轻贱之物。权就是人察知某境况中情势演变的能力，是以其为一行动之内在的合宜性。于是，权其实可说成是智对事物了解的极致发展。不过，智的极致发展并不意涵毁情灭欲，反而有赖天下人之情欲皆得到满足，致使万物各得其所，并使人领悟情欲之正当价值。有了以上的了解，就是能权。

因为宋明理学家未能透过情之普遍理解以及生生之欲的普遍满足二观点，去认识道德生活之正当价值及意义，他们对权之为德遂茫然无知。因此之故，东原隐约暗示，就某种意义而言，宋明理学家之心实有所蔽。我将于下节中对此点加以申述。

九 去私除蔽

东原透过善的角度来说明道与个别事物的关系，于是不可避免地留下恶与邪行的问题尚未解决。如果人之本性有内在的善，而可顺其本性修养成圣人，则人生中所出现的恶与邪行应该如何解释的问题遂有待解决。人会思念到恶与邪行，乃一经验上不可争之事实。此外，人大致上能够区分何种事物应该欲求，何种事物不应该欲求，此亦不假。同时，我们也发现，在某种情况中从事应该欲求者会导致个人之不幸，而从事不应该欲求者有时会导向个人之快乐。但是，如果仅以趋乐避害为准而从事不应该欲求之事，我们通常会以其为不正常。我们需要对一般称为恶与邪行之事加以说明并予以根据。此刻的问题是，在东原之“善的哲学”中，这种根据与说明是否可能且可以理解。

我们必须特别留意一项事实，中国哲学中恶与邪行的观念，就其关键的意义而言，与基督教及其后西方哲学中恶的观念大不相同。基督徒相信人负有原罪，因为人之始祖违抗上帝，因此人需要上帝之恩宠与施爱方能得到救赎。如此的说法隐含人之灵魂于降生前原已沾染罪恶，而此罪恶可直截了当地定义为违逆上帝意旨之罪：凡为恶与邪行之事，永远是上帝所不准许者。行上帝所不准许的行为是亦为恶。善与正当之事就是上帝所同意或命令的事。实行或欲求善事、正当之事也就是善与正当。善与恶，正与邪，皆透过上帝之意旨而得到定义、解释，并证成。

与此对于善恶之神学的解释、证成针锋相对的是儒家哲学中善恶的道德观念①，其中“恶”或“不善”恒采用道德的意义。某事为恶、为邪、为不善，并不是因为上帝的意旨于此遭到违逆，而是因为违反了人性，且引致不良的后果。道德观念从未奠基于一超自然的人格神——此现象的确为中国哲学，尤其为儒家哲学之突出的标志。道德是本于人性之事，它可于道之本性中，因而也可于人之本性中，得到完全的定义、解释与证成。正由于道德可于人的本性中得到定义、解释与证成，于是道德乃有一自然的——非一超自然的——基础，同时道德也成为自律的，而非他律的。如前所述，原始儒家隐约规定道德的生活就是修养人天生且精微的部分，亦即人所固有之善性。但是，道德之自律并不妨碍道德在道之形上学与宇宙论中有一终极的根源与理据，就有如人之本性恒与道之本性相承继且相和谐，而善之原型即存于道之本性中。

顺此哲学之见解以观，善与义是积极正面的价值，而恶与邪行是消极负面的价值。恶与邪行只是指称善或义的欠缺而言②，是以孔子与孟子甚少直言恶与邪行，而只言及不善、不信及不义等。这表示，个别的恶与邪行是由于特殊环境的影响，导致缺乏自我修养或放失人性中基本善性的缘故。③ 恶与邪行从来不曾被视为人所固有或已先行存于道中。孟子因人能于若干现实情况下，当下即感受到善之生起，而特别论及人所具之本然善性。孔子言：虽然人之心或愚或智，众人之性于行仁之能力方面仍相近。愚既不是恶，也不是邪行，至于行仁的能力当然是善。此外，《中庸》与《易经》中也已明显地表示，人之本性是由绝对至善之道的本性所衍生。

我已于前文中指出，虽然荀子承袭儒家的传统著书立说，却肯定人之性恶：恶之所

---

① 美国著名的唯心论者罗易斯（Josiah Royce）曾指出，宗教与道德之间恒有差异存在，因为宗教在最终的救赎，而道德旨在人世之幸福。

② 此即恶系定义为善之阙如。持此观点者于西方哲学中亦不乏其人，如莱布尼茨与斯宾诺沙即此观点之代表人物。

③ 《礼记》中所持人性的概念，系以之为本然纯净，但易受外在环境的影响而向善或向恶。此看法亦可支持人性之未曾具有某种先天之恶，以及恶源于人性与外在环境交接后之产物的观点。

以归属于人之本性，乃根据人能扩充其图利、求安适与贪享感官快乐之欲望的事实。此时恶被断定为缺乏抑制与拘束所导致之不愉快的社会经验之一形态。然而，人有能力施行约束与抑制（适中）亦为荀子哲学所肯定。因此，虽然人性中之欲使得人性趋于恶，但尚有人之心知为道之器，因此有能力建立礼仪来引导人性向善。顺此解释以观，即使就荀子而言，恶与邪行之所以可能，并非由于人所具之内在的才质，而是由于人所具之欲求与自利无止境地扩展。恶可以凭借人之理性反省自明的工夫得以完全避免或消除，因此道德之自律乃得以确保。①

前文曾提及，宋明理学家首开将恶与邪行归于人固有才质中的先河。他们对气质与义理——或心知与情欲——之分，促使他们把恶与邪行设想成人性之一环，因为贬斥人之情欲为完全无理或善可言。的确，宋明理学家固然可能承认人能于真自然生命中达到至善之境，但是，即令他们作如是观，他们对于人性中善恶的区分仍然不容许人性中恶的成分被完全驱除，因为人性中确实含有情欲等才质，而情欲正是理学家以为无善可言者。

我已说明过东原如何驳斥宋明理学这种对性与才所做之形而上对立的理论，以及天生才质为恶的理论。东原“善的哲学”，就我所解释的范围，不需要进一步的引申，就足以支持其对宋明理学之批评，同时羽翼其已揭露儒家哲学之真实根基的说法。对东原而言，恶与邪行并非人性所固有或本然存在，因为人性是知、情、欲所形成的融合体，三者皆导源于道之本性，同时也展现出道之本性。因此，任何恶与邪行必可追溯于人之才能在发展历程中所产生的偶发事件，事实上，依东原之意，恶与邪行被视为个人无法获致仁、礼、义等德性的个别过失。

东原于《原善》中指出，各个分殊案例中之恶与邪行是由于人之才质未能实现，因此，各个分殊案例之恶与邪行源于个人之缺陷。前文已说明，东原主张人性之发展与完成在于满足并关切众人之情欲，使之无不当与不和。因此，东原理所当然会主张，恶与邪行终究是源于满足一己之欲，关心一己之情，而未能满足他人之欲（也许是未能阻止他人欲求之不满足）与关心他人之情的后果。恶更可视为心知未能对德性有一透彻的理解，以及未能从理性中寻得人之情欲的指引所导致的过失。

一个人于满足一己之欲时，未能普遍照顾到他人之欲，东原称之为“私”。他同时名其为“有害于仁”，亦即有害于世间万物之创生的和谐。于评断他人时，未能普遍照顾到他人之情，东原指称为“偏”；同时，顺此看法以观，未能认识人性之真与事物之条理，以及未能引导自己的本性向德性与完美发展，东原则称为“蔽”。人性发展的问题不在于人有情欲，而在于其欲为私，其情不恕，其心知有所蔽。依东原之意，一切情欲皆本然为善，因为情欲皆不与道或天地分离。但是，若要将其本然之善实现于现实行

① 参见《荀子》之《解蔽》篇与《性恶》篇。

为，则情欲必须免除私与偏之患，心知必须无所蔽。因此，东原说："不私，则其欲皆仁也，皆礼义也……不蔽，则其知乃所谓聪明圣智也。"① 东原显然认为，人于发展其本性的过程中，可能会为此诸患所苦，因此，人会于个人的行为、群体的交往以及政事之治理三方面，招致各种分殊的恶与邪行。

于是，我们又可以提出私、偏、蔽如何消除，以及人性之善如何获致的问题。《原善》中对此问题有很明白的答案：若想除私与偏，最佳方法莫过于增益一己之恕，亦即对他人之情欲怀有普遍的关切。若想除一己心知之蔽，则未有较致力于学更胜之法。然而，导向这些自我改革的最重要因素，应该是认识一己之私、偏、蔽，以及其可能引生之后果。只要一人于其待人、处事接物，以及自己之行为举止各方面，恒能提防恶与邪行产生，则他就可防止自己误入邪僻之途；同时他也会驱策自己去开展其本性，从而上臻善、仁、礼、义诸德。这表示，只要人专志于那些规范的德性，而且不稍懈怠地付诸实践，则他可避免不然就可消除邪恶的产生。这又进一步暗示，一旦人领悟到将其本性与天地中之至善作为其企向完美之鹄的，就应该遵循其本性中善的冲动行事。在《原善》第三卷中，东原提出了大量的说明与解释，来表达他所说遵循仁、礼、义三德来避免及消除恶与邪行之真义。他坚信所有个别的恶与邪行皆可驱除尽净，同时人皆可以成圣贤。就此而论，东原表现出典型的古典儒家的传统精神。

不过，东原对于如何运用"学"来解除人心知之蔽的过程，却甚少提及。针对宋明理学家的信念，即人若无欲则无所蔽，东原一方面大肆抨击之，一方面另行提出"学"（依原始儒家的意义②）作为除蔽的手段。学包括广博的学识、细心的考察、慎重的思虑，以及明确的认识。学的目的在于实践与力行。简言之，学就是透过对事物条理与原则的了解，亦即于事物本性中见"理"，来完成对德性的探究与实践。就东原对宋明理学家"理"的概念之批判，以及理学察理的方法而言，我们或可推断，心知之蔽反映于主观的意见中，而理学家称之为"理"。因此，透过"学"来除蔽，就是透过对现实敞开一己之心知，同时构作对现实的概念，来除去个人之意见。

东原对"学"之意义的了解，还可以经由他从事学术研究工作的实际情形，以及他追求真理的方法透露出来。根据段玉裁的引述，身为考据学及明确思考之大师的东原，曾经表示：

> 总须体会孟子"条理"二字，务要得其条理，由合而分，由分而合，则无不可为。③

于是，"学"可说就是对各个分殊对象进行"合"与"分"，来寻得事物之分殊的

---

① 戴东原：《孟子字义疏证》，"才"条。

② 此即依《论语》与《大学》中"学"的意义。

③ 段玉裁：《戴东原先生年谱》。

条理与秩序，这正与宋明理学思辨的方法背道而驰。当东原将其探究的方法应用于对原始儒家教理的研究后，他理所当然地发现，如果想发掘并了解道之真义，对于典章制度以及字义的探究实为不可或缺之要务。

我们可以说，东原于探索道之真义的过程中，是以语音学及历史考证的工夫为其用力处。他曾在写给段玉裁信中说道：

> 仆自十七岁时，有志闻道，谓非求之《六经》、孔孟不得；非从事于字义、制度、名物，无由以通其语言。①

在另一篇文章中他又提到：

> 经之至者，道也。所以明道者，其词也。所以成词者，未有能外小学文字者也。由文字以通乎语言，由语言以通乎古圣贤之心志。②

关于促成东原对宋明理学加以批判的机缘，有一点我们毋庸置疑，此即他相信宋明儒者不曾真正了解古圣先贤的言语及字句的意涵，却大言不惭地自称已了然于心。宋明儒者其实只是将一己之见比附于先贤的垂训中，这更造成已误入歧途的宋明儒者误导更多的后学走上歧途。这也正是《孟子字义疏证》——东原于此书中运用了“合”与“分”的方法——为东原如此重视的原因。③ 此外，《原善》所表露出的对开发与复兴儒家义理真谛所做的努力也丝毫不逊色。最后，我们还可以从《原善》的字里行间领略到东原之原创性的哲学思考才华。

---

① 段玉裁：《戴东原先生年谱》。

② 戴东原：《古经解钩沈序》，见《戴东原集》第二卷，35~36 页。

③ 参见戴东原：《与某书》，见《戴东原集》第二卷，32~33 页。

新儒学与新新儒学

熊十力哲学及当代新儒家哲学的界定与评价*

在现代中国对先秦及宋明儒家哲学有彰明倡导之功的应推新儒家。我们称新儒家是相对现代中国以前的旧儒家而言。新儒家应是感受了印度、西洋文化与印度、西洋哲学的冲击，而欲在现代化的世界上与现代人的生活中重建与重振儒家哲学。此一哲学尚包含儒家的本体哲学、心性哲学与道德哲学。在一个理想性的意义下，新儒家即是现代化的儒家，亦即能基于儒家哲学反省及综合现代人的经验知识与价值，提出现代人的理性思考系统，开拓现代人的精神境界，并进而能对中、印、西不同的哲学深入批评，撷长去短，达到折中于儒家思想体系的目的。就此一理想性的意义观之，吾人可界定新儒家哲学应符合的条件如下：

1. 能够掌握儒家哲学体系及源流，绝不闭关自守，反能推陈出新。

2. 能够体认儒家哲学的智慧与精神，并能求力行实践。

3. 能够发挥知解与分析的理性，在逻辑论证上思辨无碍，在观念建构上清晰明白。

4. 能够面对现代人的知识、意志与行为等问题提出解释与解决之道。

5. 能够把儒家哲学与中、印、西哲学体系深入比较，发挥“他山之石，可以攻玉”的效果。

6. 能够融合诸家之说，为儒家哲学开辟新天地。

上述六个条件也可说代表了六个思想步骤：第一个条件是“先立乎其大者”的心态问题。新儒家如果不具有开放的胸襟，则如何能展现生机，成其广大高明？第二个条件是善于认知体会深度问题，也具有新儒家的修养及工夫的问题。如果新儒家对儒家思想的体认不深，修养不足，又如何能“本立而道生”？第三个条件则是有着理性思考的训练。哲学重理性思考、逻辑推论，若要与人沟通，说服他人，必须假借理性的知解与逻辑的分析，故新儒家不能不重视此点。第四个条件关系到新儒家哲学对现代生活和科技知识的回应与适用，也可说是就现代生活的考验与科技知识的挑战提出要求。儒家哲学

---

* 原载《文化：中国与世界》第三辑，北京，三联书店，1987。

既为知行并重之学，则对其哲学的应用性自不可不加留意。第五个条件则代表了另一重考验与挑战！吾人可名之“世界化的考验与挑战”。新儒家必须要能在理论基础上折中百家，扩大其思考范围及观照对象，在中西文化交流的今日，旁通西洋哲学，随时切磋改错，自是必要。第六个条件说明新儒家必须要能发挥综合融贯的精神，方是以创造体系，开导后继者。

综观五四时代西学冲击以来，从事新儒家哲学之创造最有成就者无疑要推熊十力先生，也唯有熊十力先生最为符合上述六项理想性的新儒家的界定条件。而事实上，熊氏也确为现代中国创导以发挥中国儒家哲学最有创见及最具影响力者。熊氏的哲学博大宏深，自成体系。他的哲学是深造于大乘佛教及《易经》哲学的结晶。他解悟佛学大乘之弊，乃返归于易道之生生思想。这有赖于宋明理学之承受佛道影响而归本于儒家易学。但他较诸宋明诸家更能正用佛释，吸收其精华，但在根源上却认同儒家，积极地开创了一个以儒家思想为宗的哲学网络。据他所言，他的思想实立足于他自己对真实本体的“体证”，而此“体证”则显然由承受《易经》哲学的启示而来。吾人可说熊氏对佛学的批评实得力于他对易学的把握。当然，吾人也可看出他对佛学的精研，入乎其中而出乎其外，方能造就他对易学的肯认。因之，熊氏思想的发展实乃呈现了一个辩证的过程。这也是任何一个创新的哲学思想所必要的。更有进者，熊氏对本体真实的“体证”并未造成他对知解说明、逻辑分析的忽视。因而，他能开拓出一个相当完整的本体宇宙哲学也并非偶然。本文将就其哲学思想的重点作一分析与评估，并期以反省其作为一个新儒家哲学的范型的得失及其应发展的方向。以下吾人将分五项重点讨论之，最后并作一综合性的评价结论。

一　“体证本体”

“体证本体”或“证会本体”是熊氏整个哲学思想的方法论的基础。对熊氏而言，“体证本体”即是真实地掌握宇宙真实，以至心与之合而为一的实存状态。无体认即无法透视真理为宇宙真实立言，一切思想也就成为无根的假名而已。熊氏区别“体证”（性智）与“思辨”（量智）。“思辨”重分析论证与名言，只是从事逻辑建构，故对本体并无把握；如有所谓本体，则所谓本体必成为外在于心的存在，与人的自性不能证合为一。“体证”或“证会”（又名“亲证”）则是人心的体现本体，故为本体自身的呈露。就主观的心言，乃为“自见自明”；对客观的物言，则为物自体的显现。但就实言之，人之“体证本体”时，已无主客之分，只呈现了一个能所互泯、内外浑然的真如境界。此一境界且是“体用不二”，并见得“体用不二”的。所谓见得“体用不二”即是体是用，是用是体。熊氏对此一境界的描写为：“说‘一真湛寂’也得，说‘大用流行’也得，说‘一真湛寂’即是‘大用流行’，说‘大用流行’元是‘一真湛寂’，均无不得。"①

若问人如何求得"体证"？熊氏指出人必须要做修养工夫，努力使人之神明昭彻，不受形累，不为物役，不溺于私欲，不囿于偏见，如此之工夫纯熟，则自然而然达到此一"体证"境界。"体证"的对象及结果为本体真实，此当是就"体证本体"之后的反省而言。"思辨"的对象及结果为知识。本体是整体如此，知识则是"支离破碎"的。此点即说明"体证"与"思辨"有本质上的差异。

熊氏认为"体证"不但不同于西洋哲学中的思辨活动，因思辨活动永远要假设主体与客体之分，他甚至认为"体证"也与朱子所称"亲切体认"有差别，因朱子所言"亲切体认"只用于读书穷理之事，而不及于本体，即如程颐"体认天理"也只是基于涵养察识，就"天理"之发用处体会，与本体之呈露的"体证"不尽相同。熊氏以其说与王阳明之证知"良知本体"相类，故引阳明诗"无声无臭独知时，此是乾坤万有基"说明之。总言之，"体证"为一修养工夫及修养境界，其要件为私欲净尽，知见脱落。此一境界既是湛然虚明的，又是万理盎然的。在此一了解下，熊氏的"体证"实为结合佛家之"寂照大明"之境与易道之"生生不已"之境而成。但他描写此一境界时则似乎过分着重其炯然独立，有失他对本体真实的即体即用、即用即体的主张精神。因而他虽强调了"体证本体"的精微高明面，却对此一体证的广大中庸面不够发挥。事实上，若就其哲学的"体用不二"宗旨立言，"体证"应以日用平常的生活为范围方是，并应以达到禅宗所谓"平常心是道"、"宇宙与人生融合一体"的境界为其最终理趣。

二　"即体即用"

熊氏对儒家本体论的最大贡献乃在发挥《易传》思想之旨，以本体为"生生不已"的流行大用。故此一本体既非空寂无为之虚体，也非凝然不变之实体；既非机械秩序之宇宙，也非超越意志之上帝。此一本体实乃含蓄万有，同时具有不变性与变化性；因其不变性而言体，因其变化性而为用。但体的不变性中有其用的变化性，而其用的变化性又有其体的不变性，因而即体即用，即用即体，体用不二。熊氏述其思想之变展，谓其首先致力于大乘唯识有宗，因以佛教哲学仍流于逆生逐无，沦虚耽寂，乃返归于"生生不已"的易道思想，以宇宙为生化之流行，而此生化流行即是天德，亦是吾人之真性，或显为仁，或显为智，更为万物之本体，万物亦因之平等一味。他说："顺吾所固有生生不息之机，虚而不屈者其神全，动而愈出者其诚至。新新而不用其故，进进而无有所凝。会万物为一己，运形气以从心。即流行即主宰，即有待即无待，是乃体乾元而立人

① 熊十力：《新唯识论》卷下之一，《论玄学方法》。

极，即人道而识乾元。”①

熊氏自其体用不二、即流行即主宰之本体论进而开拓出“翕辟”互用的宇宙论。所谓“翕辟”乃是本体流行之顿起顿灭与生生不息所显的势用。虽然熊氏说明“翕辟”观念与《易传·系辞》所云“夫乾，其静也专，其动也直；夫坤，其静也翕，其动也辟”的立义有别，他的“翕辟”观念显然仍自《易传·系辞》引申出来，不过他把坤的静动两面转化成本体流行之用而已。就本体言，其流行即一翕一辟，而一翕一辟乃是动静不二、动中有静、静中有动的。因而从本原的意义说，“翕辟”实也无法与乾坤之动静义分开。事实上，《易传》中即已含有动静不二的思想，故言“神无方，易无体”。基于大乘佛学性智观念的影响，熊氏不过是把大乘所启的本性虚寂性与《易传》所启的本性流行性等同起来；且为了彰显本体之起用，乃不得不借助阴阳互用的“翕辟”对待，以见其起用的性质。熊氏说：“《新论》说‘翕辟’，虽云两种势用，而实只是一种势用，有此两方面，以相反而成其用，乃假说为两种势用耳。体之现为用，本唯是辟。刚健、升进、生生、清净，乃至万德，皆辟也，而不能不先有一个翕，否则，只是虚无莽荡，将无所据以自显。故翕之反乎本体而将成乎物者，特妙用之不得不然。实则翕亦是辟，非其本性与辟有异也。”② 但如此说法，又势必先假设本体之先成翕再成辟，仍有如何解释二者逻辑的及时间的先后问题。实际上，熊氏虽欲把“翕辟”规定为本体论的观念，二者已然是宇宙论的观念了。如果本体是“即体即用”、“即用即体”，也不必强说“翕辟”仅为本体之用，也可说为本体之用之体了，更不必为“翕辟”强分先后，而可以“动静无端、阴阳无始”的观点视之。总之，对此一“即体即用”、“即用即体”的本体观念，熊氏仍需要彻底的融贯。

三　“理气一体”

在熊氏的“体用不二”的观念下，理气的性质及二者的关系也获得一新的解释。首先熊氏反对理仅为共相而不具实体。如此之理则为空洞之形式而无自体，如何可以化生万物？宋儒把生化创造之事归之于气，但对气之缘起却未加说明。就此一观点，熊氏不但反对朱子的理气对待论，也反对亚里士多德的形式、质料合成论的说法。也许是基于法相唯识宗种子识观念的影响，熊氏把理看作本体之体，而称之为“理体”。“理体”一如种子识乃含藏万理，具有无量的可能性。当其显为用时，则万象依之而出。“理体”因与“用相”对待。但其对待也仅是名言上的对待，而非实体上的对待。在实体的大用流行中，“理体”即“用相”，“用相”即“理体”。基于体用观念之分疏以及对《易》的理解，熊氏更谓“理体”所含藏的诸理可用艮卦表示，艮卦即表示潜藏不动的理。

①② 熊十力：《新唯识论》卷下之二附录。

"理体"所发显出来的大用流行则可用兑卦表示，兑卦表示流行条畅的理。体用不二，因之艮兑不二，同为"理体"之两面。

熊氏既以"理体"为一元之实体，他认为无须另设材质观念或动力观念以说明万象流行。因之气的观念在理论上也为不必要，仅就"理性"本身即可说明万物之变化流行，而万物在变化流行中所呈之相即可视为其材质。他说："今在本论所谓理者，即是实理，所以不须别找材质。理体渊然空寂，空故神，寂故化。神化者，翕辟相互而呈材，生灭流行不已，而造化之情可见。是故材质者，理之流行所必有之势也，其情之至盛而不匮故也。材呈，故谓之相，故曰理之现相，不待别立材质而与之合，以其为至实而非无故也。"① 熊氏并举水与冰及蒸气的关系以为说明：水为体，冰及蒸气即水之"用相"。在此一观念下，理实已具有气的功能，可谓为内含气之理。若谓为内含理之气，似也未尝不可。

熊氏的"理体"本质上就是理气一体的观念，可说是对治朱子理气判为二物"不杂不离"之说的，也是反对气一元论之缺乏理而使理落空。为使理落实，不仅为气之条理，抑且具有创始功能，则理必涵摄理气不同之性能为一体。为说明理气的一体性，熊氏即必须运用他即体即用的逻辑。他说："余以为理者，斥体立名，体者，本体，至真至实。理之流行，斯名为用，亦可云气。……故气者理之显现，而理者，气之本体也，焉得判之为二乎？"② 我认为这是一个十分创新的见解，对于宋明以来理气的关系及其性质作了一个根本的修正，而其创新的根据仍是"体用不二"的整体本体观。如果此一观念能够完全说明清楚，则理气以及其他二元实体的对待与统一问题也都可以迎刃而解了。当然若就理之认识论的意义言，吾人仍不能不判定理为共相、为条理，因而可说为独立的形式，或说为心知之特质。若要将理落为"理体"，似乎要经过一番本体的体认工夫。在这一番"本体体证"的观照下，吾人才能达到理即气、气即理、理气一体并互为体用的理解。

四 "心物互用"

熊氏说："《新论》依本体流行，假说翕辟，复依翕辟，假名心物。顺俗谛，则不坏世界相（心物皆有故）；入真谛，则即于世间相，而荡然离相，乃见一切皆真。"③ 就此一观点言之，所谓心物就是本体之用的两种结果。心物在其本身均是没有实体的。他描述他对心物之了解云："余十八，读《易·系辞》，至辟户之谓乾，阖户之为坤，神思脱然，顿悟虚灵开发者谓之辟，亦谓之心；聚凝阖凝者谓之翕，亦谓之物。心无内外（心

① 熊十力：《新唯识论》卷下之一，58页。
② 熊十力：《新唯识论》卷下之一，59页。
③ 熊十力：《新唯识论》卷下之一，《论玄学方法》。

是虚灵开发，无言在而无不在，本无形也，何内外可分）。物者，心之所运用，所了别，亦非离心外在。当时颇见大意，只条理未析，意义不深耳。”[1] 以此观之，心即本体之辟势形成，为一切万有所共具，因一切万有均为本体之用所显，不外乎翕辟二用。故一切万有，若从形象看，则为物，为翕势所显。熊氏甚至说：“翕则幻呈迹象，辟则无象可观，乃遍运乎翕或万象之中而靡所不在。夫泯然无象，而实未尝无者，此宇宙之真也。”[2] 心之用不但遍万物而存，连物质宇宙也不是真象，而只是流行之本体用于造化之迹。在一个本体论的解释下，心物已失去了一般意义而转化为本体之用了。

就一般意义言，人人各具之心必后于物而起，但就本体论的解释，则心与物应同时并存，从未为无。就此观之，则进化论以人心意识甚于生命与物质，亦只是就现象方便立言，并非与本体之心有所矛盾。更有进者，宇宙一切为相互连属的完整体，自有其内在的发展秩序，故人类心灵意识的出现亦非偶然机遇之事，而是“本于穆然不容已之真”[3]，因而可视为人之为人的自然本性的显用。熊氏言其说并非肯定宇宙之发展有一预定之计划，而只是肯定宇宙之发展自然有一脉络可寻，虽可谓之有计划，却仍未预定。[4] 这是先天宇宙与后天发展自然合一的说法，可说是根据他的理气一体论来的。但如何在理性秩序中安排自然发展，又如何在自然现象中说明先天理路则仍是一项值得深入疏解的论旨。熊氏或不愿其自然哲学带有神学色彩，也不愿其自然哲学趋向机械论，故主张自然发展有内在的秩序而无先天的目的。

从熊氏对物质宇宙的说明看，他是反对一般所称的唯物论的。他说：“唯物论者，只执有物而已。不知物非实有，而默运其中者乃是健进的势用，即所谓辟者是也。”[5] 并用震卦二阳潜在二阴之下以示辟势（即心）之默运乎翕势（即物）之中而为翕势之主。不过就同一立场，他也是反对唯心论的，因为一辟不可无一翕为之相应相反而成，故心并非实有，而是托付于翕势的物中的另一作用而已。同样吾人也可以举艮卦来说明物之潜在于心之中而为其主导。事实上，熊氏本就视心物为假相，因语言立为假名，实质上二者相对存在、相互为用也相互为体。这种说法自然仍是源自他对“体用不二”的本体论的了悟以及对不落实相的本体的体证。但他这种对心物关系的说明却深切西洋哲学中身心交相作用论（inter-actionism）的要旨。

---

① 熊十力：《新唯识论》卷下之一附录。

② 熊十力：《新唯识论》卷下之一，43 页。

③ 熊十力：《新唯识论》卷下之一，44 页。

④ 参见熊十力：《新唯识论》卷下之一，49 页。熊氏以王船山解释《易》有先天目的论的意思在，因而表示不赞同。

⑤ 熊十力：《新唯识论》卷下之一，《成物》，39 页。

五 “融合量智”

熊氏一方面肯定“性智”体证本体的必要，另一方面他也看重“量智”发展知识、推度事物的重要。体证本体是体，辨解知识则当是用。但辨解的“量智”如何自体证的“性智”发展开来则是一根本未决的问题。熊氏一再强调要找时间写出《量论》一书，但吾人迄未见此《量论》出现①，但他对《量论》的重视却是无可讳言的。熊氏有言曰：中学以发明心地为一大事（心地谓性智），西学大概是量智的发展。如使两方互相了解，而以涵养性智，主天下之大本，则量智皆成性智的妙用。研究科学，经纶事业，岂非本体之流行而不容已者耶？孰谓量智可废耶？② 姑不论西学是否唯是量智的发展，如何使西学的“量智”与中学的“性智”相互了解，并使“量智”皆成“性智”之妙用却正是问题之所在。如果有人从性智入手，其工夫达到主客互泯、物我合一的本体呈现的境界，则他如何再从事量智的分析而不陷于逐物不返？吾人若对“量智”稍作了解，则知“量智”之为“量智”在比物知量、辨物析理，尚分不尚合。“量智”为用亦必假设主客分明、能所对待。在“量智”的活动中，若非主观的能力支配客观的世界，就是客观的现象掩盖主观的心行。故征服自然、物化自我均为“量智”引申出来的后果。深入言之，若“量智”为纯理性之活动，则必不能有意志之自主，故或为公心所使，亦可为私心所用。以此之故，若“量智”与“性智”的关系不明显界定，则虽有“性智”，“量智”或无因缘发起，或虽有“量智”，“性智”仍不免沦丧于无能为力之境。

熊氏在他的《论玄学方法》一文中似将“量智”分为两类：一为“性智”障蔽不显时之“量智”，一为“性智”发用之“量智”，而以二者非为同物。其实，“量智”之为“量智”，无论在前者与在后者，其本质又有何异？熊氏所假设的不同乃在前者逐物不返，而后者以“性智”为体，不致迷途忘返。若二者性质完全不同，则熊氏何必一再持言西哲之思维未得见性，亦无以见性，因非“性智”体证之故，而又另一方面谓“思辨精密，莫善于西洋”③。故无论见性与否，“量智”在本质上是一样的，所主所从不相等同而已。熊氏之意主要在说明“量智”之用以“性智”为主则有益于人生，若无“性智”为主，纵使“量智”发达，也不足以利人生，甚至反足以害之。证诸今日科技昌明，新型核武器日增其威力，而环境生态日深其污染、其后果对个人生命及群体生存为利为害，乃不辩自明。自此等事例观之，熊氏说“性智”发用为“量智”的主旨在以整体的生命理性（或物本体理性）范围科学理性，并控制科技知识之用途；一方面开展

① 熊氏门人牟宗三先生或受此启发，著有《认识心之批判》一书。
② 参见熊十力：《新唯识论》卷下之一，《论玄学方法》。
③ 熊十力：《新唯识论》卷下之一，1 页。

科学，他方面使科学不得为害人生。尤其如何能棋先一着，防患于未然，洞烛于先机，无待灾害发生，无法收拾而后已，乃是“性智”致意于“量智”的最大作用。若从哲学境界言之，则“性智”圆融“量智”，有如全体包含部分，使其有一定位置与功用，方不致流于一偏，自是可欲。

熊氏以“量智”为“格物致知”之事，亦即科学思想之所由起。“格物致知”不得不走“支离破碎”之道。熊氏认为此正是科学所行之路，但这点反映了熊氏对科学仍不甚了解。科学重材料收集、经验印证，而非止于“支离破碎”之学。科学也甚讲究理论体系以及观念的条理统一，甚且追究根源，虽不同于本体之证会，却仍以“简易有效”为其至高的目标。若以此一正确观点解释“格物致知”，则阳明亦不得批评朱学为“支离事业”。当然这仍非推论科学之极致与哲学不谋而合，或科学无须一形上学基础。相反，科学与形上学有本质上的不同，故“性智”与“量智”终仍有不同处在。质言之，科学主“理论理性”的统一，而形上学则于“理论理性”的统一处要求“实践理性”的统一，以及“理论理性”与“实践理性”的最后统一，这是“生命理性”或“本性理性”的要求，是以达致生命的整体性为目的的。故此一最后境界即是生命的整体化、知行的互动、主客的不二以及天人的合一了。此一境界亦即熊氏所称“本体流行”的境界。领悟此一境界而不废“量智”或看轻“量智”，则显然要同时使“性智”与“量智”并行不悖，相互发用方为功。此一境界的实现必然要求“性智”加强其即体即用的体证，亦即使本体更能为人所用，同时必然要求“量智”亦有回归本体的性能，使人更能为本体所化。此一提示的要点在透露“性智”与“量智”，在即体即用的本体论中，并非绝然相反无干之两物。总结之，“量智”之为用是在“性智”的全体大用下用于人生实际。吾人亦可谓“性智”与“量智”的关系为《易经》哲学所启示的“一分为二”、“二合为一”的关系。“量智”重在分，“性智”重在合；但合而不分乃无体之用，分而不合则为无用之体。即体即用意在于体用的能合能分，能分能合，因而分而合，合而分，随合随分，随分随合，以至分中有合，合中有分。此为“本体体证”的最高境界。

如何自“性智”启发“量智”，自“量智”引入“性智”，显然必须要从全体与部分、一与二的两层次分别入手。“量智”不能直接导向“性智”，故科学不能直接推出形上学；同样，“性智”也不能导向“量智”，故形上学也不能直接推出科学。但科学与形上学，“量智”与“性智”，却能因对部分与全体的关系以及一与二的关系的把握而彼此启发出来。此一把握可视为“性智”之用及“量智”之体的反省，而为二者内在联系的思想基础。有此一反省的基础，则“量智”与“性智”、科学与形上学自然形成一思想之圆环，可名之曰“本体思考之圆环”（circle of ontological thinking）。人已在此一圆环中，如何善用此一圆环，同时开拓智慧与知识，并使其相互增长与充实，则有待人求证于本体而不泥于本体的体验了。熊氏言“体证本体”而“融合量智”，其胜义也在于此了。

六 综合结论

综合上述对熊氏新儒家哲学的五点讨论，吾人对熊氏在当代中国儒家哲学发展的贡献不能不作肯定。他的贡献方面甚多，但吾人仅就其最具有思考与方法启发力的四点提出来说明如下。

第一点，熊氏深研大乘佛学而不陷泥其中，反能脱颖而出，既能见识其短，又能还原其长，实为难能可贵。熊氏一则批评印度佛法趣空溺寂之弊，另则推许大乘佛学荡执去蔽、一扫知见以见真体之效。他对西洋哲学并无直接了解，但他却能认定西洋哲学长于思辨精密，用于知识与人生实不可废。他又以西洋哲学易流于逐物不返，反证讲究修养、参悟本体之重要。他在论印、西思想得失时，已见到中国哲学是印、西两端之中道：相对印度佛法而言，儒家哲学见性而不遗用，故即主宰即流行，显示为《易传》“生生不已”之道；相对西洋哲学而言，日用而不遗其体，故不致逐物不返，忘却人生大本与宇宙本体。以此言之，熊氏可说是善执两端而用其中。他强调本体论的即体即用，可说是为儒家哲学重立大本，重开大用。因其能出入佛学之中，并尽其所知以求与西学比较，他也可说为儒家哲学在现代化世界的思考中取得了一明确的定位。

第二点，熊氏似乎看到西洋、印度与中国哲学之间存在着一历史性的辩证发展关系，西洋思辨哲理的哲学有其自然发生的原因及轨迹，但若充其极致则将形成障碍与执着，如此则需要印度佛学为其荡执去蔽。然若循着佛学路线，则又有蹈空迷寂之虚，此则为另一种障碍与执着。故必用中国儒学的温良剂使之返于人生的大体大用。他说：“游乎西洋，慎思明辨；游乎印度佛法，荡一切执；归乎吾儒，默与道契。三方者备，而学大成，夏虫井蛙，学者宜戒。”① 这种动态的思考方式不但见到他的高明广大，也可见到他的精微中庸。因之称他的体系为儒家哲学之新体系，而称他为当代新儒家的开创者，并不为过。在他的本体中提出“性智”与“量智”相互了解问题，并透视其本体论的解决方案，以相互发明、相互为用为旨，更显示熊氏综合整体的智慧，以及对综合整体智慧重要性的肯认。

第三点，熊氏提供了一个有关中国哲学思想方式的模型。《易传》已有“体用不二”、“天人合德”的观念，孟子也有相类观念的发挥，《中庸》更强调“道合内外”、“物我一体”的修养。先秦儒家固然着重生生不息之道为宇宙本体，也发挥了即流行即主宰的思想，但先秦道家就说明道的哲学而言也是以道为即体即用、生化不已的本体的，魏晋玄学更加强说明了体用之不可分。至于宋明理学、心学也一贯地标明“天人合一”为人生修养的最高境界。能把这些思想与观念凝聚并组成一个完整且具有相当系统

① 熊十力：《新唯识论》卷下之二附录。

性的本体哲学则不能不归功于熊氏。他据于一个体证的方法论的基础建立了本体论，不但结合先秦宋明诸家以彰显“体用不二”之理，且能融合道释，使之尽为其本体论发挥之用。他讲本体为流行亦为主宰，为翕亦为辟，为变亦为不变，是从不同角度来彰显其“体用不二”的命题。最后，他能把体用关系用于“理气”问题与“心物”问题上，为此等问题开拓出新义与新境，这些都可归之他对儒家本体论与宇宙论体验之深、用思之切。甚至我们也可以说他的本体论是得力于《易经》哲学的。① 总之，熊氏可说为对现代中国哲学提供了一个深厚有力的本体论与方法学的模型，对后来倡导儒家哲学的学者有明显的影响。熊氏的哲学可简称为“机体一元”思想，其所发展出来的范型为：任何二元对待可归于整体一元之体，然后再发展为互为体用之用。此一范型是他的思想结晶，也是他的意识所在。

第四点，熊氏评估中、西、印哲学诸家均能一秉他对本体的证解与他本体论的思想范型而言，但他也同时力求公允合理，显示了一种“统之有宗，会之有元”的秩序感。这也可以说是他的“性智”融合了“量智”的一种发用。他对宋明诸家的批评最为中肯，如他在本体的“体证”上肯定阳明善承孔孟，因为阳明能够把天、命、心、理、知打成一片。② 但他却仍能反过来指出：“主心即理者，直从心上着工夫，而不得不趋于反知矣。主理在物者，便不废致知之功，却必须添居敬一段工夫，才返到心体上来。”③ 他甚至批评阳明把伊川“在物为理”之说改为“心在物为理”为偏狭不当。他说：“伊川在物为理之说，按之物理世界，极是极是，不须阳明于在字上添一心字。心不在，而此理自是在物的。阳明不守哲学范围，和朱派兴无谓之争，此又其短也。”④ 此点有类于摩尔（G. E. Moore）在其著名的论文《对唯心论之驳斥》所持的逻辑的分析论调，不但见出熊氏评理的公平心态，亦可见其逻辑运思的精微往往为一般后学者所不及。

熊氏有关朱子的评价也是力求公允的。他曾批评朱子“只在将心性分开，心与理又分开，心与物又分开”⑤。但他又指出：“朱子以明体不能不有事于格物，主张甚是。王学力求易简直捷，在哲学上极有价值，惜不为科学留地位。”⑥ 他在给张东荪的信中说：“朱子是注重修养的，也是注重知识的，他的主张恰恰适用于今日，陆王派偏重修养一方面去了。”⑦ 就是衡之于他的体证本体的说法，熊氏虽然以阳明为善承孔孟，但却也认为朱子是见到本体之真的。他举出朱子 37 岁时致张钦夫的信中提到“验之于日用之间，则凡感之而通，触之而觉，盖有浑然全体应物而不穷者。是乃天命流行生生不已之机，虽一日之间，万起万灭，而其寂然之本体则未尝不寂然也”，以及朱子提到“自家安身

① 此可见之于他的《读经示要》讲《易经》部分，以及他的晚期著作《乾坤衍》。

②③ 熊十力：《十力语要》卷二，《与牟宗三函》。

④ 熊十力：《十力语要》卷四，25 页。

⑤ 熊十力：《十力语要》卷二，85 页。

⑥ 熊十力：《十力语要》卷二，25 页。

⑦ 熊十力：《十力语要》卷一，53 页。

立命主宰知觉处”，“通天下只是一个天机活物，流行发用，无间容息”，“即夫日用之间，浑然全体，如川流之不息，天运之不穷耳”① 等语，以明朱子之自反与见性明心。

以上吾人已举出熊氏对当代新儒学创建的贡献，在分论其哲学的要项时，吾人并对其哲学所含的部分缺失有所讨论。以下再提出有关熊氏哲学不完全的方面两点以为本文的结束。

1. 熊氏虽然对“证量”（体证）有不少说明，但“证量”既为“自证自明”，不落言诠之形上体验，如何运用思想逻辑与语言阐明此一本体体验，则将是一项永远的挑战。科学重视实证，所谓实证不仅是指达到客观的或人与人际的共见共识，也是要求对同一经验的自我反复求证，以求无虚。本体的“证量”如不能满足前一要求，尚可说为他人的工夫不够，但对后一要求却不容轻易解说过去。此即证知本体是需要自证者的一再反省，此可谓为“证自证分”的要求。但此一“证自证分”的过程却面临两重困难需要克服：一是“证自证分”分别能所而无法亲证本体的统一性；二是“证自证分”的反省可以导致“无限的退演”（infinite regren），如何求止于当止而达到效果更需要说明。熊氏对此等细节方面的说明以及对本体证验的进一步的证明，以求完成一圆融贯通系统，是需要加强的。

2. 熊氏深造于佛学，因而借重佛学丰富了儒学的内涵及其广延度。但就西洋哲学而言，他虽旁及其要旨，却究竟未能直接以其哲学与西洋诸大家相互较量以收相互发明之果，故在与西洋哲学的融会贯通上尚缺了一截工夫。此一工夫的重要性不仅是有关本体及其证悟的说明方面，也有关中国儒学与西洋哲学之沟通问题。此点显然受时代的限制，非熊氏所能顾及。但吾人今日返观其学，却不能不为其思想之再开发以及儒家哲学之重建提出此一要点。此一要点也说明了相应于人类的需要同时启迪“性智”（本体理性）与“量智”（理论理性）的必要性。

---

① 转自熊十力：《十力语要》卷四，29 页。

从当代西方知识论评价熊十力的本体哲学*

一　当代西方哲学大势与熊十力哲学的意义

当代西方哲学的大势乃在科学的基础上建立知识，在科学的系统外找寻价值。一般来说，知识既是价值，又非价值，因为知识可以作为达到终极价值的工具与手段，但就人生整体的实现来说，知识却又不必是终极价值。人生的终极价值何在？东西方哲学传统的回答基本是不一样的：西方宗教传统素重外在超越的上帝，故此上帝就是人生一切价值的源泉；在东方，中国人文传统把人生的价值定位在内在潜存的人性，而人性则不外离于天道。在西方，人如丧失对上帝的信仰，则人的一切希望与寄托都落空，必然走向尼采哲学中意涵的自我主义、相对主义、权力主义或虚无主义。但人又如何取得对上帝的信仰呢？又如何保持已有的对上帝的信仰呢？过去神学家的多项论证无一经得起理性的检验。如果上帝善意并万能，为何吝于理性的证明而使人自然归向上帝之善？在东方，对人性的体验与对人文的信念是一切终极价值的根源，但如何实现此一体验与维护此一信念却又是东方哲学所重视的本体与道德课题。如果失去体验自明的眼光和维护信念的修养，人生的价值也一样会迷失于无形。但无论在西方或东方，21 世纪的人类将使科学的知识成为东西方共同的语言与共同的追求。

科学预设外在事物的存在以保证事实的客观性。但科学的知识又必须立足于理论的构思与经验的开发，其内在的主观性也在所难免。故 20 世纪后半期的西方哲学基本上是围绕着科学实在论（scientific realism）与科学建构论（scientific constructivism）在进行辩论，也就是围绕着知识客观论与知识主观论在进行辩解。此尤见之于维特根斯坦后期有关数学基础的思考中。所谓知识主观论就其极致，事实上就是一种知识虚拟论，即是以知识只是相对人的集体经验所作的一种设定，只是在有限的时空才具有普遍的效

---

* 原载《玄圃论学续集》，武汉，湖北教育出版社，2003。

应。虚拟性的概念早在20世纪60年代的奎因（W. V. Quine）的《组论与其逻辑》一书中即已严格说明如何界定：所谓“虚拟之类”（virtual class）是具体事物之性质或其谓词所界定的类或组，此一性质或谓词是依存于此一事物中而不必有独立的存在，此即虚拟的存在。①

此一虚拟的存在随时可以还原于具体事物的谓词。故在一般之涵摄真理函数与谓词逻辑的语言用语中并不需要假定实质的类或组在存在。从逻辑的观点，实质的类的概念的引进是为了发展更高层次的数学与数论，此即为类存在的指称实基于更高的对实在的建构的需要。鉴于此，我们需要不断地构筑理论，以满足人类心灵对实在真实的理解的需要。当然，我们也当认知：现象外在的存在的理论建构往往能够为现象的存在带来统合与简化的说明的效果，也能够开辟新的用途，预测新的经验与新的现象。这是理论建构的根本作用。但一个理论是否真能自圆其说或是否能够避免与其他更实际的理论的冲突矛盾而驾居其上却是涉及本体知识论更高一个层次的问题。

20世纪的西方哲学经历了科学实证主义的论争，面临了客观实在论与主观建构论的双重局限性，其未来出路如何的问题至今未决。这说明了对一个超越主客双重格局的思维方式的需要。至于知识与价值的未能统一，也说明了人与世界、客观与主观的未能统一，当然更需要一个更深刻的理论来进行整合。在终极价值的问题上，外在超越的上帝应超越了一切论证，必须要从纯粹的信仰入手。但纯粹的信仰却需要一个兼具理性与经验的真实体验来支撑。因之，哲学家必须在更深刻的宇宙与人生的理解中去重新描述与界定上帝的概念，使人的理解自传统的上帝的概念中解放出来并扩展开来。

当代西方哲学中的知识论已大幅脱离康德以来以超越自我为中心的现象主义的窠臼，另从集体经验上的可靠性（reliability）概念入手。事实上，早在20世纪40年代，刘易斯（C. I. Lewis）在其最后一本书《知识与价值评价的分析》里，即已提到可靠性问题。② 不过刘易斯却区分了可靠性与可信性（credibility）。可信性仍然是以感知上的证据主义为核心来建立一个整体一致、内部相融的（coherent）知识体系，可说仍是内在主义的知识论。可靠性却是另外一个新的概念：以外在的可靠的知识形成的过程为知识的可信度的保证，而不必诉之于内在于知识者的感知。这样可以说明为何有“百姓日用而不知”的一般常识的信念。如以科学取证与检验的方法为知识可靠性的基础，这就走向了奎因所倡导的知识论的自然化（naturalization）理论。③ 所谓知识的自然化就是把知识看成应用科学方法求知的成果，具备整体性、兼容性、系统的简单性，但却不必有

---

① See W. V. Quine, *Set Theory and Its Logic*, Cambridge: Harvard University Press, 1963, Chapter on Virtual Classes.

② See C. I. Lewis, *An Analysis of Knowledge and Valuation*, La Salle (Illinois): Open Court Publishing, 1946.

③ See W. V. Quing, “*Epistemology Naturalized*,” in his *Ontological Relativity and Other Essays*, New York: Columbia University Press, 1969.

绝对有效性的保证。如此，外在主义或自然化主义显然以客观的可靠性重于主观的内省的可信性。此亦表明可靠不一定可信，可信却不一定可靠。

对于这个知识的外在化问题，我的看法是：可信性涉及前提的合理性问题，与内在的合理性标准有关；可靠性涉及结果的成功率问题，自然与外在的可靠性的标准有关。我们可以问可靠是否可信，可信是否可靠。但二者对人的行为的决策与行为的未来规划都有影响，二者事实上都独立于客观性真实的存在问题。从这个观点，我们可以区分知识论的内在基础与外在基础，一方面把知识的个别的指谓性与系统的指谓性看成可信性或可靠性的两个向度，另一方面又把二者联合为知识的整体的内外相应的两方面，显已打开了一个可以接受整合的理论空间。这个整合的理论框架在分别知识的层次与知识的种别，日常及现象的知识同时具有个别可信性与系统可靠性，但系统的可信性或合理性却不一定彰显。科学的或专业的知识对受过科学或专业训练的人士来说具有更多的系统可信性或合理性，但对一般人来说似乎只有可靠性而缺少基于理解的可信性（所谓知其然而不知其所以然）。但这却不表示个别的或系统的可信性问题不存在。

我们可以把当代知识论中知识的合理说明与建立框架面向表述如下：

个别经验+社会经验

↓

内在主义←可信性（内在合理）←— 知识 —→可靠性（外在过程）→外在主义

↑

系统理论+专业团体

由此可见，一个知识的完整的建立应包含合理化与自然化两面，也就是应包含其内在的个别与社会的经验，以及包含其外在的系统理论与专业团队的认知。一般的知识不能被看作完整建立的知识。如要建立一个完整的知识体系，又不能不掌握一个有关本体宇宙的真实存在体系，此一体系一方面能够掌握知识的层次，赋予不同的价值与位置，又有知识的内在与外在基础，形成一个灵活流通的知识与本体思考的诠释与支撑关系，并且持续不断地开放发展下去。显然，在当代，西方尚没有这样的本体论体系。此一本体论体系，除了能掌握知识的层次问题外，还需面对价值问题，也就是面对人的整体存在问题。这就涉及宗教哲学与宗教信仰问题。

当代西方的宗教哲学也明显地跳出了一元宗教的思想格局，走上世界多元宗教的理解方式。至于是否能够构筑一个开放的理论架构，仍然言之过早。因为一个开放的整合及认知多元人类宗教的理论体系必须要求一个开放的本体论与宇宙论的统合架构的提出。同样，21 世纪人类社会面临全球化的重组，无论在经济上或政治上都需要一个基于人之为人的实践伦理。此一伦理也不能不面对整体宇宙真实的感受来整合人类多面的需要，以取得一个发展中的人性全貌性的理解。

基于以上所述，当代西方哲学面临着求变求整合的关键时刻，无论在知识论上或在宗教哲学与伦理哲学的层面。当代西方哲学之失在分解离析而忘怀整体，知分而不知合。这本为西方哲学传统的特征，但在当代的人类社会的整体化的世纪需求下愈见其问题性，也愈见其问题亟待解决的迫切性。因之，西方哲学一方面必须开放地追求东方的本体与宇宙智慧以求整合、以求变化，另一方面也是更重要的一方面，必须根本地反思人的整体存有意义与价值，以建构一个人与天地、主观与客观、知识与价值相互统合的本体宇宙哲学，不只具有理性的说服力，也能映证于个人的直接感受，产生生活的信念或信仰，并能在人与人之间进行沟通，达到和谐共生、和平共存的效果。

值得注意的是，在20世纪的上半叶，西方哲学已实际进行了如此的反思，见之于海德格尔对人存在的思考，又见之于怀特海对整体大宇宙的思考。但海德格尔却局限于一个有限性的框架下，未能面对宇宙大有的创造变化性以透视与扩展人的存在意义与价值。其晚期思想渐有此一卓见，但却拘于诗的语言，未能广涉人的道德与生活世界。故其覆盖面与其深沉度不成比例，与老庄相较，可见体道的程度。怀特海建立了宇宙论的本体神学，但却昧于人的存在内涵心性与心灵的分析与透露，故不能说解决了天人合一、心性合一、知行合一等问题。他甚至对宇宙本体的根源也存而不论，反而加深了西方宗教哲学中对神的角色的疑虑。

在以上对西方当代哲学的发展困局的理解下，返本归源以开辟新境的熊十力的当代新儒家哲学就显示出超出熊氏自身时代的意义与价值了。熊氏首先基于佛学的唯识宗思想以开发人心中宇宙变动不居的意识，再基于对《易经》的领悟，认识到宇宙变化的创造性。在这一基础上，大力发挥体用不二、明心见性的中国哲学与儒家哲学的精神与精髓，不但为当时的中国哲学开辟了新境，也为当前西方哲学的走向提供了一个参考体系。也许这就是熊十力哲学的真正意义与价值所在。当然，这并不表示熊氏哲学已解决了现代人类与现代科学所涉及的现代知识论、现代宗教哲学、现代伦理学等问题。这只表示熊氏的宇宙本体哲学指示了一个整合这些问题与解决这些问题的方向与格局，促使现代人能从一个更深的层次与更广的空间去思考问题。然而，这些问题也就成为对熊氏哲学的考验。

二　中国哲学传承三丕变

如要正确理解熊十力哲学的重要性，我们必须正确认识中国哲学在其创造的转化中所面临的重大变化与此等变化带来的重大危机。简略地说，中国哲学自上古凝聚的智慧在体验了、理解了宇宙人生合德、生生不息之道之后，再体现为天道性命合一之道。但此道体的认知却在春秋战国时期逐渐丧失了，以至在《庄子·天下》就有了“道术将为天下裂”的判断。孔子后诸子百家的兴起就是道为天下裂的表征。《易传》说“仁者见之谓之仁，知者见之谓之知”，道之为道已有不同的见识。但《易传》不同于《庄子》，仍然肯定“天下一致而百虑，同归而殊涂”。所以道可以是道一而分殊，分殊而道一。道为天下裂，并不表示道必然已失，而是说明了社会变迁、道体分化为不同的面相与方向的局面而已。然而，只要个人有德并不断修持，仍能掌握道的全貌与本真。从这个意义上说，道为天下裂并非道体已失落，而是道隐藏于天地，有德者自可体现。但从儒家传统来说，入于汉，道即埋没于经学；入于魏晋，道则蒙上玄学的面罩；至于隋唐，学风丕变为佛学之道，原始古典之道则不复见；迨至宋明，易孔之道方得透过理学与心学有所昌明，但宋明理学与心学却不幸偏于理论而荒于实践，宋明亡于异族与此不能无关。

清初儒学由务虚变为务实，但又不幸为政治利用。入于乾嘉，考证训诂之学兴，道则不见。唯戴震一枝独秀，其诠释《孟子》字义仍能见道体一斑。有清大半部，可总言为：“道虽不多见，元德未失，而文不在兹乎？”① 道的传统至乾嘉尚未耗丧元气。但鸦片战争之后，西方的强势冲击，形之为军事外交的双重侵略，使得传统的道尽失依归，传统的德顿丧元气，传统的文也面临质疑，可谓亘古未有之丕变。古圣贤之道可说已面临存亡续绝的关头。此一关头再经五四运动的冲击，可谓已是到了“山重水复疑无路”，“道已失，德渐废，学已变，而文不传”② 的地步。就是在此关头，熊十力挟其强悍的生命力要恢复儒家传统的道的本体论，大胆地立，大胆地破，可谓万绿丛中一点红，为中国哲学的道统带来了“柳暗花明又一村”，也为儒家哲学重辟蹊径，再续薪火。这就是熊氏本体哲学的重大意义与价值。但面对西方哲学，此本体论又将如何突破藩篱，发挥重建哲学智慧的殿堂的作用呢？

三　熊十力本体意识的含义与评解

熊氏应可理解他的思想内涵是纯粹中国的原质眼光，与西方的古代和现代均截然不同。其不同之处在强调本体之道为一，而其发用则为二，由二而多而无穷尽。由于本体之道为一，故宇宙之多为一整体，不可与一之本体有任何隔离，此即体用不二，即体即用。但本体究竟为何物？熊氏的理解是真实的存在，但却不可以形质论之，无对待无分别而为一绝对的一，但本体又是形质、对待、分别、相对之源，且为此诸多现象与功能之永恒之源，故为一动态的动而愈出的实在。这样的理解显然是以《周易》的易道为基础的体悟。《易传·系辞》曰：“一阴一阳之谓道。”又曰：“神无方而易无体。”又曰：“易有太极，是生两仪。”又曰：“生生之谓易，成象之谓乾，效法之谓坤。”至于乾坤两卦的《彖传》，更明显地陈述了一个生机勃勃、活力充沛的宇宙创化的机制与过程，透露出一个内涵无限生机、刚健自强的动力之元（源头活水），为万物之源而不外于万物，

①② 编者按：此乃成中英先生仿古体所撰文。

为万物之基而不主宰外物，内在于万物而不落于形质。这就是熊氏所说的本体的第一层内涵。在这个意义上，熊氏所说的本体也很接近老子在《道德经》第十章所说的道："生而不有，为而不恃，长而不宰。"从这个意义上说，本体实在是无体之体。本体创发的宇宙万物是现象，但此现象是本体的发用和功能的表现，故本体的体并不一定是实有的体，而是太虚无形的体，隐含于实有的现象之中。但这个体却是以发用创生为其职志，并非超越玄密之体，亦非虚静空寂之体，此义可名之为一体发用，是本体的第一义。

熊氏屡以海水与众沤比喻体用的关系，说明本体、本体之功能及功能发用的现象成果三者之不可分不可离。但海水与众沤是可见的，本体却可以是不可见的形而上之道。在熊氏的体用不二的命题下，我们自然也可以说即现象而见本体，因而可说为"道器不二"。在这层意义上，本体是涵盖无形与有形而不局限于无形与有形的创造力量。但此一创造力量在中国哲学中从未对象化或者实体化为超越的上帝、永恒的物质或不动之动者。故它也可被视为非常道之道，只可体验而不可言表。我释本体为本原与体系及由本原形成的开放的动态的体系及过程，可说简明地表达了熊氏的本体概念意涵的要旨。

熊氏本体的第二层意义是"翕辟成变"。熊氏既以万物的变动不居、生生不已为本体，如何解释此一变易与生生的活动是对本体进一步的理解。熊氏再度引用《易传·系辞》来作说明。他说："一翕一辟之谓变。原夫恒转之动也，相续不已。"所谓翕，是一种凝固物化的力量；所谓辟，是一种创造化生的力量，所谓"翕以合质，辟以出力"①（蔡元培引严复语）。两种力量同时存在并相互依存，产生一种从无到有的创造行动与过程。此即是易道内在的创造机制所在。这个创造的机制在《易传·系辞上》第六章中完整的表达是："夫乾，其静也专，其动也直，是以大生焉。夫坤，其静也翕，其动也辟，是以广生焉。"生之为大以其能生生，是纯粹的持续的实现可能、突破局限的纵向创造过程。生之为广以其多种多样并在空间里的展开为特质，是广大悉备的延伸的建立差异、个体化、本质化、种类化的横向创造过程。这两种力量与功能是相辅相成并相互吸引诱发的，只有在二者和合为一时才发生创造的事实。这也可说是《易传·系辞下》第五章以"天地氤氲，万物化醇，男女构精，万物化生"为典范的一种创造模式。《周易》作者基于对宇宙自然生命体化生的观察得出这样的结论是可以理解的。我们可称之为生命体的化生模式。

另有两个模式可以与这个模式对照。一是以人之实际造物与造工具的制造行为为万物创造典范的模式。这可以举女娲造人为代表。原始社会的创世神话多属于此类。一是以想象中的无限之神以意志决定的神力从无创有。这是犹太基督教《圣经·旧约》的创世记描述的上帝造宇宙万物的方式。此一方式是外在超越的抽象神即上帝的创造，可说

① 蔡元培：《新唯识论序》，见《玄圃论学集》，12页，北京，三联书店，1990。

与内在感应的生命体的化生恰恰相反。从目前科学对宇宙发生与生命基因研究的观点，显然内在感应性的生命体化生模式更接近经验事实，而外在超越抽象神上帝的创造则更满足人的永生意愿，而为宗教精神寄托的基础。

熊氏翕辟成变的思想事实上就是乾坤并建、阴阳和德的思想。《易传·系辞上》第十一章有谓："是故阖户谓之坤，辟户谓之乾。一阖一辟谓之变，往来不穷谓之通。"显然翕辟就是阖辟，都是对创造行为的比喻的描写。在熊氏写《新唯识论》时，他取坤的翕辟动静来描写宇宙的化生，而未取乾坤的阖辟的功能来作此描述，理由安在？据我理解，最大的理由是熊氏以《殷易》为《易》之原始。《殷易》首坤，故以坤之动静为创造的模型。[①] 潜意识中是否仍受到佛学法相宗种子论的影响，则不可知。但熊氏的思想实来自《易传·系辞》。《易传·系辞上》第十二章已明言："乾坤，其易之缊邪？"并引孔子言："乾坤，其易之门耶？"翕辟成变必须要回到乾坤对立统一的原理才能说明变化与变通创生的可能。这也说明了何以熊氏于出版《新唯识论》二十余年后写出《乾坤衍》的一个理由。于此也可见熊氏完全并明白地回归《周易》的心愿。

熊氏本体思想的第三层含义是"体用不二"。翕辟成变，乾坤并建，都只在说明本体的两个大功能，而未明指本体究竟为何。《易传》实已明指为太极生两仪。两仪一般被看作阴阳，但看作乾坤也未尝不可。熊氏不喜用阴阳一词，因为他不喜两汉象数化的易学，故忌阴阳五行等词。实则阴阳是乾坤现象的表征，乾坤并建实即阴阳合德。这也就是《易传·系辞下》第六章中孔子说的："乾阳物也，坤阴物也。阴阳合德，而刚柔有体，以体天地之撰，以通神明之德。"如此乾坤之为用必以太极为体为本。太极即是阴阳乾坤之所自出，又为其二者统合之源，因为太极是一而非二，乾坤则是二而非一。然而，阴阳乾坤既是太极所生，而太极仍恒存于阴阳乾坤之中，则阴阳乾坤之二是不外于太极之一，而太极之一也不异于阴阳乾坤之二。这种动态的开展的而又静态的包含的统一关系就是本体的体用不二的关系。本体是本不离体、体不离本，而所谓体又是本所展开的用。就本而言，本的发用形成体，体之实现为万物形成用。用是就功能说，体是就形质说，二者本为一物之两面。如此言之，熊氏所倡体用不二原为《易传·系辞》的意思。但熊氏也许应把体用的统一与理性概念的同一明确分开。所谓概念的同一是意义的一致，是由逻辑的界定决定的。但体用作为本体论的范畴，其所指应在人心的体验中获得映证。故体用不二必须建立在一个动态平衡创生不已的整体宇宙论的思考中，且必须要经过人心的体认才能确定它的意涵与真理。

熊氏对本体的理会还有一个层面，即他认为明儒多有以气为元之说。他不同意仅仅以气为元，因为这将不能彰显本体具有心灵一面的功能。基于此，他提出"气含灵而具

---

① 参见熊十力：《与友人书》（1954年10月），见《玄圃论学集》，11~19页。

理”的说法。① 如此本体可化生为心物二端，而不必陷于唯物唯心之争。这个说法至少回答了本体为何物的问题，却又局限了本体可能兼含太虚与太和的意思，如张载所示者。在《新唯识论》中，熊氏强调“摄体归用”，其意在纠正或避免本体的孤悬，落入空冥与抽象。这自然也是《周易》重动行、《中庸》重日用的主旨。但从本体论的立场，只强调“摄体归用”是不够的，还需强调从理解与时中的观点看“摄用归体”的同等重要性。从理解的观点，“摄用归体”与“摄体归用”是对本体理解的两个层面，缺一不可。此即形成一个“本体诠释的圆环”方能达到一个对本体的动态的如实的理解。从时中的观点，并非人生每一阶段都在从事用行，而每一用行又必须以理性的或悟性的体验与认知为前提，故见性以明心，明心以见性，识体以践形，践形以识体，都是体认本体所不可或缺的修养，也是实现人生与人心所不可或缺的条件。

熊氏本体思想的第四层含义是“心物同源”。心物非同类，但却是不可分割的“浑沦之流”。此不但指宇宙的本源是心物同体，已成的事象也是潜运生命力于其中，具有潜在的心灵因素，也就是说心灵知觉是依从这里发出的。他强调心物混同有下列四义：“一、心灵、生命非物质性故，不可谓其从物质而生；二、心灵生命本是一物，取义殊方，而有二名；三、无机物最先出现，生命心灵尚隐而未见，不可言无；四、心与物毕竟是浑沦之流。心若无物，而谁与居之？物若无心，而谁与主之？”② 他对物的概念是物质实体，接近一般所谓的物体，似乎并没有近代物理学中物质与能量互换的知解。若心灵非物质，物质也不能是心灵，故物质不可能有心灵。二者决然不同，熊氏应走向笛卡儿的心物二元论方是。但他毕竟是一元有机论者，看到心物二元是走不通的。所以他标明心物毕竟是“浑沦之流”。但何谓“浑沦之流”？事实上，熊氏应更强调与说明心物的同源性：在同源上心即是物、物即是心，是本源的创造性使心物混同不二之气分化为心物二功能。但是否心物就彼此对立而不互生，这就要看所谓生究竟何义。

不幸的是，熊氏常应用佛学中的狭义的因果观念论断异质不相生，故物不可生心，又论断无不可生有，故必须先假设心物为独立的两物，以便解释生命与心灵的殊因与多因缘生。但这显然并非唯一的解释，也不必为最好的解释。事实上，如以《易传》“一阴一阳之谓道”的原理为基础，心与物也不过为本体之道的两个功能，既对立又相生相成方是。熊氏也了解此意，故以心为“主动以开物”，“周流于万物”。如此之心，显然不就人心之意识性、明觉性与意志性立言，而是就生命能量的主动性、转化性、开拓性说明心之为心。但若如此，物质能量的交换、自然生命的演化也都可以看成既是心的活动又是物的活动。当然此等活动逐渐导向物种的进化、人类的出现与人心的发用与朗呈。此又不可说非心物交叉活动的演化与突变创化的成果。人类既已出现，人心方能发

① 参见熊十力：《与友人书》（1954年10月），见《玄圃论学集》，11~19页。

② 《熊十力全集》第七卷，《明心篇》，160~161页，武汉，湖北教育出版社，2001。

挥自觉自发的能动精神，并能知心尽心，知性尽性，知天参天，甚至与天地合德，与日月合明，与四时合序，与鬼神合吉凶。从心物关系的源始、发展与成就来回顾本体的体用不二，才能了解本体之为一动态开放发展创化不已的活动与过程。如此方能掌握本体一词的多层意涵。

四　熊十力本体意识的延伸

显然，熊氏的本体意识是他的本体论的核心思想。他的本体论也可说是他的本体意识的理论发挥。他的本体意识来自《易传》，尤其是《易传》中的《系辞》与《彖传》。但更重要的是，他的本体意识是基于他的直接体悟。在这一点上，他可说是继承了中国哲学中真正的创造精神。《周易》观象，观天地万物之会通，观宇宙生命与人的生命，也可说是儒家的孔子与孟子、道家的老子与庄子的思维与体验方法，表现为面对自然生命、人生处境、自我存有的直接体悟的心智活动，并发挥为价值的取向与实践的行为。儒道在价值取向上诚有不同，但其直接体悟的认知态度却并无轩轾。何以有儒道之异？我的回答是偏向问题。本体的道在自然界中有宁静致远、无为而无不为的一面，但也有不可因之忽略的和合参与、奋发应时的另一面。迨至人之生，返观其性之发，固有其自私求生的意志，但也有其仁爱博施的情怀。这是由于人的存在除了个体的向度外，还有群体的向度；除了适应现实环境的能力外，还有创造环境的能力。故人之为人是有其仁心与智性的。因之，从整体化、平衡化与和谐化的角度观之，儒家是更能肯定道的或本体的全面性与创化性的，是更能应用道的全体性于人生以求人生之全的。当然这是一个思维与认知的过程，同时也是一个实践与体悟的过程。这也是在发挥天之道于人之道、开展人之道于天之道的过程，所谓知道与弘道的过程，是使天与人在自觉的更高的层面上合而为一。天之道在分化，因为分化来自一体；而人之道在整合，因为整合源于分化。这就是在《周易》本体论基础上儒家透露出来的信息与智慧。作为一种思维方式，整合与融合是创造的不断提升的和谐辩证法的自然应用。

熊氏早有《周易》哲学的眼光，故其研究唯识宗，立见其理论的偏向与此偏向带来的问题，而这些问题却不可以以单纯的信仰的方式来解决。故其批判唯识论，另立新唯识论，就学术而言，应无可议之处。真正的问题在如何运用他深入体悟的《周易》本体论进行儒学的扩充与西方哲学根本问题的解决。

首先，在心物同源的本体论的基础上，如何说明及开发道德与伦理。熊氏以其体用不二之说强调了人的主体性与主动性或创造性的作用。人能主动发挥其创造性，可视为根源于本体之中，同时本体的创造力也是必然要透过人的活动来实现。如此人与宇宙交相影响，实现天人合一的流通，自然达到大生与广生的目的。大生是以人的心智来增进人的发展的能力，改善人的生存环境与生存品质，广生则是以人的仁爱之性来维护群体以及扩大的社群；前者表现为economy的活动，后者表现为ecology的活动。当然这些活动都是以心的出现为前提的。心物又基于乾坤并建、翕辟成变的动因，形成了心物功能的交相影响，使心的发展愈显突出。在物的配合下，心更具有发挥大生与广生的能力。但我们也不能忘记，同时在物的惰性的影响下，心的发展也面临沉沦的危机，这就是孟子所说的“所以陷溺其心”的问题。(《孟子·告子上》云：“富岁子弟多赖，凶岁子弟多暴。”）如何提升新的正面功能乃是人生与道德的修养问题。孔子已立修己及人为人生的目标，孟子更强调修心忍性养气的重要性。

基于心源于性、性源于天的儒家本体论，心的本体发用就是仁者之心，即是仁心。仁心从根源来说是以天地万物为一体的心，其自然发用的过程是由近及远，推己及人。这是孔子发现的自然的道理。在此发展过程中，人与人间精神相通，建立了伦理规范，组织成社会秩序。人的道德人格也于此建立起来。但要达到这个社会与个人目的，人就要克服私欲，减少蒙蔽，随时在实践中发挥人的智性与仁心。对此，熊氏是明确理解的，并以此来说明社会主义的优点。

就熊氏而言，心的最大的功能是主动与进取，但其实质的发展却是以仁智为其内涵的行动。基于乾坤并建的道理，仁与智必须整合为一，这也是面对天地的变化，与天地合德。

在仁的层次上，心以自身的修持来关切他人与万物，用和能生物的方式进取扩展以成就生之大，但同时心也将发挥反思自我与观照他人和万物，用理解与适应的方式包含容纳以成就生之广。前者是心之仁，后者是心之智，二者之间的依存关系是很明显的。仁是心的情意活动，智是心的理智活动。前者以动的主体为中心，是乾的属性；后者以静的客体为中心，是坤的属性。动以启静，静以带动，动静相需，方成主客相依相成的世界。仁之所以能够和以生物，是因为仁者廓然大公，无一己之私。私只能达到小我的目标，不能成其大。因其智只能自保，甚至不足以自保。大公则能带动群体的智慧，创造整体化的发展空间。从这个角度看，熊十力所说的明心就不能不从心的仁与智两项本体性的功能入手，自觉地去发挥与调适心的仁与智的功能，使其实现成人以成己、开物以成务的作用，这也就是天地本体的原始的创造精神。

在这种理解下，熊氏从中国近代史的政治与社会革命运动的前仆后继，来说明仁的力量与道德伦理进化，又从格物求知的发展与主动开拓知识以创造事业、改良物质生活，来说明智的力量与科学的进步，是有其历史观与本体论的双重眼光的。但我们也不能不明确指出：熊氏的重视智的主动性与内在性（内在于心）是相对于知识的被动性与外在性而言的。相对于仁而言，仁则为动，智为静。这又说明仁的发用可以有动静，智的发用也可以有动静，完全符合乾坤各有动静的道理。朱熹在其《仁说》一文中说“仁者，心之德，爱之理”，正好说明了仁的动静两性：作为心之德，仁是动的；作为爱之理，仁是静的。仁因之具有主体与客体两方面的本体性的基础与动静两方面的功能。熊氏的《明心篇》的真正要旨在发明心的功能的所在，并说明心的本体性的特质在伦理与知识的双修，如此方能尽心之性，完成做人的使命。熊氏的探讨是兼道德形上学与知识形上学的探讨，也是人的本体性与宇宙性的探讨。

另一点要指出的是：熊氏走的是心物协力向上提升的路线，心物二者互立而不相约化，与当代西方哲学中在脑科学的影响下心物在物质平面上的等同，是大异其趣的。

下面我把心的本体与功能的结构标示如下：

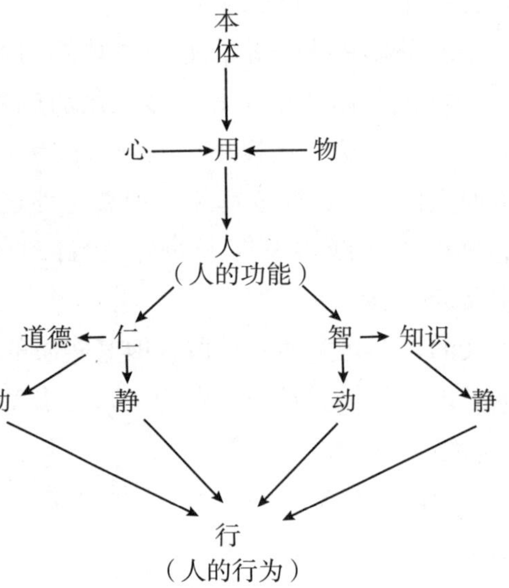

此一结构表明了本体的发用创造了心物兼具的人的实体。在人的层次上，人能兼仁与智的性能，发挥为道德与知识。我称本体之用为本体理性，道德之用为道德理性或价值理性，知识之用为知识理性。显然，道德理性与知识理性可看作本体理性的创造的分化，同源而异用，但二者又能在人的实体中结合为行为的原动力，使人能够透过实践行为来实现与改造自己。此即为实践理性的发用。

五　结论：当代知识论的课题——本体与知识的双向整合

熊十力的《体用论》、《明心篇》以及《乾坤衍》可说一方面提供了一个实质的宇宙本体哲学与人的存在道德形上学，另一方面也界定了一个整体发展、层级创化的思维方式。此二者对当代西方知识论的发展中的问题都可能发挥整合推进的作用。就实质方面说，西方当代知识论走向以现实的人与社会为中心的可信性与可靠性分析，可看作对人心理智的结构进行了一个更深入的探讨。但显然这种探讨尚在启蒙阶段，因为考虑的因素还不够广泛与深刻。首先我们可以追溯到现代西方知识论的奠基者康德的知识论，探索康德所说的超越自我究竟为何物。康德的灼见是：知识的内涵是经验，但作为真理表达的知识却必须具备普遍性的形式。超越自我是此一普遍形式的提供者与裁决者。但问题是，此一超越自我并不能决定真实为何，它又如何能保证知识的真实性呢？再者，知识的形式与内容必须是相互确定的，不可把形式限定在固定化的范畴之中，正如不可把经验限定在一定的层次与范围。因之，相对论与量子论各有其独特的内涵与相应的形式。促使这一形式与内涵机体的结合的是一个具有规范意义的程序与方法，而时间与空间则是此等程序与方法的唯一形式与媒介。

康德缺乏对形式与内涵相对决定、程序与方法的规范性和知识发展的相关、时间过程与空间结构体现程序与方法等有关理解，更未能看到超越自我作为动态的创造的整合的自觉的人的本心的可能。换言之，此一动态的创造的整合的自觉的本心的可能，就在于以体验的方式掌握本体真实即体即用、即此心即此理即此体。这样就能够转化超越自我的假设为一自我超越的本体体验与认知，从而把知识论与本体论更密切地结合在一起，也就把知识性与真理性密切地结合在一起。知识虽不必在静态的结构中保证真理的完整与永恒不变，但在动态的本体发用过程中，知与理、知识与真理是彼此合一的。

康德批评者往往废弃康德超越自我的假设，而未能掌握本体之知与经验之知的互动性，未能考虑本体之知是否有助于说明或诠释知识，或开拓知识，故而割除了本体论，堵塞了本体与知识的体用关联。这正是当代西方知识论的重大缺失之所在。当然，我们也要指出，康德本人对本体理性的缺乏动态的理解与体证造成他否定理性心理学、理性宇宙论、理性神学的可能，因为他从二律背反（antinomies）的逻辑推论到吾人不可能有一完全一致的本体哲学，因之也就无法形成对本体的认知。但所谓经验概念的二律背反并非必须解释为一矛盾现象不可，在一个开放的创造的本体意识之中，二律背反可看成是二律并存的现象，具备层次上的不同，而又包含在整体的本体意识之中，所谓“显微无间，动静无端”。此即为熊十力体用不二、心物同源的体验本体论（embodimental ontology）的精神所在。①

当代西方知识论是在取得所信（belief）与真理（truth）及合理证实（evidence/justfication）的统合一致。一般人多以信为知又往往知而不信。知与信是应结合的，但此结合却在真实是否证明为所知所信。问题是何物何事能提供此一证明或证据。可信性理论（foundationism）基于人之直接知觉和感知。可靠性理论（reliabilism）则以集体的效果与真理成效为依据，而不信个人感知的确实性。可靠性理论重点在以真实为知识信念的原因，知识信念为真实引生的后果。因之，只要找出这种因果关系就能确定与证明知识之可靠，因为知识是真实的引生结果。但这一说法困难甚夥。首先，必须指明因果并非证据或为真实性的代表关系。其次，我们只能从果以识因，或援过去的事例归纳地推断一事之因或一事之果。因之，所信与真实只能是一种经验的、习惯的但仍可为偶发的、

① 此词为我用来描述熊十力的本体论与西方形上学的本体论之为论述的或思辨的本体论之不同所在。

非必然性的关联。再者，因果关系也不必是单线的、直接的，所需要的证明也可是更广泛的假设，因之所信与真实的关联最后可能必须表达为一种理论性的最佳解释（best explanation）的关联。在这个最佳解释的关联中既有假设、演绎，又有归纳、判断，而且还有以比喻为参考的模型论、整体论的思考，再加上一般常识及存在世界或生活世界的体验，一个知识的信念才能够建立起来。而这个知识信念的基础是不可以简单化的，也是不可以单层化的或单面化的。知识的证据支撑也不可看成一种简单关联，而是前后、上下、左右、四方、八面相互支持的关联。这些关联在皮尔士（Charles Peirce）、刘易斯以及奎因与当代一些非基础主义的著作中都有或多或少的表述。然而，整体的系统的全面的与细致的探讨尚待开始。

当代西方知识论值得注意的有两点。一是1963年盖提尔（Gettier）现象的发现：我们所信之知不管多严密，仍难免为偶然的关联，与真实似是而非。一是科学理论不定论的提出：奎因一直强调同一证据可以有两个或两个以上的不兼容的理论与之相应，因之吾人选择理论往往取决于简单性、适域性与习惯性等主观或实用因素。当代西方知识论的这两点更深刻地说明了知识在多方面与多层次受到主体与客体交错的影响，而不必为一假设的单纯的静止的结构的客体因素所决定。这也就说明了我们对客体真实的认识往往是独断的、未经检验或证验的。这就不能排除本体论的相关性，尤其不能排除本体论在个人及集体的体证或体验的相关性与重要性。当代西方知识论，无论走可信性基础主义的路线或走可靠性非基础主义（自然化的或理性化的）的路线，都面对着整合化与整体化的需要，也就面对着本体论的再思考，以及本体的直接和非直接的印证与引证。唯有如此，微观的问题如上述盖提尔及奎因问题方能在知识信念的整体系统中获得解决的准绳；也唯有如此，宏观的问题如知识是否即是真实或本体、真实或本体是否即是知识也才能获得一个圆满的诠释。甚至更重要的是，在本体论的观照下，知识与道德或价值的关联与整合才能得到适宜的表述，并将说明人之为人的属性与意义，以及人与本体之间的体用关联（而非因果关联）。

熊十力的本体宇宙论所论述的体用不二、翕辟成变、乾坤并建与心物同源提供了一个思索真实、真理、证据、证明、自证自明、关联、同一、相异、互依互恃、解释、诠释、整体化、整合化等问题的本体框架。但如何去思索此等问题以说明或论说知识与本体的同一或即知即体等，却需要对知识的内涵与形式以及化识成知并进而转知成智的过程与结构有充分的理解与认识。如此方能落实本体论于知识论，提升知识论为本体论或本体知识论。熊氏哲学系统本就有境论与量论的两部分。境论是本体论，量论是知识论。熊氏的《新唯识论》、《体用论》、《明心篇》所从事与发挥的都是境论的工作。熊氏以未能写出《量论》为极大遗憾。境论与量论之联系为何？熊氏并未充分说明。就佛学法相宗而言，所谓境不离心识，而所谓量亦为心的活动。二者同为心的功能，应可合而为一。依熊氏本体的直觉，显然我们可以提出境量不二的哲学主张。但自量之为量的思辨要求，境量必然要分裂为二，而且境之为境亦难脱离量的模型诠解。故二者如何相关实令人玩味。此一错综复杂的境量关系显然是熊氏哲学的最大挑战。

熊氏本体哲学或其境论的最大特点是以本体之心的体验为本体命题的自证自明或证自证与明自明。此等体验是以发挥《易传》中的创造的化生与辩证的同一为其核心的。此等化生与同一的体验假借中文中极具辩证性的“而”与“即”两词来加以表述。“而”为创化及转化的体验，故为创化及转化的多；“即”为摄入及整体的体验，故为摄入与整体的一。我们也可说“而”是体验的多，“即”是体验的一，二者都是直感，二者都是神变（不可测之变）。二者的体验也可实质地合而为一。故同时是体而用，用而体，体即用，用即体。但此等命题仍是境论的，而非量论的。①

1985 年 12 月，楼宇烈教授在北京大学与武汉大学联合举办的国际纪念熊十力先生 100 周年诞辰学术研讨会上提出论文，讨论了熊氏量论的问题。② 楼文认为熊氏在《新唯识论》中已把本心的实体自证看成最根本的真实的认识，亦即把哲学归诸性智的证量，而不容量知猜度本体，故无须再作量论。楼文并指出，熊氏最后提出性智与量智交相圆融之学，亦即“思修交尽，二智圆融”的至人之学。此学重中（印）西融合，以超理智的体悟自证融汇重理智的逻辑思辨。就中国哲学言，此即融会陆王的本体良知与程朱的格物致知为一体。但如何实际将二者交修融合仍是待决的问题。熊氏显然已注意到二者的互补性与互发性，这是在当今整合本体论与知识论的讨论中非常值得肯定的。楼文复又提出熊氏论述中强调主体在知识过程中的能动作用以及对主体顿悟明觉与灵感透视的重视。这都是对熊氏量论的可贵发挥。但我们也不能不指出熊氏这些言论似应更属于他的境论部分或境量之间的反思。如何在此基础上实质地进行量论的发挥，并自量论的观点来论述境论，仍为熊氏哲学系统建立的不可或缺的重要工作。如上所述，这也是熊氏的本体哲学可以与西方近现代及当代知识论进行会通的重大课题。

---

① 我于 1975 年曾为论文专论“则”与“故”之义，即“On Implication（tse）and Inference（ku）in Chinese Grammar and Chinese Logic”, in *Journal of Chinese Philosophy*, 3: 3, 1976, 228-291。“而”与“即”的逻辑当与“则”与“故”的逻辑迥异。

② 参见楼宇烈：《熊十力量论杂谈三则》，见《玄圃论学集》，150~160 页。

马一浮的"六艺心统说"与儒家经学的哲学意涵：从"经典诠释"到"本体诠释"*

一　马一浮的"六艺心统说"

马一浮比与他同时代的新儒家更具有传统宋明儒学的气质。他把国学看成是中华文明已经形成的知识与价值体系，不但具有历史意义，而且具有当代的生活意义，更具有生命性。他认为国学的学问是人的生命的学问，是从人的心性中发放出来，因而代表了人类心性自觉的情理法则，为生命价值之所在，也显现了生命发展与实现的依归与仪轨，故不可一日离也。此一认识非常重要，而且有特别意义，因为较之熊十力与梁漱溟两先生更具有中国文化的回归性。尤其值得注意的是，马一浮先生较之熊十力、梁漱溟更熟知西方，在此认识下仍积极肯定国学，自是不同凡响。

马一浮先生的国学何谓？他把国学厘定为六艺之学。何谓六艺？此即《诗》、《书》、《礼》、《乐》、《易》、《春秋》。因之他的六艺事实上就是传统儒学中的六经之学。不名之为儒家经学或六经之学，我认为他有一番用意，即是他认为中国传统的所有学问均源于此一六艺之学。他甚至认为人类及世界上的所有学问均可在此六艺中找到根据或起点。因之把六艺叫作六经就会太狭隘化了，就会把六艺限制在儒学之中了。当然我们也可以说把六经叫作六艺似乎把六经过分扩大化了，是否能与所有后来的学术接轨或是否能包含世界所有的学术，则是一个需要深入广泛探讨的问题。若无此探讨则极容易陷入化约主义与主观主义，对国学的发展不一定有利。

马一浮对六艺涵摄一切学术的论述是：儒家明显发于六艺固不待言，但我们仍要深入理解何以六艺之学导向了孔子之学，孔子是如何消化六艺而形成了儒学或儒家的思想

---

* 原载《杭州师范大学学报》（社会科学版），2009 年第 2 期。

名言如四书所表达者。这就涉及一个重要的哲学诠释与本体诠释的发展问题。下面我们要就《易经》之转化为《易传》提出探索，不可不知其转化的重要机制在结合对生命本体的体验与认识以及《易经》的符号体系与占卜语言所包含的生活体验。其他经典的传或序也或多或少具有这样的认识。至于马一浮认为墨家统于《礼》，名法也统于《礼》，道家则统于《易》，都必须做深入与细致的说明，不然就显得浮泛松散。必须要强调的是，不管马氏所说的“得少失多”或“得多失少”都不足以解释各家的创造能力与独立发展的事实。马氏又认为六艺统合四部，在史与集方面，做了较为深入的思考与探索，确有卓见，但所谓统合究竟何谓？是否能形成它的体系，或是延伸的相通之说？我认为后者的说法方是正解，但仍需要确切疏导方见其理据。

马氏最重要的论证莫过于他的“六艺心统说”。此说的要点是：吾人有人之性，性量广大，性德本来具足。六艺之道即是从此性德中自然流出。所谓性外无道。他先说性：

> 从来说性德者，举一全该则曰仁，开一为二则为仁智，为仁义，开而为三则为智仁勇，开而为四则为仁义礼智，开而为五则加信而为五常，开而为六则并知仁圣义中和而为六德。就其真实无妄言之，则曰至诚；就其理之至极言之，则曰至善。故一德可备万行，万行不离一德。①

其次，他认为“心统性情。性是理之存，情是气之发。存谓无乎不在，发则见之流行”。但他对心的统合功能却未详加表述，所谓性德的“流出”，或所谓“开一”、“开二”、“开三”、“开四”、“开五”、“开六”更只是一种直觉的比喻式的说法，没有任何分析的解说与阐释，因而其说显得笼统而模棱，必须加以疏导才能见其真章。马氏有整合宋之理学与明之心学之意，或可归宗于阳明。但这一立场的论述在其著述中似乎并不明朗。如果他就诸多概念的整合进行哲学思考，必能形成更为系统的理论，以彰显他的学术立场与学说。此一学术立场与学说显然已在复性书院的讲录中比较生动地透露出来。

马氏最后论述说本心具有本然之善，是为天命之性，而为纯然之理。此理自然流出诸德，见诸行事则是王道。他结论说：“六艺者，即此天德王道之所表显。故一切道术皆统摄于六艺，而六艺实统摄于一心，即是一心之全体大用也。”② 他对六艺的实际表述则为：“《易》本隐以之显，即是从体启用。《春秋》推见至隐，即是摄用归体。故《易》是全体，《春秋》是大用。……须知《易》言神化，即礼乐之所从出；《春秋》明人事，即性道之所流行。《诗》、《书》并是文章，文章不离性道，故《易》统《礼》、

① 马一浮：《论六艺统摄于一心》，见《马一浮全集》第一册，杭州，浙江古籍出版社，1996。

② 同上书，21页。

《乐》，《春秋》该《诗》、《书》。"[1] 此一综合，在明《易》与《春秋》之根源性。然后，马氏以其诸德之说来涵盖六艺：

> 以一德言之，皆归于仁。以二德言之，《诗》、《乐》为阳是仁，《书》、《礼》为阴是知，亦是义。以三德言之，则《易》是圣人之大仁，《诗》、《书》、《礼》、《乐》并是圣人之大智，而《春秋》则是圣人之大勇。以四德言之，《诗》、《书》、《礼》、《乐》即是仁义礼智。以五德言之，《易》明天道，《春秋》明人事，皆信也，皆实理也。以六德言之，《诗》主仁，《书》主知，《乐》主圣，《礼》主义，《易》明大本是中，《春秋》明达道是和……曰圣曰仁，亦是因果相望，并为总相。总不离别，别不离总，六相摄归一德，故六艺摄归一心。[2]

显然马氏是先把六艺德性化了，然后就六德之归于一心来论述六艺之为一体，而又以之出自此心之理。从一个整合的观点来说，在一定的前提下，我是能够接受马氏的"六艺心统说"的，但如无此一条件或此一条件不能说清楚，则此说很难有其理论的意义，也很难有其生命激活的意义。马氏此说最大的特色是只谈六艺的精神面貌，而不问此一精神面貌如何得来，也就是不问六艺每一经的德性如何建立起来，不问一个心灵对德性内在的体会与融通的诠释。然而对此一体会与融通的诠释的探讨殊为必要，因为无此探讨则无以见到德性之所以成以及六艺或六经何以有此诸德性。必须把此一探讨及其成就溯自一个生命实体的实际的心灵体验与精神磨合，认识到六艺之为德性精神是结合外在事物包含历史的经验和内在的反思与理解而逐渐形成的。此一生命实体的心灵活动的创建者在历史上除了孔子之外别无他人。因为也只有孔子在其特有的处境中把六经整合为一体，创发了人学之为仁学的智慧。他所说的"吾道一以贯之"可说是他融会贯通古代学术的智慧结晶。以此一体会、融合、转化历史经验与文本意义的成就来说明六经或六艺的德性贯通及其所以贯通的道理方有意义，也方有价值。这就是我说的我之能理解及接受马氏"六艺心统说"的必要前提与先决条件。总言之，马氏的"六艺心统说"还必须经过一个哲学思辨与体悟建构的诠释的过程才能有效提出。此一过程也就是我说的本体诠释的思考与语言表达过程。

应用本体诠释以作分析的理解与综合的结论的需要更见之于马氏论说西方学术也统合于六艺的观点。他说："自然科学可统于《易》，社会科学或人文科学可统于《春秋》。因《易》明天道，凡研究自然界一切现象者皆属之；《春秋》明人事，凡研究人类社会一切组织形态者皆属之。"马氏更引董仲舒之言"不明乎《易》，不能明《春秋》"，以说明凡研究人类社会科学者也须认识自然科学。就哲学领域来说，马氏以"本体论近于《易》，认识论近于《乐》，经验论近于《礼》"，又言"唯心者《乐》之

---

① 马一浮：《论六艺统摄于一心》，见《马一浮全集》第一册，19页。
② 同上书，20~21页。

遗，唯物者《礼》之失。凡言宇宙观者皆有《易》之意，言人生观者皆有《春秋》之意”①。此等概括固然显示了马氏的学养，却不能带给后学真实确切的理解与有效的认知，必须经过一个本体整合外观与内思的理解和诠释过程才能发挥其意义，并发挥用之于具体事物的作用。但马氏此处有一卓见却不可不提，即是他以西学只是固执于一端而不能观其会通。此一卓识显然来自对《周易》的哲学思考。此即为本体思考的一个表现。

总结以上对马氏“六艺心统说”的探讨，可见其重整体的发挥，重心灵的体会，重统类的归纳，重德性的彰显，重文化精神的传承，此等着重乃马氏学说精华之所在。但该学说缺乏分析的理解与本体体会的理解，缺乏对孔子“一贯之道”之疏解，缺乏对当代西方学术的深切认识，缺少诠释学从注解到整体理论建立的解说，缺少深度思考西方哲学的论说，却是不可否认的事实。如果我们把马氏的学说当作一个本体诠释的开端与引子，进一步探索下去，必能进一步发展国学，进一步掌握六经的现代、后现代与后后现代的重大意义，对六经知识体系与价值体系的现代定位与世界定位都会产生莫大的作用与影响。以下我将循着批判的理路与本体诠释哲学的观点来为六经的现代转化提出新的见解。

二　儒家经学的哲学意涵

哲学是自我反思之学，集合经验，从各种角度反思，以认知自我；建立主体，以认识世界，切合环境；建立价值，使行为有所依，促进生命发展；与他人沟通，确定规范，以维护社群发展；最后实现自我，超越自我，以彰显人类生命与宇宙存在的意义。简言之，哲学此一概念包含了两个层面：追求智慧，智化追求。前者容易流入客观真理的追求而忘却主体观照的重要，而后者则往往陷入主观而无以相应于客观真实。唯有二者并重方得以取得真理的内在涵化与德性的外在实现。当然我们必须理解哲学的高度自觉追求与体系化的追求在不同文化传统中有不同程度的表达与实现，不能强加一致化的要求。在当今世界上，基于彼此交往与相互诠释，哲学的概念范畴逐渐趋同，但也不妨碍在不同文化体系中针对不同问题从各自不同的语境做出不同的合理陈述。但为了人类沟通的需要以及相应整体人类的善的追求，仍有一个如何认识相互诠释的方法与过程以确定一个思想体系与说辞的世界性定位与评价的问题。在此一界定的哲学意义下，审视中国文化历史传统中子学与经学的哲学意涵，大体可以把子学看作一个多元分体的哲学体系，而把经学看作一个整体一元的哲学体系，二者都包含了丰富的哲学内涵。从历史的考证中可以把两类体系在知行相需的社会与政治影响下分合关联，甚至溯源于一个生

① 马一浮：《论六艺统摄于一心》，见《马一浮全集》第一册，21~22页。

生不息的持续变化的生活世界。

在中国历史中，经学之成为经学就显示了或预设了道德价值标杆与伦理行为规范的要求。但经学发展成为经学却有其更根本的天地之学与人之为己以为人的哲学需要，因此必须认识经学的儒学内涵以及儒学所以为儒学的哲学内涵。此一观点的提出展现了多项重要的哲学的与历史的认知问题：儒学的哲学内涵为何？如何建立其一体性？儒学如何转化为经学？经学将向何方转化以及如何转化？

儒学的发展有其前儒的文化与哲学的发展背景。此一背景即是易学的起源与发展。《易经》被列为六经之首并非偶然。但《易经》纳入孔子之学却是孔子晚期哲学的事。它与孔子的人学与仁学的关联迄今未被说清楚。其中最令人难解的是被作为占卜之书的《易经》如何成为通天地、赞人事、知周万物、道济天下的学问，因而成为儒学经典的哲学基础与追求理想。由于此一问题未能得到合理的说明与解答，儒学的统一性与整体性也就成为问题，并连带后起的经学（或六经之学）也缺乏一个整体的哲学阐述与相应的哲学内涵。庄子在《天下》篇中叹道为天下裂，自然是有见于此。对于六经，《天下》篇说："《诗》以道志，《书》以道事，《礼》以道行，《乐》以道和，《易》以道阴阳，《春秋》以道名分。其数散于天下而设于中国者，百家之学时或称而道之。"庄子也似乎把六经当作个别学问来看待了。这可说是双重的道为天下裂现象。

此处要指出，孔子在哲学上最大的贡献之一在挖掘出易占背后的"德义"以及"德义"背后的天道，因而能把占卜之《易》的作用还原于义理（知智）之《易》的本体，透露了《易》的本体意义与易象体系发展的本质，从而也说明了占卜之《易》的形成背景。孔子此一卓见给予占卜与卜辞（包含卦爻辞）一个义理的诠释，导向《易传》的哲学建构。此一事实充分说明孔子重视易学而思以易学为其理论的归趋。

关于易学之转化为哲学，探讨重点在如实认识易学的体在知与智，而其用在古代则为占卜。此一体用的分别是十分重要的，这不但涉及占卜的可能性问题，更涉及易象之为易象与《易》的现象的体验与认知问题。此为本文讨论重点之一，其重要性在为六经奠定一个知行相需可以持续发展的哲学基础。

再者，孔子并没有把他的为己以为人之学看作分散的学问，而是"吾道一以贯之"的学问。即使《礼记·经解》所述的一国之教化的成果，也是从一个整体的道在整体的儒学的教化中所发生的移风易俗的效果来说的。孔子曰："入其国，其教可知也。其为人也：温柔敦厚，《诗》教也；疏通知远，《书》教也；广博易良，《乐》教也；洁净精微，《易》教也；恭俭庄敬，《礼》教也；属辞比事，《春秋》教也。"因之从孔子的观点来说，儒学是构成一个体系的。孔子删述六经，已经表示了孔子有一个一致贯通的天人合德观、文化价值观、伦理规范观、政治统合观。相对以上所说的易学体系的建立，我们还应该认识到孔子及其弟子如何结合天地的创化性与仁道的主体性以及礼乐的社会性为一体。此点明显地体现在《中庸》有关天地的"生物之道"与圣人的

“至诚之道”的论述中，而得出“唯天下至诚，为能经纶天下之大经，立天下之大本，知天地之化育”的结论。关于此点本文将作深刻的讨论，在此基础上来认识易道与礼乐的贯通。

至于六经中的《诗》、《书》，其重要性在具体呈现了人性内涵的感情与道德乐天知命、审美致善境界的渴求。《诗》是普及的民间感情，《书》是为政者对“天命靡常”、“天道无亲，常与善人”的体会，包含了十分丰富的人生体察与反思自身位置的智能，提出了伦理与政治之间的沟通与规范问题，也显示了解决之道，为《论语》、《大学》、《中庸》以及《孟子》提供了一个历史智能的源泉。

六经中的礼教既有文明史的含义，亦有人性从个体实现为群体的价值自觉。礼代表了人对自我的三项自觉：一是自我克制的重要，人必须自觉地约束自己的欲望以建设社会公共空间以及社会自由的保障；二是发展沟通的重要，人必须在共同规则的前提下才能真正地建立理解与交往以至相互影响并共同发展；三是实现生活的和谐与美感的重要，人的自我实现必须要用一个美感的形式来包含实际成就的生活信赖与生命和谐。其实信赖与和谐都是美，而必须用适当的形式彰显出来。礼的作用如此深厚，故不可一日废弃。礼重视情绪的分别与约制，乐却重视情感的融合与开放，但在以上说的后两点上，礼乐却可以相通，因为二者都追求沟通与和谐的实现。故礼乐并举，有阴阳互补的含义。

孔子在晚年作《春秋》，其目的即在为万世立法，提出了人的行为在一定位置上的是非善恶的标准，为历史政治人物建立褒贬。孔子能够做到此点正因为他能体察天道，认知天命，仁民爱物，体认万物之情，从实然世界晋升到应然世界，要为万世立法。此即儒学体系转化成经学体系的根据。因之孔子的《春秋》之作是儒学的伦理学转向政治哲学的实现，也可以说是孔子智慧用之于整体的历史与社会的标志。此一标志的建立就成为西汉儒学发展为经学的阶梯。

西汉经学的哲学内涵建立在儒学本身的统一与贯通的基础上。在此一基础上易学得到在象数上的空前发展不是偶然的，但也不是必然的。至于董仲舒是否完美而正确地体现了先秦儒学丰富内涵的贯通一致性，可以看成既是本体诠释的问题也是应时实用的问题。二者可以分开来讨论。

经学体系的发展有得而言者，我们要分别哲学义理内涵逻辑次第与教育实践行为进程次第：从哲学内涵的逻辑而言，《易》为六经之首应理解为易学是六经的哲学或本体学的基础。其次则在《诗》、《书》基础上发展了《礼》、《乐》教化与政治，与易学结合为一外知内感、上下呼应、广大精微、高明中庸的圆融体系。有此体系，则可以基于道与德的同时成就为万世立法，或依张载所说“为天地立心，为生民立命，为往圣继绝学，为万世开太平”。此即为孔子《春秋》之教。孔子此一哲学与逻辑内在发展类似于西方柏拉图在建构好有关一切的哲学体系后写下《律法》一书。当然孔子的表达不纯在语言的系统陈述上。所谓六经体系的教育或教化进程则在先《诗》、《书》，再《礼》、《乐》，然后《易》与《春秋》，《易》以对己，《春秋》以对人。可以表述如下：

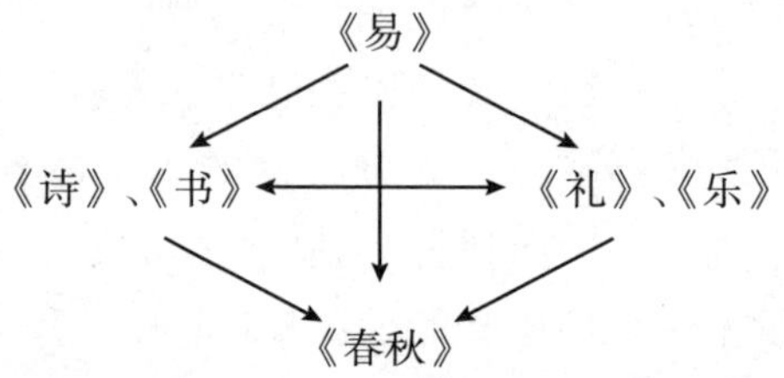

为了教学，可以先横向推广以建立一个伦理道德秩序，然后再纵向贯通，体现自我生命实现后的宇宙创化与道德示范精神。两个次第也就自然融合无碍了。①

此一经学体系有其理性与理想的价值内涵，但在历史现实中却于东汉后期失落而崩溃，失落与崩溃的原因有历史现实的，也有哲学理论的，此处不拟细究。但必须指出，任何体系的失落与崩溃主要原因都在其哲学理论进入封闭，丧失活力，与民隔绝，不能吸引人心，也不能真正实用于世。质言之，经学的失落其内部原因即在其学过分从事于章句与训诂的文字之争，以及师法与家法的门户之争，而与时脱节，与世脱节，与实事脱节，与知识脱节，与时代问题脱节。在易学这一块，则只求象术的先验诠解，因而把一本《易经》导入烦琐的形式思维，未能直接面对实际，未能面对变化不居的真实世界与社会发展。魏晋之际，王弼一扫象术，实有其必要。随后，玄学大兴，道佛流行，自有其时代意义。最后经学吸收道释，蜕化为理学，再演化为心学，就显示了经学回复其儒家哲学的开放与统合精神，反而对其发展与持续起到了积极的作用。

由此观之，今日我们谈经学的哲学内涵的要义即在整合原典，结合经学中包含的古文学的整体化精神与今文学的专业化精神，同时面对现实与面对理想，扩大眼光，放开胸襟，吸收西学，展望未来，进行新的诠释，新的创造。这就是我所说的现代化的重建工作。这将是一项怎么样的工作？到底要用怎么样的方法？对这两个问题，本文将提出两个层次的扩大，以扩大以及丰富原来经学中儒学的框架。第一层次是将原来的六经框架投射到现代化的哲学思维框架，建立两框架之间的互通与互动关系。这就将赋予原来的六经经学框架以新的含义，以合乎中西沟通与对话交流的需要。此一现代化的哲学思维框架为：

① 我的论述不同于廖平的论述《今古文考》（1886）与周予同的论述《经今古文学》（1926）。周予同以我所述的逻辑次第为历史发生次第，《易》在《书》前，《书》在《诗》前，然后《礼》、《乐》与《春秋》。诚然，但他却未能认识到此一次第所具有的哲学内涵。

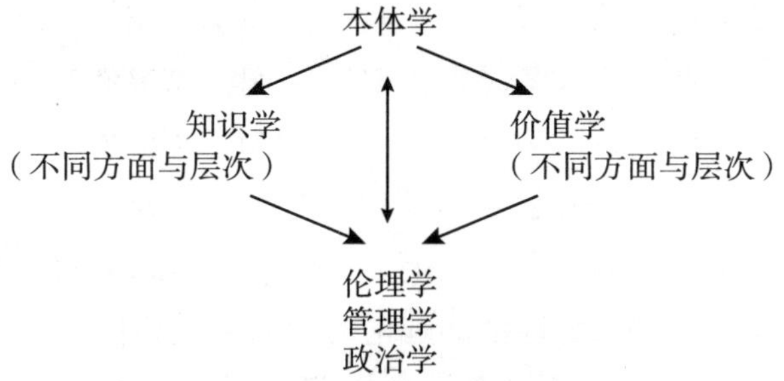

如何投射、如何建立互通与互动是必须细密讨论的问题。此一讨论将涉及整体一般诠释与分科特殊诠释等问题，也将涉及本体内涵的中西互释以及视野融合、对比、超融与扬弃等问题，更涉及整体与部分循环解构与建构的问题，以及“自我认知”、“对世界认知”、“自本体诠释”、“对本体诠释”等问题。这就是我说的现代重建问题。这将是一个古今中外的复杂沟通的问题，而此问题却不可逃避。在此一现代重建过程中，原始的儒学与经学也将逐渐恢复活力，并促进此一复杂沟通过程的持续发展。

经学的现代重建有助于中华民族或中国发展其自身的国学。按照我的定义，国学即是中国自觉认识自身文化传统与哲学传统的学问。因之，它不限于经学的现代重建，但它却与儒学哲学的发展与传统经学的现代重建有密切的关系，因为儒学与经学是国学中的大宗，不可不予以充分的重视。中国国学中尚包含子学的成分，故而我们必须把易学本体之学也作为子学的本体学基础来加以发展，如此则经学与子学都可以统合在易学哲学之中。不但如此，在建立中西的对比与融合的过程中，西学也可以扮演一个重要的知识与价值源泉，可以用以开发与建立有利于中华文化充实与自强的资源。因此我提出下列框架来表述我心目中国学的现代建构：

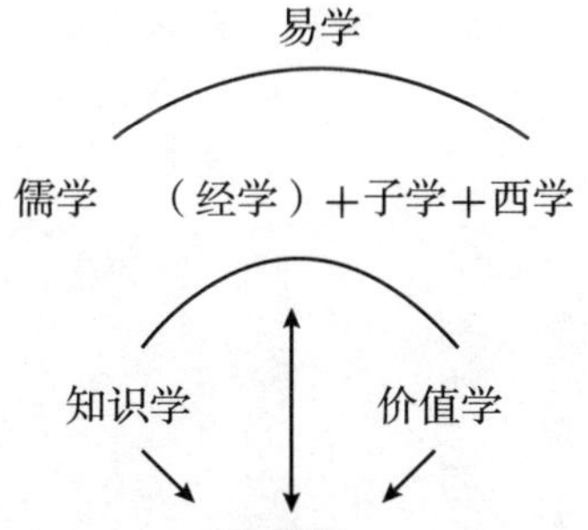

此一框架的提出当然涉及许多问题，但基本上都是两个传统与两个典范对等转换、相互参与转化、相互理解、包容、趋同存疑或取同存异等问题。这些问题不必都马上得到解决。重点在于我们是否有一个本体的起点与立足点，可以促使我们进行合乎理解与行为需要的理性化的创造与演化。

最后我就“经典诠释”一词进行一些分疏。诠释学的发展在于诠释者自身的哲学反思、诠释方法与诠释框架的提出，因而有“哲学诠释”、“本体诠释”、“批判诠释”等之说。“经典诠释”一词犹如“《圣经》诠释”一词，显示的是诠释的对象，而非理解对象的方法与角度。当然我们也似乎可以把一般理解的“经典”作为一个角度提出，但那是怎样一个角度呢？在今天的视野中，所谓“经典”，不管是哪一家的，都需要重新理解，都需要理解的对象，因而不存在一个可以赋予哲学意义的经典角度。在西方的宗教传统中，我们还能找到一些明显存活的理论的诠释角度，但也要提出具体的性质予以表明，如“基督神学诠释”、“伊斯兰教诠释”等。目前学界用的“经典诠释”有太多的模糊性，显得十分空洞，并不构成一个独立的方法与框架，反而误导新的学者以为有了一个什么样的诠释的方向与方法。细查这等用词下的讨论，往往是回到注释传统，对经典文本进行新的文字训诂，多在考证上用工夫，进行现代汉语的传译。当然这也未尝不可，但它的新义是什么呢？诠释者达到怎么样的哲学理解呢？又显示了怎么样的哲学智慧与修养呢？我们还不如直接称之为“经典注释”。如果并不想强调诠释性，也不想从事注释，只想表白一己的感受与联想，则称之为“经典心得”亦可，如于丹所为。

论方东美哲学的本体架构*

有关方东美哲学的系统性问题，存在两种看法：其一，认为方东美哲学尚未形成系统，至少尚未发展为一个完整的系统；其二，认为方东美哲学是一个完整的系统，而且是基于《易经》哲学而发展成的完整哲学系统。我个人采取第二种立场。我认为方东美先生的哲学具有相当完整的体系，此一体系根源于中国《易经》哲学。下文拟从此观点出发，对方东美哲学的本体架构从几方面加以说明和引申，并作有关的哲学性评论。

一　发展四期说

方东美先生的哲学研究有其明显主题及其发展过程。

1927 年（即民国十六年）左右，方东美先生即对《易经》产生很大兴趣，并写了《〈易经〉的逻辑问题》一文。1936 年，写了《科学哲学与人生》一书。1937 年 4 月间，写了《中国人生哲学概要》一书。1938 年，写了《哲学三慧》这篇重要的文章；在此前后，又曾写《生命悲剧的二重奏》等论文。到了台湾，方先生用英文写成 *Chinese View of Life*（中文书名为《中国人的生命观》）之书，于 1956 年在香港出版。此后，方先生在台湾大学讲学进入了鼎盛时期，我作为他的学生，于 1952 年至 1956 年期间，有幸听课达四年。当时，方师开设了“柏拉图哲学”、“黑格尔哲学”、“西洋人生哲学”、“中国人生哲学”等课。在我离开台湾大学出国留学期间，方先生在台大继续讲“宋明理学”、“华严哲学”、“中国人生哲学”等课，这些演讲后来被编成论文收于《方东美全集》之中。1956 年至 1970 年之间，就以上课题作了多次演讲，每次都有新的发挥和阐述，后被整理而使之独立成文。1970 年，我由美返台大任哲学系主任，记得方师正在主讲华严哲学。1972 年至 1976 年，方先生退休之后在辅仁大学继续讲学，主题为“中

* 本文系提交 1987 年 8 月“国际方东美哲学研讨会”之论文，原载《方东美先生的哲学》，台北，幼狮文化事业公司，1989。

国大乘佛学”、“华严宗哲学”、“宋明清哲学”、“新儒家十八讲”、“原始儒家与原始道家”、“中国哲学之精神及其发展”。

纵观方东美先生的讲演、论著，我提出方东美哲学发展四期说。1937 年至 1938 年，是方东美哲学的方法思想奠基阶段，此为第一时期；1938 年至 1960 年，是其哲学系统建立阶段，其论述以哲学三慧、科学哲学与人生、中国人生哲学为内涵，以西洋哲学为方法，此为第二时期；1960 年至 1972 年，是其中国哲学思想的阐述阶段或发展阶段，这一阶段以儒家为体，此为第三时期；1972 年至 1975 年，是其以英文为主的阐释阶段，其间方东美先生将主要精力放在用英文诠释中国哲学上，代表作是其逝世后出版的《中国哲学的精神及其发展》一书，此为第四时期。

以上是方东美哲学的发展过程。对其方法学及整个体系结构，我在此作如此概括：其哲学为以《易经》为基，以儒家为体，以道家为用，以西方哲学为法。

二　本体架构

关于方东美哲学的发展体系，我认为应以哲学三慧体系为开始作分析。

方先生哲学的基本架构将“无名之指”作为太极，即认为太极乃“无名之指”。可见，其哲学是从本体到现象的架构本体哲学，即是在本体之中显露现象。方先生对本体问题有着最深切的关注，主张在哲学系统中，立下本体是最为首要的问题。他对“太极无名”的阐述，即体现出其本体架构的基础。

此外，我认为其本体架构的另一内容应为“情理两仪”。这一思想即是从《易经》中“太极有两仪”的说法出发，将情与理作为“无名之指”的太极之两极，有此情理之两仪，便开拓出了哲学之三慧，以“哲学三慧”又可开拓出“文化四相”，并最终总结成“道通为一”的互补相承、相辅相成的一个本体思想以及架构。这一架构可说为具有八个层次，即以超越逻辑与辩证法（Beyond logic-and-dialectics）的本体走向本体诠释学（Onto-Hermeneutical），由本体诠释学走向普通诠释学（Hermeneutical），由普通诠释学走向辩证法（Dialectica），由辩证法走向数理法相（Mathematical），由数理法相走向科学法相（Scientific），由科学法相走向逻辑法相（Logical），最后由逻辑法相走向技术运用（Technological）。此八个层面，即是一个从本体到现象的过程。

事实上，方东美哲学从本体到现象的过程有五个阶段和八个层面（五个阶段为“太极无名”、“情理两仪”、“哲学三慧”、“文化四相”、“道通为一”）。可以说，其哲学是本体架构的哲学，而这一本体架构的哲学可以表达为《易经》的思维模式，亦即“太极无名”、“情理两仪”、“哲学三慧”、“文化四相”、“道通为一”。下文将详细阐述及分析此一架构的形成。

三 “太极无名”与“情理两仪”

在《哲学三慧》一文里，方先生提出：“太初有指，指本无名，重生力用，显情与理。”① 此一看法认为，存在的整个发展过程之一开始，即有一个“无名之指”，而“无名之指”之所以成其为“指”，是因为有某一东西可作为认知对象来了解，但这一东西的本身却是不可名状、超越现实的。换言之，“无名之指”是一不可思议的妙高之理体，事实上它正是中国哲学中的最高本体，它可代表《易经》中的“太极”或“太一”、道家哲学中的“道”、佛教中的“涅槃”、儒家的“性”（天性、性道、性体）；同时，它也可被认作西方所讲的最高之神和最高之善。简而言之，“无名之指”即是一种超越现实、超越形象的本体存在。超越现实、超越形象并不意味着此一本体存在于整个世界之外，而是说，整个世界的产生与发展的根源有其最终依据，就此意义而言，此一本体是一内在的本体。另外，既然这一本体是最终、最深、最原始的存在，故它同时也是一种具有价值意义的存在。即是说，此本体同时又是一个价值观念。用方东美先生的话来说，这种价值观念具有纯真性质，是极净纯真、毫无杂染的。《易经》也有类似的说法，如“洁净精微”，用来形容这种不露痕迹的存在。

作为生命和世界发展的根源，“无名之指”可显现为不同的本体观念或本体范畴，如理的范畴、象的范畴、性的范畴，都是体的显现。可以说，这类不同的本体范畴的显现，都基于人性中同一本体的智慧及活动。或者说，人之性、人之智慧与人之心灵中，有一种本体智慧的存在，有着自成系统的知觉能力（自证慧），表现出个人的天才智慧，而民族之精神乃是集个人之天才而形成，故谓“共命慧”②。方先生《哲学三慧》一文中言：“据实标名哲学三慧：一曰希腊，二曰欧洲，三曰中国。”③ 可见，不同的文化种子投入不同的民族便有了不同的文化。

基于太始而产生和发展出的三种文化，方先生将古希腊文化称为契理文化，将欧洲文化称为尚能文化，而将中国文化称为妙性文化。明而显之，此处是以古希腊民族作为理性的代表，以现代欧洲民族作为权利的代表，而以中国文化作为悟性精神的代表。所以，在方先生看来，古希腊文化是“援理证真”④，欧洲文化是“驰情入幻”⑤，而中国文化是“挈幻归真”。在方东美先生哲学的原来架构中看，这一本体智慧与整个“无名之指”和天地世界本体的那个存在是相通的，此在佛教中便称为“般若”。方东美先生的后期哲学相当精于大乘佛学，并特别看重《华严经》、《圆觉经》、《涅槃经》等佛学

---

① 方东美：《生生之德》，138页，台北，黎明文化事业股份有限公司，1979。

② 《老子》第四十二章。

③ 方东美：《生生之德》，139页。

④⑤ 同上书，140页。

经典。所以，他常喜引用佛教名辞以说明哲学的本体架构，而由此形成的本体架构，在人的知识和心灵上自然显出了一种般若智慧，并在人的生命追求发展中以及人的最高成就形成之中，成为一种无上菩提、毕竟涅槃。以这一角度来看，佛家哲学本身就是一个本体哲学的显现。

此外，在方东美先生的“哲学三慧”之中，已经显出柏拉图的层次观。他曾指出，对真正的本体之认识，必须依赖直觉方式；对数理之认识，必须运用逻辑之思考；对物质宇宙之认识，必须进行感知与认知；而对其他一切现象的认识，只能归之于幻觉所产生。可见，方先生认为，对世界本体的认识基于对人的本体直觉，其他方面的理性思考、知觉和感官的假象都与本体有一定的距离；其间，有一种层级上的差异。所以，最高认识和体验便是直觉。由此可看到，这种观点与柏拉图所言之存在的四个层级与认识的四个方法虽有所相通，但在根本上并不太一样。方东美先生的太极哲学显然是《易经》哲学的引申，即是将《易经》哲学的思维方式运用到说明世界哲学的方法中去。

《哲学三慧》一文中还提出“太始”之概念。何谓“太始”？实际上，它是由本体发展而来的一个开始，也是万事万物、宇宙一切的开端。在这里，方东美先生显然接受了道家哲学的启示，故将“太始”作为“恍兮惚兮……其中有精”的本体呈现出的一种启示；正如《老子》所言：“道生一，一生二，二生三，三生万物。”① 而“太始”即可看作“道生一”之一。“太始”的存在，可以启示出三种不同的种子：名言种子、学业种子、化育种子。其中的“名言种子”是产生语言、形成思想并引申成理性之种子。“学业种子”是产生权力欲望、形成事功能力并带来现实权势的布局。“化育种子”以爱心为基础，产生悟性并达到一种妙觉的境界，即一种纯粹的精神境界，此一境界与以上权力的境界和理性的境界并列为三。在方东美哲学来说，三种不同的种子都是基于太始之初的“无名之指”，而不同的种子又有不同的现象，正标志着无名之太极的本体有一种潜力，这一潜力可以解释整个丰富有趣的世界。由于三种不同的种子本身包含在本体之中，故本体就显现出了三个不同的层次，即理性的、现实的和精神的。关于“无名之指”之太极的论述，即是从根本上来把握整个宇宙世界以及生命万象。

由于方东美哲学的本体系统基于对《易经》的了解和发挥，故其将“情”与“理”作为“太极”之两仪。此处，情代表现实世界，理代表可能世界。因之，“无名之指”生为“情理两仪”时便出现两个世界——现实世界与可能世界。由“太极无名”而显现出的两仪，实为太极之本体所涵泳，二者各自体现了本体系统中的原始意象。因此，情之世界与理之世界又互相为存。情依照并因循理而存有，理又发乎于情而得以生生。情理两个世界自始至终互为相因，唯其彼此存生，方造出哲学之生动世界。进而言之，对于现实世界和可能世界中情与理的考察、探源、寻真、尽妙，即是哲学的活动。

---

① 方东美：《生生之德》，140页。

情理世界有深浅之分、表里之别，而真正能衡情度理，沉潜于现实及可能之世界，并从中得到深造者，即需依赖闻、思、修的过程。古今大智慧者，在于贯通情理于闻、思、修之深造之中，因为情与理相依相生，故智与慧相辅相成，可谓知乎情方可合乎理，而切乎理方能发于情。“情理两仪”由太初之始而显示出来，所以，对本体太极的体悟是对“情理”穷探的升华，而对“情理”两仪的衡度，又是对“无名”之太极的深修，故“太极无名”而有“情理两仪”。

四　“哲学三慧”与“文化四相”

如前所述，作为本体而存在的太极，其本身具有种种潜力，而这些潜力则发展出了不同的现行之种子。当不同的种子投射到现实之中后，便表现为不同的民族精神和民族灵魂。每一个民族，由于受到某种种子的启示，便表现了某种独特的精神。然而，这种精神恰恰为某一民族基于对本体的共同体验和共同知觉而来，故方东美先生将这种民族智慧称作“共命慧”，它依民族天才而产生。换言之，哲学的智慧也是来自个人的闻、思、修。至于印度文化，后期方东美哲学基本是将其看作某种精神性的东西，认为它是一种妙觉、一种悟性；并指出它比较接近中国的古典，但是又不同于中国的古典。因为中国古典是宇宙论而发展为一种入世的思想，而印度文化却是超宇宙论而发展为一种出世的思想。关于此，方东美先生不同于梁漱溟先生，梁先生将西方精神、印度精神及中国精神三者并立，而方师则是将古希腊精神、欧洲精神与中国精神相并立。

需要强调，方东美哲学是基于《易经》思想来谈分中有合、合中有分，所以他的思想方式是分合的逻辑。以一本体为开始，后分为三，三分之后又合而为一。换言之，方先生的理想是：三种文化种子产生三种文化，并代表三种不同的哲学智慧；此三者各有所长，最后应合而为一，成为更完美的哲学系统。

关于哲学三慧，首先论述一下方先生关于古希腊哲学的分析。方师认为古希腊哲学有三个方面即三种精神，第一种称作“狄俄尼索斯”（Dionysos）精神，这是古希腊神话中的一个酒神，酒神能忘情一切，陶醉于豪情之中。这反映了一种激情与热情，也属于人间文化和诗的文化。方先生认为这种早期希腊哲学的精神强调现世的人性、充满人性的感情。古希腊文化本身也有一发展过程，到了中期形成了“阿波罗”（Apollon）精神，这是一种讲究秩序、讲究律则、讲究一切合理结构并找寻一种理性的安顿和安稳的正理精神。而以上两种精神再结合于一起，便成为一种“奥林匹克”（Olympic）精神，它讲求和谐、平衡及实质上的美感，是一种开放性、和谐性的理想哲学。以上三阶段是古希腊哲学理性的建设及发展的三阶段，它们代表着三种不同的精神，其表现在戏剧、诗歌、运动、雕刻、美术等方面都各有所长。同时，这三阶段的精神在层级上是互为关联而逐步深化的。“狄俄尼索斯”表现人之豪情、激情，也就是人之情欲，“阿波罗”转向用理性来纠正过度的情和欲，而“奥林匹克”则结合豪情与理性为一体，从而达到理性之和谐。由于“奥林匹克”接受理性的领导，用理性来实现人的最后目标，故将人性的和谐扩大到社会和谐。比如，在柏拉图思想里，社会中有不同的阶层，圣王及哲王代表最高理性，武士代表一种情感，而农人、工人或奴隶则代表一种欲望。这三种人要达到平衡，其最高准则即是用理性来节制，这是一种静态化、结构的和谐主义。

方先生以为，欧洲文化的精神也有三阶段的发展，此三阶段表现了欧洲民族生命之特征。一是热情的精神特征“文艺复兴”，一是“巴洛克”（The Baroque）精神，一是“洛可可”（The Rococo）精神。“文艺复兴”以艺术热情而著称，“巴洛克”以科学理性而彰显，“洛可可”则以情理相连、刻意求精为幻感。在“文艺复兴”时期，达·芬奇、拉菲尔、米开朗琪罗的艺术都体现了澎湃的精神，表现出宇宙创生的力量与形式，这种气势有些接近早期希腊的豪情精神。至“巴洛克”时代则豪情逐渐冷却，从13世纪至17世纪，科学开始发展；此时的科学代表着理性，如绘画开始讲求光学原理和力学投影，建筑讲究科学结构。18世纪开始向“洛可可”精神发展，艺术上讲究细致及精巧，并向浪漫主义发展。

关于中国文化、中国哲学的环境，方先生重点说明了老、孔、墨三家，他以老子的道、孔家的义、墨家的爱作为中心思想来加以发挥。方师认为，老子的“道”是一个广袤涵泳的本体存在，但强调包含与蕴藏；孔家之“义”更为强调变化、变通的创生；墨家之“爱”强调兼爱与社会的平等，即人与人之间兼相利、交相爱的情况。然而，关于中国哲学，方先生认为原始儒家之思想甚为重要。他将儒家之思想概括为六个原理，即生之理、爱之理、化育之理、原始统会之理、中和之理、旁通之理。① 生之理即是创化变通的一种现象，其创化变通有五种原则或称五义：育种成性、开物成务、创进不息、变化通几、绵延长存。爱之理由天地人物之情以成，故它是另一种阴阳和合而成的性情，并且是生之理的源本。它可从五方面理解：雌雄和会、男女构精、日月贞明、天地交泰、乾坤定位，这是以《易经》思想来说明的。化育之理进一步发展了生与爱的创造，如果将生看作一元体，那么化育便是此一元体的发动；元体之生即为乾坤，乾坤的动静流行便是化育的过程。原始统会之理是一种再综合与再发展，由生之元体化育出万类万殊之物，不断地生而复生至于无穷；宇宙全局之内弥漫着生生不已的生命，万生万物互含互摄，氤氲化生而复返于一。中和之理在方先生看来是甚为高深的广大妙谛，它包含五点要义：一往平等、大公无私、忠恕体物、空灵取象、道通为一。旁通之理是用大易、行大道的要领，有四层意义：生生条理、普遍相对、通变不穷、一贯相禅。关于中国哲学之智慧的论述，我认为方东美先生是以《易经》为基础，尤其受《易经》感应为多。

---

① 参见方东美：《生生之德》，152~154页。

在方先生的思想中，隐含着对古希腊文化、欧洲文化和中国文化的比较考虑。当然，这种思考之中是否具有能完全说明三种文化体系发展的法则，值得提出并有待研究。从比较的思考出发，方东美先生认为古希腊哲学是静的和谐，欧洲哲学是动的不和谐，中国哲学是动的和谐。动的和谐是一种情理交感，而动静不和谐则是浮士德式的超越主义，正如求知欲无限，最后得不到真实，只好借助上帝的拯救。方先生主要说明欧洲哲学的真真假假、虚虚实实，其本身一直在追求某种不知何物的寄托，因而真正的哲学智慧在古典哲学中，即古希腊、中国和印度之中。如果将中国哲学与古希腊和欧洲哲学比较来看，方先生对于中国哲学的评价更高，但他认为三种哲学都有其缺点。古希腊哲学迷情转生、轻率弃世而逃禅，欧洲哲学驰虑逞幻、灵幻生奇而淡忘幻化，中国哲学乖方敷理而肤浅穿凿。故古希腊哲学失之热情，欧洲哲学失之稳健，中国哲学失之想象。方东美先生提出，古希腊之精神能救欧洲之精神，欧洲之精神又可救中国之精神，而中国之精神又可救古希腊之精神。事实上，我以为，如果将印度哲学放入，可用印度哲学救欧洲哲学，用欧洲哲学救古希腊哲学，用古希腊哲学救中国哲学，用中国哲学救印度哲学。故此处我可提出“文化四相”的观点。用三智慧合成一个超人类、超人类文化的智慧，是方先生的文化理想。他指出“起如实智”、“生方便巧”、“成平等慧”[①]，即是要把中国、欧洲、古希腊智慧合而为一，启示出由分而合的发展、和谐、创造与完成，并且使三种哲学相互激荡、和合为一，成为一种穷则变、变则通、通则久的过程，从而创造宇宙的新价值，担当文化的大责任。

五　《易经》精神与“道通为一”

方东美先生是以《易经》哲学为经、以世界哲学为纬来阐述其思想体系的。“无名之指”的本体可归纳为《易》的精神和智慧，而这种《易》之精神与智慧既可说明世界哲学三慧的相互关系，也可以说明世界哲学三慧合一的一种理想。《易》的哲学精神，从本体上来说，具有一种内在的结构和逻辑，可称为义理系统或空间逻辑；同时其又具备一种过程逻辑，可称为变化系统或时间逻辑。在《易》的本体上，逻辑的辩证法、时间与空间能够合而为一。空间逻辑是一种静的逻辑，目标走向大、一、神、圆；时间逻辑是一种动的逻辑，目标走向化、生、明、融。这一本体精神又表现为六个不同的方法论：第一，创造性；第二，发展性；第三，融通性；第四，解释性；第五，和谐性；第六，包容性。此即本体之六个性相，此六点中可见其无名太极的本体架构，此架构中理即为逻辑，情即是辩证法；情为动之一方，理为静之一面，动静融合与统一是此本体架构所求。

---

① 方东美：《生生之德》，158 页。

由此可见，方东美先生的本体架构表现出强烈的辩证性，其深受《易经》哲学思想之影响。方先生认为，《易经》的辩证性与黑格尔的辩证性有不同之处。他在《黑格尔哲学的当前难题与历史背景》一文中特别对黑格尔之辩证逻辑作了批评，认为黑格尔的逻辑有一种专断的无知与抽象的主观，而不能做到《易经》的上下融贯、纵横旁通。他认为辩证法应具备如下几方面特点：（1）应是自客观返心源的创造自觉的活动；（2）应逐物不返、回到自觉后再走向世界；（3）应会通各种知识；（4）应是上下左右的统一与完全；（5）应产生广延的价值性，拓展价值意义；（6）应创造和谐的价值观念。方先生特别注重《易经》哲学的和谐观念，他批评辩证逻辑强调超越而不强调和谐精神，认为中国哲学讲究内涵的、和谐的观念，而西方哲学讲求冲突与超越。同时，方先生认为黑格尔、康德有三个缺点：（1）未认识分殊境界；（2）未发现境界关系的配合；（3）未了解时间的重要（故无圆融和谐之智慧）。此三点也是西方逻辑之欠缺。方先生用一图表说明宇宙大全中各种境界的差别与圆融和谐①：

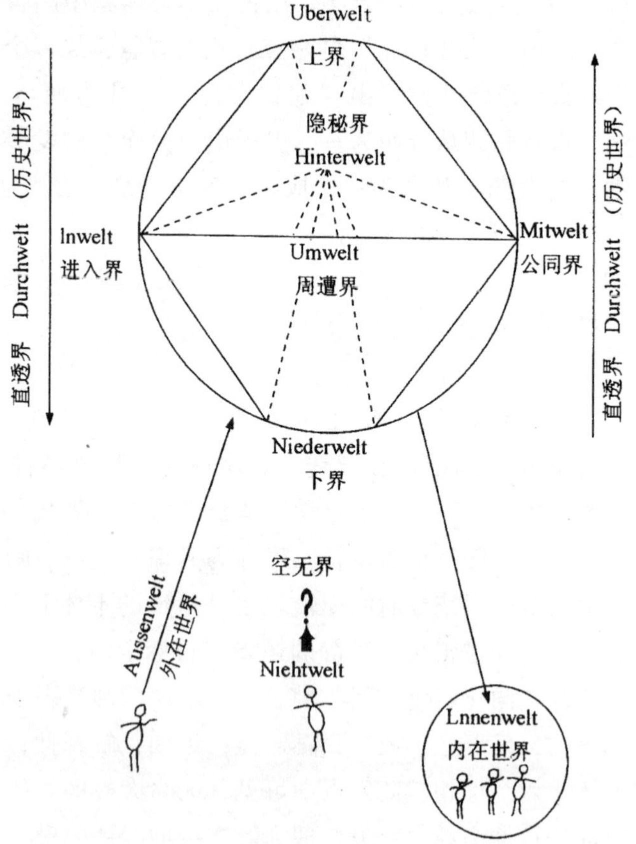

图中方先生用了当时科学及哲学界广泛流行的名词，加上自己所创造的新词，说明

① 参见方东美：《生生之德》，222 页。

自然界、艺术界和道德界的直透关系。他图示出上界、下界、隐秘界、周遭界、进入界、公同界、内在世界、外在世界、空无界、直透界等境界，从而显示上下、内外、纵横、有无、动静、变常、常变、隐显、分合、公私、一多等各种关系。把宇宙各境界差别的脉络纵贯成一统一，是黑格尔、康德所未能做到的；反观《易经》哲学，其完全达到此种统一。《易经》所说的两极背反而统一的那种逻辑，本身可以变成无限，如阴阳、隐显、虚无、常而变常、上下、左右等。任何一种存在都有其对立的一面，对立面与存在面又可统一，造成一种全面的旁通、全面的和谐、全面的平衡、全面的流行，这样一种境界是方东美先生所期望而建立的，我将此归纳为合而统之、一以贯之、圆以融之、大而化之、统而化之的境界，这种境界是一个完全圆融的具有创造性、发展性、层构性以及和谐化、互入化、广备化的宇宙生态世界。

这种世界只有《易经》系统能表现出来，也可说是表现在超越的形上学架构里面，因为每一范畴都可与另一范畴结合成新的范畴。这在中国的圆融哲学里，表现得最明显的是华严宗里的法界缘起、五判教、十门、四法界、六相圆融，也唯有中国哲学具有这种特点。在《易经》哲学思想里，一般意义的逻辑与辩证法已经成为一种后逻辑与后辩证法，逻辑成为逻辑之逻辑，辩证法成为辩证之辩证法，成为《易经》的变化逻辑。并由此，我们也可了解到天人关系的情形，天人各自作为一个整体是合一的，但人在追求人的发展中与天也是合一的，是一种天人交融的道的整体，也是天人之间的更深的价值观。

上文曾讨论“哲学三慧”与“文化四相”，而二者之结合便是方先生所讲之“道通为一”，也即是《易经》的圆融智慧。这一思想对黑格尔之逻辑也有重建之作用。黑格尔的逻辑是从费希特发展出来的，但方先生则倾向于费希特的系统。在后者的逻辑中，“他在”与“我在”是统一的，其目的在于想达到绝对精神自由的目标，即物象→意识→自我意识。我认为方先生区别了费希特与黑格尔的两种倾向，费希特的发展到系统是整体化、和谐化的，而黑格尔的发展到系统则是矛盾化的。事实上，我认为方东美先生在谈费希特的和谐观的时候，主要是想建立一个完整的整体，既包含一切而又相入相通，是一个以《易经》为目标、为模型、为理想的系统。

总之，方东美先生的思想纯粹属《易经》形态的。他对于《易经》整体和谐观念的强调，还可从多篇英文文章中显示。1960 年左右，他在英文文章《从比较哲学旷观在中国文化里的人与自然》中，推荐《易经》并加以表现。1964 年写了《中国形上学中之宇宙与个人》一文，主要就儒、道、佛来统合地讲旁通之理、创造之理、生生之理、化育之理的动态本体论，强调本体统一、存在统一、生命统一、价值统一，是一种整体性的统一观念和动态性的统一观念。在某种意义上，我认为可将方先生之观念与熊十力先生之观念加以比较。熊先生在很多方面强调《易经》，这与方先生相通，然熊先生是将唯识宗的变化观念放入而论；方先生并未从唯识论谈，而是从宇宙现象来谈，换言之，方先生并非从个人意识出发，而是更重视机体辩证统一和生生发展。1969 年，他写了《从宗教哲学与哲学人性论看人》一书，主张人应在哲学地了解宇宙的认识中去找寻一种真正的视线，从而避免人的疏离感。1972 年，方先生写了《从历史透视看王阳明哲学的精义》一文，文章的最大特色是他将王阳明心学哲学理解为一种机体主义。在我的了解中，20 世纪 50 年代与 60 年代，方先生的著作及演讲里面常常批评宋明理学，而这篇文章中对理学却有新的评价，并认为即使是心学，也是一种机体主义，是把身心知意合而为一，成为一体，并非单纯的唯心主义。他这种内在的理想主义，本质上是一种良知，故他强调对立统一的知行合一、性心合一、天人合一。

六　结论：本体架构之六评准

从以上各种分析看，方东美先生的哲学是有完整体系的，此体系便是以《易经》思想为经，以西方、东方思想展开为纬，最后统合在《易经》的辩证逻辑之中。所以，我将其本体架构列为五大部分：太极无名、情理两仪、哲学三慧、文化四相、道通为一。此外，方先生提出了六个不同的评准，来说明生命的价值和存在意义，即生育性、一贯性、圆融性、神明性、大化性、统会性。这六种评准产生六个原理，即创造性、发展性、层构性、和谐化、互入化、广备化。在其方法学观点上，力主因六个评准衡量哲学范畴；在其思想内容上，强调由六个原理说明整个宇宙的变化方向与范围。另外，方先生在方法上有两套思维逻辑，一是用静态逻辑说明结构，一是用动态逻辑说明过程。可见，方先生运用《易经》哲学来阐述其融合动静为一体的《易经》辩证思想，此一辩证法表现了存在与生命的创生发展、层微叠现、周遍涵泳、圆融一贯。

超融朱王：唐君毅论知与良知以及对《大学》的诠释*

当代新儒家如要进一步发展，必须回到最基本的问题上进行分析与思考。但是这一项工作却不是简单的：他必须找到基本问题之所在。他必须有方法，他也必须有眼界。他的方法来自严格的思维训练，而他的眼界却非从广泛地观察世界和深度地反省自我的经验中取得不为功。他必须理解历史，掌握历史发展的动力，却又不囿于历史的具象、个人的情绪、市场的偶像、门户的偏见或领域的局限①，而乐于与人为善。他必须洞察真实，有本有体，又能循本建体而致用。如用这些标准衡量，第二代新儒唐君毅先生与牟宗三先生应可当之而无愧。本文仅就唐君毅先生对知与良知的关注与探索做出我的一些评论、分析与思考，兼论及牟先生的一些相关观点。

一　心的功能的分析：知与良知

张载分别人的知识为闻见之知与德性之知②，知识与良知被看成是两种不同的知的活动，可说是相对的、独立的。后人及今之儒者虽从之甚多，并借之以说明科学知识与道德智慧的差异，但二者的关系究为如何，张载未及深究，后人及今之儒者也未能抉理探微，明其所以。从我们对张载本体哲学的理解来说，闻见之知与德性之知显然并无先后次序可言，二者都属于人的心智灵性功能，是同时存在又可同时发动的。然而，在知的活动中，张载仍是从经验着眼，以耳目为“启之之要”，而知的活动无疑是心的活动。一般人的心囿于见闻，不能尽心知性以知天。由于知的活动本来就是一种合内外的活动，也就是心与天地万物相结合的活动，心如能超脱于天地万物之外以求合于太虚，且

---

* 原载《新新儒学启思录》，北京，商务印书馆，2008。

① 可参较孔子所言：“毋意，毋必，毋固，毋我。”（《论语·子罕》第九）

② 《张载集·正蒙·大心》篇第七：“见闻之知，乃物交而知，非德性所知，德性所知，不萌于见闻。”

要做到忘却私心与成心，则心与外物之合也将不止于天地万物，而可进于道矣。① 从这个角度分析，应该提出一个本体之知的范畴方是。如仅就闻见之知与德性之知言之，则我们可以看到：我们的知识不只是闻见，且能涉及理论，故闻见之知之外尚有理论之知；我们的德性之知不只涉及德性，且能涉及本体或性体，以之为德性之源或德行之所据，故德性之知之外尚有本体之知。因之，张载对人之知的理解若就整体的人来说，还可以往深处与高处推一层，亦即推向对本体整体的知识的理解与对本体的德性发用的理解。理论之知与本体之知的认识，事实上，在宋明理学的思想与话语中是俯拾皆是的，不但见之于张载本人的言论，也见之于周敦颐及二程诸家的字里行间。朱熹的著述与《朱子语类》对此更有充分与明白的表达。陆象山更循孟子本心之说加以发挥。但张载此一比较简明而又突出的分别却引发后人及今人对知识较为二分的看法，导致对西方知识论与伦理学之间的关系的种种错解，以及对宋明乃至对先秦儒学的偏解，对如何发展宋明哲学与儒学可说形成某一种障碍。从这个角度看，唐君毅与牟宗三两位当代儒学家接受此一框架去探讨知识与道德的问题，就很难不得出比较片面的结论，也因之在此问题上未能开发出新的哲学视野。

就牟宗三先生的说法②：良知为德性之知，恒表现为人的行为，必须借助物的世界来完成，故不与物相对立。良知为求达到其行的目的，必须转化为了别心，以认识此一客观的世界或把世界予以客观化来加以认知。为达到此一目的，良知必须坎陷其自身，以转化为可思的认识心，以此认知此客观之物的世界。同时也可以认知良知的行为活动，形成知识。牟宗三的重点在强调良知的自由性，以及由此自由性中良知的转化，但他却忘记转化后的良知的地位问题与存在问题。我想牟先生的目的是在说明知识世界成立的根源，而非必要认定知识的世界中不存在良知的活动。由此良知的行为可以包含知识的行为，而知识的行为也不必排除良知的行为。然而牟先生的用词却难免让人疑惑何以要用良知坎陷来说明知识之诞生，又不得不问及知识中的良知的活动问题。我的解答是良知的发用与知识的发用都来自人的本体之知。人的本体的自我理解之中，有知识就有良知，有良知就有知识，只是我自己对二者的存在自觉或不自觉，以及自觉到何种程

---

① 从现代分析理性观之，内外之分的外并非心所决定而为心所认知，大其心只是超越成见，而不能大心之外的世界，故心仍不必了知无限的在外的真实。张载的此一观点显然是无法从分析理性来接受的。牟宗三据之以说明心有智的直觉可知物自身（参见其所作《智的直觉与中国哲学》，台北，商务印书馆，1974；《现象与物自身》，台北，学生书店，1975），是不能驳倒或说服康德的。知的理解超越了其理解外物的极限，就成为了纯粹理性的发用；所以为知者，不过为“超越的幻觉”而已。当然，张载也可以回应说：当心超越见闻之时，心就能自由地决定其所源自的本体（本体两字吃紧，就孟子说，此即性，故可言知性，以致知天）。所谓自由的决定也可诠释为反省的体会到。此一转折是儒家心性之学的关键所在。我重视本体此一概念，因为它包含了溯源以见体的意思，此体即为兼含内外的整体，如何对之内涵疏理，而不悖逻辑且见条理，此即理性的诠释作用，也可称为诠释之功。

② 参见牟宗三：《心体与性体》，三册；《王阳明致良知教》第三章。

度而已。人之所以求整体的自我之知，所谓人贵自知在此。《大学》中对诚意的说明提出君子必须慎其独以达到诚于中而形于外的境地，其中提到“所谓诚其意者，毋自欺也。如恶恶臭，如好好色，此之谓自谦”。恶恶臭与好好色是人的直接经验，认识到臭味与认识到颜色都是人的闻见之知，但进而能辨别臭中之恶与色中之好或美者，却是一种价值的判断，预设了价值之知的机制与范畴。在此一知的基础上再进行一种包含行为意义的情感选择则是实践意义上的意志与意向表露了。但我们要注意的是，价值判断预设了知识判断，而意志的行为判断又预设了价值判断。逆而言之，知识判断必须引发价值判断，而价值判断又必须引发行为判断。三者在一定的条件下是可以同时存在的，不但可以同存，而且是人的心灵可以同时体察到的，这在感觉的直观中往往是如此。我们可以诉之于我们的直接经验以验证之。至于其他的经验是否如此，则必须个别加以认定。如以孟子论证人有自觉的仁爱之心为例，显然在一定的条件下，人可以认知赤子之将入于井，且可立即认知此为一值得救助的对象，再立即自觉到不忍不加以救助的恻隐之心，而生立即要去救助之行动。因之我们也可以见到知识、价值与道德行为三者同时发生而又统一的心灵自觉活动。其中并无所谓良知的坎陷行为。

唐君毅先生根据知识之知与德性之知的分别，对此二者的关系作出四种关系的分析①：第一种关系称为良知或德性之知，直接通过知识之知而表现之情形。此一关系是从具体知识中发现良知的关切对象，如发现父母的病象而生忧虑之心，此即孝心的发动。阳明故可以以闻见之知直接为德性之知之用，但这也是闻见之知启发了德性之知，甚至可以说是德性之知为闻见之知之用，借以说明德性之知与闻见之知在此一具体的情况下的自然引发关系。如果只有抽象的知识，我们是否仍可以有具体的或抽象的关切呢？对此，唐君毅并未提出讨论，但我可以推论我们仍可以有所关切，如对某一定律的认知引发我们对某一具体实例的可能受此一定律的控制遭受危险的后果的关切。当然这也说明任何知识都有引发我们良知的德相应的良知的发用，但这却必须落实在具体的事物上。此一关系我们可以叫作“循知以求善”。

第二种行为是对知识的追求可以看成良知的知识性的表达。此一行为的价值与应用却有待良知的鼓励或关切，因为这里的知识追求具有自我约束与自我克服的伦理意涵，而为一种生成的关系。追求知识而排除良知是不必要的。如此看，知识就是一种价值。由此价值的认知，具体的行为也就由此开启。我们还要进一步理解所有科学知识的追求都具有价值性，但如何落实为有益社会与人生的实际行动却仍是良知的事。

第三种行为是本良知已发动一理想的行为，如何从知识的内容，使此一理想的目标达到。因而良知进一步去追求知识以求达到理性得到的目标。在此一情形下，良知与知识是目的与功能的关系，知识可以为道德与良知所用，也为其所开发，并为其所统摄。

① 参见唐君毅：《中国哲学原论：原性篇》第十章，341~347页，香港，新亚研究所，1968。

此可称之为"循良知以求知"。

第四种行为是所知的特殊情况不可能满足良知的全面要求，由是良知必须作出价值与行为的判断与决定，以担负其后果，甚至是悲剧的后果，而无怨无悔。此一情形可见之于忠孝不能两全的人生处境。当然，此一情况可以看成是良知与知识的冲突，但更可以说为是人的存在与价值的冲突，而不必说为知识与良知的冲突。因为我们可以想象，如果我们有充足的知识，也许我们可以避免此一良知悲剧的后果。只是有些处境任何知识都无法拯救良知，而良知必须自我承担。

唐君毅的知与良知的分析显然较牟宗三为细致，但仍未能直接透露良知与知识的内在关联。唐氏显然间接地驳斥了牟氏的良知坎陷说，因为即使在第二种情况下，良知也是以追究知识的方式存在着，并未有良知坎陷的问题。但唐氏却未能得出良知与知识同时存在于人的心体之中的结论，更未能提出知识与良知活动在任何情况下都有相互引发而又相互隐显的关怀，借以认知人的本体的心智或曰本体之知的内在的统一性与主客相应性的基本结构。尤其未能借助朱子对心之已发与未发的思考与参验厘清道德与知识相互涵摄的见解。

关于此一本体的心智的认识，我们必须从人的心的整体性与同时性来理解。整体性是指心有其统一的根源而体现为本质上的多种功能的动态平衡，而又要发展新的平衡的存在。同时性是指心的多种功能均是同时发用也是同时彼此引发的。只是此一发用与引发往往是细微精密的，必须文理密察方足以见之。心的多种功能的平衡的说明可用天地之道或一阴一阳之谓道的道来理解。因而心的认知功能与评价功能是同时存在的，认知是以客体的世界为主体，必须承认客体的世界的真实性；评价是以主体的创造性为主体，必须肯定主体自我的真实性。有认知必有评价，有评价必有认知，二者的统一在于认知使二者成为二者的终极本原概念，表现在太极或太一的思想之中。心的自觉就有最起码的世界或环境意识，也有最起码的自我欲念意识，这样才能说明婴儿信赖其母而求乳，因其渐长，其环境意识与其主体的欲念也与时俱增。但二者是否平衡相应，虽不一定，二者并存却是经验中可验之事。不可忽视的是，在婴儿未能更自觉地认知世界以及未能更自由地判断价值的时期，婴儿的认知活动及其评价活动是在本能的基础上进行的。此时我们必须重视性为心之本，其发用即是其本能，能有所知有所欲就体现了孟子所说的良知良能的概念。在此阶段，心是以性为基础来发展的。经验的积聚与心智的自然成长逐渐导向心的自觉与充实，但仍以同时性来体会心体的存在。基于经验与本能，在许多生活事项上，我们往往是直接地感知，并同时直接地评价与同时地呈现行为的意向，一如以上所表述。但在许多其他不熟悉的事项上，认知与评价、评价与行为或行为意向，却可以具有间歇性与间接性的感应相连。所谓间歇性，指的是必须经过一个思考的过程来达到目标，而所谓间接性，指的是必须通过或透过关系项来实现其内在的目的。在此一认识下，显然良知的价值与行为判断必须依赖积聚的知识，或必须首先发展知识方能实现价值。因而，知觉的认知必须借助理论的认知来深化或建立起它的地位。同样，评价的确立与行为的判断也必须诉之于本体的资源以获取支援。因而，知识判断与价值判断，价值判断与行为判断，完全可以是两回事。但价值判断离不开知识判断，而行为判断也离不开价值判断。最后三者又必须在心的统一性中统一起来。当此一时刻来到，知识判断与价值判断、价值判断与行为判断乃合而为一，成为直觉的反应或感应。

由于知识与价值行为的间接性与间歇性，集体或群体的知识与价值的共通与分工变得非常重要。知识的独立追求与深刻追求乃成为必要之事，同样，谨慎的细密的负责任的价值判断与行为判断也可以成为专业的要求，并成为必要。但每一个个人必须维护及发展良知与理智以应付日常生活的要求。为了取得同时性与直觉性，个人的道德性修持与知识吸取也成为个人实现自我与参与群体生活的根本要求。

一个比较完整的知识与良知的关系理论，因之必须符合下列几个要求或条件：

1. 认识心的整体或曰心的本体，并认识心的自由创发性。
2. 认识心的本能的基础为性，并认识心性的动态同时性。
3. 认识心性的本体宇宙论的形上基础及其发展潜能与内涵。
4. 认识心的功能的多元性与发展上相互牵引的同时性。
5. 认识心的功能内涵的动态平衡性以及其发展中的自然偏向（包含自欺与隐蔽）。
6. 认识心的自觉的秩序的条理性（理性）与价值的规范性（良知）。
7. 认识良知与理性的互动、相互涵摄与引发的多种形态。
8. 认识良知修持（自觉地加强与应用）与知识的扩展的重要性。
9. 认识间接知识/集体知识与间接良知/集体良知的重要性。

在此理解下，性是根源，心是发展出来的体，二者合称为本体。良知与理性都是心性本体的发用。心性作为本体，也可说体现在心的自由性与统摄性上。心的统摄性体现在心的自觉与主动性统摄了其根源的性与性中所包含的情，乃有张载与朱熹的“心统性情”之论。心之自觉主动性可本体地说为具有本体的创造性与自由性，心之本体的创造性与自由性则见之于下列五种心的意向与功能：

1. 对象化的功能，即为知识理性。
2. 价值化的功能，即为价值理性。
3. 规范化的功能，即是道德理性。
4. 行为化的功能，即是行为理性。
5. 统摄化的功能，即是超融理性。

有关心的统摄功能，既见之于心统性情之活动，当然也可发为心之能超越不同主见以见全体之眼界与观点的认知能力，此即我所说的超融理性，其活动在于超越差异而又融合差异于一体系之中。基于心的超融功能，心的其他功能，即对象化、价值化、规范化与行为化等功能也都能统摄于心性的本体之中，而密切相连。良知与理知自然也能并行不悖，相互发挥。

唐氏曾论及中国哲学中的四种人性认知的形态，即是告子、孟子、庄子与荀子四家之性。[①] 他以告子论性为自然生命之性，孟子论性为道德良知之性，庄子论性为天地生息之性，荀子论性为趋向为恶的情欲之性。唐氏于荀子之论性说得并不清楚，又对心与性的一般关联语焉不详。对于此一心性的关联问题，我们必须认知性发为心是一种自然的自觉，自觉中有了自我意识且有了觉察外物与感知自我之性的情欲思虑的活动能力，乃可谓之心。心乃成为自我的综合内外经验的能力，也成为发展知识与价值及其关联的思想枢纽。此一发展是一个复杂进化（就物种言）的过程，但就个人言却是一个自知自觉的自发兼经验学习的过程。无论如何，我们不能只就一个单一的模式来理解心与性的关系。心性为体用，为未发与已发，为潜能与实现，为被动与主动，各自分别地点明心性之间的统属（supervision）与层现（emergence）关联。唐氏以为不同之性发为不同之心，故可见告子有自然感物之心，孟子有道德直觉之心，庄子有虚灵明觉之心，荀子则有历史文化之心（统类心）等。但都未能就新的本体的功能来说明此类描述的基础及依据。唐氏后来又提出心灵九境之说。[②] 如此看来，心或心灵是为自觉的性或自我所整合及证成出来的观点，显示出心灵有极大的自由性与创发性。同样，我们对性的认识也可以具有多样性，而显示出心的反思与感应能力。以心论性或以性论心，都必须承认心性相应的多样性或多种模式，也必须自心的统合性与分化性、心的主宰性与分辨性来说明心性的性质及其关联，以及基于二者所显示出来的认知、评价、规范、主宰、行为与统合功能。在此等功能的认识上，我们方能区划先秦或宋明心性概念的发展与表现类型以及其所以然。基于对这些类型的认识，我们完全可以应用以上所显示的心性的活动功能来加以说明。

显然，唐氏并没有把墨子和后墨在墨辩中之论性为知的才能且能立意以行作为第五种形态。[③] 我们在此特加上此一形态，合唐氏所说四种，可说为五种先秦的论性的形态。此五种形态的论性引发来的心的活动，又可形成五种心灵活动的形态[④]，构成中国先秦古典哲学五家之言的心的典型。但此五形态之心的活动，却又各自体现了上述五种功能，而各自发挥为五种形态的特色。值得注意的是，此五种功能并不必决定良知（价值理性与规范理性）与知识或理性（知识理性）之间运作的固定关系，而必须在经验与实际体验过程中，各自去取得其实际的结合方式，而后统摄或超融其他。如勉强言之，墨

① 参见唐君毅：《中国哲学原论》，515~518页，香港，人生出版社，1966。

② 参见唐君毅：《生命存在之三向与心灵九境》，1977。

③ 孙诒让《墨子间诂》（诸子集成本，《经说上》第42）："知，材也。知也者，所以知也，而必知，若明。"又谓："知：闻，说，亲，名，实，合，为。知，传受之，闻也；方不瘴，说也；身观焉，亲也；所以谓，名也；所谓，实也；名实耦，合也；志行，为也。"（谭介甫：《墨经易解》，71~74页，上海，商务印书馆，1935）

④ 墨子及后墨可说为讲求逻辑科学思虑之心。

子与后墨可说发挥了心的知识理性与规范理性的功能，孟子可说发挥了心的价值理性与目的理性的功能，告子可谓发挥了心的知识理性与行为理性的功能，庄子可谓发挥了心的统摄理性与价值理性的功能，荀子可谓发挥了心的知识理性与统摄理性的功能。每一家都能基于经验与心灵的意向，实现一个心的超融作用或超融理性的功能。

二 《大学》的诠释问题：超融朱王

唐氏重视《大学》一书，以其所列章目体现了中国自宋至民初八百年来的思想重心的流变。由此可见《大学》一书对他的启发性与具有的时代的重要意义。但《大学》一书历经历代儒者的注释发挥，众说纷纭，其要旨所在，往往莫衷一是。尤以朱子与阳明对《大学》的解释各持一说，相争不下，又涉及《大学》经文的版本问题，是非曲直，如何判断，更极为复杂。但后人却不得不力加辨明以彰正理。基于此，唐氏区别经文的注释与对经文的哲学诠释是十分有价值的。他认为《大学》经文自有其明文的含义，但《大学》经文又有其“隐义”，对此“隐义”的发挥则为非注释的哲学思想的发挥，即是我所说的诠释。唐氏提出“著者之心中之所有”为注释的对象，固然对注释之为注释提出了一个准则，但又无法说明何为著者心中之所有。在这里，我提出，一个以本体之整体为基础的说明与理解方是合理的诠释，而无本体全体为我自觉参照或自觉建构的说明与理解，则不可称之为合理的诠释。至于以文字意义的说明，及参照前人的文字意义的说明以为说明，则为注解或注释。如此，则显然唐氏先将朱王的《大学》注释与版本之争列为诠释之争，而非注释之争，自有其卓见。他说：“援本斯旨，草为此文，就无人对《大学章句》之重订，以见朱子阳明，若自视其说为《大学》本文之注释，则皆非；而若转而视之为《大学》思想之隐义之引出，或进一步之儒学思想的发展，则皆是。再及于清末以来以格致之学为自然科学之说，其渊源所在，以及由此而导致之当今儒学思想发展中之一问题，和一证成八百年来儒学思想之关联与《大学》格物致知之教者，是不断有新思想之孳生，咸超轶于《大学》明文之所及。”① 但唐氏也面临一个矛盾，即是其重订《大学章句》的目的何在。显然，他不只是为了注释或厘清版本，而仍在说明义理，诠释“隐义”以建立一根本性的通盘理解，实为本体性的诠释的活动，则其所为又何以异于朱王哉？他用了“超轶”一词来表示诠释《大学》与注释《大学》明文之所及的差别。从唐氏看，朱王所做的《大学》诠释就是一种“超轶”的工作，但“超轶”是离开了原文及其含义，如能超越原文而又能兼含愿义或昭明愿义，则可名之为我说的“超融”了。在“超融”的思考中②，诠释不必离开注释或可说能够兼含注

① 唐君毅：《中国哲学原论》，282 页。

② “超融”一词是“超越而融合”的意思，可用英文“transcend and integrate”来说明。它有别于“超越”、“超验”、“超绝”等哲学用词。

释。而事实上，朱王也未离开注释的目的，甚至是要用诠释来充实或显明注释以明原文之义，则唐氏的工作也可说只是另别一义而已。其价值仍在用另一诠释以说明另一注释，并对版本提出复位的诉求而已。

唐氏以朱子所定《大学》格物致知补传及所定章句，不合《大学》本文之文理及所需，故不相干。唐氏又以阳明以致知为致良知，也不合《大学》文本之明义，故有立意曲解之嫌。但唐氏又以为二者皆有进于《大学》之新义在，自然不可废斥。他的重点乃放在如何说明二者何以为注释之非上面。为做到这一点，唐氏提出了他对《大学》明文说明格物致知的看法。他的看法超轶了朱王的看法，但如何融通或超融二者，见其异之所以异，并纳入一体系之中，以彰显心性之本体机制，则未能具体涉及。但如就以上唐氏论知之四种形态言之，朱子之补传有若致知以致善，或循知以致良知之举，而阳明之以格物为正事，立其大者，则为援知入善或循良知以致知之举。从我对知的整体性与知的分化的同时性的分析看，两种形态都是必要的，因为二者都来自心性一体之源且为同时发生，却因应不同之需要而有先后萌发的次序而已。这也说明知与良知的冲动即是心性本体的主体化与客体化，形成一阴一阳之道，透露了本体自我的基本大用。此处我们必须理解知与良知并无先后与始终的关系，而是互为因果与互为基础条件的。如就立其大者的价值目标而言，良知必须发动于先，而知随之；如就观天察地的纯知兴趣而言，理性的认知必自然先行开启，而良知必随之。但一如程颐所说："冲漠无朕，而万象森然已具，未应不是先，已应不是后。"乃已发与未发之始发的先后而已。

此处我们又必须理解，知与良知在本质上虽无先后与始终关系，但在个人实际的应用上及自觉的需要下，却可以因为我们洞悉到物的本末、事的终始，知与良知乃有发动上的先后，心可以循知以求善或循善以致知，然后做到知与良知的互动与互济。

唐氏对朱王主要的批评，在指出朱王两家未能对事的概念与物的概念作一区分，且均以物同于事（盖皆由郑玄之注而来："无有是也"），未能面对物的本末关系，以定事的始终关系，再因此而定知的先后关系。所谓物即是意、心、身、家、国、天下等物，而所谓事乃为诚意、正心、修身、治国、平天下等事。致知即在认识物的本末以及事的始终，而后在具体知的获取中知所先后，以本始为先，而以末终为后。但唐氏却未能意识到知物的本末乃知的事，而知事的始终乃知与良知共同的作用。《大学》本文中又有知止的说明，如言"为人君，止于仁"等，此亦为知与良知共同的作用。而唐氏也只以为是知的事。如此，致知则可说为知所先后，知修身为齐治平之本与知所止，而不必如朱子另求格物致知之解，亦不必如阳明以事为意之所在，格物则在以良知诚意正心而已矣。在朱子，因不知格物致知已在《大学》本文中有所指，乃另做了不必要的补传。在阳明，为订正朱熹，则曲解了格物致知，成为另一种格格不入。唐氏此一见解可说极为高明，做到了就经解经的境地。在此说明下，我们不需要另做对格物致知的解释，只要对文本中相关的段落稍加调整即可。如此，唐氏重订《大学》中"知止而后有定……则近道矣”，加上“自天子以至于庶人，壹是皆以修身为本，其本乱而末治者，否矣……未之有也。此谓知本，此谓知之至也”一段，乃被视为格物致知之文，可说也能自圆其说了。

对于唐氏的诠释，除了以上我指出未能见及知与良知的共同作用之点外，我有下列几个疑点：(1) 唐氏虽对“物”之一词有所解说，但却对格物之“格”未能有解。致知所致之知如何由格物而来也并不十分清楚。本文中明显说明“致知在格物，物格而后知至”，明显对格物之所着意有极大依托。故格物一词实有待注释。此一问题正是启发朱子所以撰写格物致知之补传的理由。当然朱子是利用其理学思想来说明的，但我们也未尝不可用其他观点来加以说明。① (2) 唐氏也未能说明所致之知如何能引发诚意之活动。朱子补传中也未说明，只是点明了人心一旦豁然贯通之后，吾心之全体大用也就无不明了。心之用显然可包含诚意之动。如就知止言之，知止反必要先诚其意方得。知先后与知本亦然。如诚意又赖对外物的认识，而不是径知一些价值目标与关联之事，则对致知的内容也可以提出新的实质的内涵了。(3) 唐氏以知止之为知一特定的价值目标，则定静安虑所取得的应为达到此一目标的方法与手段，但能得者果为此乎？知止乃为知有一般的价值目标（止）的重要，而要求达到一特定的价值目标，如此而起的思虑也可说为知止的过程，而且涉及良知的作用。(4) 唐氏未能看到朱子补传的一个重要性在格物致知对诚意正心的重要性：《大学》中释诚意为“毋自欺也”，但如果一个人没有对真实的认知，他就无法订正或修正他的自觉或不自觉所引起的“自欺”。如此看，致知是诚意的一个根本条件，必得独立而深刻地去理解它。但朱子却无见于《大学》：“子曰：‘听讼，吾犹人也，必也使无讼乎？’无情者不得尽其辞，大畏民志，此谓知本。”其中所谓“无情者不得尽其辞”指的乃是：不得实情或真情，则无以秉诚诉讼。如此可见致知对诚意的重要，诚意必以致知为本，无知则往往陷于不自觉的自欺。朱子以此句为释本末，殊难明白，而唐氏应可引来释致知，但他却实际引来释诚意，也令人不解。② (5) 阳明以格物为正事，固为错解，但阳明觉察到良知的发用，也并非全不相关。以上我指出知事的始终与知有所止的价值目标，则必然涉及良知的活动，故阳明的诠释也有部分的真理在，只是他有所忽视而欠缺对心知活动的整体理解罢了。③

唐氏经过对朱王的批判而超越了朱王，但他在他对《大学》格物致知的诠释中却未能超融朱王。然而，唐氏非常重视《大学》启发出来的朱王对致知的诠释，又比较细致地提出了一个心的知与良知、知识与德行的关系的认识。在此认识下，朱王所重视的知

---

① 我是“格”为分辨而纳入分类之中。

② 参见唐君毅：《中国哲学原论》，299页。

③ 此处涉及王阳明与朱熹对心性与心知的看法的比较问题，也涉及牟宗三先生的一些看法，更涉及本体的存有与活动的交涉互涵关系问题，我不在此讨论。

与良知的功能大致都能得到安排，就这一安排言，我们亦可说他超融了朱王，并对《大学》文本的诠释提出了一个新义，因而可说做出了双重的贡献，更可说提示了一条重思心性结构与重解典籍之路。

港台与海外新儒家学术特征比较探微*

——成中英先生访谈录

奚刘琴（以下简称“奚”）：现代学者所进行的新儒家研究，对于牟宗三、唐君毅、徐复观诸先生用力甚多，对于方东美先生①却有所不足。您亲炙亲游于方先生门下，能不能首先请您谈谈方先生的学术特征？

成中英（以下简称“成”）：对于方东美先生的思想，过去很少有人有清楚的认识。这也是由于方先生的资料很多都没有正式发表，他的想法没有被具体地、详细地整合起来，进行系统讨论，因此学界对他的了解很不充分。事实上，方先生的思想体系是非常值得去深刻探讨的。他的学术思想渗透的是对民族的兴亡、文化的发展，以及对中国人生命价值认识的深切关怀。这是一种忧患意识，一种担当意识，或者说是一种期待意识，这种意识也是方先生与其他新儒家学者的共通之处。当然，这当中也包括对于生命的反思，对人类文明发展前景的反思、理解，或者说是一种盼望。他的学术思想最突出的方面就是能够去回视、反观人类已经发展的生活和文化形态，这是他所具有的独特的人文关怀。他所划分的文化形态，可以说是非常深刻、具体，而且内涵也非常丰富，在说明上也特别生动，这些都是他的创造性的认识。

在我看来，方东美先生的哲学是从现象到本体的本体架构哲学，首先认为太极乃“无名之指”，此“无名之指”在方那里是一个超越现实、超越现象的本体存在；接着，

---

* 原载《淮阴师范学院学报》（哲学社会科学版），2013年第4期。

① 方东美，当代新儒家大师，他的学术重点在于论述中国、古希腊、欧洲与印度四大传统，并认为世界文化的前途在于诸种文化多途并进和浑融互洽的演进中。他吸纳中国古代的生命哲学思想，又糅合现代西方柏格森、怀特海哲学，乃至古代华严哲学，并以儒家的《易经》哲学贯通之，力主中国哲学与文化应回复先秦儒家、道家健康饱满的生命精神。他的独特贡献在于为中国哲学与文化的现代转折指点了一条新的路径。

成中英，从现代新儒家发展史上看，其思想尚未完成，仍在建树之中，目前仍活跃于学界，在国际、国内已拥有崇高声望和学术地位，是第三代新儒家的主要代表人物之一。成中英的主要研究领域是儒家哲学与中西哲学比较。他所创立的“本体诠释学”、“C理论”、“新新儒学”等哲学理论在海内外产生了相当广泛的影响，为中国哲学走向世界贡献良多。作为方东美先生的亲传弟子，成中英的哲学思想受方东美影响甚深，与方先生思想一脉相承，同时又别具一格，有所增益。

“情”与“理”作为太极之两仪而派生出来，便出现了现实世界与可能世界；作为本体之太极，接着发展出不同智慧之种子，因而产生三种不同的文化，即以理性为代表的古希腊文化，以权利为代表的欧洲文化和以悟性为代表的中国文化。但此三种文化各有偏失，古希腊哲学缺热情，欧洲哲学缺稳重，而中国哲学缺想象，因此，可以用印度哲学救治欧洲哲学，用欧洲哲学救治古希腊哲学，用古希腊哲学救治中国哲学，用中国哲学救治印度哲学，此即“文化四相”说。而“哲学三慧”与“文化四相”说的合而为一，就是方的“道通为一”的思想。因此，方东美先生的哲学是有完整的体系的，此体系便是以《易经》思想为经，以西方、东方思想展开为纬，最后统合在《易经》的辩证逻辑之中。

奚：您觉得方东美先生的思想对您产生了哪些方面的影响?

成：方先生对于我的影响最突出的是一种广大面、宏观面的影响。宏观面的思考对于人类文化和文明尤其重要，但是我认为方先生的哲学可以更加系统地发展，甚至基于根源于文化发展进程的展望而形成一个逻辑的体系。多年来，我在这方面进行了一些努力，或许是方先生的潜在影响所致。

奚：能不能谈谈您与方先生的学术区别?

成：方先生与我的学术区别体现在四个方面。首先，方先生的学说偏重于现象学的呈现。方先生对于古希腊、印度、中国以及现代西方四大文明的呈现，就是现象学的方法。我自己的学说则更加注重各种文明的多元性，倾向于各文明之间动态发展关系的呈现。各种文明产生之初就有一种理想主义的倾向，只不过在后天的发展中，人类受各种具体情境影响，心智发展各有偏向，因此导致了不同的思想进路。但是人类新文明的发生都是在历史环境中、本体思想中相互沟通、彼此欣赏，在融通和创新的基础之上产生的新思想。这样产生的新文明才是相互融通、相互观摩的新的轴心时代的文明。

其次，方先生的哲学体系以《易经》思想为经，以东方、西方思想展开为纬，最后统合在《易经》的辩证逻辑之中。但是，进一步挖掘《易经》思想在中国文化中的源头活水的作用，认识到《易经》哲学既是一种宇宙发生论，又是一种宇宙本体论，并在《易经》与西方文化整合的基础之上建立起了“本体诠释学”，则是由我来继续完成的。因此，方先生虽然提出了《易经》在中国文化中的作用，但我注重于探究《易经》的道德理想和社会理想，注重于儒学在中国文化之中重要性的说明，这是我对方先生思想的补充。

再次，在形上学上，我注重于本体论思想的阐述和发挥，倾向于从西方哲学与中国哲学传统的交汇处，从《易经》出发，呈现一个相互关联的本体论思想。方先生在形上学方面虽然涉及不少重要概念，但他也是一个诗人和美学家，在美学、艺术、诗作等方面的才情使得他在气质上更接近道家。这就决定了他更加注重现象的呈现而不是形上学的开展。

最后，我们对于伦理学的关注也不同。前面说过，方先生是一个诗人，是一个美学家，他对于伦理学的问题却谈得较少。我认为世界各大文明可以通过对话获得具有普遍性的一些认识，例如基督教和儒家都普遍赞成的“己所不欲，勿施于人”，儒家可以为人类提供一些最具普及性的社会伦理与文化伦理，尤其是儒学中诸如仁者爱人、以人为本、诚信、中庸这些核心价值观念，具备相当的普遍伦理的价值，完全可以在当代发挥提升道德、裨益人心的作用。从这一点上而言，我赞同普遍伦理的提法。

奚：20 世纪 70 年代末、80 年代初以来的新一代新儒家学者被尊称为“第三代新儒家”。目前学界已经普遍将您与杜维明①、刘述先②、余英时③诸学者尊称为第三代新儒家的杰出代表人物。尽管第三代新儒家出现的时间并不算很长，思想也还处在尚未完成的发展阶段，但是您与诸位学者在儒学的诠释与创新中做出了超越前贤的成就，代表了现代新儒学发展的新动向。与此相联系，你们的思想当中也存在差异的一面。这一点，能不能请您谈谈？

成：我与杜维明的差异首先要追溯到教育背景的不同。我们同样来自台湾且毕业于哈佛大学，但是教育背景有很大的区别。第一，从台湾的求学经历来看，杜求学于东海大学，受牟宗三、徐复观诸先生影响甚深；我却是求学于台湾大学，受方东美先生的启发和影响较多。第二，我们都曾就读于哈佛大学，都取得了哈佛大学的博士学位，但是杜毕业于哈佛大学东亚系，获得的是历史与东亚语文联合博士学位，因此他的思想当中具有明显的多样文化思考的特征。我毕业于哈佛大学哲学系，获得的是哲学博士学位。在哈佛的 5 年当中，我受到了西方哲学非常严格的锻炼，尤其是现代逻辑和分析哲学。这使我体会到哲学既不同于文史，也不同于科学，更重视或偏向逻辑思辨与思想分析，趋向理性思考与理论创设。

其次，在对待儒学宗教性问题上，杜先生注重儒学宗教性问题的阐述，他的最大的特点正在于他对儒学宗教性精神的阐述与发扬。他从宗教精神的角度，将儒学置于与基督教的比较当中论述儒学相关的宗教性，可说为儒学持续开辟了与西方宗教文化平等对话的平台。我的出发点在认识儒家的本体的求知与笃行精神，不只在从信仰上肯定人的终极关怀。我认为，儒学超越性特征不是单纯的外在的或单纯的内在的超越，而是一种既外在又内在的超越，承认儒学的宗教性，必须同时考虑到儒学外在超越的内在性以及内在超越的外在性，以及二者互通的认知基础。只有这样的超越，才能代表儒学宗教性的以知为信的圆融性特征，而与西方宗教的以信为知形成一个对比。

---

① 杜维明，第三代新儒家的代表人物之一，其思想在儒学宗教性、启蒙反思、文化中国与文明对话等方面颇具特色，也产生了广泛影响。

② 刘述先，第三代新儒家的代表人物之一，其新儒学思想在以“两行之理”释儒学的宗教性、“理一分殊”方法论的贯穿以及“生生而和谐”的整体观的建立诸方面具有特色。成中英与刘述先同为方东美先生的学生。

③ 余英时，当代华人世界著名历史学家，师从钱穆、杨联陞。余英时治学自史学起，后达至中西、古今贯通，致力于儒家价值系统与知识系统之重建，其对儒家思想及中国道统文化的现代诠释自成一体。虽然余本人一再强调自己只是一个历史学者、思想史研究者，但部分学界人士仍视其为第三代新儒家的代表人物之一。

最后，在文明对话方面，我们都赞同在全球化时代，不同宗教、不同文明之间的交流、互动、碰撞、冲突和对话，这已成为不可逆转的时代潮流。文明对话不仅是各种文明自身存在和发展的前提，也是不同文明之间相互理解、相互融合的方式。杜先生的文明对话建立在对世界各大文明分判、比较的基础之上，各大文明在他的理论之中各自独立、相互吸收。我所提倡的文明对话是一个生生不息、循环往复的各大文明之间理论的交流与融汇。这样的对话需要更加开阔的视野、博大的胸襟和全人类休戚与共的意向。

奚：您与刘述先同为方东美先生门下高足，您在回忆录里曾经描述道："我和述先的性向及环境有所不同，但在文学和哲学感受上，往往有相契合之处，尤其是我们两人对方东美先生的哲学思想都有比较深入的了解。"从您的文字中可见您与刘述先先生的深厚情谊，但是我们更想知道您对于你们两位学术思想差异的分析。

成：述先与我同师方东美先生，他是一个极为用功刻苦的人，非常擅长批判性的思考。他的思想和气质首先受到方东美先生的影响较深，这从他一系列评论性的杂文和随感中可以明显看出。另外，他的学术研究又受牟宗三先生影响至深，特别是他的宋明理学和朱子研究，走的仍然是牟先生的路子，这从他的《朱子哲学思想的发展及其完成》等著作中清晰可见。我对牟宗三先生当然怀有敬意，但是并不同意他对宋明理学的划分以及对于朱子的评判，对于他"只存有不活动"的提法、"别子为宗"的划分，我认为是错误解读。对于他的"良知的坎陷说"的提法，我也不敢苟同。

此外，述先和我所采取的哲学路向有所差异。他的学术研究走的是宗教的路子，跳过了西学的传统。他以既"内在"又"超越"的"两行之理"解释儒学的宗教性，认为每一个宗教或精神传统都必须照顾到内在与超越两个层面，而儒学无疑是这一伟大传统。这是他研究儒学采用的方法和主要内容。我采取的则是知识论的传统，采取分析哲学的方法，在儒家哲学本体论的层面对知识理性的独立地位进行了认定，把客观精神的挺立提升到了决定儒学命运的本体论的高度，并在此基础之上建立起了综合知识与价值的"本体诠释学"。

奚：与您注重显发儒学知识论的思想相近，余英时先生也一直致力于儒学价值系统与知识系统之现代重建。除了思想上的相通性，您觉得您与余英时先生存在哪些方面的差异？

成：我与余英时先生的学术背景比较相似，我们同在美国高校，生活与学术交流频繁，从中西文化比较的方面来进行学术研究也是我们不约而同选择的学术路径；然而，在关于自身学术定位上，我与余英时先生有所差异。余先生视新儒家为熊、牟一系，坚决否认自己的新儒家身份，但是我对此倒是持一种开放的态度。我不十分强调但也并不否认方师及我自己为新儒家的可能性，是否属于第三代新儒家阵营、是否具有新儒家学者的身份，我并不看重。我注意的只是能否在当下之时，为儒学寻找到一套整合过去、回应现在、启示未来的途径与方法。名分上的无谓之争远不如现实的努力重要。

其次，对于余先生所认为的中国具有“反知识主义的传统”，我有不同的看法。余先生用的是西方的说法，以西方的知识论来衡量中国传统，我不认同中国有反知识论的传统，中国传统文化对于知识是相当重视和尊重的，原始儒家已经提供了一个兼顾知识与价值的学习模型。《易经》代表了对知识与价值的整体直观，孔子也主张“仁智双彰”的观念，孔子对“知”的看法与朱子对“理”的认识均体现了传统文化的知识论传统。

最后，余英时先生将中国的商人精神与马克斯·韦伯的观点并列而论，我觉得这一点也可以商榷。按照韦伯的观点，早期的资本家和企业家们赚钱不是为了个人享受，也非满足其他世俗的愿望，而是为了荣耀上帝，因此从外在的角度促进了资本主义的兴起。但是具体到中国，中国有没有资本主义？进一步言，中国有没有一种精神，能够促使人们去追求企业的发展？余先生受马克斯·韦伯的刺激与启发，以分析新禅宗、新道教和新儒教的入世为着眼点，研究宗教和道德观念对于中国商人的影响。他引用了很多明清时代的档案，主要研究“徽商”，他们勤恳耐劳，节俭持家，创造财富，然后就开始学习四书五经，甚至寻求功名，希望能够摆脱“铜臭味”，获得较高的诗书礼义之家的地位。这一商人精神并不等于西方的资本家传统，余先生是不是在这一点上还可进一步分析？

此外，所谓的第三代新儒家是寥寥可数的，虽然除了我和刘述先走的是纯哲学的专业之路，其他人都非哲学专业，但并不妨碍各人哲学思想的发挥。余先生作为著名的中国思想史专家，致力于在中国传统思想史中挖掘传统知识分子在社会与政治上扮演的角色与成就的智慧，他的努力促进了学者对传统知识分子心态的多方面了解，这也正是我与他在学术上重大区别之所在。我所进行的中国文化研究，走的是哲学的路线，采用的是分析哲学、逻辑学等的方法；余先生的学术研究，走的是历史学的路线，考据的方法是他用得比较多的。当然，这并不妨碍我与他之间的互学互证。

奚：还想请您谈一谈“新新儒学”与“儒学三期发展论”的区别。

成：所谓儒家三期发展说，是由牟宗三先生首先提出来的，先秦儒学为第一期，宋明儒学为第二期，当代新儒家为第三期。杜维明对此作了进一步发挥，但大旨相当。我所提出的儒学发展五阶段论包括：古典儒学阶段、汉代儒学阶段、宋明新儒学阶段、清代实学与经学阶段、现代新儒学阶段。作为第五阶段重要发展目标之“新新儒学”，应该掌握中国历史发展的教训，吸取新知，开拓资源，面对政经文三大领域进行持续的整合与创造。我认为，儒学发展五阶段的划分应更能表达儒学发展的丰富内涵与曲折过程，为儒学的当今与未来发展提供更深刻与广阔的远景。至于具体到“第三期儒家”，杜维明先生将之定义为“从五四迄今，新儒家学者进行的对传统的反思与重建”，可称得上是“去除渣子后的新儒家”。我认为这一看法可待补充。鉴于此，“新新儒学”提出在古典儒学、宋明儒学、现代理性、科学精神及东西方文化比较的基础之上，建立天人合一的本体宇宙观和人类生命发展观，建立充分完备的知识论系统，发展出明体致用的方法论、决策论及现代管理哲学。不仅如此，我认为“新新儒学”可以通过“德知并建”的方式来实现道德与知识并行发展，不分先后，而不是儒学第三期发展所强调的“由内圣开出外王”的实现途径。

奚：不知道您对于“后新儒学”了解如何？“后新儒学”就是指后牟宗三时代的儒学，以林安梧先生为代表，又叫作“批判的儒学”，林安梧先生也被认为是“第四代新儒家”的杰出代表。“后新儒学”在未来儒学的发展方向上，主张由牟宗三回到熊十力最后再回到王夫之这样的一个路径，主张由新儒家的“心性学”向“后新儒家”的“哲学人类学”的转变。他们还有一个主张，即提倡“儒家型马克思主义”，认为儒家传统所强调的道德的内省必须接受马克思主义的考验。不知道您怎样看待这些观点？

成：我并不反对当代新儒家已经有了第四代与第五代的发展，而这第四代与第五代的新儒家更是以大陆和港台地区新生代的中青年学者为主。但我不认为第四代与第五代的新儒学已完全脱离了第三代与第二代新儒学的影响。事实上，第四代的新儒学在内容上更受第二代新儒学的影响，而在方法上则不自觉地或潜在地接受了第三代新儒家的影响。

林安梧先生提出儒学应该回归王夫之，我认为还可进一步反溯，回到先秦易学的本体论。事实上，王夫之自己也回到了易学的本体论，他主要是通过《周易内传》和《周易外传》来谈论宇宙创化论的问题。他所建立的理论基础，一个来源于张载，一个就是易学。其实张载的哲学体系也是在对《周易》进行深入研究的基础之上建立起来的。

“哲学人类学”的英文是“Philosophical Anthropology”，我很少愿意谈这个理论。“哲学人类学”主体和客体的关系不清楚，“人类学”是把“人”当作对象来研究，而“哲学人类学”就是说把人当作对象来进行哲学思考。从这一层面来理解，其余的那些人类内在性的问题，比如善恶的问题、人的命运的问题、人的宗教信仰的问题、道德的问题等，这些方面都无法去关注，所以我对于“哲学人类学”持批评态度。我主张用Humanology来替代Anthropology，把人当成具有主体性、内在性、自觉性的存在的人来理解，因此应该用“人学”来指称这个单词。

我也提出“马克思主义的中国哲学化”与“中国哲学的马克思主义化”两个方向，这应该可以与“儒家型马克思主义”在某些方面相配合、相呼应。“马克思主义的中国哲学化”就是说马克思主义需要更加重视对于中国传统道德哲学的关注，对人的道德和伦理的关注，对人生修养的关注，因为马克思哲学是政治经济哲学，是政策决策哲学，也是管理哲学与国家发展哲学，它的发展必须建筑在对国情的理解与对中华族群的发展目的的正确认识上面。况且，对于建立一个情理法兼顾的法治国家而言，中国哲学的重要性不可忽视。“中国哲学的马克思主义化”则是指中国哲学尤其是儒家哲学需要以更加开放的心态去讨论现代政治结构、政治体制或政治长远的发展，或者更进一步对于政治经济学、经济学、管理学这些方面有所考虑，当然这涉及公共群体、公共团体、公共空间建立推广的问题，还有公司之间的关系的问题，法律学的建立的问题，等等。在中国当下，我认为这是已经逐渐在发生的事情，所以可以注意到，在一定意义之上，马克思主义也越来越涉及以儒家为主的中国传统文化所注重的修养论，或者是道德哲学、伦理哲学方面的内容。同样，现代儒学更加关注现实问题。

奚：谢谢您接受我的访问。

现代新儒家的复杂命题*

现代史上中国文化的危机在于中国传统的物质文明、制度文明、精神文明都不能应付当前国家与社会的需要。如果人类历史的主流已走上强国与富民为存活发展的道路，不能面对这个需要，就是再好的精神文明也无法继续下去。从这个意义来说，现代新儒家如果认清这一点，就必须肯定促进物质文明的科学与技术的重要性与先决性。问题是，要发展科学技术是不是就要放弃传统的精神文明呢？新儒家显然主张传统的精神文明不但不可弃失且要更新发展，中国人应建立中国文化的共命，并追求道德理性的实现。新儒家这样的主张实际上已包含了几个重要的假设或认定，不可认为它只是为中国的传统文化请命。下面我就三个层次来表述新儒家的主张内涵：

一是，对一个文化传统来说，科学技术的发展是不够的，而且单纯发展科学技术并不能解决人生中的所有问题。因而，我们必须发展中国文化传统中的以哲学为中心的精神文明来解决人生的价值问题。中国传统文化着重精神道德，足可弥补现代西方偏向物质文明之短。

二是，精神文明是规范人类文化及人类社会的理想的主导力。科学技术的发展已使人类精神文明逐步萎缩衰落，造成人类的危害。或至少，人类自我如没有精神的价值的引导与充实，将失落其人生意义与人生价值，故不可不提出精神哲学的、形而上学的、道德理性主义的文化与思想以为人类谋取真正的智慧与幸福。

三是，科学技术要有根源才能蓬勃起来，吾人不可能接受西洋精神文明为其根源。事实上，中国的现代化也不可能预先假设具有西洋精神文明的历史，因之，中国需要维护及发展或开发自己的精神文明为科学发展的根源的动力。

这是我基于对新儒家的深入与广泛理解所分解出来的三个根本命题。三个命题糅合在一起，形成一个复合或复杂的命题。因之，我们可以把新儒家综合起来说提出了结合或糅合以上三者的复合或复杂命题。无疑，我们可以就个别的新儒家作出定性分析，看

---

* 原载《学术界》，1998 年第 6 期。

看个别的偏向在三者之中有何不同。显然所有的新儒家都具有以上三者的意向，但新儒家多未能把这些意向清晰地表达出来。当然更未尽能指出各项问题、关注重点与回应的层次。在我的理解中，梁漱溟最为强调的是第一点。他认为人生境界与文化内涵有上下层次差异。西方科学文化是最现实的，中国道德文明则是较高阶段，但最高境界的文化则是勘破一切的印度佛学文明。这一看法或多或少都存在于以后的诸新儒家中，只是文化判教的实际内涵有所不同而已。举例来说，在唐君毅的“心灵九境”中，儒家的“天德流行境”是为最高层，凌驾于佛道之上。

第二点也是每位新儒家学者的共识，甚至也可以说是所有新儒家学者的根本精神所在。换言之，可说所有的新儒家学者都是理想主义者与精神主义者。虽然他们对科学的理解是有限的，但是他们对道德境界与精神价值则有无限向往，承认科学技术是必要的（自然不同于庄子），但绝非充足的。他们看到西方科技的进步造成西方列强的优越性与侵略性，因而在潜意识中，他们主张发展科学技术是为抵抗外辱和维护生存。然而每位新儒家学者却未能看到也未探究科学对人类社会与文明的进步的深沉推动力量以及解决群体性生活福祉的重要性，因之对物质文明与精神文明的内在关联并未有深刻的体验，更未能进一步思考二者的互助与融合问题，当然也未能进一步思考群体性与个体性的互助与融合问题。

在所有新儒家学者中，牟宗三先生可说是最能表达以上第三点的想法的人。同于前人，他坚持第一点与第二点，而且在历史文献的基础上细致地论证了儒家心性之学中的心学的至上的精神境界价值。但十分不同于前人的是，他提出“内圣开出新外王”的说法，认为儒学的传统可以充足地引生科学与民主。但即使在最宽广的解释下，内圣是不可能凭借其自身的力量导引出科学与民主的。传统的思维方式与行为方式有其传统的局限性，必须经过批判、诠释与实践的过程才能锻炼出现代化的心态与能耐。如不然，又如何解除中国文化的现代危机呢？与其说“开出”，还不如说是“转化”与“接榫”似乎更为妥当。

作为后来者，我虽忝列为第三代的新儒家学者，我的基本看法却是：我们对传统儒学必须采取深刻理解的但却是重新创建的态度，对其缺失的科技、务实和思考必须力求补充与学习，并在一个更根源的更广阔的文化哲学的基础上，建立一套结合过去、适应现在、开拓未来的理解与诠释的方法，就整体的与个别的问题提出创建的系统的思考。我的出发点既是本体论的又是知识论的（此即所谓“本体诠释学”），使本体的意识与认知的能力相互激荡，且相互深化，树立一个整体的人性的文化发展模型。中国文化的现代危机既是自救问题又是救他问题，二者结合起来才能做中国文化传统的现代化与世界化的工作。从哲学上说，这是同时解决特殊性与普遍性问题的挑战。在解决这个问题的过程中，尤其不能忽视个体性提升与群体性提升的相互牵动问题，也不能忽视经济与科技的发展、精神文化与精神自由的充实的相互提升的问题。这就是我所说的知识与价值的辩证结合、统和扩展的问题。

对于现代新儒家的评价，我同意一种看法：新儒家所持的态度是一种文化的忧患意识，所忧者以忧时局、忧人生价值、忧中国文化之道为首要（相对于忧生存、忧国家、忧民族命运而言）。但此一忧患意识并不足以解除中国文化的现代危机。再者，新儒家对于西方文化的发展的整体性的理解与关注远逊于对中国文化的发展的整体性的理解与关注。这是其缺乏世界文化观的一面，对于科学技术与经济的发展的价值也未能深刻探究。但构思一套或部分中国文化及其精神价值的哲学理论则为现代中国知识分子发挥了类似宗教情操的安心立命的功能，为中国文化的重建与开展提供了文化发展的特色。从此一角度看，无疑，现代新儒学仍有其积极的时代意义。

第五阶段儒学的发展与新新儒学的定位*

从儒学内在的发展逻辑来看，儒学面临的问题是如何从个人的道德修持经社群的改造而达致人类社会的修齐治平。验之于中国政经的历史，儒学实际达到的成果与阶段性的成就大都停留在个人的道德修持与一般性的社会和政治的局部改造上面，更毋论长期持久的优良效果。相反，历代累积的历史效应往往是负面的、沉陷的、封闭的。这可以用皇权专制的深化与恶化来说明。自汉之宰相至宋明之门下中书内阁的发展标志着皇权的集中内化，也标志着皇权的逐步腐化与走向败亡。儒学作为内圣外王之学，经汉儒的通经、宋儒的体道，拒绝成为皇权专制衰亡的陪葬品，是否能在新的现代的政经体制上实现其理想，又成为儒学的时代课题？更深入的问题是，在政治与社会历史的发展中，儒学曾扮演了什么样的角色？它曾促进了什么样的改革？它又遭遇到什么样的失败？在21世纪的今天，儒学能否促进现代化与现代性的顺利产生？它能否把中国在内的东亚带向新时代的政经发展？它能否成为提升人类社会品质的文化力量？所谓新时代的政经发展指的是政治的民主化、经济的自由化。政治上的民主化的含义是全民在政治上的理性的意志参与，追求在政治组织与政治实行中合乎理性价值的人性潜能的实现。经济上的自由化指的则是建立导向合理自由竞争的市场，运用科技知识来促进生产力与提升社会中全体和个人物质生活、精神生活的品质。二者涉及的问题固然很多，但其要点不外乎发展人性中的创造能力以谋取人类社群的整体与个别福利，并逐步走向人类的大同与世界的永远和平及可持续向上发展。这是人类社会走向全球化的一个动因。

从这个人类发展的理念与远大目标来看，儒学不但早具此等发展的远景与精神，也可说为此一发展的目标提供了思想与理念的资源。故儒学本身的发展必须以此为标的，也必须善用此一价值认知来进行理论的重建更新与具体的实际应用。传统的儒学提供了发展的方向与目标，但却未能在理论与方法上不断地进行严密的探讨。这固然有其客观环境的原因，我们也不能忽视儒学生命成长的内在的因素：它未能发挥其合内省（致诚

---

* 原载《文史哲》，2002年第5期。

与涵泳本体）与外观（致知与穷理达道）之学的潜能，在不断的平衡综合中，以求认清问题、面对问题与解决问题（所谓力求实践、通体致用，故时措之宜），并从问题中扩展知识的范围与主体决策的能力。此即表明儒学要成为中国文化的现代化动力以及世界经济全球化的动力，必须先要自身现代化，也就是必须自身具备发展知识、充实及开拓理性资源的能力，而不必局限在因循文化的积习成规之中。文化传统的重要性不在文化的积习成规，而在文化所包含的价值眼光、价值理念与价值体验。

我们可以把儒学的历史发展看成三个层次与五个阶段。所谓三个层次是指道德、政治与经济三者形成的三项考虑，也就是义、利与仁的三项考虑。孔子重视道德层面，并以之为治国平天下的基础。但要做到此，却必须要排除自私自利，以仁为己任。因之，仁义并举、以义抗利就成了传统儒家的思想标志，同时也就束缚了儒家的经济思想两千余年。关于儒学的道德、政治与经济三层次的认识，我们可以做如下的观察：道德是约束个人私欲以寻求与达到社会的和谐安宁，进一步克己复礼，扩展个人的仁爱之心，以天下为己任，以德服人，必能由内圣而外王而王道天下。政治指的就是这种克己复礼、以德服人、正己正人的工夫。但为了使道德能够规范与成就政治，就不得不对能够诱人私欲、陷人于腐败的利加以限制，甚至对如何去实现众人之利的经济也就绝少发挥。就以《论语》一书而论，我们看到的是君子固穷，小人重利而为君子所不耻。至于国家的经济大局，孔子强调的是不患寡而患不均。相对于更早期的管子而言，孔子显然并不重视经济，这也许是周代齐鲁两国不同的政风所显示的文化差异吧。虽然，孟子站在人民基本的生活需求的满足上，思考如何建立一个可持续发展的福利国家，但这仍非西方18世纪以来借积极开发经济来建立知识社会、理性政治，来实现人生的自由与平等的同调。《大学》中有一段反映了以德生财的精辟推论："是故君子先慎乎德。有德此有人，有人此有土，有土此有财。"此一推论却必须假设德的含义在现代化的需求中必须扩大，应该包含高瞻远瞩、知人善任的眼光与开物成务、节流开源的雄才。现代化的儒家就必须致力于经济的建设，并以经济的建设为达到政治建设与文明建设的一个必要途径与手段。

儒学发展五阶段论①：儒学的发展有其斑斑可寻之历史轨迹。首先必先溯之于儒学发展的原初阶段（公元前6世纪—前4世纪）。对此一阶段的理解至今仍未尽完全。但此处我们可以把理解的重点说出：首先必须要肯定儒学的历史文化基础，以之源于中华民族的生活智慧与宇宙认知。故不可把《论语》与《易传》裂为二本。在原始的宇宙认知上，儒家与道家是共源。其次，孔子的"吾道一以贯之"的道是体用无间、持体达用之道，不可局限在伦理与政治层面，但却包含二者为内外之一体。其核心是生生不已之

---

① 牟宗三有所谓儒家三期发展说：先秦儒学为第一期，宋明儒学为第二期，当代新儒家为第三期。杜维明对此作了发挥。我此处提出的儒学发展五阶段论应更能表达儒学发展的丰富内涵与曲折过程，为儒学的当今与未来发展提供更深刻与广阔的远景。

德，实现为义利兼具的一体之仁。孔子也重视智与礼，但却以之为体仁的条件与形式。因之孔子的哲学是包含极广的，涵摄了孟子与荀子的重悟（思）与重学（知）、重义与重礼、重气与重理、重力行与重清明的多重性格。在经典上，我们可以看出四书五经的一体多元、多元一体的整体性与开放性。我们必须在此一理解的基础上去理解儒学的发展的内核精神与精义，以及其扩展与自我超越、返本创新的能力，在此一基础上。我们也可以看到中华民族的文化与学术生命的发展及更新的潜力。

总而言之，古典儒家的精神在以全民个人道德的修持来促使个人自我实现、进行社会改造与达到民本政治的建立。儒家最后的目的在人性的完成与仁爱社群的实现。何谓个人道德的修持？在掌握个人生命的潜力以自省的方式体察人性原初的同情共感、克己度人的内在能力与意志，并发挥为合理的个人行为与生活方式。我们对孔孟之道的理解当可从此数言所包含的数方面切入。孔子面对复杂的人际关系与社会结构，认识或觉悟到人的自我的对恶的克制与否、对善的扩展与否的主导能力，因而提出一个“仁”字来作为行为的起点与标准。仁既能克制自我，予己以成长的机遇，予人以活动的空间，又能扩展自我以包容他人，从而待人如己；己所不欲，勿施于人；己欲为善，与人为善；己欲为恶，因恶恶而弃恶从善。由此观之，仁之自觉既为自我的认同提供一个本体的层面，又为道德价值或行为规范提供一个确认是非善恶的最根本的意念与信仰，是乃人性之为人性、人之为人的根基所在。

古典的儒家是以仁的发轫与仁的完成为个人及社会的生命的最终价值。在人的仁的转化与成就过程中，因种种处境与关系呈现了种种德性。儒家的所谓诸德就是人的实现为仁的呈现，必须从一个整体的仁的完整过程中去理解，又必须从人的最终信仰、最终价值、最终承担来理解。《论语·泰伯》中曾子说：“士不可以不弘毅，任重而道远。仁以为己任，不亦重乎？死而后已，不亦远乎？”就是这个意思。《论语·卫灵公》中孔子又说：“志士仁人，无求生以害仁，有杀身以成仁。”由此甚至可见孔子心目中的仁者的殉道性，可说富有强烈的宗教情操。但即使作为宗教的情操来看待，仁者之能舍生取义、杀身成仁，非必要以特定的宗教信仰为对象为目标，也非必假设有此一特定的宗教对象或此一特定的宗教目标，但却必须要以人自身的行为价值为目标，以人对生命的意义的最终觉悟为依归，故是完完全全以个人生命的超越与人性的实现为终极关怀的。仁界定了人，也成就了人，界定了道，也成就了道，并实现了人的内在的德的、道的或道德的宗教性。

以上所说的就是儒家有关人的生命哲学的内在的超越。这个内在的超越是在人的生命中实现生命本体及宇宙本体的深沉价值，体现了超越自我又完成自我的在有限性中实现无限性的精神。此一超越除了精神意义外也有其宇宙论的意义，此即自我创造性的超越或内在的超越，而非外缘拯救性的超越或外在的超越。这点说明了儒家的人文、人本、人生的宗教性（自我终极完成）本质，同时也显示了儒家可以与时俱进，同时向外向内开拓的创造性的所在。儒家之能够不断发展不断革新正是体现了儒家内涵的自强不息、厚德载物、日新又新的创造精神。从这个意义上说，古典儒学是原始的中国的生命本体宇宙哲学的具体实现，也就是《周易》的天地人哲学的天人合一、天人感应、体用相需、本末一贯的道德性的发挥。因之古典儒家在其发展中也逐渐形成了一个涵盖天地万物的本体宇宙哲学，与其道德的实践与社会政治的体现彼此呼应，并互为基础，表现为知行本质上的一贯性、持续性、发展性与开放性。这也是古典儒家自孔子以来到孟子重自反、荀子重劝学的一贯学习求知精神之所在。当然，这点也就保证了儒家的可持续成长的再生能力与能量，在今后历史与文化的发展中呈现多样的境界开拓与制度建立。

儒学发展的第二个阶段从古典儒家到汉代儒学（公元前 2 世纪—公元 3 世纪），走的是经典的整合与经义的系统化路线。面对秦火焚烧的灰烬，如何在文献上求正确完整，在文字注疏上求原有义理，在义理上求贯通圆融，在应用与实践中求效果求权威，都可看成是汉代学者面对时代的当务之急。基于历史的此一要求来理解汉代儒家，汉代儒家可说在传授经学的同时力图建立一个比较完整可信的古典知识体系与语言解说系统。董仲舒不但可看成是此一方面的集大成者，且进一步把对天的信仰与社会伦理及政治措施密切地关联起来，形成一个天人与主客相互感应的阴阳五行符命系统。他与汉武帝“天人三策”的对话开启了罢黜百家、独尊儒学的汉代儒学权威。此一措施不但引起了儒学的过度伦理化、政治化，也导向其谶纬化、政争化，使西汉儒学走向衰落之路。又因为政治的因素，两汉经学今古文之争未能得到很好的解决，使后人无法获得古典学术的全貌。但就中国诠释哲学的发展来看，诸多中国经典诠释的特色却可自此以一角度来理解：重建文本与原义或发掘微言大义。无论是《周易》的象数之学或《诗》、《书》与《春秋》的注疏之学，都体现了既广博而又驳杂的特征。一直要到东汉末的王充才对此一局面进行了强调实证的整饬与批判。到了王弼更尽扫象数，建立了与人生及宇宙直接体验关联的《周易》哲学。这其间道家哲学发挥的净化提升作用自然是不容忽视的。在此基础上，宋明理气心性之学才得以发挥。儒家与道家的互补与互动于此也可见一斑。

在魏晋玄学（新道家）的基础上，中国佛学的发展是可以理解的。在玄学与中国佛学的基础上，儒家的再发展更是可以预期与理解的。这就是儒学第三阶段的宋明新儒家（10 世纪—17 世纪）的兴起的动力与资源。至于宋明新儒家的特色何在，我们可以列述其重点如下：

1. 对本体宇宙的体验涵泳以生命价值之源（周敦颐，张载，二程）。
2. 对道的理化与气化以及本体哲学的整体系统化（邵雍，朱熹）。
3. 对自我人性的深入感受形成性理化与心性化（二程，朱熹）。
4. 对人天深层动态结构与发展过程的体会与理解（周敦颐，邵雍）。
5. 建立道德伦理内在的规范于本体心性的体会与理解之上（陆象山，王阳明）。

6. 面临心性哲学的思辨化的两极发展及其内在张力（朱熹，陆象山）。

7. 面对天人（道德）本体致知达用有关治理及改革实务的考验（二程，王安石）。

8. 面临改革中人性、社会、经济与政治结构的挑战与教训（王安石，二程）。

9. 面对理性与人主体性（悟性）的根源与分化的整合挑战（朱熹，王阳明）。

宋明新儒家面对问题的态度为何？解决问题的方式为何？带来的新问题的性质为何？保存及开拓古典儒学的方面为何？迎拒及融合道家与佛学的方面又为何？我们可以从北宋道学的发展、南宋理学的建立、宋明心学的兴起、此等诸学的实际运作与致用来考察。在此考察中吾人得到以上九点结论。更值得吾人反思的是道学、理学与心学的致用所标示的体用如何平衡激荡、如何相互批判与如何推陈出新的问题。我们当可从宋代神宗（1067—1085 在位）、哲宗（1085—1100 在位）两朝王安石变法的成败中领会到儒学作为体用之学的许多深刻教训。

自宋而元，自元而明，自明而清，宋明理学与心学递有消长，优劣互见。清代（1616—1911）可视为儒学发展的第四阶段，是一个恐惧戒慎的保全阶段。明末清初四大家（顾炎武、黄宗羲、王夫之、颜元）在失国之痛的反省中深入地批判了宋明理学与心学的流弊，力图建立一个开放的本体宇宙观与历史哲学及务实的实践哲学。但由于改朝换代，虽然开启了崇实绝虚、回归经典、直探义理的学风，却不能扭转清廷基于统治的要求实行的文化政策，遂转向考据与训诂。这也使儒学不能于痛定思痛之后有一番飞跃发展与更新。相反，乾嘉汉学的流行使儒学陷于整理典籍、编撰考证文献的窠臼之中，不再具有通经致用的气象。固然，吾人一方面必须肯定乾嘉汉学的科学考据的成就，对传统文化的知识体系进行了严密合理的整理；另一方面也不能不惋惜错失了中国可能发展实学与科学的机会（明末朱之瑜远走日本，倡导经国济民的国家改革，影响了明治维新，使日本较快地走向现代化，即为一例）。

考据之学两派：吴派（成于惠栋）与皖派（成于戴震）。吴派故步汉儒，思想上缺少创见。皖派则能求真求实，抒发己见。最重要的实例是，戴震从训诂之学的实践中凝聚出新的思考方法与新的思考方向，并对宋明进行整体的批判。戴震举出“以理杀人”的批判，指向后期理学与心学的闭塞及脱离人性与生活，是一针见血之论。但可惜的是，他却未能掌握早中期宋明的理性主义与道德精神来进行社会与个人伦理的重建，开拓一个面对世界宇宙的知识视野，对时代的影响也因之极为弱小。以此，乾嘉之末，方东树、章学诚等人不得不重提宋学以批判汉学。基于对时弊与社会危机的自觉，道光期间，今文经学派（公羊学派）逐渐兴起，主张“通于天道人事，志于经世匡时”，对清代后期的社会有振聋发聩的作用，并导向变法维新之议。其中，龚自珍（1792—1841）最能切中当时的全面危机（经济的、政治的、社会的），具有强烈的时代使命感，并积极提出均田利民、生产富国、君臣共治的大型变革思想。可惜此一经世致用的公羊之学未能被及时采用，列强侵略日急，乱世遂不可免矣。

总言之，有清一代儒学的处境可说是时时面对危机，不是陷溺被动，守成隐退，就是大声疾呼，无力获得社会与当局者的适当回应。毕竟社会与当政者的积习已深，面对时代之大变，终以欲振乏力，难以自拔。这正可说明鸦片战争之后，历经洋务自强变法维新的努力而仍归于失败的缘由。当然，从个别的经学家或学问家言，开始重视事功之学并要实践从事实业，也不少见。但举国却无儒学活泼生命力的鼓舞，因循守旧，心态痼弊，只可谓死守善道而已。儒学的生机可说已到断港绝潢的地步了。

19 世纪中国经历了亘古未有之大变。宋明理学本就不足以因应时变，但如能早谋改革并返本创新，开放吸收，刚健自强，也必能如日本之明治励精图治，而又不必走上军国主义的道路。由于错过了时机，儒学的再发展就必须经过一个迂回的过程了。这就是我说的儒学的第五阶段的发展。此一阶段的发展应该掌握中国历史发展的教训，扩大眼光，吸取新知，开拓资源，面对政经文三大领域进行持续的整合与创造。要达到此目的，必须面对中西方或东西方的两大文化体系进行理解与把握，以切入知识与行为双向的全面整合与逐步融合。

东西文化及哲学两大系统隔阂既大且深。此等隔阂不外出于西方现代文化突出的四方面发展：系统科学知识的发展（儒道重智慧不重知识，重自我学习不重集体探索），功利道德与权利伦理的发展（儒家迄未正视功利主义与个人权利主义，儒家重德性与责任，不重形式上的权利），民主政治与民主社会的发展（儒家以民本为政治之本，未能相互主体化为形式上及实质上的民主），自由市场与市场经济的发展（儒家不看重商贾与贸易，因不重视个人及集体的自由谋利之故）。西方由此又产生了法理与法治的发展，国家权力的发展，经济知识化并与科技的结合，经济与社会文化的结合。总体来说，西方的文化积极扩展主义或曰权力意志外求主义的发展与儒家人本主义、人文主义内省主义形成尖锐的对比。我们可以列表对照之，并可将之归纳为现代知识论所论述的内在主义与外在主义的对立，亦即古典性与现代性的对比与对立。我们在下面可看到有关西方现代性与中国古典性的重大特质差异对比：

现代性（西方）	古典性（中国）
1. 知识抽象概念化、科学化与系统化	1. 知识的具体表象呈现与经验组合
2. 人主体性的意志化与物质化	2. 人反思本体的自然随机与气象表达
3. 人性的中立化与生理化	3. 人性的道德内涵的价值体验
4. 人天结构分离化与对立化	4. 天人合一的心性起点与修持成就
5. 道德伦理的权利化与立法	5. 道德伦理的德性化与自约要求
6. 心理科学的对象化与行为化	6. 掌握主体人性的内省与修持机制
7. 生命现象的观测化与实验化	7. 内在超越于自然生命的本体而归于道
8. 社会国家的民主化与法治化	8. 转化王圣为圣王的奉献与期盼
9. 人类经济的全球化与统合化	9. 无视于或无为于经济发展的主导性

在此等比照的理解下，如何以古典性之体发展与含容现代性之用是20世纪儒学发展面临的最大的课题与挑战。此即为第五阶段儒学发展中的重大课题与挑战。当代新儒家（自20世纪30年代以讫21世纪的今天）的兴起自有其时代性的眼光与迫切的使命感，但未能系统地掌握古典性与现代性的要点对照是一根本的缺失，往往以一概全，往往画地自限，故步自封，整合未成而先下结论，都是当代新儒家内在理性的或方法论上的缺点。至于径在道德理性一条鞭的基础上对治科学与民主两课题犹不能解决所有现代性的根本问题，其失在未能窥知本体理性的包容性与一体多元性而善加利用。总结当代新儒学的重大缺失，为未能正确地掌握全局，未能深入西方传统，未能知此知彼，也因之未能自我全面反思，未能自我全面深度批判，未能把握历史发展的方向与经世致用的战略要点。对于早期新儒家熊十力与梁漱溟等的批判与对于后期新儒家唐君毅与牟宗三等的批判，最好参考我最近用英文编写的著作《当代中国哲学》一书。

第五阶段中新新儒学兴起，面对当代新儒家的盲点与弊执而进行再启蒙并回归原点而再出发。① 此有两重点：重点之一在掌握自我以掌握宇宙本体，掌握宇宙本体以掌握自我。此点可以《周易》的本体宇宙论说明之。重点之二在掌握天人一体的整体以面对现实，以发现问题、分析问题、解决问题。认知问题与解决问题的核心在持全以用中。所谓用中是在全盘考虑下所获得的最佳评估、实行方案与策略。所谓中与用中是相对整体的体而言，是可以在整体的体中合理化与说明的，也可以在其中改进与改良的。甚至此用也可以导向对本体的再认识与再掌握。所谓体是开放宇宙中开放的自我，所谓用是变化中的宇宙对变化的管理。

新新儒学必须对仍在科技发展变化中的西方予以全面的理解、全面的分析、全面的反思，并在体、用、学、思、知、行、法、策等方面都进行重整。事实上，此一重大工程在贯通东西、融合东西，贯通融合东西之道在寻找共同点以建立沟通，面对差异以创立包含体系，并转化差异使其具有阴阳互补互动的创造功能。同时也把重建儒家看成重建人类文明发展的方向的工作。在21世纪的科学文明的良好物质基础上重建具有全球人类性的人文精神与人本主义，表现为解决问题的方法思考，也表现为深度的人天（自然）的伦理思考，用之于社会与经济，使其兼具知识性与智慧性，并同时兼具客体化与

① 20世纪90年代初期，我即产生“新新儒学”的概念。此一概念是基于我对当代新儒家的哲学探讨与建言的结果，主要的意思在促进当代儒学的自我超越与继续不断发展，同时也是为儒学面对康德后、马克思后、现代后，甚至后现代后的西方思想与人类社会的发展所作的创造综合的投射与远景。1997年应《文化中国》杂志主编梁燕城博士的邀请赴温哥华演讲并接受访问，谈中国哲学的后现代建构问题。我即正式提出当代新儒家之后的新新儒学的发展。我在谈论中还把“新新儒学”一词与“后后现代”相对而用。同时我也提出了“前现代”、“现代”、“前后现代”、“后现代”与“后后现代”的世界文化五段发展论。那次访谈后，我则正式提出了儒学发展的五阶段论。1998年春季，我应香港中文大学哲学系之邀作了一次客座演讲，讲题即为“后后现代与新新儒学”。这段期间老友魏萼教授也开始用“新新儒家”一词，并与我进行了非常有益的探讨。魏萼教授是知名的经济学家。最近他又写了《清儒·吴儒·新新儒》一文，魏教授所谓“吴儒”属于后期清代儒学，看重实学与经济，可名之为“经济儒学”。

主体化的两面。唯有如此，方能发挥儒学的持体致用的本体理性的哲学，也唯有如此，方能回归古典儒家天人互动的创造精神。

此一新新儒学如何体现古典儒学与宋明儒学呢？又如何体现中国古典性与西方现代性呢？总体来说，它的活力在掌握了古典儒家的自强不息的创造精神，并承接宋明理学与心学的尽理尽气的拓展精神以开发一个个人与群体互动的整体伦理，兼具有全球性与人类性。它必须接受西学知识系统建立的启发，强调一个开放的学习组织与学习过程，主客互动，以知识推进价值，以价值整合知识，使其深化与广化。它必须结合东西方的文明精华，追求以知识为极限的价值，以价值为基础的知识，开展一个生生不息的本体宇宙观，一个自我实现自我完成的人生境界，一个整体的人的生命价值定位。最后，它必须结合古典性与现代性及后现代性，在肯定普遍主义的架构中对相对主义进行探讨，在接受真实与现实的基础上对虚无主义及虚拟主义进行理解，在发扬德性伦理的过程中对功利主义进行整合，重建融合异己与自我的生活世界，而不局限于自我创建的理性世界。

在最近的社会与政治科学对国家、社会、经济的发展策略的讨论中，英国社会学家吉登斯（Anthony Giddens，1938— ）提出所谓第三路线的说法。何谓第三路线？第三路线是相对于第一路线与第二路线而说的。它与儒学里的中庸之道有何关联？在《论语》中，学与思可看成两条治学的路线，二者缺一不可，故最好的方式就是二者兼用，进行一个最佳或最有效果的组合。第三路线是否有包含此一最好的组合的意思并不可知。显然，吉登斯所重视的标准是实用主义，而非具有道德意义或本体意义的致中与用中之道。上述组合两端或两极或两面以求其中是致中的方法之一，但如果两物不可得兼，必须要有取舍，也必要有一个决定取舍的标准，此一标准也可视为第三条路，但由于它是独立于二者之上的一个尺度、一个眼光，最好称之为超越提升之道。故孟子说鱼与熊掌不可兼得，舍鱼而取熊掌，是基于熊掌更为难得。故第三路线的真正的含义在认知与批判已存有的第一、第二或其他选择以求最好的选择，也可说是超越第一与第二所做的最佳选择。《论语·里仁》中孔子说的“君子之于天下也，无适也，无莫也，义之与比”，或《论语·微子》中“无可无不可”的适当选择，就可以看作此一超越提升的态度或原则的说明。在一般的情况下，孔子所提出的“时中”概念，以切时为中，也可以作为对此一态度与原则的说明。如果第三路线能就孔子说的“执其两端，用其中于民”来寻求时中之道并切实用于革新与改良，则所谓的第三路线就有其道德的内涵了。《论语》里孔子常谈到中字，而其所谓中往往指中节、中的之中。如《论语·微子》中他说柳下惠、少连是“言中伦，行中虑”，又说虞仲、夷逸是“身中清，废中权”。在《论语·先进》中他也表示“夫人不言，言必有中”。这些中所显示的当然不是什么取悦民意、获得选票的中间路线，而有提升社会、归本民命的意思。

如上所说，所谓“用中”应该有两个意思：一是知其两端而取其中用之；一是无论是否有两端，只要能够依照一个理想的标准或价值力求其中的中。第二个意思应该更重要。因为即使有两端，用其中的中绝不是一个折其半的折中，盖如此则流于机械而无法真正解决问题。如此，“用中”之义也就不外乎中用。所谓“中用”就是能发挥解决问题的作用。我们甚至也可以解释中庸的哲学原理就是用中以中用，中用而用中。中庸即中于日常之道而用之，故中庸即中用。同样，时中即中时。《中庸》说的“致中和，天地位焉，万物育焉”的道理乃在执中而用中，使执中之中中于用。执中之中指的是本体，而“用中”也可指用人性本体的良知或人生整体的智慧以找到解决问题之道，此即中用或致中而用。如此，我们也就回答了如何去致中、知中、执中与用中的问题。致中与知中就是要回归人性的本体以掌握人心与社会整体之需，有一个全宇宙的与全球的大局眼光与理解。执中就是毋忘此一本体的眼光以求深刻持续，用中乃在从超越具体时空到深入具体时空来发掘问题、认知问题、分析问题与解决问题。执中而中用是一个制定政策或策略的方法论，此一方法论或可名为“立足整体，针对具体以解决问题”的方法论。

当然，吉登斯的第三路线或中间路线的提出也不是偶然的。[①] 第二次世界大战期间及其后，东西两大阵营的对立是资本主义与社会主义的对立，从西方观点来看也可说是所谓“集权政治”与自由经济的对立，一个重点在创造财富（市场）、分散权力（民主），另一个重点则在平均所得（福利分配机制）与集中权力（集权）。但我认为二者的价值观各有所长，若有最佳的组合，既能创造财富，又能合理均分，既有民主的体制，又能建立有效管理，岂不更好？故在20世纪40年代，源于奥地利学派的知名经济学家熊彼特（Joseph Schumpeter，1883—1950）提出资本主义的最后消解与市场社会主义的经济政策立场就是一种指向未来的第三路线。吉登斯在社会与政治学上提出第三路线也可说是提出一个在政治与经济上思考问题、解决问题的方法。这个方法如从体用思考上说，儒家则早已提出，只是有待于我们更进一步的疏解与发挥而已。这一工作我们在上面已经提到了。这也就可以看作第五阶段儒学发展的重要工作：用现代的语言彰明儒学明体致用的毋忘本体的思考方法。

我们综合以上有关儒学第五阶段的发展为新新儒学的实质内涵与发展方向，可以简述为下列十大原则：

1. 在古典儒学与宋明儒学的基础上建立一个创造性的，含括天人互动的本体宇宙观与人类生命发展观。

2. 在古典儒学、现代理性哲学与科学基础上建立一个主客分合自如的知识论与动态的知识系统观，包含科学研究、工业技术开发、社会经济发展的网连与互动。

---

① 吉登斯所谓第三路线其实更是政治经济上的中间偏左路线，而不必等同我在此辩明的“整体针对具体”用中以中用的思考方法。他的第三路线的观点直接影响了德国总理施密特与英国首相布莱尔的施政政策。

3. 在古典儒学与宋明儒学及当代科学的基础上建立一个理性与人性互动、个人与群体互动的价值观点与价值体系。

4. 在古典儒学及东西方文化的比较基础上，发展及持续地开展一个体用相需、持体致用、利用明体的方法论，亦即上述的“立足整体，针对具体以解决问题”的思考方法论。

5. 综合宋明理学与心学，我们可以把理气心性的作用与关联形成一个知行合一的知识决策论：气感于心、验之于理、返归于性、受之若命、性之命之、以成其行。

6. 在古典儒学与现代伦理学的基础上建立一个整体性的人类伦理学，其重点在统合权利（含人权）与责任以统合德性与功利，也就是在人与人、社群与社群、族群与族群、国与国、文明与文明的和谐化的基础上同时寻求个人潜力的发展与全体社群利益的最大化。

7. 综合历史上四阶段的儒学发展经验及现代化的要求与西方现代化的得失，建立一个伦理与管理互动的管理机制与体系，同时用之于公共行政与经济企业管理。

8. 综合资本主义与社会主义的发展经验，在第四阶段儒学公羊学的精神与上述新新儒学的价值关于方法论的基础上建立开物成务、兼及创造财富与均平财富的经世利民经济架构并培护其发展。

9. 掌握理性的资源、历史的经验、文化的精神、社会的需要，在古典儒家的人文关怀的基础上开展及优化现代民主与法治，创造社会进步与文化发展的大环境、大气候。

10. 面对人类未来与人类政经文发展的需要，基于儒学天下为公、世界大同的理想，积极推动理性与人文的教育，使儒学的价值观、伦理学与方法思考能够做出创造人类万世太平与可持续繁荣的贡献。

新新儒学的意义及其发展*

——成中英教授访谈录

本文是美国夏威夷大学成中英先生之访谈记录。2005年6月，成先生于英国牛津大学巡讲后应邀来华，主讲“新新儒学的意义及其发展”等课题，此文即讲席间请益之得。今略增润，并经成先生于百忙中过目与订正，以飨读者。

一　东西横摄与推陈出新

麻桑（以下简称“麻”）：儒学到底有怎样的意义，什么叫儒学运动，儒学的意义与儒学运动的关系为何，这些旋绕我们心头很久的大问题，也是正好向成先生请益的。在我的印象里，对儒学推扩所面对的当下情势，似有两类见仁见智的判断：一类是圈内人的。李泽厚、杜维明先生都曾在近著中发出“儒门淡泊，于今为甚”的喟叹。① 他们的喟叹纵使是基于历史主义的洞察，比照董仲舒的“崇儒更化”、程朱的理学气象等等而来，但也出于当代启蒙主义的艰难践履，可谓爱之深、关之切。另一类是圈外人的。现在官方祭孔和学者推动民间读经的现象，至少在媒体那里已沸沸扬扬，给人以别开新面之象。譬如香港《凤凰周刊》2004年第34期载有专文，冠以《大陆儒学复兴运动》之名；国家汉办设立海外“孔子学院”的话题，几成街谈巷议。这里列举的两方面究竟是“似花还是非花”的客体之辨，抑或来自判断主体之殊所致，因我们今天对话的时间所限，可能不构成展开的重点。我们更关心的问题是，儒学运动在未来到底有多么大的前景，或者多么大的困难，传统儒家的经典价值系统现在应该怎么来转化。我们知道成先生一直是儒家文明之海外的重要呐喊者，对儒学的反思及其普遍价值有着深刻的体认。在您看来，儒学世界化是一种必然的趋势，您认为儒学的道德主体性将就全球的社

---

* 原载《人文杂志》，2006年第2期。

① 参见李泽厚：《己卯五说》，31页，北京，中国电影出版社，1999；东方朔、杜维明：《杜维明学术专题访谈录——宗周哲学之精神与儒家文化之未来》，236页，上海，复旦大学出版社，2001。

会现实起救弊之用。这个“救弊”具体是以什么为逻辑起点的？基督教也强调其对现代社会的救赎功能，如此一来，东西方文化间会否存在观念世界的冲撞呢？

成中英（以下简称“成”）：你刚才所谈的，可说是一种时代的感应或感动。现今这一时代乃是一个剧烈变迁的时代，却也正是人类可以来重建美好家园，更好地去树立人间一些美好价值的时代。经过20世纪的两战之乱，及至此时，人们多少看到战争是不好的，是须尽量去避免的。然虽有寻求全球之和平与繁荣这样的愿景，基于历史的原因及某些哲学条件，还是不能完全摈弃自己的私心、私欲或既得利益，来追求人世间的理想。在这个意义上讲，新一代哲学家或有志人士都应该关心这个问题，怎么样去减少人的一种自我设置的障碍，一种对其他人的可能的压迫，或有意而无意的宰制，以维护人类的理想，然后尽力地在各种生活实践里努力地使此理想有其皈依。浸淫于中国传统滋养的现代新儒家，就是有这样一种想法。他们认为，中国文化也有救世的精神，确是可以在这个世界得到发扬的。当然，这不是说只有中国有这样的精神，基督教也有。但基督教是基于上帝，儒家是基于人性。东西两个文化潮流有不谋而合的地方，但另一方面，基于它们两个不同的信念，也不能说没有一些在价值或本体论上的可能的冲突。但我认为，冲突最终可以避免，关键就在于儒学或哲学学者如何去构建对世界真实本体的认识，对人的本体的认识，尽量化解人们之间理论上的冲突，启发大家抛弃成见，建立融谐社会。

麻：我想，在观念形态的东西互通这一问题上，尽管自梁漱溟、冯友兰那一批现代新儒家始已达到非常醒目的认识高度，但从实际看，不唯东方世界在努力，西方世界也在努力。葛瑞汉（Angus Graham）在评述史华兹（Benjamin I. Schwartz）的《古代中国的思想世界》时如是说：一些西方汉学家超越东西文化及语言的差异，去发现中国思想里具备人类共性的那些普遍问题（universal problems），以期异中求同；另一些则透过所有相同点，纠葛于受文化制约的概念系统和汉语—欧美语系结构差异所带来的诸多差异，以期同中求异。① 您对上述现象可以说是十分了解的。那么，成先生您所说的“东西文化间的沟通仍在萌芽阶段”，是在什么意义上的呢？是否涉及核心价值的层面？

成：的确，五四以来，当初新儒家这批人最先关注中国文化是有价值的；后来有着儒家赎世心态的年轻的这一代（中国的哲学家），更强调中国哲学或文化的价值，而且努力去证明它有价值。要证明它有价值，就要知己知彼，知道别人也是有价值的，掌握别人的价值，来发扬自己的价值。这样才能真正建立文化间特别是东西文化间的沟通关系。

东西文化之间的沟通还在萌芽阶段。从我这段时间到牛津讲学的体验，感到他们在

---

① See A. C. Graham, “Review of B. Schwartz's *The World of Thought in Ancient China*,” *Times Literary Supplement*, July 18th, 1986.

哲学这一块，很多地方仍坚守中世纪以来的神学阵营，对西方传统哲学体系有一种强烈的保护，但他们的保护不是不讲理性的，而是逻辑地、理性地去论证。故你也只能逻辑地、理性地去和他们探讨，不能因为你不喜欢它，你就去批评。西方的核心价值，在我感受特别深的，还是由于古希腊传统以及由于基督教传统所产生的那种对人的理性主义的认识，以及对上帝的一种超理性的信仰。这种价值观基础产生了资本主义、帝国主义、强权主义，造成了人间的纷争。现在发现这条路走不通，有的思想家就想修订这一价值观基础，但他们的核心价值根深蒂固，目前还很难改变。只是在发展自己立场方面，他们愿意去了解、去考虑接受别人。

每一个文明都有它的核心价值。没有它的核心价值，就无法成为自己的文明。所谓核心价值，就是我所说的文明的本体，即这个文明发展当中自觉地体悟到的、建设起来的、已变成社会一部分并形成这个社群的基本线条或者规范的那种自觉或不自觉的价值。譬如以西方来说，对人的认识，一方面认为他是有理性的，另一方面认为他是有欲望的；一方面这个欲望应该去发挥、去满足，而另一方面呢，理性应该去理解，然后去限制，用一种社会立法的方式来限制人的欲望。这跟中国有所不同。在中国，你有欲望，你就应该用道德来修持，来净化自身，最好把它隐蔽或消除。

麻：成先生说得很有道理。在私己的情感欲念上，东西方的处理方式的确有所不同。不过这种不同又不是彻底的。西方自古希腊始，就有一支主张感性快乐从属于理性或德性支配的所谓“理性主义伦理学”；而在中国的经典哲学体系中，尽管思孟学派从内在超越的方面强化了孔子的德性论色彩，并自兹成为儒家的主流思想话语(intellectual discourse)，然荀子已肇其端的儒法互用的思想倾向，也并未就此湮灭。这在南宋乾淳间的永康学派那里体现得很明显。这一派在主张“心一德进”的仁的自觉精神的同时，也主张用法来对质欲望，即所谓“欲恶而节”。

成：问题在能不能认识欲望的理性价值，给予它适当的定位，在一定范围内把它看成是价值追求的一部分。

麻：回到西方核心价值的套论上来，也许我的感觉不对，我觉得当代西方盛行的后现代哲学思潮对他们的传统与经典形成了巨大的挑战，从法国的福柯、德里达到德国的哈贝马斯，传统的那些东西在他们的手里被破坏性地、颠覆性地一一肢解了。

成：你把后现代主义的作用与功能给估高了。这方面，我比较接受奎因教授的那个模型。整个科学知识里面，有些真理是最核心的，比如逻辑、数学这些东西，然后一层一层往外推，逐次地又有很多不同的理论。它们好像架构起来一个大楼，架构在经验的基础上。经验发生动摇时，建筑受到波动。但越是里面的建构与陈设，越不受到波动。

但就逻辑的本身来说，亦未尝不变，即在一个变化急剧的知识经验里面，我们对逻辑或数学的一些定律，还可能进行一种修订，或进行新的模型的创建。事实证明如此。数学里，欧氏几何走向非欧氏几何是一例，微分几何走向拓扑学（topology）又是一例。

逻辑里面，除了二次元逻辑，还有三次元或多次元逻辑，因面对相对论，尤其是量子论，理论上无法解决不定性的问题，故必须承认不同逻辑系统的可能。从另一角度来说，我们的宇宙仍是一个具有强烈的随意性与耦合性的存在，无法用一种必然性的逻辑来掌握。我们只能用一种或然的或统计的逻辑来说明它。也许后现代的思想走得太极端，想把一切架构与概念都解构掉，那却是不可能的。我们还是要理性地观察事物，不断地建立秩序或更新我们的秩序。

这就是我对你上述问题的大致回答。

麻：您的回答是有启发性的。您认为西方文明的本体并未受到实质性的影响，但它面对现实亦多少在悄然地发生改变？

成：是的。像怀特海，是从科学哲学或宇宙论这个角度，像海德格尔，是从人生哲学或存在哲学这一角度，神学家蒂利希（Paul Tillich）则从终极关怀、人的感情、价值观的角度，来重建人的存在的意义，这些都代表了 20 世纪初始人类有一种新的自觉。这种新的自觉乃自身存在的提升。这种提升是把过去那么长的历史文明里面，自己所属的文明里面的那些东西给推陈出新了。

事实上，像海德格尔也没有完全否定西方的传统，他只是说大家误解了古希腊的早期哲学，他要把那些东西提升出来，加以新的诠释。故在此意义上讲，海氏哲学是一种诠释性的哲学。我们这里有必要给提升与诠释的概念作一界定。提升即是一种诠释，它通过诠释来实现。诠释是什么？诠释就是一种转化，是在体验中将原来存在的意义通过新的形式，由于新的体验，得到一个新的表达，而具有创新性。更进一步，它因超越而又包容传统的历史性。所以，我觉得，西方哲学家批评传统，但也没有超越传统。

麻：那么，依您的意思，我们在体认现实及对待自身的传统时，也需要一种诠释，需要借鉴西方的那种“推陈出新”。这里有一个疑惑，他们的那个“出新”，似乎是克服培根所谓的“剧场屏障”而得到的，与东亚价值观的渗透看来并无太大的牵涉。

成：诚然，西方一些相对保守的学术阵营，如牛津大学、巴黎大学，把中国的学问放在较边缘的地位。传统是以自己的方式存在的，每一民族皆把自己的东西摆在中心。但只要它是开放的，边缘即可能进入核心，使核心包容新的价值，产生一种转化，产生新的光辉。

就现今之中国而论，危机在什么地方呢？就是无中心主义。我们的文明成了一个黑洞。人们只是环绕此黑洞拼命地摇旗呐喊，要迎接外面的光明，但内心若没有一种核心的价值来推动、帮助或转化，来重新将生命提升，则外面再好的东西亦不知怎样去包容。今天讲马克思主义，明天讲实用主义，后天又讲现象学，之后听说什么东西来了，大家又一窝蜂去追逐。这是很大的问题，也是我最担心的。

这也便是我一贯力倡文明之本体观念的原因。首先是尊重本体，其次是扩大本体。核心的传统即因此变成一个稳定自我的力量，亦变成一创新的力量。我们所需要进一步考虑的问题只是，作为文明之传统的核心或本体是什么？哲学思想的本体或核心是什么？能否找到这样一个本体或核心？倘若找得到，本体或核心又如何能够更新？如何能够形成一种与外面世界的良性的创造的互动，让此一核心或本体同时更趋生命化与合理化？

二　知识与道德之间

麻：成先生，您前面提到的文明本体的黑洞比喻很有意思。这令我想起马尔克斯的《百年孤独》和高行健的《灵山》。这两部小说都有些神秘主义的色彩，都做过文明本体的深刻反思。我不十分认同《灵山》里浸透出的那种对待传统的强烈的迷惘。值得庆幸的是，这些年，全盘西化之风已然式微，讲传统现代化几成共识。这里面的典范如成先生您、杜维明，还有刘述先，你们都主张传统的现代诠释，但诠释路径的差异是显见的。这似乎可以上溯到熊（十力）、牟（宗三）这一脉与冯（友兰）、梁（漱溟）、方（东美）诸新儒家的观念差异。尤其是牟宗三体大思精的哲学建构，使主张“仁义内在，性由心显”的新心学在当代思想界获得了卓然独立的话语权。比较起来，成先生您的哲学审思和努力方向，有哪些具体的不同？又如何期许自己哲学建构的成效？

成：不敢期许立竿见影之效。我国当代儒学的发展，不能不讲新新儒学和后后现代。因之我之哲学体系的出发点，至少有两点至三点，同刘、杜是不一样的。第一点，我是在知识的基础上去建立道德的，但并不否认道德理性和知识理性的同时存在。上次在香港召开有关牟宗三、唐君毅、徐复观、钱穆哲学思想的讨论会，刘述先以及一些牟门弟子都参加了。我讲的是唐君毅对《大学》格致理念的诠释与牟宗三的差异问题，强调知识与良知并建，相互为用，并无坎陷问题。坎陷发生表现的是本体理性的未建立，所谓立其大者的问题。讲完以后，大家进行了颇为热烈的讨论。我经常提到心的多种功能，其中就有关于知识和价值是同时产生的探讨。譬如我们在知觉里面，看到一样东西，一方面会喜欢它，另一方面会不喜欢它。但是喜欢不喜欢，可以用意志来控制。就像医生医病，所看到的病，虽然不喜欢，但还是要去侦查它、检验它。这便说明了理气并行的同时性，而无须一个神秘体验意义的纯粹的道德理性，人为设置一种二元对立或者单项坎陷。用禅宗临济义玄“四料简”的话说，这就是“人境俱不夺”。这是我当初特别指出的。从这一意义上讲，人作为人即是因为我们知觉外面的世界，我们的自觉及知觉让它可以成为价值的来源。我们拥有价值来源，是因为我们自己同时也有一种价值理性，即能够产生喜憎、善恶概念的那种能力。我后来讲整体伦理学的逻辑起点也在这里。我要强调的是，以知识为基础，来建立知识和价值的互动；价值以及这种可以作为人际关系的价值，即所谓伦理或道德价值，必须根据人的各种特殊化的处境，具有实时更新的要求。知识愈多，对人之现象了解愈深，对价值或规范尺度应该就有更多的认识。

《论语·八佾》中孔子说，夏、商、周三代的夏礼、殷礼到周礼皆有出入，以周礼之涵盖面最广，“周监于二代，郁郁乎文哉”，反映出周文明实时更新的适应性。及至春秋时代，周文明已远，斯文扫地，孔子洞察现实，而力倡克己复礼，以重建这一人文社会的道德秩序，显示了仁知并用的智慧。同样，我们可以在人文关注中发展科学，不要让我们的科学家只知物理而盲目于人理与哲智。这一观点我认为是与牟先生的观点相左的，另一方面，我们对人的世界的价值的认识，也是由观感互用、知行交融的立场出发的。但知也不是说一定要知其本体，或先知其自身，其实这个本体远非吾自身。本体认知的过程，事实上即是从我观察世界到我有感于世界，然后又观察我所感，逐渐综合超融而成。经这样一个过程，我们才产生天、地、人三才的所谓统合的世界。这一统合世界体也就体现了天地变化和生命流行。《周易》的表达充分地说明了这一点。故可以说，我之宇宙观、世界观，和我观察所得的世界知识密不可分。感应于外面的变化，我们就不得不讲我们应该怎么修德，怎么修己。

麻：成先生的哲学范畴，不单讲孔子的“克己”工夫，也讲荀子的“解蔽”工夫，而且您似乎并不满意现代思想界厚孟薄荀的现状。

成：是的。在一次演讲里我就专门提到，在人们的一般观念中，传统的儒家强调修己或修德只是修一种所谓价值理性的德，怎么样克己，怎么样去除私欲，然后怎么样孝顺父母，对朋友以忠，对兄弟以悌，等等。但我说恰恰更需要侧重另外一种修持，即知识的修持。对知识的修持不是只要去你的欲，更重要的是解你的蔽。解蔽之说，是荀子早已强调的。知识跟德性，解蔽与去欲，构成两个翅膀、两条腿，同时发展，同时调护，才能达到心之大用。不幸的是，后人把荀子摆在了一边。儒家传统因为荀子的失落，而没有走上知识与价值相激荡相整合的这条路。

麻：《中庸》讲“尊德性而道问学”，原本是知识与价值兼重的。您重提这一观念，并实际上强调“道问学”先于“尊德性”，是否说明您至少在这点上，与朱子是较为靠近的？

成：可以这么说吧。在宋明而言，朱子是较为看重知识这一面的。他的理和气的提出，在我的理解，那个理是所以然与所当然，应该是知识面的东西。那个气是自然与当然，用之于人，首先涉及性情方面，是一种主体性的表达，譬如喜怒哀乐，譬如“四端”。“四端”当然是属于一种价值理性的体现，是人性的一部分。这一部分，以及人的知觉能力（我们把知其所以然的理的那个知，叫理知；知其所然的气的那个知，叫事知），都是人性之自然功能。故我们修持，既有知的修持，也有德的修持，过去只讲德的修持，而知的修持基本上被遗忘了。这一遗忘的现象，从象山、阳明，一直延伸到牟宗三他们。比照他们，我的哲学讲究的就是这个“知德双修”，既主张前述之知识作为行为和价值规范的基础，也强调知识和道德乃是一阴一阳两个力量的互动。这种互动，继以形成人道，或称人生之道。当然，此一互动的基础仍是建立在“知”这个“体”上的。这便是我认为的我和他们比较不同的第一个方面。

麻： 按照牟先生的讲法，伊川、朱子一系的依知识而论道德，也叫“顺取之路”，即顺着眼前之事物，即物穷理，以兹决断道德之实践。成先生您的“知体德用说”，虽大体是沿着他们的思路下来的，但您讲的知、德之阴阳互动观，显然是您的创造。以我的估计，这可能与您对《周易》的强调有关。

成： 你说得对。在我看来，《周易》代表了对整个外在事物的认识的模型，同时又代表了人跟自然发生交流而产生观感的一个重要的记录。而且它是中国人的价值理性和知识理性并存的那种本体意识的典型。它倡明“仁知并用”，它所讲的“知”开物成务，乃是对外物的一种开放心态的观察。另外，以前我着重讲到过“变”。“变”在《周易》，就是“易”。“变易”，作为本体，兼含阴阳之道、知识与价值的互动。这在我的那些著述里都谈得很多了。

麻： 说起来很有意思。《易传·系辞》讲“一阴一阳之谓道”。这在伊川那里，成了“所以一阴一阳，道也”。他真正将天道（理）说与知识论沟通起来，提出“格物穷理”，则得益于《大学》的启发。依我的理解，您的“知体德用”说，尽管也有申发《大学》“格物致知说”的一面，但也蕴含了它首章呈现的“成己成物”的意思。也就是说，您的“知体德用”的实践价值学，应该从两方面来理解，是这样吗?

成： 前面我事实上已提到如何诠释《大学》的问题。我认为《大学》讲格物致知、诚意正心，是有它的道理的。它一方面显示了知识先于德性的逻辑顺序，另一方面界定了“知”、“德”并存而又互动的那种基本关系。它的文中舒展开来的“物格—知至—意诚—心正—身修—家齐—国治—天下平”那样的逻辑链条，大致包含了一个十分重要的思想：知识启发价值，价值启发规范，规范启发行为。行为分为两个：一个是个人自我的行为管理，管理即是伦理；另一个是群体的行为，群体的行为除了群体共识的伦理之外，亦有一种基于组织行为与目标效果所形成的管理行为，可以借助伦理以为管理，即是个人的修持亦为伦理之所需。管理与伦理应该说都属于人的价值应用范畴，都属于人的实践价值学的一部分。

总体来讲，在看待《大学》这一点上，我与牟先生也是不太一样的。牟先生似乎不太看重它，我却看重它，唐君毅先生也看重它。单以这一点来看，我感觉唐先生的哲学视野较之牟先生可能还更为包容和深入一些。

三　圣王之辨与儒学取径

麻： 有关历史文明的诠释问题，不由念及汤因比（Arnold J. Toynbee）之《历史研究》。这部皇皇巨著给我留下两个印象：一是作者的视眼如炬、洞察深邃，二是他的强烈的西方种族中心主义（ethnocentrism）的印迹。正像成先生您前面提到的，这种种族中心主义在西方哲学界也是相当程度地存在的。记得安乐哲（Roger T. Ames）在《和而不同：比较哲学与中西会通》讲演集等中即给予了强烈的诟病。[①] 故我的意思是，我们在尽量避免“无中心主义”的漂流状态的同时，是否也须有较好的心态，来防止过犹不及？我想，这也是您的本体诠释学中应有之义。另外，您曾经说，您的哲学建构最核心的是“本体诠释学”，其两翼是整体伦理学和《易》管理学（C 理论）。由知识推出价值，由价值推出规范，由规范推出管理。这些说法好像是传统儒家那里较少见到的。

成：是的。价值性的东西，基于知识，引申出一种规范的世界；而规范的世界之中，伦理即是一种规范，它也开出或衍生出一种管理的规范；在管理之外，甚至还有一种强制的约束的规范，那就是法律。所以从伦理、管理而法律，这即是本体诠释中一个人意识的三种可能。在此意义上，我强调，伦理学的衍生即是管理学，管理学的衍生即是政治哲学（政治哲学建筑在管理哲学之上）。当然，这里的管理哲学要求一个管理人或政治人一定要有知识，要有相应的判断能力、决策能力、技术能力，要能够通于这个道，对整体的真理有个认识。这些主张显然是传统儒学讲得较少，甚至没有讲的。

麻：成先生，我觉得，您所谈的伦理与管理的关系，似乎是“圣王命题”的延伸。内圣成己，外王成物，自宋明道学以降即呈现“双峰并峙，二水分流”的局面，尽管这绝非儒家的本意。然“心性之学”与“事功之学”的派分，从南宋直到明季清初，渊远传沿，却是事实。是故，几期现代新儒家一贯直下的用意，就是试图就传统儒家几截道德价值与功利价值为二的偏颇有所矫正。当代学界对于牟宗三诸君盛倡“返本开新”、“由道统开出政统与学统”之论颇多质难。不知您怎么看？

成：你的问题问得很好。儒学运动之政治意蕴是什么？主要讲内圣外王的儒家政治哲学，能否足以免除纷争，改变世界，从而有着影响国家或国际政治命运的能力。从传统的儒学和政治哲学来看，自《春秋公羊传》至清末康有为之《公羊》学，那种内圣外王的权威姿态，那种具有某种程度的宗教气息的方式，能否跟现在的世界挂接起来，又怎么挂接起来，皆俟一一讨论。当然，较之少数人把儒家的圣王路径当作政治理念来推广，我觉得，毋宁把它当作道德理念、人文精神或人格修养的价值追求来推广，或许更好一点。在今天这个开放的经济和社会体制之下，儒学应该具有它人文化成的作用，即道德示范、教育示范和人文示范的作用，而不是一些人标举的那种圣王以其个别的行动来化成天下的模型。

然外王究竟是什么；怎么去使外王呈现；外王是否应该是个“君”，不止于示范意

---

① 参见安乐哲：《和而不同：比较哲学与中西会通》，北京，北京大学出版社，2002；David L. Hall and Roger T. Ames. *Anticipating China*: *Thinking through the Narratives of Chinese and Western Culture*, Albany: State University of New York Press, 1995; David L. Hall and Roger T. Ames, *Thinking from the Han*: *Self*, *Truth*, *and Transcendence in Chinese and Western Culture*, Albany: State University of New York Press, 1998。

义的“师”；他是否要既作之君又作之师；外王的那个权威性，是建筑在道德基础上面，还是建筑在民主的基础上面：此皆有待理性地去思考。我倒更倾向于把儒学问题归结到管理上来谈。管理者应懂得社会变化之道，对人的问题、物的变化，他要客观地去认识，不能完全用良知直觉。蒋庆等几位政治儒学介导者讲传统的政治道德、政治哲学时，有可能没有特别考虑这一点。他们似乎完全从道德的角度出发，包括牟宗三也是如此，基本上都持内圣开出新外王这类说法。内圣如何能够开出外王或新外王？这新外王又作何解？这次我在香港开会也提出来，这些问题我认为基本上是不可能单纯理解的，伦理跟管理是两个层次的事情，这两个层次的事情可相互为用，但是你不能说伦理里面就可以开出管理。伦理多少是基于一种自发的、情性的关系和价值，而管理呢，它是一种外在的、理性的设计和要求，它的目标性与针对性比较强。要是从我的整体伦理学来讲的话，伦理是基于德性论的，它不必要考虑到后果主义，管理则偏偏要从后果主义来考虑问题。人必须有本体意识预计与本体意识发生的群体意识，才能把伦理的要求与管理的要求联系起来，并能把伦理作为管理之用，把管理作为伦理之用。这在我的《C 理论》一书中已有阐明。

麻：后果主义是管理的要件。

成：对的。只考虑到动机，就知道后果，从伦理就知道管理，这是做不到的。传统儒学里说，忠诚出于孝子之门，孝子当然是值得信任的，一忠则孝，一孝则忠，孝跟忠完全打通。但问题是推扩到整个国家来谈，会怎么样？孝无可逃于天地之间，父母再不好，他们跟你有血缘关系，你还是要照顾他们；但是忠呢，假如一个国家真的不好，你能不能做一个忠诚的反对派呢？你能否看着君主有违人道，还放任自流，甚至助其一臂呢？再说，公共领域与私的领域毕竟不能够混在一起。国家的问题是一个公的领域，在公的领域应该考虑到大多数人，或所有人的权益的保护，而私的领域考虑的是个人情感的欲望，或者理想的活动。这两个是有区别的，我们不能混为一谈。

儒家是可以在这两个领域有所贡献，但显然是两个不同的贡献。儒家讲大同，讲天下为公，那是一种气度，要实现这样的制度，需要做一些政治设计，而不只是从个人的道德修持来讲。北宋之王荆公很有运气，神宗欣赏他，让他从事改革，他从《周礼》那里借来一套东西来做理论基础与样本，但他没有成功。朱子在南宋也想从事改革，但没有机会。孝宗召见他一次之后，基本就不再理会他。所以不通过权力，就无法把私的理想转化为公的政策。倘若做了转换，那也完全是一套理性的设计，不只是个人化的所谓忠孝仁爱的道德而已。显见，道德跟法律，道德跟政治，还是有层次、范围、知识及策略上的差别的。

有人也许说，周公之为政是不是“内圣开出新外王”呢？这要看周公是怎么行事的。周公首先是个执政者，他在执政的过程中考虑到很多问题。他在礼乐这方面，基于他个人道德修养与社会文化的愿景，做出了一个制度设计，这个制度设计就是整体理性与公共理性运用与设计的成果。他规定什么礼是合礼的礼，什么乐是令人喜欢的乐。更重要的，他还知道怎么样去建立政治体制，如何安内攘外。他能做到这一点也是由于他能同时运用理性思考与感性体会。所以政治是一个综合的学问，既要理智，又要感情；既要思考，又要实证；既要文化教育，又要法律规范。其中，伦理当然也很重要。在政治体制里面，没有伦理不行。伦理在社会建制里面有重要的地位。但周公没有因此讲废除刑法，只是讲“礼不下庶人，刑不上大夫”。

麻：同意您的描述。记得史华兹先生就明确不赞成在儒学里面讲内圣外王。在他看来，内圣根本推不出外王。他认为，《圣经》里面，上帝借耶和华的话表达了政治与道德之别，即在政治范畴，一个人既要有绵羊之温存，也要有毒蛇之睿智。故面对道德与政治间转化的困难，有些学者提议用“分别处理”的模式，即道统以道统的方式，政统以政统的方式，学统以学统的方式。我不知道这一问题的讨论是否还会延续下去，是否在以后很长的时间，仍将是儒家现代化难以回避的一大议题。不过，在今天的谈话中收获良多。成先生，您能否用一个十分简单的词语来概括一下您的哲学建构？

成：若大体来概括，应当说是“新新儒学”与“后后现代”吧。这是一组令人瞩目的词。但其内涵在运用整体的本体的智能来整合过去与现在，创建开放的秩序，内外交融，古今互通，促进人群、社群与人类社会的更大的和谐与关联。

麻：不知道我的感觉对不对，“新新儒学”好像是当代儒学运动思潮的某种泛指。这一概念的提出，不但是指涉您的哲学，亦涵盖了杜（维明）、刘（述先）、蔡（仁厚）这样一批继起于梁（漱溟）、冯（友兰）、熊（十力）或牟（宗三）、唐（君毅）、徐（复观）等现代新儒家的“后现代新儒家”。我这一问题的用意是，现代新儒家里有新理学、新心学之类的区分。譬如熊十力讲“新唯识论”，他的哲学可归到新心学范畴，而冯友兰，讲的就是新理学。您的发展，实际是从方东美先生那样一条线下来的。您对您的哲学可作怎样简单的界定？

成：我不认为“新新儒学”是单纯的泛指，而是有深刻的我个人的旨意的。首先它必须有本体的基础以为儒学面对现代理性与后现代反理性要做的整合，并在此一整合中创进。其次，我从儒学的五阶段的观点来论述儒学从春秋时代到我们这一代的发展。孔孟荀提出了理想，这是开创阶段。汉儒把儒学结合在政治之中，这是制度化实践阶段。此一制度实践并不完美，理论面对其他传统还需深化与广化，因而遂有宋明的理学与心学，是为传统新儒家。面对天地朝代质变，如何重新制度化，如何把理论付诸实际，非要有理性与方法意识不为功，此即第四阶段的明清儒家实学的方向与努力。但自西学于20世纪进入中国，如何在理论上融合又成问题，这也是当代新儒家所关注的主题。在我看这还是属于第四阶段的儒学，名之为当代新儒学可也。但我所说的新新儒学，却应是超越20世纪的儒学，兼顾理论与实际，结合现代与后现代，为儒学的世界化与制度化以及为儒学的哲学上的本体定位做出贡献。杜维明讲“儒家人文主义”，讲儒家的宗教性或宗教情感。有人把他的学说也归到“新心学”，我感觉就未必允当。① 比较起来，我的哲学讲三大块内容，既不简单地讲气学，也不简单地讲理学，更不简单地讲心学。我讲得最多的，也最根本的东西，就是“本体学”。“本体”是从《周易》到现在，不间断用过的概念与名词。“本体”可包含道、理、心、性、太极，这些我都讲。现在一些人讲学问，缺少本体意识，工夫讲得多，本体讲得少，我刚好相反。我认为，讲本体才能讲工夫，本体涵盖工夫。现代西方不是有“现象学”和“存有论”吗？我的学说更属于“本体论以及本体现象学”，刚好与单纯的“现象学”对峙。较之“存有论”，“本体论”是更原初与更具有生命性与生命力的，更有着中国历史根源的，契合于文化与哲学推陈出新、融合创新的一种观点。若真的需要我给自己的哲学做个诠释，那就叫“超融的本体学”，兼含本体诠释学与诠释本体学。就儒学论，我讲的是儒家的生命哲学与本体哲学。

麻：成先生的概括很精到。据我所知，您是国际儒学联合会的发起人。您能否从您的亲身经历对儒学运动的可能走向作一远景的预期？它与儒学现代化有着怎样的关系？

成：在20世纪70年代，我的《中国哲学的现代化和世界化》强调了中国文化、中国儒学、中国哲学是具有一种普遍价值的，但这种普遍价值要被接受、被认识或者被认同，它必须要先现代化。要现代化，就是它必须首先具有一种理性的形式和理性的说辞，才能够把这个价值的意义给彰显出来，给人类带来某种启示。没有这个现代化，世界化也便比较困难。故世界化是以理性化作为基础的。这是一个中国文化的发展问题。

儒学究竟有怎样的意义，即儒学在今天需要考虑的问题是，什么是新儒学，什么是有当代意义的儒学，什么是一种对世界可以产生良好影响的新新儒学，什么是能促进世界及人类保存友善，避免战争，走向美好的和平与繁荣境地的儒学。倘若能够回答这些问题，看到儒学能有这些影响，我们当然可以十分肯定儒学的重要性。但我体会到，最初那个儒学的重要性，仍在于对自己文化的凝聚的一种需要，另外也可能有一种在外交上提倡对人类文明的普遍价值的肯认的意图。1988年，韩国李退溪学会发起，于日本筑波大学开了一次国际儒学研讨会议。与会的华人学者，既有大陆的、台湾的，也有海外的，共有三五十人士。张立文教授是我当时最熟识的一位。海外的华人，就我和傅伟勋两位应邀参加。会议临近结束，日方学者高桥进突然倡议在日本成立东洋儒学国际联合会。我即提出，日韩固然皆具儒学背景，然儒学的“源”在中国，其“流”也从中国发出，其本在中国，其体系资源也保留在中国。纵使五四及“文化大革命”以后，儒学的体用遭受质疑，但它的本根却没有断掉，并存在于人们的潜意识与实际的人际与自我生活之中。因之我主张应在中国建立国际儒学研究的中心，而非其他地区。争议之余，日韩学者终不得不取消在日本或韩国建立国际儒学联合会的自以为是的主张。我返夏威夷

① 参见《杜维明学术专题访谈录》，219页。

后，即致函大陆的孔子基金会主管（当时秘书长为辛冠洁教授，基金会会长为谷牧先生），提醒此事件的严重性，指出：第一，日本人想利用中国文化来搞东亚同盟，这是危险的。第二，中国自己的文化命脉，若不掌握在自己手上，则中国怎么面对世界，怎么走向世界？我因而建议由中国发起，以中国为中心，成立一个国际化的儒学联合会，就像世界上有一个世界哲学联合会一样。此一建议与倡议，一直要到 1989 年 10 月北京召开孔子学术研讨会时才有孔子基金会对我响应，表示中国决心筹备成立国际儒学联合会，并邀请我草拟联合会章程。我并被邀请于同年 11 月重返北京开第一次筹备会议，受到前所未有的重视。我回到美国，基金会以国务院的名义随即寄了一张返程机票给我，说明请我到北京的民族饭店开筹备会。我于 11 月请假回到北京，把英文章程带了来，同时也推介了台湾的孔孟学会秘书长董金裕教授以及别的人作为第一次筹备会的代表。这个儒学组织的名字也定了下来，就叫作“国际儒学联合会”。这一组织从 1989 年到 1993 的四年里，运作是持续的，也是正常的。最后于 1994 年开成立大会，李光耀出任荣誉理事长，谷牧出任会长，宫达非出任副会长，我和杜维明等出任副理事长。应谷牧会长的要求，政府给联合会拨了一千万人民币以为发展费用，北京市政府拨出十亩土地以为建立联合会会址之用。与别的类似机构比较，国际儒学联合会就这样较早地作为公共的非政府机构制度性地建立起来了。尽管由于种种原因，它尚未发挥更大的效果，制度与结构还需要加强，但它作为一个学术机构，未来仍大有可为地持续地推动儒学的理想，包括对人文教育、社会道德、个人质量、文化价值的尊重，乃至在建立中西的沟通，异质文化的交流，以及一个普遍性的价值哲学或全球伦理方面，都可以发挥很大的作用。

现在我们看到，中国国家汉办通过推广汉字，通过孔子学院来推广汉字文化或汉文化，积极推行世界范围的华文教育，来促进中国文化受到国际的认识，是有一定的内在价值与含义的，与国际儒学联合会的创建不无关联。这样一种推广非常重要，也非常符合我一再强调的，在中国文化上面，我们要推广于世界；在科技上面，我们要尽量地吸纳西方的成就。至于是否开办儒学，成立书院，在民间把儒学的传统保留下来，则应由学者们来发展。普遍地倡导中华文化的理想价值、理想人格，使人们意识到西方范式基础上的经济与科技发展之际，应该还要意识到一个东方范式的道德、人文、人格的基础。了解到人不是只能或只愿追求满足于物质，了解到人还有也应有一种走向圣贤的志愿和理想，必然对人类及对社会的进化产生一种推进的动力作用。这样一种理念的发扬，还有待于我们进一步的努力。

儒家精神论

儒家和谐论的六个层次*

如何理解儒家哲学中的和谐概念？

对于儒家哲学中的和谐概念，虽然有不少学者在许多文章中作过多种解释，但我们必须看到，“和”作为一个动态词构成了多重意义。首先，“和”既是一种状态，也是一个过程，甚至当它作为一种状态时，它依然有创造生命和创造新事物的积极力量。早在公元前7世纪，周朝史学家史伯曾说过“和实生物，同则不继”①，暗示出“和”具有多极性或多极因素，与生产和创造有关。毫无疑问，他的这种看法源于《周易》，即人对自然界中阴阳运行的经验。史伯的话值得注意，因为他还指出了“和”是如何产生物的，这涉及“以他平他”的统一。因此，从这个意义上说，它与“同”不一样，因为“同”不允许有差异和区别。后来，齐国的晏婴详述了“和”与“同”在烹饪和制乐方面的差异。在认识“和”的性质方面，孔子的“君子和而不同，小人同而不和”②，明确区分了“和”与“同”的差别，并把它们看作鉴别人生态度和划分不同人群的两个鲜明的品质。

一　太和（Primordial Harmony）

从孔子弟子所编纂的《易传》中，人们同样可以看到孔子对世界起源的洞察。在此，我们应当注意《易传》中“太和”的概念。《易传》中对乾这样解说：

> 大哉乾元，万物资始，乃统天。云行雨施，品物流形。大明终始，六位时成，时乘六龙，以御天。乾道变化，各正性命。保合大和，乃利贞。首出庶物，万国咸宁。③

---

* 原载《河北学刊》，2006年第26卷第6期。译者为赵长江。

① 《国语·郑语》，上海，上海古籍出版社，1978。

② 《四书五经》（一），110页，哈尔滨，黑龙江人民出版社，2003。

③ 《四书五经》（一），396页。

乾作为一个创造原则，是世间万事万物的源泉，同时还是一种原始动力，不断地运动，不断地激起行动。因此，它又被称作乾元，乾即元。在激发创造性活动和产生万事万物的过程中，乾元起着很大作用；同时，我们不应忘记，作为一个接受原则和一个共性原则，坤或坤元在为世界划限和支撑世界方面所起的作用。因此，作为原初起源的坤便成了人们熟知的坤元。在《易传·象》对坤卦的解说中，有这样的话："至哉坤元，万物资生，乃顺承天。坤厚载物，德合无疆。含弘光大，品物咸亨。"① 来自太和的乾的兴起，伴随着坤的兴起，它们密不可分，因为它们在产生万物和改变万物方面相互支持。这种对乾坤的看法，反映了《易经》中人对阴阳变化和自然界两极的观察与经验。当阴阳成为现象概念时，乾坤就上升到了本体宇宙论的高度，这种观念来自对宇宙和人类的通盘考虑。因为太和产生了相互依赖和相互交叉的乾与坤，它也就被看成了《易传·系辞》中的太极。

把《易经》看成是世间万事万物的本体宇宙论，大家必须看到，"和"深深植根于人生和创造力的本体宇宙论之中。这种洞察的重要之处在于：没有创造力，就没有能力在各种相宜的关系中创造事物，因而也就不能在各种事物中为相互依赖和相互交叉创造条件，"和"便不可能存在。"和"必须是一种能使万物和谐的力量，"和"就是让生命和生机繁荣壮大，并为未来的发展积蓄力量。

二　义和（Harmony by Righteousness）

随太和而来的，是作为"和"的一个组成部分的"义"的出现，我们称之为义和。这种"义"的出现意味着，本体宇宙观的和谐化过程必须有益于人的生存和人的行为，这就是最初的善。人的出现是伟大的，因为正是人的存在才让我们发现了思维、认知和行动的能力，它不仅与人类本身有关，还与他人、环境、万事万物的生与灭有关。在经验与反思的基础上，所有这些概念开始在人的意识和人的大脑中形成。但这种历练世界和反映人自身的能力需要高水平的创造力，而这种创造力来自支撑和谐化创造过程的原始动力。

首先，善一定是能导向太和的"和"，或支持和产生世间万物。它能把真实的东西变为真的创造基础。因此，从这个意义上讲，真也必须是善，因为真必须植根于乾元的原始创造力之中，并成为不断创造的基础。因此，《易传·系辞上》说："继之者善也，成之者性也。"在这种情况中，善可被理解为性的基础，而性则区分了事物的存在并赋予其个性。当然，这样说还不能把存在于原始宇宙论创造力中的善看作义善，但这是赋予义善以重大意义的一个不可或缺的步骤，因为只有人才有能力创造本体论上的善，给

---

① 《四书五经》（一），397页。

万事万物带来和谐，并创造能证实与支撑“和”的事物。

当我们读到《周易·文言》时，发现了道义出现在本体实在之中，准确地说，存在于元、亨、利、贞之中，这与人类思维的出现和人类的行为有关。在这一发展过程中，依据元、亨、利、贞创造的内在力量变成了善这一道德品质的基础和源泉，善在仁、礼、义和信中表现出来，并成为儒家伦理的四德。《周易·文言》对此进行了解释：

> 元者，善之长也；亨者，嘉之会也；利者，义之和也；贞者，事之干也。君子体仁，足以长人；嘉会，足以合礼；利物，足以和义；贞固，足以干事。君子行此四德者，故曰：“乾：元、亨、利、贞。”①

大家可以看到，即使四德与本体宇宙论的四种创造状态相一致，也不能认为它们具有关联性。许多汉学家把关联思维说成是对引入义德的解释，但是，他们未能解释这种与内容的关联如何被证明是合理的，以及实际所指是什么。事实的真相是：道德品质源于原始创造力水平上的原始品质，此时的原始创造力导向了人的创造力——人的意识的出现带来了四种道德品质的需求和实现，四种品质是人的本体的创造特色，与上面提到的基本义德密切相连。朱熹从四德中看到了春夏秋冬四季的在场，可以把此看作阐释本体论与道德之间深刻内在联系的另一种方法。

根据这种观点，我们可以清楚地看到品德的横向与纵向关系：所有品德都植根于创造力的本体宇宙论活动之中，它们相互协调、相互关联，把创造力推向一个新高度，即人类文化的自由。从这个角度看，当说到“利物，足以和义”时，显然这种利物必须从创造本体的意义上去理解，也就是说，就各种个体的义而言，它们能够揭示世间万物，利的差异甚至利的冲突都可得到解决和协调。正是大家都想到了义，一个社区、一个社会，甚至一个州和一个政府才可建立起来。确切地说，任何政府都是建在义的基础上，这种义从个人守信和大家守信中表现出来。

三　中和（Harmony by Centrality）

《中庸》中有“中和”的思想，可以把中和理解为“中与和”或“来自中的和”。中和是一种状态，可应用于天人合一的太和之中，也可应用于体现人性的人心中的义和。就《中庸》而言，人的内在本性源于或继承自生命创造力的原始源泉，即天。因此，和谐情感与和谐行为的基础是最初的和谐，这种和谐被视为中心，即中。中的目的就是要认识到深埋在人性中的那些东西，因为它们能产生情感和思想。因此，来自人性深处以情感和思想形式出现的东西就是我前面所提到的道德意识，因为它的目的最终是

---

① 《四书五经》（一），391页。

与现实相合，与人生情境相一致，使人性获得良好状态，并得以实现，这就是中，或最初的善。《中庸》说：

喜怒哀乐之未发，谓之中；发而皆中节，谓之和。①

可是，何谓“中节”？它是获得“和”或者是导向获得“和”的一种状态，可以把它理解成实现善与价值的一种关系。换言之，它来自人在寻求“宜”的道德意识中的一种关系。因此，中节也可被理解为中和，不过，此处的“中”应是动词。既然“中”与“和”属于天与人，《中庸》的结论是：“中也者，天下之大本也；和也者，天下之达道也。”② 这是符合逻辑的。这样理解的话，我们可以清楚地看到，《中庸》中的中和如何为《周易·文言》中的义和观念提供了自然的本体论基础。

四　人和（Harmony in Human Relations）

我们可以看到，人性中所潜藏的内在的和谐，可以在人的情感和人生境遇的外在事件中转换为现实的和谐，这可被称作来自内心深处的和谐。第四个层次中所表现的第四种和谐，即孟子心中的“人和”。孟子说：“天时不如地利，地利不如人和。”③ 这并不是说天时不重要，在考虑制定策略时，利用天时是很重要的。然而，如果采取行动时没有地利，天时再好也不起作用。从另一方面讲，天时、地利都具备，但缺少人和，也就是说，大家在义的方面不能保持一致，对未来的前景缺乏希望和信心，那么，预期的成就和成功就不能实现。

这一点涉及人类行为的成功与失败。从这个角度讲，极易理解为什么人和最重要。如果只是涉及时间的事，其发生仅仅是因为时间，由于时间的力量自然而然发生的事可被称为命。自然时间过程中的生与死就是命，孔子与孟子也这样理解。人要实现其价值，仅有时间是不够的，只有地利也不行。有地利做事会不一样，因为像天时一样，地利形成了一个事物发生的上下环境或大的框架，有些是由于天时，有些是由于地利，有些是由于人的行为本身。在靠人的行为才能成功的那些事上，毫无疑问，人和是首要因素。没有人和，仅有天时和地利都不能做成任何事情。人和是人的创造力发挥作用取得成果的一个条件。有了人和，才能考虑天时和地利。大家可以看到，天时和地利对于人的创造力来讲是如何发挥决定性作用的。孟子的观察如下：

域民不以封疆之界，固国不以山溪之险，威天下不以兵革之利。得道者多助，失道者寡助。寡助之至，亲戚畔之；多助之至，天下顺之。以天下之所顺，攻亲戚

①② 《四书五经》（一），15 页。
③ 同上书，191 页。

之所畔，故君子有不战，战必胜矣。①

作战须考虑天时和地利，在考虑了天时和地利之后，至关重要的因素是人。当其他因素都一样时，孟子看到人是决定性因素。事实上，无论是战争年代还是和平年代，人民的支持都是统治政权发展生产、保持稳定的绝对条件。但这种支持必须建立在人和的基础之上。分析人和就是分析人如何在生活和交往中实现和谐。孟子的整个政治哲学就是想说明，人与人之间的和谐（人和）必须来自统治者的仁政。仁政就是统治者要关心人民，让人民成为政府考虑决策的中心；要让人民与你同乐，解决生活中的困难和人民的生计问题。

现代人也有其他需求，但仍限于人自身的需求。重要的是要让人民生活富裕，精神上和心灵上感到愉快。因此，要满足人们的教育需求和智力开发的需求，为这样的开发创造一个文化环境是同样重要的。此外，还要创造一个高度和谐的环境，让和谐具有创造性和可持续性。对孟子而言，获得人和或社会和谐就是让统治者有德性，能为和谐的生活与和谐的行为作出榜样，能够领导人民，关心人民，让社会和谐，让人民和谐。

当然，对孟子来说，能在社会关系中为人作出榜样的人是柳下惠。柳下惠被描绘成一个不介意做小官的人，这样的人会毫不犹豫地任用人才。得不到重用时，他不抱怨；生活困顿时，也不自哀自怜。他热爱普通人，愿与他们为伍。他不愿占别人的便宜，即使有一位裸女躺在他身旁，他也能神情自若，方寸不乱。因此，柳下惠被看作和谐或和谐化的一位圣人。孟子要表达的思想是：和谐是一种让他人感到舒适的精神态度，一种不屈从私利并能创造社会关系的精神自律，实际上也是一种关心他人的无私行为。从这个意义上讲，柳下惠是一位宽厚待人的仁人，其品质吸引了他人，并成为他人学习的榜样。

考虑到孟子把孔子颂扬为合时宜的圣人，大家可以看出，真正的更深意义上的和谐来自在适宜的地方、适宜的时间做正确的事情。其意义是如何把社会和谐与时间和谐和地点和谐协调起来。准确地说，这就是孔子在他的仁和礼的哲学中所强调的。在《论语》中，礼由于有和谐化的功能，遂成了人在社会交往中创造出来并保持下去的一个条件，这对我们来说也是非常重要的。进一步讲，在孟子描绘的经济蓝图中，老人与儿童得到保护就是这种和谐的一个光辉范例。确切地说，在其设计的井田制度中，老人有肉吃，有衣穿。那时，和谐的意义被当作一个因素融入农业和保护计划政策中去。

五　协和（Harmony among States and Nations）

我们可以在《尚书》中见到协和二字。在《尚书·虞书·尧典》中，贤王尧是一位

---

① 《四书五经》（一），191 页。

有至德的人，做事有理性，待人谦恭。这样一来，他与手下各部落的关系和谐而亲密，使得自己的管理既有秩序又能负起责任。在此基础上，他通过协和使得各地和谐相处。在协和的影响下，尧给人民带来了和谐与和平。① 协和的含义究竟是什么？显而易见，当一个国家管理得好时，其政府在让其他国家进入正轨方面便有了谈判的力量，和谐与和平便能持续下去。可见，协和的含义就是一个国家给他国带来和谐与和平。从这个层次上看，来自前面几个层次的和谐便成了国内和国际和平的基石，这种和平就是没有战争，没有暴乱。

虽然我们没有谈到现代意义上如何通过谈判获得和谐，但大家依然可以看到某些通过谈判而形成的国与国之间良好的秩序，谈判实际上是通过协调或道与德的方式获得和谐化的组成部分。我们已经看到，协和通过榜样和劝说创造了一些国家的社会和谐。

六　共和（Universal Harmony）：全球和平与大同

最后，我们谈一下天下大同，这是现代意义上的全球和谐。在《大学》中，全球和谐的理想就是平天下。它依然是以个人的努力为基础，认为有了德天下就能太平。确切地说，个人的努力必须符合互惠原则：

> 所恶于上，毋以使下；所恶于下，毋以事上。所恶于前，毋以先后；所恶于后，毋以从前。所恶于右，毋以交于左；所恶于左，毋以交于右。②

为了实现全球和平，应当遵守上述原则。因为在世界上，国家不应分上下、左右、前后。这些原则可以应用于不同时期、不同发展模式和不同生存方式的国家。

世界各国都应当思考这样一个问题，在这个由众多国家组成的世界上应该如何确定自己的位置，应当如何依据作为仁德的克制与自律原则去行事，因为只有把其他国家看成是独立平等的国家才得到对方的尊敬。这种克制原则可延伸为上面所提到的互惠原则，不要占任何国家的便宜。克制原则和互惠原则的形成是极其理性与自然的事，其目的是让大家知道，什么样的事不应该做。但是，需要做什么事则是另外一个问题。《论语》中就有“己欲立而立人，己欲达而达人”③ 的原则。

运用这两个原则的困难是：我们需要知道我们想获得的东西或许恰好是他人不想获得的，还需要知道他人的需要和欲望以适应他人。如果每个国家都这样考虑他国，全球和谐便容易实现。但问题经常是人们不知道他人的需要，而他国的需要也许正是自己国

---

① 《尚书》中包括古代的一些文献，记载了远古时代的一些事件和传说，可以追溯到尧舜时代。虽然《尧典》是后来成书的，但它肯定受了孔子构想的理想世界的启发。在这个理想世界中，各国和谐相处，由一位圣贤之君领导。领导的根本原则是所谓“絜矩之道”。

② 《四书五经》（一），9页。

③ 同上书，67页。

家的需要。各个国家为了自己的发展展开竞争，成为竞争对手。因此，如何实现和谐不仅要克制，还要理性地、公开地进行谈判，为了双方的利益达成谅解。从这个角度讲，就是和而不同。暗隐的困难是：差异是否能造成不同，是否对未来构成威胁。就此而言，理性地思索与讨论并进行合理的交流毫无疑问是非常重要的，所以，只注重个体的道德也是行不通的。

在《礼记·礼运》中，实现天下太平的理想国家有被描绘为“大道之行也，天下为公”①。这个理想国家的重要特点是：选出圣人与智者来服务众生，倡导诚信、和谐与友谊。在这样一个理想的世界中，人人都能得到关心，就像在家里一样，人人都关心他人，不仅善待老人，儿童和弱者也会得到很好的照料。鳏寡孤独均有所养，男女同样居有其所，行有所止。其他理想性质的内容还包含财物不必只为己用，做不做事无人忌妒。在此完美的社会中，夜不闭户，路不拾遗，无盗无抢。

这个国家被称为大同。我们确实可称其为同和或共和，可以借用汉语中“共和”这个词来说明这个理想国家：天下为公，人尽其才，和谐相处。这也是《中庸》里所描绘的国家：“万物并育而不相害，道并行而不相悖，小德川流，大德敦化。此天地之所以为大也。”② 问题是，这样的国家是不是只是一个乌托邦，而不能存在于现实中？从理论上讲，还没有一个国家能达到这种程度，它涉及相互间的信任，对政策的信任，以及对统治权力的信任；它还涉及对目前的生产和分配的经济模式的修正。它不完全是由公正分配占主导地位的社会主义国家，因为它是由人的道德转化而来的，其依据是他们的道德品质和信任互助的能力。需要说明的是，仅仅通过理性是无法建立这样的国家的，只有通过每个人的道德修养，这样的国家才能出现。确切地说，这就是儒家的观点：把普遍的道德修养看作国内利益和国际利益、社会利益和谐化的基础。

七 全球和平的六个层次

依据太和、义和、中和、人和、协和、共和或大同，我们把儒家和谐概念划分成六个层次，每个概念都代表了自然物之内及自然物之间的活动、人的活动、群体的活动，以及国家和世界的活动。因此，和谐有多维性和多关系性，因而要求深深的理解和各方的参与、关心、担负责任，使和谐变为可能。从太和的观点看，和谐是自然事物内在的自然属性，但需要人的道德意识去揭示，并把它转化为人的秩序。这并不是说要放弃对自然和谐的洞察，而是要通过人的道德品质来保护它。这样一来，环境和谐才可能维持下去，环境道德才有意义。

---

① 《四书五经》（三），1134页。
② 《四书五经》（一），27页。

以太和本体道德观为基础，我们可以看到人性作为内在的和谐是如何构成的：它承自太和，其和谐化的能力是和谐生活与和谐社会的根基。正是由于这个原因，《中庸》才有“天命之谓性”之说，而更好的表达来自《易传·系辞上》中的“继之者善也，成之者性也”①。人类的出现被认为是自然和谐的终极产物，即乾与坤的太和。这使得自然人变成了真正意义的人，人性或人的生存原则被明确地定性为善。它为人与社会道德的发展提供了基础和动力，把义和及人和的意义延伸并提高到人的关系和人的福利的高度来进行考虑。人的生活可从人的需要和满意度上去理解，保持和谐水平以求改进与发展。无论从经济方面还是政治方面，人际、国内和国际的和谐都是通过公开影响与合理协商得到的结果。这是因为理性或合理性必须源于有效的约定，以及来自人性和道德意识的良好关系。事实上，涉及人类事物时，理性或合理性是人类情感的一般性和普遍性，区别于源自物体纯形式的抽象逻辑。因此，合理协商必须求助于人性和人善的经验。正是在这个意义上，协和才可能形成，作为世界和谐的和平才可能实现。

还需要指出与此相关的一点是，在太和及义和基础上实现的和谐必须有公正参与其间，因为没有公正就没有义和，公正的原则可理解为独立、平等和正直。在义和的状态下，大家可以看到四德是如何来实现平等和正直的，这种平等不是数学上的平等，而是平等的独立自足和平等的生活满足感的实现。最后，整个世界实现了协和，大同世界也就实现了。我们对这种理想国家做出如此描绘，只是想说明：国内和国际的和平在社会与群体的水平上，产生和谐与和平的人际关系和人的生活安置。大同的目标不只是政治目标，更是社会和道德目标，是世界一体化，每个人都享有太和与义和，乃至人和与协和。

总之，我们依据自然和道德法则来构建的和谐的六个层次是：

太和：从本质上讲，宇宙就是寻求生命创造的和谐，而这种生命创造的和谐能产生自然与人的和谐，因此是内在的善。

义和：从本质上讲，宇宙产生了天生具有道德意识的人类（孟子的观点是：无道德意识的人无异于禽兽）。

中和：作为中和的人性产生了精神与心灵，以寻求与世间万物的和谐相适应。

人和：道德的目的就是通过人的修养来获得人和。

协和：通过人性和理性，人类组成了社区、州和国家，在同样的道德法则指导下，又形成更大范围的世界一体化和全球社会一体化。

大同（共和）：制定具体的措施解决涉及人类生存和生活的和谐问题，人类社会的终极理想——和谐与和平世界才可能实现。

---

① 《四书五经》（一），477页。

认识和谐的这六个层次，我们可以很容易地看到，西方大哲康德在18世纪末提出的《世界永恒和平方案》是如何在儒家的和谐理论中更好地表现出来，以及如何可能在和谐辩证法中得到实现，关于这一点，我在另一篇文章早已进行了论述。[①]

① 参见成中英：《构建和谐辩证法》，载《中国哲学杂志》，第4卷第3期，1977。

儒家的精神性：终极本源性、内在创造性、整体实现目的性*

一　儒家作为纯然净化的精神信仰：本源性、创发性、自我实现与全体实现

所有世界宗教在其精神根源上均具有双重性格，即是对现实的革新与对理想的追求，兼具信仰的内在性与信仰的超越性，同时对个人与社群提出自我实现或超越救赎的要求或途径。但人类宗教的历史却显示，由于理性与经验的匮乏，说到宗教就或多或少认定为必然趋向于超越的理想的上帝以达到救赎的目的。在中国，儒家或儒学却发展了革新社会与实现自我的方向，把超越对象的信仰转化为自我实现的道德实践。因之，从中国历史的发展观之，儒家或儒学或许可以看成后宗教的宗教，相应于穆勒（J. S. Mill）所称的“人文宗教”（Religion of Humanity）或“伦理宗教”，但却不可能完全相应，因为有不同的本体论基础与不尽相同的伦理哲学与道德信仰。① 对于此，我们可以看到《易经》占卜与《周易》哲学扮演的角色：在对世界开放的理解中，同时也在对人类个人或群体的处境进行不断的观察、体验、认识、诠释、预测与把握。易学开拓出人文的本体的自觉，消融了对人格化及位格神的天的信仰，转化出以人为本、以人为体、以人为用的儒学。

---

* 原载香港浸会大学宗教与哲学系编：《当代儒学与精神性》，桂林，广西师范大学出版社，2009。

① 穆勒（1806—1873）在其死后出版的著作 *Essays on Religion*（1874）（包括“Nature”，“Utility of Religion”，“Theism”等文）中论述到理想的人性可以作为宗教感情崇尚的对象。此一理想的人性有传统宗教的美德，却无传统宗教的非理性的迷信部分，可以透过想象加以表述，成为人们关心他人、接受公共利益的行为基础，为其功利主义开拓一个源于宗教心理的进路。穆勒强调“想象心理”以建立“人文宗教”，与康德从实践理性来说明理性宗教的必要性，出发点与目的均不一样。儒家的宗教哲学则从本体宇宙论的天人合一的体验中出发，彰显人性中的天性（见本文后面部分），与传统西方宗教依持上帝、神积德信仰相异，但也不同于以功利主义为依归的穆勒所表述的“人文宗教”。

儒学应该从两个方面来认识：一是理解自我及认知人在天地中的位置的学问，一是修持自我以成就自我的德性并扩大自己成就他人的活动。前者是知己、知人、知性、知天与知命的所谓知的过程，后者则是用实际的行为与活动来达到转化与提升自我、他人、世界的行为决定及行动，所要动用与发挥者是人的性情心意，所要采行者是自我规范与组合、推动带领与管理等等。行固然很重要，行还是要知的指引，故对知的过程与对象不能不看重。但此所谓知已不只是对象的知，而且是整体参与的知，是投入自我与世界互动、交融或冲突的知，不只涉及主体，尚且涉及客体以及促使主客两体相对发生的宇宙本体。《易传·系辞》以卦为客观世界变化所呈现的形象象征，故具有《周易》有关观象察地知周万物的意义，据此甚至以为人可以知幽明，知死生，知鬼神，以至知周乎万物，而道济于天下。因之知存在于卦象与诠释的辞之中。有此认识，人与物的世界就建立起来了，不只是知觉的关系，而且是一种自觉的联系与推动关系。《易传·系辞上》第十二章说："化而裁之，存乎变；推而行之，存乎通；神而明之，存乎其人。默而成之，不言而信，存乎德行。"此一描写的内容不在知的活动而在创造性的行为。

在此儒学基础上我们问什么是人，明显的回答是：人就是能知能行能转化自我与转化世界的本体存有，此一存有内含知行的互动，以此来建立人我及天人的互动关系。从孔子的体验来说，此一存有表现在人之"为我"的自我界定上面。但什么是为人？我们可以提出一个新颖的解释，为人即是创造地发明自己或可说为自我创造。因为人的本源就是创造力本身。人本来一无所有，但继善成性，人成为人就有与生俱来的欲望与情感以及原始的知觉理性，但这些潜能却容易受到外物的影响，变得扩大而妨碍人的持续发展。孔子看到此点，提出人的本性的自觉问题。什么是人？人者，就是能克制自己，面对社会要求、发展社会的价值来成就自我与社会的那种存在，所以孔子说"克己复礼"为仁，是用仁的体验来界定人之为人的，能仁就是能成为真正的人。这种仁的意识是天地宇宙的本体意识，因为它是一种原始的创造力。这就是透过人的反思而实践成己成人之道，并导向最后要掌握本体的存在。所以人之性在于天，而天是人性中所包含的最深的道理。从这个意义，我们认识到人的发生本源是天人合一，人的存在过程是天人合一，人的最后目标追求也是天人合一。透过不同层次、不同阶段的天人合一，来完成人的价值性的本体存在。更重要的是，在基于天人合一的根源意识上追求具体的动态的天人合一的价值存在也是天人合一的价值存在的一部分，因而终极的天人合一的目标就已在过程中实现，所追求的应该看作不断的实现而已。

儒家的这种认识就是对人的生命伦理、内在性的信仰的认识。不管是和西方的基督教、犹太教，或是和东方的佛教相较，后者必须脱离时间与实践来实现人的归属，成为永恒的完美理念形式，而前者所呈现出来的都是内在化的不断超越，而又不断地寻求具体实际的自我实现的实践与时间的创造力、创造性，此为变化中的不变，又为不变中的变化。此即儒家"为己"、"为人"的精神性的所在。

在此理解下，儒学中的人不必是亚里士多德哲学中的本质性的灵魂①，但亦不必是后现代的学者所主张的纯关系存在。人性是一个潜力与活力的存在，既有其宇宙的根源，应该是宇宙自身创化的结果，其形式与质料应有其独特的原创的宇宙基础，而其动力发展则直接包含内化宇宙动力的根源，由于其发展有一实践的与时间的过程，因而具有向前向上的目的动力，表现为其存在的理想性，也是一种潜力，可以带动其发展与自我创化、自我完成。《易传》称之为“生生不息之道”。我们可称之为“原始创造力”(primordial creativity)。原始创造力的特性在“创造性的创造性”，或曰“创造力的创造力”（creative creativity，此词为方东美先生用以翻译《易传·系辞》“生生之谓易”之词②)。在易学本体论中，无极而太极的无极与太极均为无限创造力的创造力，而人秉承太极，因受时空及开放的存有的限制，故为有限创造力的创造力，但在本性源头上却彰显了宇宙本体即无极而太极的无限创造力的创造力。

前引《易传·系辞》说“继之者善也，成之者性也”。继善成性依然预设了一个个体化（individuating）的力量，有其结合环境实现自我的能力。但它确非已先定型的唯一形式或内涵，却又具备可以实现不同的善与完成不同性的个体创造力，或曰“个体化创造力”（individuating creativity)。当然此一“个体化创造力”可以实现为与人物天地的关系，而且在此关系网中界定自我的角色与地位。但我们要注意的是，依照易学对变化深刻与持续的观测与体验，从原始到个体却必须经过一个变化发展的阴阳对偶、刚柔互动的自然创造过程，呈现了一种过程的创造力，或可名之为“对偶化创造力”(polaristic creativity)。此三种创造力只在表述创造发展过程中的三个转换阶段，但却也可以看成同时存在的三个创造的方式与方向，相互涵摄与推动。③ 此处所要表达的是，一的力量(原始创造力)、二的力量（对偶化创造力）与多（三）的力量（个体化创造力）可以同时并存，也是相互转换，因无生有以致有无相生、阴阳对生，创化衍生万物以至于

---

① 参见亚氏《灵魂论》(*De Anima*)。

② 方东美先生在课堂中常提起此。方先生早在1938年《哲学三慧》一文中即提出《易传·系辞》“生生之理”为中国哲学的根本精神。1964年英文论文“Cosmos and Individual in Chinese Metaphysics”再提出此一原理，并用“creative creativity”之词表述之。1977年《中国哲学精神及其发展》一书中则自行解释是采用怀特海之词以表达“生之又生”或“创造再创造”的“生生”一词的含义。但我查阅怀特海著作，并未见到怀特海用“creative creativity”之词，虽然怀特海的“Principle of Creativity”（创造性原理）确有“生而又生”的含义。“creative creativity”一词显然为方先生所自创，极有创意，而非单纯取自怀特海。另一点要指出者是，方先生原意是表达“生生”之为“生而又生”或“创造再创造”，我却另加新意，即“创造力创造创造力”或“生生的生的活动”，以明“创造力或生命力的内在的、恒久的不断的更新”，用英文表达即为“creativity creative of creativity”，以说明“creative creativity”一词并非无谓的重复。西方汉学家马利安·高利克（Marian Galik）在其2004年论文“Quo Vadis Philosophia? Musings about the Necessity of Sino-Western Dialogue”[*Journal of Chinese Philosophy*, 31 (1), pp. 65-81] 首先提及。但此一概念的本体论含义则在本文中有所发挥。另见本人2003年论文“Classical Chinese Views of Reality and Divinity,” in *Confucian Spirituality*, volume one. eds. Tu Weiming and Mary Evelyn Tucker, New York: Crossroad Pub., pp. 113-133。

③ 此一表述主要在结合《周易》的太极经阴阳而生万物的太极生化，《论语》，老子《道德经》的道生一、一生二、二生三的道本体宇宙论，而为一简易变化的创造模式。

人。故个体的人既能持续原创，却又必须接受对偶性的限制，而精神回归为一，物质化生为后起的多元个体。怀特海的玄学中也有上帝原始创生性（primordial nature）与上帝后发效果性（consequential nature）的对偶性原理。他的“创造性原理”（principle of creativity）事实上具备了原始与多元个体创造力的内涵。因之，他除了对“永恒对象”的认识有柏拉图主义的倾向，其过程哲学或形上学完全可以和上述基于《周易》与《道德经》结合的本体宇宙论相融合。①

在此本体宇宙的架构中，人的实际取得的角色、地位与关系永远不等同于性之为性及其创造的潜力与活力。故后现代学者不管是实用主义者或非实用主义者，如王大维及安乐哲等人都有把儒家的自我化解为社会关系或社会角色的现象②，这是一个消解自我的立场，固然避免了所谓的传统的本质主义（essentialism）形上学，但同时也走向了自我的空洞化与失位化，或可名之为趋向虚无的化除主义（nihilistic reductionism），完全无视于人内在的宇宙创造力。问题在我们有没有整体的实际经验与体验来建立人性的存有模态、存有内涵、呈现与实现方式。再者，儒家强调个人的慎独精神，所谓“不愧于屋漏”，这是一种自我超越的精神，不是用关系与角色可以说明与化除的。故内涵与儒家哲学的自我观，不是单纯的“关系角色理论”（relational roles theory），而是有创造核心的关系化理论（creative-relationalizing theory）。

当孔子说“我欲仁，斯仁至矣”，此“我”之所指也确非一无所有的意思表达而已。“我”所表现的是一种纯粹的自由意志，此一自由意志结合了在经验中后起的自由意识，就有了本体意识，存有实体的体验与对其发生根源的意识。它的发生也是有本体论的意义的，是泛观宇宙万象的本体宇宙自身发展所需要的。

在此一自我的确定过程中，发生了对“超越而内在”与“内在而超越”的认识的需要。过去学者对超越性与内在性有不同的界定与说明，因而对西方宗教性与中国宗教性有极大差别的结论。③ 有的学者以为所谓超越就是不依赖（non-dependence）④，但如何

---

① 参见怀特海，*Process and Reality*，最后一章。由于他未能认识到阴阳对生、刚柔互动的创化与创新方式，乃引进永恒理念型的对象“eternal objects”作为创新的机制。对此问题的详细讨论，请参见我的论文“Categories of Creativity in Whitehead and Neo-Confucianism,” *Journal of Chinese Philosophy*，16：2，1979，pp. 251-274。

② 西方学者把儒家伦理学看作“Ethics of Roles”（角色伦理），当以马克斯·韦伯为首。新近西方学者如安乐哲与王大维都有把儒家的人化约为一束关系的存在的做法，固然彰显了儒家伦理中的“礼”的作用，但却忽视了儒家伦理中的“仁”与“智”的主体性的开放性以及“反身而诚”的自我的创造性的真实存有。

③ 我在此提出的概念是“超越而内在”、“内在而超越”，是一个动态的提法，为的是表达一个创造的行为与活动，犹如周敦颐在《太极图说》中所说的“无极而太极”、“太极而无极”，虽然我涉及的是两个动词，而非两个名词。但两套话仍然可以彼此观照：如果说无极是超越的无，太极则是内在的有。但超越与内在作为活动在说明或实现“而”的创造性的变化性。基于此理解，超越与内在是创造的实现或实现的创造的两个方面，不可分开看。此说明了我在这里讨论的儒家精神性两方面或两层面不同于其他学者对超越与内在的理解。有人把超越与内在绝对分开，无法建立二者的关系；有人谈内在的超越，超越的内在，只是描写静态的存在；有人把超越与内在代表趋向，也无法说明二者的价值与作用，而必须预设对象。这些都未能如实恰当地解决内在与超越间的问题。

④ 参见 Ames and Hall 的著作 *Thinking Through Confucius* 中有关讨论超越的含义与定义的问题部分。

来决定依赖与不依赖呢？上帝对人的关注是西方上帝概念中的构成成分，故严格地说，其存在仍然有相对的依赖人的信赖与依赖的一部分，而人的存在固然依赖上帝的维护，但人能够走出现境、关注理想而不为现实利害所縻系，也是人的灵性的一种表现，难道这不是超越的概念的一种意义吗？因之，我们必须对超越有另一番认识的必要。我在此处说的超越即指“超出现状与改变现状”的活动。但超越亦可以是一种状态，因而我们可以区分“动态的超越”与“静态的超越”，超出现状与改变现状是“动态的超越”，至于相对于现实的状态而在另一个存在状态之中，而此状态又为某一现实的状态的理想与追求的状态乃是“静态的超越”。一般我们可以把此一“静态的超越”状态看作超越时空的存有而有其自身的完美性，甚至包含自身的动态性。此可举托马斯·阿奎那对上帝的概念的认识为例：上帝是一个完美的活动（Act），无所不知，无所不能，无所不在，纯然至善。但由于人不能只从概念上认知上帝［如安瑟莫（Anselm）的存有论论证所要达到的］，而必须从信行中感知上帝，此一超越的自身是一活动的上帝，显然又与人有内在的存有关联，他是否完全地超越又成了问题。由此理解，我们对此等超越性质的认识往往流于仁者见仁、智者见智。但我此处重新界定超越，对超越为既存在又活动的两层次有所指出却是很重要的，因为此将导向超越而内在的概念，把超越而内在的关系说清楚，更进一步把内在而超越的关系建立起来，并使其与超越而内在的概念联系起来构成一个“本体超越与本体内在的诠释循环”以及“本体内在体现与外在实践的诠释循环”。

首先我们先问何谓超越而内在？超越而内在指的是超越的天或上帝把其所具有的性能呈现在其所创造的生命之中。我在此所说的上帝只是一个原始创造力的符号而已，不是一般人心中的上帝或是西方宗教所崇拜的上帝。上帝创造的方式——中国哲学中的生生之道或西方神学中的“creation ex nihilo”必须分别①，为人格神的奇迹造物或为道体的自然化生也必须分疏，二者的差别影响宗教的建立形式与信仰内涵，形成文化传统的极大差异，所谓差之毫厘而失之千里是也。从宇宙的整体看，此一宇宙既为上帝所创造，必然有上帝的成分。如果我们从宇宙一本论的立场看待，所有的存有都必然原始地具备上帝的成分，或只具备上帝的成分。但上帝的性能可以有质量高低的尺度，有数量大小的尺度。人与物的差别则在于人所受于天的质量必高，美好性能的数量也必多。这是从实际观察与体验就可以知道的。物的质量只有物质性，生物的质量只有生命，有的也有意识，人却兼具物质性、生命性、意识性与道德性。故《荀子·王制》说：“水火有气而无生，草木有生而无知，禽兽有知而无义，人有气有生有知亦且有义，故最为天

---

① Robert Neville 对此有较深的讨论，见其所著 *Behind the Masks of God* 一书。我对他的“创物行动决定创物者”的观点，从易学与道学本体论的观点，做出了重要的理论回应。参见我 1999 年的论文“On Neville's Understanding of Chinese Philosophy：The Ontology of Wu，the Cosmology of Yi，and the Normology of Li，” in *Interpreting Neville*. eds.，J. Harley Chapman and Nancy Frankenberry，New York：State University of New York，pp. 247-270。

下贵也。”荀子并未探讨此等差异的来源，但从其天论的观点，仍然可以视为由天的自然的创造力发展出来的，而只有人才能从经验比较中分别质量的高低，确立价值的尺度。人除了有义之外，还有潜力来发展礼法，建立合理和乐的人间社会。从一本的根源上说，都可说是天的动力所致。但就一个个人来说，或就一个社群、一个文化传统来说，所发展的轨道与方式却大有差别，然而仍然离不开天的创造力或因天赋予人的创造力。易学哲学提供了一个原始创造力创造天地万物并进而发展成为人类文明社会与道德性能的一体多元简易变化的动静相需的本体宇宙模式，已经包含了从天道下达人类文明的过程，也包含了从人文提升到天道或天理的过程，以及两个过程的交互流通的本体超越而内在、内在而超越的循环过程。

在这个基础上我们可以理解《中庸》提出的“天命之谓性”的深层含义：万物与人为天的力量化生，有其保有的性能，也有其变化发展的机制，而人更能溯本于天地，更能理性地认识价值的理想以成己成物，此种能耐是内在于人的，故可名为超越而内在，即天而人之意，也就是《中庸》说的“天命之谓性”。天对人是相对的超越的，但天命的动能却灌注人的存在，形成人存之性德，也就是感受、思考、评价与决策的能力。基于此，《论语·述而》中孔子方能说：“天生德于予。”《论语·卫灵公》中又说：“人能弘道，非道弘人。”但此所谓道为人所理解与理想的价值，是需要透过人的实践来实现的。若把道的含义扩大到宇宙本体的创造力，显然道体创化了人也赋予了人道体的创化力，使人具有宇宙本体的功能，可以成己成人，也可以知己知人知性知天。总言之，超越而内在是人秉承天道的创造力的过程，也是充实人之德性的过程，在此基础上，人的性在原点上必然是纯善的。所谓善就是继承天道的创发力，无有偏颇，无有掩盖，无有扭曲。但人性落入实际的存有之中，包含胚胎的初成关头，能保证不受到环境中外物的干扰与侵入吗？故性可以有本质的善、后生的恶，与人的超越而内在的存在并不相违。超越而内在的具体方式在中国可以更好及更基本地从《周易》的本体宇宙创生论来理解，如果天可以诠释及体会为太极的概念，则天生万物即是循着一阴一阳之道逐步演化万物以及人类出来，此一创造性演化的过程体现了天德（乾）的生生不已与自强不息，同时亦体现了地德（坤）的厚德载物与含章可贞。

现在论述何为内在而超越。人既有天命之性，此性如何展现出来，形成人的价值世界，即是从内在走向超越的过程。这是一个自觉与领悟的过程，也是一个实践与实现的过程。但内在的人性要真诚地贞定地表露出来，是要经过一番切己反思感通万物的体验工夫的，《中庸》说的“诚者，天之道也；诚之者，人之道也”，正显明人之实现自我的本性是回到天的真实的本源。但要实现此一真实却不能不同时进行内省于己外观于物的知性与情性活动，并将此一内外或外内的感受合而为一，以达到开辟、透露与凸显人的本性，发而为活泼泼的光澄澄的本体意识或可称为性之本体的本心出来。《大学》“明明德”之“明”（动词）即是此意。此即内在而超越。此处所谓的超越实际上可以包含向外推广与向上提升的两重意思。事实上，在儒家以修身或修己为本的向外推广就具有向上提升的意味，因为只有向上提升的自我方得以推己及人，故自我德性与德行的向上提升为以德服人、以德齐家、以德治国平天下的先决条件。此一观点已在《大学》的“絜矩之道”中充分地表现出来。

我的这个对“内在而超越”的说明是有特殊的意义的，其特殊意义即在表明“内在而超越”的超越是一个“超出现状、改变现状”的革新过程，明德之明即在脱颖而出的新己新我，如此方可为众人的表率，从而达到“新民”的目的，故“内在而超越”不但超越自我以成就新我，而且在超越自我以成就全体或群体的转化与革新，其中包含了由道德而为政、由为己而为人的双重含义。追溯到孔子，我们可以说这个内在而超越的过程就是“克己复礼”的过程，克己是一个超越革新的过程，克己而后能把人的社会性与相互关联性建立起来，此即为“复礼”的工夫。复礼离不开克己的动力资源，因为克己开发与凸显了人的本源的创造活力，不偏不倚、无私无蔽地用在人的共同生命体的建树上面，此一活动孔子称为仁。仁者爱人，爱人之深，不正在以真实之我创造的实现与提升人群的全体性与内在关联性而所谓礼和的生活世界？故孔子说“克己复礼”为仁也正是彰明了内在的个人之德提升为社会之人的超越过程，也界定了何谓内在而超越的精义。但这里还需要注意的是，此一过程仍然不是一个单纯的主体性的问题，而是表现为一个主客互动的本体开放的世界。

当代的新儒家自熊十力开始到牟宗三都有尊王贬朱的倾向，乃是由于过度强调“万物皆备于我”的反身而诚，而疏忽了“诚之”的内外兼顾的双重性，也忘了去真正开发陆象山所说的“宇宙即我心”与“我心即宇宙”对立的深厚含义，连象山本人也未能进一步思考此一大体认识的重要所指。我前已指出，《中庸》所称的“合外内之道”的严肃含义为外观于物内省于心，不是单纯的主体性的朗现，而是我的主体性与世界的客体性的相互挺立已构成人文化成的人类文明与精神。从这个角度看，我们还需要回到《周易》的原始的观德精神以及孔门弟子对《周易》的观德的体会。《贲卦·象》有曰：“观乎天文以察时变，观乎人文以化成天下。”没有对客观的事物与人的言行的仔细考察，我们又如何把我们的本性之明之善落实为具体可行成果卓然的行为规范与知识制度呢?《大学》解说明明德于天下之道在循序而进，从最高目的的平天下而下，回归到基础性的治国，依次及于齐家、修身、正心、诚意，然后说“欲诚其意者，先致其知”，又说“致知在格物”，可谓打通了逻辑的认知理路，然后再复述从基础导向目的实践过程曰：“物格而后知至，知至而后意诚，意诚而后心正，心正而后身修，身修而后家齐，家齐而后国治，国治而后天下平。”此一过程显然包含了一个不断回归与回馈的循环。

朱子对《大学》此一修持过程甚是看重，可说是一智见。但朱子由于未能明白说清楚理与气的本体性的创发关系，给予读者一种理气二元论的印象，也常为后来的儒家所偏解、误解或错解。王阳明已有“朱子晚年定论”的说法。当代儒家牟宗三先生则把他说为“别子为宗”，据我更进一层的深入分析①，这却可说是极大的误释或误解，实为不幸②。其实，朱子走的正是《中庸》的合外内之道，只是未能说到好处。③ 在此合外内之道的基础上，我们可以进行对孔子的更深刻的理解，为何孔子晚而好《易》，为何孔子要从占卜中观其德义，为何孔子同时重学重思，又同时重知重行。孔子之学原本就是内外两行而归元于生命本体的本源的创造性的。我们不但在孔孟弟子中看到内外兼收的德性与智慧，就以孟子与荀子公论，也莫不分别体现了外内之道的本题哲学。先秦儒学需要在此基础上重新理解应为当急之务。

关于孟子的性善之说，有两个问题可以从内在而超越的观点提出来简单讨论：一是如何理解性善，一是如何体现本体之善。性善即本体之善，因其来自宇宙本体创造之活力，具有原初性。其所以为善指的是实现生命目的性与完整性的基础与动力。事实上，所谓善就是生命或生之为生的内在价值，换言之，善就是善而生生，则为善的持续。但善的动力性与善的目的性还得经过一个善的过程性来完成，在其完成之前，善仍非现实的，而只是一个可以实现的可能性而已。但我们不能轻视此一真实发动的可能性，因为它也是一种意志。生与生生因之可称为意志的无限自由的自由选择。康德名之为善的意志（will to good/good will）。在本体的形成的创造起点上，善就是意志而意志也就是善。因之孟子的性善论应从本体宇宙发生论来理解。在此理解的层次上，善的不断发生也成为自然之事，因为善的发生与生生的持续就是善的不断发生。孟子用水之向下来喻人性之善，固表示了生所包含的生生的动向与潜力，也包含了生生的源源不绝的本体创造力。如此方能说明牛山之濯濯却能自然重生绿意。由此理解我们也可以看到本体之善是随时随地可以体现的，问题在于本体之善是否受到挫伤与掩盖。不能忽视的是，发展与实现的过程往往也是一个取消、失落、消解、扭曲、误导、迷惑的过程，其所以如此的原因很多，显然是一个不同动力的冲突发展的结果，需要极大的及持续的善的力量与善的选择的力量来进行整合

---

① 参较我所著下列两文：《论朱子哲学的理学定位与其内涵的圆融与条贯问题》，见《国际朱子学会议论文集》上册，295~340页，台北，台湾“中央研究院”出版，1993；《朱熹四书次第与其整合问题：兼论朱熹中和新旧说的内容与含义》，载《朱子学刊》，2006，收入《朱子国际学术研讨会论文集》，第16集，110~132页，合肥，黄山书社，2006。

② 我说是“不幸”，并非过分其辞，因为牟先生此一说法有可能在历史上与理论上都误导了一代年轻的学子。从历史上说，朱子进一步发挥了理学传统，综合了北宋五子的哲学，所继承的不是一家，所开创的是一个新的理学体系，但他也可以说是继承了孟子。陆象山虽可说得益于孟子，但也杂糅了禅学，难道可以说他是“正统”吗？无论如何不能说朱子是“别子”。从理论上说，北宋五子各自在理与气的概念上有所开拓，对理气的关系并未完全界定和说清楚，可说都是在道释影响下对孔孟儒学的新开拓，因而都未走向理气绝对二元的境地，也非绝对的唯气或绝对的唯理，而是在气中见理、理中生气的两端徘徊。从此一角度看，朱子更为清晰地融合理气，说为“不杂不离”，显然是一时权宜之计。如理为终极概念，理必生气；如气为终极概念，气必生理；如理与气都是终极概念，理气应是互生。我是从最后一观点切入来说明朱子开创性的理气互生的立场，并在《朱子语类》与《朱子文集》中寻找说明或证明。见上注所引的我的两篇论文。

③ 朱熹的问题出自他的本体宇宙论的理气关系不够确定与说明不足上，未能厘清究竟是理生气或是气生理，却流入被怀疑为二元论或“理非活动”的见解旋涡之中。朱熹的缺失在未能全然或有效掌握“理气相生”，而理气二者则生于理气合一的本体本源的创造性之中，见上述有关部分。

以及保全其原始的善意，而不必因外在的环境力量而自暴自弃或改变初衷。

此处我们也可以引进善作为人类行为所能达致的理想成果的意思。《大学》说："大学之道在明明德，在亲民，在止于至善。"此一至善即是理想的人类社会状态，或如《礼运》"大同"章所表述。人性应该可说对此一理想世界有自然的向往与情感的期待，所谓"虽不能至，心向往之"，并能由此自然产生心灵的激励与行为的努力，此一性向不可不称为趋向美好社会效果的善意，与人性包含的内在的本体的创造力合成为自然的趋善能力，界定了人性之为善的意涵。

孟子举人乍见赤子将入于井，油然而生恻隐之心。孟子说在此关头人如能自觉掌握此内心的本体的发动，而引为扩大本心的基础与泉源，则善的现实化与目的性的实现完全成为可能。从这个观点看，善并非静止的存有，而是存有的生生不已的发展与整体存有的整体实现过程的活动。在此过程中人们仍然会陷入泥淖之中，甚至不可自拔。所谓泥淖是未能纳入创造力的习气、游气、废气、污气，或为发展途中经历的以及引起的凶杀之气、暴戾之气等。(《孟子》："凶岁子弟多暴。") 就个人说，就必须讲究心智的修养的工夫。但对群体的社会来说，为政者的责任就在于提供稳定和谐的经济环境，使人们能自力更生，老有所养，幼有所持，从庶之，而富之，从而教之，循善而行。在自然是一种内在而超越的整体的展开。

至于一己本体之真的维护，孟子提出在于善养天地浩然之气。孟子对此有极细密的修养体验与理论的解说，此可视为儒家精神性实现的重要层面，不可不深入探究。我在他文中曾做讨论①，但在此处我只择要论述之。孟子以人心为性的活动机制，是性与外物交接之间的感应存有。因之也可以看成一个灵明的气的生命体，可以发表为文字语言以与他人互动，可以内省于己，以其灵明包含与呈现本体的真实，直通于天地，如此方能界定与充实自我的存有，如此则认知本心之于天地相通，自然形成道德的正气与道德的勇气，展现人天一致、天人合一的动态交流与交融。因之，孟子诠释此有本体性的创生道德的生气为"至大至刚"的天地之气。但《孟子·公孙丑上》第二章又说："其为气也，配义与道；无是，馁也。是集义所生者，非义袭而取之也。"表示天地之气也是因应人的道与义的保全与坚持而产生的，可说是心行与天地互生，本体的原质的创造力激荡出来。因此，又说："不得于心，勿求于气，可；不得于言，勿求于心，不可。"由此可见人心中就包含了天地之正气，是属于自我的最真实的本体所在。掌握此一真实，人们就可以不动心。不但如此，人们还可以内求于己以坚守道义，卓然独立，把内在的气超越地实现为挺立天地的大人之德。这是第二点。

在此理解下，我们回到孔子对仁的界定："克己复礼为仁"。孔子的克己与孟子的养

---

① 参见我所著论文《孟子的哲学思想》，原发表在台北"中央研究院"历史语言研究所1968年"中国思想史特刊"，后收入我的论文集《中国哲学与中国文化》。

气都是对内在而超越说的。正因为本心自觉之后，如何克制私心与知蔽，正是孔子要强调的掌握本体的工夫，但另一方面，孟子注重平常的积极的培护工夫，并不违反积极的克己工夫，甚至主张“持其志，毋暴其气”，可见其趋同性与共同性。

总结以上我所说，我们看到人的本体性的两个层面，一是超越而内在的创生与认同层面，一是内在而超越的实现与实践层面。二者可说构成了一个动态的循环，超越的天命实现为自我界定与发展的道德主体，但此一主体又经超越化的过程实现为个人的成长充实与完成。此可称为由内在而超越。内在而超越，超越而内在，无论在知性的理解上或在本体的维护与发展的要求上，都形成了一个“本体性创造的循环”。前者可名为“本体性理解的循环”，后者可称为“本体性实践的循环”，合起来可称为“本体性知行合一的循环”。我们可以注意到，缺少此一循环，天地将不相通，而人的自我也将委顿而消解。我们注意到《中庸》所表彰的是由“超越而内在”的过程，而《大学》所包含的则多为“内在而超越”的过程。更值得提出的是，此一具有理气两层次的本体循环同时体现了《周易》的易道生生不已的精神与孔子“吾道一以贯之”的精神。本体循环是生命本体的价值化与实体存在的推进，在深度与广度上均是扩大。

孔子重视整体的一，也是发展的一，因为只有在一之中方能实现整体性与包容性，故其所追求的一并非抽象的一个概念，而是一个体验的整体，可以包含天地万物。曾子理解为忠恕之道。但忠恕之道是以此心体会他心，以他心接连我心，形成一个民胞物与的一体之仁的世界。故这个一是动态与创造性的一。在这个一以贯之的精神下，我们看到孔子统合了《周易》的生生不已之道为人伦之道，在《中庸》与《大学》中分别显现为内在与超越的统一，同时也显现为孟子对人的深层结构的理解：人而有性，性发为善。如此我们看到了古典儒学的统合精神灌注在《周易》、孔子、曾子、子思与孟子之言论之中，形成一个儒家精神的博大高明的体系。现在要问，在此基础上荀子的地位如何？荀子是否自外于此一深厚的精神传统？

我的回答是：过去对荀子有所误识，今日在更客观更深刻的观照下，荀子也可说是古典儒学的最后砥柱，不可不加重视。何以故？因为荀子作为先秦后期的儒家，他所观察到的人性现象是有极大的经验认知意义的。在孟荀相距一百年期间，无尽的败德行为，无尽的残酷战争，无尽的贪欲事例，处处都提示了人性在争夺利益与权力的氛围与过程中的恶性恶行。此等事实至少说明人性可以受扭曲的本质以及好利、多忌、好耳目之欲的性向。此点孟子也不必否定。但孟子以为人可以自然回到本性本心，只要多所留意，善加维护加持，扩而充之，下可以保妻子，上可以兼善天下。但如果人性陷溺于恶意恶行太深，是否可以回归本心却是一个事实问题。我们不能希冀每个人都能做到，也不能希冀每个人都有条件去做到。事实上，孟子也注意到“荒岁多凶民”，故不能不用理性知识、教化制度甚至刑法规章来改变社会环境，来转化个人的心态与发掘理性控制欲望的能力。如用现代的话语来说，莽莽大众需要法律政治的管理，而不只需要道德自发的伦理。人能看到此点，并能汲取教训，从学习中发现理性的思考方式，在求得知识的基础上，发展社会的礼法制度，实现效果的善，此一认识正是荀子理性社会哲学精神之所在。其所谓人性之恶，因之不可能是本质的，也不可能是不可改变的。而人之能变化气质也正说明人性的理性的善是人性原质与社会条件相互结合的结果。社会的礼法既是由有充分知识的智者（圣人）所定，此也反映了人的聪明才智之善。故荀子是在更深刻的人心层次上以及社会的公共层次上体现了成果之善，而以之为人的认知能力的一部分。荀子谓之"知道"，就是此意。由此理解，我们可以认定荀子的哲学正是发挥孔子为政哲学的一个重要面向，同时也体现了人为理性动物及群体动物的理性与社会性精神，不但不与孟子相对立，而反是相补充。对于二者，古典儒家缺一不可而有其完整性与动力性。只是法家未能看到此一孟荀整合的可能，急功好利，走向一偏，固然造成中国的快速统一，但也造成普遍人性的挫伤、大众社会的失常。

从荀子哲学中，我们也看到"神道设教"的可能，但作为理性的信仰者，《荀子·天论》提出了智性圣人（不同于孟子仁性的圣人）的"知天"之意，"知其所为，知其所不为"，"其行曲治，其养曲适，其生不伤"。此一理想境界乃是人心运用理性与知识的成果。如是，荀子也可说提供了一个实现善行与福惠或幸福相互统合的社会模型，在一定条件下满足了"圆善"的要求。因之我们也可以说荀子提供了一个儒家有关全体社会个人实现的理想模式，而非仅是个体自我实现的形式而已。

二　儒家精神性思考的总结

总结以上来说，儒家强调"内在而超越"与"超越而内在"的持续创发的过程，讲究自我实现与融合万端的精神。这种精神是从人的自我反思与相互观照中的整体性发生，亦即重视人的自觉本性，人和人之间、人和万物之间的关联整体性，并重视人具有能关怀、深切感受他者、发自内心的不忍人之心的能力。从孔子到孟子，再到荀子，无一不强调人的个体内在心性与行为的整体和谐的实现，以及个人与社会的整体和谐的建立。

儒家用极深反思的智慧来开拓人的空间，使人能实践自己，实现自己。这样一种强烈的人文道德精神也包含一种外向的知性，寻求人在天地与社会中的生命体验，并从实际经验中学习。在此理解下，我们可以认定儒家不但是一个后宗教的宗教，也是一个超越宗教的宗教，已把宗教情感纳入生命伦理之中。这种超宗教的宗教不只是"人文宗教"，抑且更是"人性道德宗教"。这一宗教，从宗教的发展史来看，具有更广大的、更深厚的人性张力与创造力，更能突破不能超越宗教的宗教的人设障碍，构建与形成大同、博爱的精神。但我们也不能只说它的理想性，而忘却它的现实性。首先在理论上与实践上，它有知性与德行相配合的问题，也有个人与群体相统一的问题。除此之外，它还有是否与时俱进、与世俱在的问题，是否解决了人的现实中诸多有关人的心理状态与需要所面临的诸多问题，包含科技与伦理相结合的问题。我想中国儒家作为人性本体精神传统的终极价值的传承者，其发展的力度与深度迄今显然还是不足的。古今许多儒者自以为是，主体性很强，主观性也强，本来不属于儒家传统的排他性更强，但自身不断检讨与不断学习的批判力却是阙如，往往由于门户之见，一隅之得，居其位却不谋其事，能否只理解为不做深思明辨、知性发展不够所致吗？

总言之，儒家从为己之学走向为人之学，再反馈于己，反身而诚，体现了开创天地与扭转乾坤的创建精神，这是原始儒家的易学精神、《周易》所说的“生生不已”的精神。在历史的发扬上，虽然未必形成了制度的宗教，但却无疑提供了社会文化生活的活力与动力。即使有对天的传统信仰，人在宗教情感上以求精神安顿与依归的需要往往因侧重社会人伦而受到忽视。问题是儒学的精神性能否汲取及包容其他形态的宗教精神性而不必入迷其中，做到入乎其内而出乎其外，体现完全包容与完全超越的“超融精神”。

虽然儒家的精神性问题从宋明以来一直都面临发展与体现的问题，但在今天，由于世界宗教的相互竞争与彼此沟通，儒家精神性的本体体验与理解显得更为重要了。儒家掌握的人伦共通精神也更有必要发挥其整合与融合人类社会的能力。但若要充实此一能力，则唯有掌握儒家的纯粹的精神性来推动不同层次的具体改革与创新，如此方能获得更大的影响。回观中国近现代历史的发展：从五四到“文化大革命”，都可见到此一问题的重大意义。五四代表什么？西方文化的冲击凸显了中国文化发展中内部的荏弱。“文化大革命”代表什么？可说代表了人们已经无法认识基本的生命的尊严与价值的不应被破坏，代表了重大的无知。由此来看，儒家虽有其很高的理想境界与精神价值，但在群体实践中还有太多的问题值得我们去检讨。

作为“反求诸己”、“反身而诚”的人性本体的宗教精神，我可以总结古典儒家精神性的多重发展如下：

1. 从观物到爱物，追求知周乎万物而道济天下。（《易传·系辞》）

2. 从对天地生命的理解来提升自我、界定自我，来确认自我的本体性，所谓格物而致知，诚意而正心，以至于尽心与尽性，凸显自我的活动性与内在的创发性。（《大学》、《中庸》与《孟子》的综合诠释）

3. 不依持于一物一事一神，而以天地万物之本性的发扬为自我的表达，故毋意、毋必、毋固、毋我。（《论语》）

4. 体现人的本体的（性即本体）宇宙性与根源性，所谓知性而知天。（《孟子》）

5. 认识宇宙的目的性与其内在的神圣性，所谓知天。（《论语》与《孟子》）

6. 确认人性本体的至善。（《孟子》）

7. 认识人的生命的本源。（《论语》）

8. 始于孝，终于仁，慎终追远之精神性。（《论语》）

9. 民胞物与，仁民爱物。（《孔子》）

10. 体现具体的创造精神，践行而自得。(《孟子》)
11. 人性中欲念趋向恶的认识。(《荀子》)
12. 必须发展人心中的知性精神与社会的理性。(《荀子》)

附录一

精神性的本体诠释的含义

现在我们要问：人文和宗教有什么样的关系？为什么有这样或那样的关系？我想从本体与诠释的观点来进行说明，也就是想从本体学来思考和诠释文化、哲学以及宗教问题。对于从本到体、从体到用的思考方法，我做了较多的考虑与探讨，可以用来说明宗教的真正含义及其根本价值。

先说本体一词，本指的是宇宙之所以形成宇宙的根源存在与生命发展的根源。有宇宙然后有生命，有生命然后有人类，有人类方有你我的对本的意识与认识。故《周易·乾·文言》中本有“先天而天弗违，后天而奉天时”的超越而内在与内在而超越的含义。体指的是事物实际的存在与实有，而且是一个具体体现的实有。但体还有一种整体化的意思，所谓“体物而不遗”是透过人的体会来实现的。如此，则知所谓体是一个包容整合为一体的认知过程。本与体本来是分为两个概念提出的，但后来儒家学者把它们合在一起，故称之为本体，表示出我们最真实的存在。一个以之为根源为实体的存在的体现，在动态的创造性的发展中也体现了人的活动与意识。在本体意识中，本可说发为体，体可说根于本，二者有内在的联系。因之，本体不应是单纯的抽象的存有，而是具有无形本源发生过程的存有，不应该只有抽象性与相对的普遍性，而同时具有具体性与相对的特殊性，其内容的决定不但需要靠思维，也需要靠实际的活动与经验。当然我们可以问如何认识本并知道其为何，如何认识体并知道其为何，二者的关系又究竟如何。在中国哲学背景的理解中，我们可说本是宇宙万有的创造力，或可名之为“先天而天弗违”的道，也是体现了道的天或太极。中国人是否把天人格化为人的形象，并绝对对象化或位格化为不可接近的上帝，是一个可以争论的问题。由于天还有道的背景与根源因素，相反地，倒是上帝作为人格神的概念被天作为生生不息的宇宙本体创造力的概念所取代了。这个作为根本创造力的天并非必然绝对的超越，因而不同于亚伯拉罕宗教中最后被绝对化的神。① 相反地，由于人文的思考，天成为人的存在内在的基础，也可说是

① 此一绝对化的过程是很值得研究的。我们知道上帝在以色列的《圣经》时代是有一个不可名的名字的，此即 YHWH 这个词所代表的“I am what I am”、“I shall be what I shall be”的神灵力量——后来被称作“Jehovah”(耶和华)的。我个人偏向给予此一无名之名的神灵力量在其原始阶段一个超越而内在与内在而超越的诠释，以说明耶和华的可亲近性。但在希伯来的历史意识的发展中，一个创造主的概念却愈来愈超越化了。

人性的基础，内在于人性，成为人自我提升、自我实现的动力。要认识人性，只能外观于物、内审于性，用自己的思想、认识、经验与体会来建立自己的体，使之成为可以发展的实体与原动力，并能发挥转化、提升他人与人的社会的作用。

从这一创发的过程看，本与体是联系在一起的。有本方有体，有体必有本，有己必有人，有人必有己。所谓“本立而道生”其意义也在于此。这就是体的建立与用的发挥。传统的儒学的修己与正心甚至诚意的工夫其实都是创发自我、界定自我使之具有本体性的工夫，见之于孔、思、孟、荀，也见之于宋明理学与心学如周敦颐、张载、二程、朱熹、陆象山、王阳明、王夫之、黄宗羲与刘蕺山。虽然各家起点与进程并不相同，但却多元地彰显了儒学精神性之终极关怀所在。此处要特别标举出来的是，在古典儒学中建立人的“本体”的过程中已有外观与内省的分歧。思孟偏向于主体性感受的发挥，而曾荀则偏向于客体性的实践的追求。在当代儒学的发展中，过分受阳明学的影响，也偏向于主体性的感受的发挥，此见之于牟宗三的“心体与性体”哲学的建立。如此就无法认知理学之重视理即在客观的格物而穷理于主体的心灵活动中，如朱熹所表现者。事实上，本既为一己之本，亦为天地万物之本，故不可能只就内审于己所能完全或正确决定。揆诸《周易》的传统，我们不可能不面对变化的宇宙而加以认识与理解。故《中庸》说“合外内之道，故时措之宜”方是整体构建，不只是部分界定自我的存在性格与经验地位而已。在此一理解下，宗教显然可以看作一套基于外缘如何用内在信仰整体界定自我的方法与手段。

再说诠释一词，诠是用语言说完全，释是放开或解开来说。“诠释”这两个字具有充分的现代意义：“诠释”就是用语言把意思说清楚，说得有条有理。所以诠释重视语言的表达，概念与观念的建立、分析与综合，意思的展示与所涉事物的标示。但我们要注意“诠释”不同于“解释”，所谓“解释”要不是用客观规律来演绎说明，就是主观地找理由。而“诠释”由于更重视语言的尽可能的一致与完整的表达，不必限制在客观规律上的演绎或约化，也并非主观地找理由，而是重视人与人之间相互沟通，较为整体较为体系地思考分析与综合，进行自我内外在经验与体会的理解，并考虑到用语言文字作为一种接口，来唤醒人们对事物的理解。这种理解不只限于逻辑的、理性的认知，还可以包括情感的感受及体会，与文学、历史、哲学及宗教的认识有密切的关联。因为这些科目主要的工作就在建立此心与彼心、此人与彼人的沟通、理解与对话，借助语言来表达，来传递，来说明，来感动，形成一个“百虑一致、殊途同归”的体系网络。要做到此，最重要的是我们是否能用自我的语言来体会理解对方或他我（他者）的语言；我们是否能从自我的理解中，来促进与建立对方的理解与理解的语言。“诠释”就是从理解走向语言的表达，建立另一个对等的理解的过程。“对话”往往只是一个基础、一个方式、一个成果，但没有前理解作为基础、后理解作为目标，往往只是一种交谈形式，不能建立心灵之间的沟通与理解。

在中国诠释传统中，明白用诠释的意思的典籍是《淮南子》。《淮南子》第十四章名为《诠言训》，其中“诠言”即是“诠释”，实际上说的就是诠释或诠解老子道家等的言辞的含义，使之更为具体、更具时代价值或更能落实到实际的例子。举例言之，文中解说什么是圣人，什么是天道无亲：“圣人常后而不先，常应而不唱；不进而求，不退而让；随时三年，时去我先；去时三年，时在我后；无去无就，中立其所。”“天道无亲，唯德是与。有道者，不失时与人；无道者，失于时而取人。直己而待命，时之至不可迎而反也；要遮而求合，时之去不可追而援也。”可说就是对老子话语的更详细的说明。此诠释揭示了文义，用更时代的语言翻译了老子的字句，以之揭示了老子用词的文义与话语的意思，并显示了其具体的实行方式与方法。可说同时具备了伽达默尔所说的“translation”（翻译）、“interpretation”（诠释）与“application”（应用）三个诠释活动（hermeneutic action）的要素，故可视为典型的诠释例证。

除《淮南子》外，其他诸子百家的文章也有不同方式的诠释，有就本体方面的诠释，有就知识方面的诠释，有就伦理道德方面的诠释，有就政治权利方面的诠释，不一而足。实际上，孔子可以说是诠释的始作俑者。孔子述而不作，事实上是寓述于作。他的述就是作。所谓“述”是“传言与转达”，正是古希腊神话中赫耳墨斯作为一个传信的使者的意思。当然，孔子是学习了古代典籍，有了心得，把自己的意思借助前贤的话说出来，但也可以说是把前贤的话借自己的意思表达出来。此一方式就是透过历史时间掌握前贤的意思，把它和自己的理解结合起来实现为现代的语义，给予死的古语以活的意思。这有两层活的意思，一是语言上的活，一是理解上的活，自然也代表了古今视野的融合。故孔子可说为人类历史上第一个诠释学家。不但如此，孔子还是第一个对本体的诠释者，《论语·述而》中他说：“天生德于予。”《论语·泰伯》又说：“巍巍乎！唯天为大，唯尧则之。”至少对天有所说明。只是《论语·为政》中他说的“五十而知天命”，未能说明所指为何，但其意思却是明白的。天命是天的安排与决定，也可说是天地事物包含我的人生的发生及其内在秩序。这见之于《论语·阳货》“天何言哉”之叹，也见之于《论语·子罕》“天之未丧斯文也”之叹。据此一深度的体察，《论语·宪问》中孔子方能做到“不怨天，不尤人”。此一理解就是一种本体诠释的前理解，导向更深沉高明的太极阴阳生生不已的宇宙本体之说。说孔子是一个本体诠释论者并非空言。

我们还可以举我们对《论语》或对《道德经》的词句进行诠释为例，以进一步说明诠释为何种思考活动：《论语·为政》中说“父母唯其疾之忧”，“其”指的是谁，父母自己或是子女？若就我们真实的体验来说，指的应该是子女。这也是父母对子女最关心的所在。由于此，此言的深意在子女应好好保护自己的健康，以免父母担忧。这才是孝道。这样的诠释当然在把我们最根本的、最整体的，也就是本体的体验拿出来理解此句的意思所在，而后予以清楚表达。另一个诠释的例子：《道德经》的首句是“道可道，非常道”，此句为不同的学者进行了不同的诠释。我们为什么要不断进行新的诠释？就我看到的英文与中文的翻译就有 20 种之多。但是我们还是不很满意，不能抑制我们不断寻求新的理解与诠释的冲动，这是为什么？回答是：我们对此句往往未能形成固定的理解，因为我们不能确切地掌握道是什么，常道是什么，非常道是什么，可道是什么，不可道是什么。我们好像有时理解了，有时又失落了理解，我们所说的“知道”并非真正的“道之知”。因为我们没有进行更体系的分析与综合，让我们的直觉也无法呈现为具体而客观的形象。在此，对道的本体的理解就非常重要，对道的理解的本体化也非常重要。只有我们掌握了道作为本体的理解以及与本体作为理解的道的关系，我们才更好地进行诠释。如此我们也就可能得到另一个新的诠释：本体可以被诠释，但所诠释的本体并非本体的全貌，因为已经化为语言的对象不能涵盖尚未化为语言的对象。如果我们再进行推敲，我们可以理解到语言是一种界定与决定，而道的本体或本体的道却是一种未界定的、未决定的存在及活动状态，已界定的、已决定的道只是未界定的、未决定的道的一部分，故可道而非常道。而我们也可以发挥补一句：非常道的道，在常道的支持下，仍然是可道的。语言就是这样一种道可道的道的存有方式。

附录二

“宗教”两义及其精神性综合

关于“宗教”与“人文”的问题，我想在此再加说明。我对于宗教的了解是逐渐累积起来的。大家知道“宗教”是比较难界定的名词，由其在中文与在英文是不同的。中文所谓的“宗教”不是西方所谓的“宗教”。西方所谓的“宗教”，在英文是“religion”。“Religion”源自拉丁文的“religio”，其原意是“联系、联结”，但是“联结”为什么会被了解为“宗教”？此一字源代表什么意义？在西方，联结代表情结、心结、意结。宗教是一种心灵的行为，是一个人的内心对情感、义理的表露，当然是一种情结、一种心结、一种意结。当然，这种意思在中国的宗教体验中也不是没有。然而，中国的“宗教”原来的意思，却是“统之有宗”的“宗”、“教之有道”的“教”的合成概念。在《中庸》一书里，“教”的意思是“修道之为教”，而所修的道则是“率性而行”的方式或理路，是要用道理来主导自我及教导他人的。如果“宗”是一套系统、一个原则，我们对原理、宗旨的探讨、认识，成为大家能学习的东西，就是“宗教”。如此说来，中文的宗教在根本上或重点上并不放在信仰的情结上，而在客观的教导活动中。总而言之，这两个名词其英文与中文都有很广泛的含义，对我们了解各自宗教有一种启示性。至于我们到底要如何了解宗教呢？我想我们应该考虑如何结合这二者的具体含义，而且还需要用自己对本体的体会作为基础来把握二者，把二者合为一个整体而进行诠释。我已花了不少时间来讲“诠释”的含义。在此含义中，宗教的体验就需要“诠释”，如此我们才能重新赋予“宗教”一词新的意涵。

首先，宗教是内心的一种对崇高、无限、超越的感受和信念，因而可以说为心灵的信仰或精神的信仰。此一信仰的状态与对象也是可以变成一个宗旨加以说明理论并形成教化的。但一个信仰要真正作为人的内心的价值，还需要心灵与情感深度投入，同时进行感受与认识，不是只凭需要或功利或想象就可以决定的。“宗教”必须是一个开放的名词，有它的模糊性、深刻性与多元性。我们不需要一个唯一的、普遍的、封闭的与必然的“宗教”的概念，因为它是抽象的、死板的、被看作不变的，或是只能做出一种具体的、不变的界定。从这个角度看，宗教的开放性、模糊性反而是它的长处，反映在它的多元的语意的用法与所指上面。

过去我基于自己的接触，对西方的宗教也有一定的学习、思考和体会。尤其是在基督教与佛学这一块，我常参加各种宗教学术的会议，包括基督教神学的探讨以及基督教与佛学及儒学的对比探讨。我觉得有一次经验很有启发性，值得向大家叙述。多年前，我受邀参加了基督教苦修士举办的一个有关“心灵净化”（purity of heart）的学术研讨会。会议的所在地就是位于美国加州的埃尔卡尔梅勒（El Carmel）的有 20 位左右基督教苦修士的本笃会修道院。他们在加州山上建造出苦修的居所，进行严格但却严肃的教规生活。他们要净化自己的生命，在静默中体会生命的意义，在心灵的沉思中接近上帝，坚定对上帝的信仰以及对信仰的体验。他们的教堂很简单，他们的食物都是自己做的。他们开这个会，目的在请不同传统的学者，包括作为中国儒家传统代表的我，来谈宗教灵修的问题。我注意到一点，他们在做任何仪式之前，不同于一般基督教会用的“祈祷”方式，而用“沉思”、“静思”的方式，来作为起点。他们要从人的心灵内部来回归到生命的根源，而不是只看到天上的上帝。他们要回归自己再来看上帝。我问他们这是受到什么影响，他们说是受到中国禅宗、禅学的影响。中国的禅学，实践“止观”，是要深刻地掌握自己内心的自性，来打破心性中的种种障碍，认识自己的本来面目，来超越外在的、内在的存有迷思。他们实行这样的宗教修持方式，我觉得已是把西方和东方进行了一种结合沟通。基督教结合禅学，已是现代基督教一些门派的一个新的灵修方式。这可以说是很重要的一个认识：基督教是在自身超越之中。

我要说另外一个经验：在夏威夷，有一个星期天上午，我在路上走着，一群年轻人跟我说：“你到我们教会来。”他们的教会在小学的餐厅里面，教会的名字叫“希望教会”（Hope Chapel）。“希望教会”的教徒都是站着的，前排的都是摇滚乐者，弹着吉他，带领大家唱圣歌，他们是用音乐来歌颂心中的上帝。他们非常有礼貌，都穿得很整齐。后来我注意到，他们这个教会在夏威夷发展得很好，利用小学的餐厅来进行主日崇拜与传教。他们代表着希望、快乐，对年轻人有极大的吸引力，在这种情境中去歌颂、去表达他们深刻的对生命最初的或终极的载体的热情。他们唱完之后，还有谈话聚会。这种聚会对福音派基督教徒来说很重要，代表一种互通、对流的机会，也是很明显的心灵关怀的表达。当然，美国新兴宗教中有许多“邪教”是追求特殊目的的崇拜团体，但他们却不是。该如何分别邪教和正当宗教团体的不同呢？多年前有“天门教”、“太阳圣殿教”等邪教，这些教都有特殊的个人目的、特殊的救赎手段，无知者希望得救，就加入了这些非常教派。一个正当的宗教，它的教主是没有特殊的个人目的的，它必须有相当合理化的教义和合乎基本道德的信仰。它的宗教目的在提升人的精神，净化人的心灵，健康人的身体，使人坦然面对生死和人生灾难，用爱和慈悲来化解人间的仇恨与纷争，使人们的心胸宽，眼光远，行为善，动机诚。我想这对我们认识宗教的起源、宗教的发展会有很好的帮助。那个“希望教会”，虽然是一个很新的教派，但却是一个正当的宗教，因为它符合一个正当宗教信仰作为心灵与精神信仰的条件。

我们一般都说印度是一个宗教的大国，因为印度人几乎都有强烈的宗教感情。我想就此说一些我对印度这个地方的认识。过去二十年，我三次到印度讲学、开会。最近一次是 2007 年的 1 月，是因为世界哲学中间会议的关系，到印度的时间比较长，使我有机会更了解印度的新兴宗教，尤其是所谓的佛教的复兴活动。我的理解是，印度可以说从历史的最原始一直发展到今天都处在一个“在多神中找寻一神、在一神中演化多神”的信仰状态。此一状态，黑格尔在他的《历史哲学》一书中说：“没有一个对象能够被看作现实的和确定不易的。”“重重的区分形成生命需要的枯竭，普遍意志荡然无存。”① 这是黑格尔基于无知随意引申出来的判断，现在很难有人苟同。但是今天的印度可以说也有了更新的宗教觉醒，除了要保存多神的传统，更重视根源性的一神的信仰，在一元中容许多元的发挥，因此他们的多种族多阶层能够彼此包容，和谐共存。他们也有强烈的国家意识、大国意识，区域意识与地方意识同在。然而，在另外一方面，我们不能不说印度的问题在于传统的种姓制度造成的阶层的分野。这是我觉得很无奈的地方。至于印度教能不能解放、消除种姓的隔离，形成新兴的社会能力，这和它能不能发挥佛教的平等精神很有关。值得注意的是，印度能否发展，印度是否能跟上新的现代，是否能在全球化中形成举足轻重的力量，都与它如何发挥宗教的创造精神、宗教的平等精神和宗教的慈善精神有密切的关系。而这些都可以分别在印度教与佛教中找到。简言之，印度教能不能运用佛家的精神力量去做人间的事业，我认为对印度的现代化是非常重要的。宗教的创新与发展之重要性，可想而知。②

佛教与印度教有重要关联的地方：它们都把天地万物及经验到的自我看成幻化的非实有，因而产生生老病死的痛苦，为了解脱，必须要对自己的心灵进行灵修，也就是沉思静坐，深入心灵意识深层，解放自己，认识真我。但佛教走得更深刻更极端，连真我也必须否定到“不可得”及“不可得亦不可得”的地步。此可见之于龙树的八不中道

---

① 黑格尔：《历史哲学》，王造时译，第一部分第三章，171 页，上海，上海书店出版社，1999。

② 印度教较佛教更为入世，因其相应于“报身”与“法身”更强调“化身”之故，见之于湿婆神等大神的终极统一性。

观。印度教反而回过头来肯定人生，甚至可说是在假戏真做中，创造了不同的神祇，来作为人类欲望祈求实现满足的对象。在此我们回顾中国的精神信仰：我们看到从《周易》到孔孟，追求的并非解脱，而是参与，发扬内在的自我，其实就是内在的宇宙的创造性与创造力的自我实现与自我创造，是真的世界的真的创造。此所以在宋明哲学中，即使受到佛学或禅学的影响，其所追求的仍然是《周易》的生生不已的天地造化精神，故不可不说是儒学的孔孟之道的发展。

附录三

五要点答香港中文大学崇基神学院曾维匡君问

1. 宋明理学以理诠释天，仍持有体验的基础。所谓“天理”是活泼泼的天命流行。也如天道运行，有其创生与保育的力量。是否对先秦儒学的“天”的人格神概念的内涵价值有所化约是一个值得深究的问题。先秦儒学由帝而天、由天而道是不是本体的化约也是可以讨论的。但此一转变，原因可以看作来自帝天之所为，是否能维持人们对神格或神的人格基于情感与信赖的理解。一旦此一理解有悖人的感情，则人们对人格神的信赖与其地位就会一落千丈。东周时代民不聊生，《诗经》中反映了人们对天的责怪，天已经丧失了人格神的地位，取而代之的就是天道。天道以后转化为天理，更反映了从人格与人情的角度来理解与信赖天的衰落，而对客观真实的认识的需要就导向了天理与理的概念。重要的是，天道或天理并非一定是所谓自然天。至少在孟子，天绝非自然天。“知天”固然不是知人格的天，但也不是知自然之天。在老庄，天究实而言，也非自然之天，因其仍具有某种本体与道德意义。老子说“天地不仁”，是有道德意义的。后来荀子说“天行有常，不为尧存，不为桀亡”，天方才具有中性的含义。由此分析，人格天的非人格化只是加深人们对天地万物的动态自然关系的关注与理解而已。

2. 如果人格天具备傅佩荣所说的五项特质，则其与本体的理并不相应，但作为人格神的作用则大致已包含，然而却缺少“奖惩”的功能。理想的上帝应具有政治、经济、立法、司法与教化等功能。但这些功能（包含所说的五项特质）并没有系统化与统合化。故天的人格神的地位并非统一固定的。这里需要一个神学化的过程。但此一过程在中国哲学传统中并未真正发生。事实上，春秋时代到了郑子产已有了“天道远，人道迩”的说法。相反，此等特征反而在争霸权的春秋诸侯的人格中体现出来。因之，此等功能并非理之必然。朱熹之理虽然不具备主宰的作用，而有主宰性的是本质上是气的“心”或“有关伦理”的情，但理作为生理，作为仁理（或爱理），或其他诸德之理，一方面离不开气，另一方面也仍然具有内在的创造力，故可以提供人格神的形式及目的。因而，我对理的诠释可以包含或导向对人格神的诠释。而人格神则可以看作人之格的理化与理想化，具有高度理性结构的形式与格局。天的“审判善恶”是人类社会司法制度的投射。天的审判与奖罚往往难以解释与弥平人间的不公与不幸，故在儒学逐渐转化为内在的良知的自审自判之能，也是有原因的。

另外一点要注意的是：我区分“外力赎罪的信仰”与“自我实现的信仰”。个别的人可以个别信仰具有位格的人格神，以为拯救自我的方式，但个别的人也可以个别信仰及体验打破位格神的道体，以求自我内在之性的实现。基督教显然属于前者，而儒道及佛学属于后者。佛学中的禅学更是强烈追求自我实现的典范，其所谓“直指人心，立地成佛”的禅悟就在明心见性的自我实现，而且是当下的自我实现。在此一理解下，临济义玄所称的“无位真人”是突破位格所成就的个体真实，可以用以实现佛学中的三身（报身、法身、化身）的任何一身。就此一变化而言，基督教神学中的“三一之说”（Trinity Doctrine）也必须预设一体二身（圣父、圣子）的一体性（圣灵），因其一体才有二身的统一，但此一体之体却是无体无位的，只是纯粹创造力的活动。阿奎那所说的上帝是“纯粹活动”（act）应该即指此。道家中老子说道是“生而不有，为而不宰，长而不持”，也是不具位格的本体创造力原型，具有充分的自我实现的力度。儒家从“尽己之性”到“尽人之性”到“尽物之性”，以至“赞天地之化育”、“与天地参”，自然也展现了一个自我实现的天人合一的典型。

3. 我讲的本原的创造性，自然包含价值的创造与反价值（anti-values）的批判与销毁。创造性是有存有的发展的等级的，可以一步一步向上推进。人的本体的道德性即在推动价值的向上发展，维护与持续扩大及整体化。所谓“人能弘道，非道弘人”，我认为神性即存在于终极的创造性中，自然也存在于人性的最深处。不能一切靠天，天创造了人，也是天对人的倚重。天是否因此最好具有位格或人格，既是本体论又是知识论与价值论的问题，不可任意决定。当然一个宗教的创始者可以凭借他的权威来决定一个必须信仰的人格上帝。但作为理解对象，而不只作为信仰对象，上帝的位格可以是相对的，因为可以同时主体地理解，也可以客体地理解；可以自觉化地理解，亦可以对象化地理解；可以倾向超越而外在，也可以倾向体验而内在。上帝的位格可以受到尊重，所以并非只在其位，而在其德。同样人权的应受尊重，并非只有位的问题，而是同时发自公正与仁爱的需要。总言之，位格是一个结构化的问题。何时应结构化，何时应解构化，在一定条件下可以是个人的选择，在另一些条件下却可以由社会制度或组织的需要来决定。坚持上帝只有位格或必有位格往往造成封闭系统，系统隔阂，系统冲突与互斗。因之我提示位格与非位格的双面性以及超越位格与非位格的终极根源性的创造力。不同的位格只是时间与空间的产物。本体诠释有回归根源的认识，同时开放于位格化的诠释与德性化（非位格化）的诠释，但却同时坚持二者之间的辩证及创造性的统一。

4. 本体诠释的生生创造之说能否摆脱现代性的阴霾，以包含他者的多样性？回答是：本体为每一个个体所有，故可以包含而且必然展现为多样的本体性。个体的体可以个别发展，但却可以有一个共同的终极的本原。现代性的统一与普遍是基于工具理性的建构，不必也不能掩盖或压抑具有创造力的多样多体的个体存有。本体诠释是对本原一致的肯定，是对个体发展的根源的肯定，也是对必须基于个体统一的普遍性及工具性的肯定。

5. 在本体诠释学的思考中，基督教神学如何解决其面对的原罪、三一、信知、普救等问题或走向基本教义不重发展也会是对本体诠释的一种考验。儒家基于本体诠释能够在本体论宇宙论上融通各大宗教差异、化除冲突，应为其活力所在。

[参考文献]

四书与五经. 一般版本

周敦颐集

正蒙. 见：张载集

程颐易传. 见：二程集

四书集注

朱熹. 周易本义

朱熹. 近思录

朱子语类

朱子文集

陆象山全集

王阳明全集

刘宗周全集

王夫之. 读四书大全说

王夫之. 周易外传

熊十力全集

方东美. 哲学三慧

方东美. 中国人生哲学

牟宗三. 心体与性体

唐君毅. 中国文化的精神价值

成中英. 儒家哲学论

成中英. 易学本体论

成中英. 朱熹哲学中的圆融与条贯

Old and New Testaments of Bible

Plato. *Phaedrus*

Aristotle. *De Anima*

Spinoza. *Ethics*

Leibniz. *Monadology*

Hume. *Dialogues Concerning Natural Religion*

Kant. *Religion within Limits of Reason*

Hegel. *Philosophy of History*

Hegel. *Phenomenology of Spirit*

J. S. Mill. *Essays on Religion*

William James. *Varieties of Religious Experience*

Whitehead. *Process and Reality*

Whitehead. *Religion in the Making*

Heidegger. *Being and Time*

Heidegger. *Introduction to Metaphysics*

Gadamer. *Truth and Method*

Gadamer. *Philosophical Hermeneutics*

John Hick. *An Interpretation of Religion*

John Hick. *Problems of Religious Pluralism*

Rudolf Otto. *The Idea of the Holy*

Chung-ying Cheng. *New Dimensions of Confucian/Neo-Confucian Philosophy*

David Griffin. *Deep Religious Pluralism*

论义利之辨与天人合一*

义利之辨是儒家哲学中的一个重要命题。此一命题是孔子提出来的。孔子说："君子喻于义，小人喻于利。"① 这说明社会上有两种人抱有两种不同的价值标准。君子深晓于义，故以义为行为的准则。小人则深晓于利，故以利为追求的目标。但何谓君子、何谓小人是与义利之辨脱离不了关系的。因之我们必须要说明何谓义、何谓利。我认为最好的说明是就具体的事项说到抽象的原则。在此原则下，我们可以提出五个层次的说明。

第一个层次是，个人的功利是利，考虑他人或社会的利益则是义。为了自己的功利牺牲他人或社会的利益是不义，为了他人或社会的利益而牺牲自己的功利则是仁义。当然，个人的利害与他人或社会的利害不一定非冲突不可。有人追求个人利益而不妨害社会利益，甚至还会导向社会利益的增加，是否可说为利无不义呢？回答是：这要看有无转化私利为公利或利他的机制存在，还要看追求者的真正动机何在。如果在一定的情况下，追求私利能够转化为公利，而且个人并无伤害他人或社会的动机与阴谋，则个人追求利益是合乎自然的，也是社会允许的。孔子说："富而可求也，虽执鞭之士，吾亦为之。如不可求，从吾所好。"② 然而值得注意的是，即使富贵可求，孔子也并未真正去做执鞭之士，却是"从吾所好"，去汲汲于途地宣仁讲义，从事教化的工作。这就显示追求利益也有高下的差别。在其他因素满足的条件下，追求低品质的生活所含的价值（义）的成分显然比不上追求高品质的生活所含的价值（义）的成分。孔子说"君子义以为质"③，又说"君子义以为上"④，"行义以达其道"⑤。作为君子，必须以义为行为

---

* 原载《中国社会科学院研究生院学报》，1998 年第 1 期。

① 《论语·里仁》。

② 《论语·述而》。

③ 《论语·卫灵公》。

④ 《论语·阳货》。

⑤ 《论语·季氏》。

的基本原则，所谓“无适也，无莫也，义之与比”①。这个义既是天下无道时的高品质的“独善其身”，又是天下有道时的高品质的“兼善天下”。更重要的是，一个君子必须“见利思义”②、“义然后取”③，也就是重义轻利。甚至为道固穷，饭蔬食饮水，曲肱为枕，亦无不可。取得和享有富贵，尤不可不义。孔子所说的“不义而富且贵，于我如浮云”④，就表现了这种气概。

在自由市场的经济体制下，一个人能够利用自己的勤劳与智慧去创造自己的利益，而不是投机取巧用欺诈的手段去牟利，那就没有义不义的问题。但市场经济的发展若没有社会福利政策的调节，造成极端的贫富悬殊，富者富而不仁，贫者杀人放火，这就有了义与不义的问题了，义与利的冲突也就显得很尖锐了。在现有的自由市场经济下，我们还应注意到一般公司的企业伦理问题与机关人员的职业道德问题。利的追求要合法、合理、合情，欠缺其中之一就可能构成不义的问题。甚至一个公司垄断市场，影响到公平竞争，也可以看成一种社会不义，因为它能够造成社会问题。

第二个层次是，个人的利害是跟个人的情欲有关，而义之为义则是与超越个人情欲、讲究道德有关。故利与义的分别是情欲与道德理性亦即仁爱之心的分别。个人的情欲往往只局限于个人，而不能涵盖群体的利益。如何转化满足个人需求的动机为关怀社群的仁爱之心，或开发人性中的同情恻隐的自然感情资源，是超越个人中心自私心理的必要途径，这两种心态就是利与义的差别。孔子首先提出以爱人为中心的道德哲学，就是要改造以爱己为中心的唯我自利主义。孟子继承孔子，激烈反对这一自利的立场，在他与梁惠王的对话中，更义正词严地从逻辑论证上指陈其包含的自毁因子。在这一思想的基础上，孟子主张四端之说，要人善返自心，并力求对四端的扩而充之，可说并非偶然。但我们也必须指出：径凭仁爱之心的良好动机也不一定能够保证群体的利益，就是以恻隐之心、恭敬之心作为起点的仁义之心也不能一定带来社群的好处。我们必须建立义的标准，还得设计一套正义的社会制度才足以落实社群的福利。孟子事实上是向这方面想的，但其四端之说显然需要理性的扩充。

第三个层次是，为了个人的利益，理性往往变成情欲的工具。我们必须分别自私的理性与大公无私的理性。显然，群体的利益是要用大公无私的理性与知识计量的，而不只是用仁爱的动机来决定的。故利与义的分别就是私心与公心的分别。所谓公心就是一切为公着想，思考如何去满足广大群体的生活与社会需求。这一思考的方向可以举边沁与穆勒的社会功利主义为代表。就儒家而言，我们可以说这是恭敬之心的义与是非之心的智结合的理性思考，也充分地表现在孟子的福利社会设计的蓝图上。利与义的差别可

---

① 《论语·里仁》。
②③ 《论语·宪问》。
④ 《论语·述而》。

以从实际的工具理性的运作的后果来认定。凡是促进群体大众的利益的就是义，凡是只顾及片面的利益的就是利。讲利不讲义乃是只讲部分不讲全体，讲义不讲利则是顾及了全体而不重视部分。当然也可以有全体与部分兼顾的伦理行为，那就是兼利与义而有之，并无不当之处。这也说明了利与义并非必然对立的零和游戏。

第四个层次是，基于第三个层次，利与义的分别也可说是人心与道心的差别，也就是私欲与天理的分别。以上的利义之别是就问题本质来分析的，如就儒家的哲学对人的理解范畴来分析，则利与义的分别在于人心与道心的分别。何谓人心？何谓道心？《尚书·大禹谟》里所说的“人心惟危，道心惟微，惟精唯一，允执厥中”，这被朱熹认为是孔门心法。道心虽与人心同时存在，但它却是孟子说的人之为人异于禽兽的几希，也是人能够成为圣贤的根源，而所谓道心则又是以天下为公、博施于众、洁净精一的境界。人心则不外乎人的私心与私欲。在此情形下，人心与道心是被看作绝对相反而又互相损益的。人心长则道心消，道心长则人心消，故孟子主张寡欲。二程与朱子则更极端地主张“存天理，灭人欲”。这就是要人只讲义不讲利，但这是不实际的，也是不需要的。人心与道心，人欲与天理，都不是绝对相排斥的，二者的平衡与协调是实现人之为人的条件。故利和义也可以相提并论，属于两个不同层次的人存在的两个部分。

第五个层次是，再回到当前人类的处境，义利之辨可看成为道德生活与经济生活的分别。现代人几乎没有不讲利的。这是由于西方化或现代化引生的经济发展革命所致。现代社会的发展的动力来自科技发明的经济化促进生产力发展与提升物质生活的品质，包含社会之建设，如交通、传播网络和一般日常生活方式与用品的方便改善。当然经济的市场化、自由化与竞争化也直接或间接刺激科技的发展，形成经济科技化的现象，也因而不断循环地推动经济的发展，带向市场更大的成长，在市场全球化的趋势下，激发了人类更大的经济活力，为人类社会创造了更大的财富。值得注意的是，经济的发展必须有适当的政治条件，但经济的发展也强有力地影响了政治的发展，使其更为开放、更为民主化。就目前西方的社会发展来看，这可说是一个大趋势，但这并不表示人类的历史趋向一致或不同的人类社会走向同一。事实上，人类的社会形态与生活方式往往受到一个社会的历史文化巨大的影响，不是由单纯的政治与经济因素决定的，因而经济与政治可说是生活的物质因与动力因，而历史文化则是生活的形式因与目的因，两相结合才形成生活的整体。

在这种对生活的理解下，人类社会仍将表现生活形态的多样性与差异性，甚至更突出了文化的价值的差异。但这种文化上的差异是与经济、政治密切联系在一起的。从这个角度来看，文化的差异所造成的文化的冲突事实上就是经济与政治利益的冲突。也就是说，文化的冲突是透过转化为经济及政治的利益冲突的方式表示出来的。如果没有这种转化的心态或机制，文化的差异也不一定非引起政经的冲突不可。一个文化是否包含此一心态或机制正是此一文化的性格所决定的。我曾区分“冲突文化”与“和谐文化”，显然，包含转化文化价值为政经利益的文化是“冲突文化”，而不包含也不强调此一转化心态与机制的文化或强调文化价值超越政经利益的文化是“和谐文化”。

由以上的分析，我们可以说在现代化的冲击下，人类经济的发展就是“利”的文化的发展，甚至政治的发展也都是“利”的文化的发展。在经济发展中，掌握财富与增加财富就是利，在政治的发展中享受权利与争取特权就是利。现代的人可说在显明的、表面的层次上都是经济人与政治人，这是由于现代的政治经济制度使然。但在深层或生活的潜在的部分，往往却有文化与价值的选择与行为力量（当然不是人人都有），我们可以称这种深层的潜在的文化与价值部分为“义”的文化。义利之辨也就是深层文化与表层文化的区分，在一个人身上就是潜在的价值理性与显明的功利或工具理性的差别。值得注意的是，显明的表层的政经利益的意识是现代人一般的意识，也是现代人的公共意识。相反，文化价值意识却是个体化的特殊化的自我意识，此可名之为政经的趋同一元主义与文化的差异多元主义，此说即意味着现代人的价值观往往只代表他个人，而他的政治权利与经济利益却是代表了他所属的社会或国家。这似乎刚好把原来的儒学之利与义的含义颠倒过来了。原来是：利是私人的而义是群体的。现在却成为：利是群体的而义反成为私人的。这显示了在现代意识下传统的利与义的意义的模糊化。义可以看成是道德价值与道德理性，在传统或古典的儒学中是人性中的普遍道德价值之一，是一种德性、一种责任。但在现代意识下，义却转化为功利意识与权利意识，不管从个人或群体看都是利的考虑。传统所谓的义反而成为个人的形而上的理想道义或人格意境，随不同的个人而多元化了。

在以上第五点的理解下，义利之辨的现代意义是：个人应该具有独立的人格，应该保有或修持理想的道德人格，力求一个完整的善的概念及其实践，也就是说，不应该只满足做一个经济人或政治人，要讲求理想的德性与责任，而不是只以理性的或功利的法律为道德的准绳。

在以上的五种义利之辨的讨论下，我们可以理解何以儒家的“天人合一”的修持追求与人生理想与义利之辨具有一种内在的关联。首先我们要指出，在儒家的传统中天既是外在的存在，又是内在于人的存在。在《论语》中孔子说“获罪于天，无所祷也”①，又说“天厌之”②，“天丧予”③，“知我者其天乎”④，“欺天乎”⑤，“不怨天”⑥，似乎表示天是一位具有位格的主体神，有其意志，能知能怒，且人能与之进行沟通。就天有意志这一点，富贵是天所决定的，故不可求，引申来说，任何非分的利益都是不可求的。

---

① 《论语·八佾》。
② 《论语·雍也》。
③ 《论语·先进》。
④ 《论语·宪问》。
⑤ 《论语·子罕》。
⑥ 《论语·宪问》。

这里说的天可能是天的最原始的意义之一，在此一意义下，孔于言“天生德于予”①、“天何言哉”② 的天是可以解释为人格的上帝的。但天既生德于孔子，天也可以说是内在于人的。后来《中庸》言“天命之谓性”可说来源于此，也进一步地肯定了天的普遍的内在性。就此内在性而言，天可说为一种义理、一种道德了，也可就此来理解天之内在于万物而不必有所言了，再进一步说明孔子所言“五十而知天命”③ 所蕴含的义理性，也就十分容易了。“知天命”即知天之所命于我者，为我之存在的一部分，也就是我的主体性向之所显示。知命之为性，性之为命，也可说是天的外在性与内在于人的内在性的合一，简言之，也就是“天人合一”。但由于人之天性源于天生我之德，故也可称为“天人合德”，由外在的天命转化为内在的天性天德，同时又由内在的性德来印证外在的天命，产生了两种效果：一种是人的内省的自我超越，表现在人之能知天命的知上；另一种是天的人格性或位格性，也就转化为或抽象为天之理、天之道、天之义。天的义理与本体意涵也就从此一转化中呈现了。为知天命，不在求天，而在自我内省，并理解万事万物流行发生之道、自我安立达致之理，这就是修己之学的内在意义。自我的修持（所谓修己修身）不但能达致自我安立（敬），且能达致安人与安百姓的效果。

基于以上所论，我们可以说在现代的社会伦理中“天人合一”的修持更具有重大的道德理性与道德人生的意义，其重大意义可举者有三：

其一，天为自然，人为意志，均不可偏废，二者应有适当的平衡，方成为具体的善。有此善为基础，才能掌握是非善恶的标准，作出正确的决定，实践正义的行为。

其二，天为整体，人为部分，天中有人，人中也有天，人的作为是要彰显整体的天，而不是要驭使天为一己之私的满足，也就是人所作所行要处处考虑自己所属的整体，而不可任性任意为所欲为。

其三，天为原理，人为方法，原理离不开方法，方法更离不开原理。人不能只就一时的冲动去行为，凡事都必须三思而后行。但所思何事？不外乎是否合乎自然、是否合乎整体、是否合乎原理而已，但所谓原理就是根源、原则、道理与真理，是不外乎整体与自然的。人要掌握此一原理，就要修持自我，认识自我的本性，同时也是使自我更具有认知和掌握原理的能力。

就这三项意义来说，我们对传统所说的“天人合一”的意义有无偏离呢？回答是：我们不但没有偏离，反而有了新的发挥，也可以说作了一种新的深度的解释，使“天人合一”的命题能够密切结合于“义利之辨”的义理中，这和我们所说的天的意义的理解有密切的关系。综合孔子之后传统儒家学者的思考见解，我们可以归纳出三种天的意

① 《论语·述而》。
② 《论语·阳货》。
③ 《论语·为政》。

义。一是本体宇宙之天：天就是本体的宇宙，一个生生不息变动不居的天道实体。一是道德义理之天：天就是道德义理，显现为我们作为人所理解得到的原理与行为的规范，是孔子所说的为人、立人、达人、为己、立己、达己之道。一是自然形质（气质）之天：天就是自然气质或形质，是我们所处、所受、所用的小环境及大环境，甚至包含我们自己的身体。孟子说“我善养吾浩然之气”，又说“持其志，毋暴其气”，“不得于心，勿求于气”，“志壹则动气，气壹则动志”，都是指形质的自我及其与道德义理的自我的密切关系，同时也显示出作为小环境的形质的天在道德修持上的重要性。值得一提的是，如用这三种天的意义来重释《论语》中天的无言而生万物而行四时，也不无可行。

就这三种天的意义言，天人合一也就有了三种意涵：在第一种意义下，天人合一就是要人参与天的创造生命的活动，要人发展自我的创造力，创造价值，实现生命的内在完美；在第二种意义下，天人合一要人修持自我的道德品性与品行，掌握和秉持道德的规范合理性，做合乎理性、合乎道义的行为；在第三种意义下，天人合一要人保持健康的形体，维护生活环境与自然大环境的生态自然，不但能够畅通生机，调养万物，且能提升生活与生命的品质，充实精神的内涵，也为转化自我导向道义与本体的宇宙生命奠定形质的基础。总言之，天人合一的这三项意义是密切联系在一起的，并缺一不可。于此，也可看出这三项意义与义利之辨的五项意义的密切相关。然而我们还要指出：天作为整体真实的本体宇宙生命是人的存在的根源，生命创化的动源，生活实用的基础，人生实现完美（善）的理想典型与目标。故天人合一还有源头上的合一、过程上的合一、目的上的合一的三种实践意义，它们分别代表了人生应有的认识、应有的努力和应有的追求方向，因而也就代表了天和人生生不息的内在生命的永恒价值。

义利之辨与儒家中的功利主义*

一　义利之辨的六种含义

义利之辨蕴含着一项对人的存在与人性的重要认识：人是理性与社会动物，而且具有自由的意志与反思的发展能力。在此等认识与理解下，义利之辨至少有六种义理，并蕴含六种价值标准或规范。依照这一分析，古典儒家如孟子，宋明儒家如朱熹，强调的是义利不两立的义理，依此人们必须舍利取义，并培养此一德性能力。他们大致均出于对社会与芸芸生民的仁义关怀，在一个德性论与心性之学的本体论的框架中思考、界定义与利的差别和取舍。但他们以及一般传统儒家却未能认识到在更深刻的义理下，义和利被视为可以发挥互含互动与互补的两个价值评价的标准，有促进社会发展的功能或作用。这是他们尚未认识到利用工具理性切入市场经济与功利主义的框架的可能性与重要性。在此框架中，欲望经过理性的设计形成理欲二元对流的个体自我结构，把义与利、理与欲、公与私统一起来。但要做到此，却必须要经历一个从德性论向功利理性论转化的过程。12 世纪的陈亮（1143—1194）与叶適（1150—1223）可说正标示着此一重要的转化。

义利互动及互补有下列六种含义：

1. 利是个人的私欲的要求，义是个人的理性或义理的要求。义利之辨区分开个人的私欲与理性，说明个人存在的两个层次不容混淆。

2. 利是物质生活的满足，义却是精神价值的实现，二者在传统儒家本体系统中有高低之别的理解。

3. 利属于个人的私的利益，义属于群体的公的利益。人是理性的动物，就必须考虑社会存在与繁荣的条件，因之必须分别个人的利益与群体的或全体的利益。

---

* 原载《新新儒学启思录》。

4. 利是气质上的事，易流于恶；义却是义理上的事，包含着善。这是宋明儒家基于特定的人性论所衍伸的看法。

5. 利是基于社会、经济发展与开发的策略和行为，义却是指导策略与方针或理化论据与原理。前者是特殊与具体的，后者却具有意向上的普遍性或一般性。

6. 利往往甚至必须与行为的后果的考虑相关，而义却在行为的动机上着眼。故利是后果论的，义却是动机论的。

传统儒家自孟子到朱熹都坚持严辨义利，一个君子行必依义。若有利的存在，必须以义约束利来规范一己的行为。在个人层面如此，在社会层面更要如此。判断义利的标准是以上说的 1 和 2 与 3，同时又以 4 为基础。义利之辨并不表示利与义不可同时存在，只是在把二者区分为对立的及相互排除的状态，形成两套互不相属的价值标准，使同一个行为难以同时切合两个标准。这在一般个人就个人立场或非个人立场所做的判断与行为来说，是适用的。所谓非个人立场又可分为某一群体与利益集团的立场、某意义上的公共利益立场。但所谓公共利益又是如何确定的呢？是不是必须与基于因果关系的策略分析、理论与目标的合理化有关系呢？传统儒家并未提出此类问题，自然也未能对此等问题提出回答。

显然，若就儒家的公与私、义理与气质或理与欲的分别立言，一个合乎公利的行为也可以是合乎私利的，但此乃就后果而言，却绝不可从私利的动机出发。其实，公与私的现代区分并不能涵盖义与利的区分，因为后者也代表了一个只重现实利益的人（小人）与具有理想价值的人（君子）的素质的差别。总言之，只有在义的后果为利时，义利才是合而为一的。事实上，利不必为义的后果，往往有义则无利。儒家主张舍利取义，孟子甚至强调“行一不义，杀一无辜，而得天下，皆不为也”。从这个角度看，义之规范是人之为人的无上的实践理性命令。董仲舒因之说：“正其谊不谋其利，明其道不计其功。”更明白地确定了义与道为行为准则：求义可以达到利，明道可以成就功。但我们不可从利和功的后果看，只能从义与道的动机看。

二 义与利的可能因果关联

在一个理性的思考方式下，针对具体的经验事实，除了动机的义可以有后果的利外，我们可以有下列的直接的因果联系或非联系的可能性：

1. 有利无关于义，如有所发明或依法从事经济行为，无关乎或不必关乎道德。
2. 有利不必否定义，甚至以求利为行义的手段。
3. 有利必须否定义，以义为获利的障碍。
4. 利义并存，求利所以存义，行义所以致利。（包含着一只“无形的手”的运作。）

从一个广阔的现代道德观点，4 最为可取，这是符合我的整体伦理学的要求的。① 最不可取者为 3。1 与 2 则为现代市场经济学中的重要准则。古典儒家与宋明儒家为了使人的动机合于善或义，其最大的理性要求就是以德来修持自我，所谓德就是维护人性中的知和性能，如孟子之四端。更简捷的方法是寡欲。这当然是与现代以满足社会中的人们的欲望的市场经济学的人性模型相反对的思考。这是我说的德性论与人性论的思考。值得注意的是，儒家的利与义的对象乃是天下之生民，而非某一特定的群众对象，如一国之公民或一社会之消费者。

又必须注意的是，由于义的抽象性，义可以利诠释之，名为公利；利也可以用义诠释之，名为公义。在此种理解下，利和义可称为理想的利和义。在此意义下，利和义是统一的。但二者都必须以天下或天下之民为理想的对象，亦即以天下之民之利为利，此即义。此一观点或可名为理想的功利主义或理想的公义主义。如此，则或可把儒学中的义与功利主义中的利联系起来。由于天下之利难求，故儒家认为必须去私欲以求之。但要人人如此做，却又变成新的难题。

三　古典儒家中的理想的功利主义或理想的公义主义

孔子曰："不义而富且贵，于我如浮云。"又云："富而可求也，虽执鞭之士，吾亦为之。"但孔子并不刻意追求合法的或合理的利益，以满足私欲。孔子一生从四十而不惑到七十而从心所欲不逾矩，已把个人私欲涤荡殆尽，一以克己复礼之仁为己任。为仁之道在具体事物上必须合乎正义。正是平均与平衡，义是适宜而各得其分，都必须在知的基础上做出判断。仁是行善的动机，由此动机，尊重他人，待之以正义，就是君子。对于君子，个人利益不具有任何地位。但在另一方面，就《易传》言之，君子之仁是生生之德，有广生与厚生的作用。故君子仁智的运用也不能不就天下之人或天下之民的福利来思考，如此义也得到了一个较为客观的价值标准。《周易·乾·文言》有言："利者，义之和也。"显然是以义的考虑为中心的，义即是正义。义不和是众人所分不协调，引发纷争，故非义。如果我们反过来说"义者，利之和也"，则可以利之调和为义，凸显利的重要。但《易传》并非现实的功利主义，而是理想的功利主义。

就实际来说，孔子并非不重视德行的功利性。从一个深入的角度看，仁是要实现为有益于生民之实利的。故孔子称赞管仲说："如其仁，如其仁。"因为管仲相齐，抵御夷狄，不只是避免生灵涂炭，且挽救斯文于毁丧，厥功伟矣。这点也就说明了义与利的相互重叠、相互引发与相互转换在孔子儒学中的价值性。再也说明儒家的理想的功利主义与理想的公义主义还不只是理想而已，而是可实现的理想。

---

① 参见拙文《本体伦理学与四种伦理学的整合》。

孟子一方面提出义利之辨，一方面又以利民之利为义，致力于一个以民为本的福利社会的构想。他认为在利民之利之外并无其他合理的或合义的利。他驳斥梁惠王“有以利吾国乎”之利为私利，因之若群起效尤，上下交争利，则国危矣。事实上，一国之利也隐含着一国之民之利，而不必假设“利吾国”就是“利一国之君”。但孟子这个假设也是有道理的，在战国时代国君与国民的利益往往是对立的或不协调的。他说“民为贵，社稷次之，君为轻”，那是应然的要求。实际上，君为贵，民为轻，乃是现实的写照。

孟子甚至认为追求一国之民之利，并非为了一国之有利，而是实现为以天下之民为本的普遍之善，或谓之仁政，或谓之王道。如此行为则可以得到天下人的认同与爱戴，因而得以统一天下。统一天下不是占有天下，也不是满足人民的私欲，而是以为君之德成就为民之德，实行天下为公之道，此即行为上的至善。在此一道德系统或道德论的实践下，为民尽利以尽义，是为君之道。所谓利，其实指的是最具体的人生的需要的满足，如有关社会安全、衣食住行与社会福利等的满足。此一观点使孟子成为一个典型的理想的功利主义者。孟子以为霸道只是凸显了君主的利益，而非人民的利益。为了君主的利益，天下争霸，带来战争，等于率兽食人，不可称义。

孟子的王霸之辨，一如他的义利之辨，发展到宋明理学，形成天理与人欲之辨，或气质之性与义理之性之辨。凡发之于人欲或气质之性的都是私利，只有发于义理或天理的方是义或公利。因之理学所要求于君王的就是存天理与灭人欲，要求于个人的也是如此。

四　结合德性论与理性论，走向新新儒学

从古典儒家到宋明儒家，儒家哲学思考者均未能跳出德性论的伦理框架，也未能在本体宇宙论的基础上发展一个理性的以及基于知识的制度设计眼光，以掌握欲望与理性、个人与社会的动态因果辩证的发展关联。此一关联在于：社会上个人生活福利的积极追求，能够引发一个社会上全体的人的物质文明的进步。此即意味着传统儒家的德性论，必须向现代启蒙性的理性论（包含工具理性与功利理性）的方向转化，中国传统的农业经济也必须走向商业经济与工业经济。鉴于西方经济的现代发展经验，又鉴于东亚地区近50年的发展经验，此一转化与走向必能提高人民生活水平，改善生活环境，克服自然局限与灾害。这在中国近25年走市场经济的路，创造出的经济成长与生产力的迅速提升中，已经有目共睹。当然，另一方面，中国的高度与快速的经济成长却又带来了社会道德价值的低落和沦丧。有权人物往往无法抵抗巨大的物质诱惑，而陷入腐败。与经济发展同时，能源的耗损，自然生态的破坏，大气与水资源的深度污染，也都严重地威胁着人民大众的健康与生活品质。这又意味着什么呢？回答是：在走向理性论的同

时，一个现代化的儒家仍不应放弃德性论的关注，最好能在德性论的基础上发展理性，又能在理性论的基础上融合德性。此又意味着外在的管理与内在的伦理应兼容而互包。显然，这样一个现代化的儒家必须站在一个“超融”（超越而后融合）的观点，整合德性与理性、伦理与管理为一体，致力于建立一个更有深度与广度的动态自我与社会。这又意味着古典儒家与宋明儒家以及当代新儒家必须走向一个更新更广的思想架构，发展一个更精更大的眼光与胸怀，把传统的静态的、只重动机的理想的公义主义发展为一套动态的、兼重现实与效果的或后果的德性功利主义（virtue-utilitarianism），或称效果论的德性主义（consequentist virtue theory）。这个统摄或统合功利与德性的观点，我称为“新新儒家”或“新新儒学”（Neo-Neo-Confucianism）。这也是儒家现代化与世界化的一个最重要的形态。

儒学的现代化就是要从讲求德性到讲求德性与理性，从讲求动机到讲求动机与后果，从直觉的善走向理智的善，从直接的现实的善走向与间接的理想的善的统一，并要充分认识到广义的知识与专业科技的开发及创新。从这个观点考察，我们可以看到儒家的发展可以有五个重要的阶段：

1. 讲求义以制利，古典儒学与古典农业经济时代。
2. 讲求义以去利，两汉儒学与前现代（规模化）农业经济时代。
3. 讲求以义求利、以利行义，宋明儒学与走向商业经济发展时代。
4. 讲求以理发利以行义，明清之际到民初儒学与走向工业经济发展时代。
5. 讲求义利动态平衡，从当代新儒学走向新新儒学与后工业环保经济发展时代。

必须注意的是，在新新儒学的公义与功利的统一基础上，不可不重视个人基本权利的伦理性。我们可以把义看成是个人与社群的基本利益的维护意识与要求。当然这个意义上的义必须透过法律来显示与实现。此一发展过程为：

1. 讲求个人德性与社会责任，以民之利为本。
2. 讲求社会责任兼及功利效果与后果，以政策发展民利。
3. 讲求理性工具以开发功利，以市场经济的知识化创发社会之利。
4. 讲求人民个体的基本利益与权利，以提升与平均利益。
5. 讲求可持续的经济与社会发展，实现人性生态与自然生态的循环利益。

新新儒家走的是动态的发展路程，超融过去，与时并进，生生不息。当代新儒家重视民主与科学的发展，但对发展之道尚缺少深入与广阔的反思。新新儒家在一个更新的本体思考的层面，兼容民主、科技与经济于德性论与理性论的统一基础之上，以超越而融合的本与体、体与用的结合，体现了儒家的本体的更新与创新的智慧，面向未来，走向未来。

五 陈亮与叶適功利儒学的定位

在儒家哲学的发展过程中，每一阶段或子阶段或个别儒学家的发展都应该找到其相关的定位。依此而言，宋明理学的发展也有其内在的因素与外在的因素形成的发展方向与发展特色，首先形成一定格局，再在此格局中衍生或突破。南宋朱子力谋在北宋诸家的基础上构筑一个宏大的思想体系，故有其巨大的涵盖面，但觉并非能掌握一切问题，而必然有其不足之处。首先他面临陆九渊的心学挑战。其次，他必须思考心性结构的体用动静中和问题，斟酌湖湘胡五峰的观点。最后，他必须面对永康陈亮的事功哲学主张。在这一方面，他的哲学体系的综合性与整合性显示了一定的局限性。

就是言之，陈亮的事功哲学与功利主义的思考来自他对现实政治的强烈感怀与思虑。陈亮主张富民以富国，强兵以强国，是因为他有见于南宋积弱，随时有亡国之虞。如果国家不能掌握总局势，一国之君不能力谋振作以求自救，则岌岌危矣。由此关切，早年陈亮以其纵横的才情、绝佳的智谋与设计能力发挥其决策批评的想象力（见所作《酌古论》），这是儒家思想中少有的。在此批评中，他似乎可以重写历史。依此一想象力与策略思想，他大胆议论时政（见所作《中兴论》），数度上书皇帝陈情中兴之论。他又从三代之后的历史政治人物霸业的发展中仍然看到道与义理的存在，而对朱熹崇尚三代、贬低后王的历史退化论提出异议。但朱熹对陈亮的思想的进路并不理解，也未能真正掌握陈亮思想对他的启示。基于他自己的理气不杂不离的本体论，朱熹也未尝不可重新审视历史发展之道，而不必固执在道统全盘落实的要求上。我认为陈亮与朱熹是气质很不相同的人物，虽然彼此有心相交，却必须经过长期的交往方能发生相互有益的影响。作为一个豪情万丈、才气纵横的人物，陈亮显然也有他内在的矛盾，如以事功之成说明有德有理，就模糊了事与理的差别，更无法真正面对现实，加以掌握与改造。陈亮更不幸因其个性的豪放，终至死于不测，丧失一个一展抱负的机会。朱熹站在道学基础上未见策略运作权力之道，也未能从制度上的长远的义利关系上分析局势，可谓蔽于道、蔽于理，也可说未能理解道与理的历史性与开放性。

陈亮看到的是国家权力发展的重要性。叶適看到的是社会功利经济发展的合理性。他们都能辩才无碍，有能力形成更系统化的理论以打动人心，说服统治者。在陈亮，他有经略天下的抱负，重视实事实功，也并非不可能在具体政策与实际战略上有所建树。在叶適，他能强调“通商惠工，流通货币”，跳出小农经济的思想格局，是极具眼光的。但他们没有遇到西方 18 世纪开放的时代，像亚当·斯密一样，得到更大的支持与响应，产生影响。相反地，他们面对的是一个已形成气候的道学思想格局，很难加以打破。然而，他们却仍为儒家的义利关系提供了一个组织性的及工具性的次目标，借以实现儒学所追求的实际的有利民生的善。这是一个现代性的想法，但当时却无现代性的语言来加以表达。这个想法又具有后现代性的智慧，但却在当时缺少一个后现代的时空与环境来赋予它突破普遍性的话语的含义。借用当代德国哲学家 G. 阿贝尔（Günter Abel）的话语来说，此一想法，或可称为具有“先后现代性”（pre-postmodernity）。此一描述的含义是，陈亮与叶適可说超越了他们的时代，也超越了他们那个时代的中心思想，必须在另一个时代的文化与思想网络里，兑现或凸显他们的意义与价值。总的来说，陈亮与叶適所代表的是儒家思想从德性论向功利理性论或实用理性论的转化，必须等待适当的时机方能开花结果。他们仍属于我说的儒家哲学发展的第三个阶段，未能把儒学的应用性，在发展工商经济、建立国家机构的有效管理以及相关的功利主义的思想与愿望上，提升到理论与系统论证的层次。

回顾以上有关儒学发展的阶段讨论，我们可以凭借陈亮与朱熹的辩争更进一步切入现实提示的问题，面对权力与权利的要求，作出儒家同时发展经济而又保护自然与人民生活权利的努力，贡献于建立一个同时讲求效用与动机、同时融合功利主义与理性主义为一体的良性循环体系。

[参考文献]：

陈亮集
叶適集
习学记言序目
朱子语类
朱文公文集

儒家潜涵的宪法与宪政思想*

很感谢姚中秋教授写信邀请我。关于这些方面的一些问题，刚才演讲里面也提到了。这次会议很有意思，提出了很多很重要的观点，第一个是儒家应该更多关注一些政治发展，中国政治发展正好需要儒家的参与，这是一个非常重要的关口。基于这个原因，我非常高兴能够过来参加会议，和大家交流意见。

首先是不是可以初步把儒家宪政思想和先秦的儒学概念稍微分开一下，从儒家来谈到底有没有宪政，或者儒家有没有宪法，到底怎么去制定这个宪法，有了宪法来谈如何治理，实行宪政。当然，谈治理和治道，离不开为政之道，治道离不开政道，当治理者形成一个权力团队，它能够做些什么，当然涉及宪政的概念，也就是一个基本的应该遵守的规则概念，依于此来达到一个基本的目标。从这个角度看，先秦儒学不只是政治儒学，应该有这样一个宪政含义，但是没有把它发挥出来。这个政治儒学在儒家发展的基础上也是不完备的。

我想任何一个人只要对儒家有较为充分的了解，都会察觉到儒学有一个很根本的宪政思想，这个思想是潜涵在儒学对人的认识、对文化的认识、对社会的认识、对天下的认识之中的，当然其中也有一个根本的由家到国的国家概念。传统的国家概念自然与现代的民族国家概念有很大的差别。国既为家所延伸，国与国之间也能形成天下一家。中国没有现代国家的概念，或者说西方没有中国国家的概念，是因为从国家这两个字来看，传统中国认为国建筑在家上，而西方则直接跳到国家与国民的关系上，社会逐渐跳出家或家族的重要的关联，而向公民社会发展。传统的家与家族处于什么地位，传统社会处于什么地位，如何定位以及同时如何转型，这些问题都必须提出来。实际上，从中国的“和亲九族，协和万邦”的家国而天下的概念来审查一下西方民主国家的概念，有其历史文化的理想意义，也有其国家治理与实现天下和平的现实意义。如果双向来探讨，也不乏相互借鉴的地方。我们可以从宪政的角度来谈儒家，也可以从儒家的角度来

---

* 原载《天府新论》，2013 年第 4 期。

谈西方的民主政治与公民社会。

我要特别提到，儒家的基本概念有它的一个整体的表达方式，这个整体的表达方式是强调动态过程的、重视民本的、趋向人文的、要求道德实践的，它有天下为公的理想、一个大同世界的理想。因此也特别关注如何发展人性的善端，如何提出和建立一个基本原则与价值系统（也是一套大法）来引导与规范一个治理国家的权力，在此引导与规范中当然也限制这样一个权力，尤其是一个重大的主宰与执行的行政与管理的权力，也就是一个国家的权力、一个君主的权力。

儒家宪政和西方宪政的发展有不同的道路，西方是用民间的力量来对抗统治的君主，制定基本法则来限制君权，英国的《大宪章》就是这样发展出来的。当时的地主和诸侯要交税，你要我交税，我就要什么保障与权利。中国的儒学则是要君主联合百姓来帮助社会发展的，是实现社会与人民的福利，不是要把君主与人民看成对抗，而是分享一个共同目标，也就是实现人民的福利，把君主的权力与人民的权利统合在一起，形成一个和谐的社会存在，而此一社会存在的条件与理由就是君主要为人民实现民众的福利，自然凸显人民发展的愿望与做主的能力。西方民主的开始就是要用人民的权利限制政府的权力，并采用三权分立的方式来平衡权力的行使，而中国儒学从开始就假设政治权力的产生就是为了人民，而非为了私欲，更非利用权力来满足私欲。权力本来就来自民间，其目标也是在开发这个社会，来实现人民的愿望。因之权力可以合而分，分而合，治理的规则是用价值的法则来导引来开发，基于对人的认识与对民的认识，从自我修持与自我管理做起，推而广之，惠及全民与天下。

怎么去表达这个儒学的基本概念，这是我非常关注的。我更认识到儒家有一套基本的对世界的认识、对人的认识、对政府与人民关系的认识和对人性社会的认识，并尝试用这一套认识来说明与促进基于人性的社会性以及基于社会性的人性的相互完成来改革为政的方法与治理的方式，即使面对现实的问题也不舍弃其理性的与理想的价值。为此，我主持了北大一个中国政治哲学的讲座，想通过对中国德治论的儒学传统与西方契约论的传统的分辨，来进行一个更深刻的融合，把现实的权力与理想的德性结合起来，看看能否促进一个人类可以各自追求、各自发展的大同世界。要实现这样一个人权、民权、治权与政权相互协调与融合的政治理想，人们必须要面对现实，现实是权力发展下来的，这个现实也是人的存在状态的表现，有各种特殊的历史与社会问题，不可不关注，不可不理解，也不可不求进步，不可不改革创新。在这种情况之下，也就不难认识到儒学怎么来实现理想的宪政的理念。这里面我们要问儒家或儒学在这个时代能够做出什么贡献，应该以一个什么样的方式来更好地帮助社会发展，如何来引导权力，防止滥权，防止私欲。

从理论上来说，儒家或儒学必须考虑到一个重要的问题，就是如何给儒家宪政一个理性的形式、一个合情合理的系统的表达方式。从这个角度来看，儒家是一套价值哲学，不是西方的宗教，表达的是人的存在的一种要求，也表现了人的一种特殊性。每个传统都有它的特殊性。美国的宪法并不适用于后来的德国，即使到了魏玛宪法时代，由于现实问题很快就被纳粹破坏掉了。可见现实和理想有很大的区别，从宪法到形成宪政还是需要一番努力的。这里我们看到儒家有知还要有行，所以知行的最终统一是很重要的。据儒学观点，一个宪法最好包括一种行为法，美国是从十三州的联合开始的，十三州制定的宪法是人人生而平等，有追求自由与幸福的权利。但如何实现却是另一个问题。至于用什么方式来实现，也是要不断检视的。如今美国的枪支管理就是一个大的问题。现代的民族国家并不是开始就是这样，在成为现状之前也有历史，不可漠视，也不可等同。不可用一个规定的方式来实现它，但也不可否认国家与国家之间也有相似性，甚至有共同的理想与共同的问题，采用什么样的行为法来实现理想、解决问题应该是有共识的，也是值得思考与讨论的。总而言之，现代的国家是在一个过程的发展之中，这个过程怎么实现呢，这里也有一个更正修正的问题，在所有现代国家里面都有这样的问题。从美国的发展、亚洲诸地区的发展、欧洲的发展来看，历史在不断提供一些机会，因而不能不开放，不能不革新，不能不与时俱进。儒家宪政的意义就在面对这些机会来促使具有人性与社会性的价值与整体利益的逐步实现。

我想对儒家的传统做几个阶段的说明。我想第一个阶段，最早是自然法的认识阶段。中国人对自然的认识和对自然中人的认识，从《周易》就开始了，主要认识到的就是一套自然法、一套基于自然规则的人文规则。人们可以从中得到一种对人的认识，经过反思和考察，来了解人应该实现人的价值，来达到可持续的社会中人的发展。所以从自然法的认知，到礼乐法的认识，人要考虑到共同的生活，要达到共同生活高尚的目的。这里人是很重要的，包含了百姓人民与天下的概念。我们可以把《周礼》的发轫看成是自然法中人的社会性与家国性的实现。这是一个开始点，是人对自然与人的存在的双重尊重。值得注意的是，天文与人文是我们遵从的价值，所谓“观乎天文以察时变，观乎人文以化成天下”，但有关的规则与秩序形成的法则，并不是完全变成一个对象化的条文，而是看成可以依之而达到目的的核心价值。西方的法律根据语义的分析是欠了债要还，还债是一种义务，形成了一套义务论，甚至是一套基于契约论的义务论，而基于儒学的中国的法统是达到一个崇高目的的目的论与方法论，所以特别重视个人、群体与管理者的德性与德行。目的论和义务论是有差别的，正如德治论与契约论是有差别的。儒家是目的论的与德治论的，也是基于此来立法与要求法治的，因而重视大本大法。儒家或儒学强调的不是简单的限制权力发展，而是在发展中同时促进限制与引导，同时重视合与分。一个权力必须要满足人民与社会的需要，跟西方用社会来限制权力、走向个人主义是有差别的。

自然法认知阶段之后，到了孔子，发展到了道德法。我们认识到人要考虑这个社会的存在，人应该遵循这个社会的发展，所以人应该去掌握人性，人通过关系来建立，而且是重视感情的，从感情世界里面可以建立道生于情，在情理协调里面去实现道，这个是非常重要的。

《中庸》说："君子动而世为天下道，行而世为天下法，言而世为天下则。"天下以君子的言行为标准和范式，追求一种社会的价值，追求一种人性的价值。既是价值就有普遍性，有一种价值的普遍性，但任何普遍性都离不开特殊性，而必须能实现在特殊性之中。这不仅是中国儒家宪政的一个重要特质，而且对现在的发展也具有很重要的启示，也就是我们要特殊性与普遍性的结合，而不是专于一偏。中国到了宋明，儒学已发展了一套精致的系统的心性儒学。在这个系统中，我认为王阳明和朱子是互补而统一的。基于此，我们可说心与性、性与理、理与法都是统一的，统一地形成了一套礼法、一套法理。这个礼法与法理有社会的客观性，而非向壁虚造。从宋明，经过清代，到了现代，中间走过的路是错综复杂的，我在此不想多说。只是想说，到了现代这个阶段，应该是对基于自然法与道德法来认识与实现儒学中的宪法与宪政的一个重要关头。

把儒家这一套基于自然法、基于心性之法的理念，加上我们对西方宪政历史、宪法结构与宪政实施的认识与学习，来建立一套更美善、更完整的对宪法与宪政的认识，这是宪政儒学的基本责任。我认为我们可以参考西方，但是也要认识中西不同的地方。从启蒙发展的源头看，我有一个很重要的认识，我认为启蒙的思想有一部分是从儒家开始的，比如说德国的理性哲学，包括康德在内，就是从孔子的思想中认识到人有一种道德自主的实践理性，不需要受到宗教权威的影响，能够追求人的与社会的理性价值。而英国休谟的《人性论》，又似乎从儒学中认识到人的情性的根本性。当然道德理性的理想状态是情理的合一，不能忽视情感的重要，这就是儒学重视特殊性与普遍性的结合的认识，不能压制情感，也不能违背理性，方能形成一种高尚的道德情感，以此作为宪法与宪政的基础与理想，有何不宜？在这种情况之下，西方近代的法哲学在很多方面还是要向儒学取法的。

从儒家经典来看，从易学来看不易中之易、易中之不易，因而讲解《易》道，讲解《周礼》的礼乐之道，讲解《论语》的为政之道、为君之道、为人之道，都可看出中国儒学具有丰厚的宪政认识，而且这个宪政对现在来说是非常重要的。我们要给它一个理性的形式，为它说明，让它更好地去表示出来。我们也看到了儒学发展的过程，而不是回复到封建与专制的帝王时代。这样看来，我认为今天的儒家作为一个基本的价值目标、方法道路与法制安排的研究、社会与政府的治理和行政改革的研究，是一个很重要的工作。

有一本书可以作为参考——萧公权先生的《中国政治思想史》。我觉得这本书具有重要的价值，它想在中西学术的基础上成立一套现代的政治哲学。但这个政治哲学必须面对更现代的社会与国家以及全球化的发展，必须引发进一步对儒家的政治哲学与宪政哲学的研究方有更重要的价值。我认为这是一个形式的问题，也是一个内涵的问题，更是一个二者结合的问题。儒家过去的政治形式和今天不同，但是内容一定要加以重视与发展。内容不是空谈，怎么为这个内容掌握一个好的形式，这个是要我们去研讨的。

我们对西方发展出来的宪法与宪政也是要去参习的，中国历史文化与现代发展当然与英国、美国、法国等不同，它们不可能作为普遍的法治范型来进行模仿。宪法与宪政的基本概念是人民、社会和国家的关系。这个关系是什么关系呢？一个简单的回答就是人民创造社会，人民是自然存在的，人民是由人组成的，出于家庭的需要结成婚姻，我们不能否认家族发展的社会关系。当然，中国比古希腊更重视宗法组织，接近希伯来人，然而却没有希伯来人的超越宗教与选民概念，而更重视人性的发展与天下平等一家的发展。这一点值得探讨。

基督教就超越了犹太人原来的家庭概念，发展了个人主义，形成的欧洲社会当然与中国有根本的不同。不同人民创造不同社会，有犹太社会、欧洲社会和中国社会。我们进一步看到，社会创造国家，社会产生对国家的一种需要，这个团体的组织化有一个目标性，它的目标是什么？国家主要来使人民的利益能够得到维护。人民要创造社会，要维护这个社会的存在；社会要支持这个国家，使这个国家的功能发挥出来。这是一种循环，人民生社会，社会生国家，国家又来生人民。除了相生，也要有一种相互制衡（相克）的概念。一个国家是不是应该规范一个社会，使这个社会的组织发展具有一种结构与制度，比如说有关安全保障的问题的解决，有关衣食住行问题的解决，要使之成为一个健康的社会，使人民过得很健康，生活健康，精神健康？是不是使这个社会持续成为一种文明的社会，而且是一个不断创新文明与价值的社会？我觉得这中间至少有三个价值——安全、健康、文明得随时不断予以根本的关注。

社会用来节制人民，因为人民是最原始的，直接面对自然环境来发展。社会表现为文化价值也好，成为一个历史的传统也好，社会主要的目标是要使人民能够有道可循，能够受到教育，而人民要肩负着这个国家，人民不能忘记国家的基本目标，基本目标是人民生社会，社会生国家，国家回馈人民，反过来人民要发挥监督国家的作用，国家要维护价值标准来发挥规范社会的作用，而社会要发挥维护善良传统与文明道德来引导人民的作用。此三者说明人民、国家、社会既是相生，又是相互节制，不是一个单纯的制衡作用。因之，政府三权分立只是彰显了一个制衡的作用，没有彰显一个相生的作用。三权可以同时分，同时合。中国宪政基本上的前提就是合而能分，分而能合，人民、国家、社会三位一体，彼此是相生的，也是相制衡的。这里面还有一个综合的道理，就是人生于天地，要发于中，要治于和，要同时讲正义与和谐。首先当然要维护人民为本的中心位置，然后才能实现不断发展的政治权力。

我认为儒家在这个意义上讲，它的发展、它的理想目标、它的实现过程与方法，代表了一种深度与广度的人性的自觉，我说它是一种政治理想，也是一套社会伦理与人文教化的方法，因而形成了一个持续发展的过程，经历了不同阶段，显示出不同的形式，但都始终不离开走向宪政国家、大同世界的理想的努力。从这个角度来理解它，来重新诠释它，这就是我说的宪政儒学，不只是政治儒学而已。

现在我要提出三个有关儒家或儒学宪政的误区。第一个误区是只谈治道，不谈儒家为政之道。儒家之道最关键的是君子之道、为仁之道、为政之道，只讲治道那就是管理了。治道不能离开政道，政就是一个价值标准，所以儒家的政道就是以民为本、以民为主、与邻为善。怎么去实现？既要有制度上的约束，也要从教育方面来加强。这个道不能够不修持，不能够不教育。我觉得美国传统往往只是强调社会伦理，而缺少了实践这一面，理论性可能比较完全，但是实践性几乎是没有的。社会的道德进化不能只靠法律维护，而是要靠具体的伦理实践与教育。这个教育要教育守法，也要教育守德。为什么守法不只是政治管理的问题，还有政治伦理的问题。这里面有知行问题与层次问题。这是儒家宪政所关怀的，也是宪政儒学所关怀的。

其次，在《论语》里面孔子说为政者要对人民庶之、富之、教之。这个教很重要，但是在传统里面有一个错误，以为当政者就是教，就是君。我们要把政教分离，这个是很重要的。政教分离还有一个意思，不是说宗教跟政治应分开的问题，还要把教育当作政治当中一个重要的独立部分。教育是要帮助政治，而不只是服务于政治，所以我们今天要重视教育，才能把宪政实现起来。

最后，我要提一下蒋庆政治儒学的问题。蒋庆的政治儒学到底有没有一个文献的根据？我们知道对《春秋》的解释有三个，一个是《左氏传》，一个是《榖梁传》，一个是《公羊传》。《公羊传》跟《榖梁传》都来自子夏，子夏非常遵守孔子的礼仪治教，重视德义，重视人性的发展。这两个都在一百年以后才传承下去，你不能忘了儒学的一个基本的价值哲学。贝淡宁是基于自己的理由，认为西方民主有很大的缺陷。我们怎么样通过圣人贤人来实现理想政治，这是一个很好的想法，但是如果没有像《公羊传》那种修德，那种对价值的重视，是无法实现的。我们更应该回到孔子《论语》里面那种儒学的理性的价值观，同时对《公羊传》应该给它一份更好的认识，这样才能达到人民、社会、国家相互相生而又互相节制的宪法的理念与实践。

我就讲到这里。

儒家道德的辩证与人的形上学*

一 儒家道德思想的三个发展阶段

我们可将古典儒家道德哲学的发展分为三个阶段。第一个阶段是背景假设（background supposition）阶段。要了解这个阶段，我们必须考察前儒家时期的概念背景。此概念背景替儒家人性观的发展和透过主体性（“性”与“命”之对立）而形成的自我道德意识的发展，奠定了本体的基础。我们可将自我的主体性解析为自我所体验的生命之实在与潜能，解析为自我与他人，乃至与普遍之“性”相联系的能力，或者解析为一种具有动态意味而凌驾于“命”之上的主体动力与自由。此“命”即客体的必然性与命定性。在这个本体背景的衬托之下，我们可以拥有一个比较有利的地位，以理解儒家的道德思想及其在宗教上的意涵。我们能够看出，儒家道德思想如何预设对于人类处境本体上的理解，如何预设对于完美与超越的理想，以及为实现此一理想而寻求的解救的来源。对于人类处境本体上的理解，对于完美与超越的理想，以及解救的来源——这些都是史密斯（John E. Smith）教授的用语——乃替人的存在与转变提供了一个统一的基础。① 因此，前儒家时期的观念，诸如“天帝”、“道德”、“生性”和这些观念的动态发展与内在的相互关系，必须被视为儒家道德哲学在人对于自身、对于其在世界中所处地位的道德意识引导之下，所发展形成的本体基础与产生条件，而不只是儒家道德哲学发展的历史基础。

要了解儒家道德哲学发展的第二阶段，我们必须考察道德意识的内容与性质，以及道德意识作为人的主体性实现历程在道德生命中的具体表现。孔子的著述充分说明了这

---

* 选自《文化·伦理与管理》，贵阳，贵州人民出版社，1991。

① 参阅他的《经验与上帝》（*Experience and God*）一书的第六章。在此我们可以指出，除了史密斯教授在前面提到的书中所论及的“人类处境”、“理想”与“解救”之外，“本体基础”亦构成另外一个理解道德或宗教结构的要素。

点。此一发展阶段就是道德的自我理解阶段，我们可以在此阶段中看到诸如“天”、“地”、“性”等背景的本体观念转变成道德观念。个人不再被看成世界中的一个客体，而被看成独立于经验世界的偶然与限制之外，能实现其对“完美”之理念的主体。这个从客体到主体的转变，来自体认到主体性（即“性”）本质上离客体性（即“命”）而独立，亦来自意识到能够实现完全自由的自我内在自由与力量。在第二个发展阶段中，从“天”和“性”的观点所看到的“自我主体化”，与在第一个发展阶段中，从“天”和“命”的观点所看到的“个人客体化”，二者可以作为对比。从对于儒家道德思想内容的理解观之，此阶段的发展可以说是个人道德意识与道德生命的“普遍自主化”（universal autonomization）。

要了解古典儒家道德发展的第三个阶段，我们必须考察道德意识与道德生命，寻求其明确的本体指谓与终极的证明。自我的道德意识、道德生命的本体指谓与证明，在于明确地展示人类存在的本体基础，展示其建设性重整与转变自我和世界的基本能力。自我在此阶段中不但自主自由，脱离了“天”、“命”的实在所附加的必然限制与客观命定，同时自我亦具决定的力量，凌驾“天”、“命”的实在，将限制与命定转变成道德的自我内在自由与力量的显现。如此乃构成了道德的本体证明，因为道德的本体意义可由此而益彰显于人类存在的基础之中。儒家道德观的这个发展阶段，可称为“主体性的本体的自我实现阶段”，亦即普遍之“性”体观于个人生命的阶段。我们可从《孟子》、《中庸》和《易经》等后期儒家作品中看出这个发展阶段。

二　三个发展阶段乃一理论架构之三次元（Dimensions）

我们现在可以指出，上述古典儒家道德哲学的发展阶段，可视为儒家道德理论架构的三个次元。第一阶段乃思辨的基础，第二阶段乃思辨的内容，而第三阶段则为思辨的证明。如此，这三个阶段定然形成一个普遍的、无时间性的架构，透过这个架构，我们乃能理解儒家道德及其本体的预设与结果。我们认为，除非把这三个阶段视为一理论的三个次元，否则我们将无法体认出一个如今依然支配人心的道德所具有的逻辑与问题。我们另一方面也知道，除非把这三个阶段视为单一历程所显现的相续阶段，否则我们也将无法体认出一个道德生命所具有的动态与辩证。因此，唯有把儒家道德同时视为动态的发展历程，亦视为一个理论结构，我们才能充分理解儒家道德，认识其对于道德哲学乃至对于道德的形上基础的重要性。

从动态与辩证的角度观之，我们能从对于儒家道德哲学的理解中得知什么？借着儒家道德观发展的三个阶段，我们可以解答这个问题。三个阶段代表一系列与自我相关的发现，即对于个体独特性的发现，对于个体中的普遍性的发现，以及对于万有中的个体性的发现。第一个发现乃是认知自我为世界中既有的个体。第二个发现乃是认知自我为实现普遍价值亦即完整人性的潜能，因此第二个发现也蕴含了对于普遍法则的认知。第三个发现则是认知自我在自决与自求转变这方面的自由与能力。从体认自我为一既有的个体到体认自我为一上达万有的历程，其间尚须通过自我超越。所谓自我超越，即自我不再囿限于自身，因为它能通达他人与万物。借着普遍法则寻求自由，是谓上达万有；循此以进，则更有一自我超越。此自我超越在于回归原先所超越的事物，并且转变、再造既有的自我。前儒家时期的典籍（如卜辞、金文、《诗经》、《尚书》等）之中以“天”、“命”为主的道德，转化为孔子以“仁”、“性”为主的道德，再转化为《孟子》、《中庸》和《易经》以“性”、“诚”、“化”为主的道德，此一传承适足以说明上述的道德意识与道德生命的辩证。

是以我们可从儒家的观点对于道德加以普遍化，指出道德至少须具有三个层面：其一为既有的“自我”，其二为自我实现普遍之“人性”的潜能，其三则为已实现的“自由”的自我。在这个架构中，所谓合乎道德，就是持守自我，在实现普遍之性、履行普遍法则的历程中律己，以求实现自我，使成为自由的具体显现。在儒家道德的辩证发展之中，这些相续的步骤，因此乃替人类的道德意识与道德生命，提供了一个自我实现的模型。此道德辩证表明了个人如何发现其需要，发现其主体性，以及发现其在现实的客观命定与必然限制之下，实现自我之极致的能力。我们甚至可以说，正因为经验的自我认知了客观命定与必然限制的存在，自我遂能觉知其精神自由的潜力，并求其生命能依循实现此潜力的自主历程而发展。

从逻辑与结构的角度观之，我们也会问：儒家道德哲学能够给予我们什么启示？答案是儒家道德的逻辑与结构，替我们对于人类基本道德意识与道德生命之逻辑与结构的理解，提供了一个普遍的模型。我们已经看到，儒家道德发展的第二阶段乃代表道德洞见以及道德自觉的丰富泉源，我们也看到这个道德意识并非虚悬或未经证明的。相反，道德意识预设第一阶段中对于人类的本体上的理解，同时它也促成第三阶段中对于道德的本体上的体证。当然，或许有人只承认儒家道德发展的第二阶段，认为它才真正切合儒家道德，并且替儒家系统中的道德自律而辩护。换句话说，我们不必认为儒家系统中的道德乃是本体上的表现，也不必认为此道德有待本体上的证明。更进一步，或许也有人甚至对于儒家系统中的道德的预设与证明提出全然不同的解释。这些不同的见解之所以可能产生，乃因儒家道德与任何道德系统都相同，皆表现于行为规范之中。当然，儒家道德亦同于其他道德系统，必须将意义建立在道德主体的内在生命之上。这个道德主体从事道德的决断，形成道德的理念。然而，我们却不必考察道德的本体架构，或其本体上对于道德理念是否有效，或其本体意义上的道德决断是否适中。

在这个基础上，我们甚至可以指出，一个特定的道德系统非常可能与一组后设道德的（metamoral）或本体的解释相容，而这些解释并不必然彼此相容。借着阐释特定道德的诸多可能途径，我们确实可以辨别道德的“表层结构”与“深度结构”。道德的“表层结构”也许具有普遍性，然而其“深度结构”未必有普遍性。也就是说，不同的道德具有相同的“表层结构”，此为逻辑的可能，但是不同的道德未必具有相同的“深度结构”。① 我们于是得到下面的结论：第一，如同对于儒家系统的研究所显示的，研究道德意识会遭遇许多关于证明道德意识的重要逻辑问题；第二，为了完全理解一个道德系统，我们还得通过其本体预设和本体证明，以寻求其后设道德的意义。正如研究儒家系统所显示的，我们必须对于人类和现实有全面的理解，以求了解道德的需要与道德法则的意义。儒家道德哲学提供了一个典范，显示出在道德的形成与转变中，道德性与本体性之间持续的相互作用。

三 儒家道德乃宗教意识的表露

我们不但要把儒家道德视为一个具有本体证明的自足的道德系统，而且要把儒家道德及其本体证明看成一种具有“宗教意识”的结构。在我的用语中，“宗教意识”一词表示一种对于终极实在的最后关怀。此种关怀显示出人类对于转变与提升的企求。因此，任何“宗教意识”皆必须醒悟人类转变的需要与可能，必须认知此种转变的目的与理想，也必须确定转变的方法与具有目的的转变历程。若再引用史密斯教授的用语，则我们可以说，“宗教意识”的结构中具有一种对于“需要”、“理想”和“拯救者”的认知。对于需要的认知预设了对于人类当前处境的认知。换句话说，它必须对于人类存在处境有所理解，而此处境显示出人类对于转变的需要。如此可推论出，“宗教意识”乃部分源于我们对人类处境中的负面因素的认知，此负面因素乃是我们所经验的一切人类困境的原因。更进一步来说，“宗教意识”必须从它对于人类处境中的负面因素的经验中，认知完美的理想。它必须把这个完美的理想定义为一切存在的终鹄，特别是人类存在的终鹄。此理想的本体基础亦须被认知。对于完美理想的认知，自然而然就会走向对于拯救之路的认知。通过此拯救之路，人类乃能脱离困境，登进完美的理想境界，亦即脱离不完美，登进无不完美的自由境界。

什么构成人类的处境，什么构成人类对于转变的理想，什么又构成转变的有效途径，对这些确实有不同的认知形式。由于有这些不同的认知形式，因此也有不同的“宗教意识”的形式。我们必须领会的是，“宗教意识”本身具有一种动态的连贯性（unity），此连贯性表现于下面事实中：认知了人类处境中转变的需要，我们继而就会认知转变所朝向的理想，更进一步，我们必然随即认知转变的途径。“宗教意识”的这种

① 有关“表层结构”与“深度结构”的逻辑上与本质上的关系，此处未能深究，但吾人要指出两种逻辑可能：相同的“表层结构”可以有不同的“深度结构”，不同的“表层结构”也可以有相同的“深度结构”，在当代语言学研究中即可见到此两种可能的对立。“语言结构”与“道德结构”的比较研究，显示二者具有同一结构模式的可能。

动态的连贯性使我们面临一个问题：此连贯性是否预设某种形式的本体上的连贯性？也就是说，是否转变的需要、转变的理想和拯救的途径，皆具有相同的本体基础？

从上面的分析中，我们可以发现，为求确定“宗教意识”的结构与内容，我们面对着四个有关宗教意识的基本问题——转变之需要的问题，转变之理想的问题，转变之途径或方法的问题，以及需要、理想和方法的本体基础及其间关系的问题。我们通过这四个问题来理解“宗教意识”。以此理解为背景，我们现在简略讨论一下儒家道德的“宗教意识”所具有的本质与结构，并用基督教传统的宗教意识与之比较。

首先，儒家虽然不在典籍中强调人类处境，但是儒家学说确实展现出一幅人类处境的图像。如同我们已看到的，此图像乃是分析“命”的概念之后形成的。儒家显然认为人在许多方面受到外在条件的限制与决定，这就是人的客体性。作为一个客体，人类面临不可避免的死亡，忍受存在被历史背景决定，忍受存在的短促，承受情绪与非理性的重担，也终生面对焦虑、怀疑、恐惧和冲突的侵逼。这些人类特质与人类存在中的负面因素，可看作人的客体性的特征。从 12 世纪到 13 世纪程颐、朱熹等新儒家的思想中，我们很清楚地看到这些客体性的特征被揭露出来讨论。但无论如何，孔子、孟子以及《中庸》、《大学》、《易经》的作者，早已认清这些特征了。

儒家在认清人类特质与人类存在中的负面因素之同时，亦肯定了其中正面的因素。他们看到人的积极的主体性，也就是说，他们把人看作具有自制、自律与修己能力的主体。这种对于人的主体性的洞见，自然是得自人的自我意识以及对其存在之本体基础的理解。然而，若想保有此洞见，并使其变成自由与力量的泉源，则非得透过恒久无间的努力，不断在自我与他人、万物的交流中自省，并思考本体上的自我。我们甚至可以认为，唯有体验到生命与人类存在的必然限制与客观命定，我们才知道主体性的力量。世界乃实现内在自由与发挥自决力量的一个条件。

通过上面的理解，我们会发现转变人类处境的理想与转变的途径，同时得到意义的确立。转变的理想在于完全实现内在于个人的主体性，此点已在前面说明过。完全实现主体性具有三层意义，此三层意义又界定了转变的理想之本质。第一层意义，完全实现主体性就是真正实现人类存在在终极实在中的本体基础，因此，只要存有本身是可以蹴及的，它也就是存有的达成。换句话说，主体性的完全实现乃是实在的发展与完成，而此实现的可能性显示出实在本身的动态与创造性。人类隶属于实在，而且是促使其完美的动力之一。第二层意义，完全实现主体性就是实现内在于人类存在之中的自由。此自由表现在领会人类潜力的实在性与发展性，并使其实现与发展。第三层意义，借着实现主体性的历程，我们超越来自世界的必然限制与客观命定，继而把生命的负面因素转变成正面因素。因为，正是在实现自我的主体性的历程中，负面与有害的因素乃变为促成正面与有利因素的条件。

从上面对于转变的理想之描述中，我们可以看到，转变的方法，唯有得自把转变的理想看成本体上与人的存在连续一体。将人从当前的处境拯救出来的力量，在于他的主体性所拥有的自知之明与对于自我的主宰能力。从儒家的眼光看来，即使拯救者不过就是感到转变需要而寻求拯救的个人，拯救也不是单纯的个人之事。因为此时“自我”已被了解成置身于一个广大的实在界之中，而此实在界乃自由与转变力量的泉源。主体性正是来自个人对于此自由与力量泉源的认同。因此，自我摆脱了充满限制的现实自我之后，于是变成具有动力的自我。这个自我可以被视为既有自我的扩大。事实上，自我原已参与自由与力量的泉源——“天地”——的化育。而当自我完全实现了主体性，它亦成为实在界创化力量的具体表现。于是，自我与泉源之间的分别当然就变成异中有同了。二者共同表现出“位”、“育”、“化”等特征，这些特征在《孟子》、《中庸》和《易经》之中即已被肯认。透过自我与实在完全达成合一，人类生命存在中的一切限制皆获得化解。我们于是可以把原先的那些限制，视为构成大我自由表现的可见形式。

作为一种宗教哲学的儒家学说，所以异于基督教，或许是在经验方面，以及在基本上把主体性的自我认同于作为自由与转变力量之泉源的终极实在。根据基督教的传统观点，人类的救赎者与人类本身并无共同的本体基础。此本体基础的差异，自然说明了人类的堕落与困境。此外，亦说明了作为人类救赎者的上帝，何以可将人类从不完美的境地中拯救出来。把儒家观点和基督教传统观点做个公正的比较，显示出儒家的历程中个人气质的内在转变，乃先于使其潜能向外实现于社会与个人的生活之中（即道德之中）。另一方面，基督教的历程则适为其反：个人为了寻求人类存在中的意义，必须先在己身之外认定拯救的来源。我认为，二者的差异是本体上认同与证明的差异，亦即儒家认定转变的需要、转变的理想和拯救者是同一的，然而基督教却否认此同一。因此，若要化解儒家与基督教宗教意识之间的差异，就须化解“需要”、“理想”与“拯救者”三者同一与不同一的差异。儒家学说与基督教教义未尝不能在一个宗教哲学的架构中彼此融通，而此架构呈现出一个丰富的宗教意识发展的辩证，并且对于前述三者同一的问题，以及人的本体基础的问题，能加诸周详的审察。更进一步说，意义深远的是，尽管儒家与基督教的宗教意识在本体基础问题上有着基本的歧异，二者在保存道德自律性方面却是相同的。也就是说，儒家与基督教传统的道德哲学皆可被视为实现个人生命中的普遍价值的方法。这个结论使我们又要再度考察儒家的道德的特性，并将儒家“人的本体论”与近代西方道德哲学的主要建立者康德、休谟两人的“道德哲学”做一个比较，并针对当代存在主义哲学家萨特有关“人性否定”的立场为儒家“人的本体论”作一回护。我以下的评述将尽量简洁而具提示性。

四　与康德道德哲学的比较

首先，我想强调儒家道德与康德道德哲学间的几点差异。从我们对于儒家道德概念及其形上基础的分析中，可以看到儒家道德并非对于理性要求的服从，而康德则认为这是必要的。根据儒家的观点，所谓道德乃是直接且醒觉地显露与发掘自我的主体性，进而致力使此主体性实现。因此，根植于主体性之中的感情或性向乃得掺糅于道德之中，并且事实上创造或形成了我们对于善的理解与实现善的意志。我们可以指出，人的主体性乃是一个整体，此整体显现在善的意志中，也显现在对于善的喜好与从善的自然倾向之中。孟子的性善学说所强调的，显然就在于此。整个与生俱来的善性，一方面表现在对于自由与力量之泉源的实在有深刻的知觉，另一方面也表现在对于现世中自我的实现有自然而然的意向。我们或许可以说，对儒家道德而言，在道德实践中理性与天性是不分的。“意”、“情”、“知”三者的融合（就像在对于实在的完整性的知觉中，个人即融合了此三者），很清楚地表现在以“仁”为“义”、“礼”、“知”等德性之基础的学说中。即使有时我们会以为孟子把“义”和儒家的至德“仁”等量齐观，但我们可以把他对于“义”的着重（相对于孔子的“仁”），解释为特别强调一种遵从诸德之中普遍法则（或责任）的意志，而此普遍法则的真正显现就是儒家的“仁”。用“仁”来强调诸德之殊途同归，乃儒家道德的一个重要立场，此可从后来张载、朱熹、陆象山和戴震等新儒家系统得到明证。如同我们在前面所指陈的，此立场在孔孟的“人性”观或对于主体性的看法中，事实上就已隐约存在了。

儒家道德由于强调“知”、“意”、“情”三者本质的合一，因此乃具有一种道德的弹性，此种弹性表现在孔子的“位”的德性之中，并且在孟子对于“权”的看法中被提出来。所谓“权”，就是因应实际处境而做的道德决定，此种决定将道德的普遍性与自我的个体性密切地结合在一起。基于此种弹性，道德不但在于谨守道德原则，而且在于透过对自我以及对特定处境中整个实在意义的理解，以创造道德原则。如果康德所考虑的莫过于谨守来自理性命令的道德原则，那么儒家道德所考虑的则莫过于作为道德创造者的个人的修养。因此，对于儒家的哲人而言，道德乃奠基于人及其转变的本体理论之中。

我还可以提出三点关于儒家与康德的道德哲学的比较：

1. 从儒家的立场观之，康德的“断言命令”（categorical imperative）虽然界定了一个独立的道德意识，并为道德自律提出了合理的证明，但是却不能清楚地说明普遍的道德原则如何适用于特殊的处境，以及个人如何将此原则应用于个别的道德抉择。换句话说，在儒家的眼光中，康德的理论欠缺对于应用性问题认真的考察，因此也就欠缺一种实用原则，以使道德原则不离于整个个人的现实。康德认为他的道德原则是先验综合的原则，这意味着此原则自然会适用于人的道德经验。然而，与科学中理性的纯粹运用不同，理性的实际运用似不能全然保证道德经验的可能性，而其纯粹运用却能经过证明，以保证经验的可能性。我们可以将此类比更推进一步来说，“超验的范畴”（transcendental categories）为科学经验的可能性提供一组条件，而科学理论的实际建构则有赖对于经验与事实的实际考察。类似地，若假定道德原则设立道德经验的先验条件，则欲实现道德行为与道德自由，就必须实际理解人及其生命处境的真相。① 当然，以上是对于康德观点概括性的批评，我们也不必将此批评看成来自儒家的观点。然而，儒家的观点确实建构出一种将普遍道德应用于特殊处境的原则，譬如“义”即是一例。此外儒家的观点也极其强调道德生活中实践的个别意义。

2. 第一点已说明康德理论中的理性要求的普遍性，是人的道德意识之一要素。在儒家的道德中，道德意识的普遍性乃根植于个人的情性与经验之中，而情性与经验不必与严格的理性有关。尽管如此，借着对于人的本体论的理解，人的道德情性与经验亦得获致普遍性。所以，康德和孔子之间有一个基本的差异，即前者认为道德的普遍性是道德的条件，后者则认为道德的普遍性是道德的结果。换句话说，对康德而言，理性化的普遍性似为道德的基础，但是对儒家而言，道德的基础在于个人对自身主体性的经验。基于这个差异，我们可以说，儒家的道德理论应该比较不致成为萨特等当代存在主义者的非难对象，也比较能承受其反抗的潮流。

3. 我们当然可以面对萨特关于理性道德原则与人类自由二者乃互不相容的批评，为康德辩护，透过发展康德对意志自由的观念，以使萨特的批评丧失说服力。在康德的学说中，意志与自由的本体理论并未被明显地提出，然而儒家以主体性作为转变客观的“命”的力量。在这个儒家的形上学的观念中，我们可以清楚看到这种本体论的发展。或许儒家与康德主义者事实上会同意，道德必须预设一个“人的本体论”，此本体论给予人的转变可能性合理的证明。但是，对于道德与“人及其转变”的本体论之间的关系，儒家观点似乎比康德观点具有更多的辩证考察。

五 与休谟道德哲学的比较

休谟关于道德的理论，乃见于其著作《人性论》与《道德原理研究》。他的理论可以说在对于道德之经验事实的关切上，与儒家的观点相同。儒家道德哲学的历史与辩证的发展显示，其传统中的道德被认为必然以人的实际道德经验为根据。休谟主张必须先检视道德的经验条件，我们才能思考这些条件在对于人的理解方面所具有的意义。孔子或其后的儒家，没有理由不赞同休谟的这个主张。不过，休谟显然基于一个对人的经验理论来主张其道德的理论，因而此理论在展现道德之超验条件的形上基础方面，乃欠缺一种辩证的结构。如同我们所已看到的，儒家观点谨慎地将道德陈列在一个“人的本体论”的架构之中，明确地将它与我们对于实在及其和人之关系的理解相联结，并且在

① 相应“理解的先验范畴”，我们可以提出“行为的先验范畴”的问题。康德并未面对此一问题。即使此一问题提出并相应解答，吾人也可辩证行为并无先验的范畴，甚至辩证理解也无独一的先验范畴，一如刘易斯在其所著《心灵与世界秩序》(*Mind and the World-Order*) 所示者。

“宗教意识”的高度层面上跻于巅峰。

然而我们必须指出，儒家与休谟的观点之间有着一个基本的相似面。作为一个思想敏锐的人道主义者与功利主义者，休谟确与儒家同样具有实用的倾向与道德的实在论思想。对休谟与儒家而言，道德并非崇高原则所构成的系统，而须以人的某些重要特质为构成的中心，而这些特质显现于个人与他人、与世界的对待之中。此外，这些特质与理性的命令无关，而是根植于人性中的性情。休谟对于博爱或“人道情感”（sentiment of humanity）的概念，乃近似《论语》中的“仁”，而且很可能是儒家学说对18世纪英国与欧洲影响的结果。

基于前面的讨论，我们可以看到，休谟的观点显然并无康德的观点所具有的缺陷，但休谟显然亦无康德的说服力。此乃因为他未能深入呈现道德的形上基础，且未将道德与关于实在的基本问题连贯在一起来看，而这些是康德与儒家的观点所做到的。①

最后，我们比较一下儒家与休谟在对于“善”的观念方面的差异。在儒家道德哲学之中，我们已看到“善”及其在诸多德性（如“仁”、“义”等）之中的具体呈现，满足下列几个条件：（1）“善”涵盖主体性的自我意识；（2）基于德性乃自我与他人相处之道，因此“善”涵盖群体意识；（3）“善”蕴含应用的普遍性，亦蕴含个人的特殊性；（4）“善”涵盖一个既为来源亦为终鹄的实在，也就是说，“善”被视为人的实在与终极无限的实在之直接显现。休谟对于“善”的概念显然只满足儒家的前三个条件，却不能满足第四个条件，因为其概念欠缺对人及“人的本体论”的辩证理解。

六　反驳萨特的批评

在当代存在哲学中，萨特对于传统的人性概念提出质疑。他不遗余力地批评任何对人性的固定概念，因为以他的观点来说，此种固定的概念将使人难以实现人类自我理解之中所既有的存在自由。儒家道德思想奠基于一种对人性的本体观，不知萨特的批评将如何使其受到影响。无论如何，如果我们把人性看成绝对与客观的“普遍（universal）之性”，则人类显然无法实现自由，而须透过实现普遍的人性，以肩负起行为的责任。儒家的道德哲学家在这点上会赞同康德，驳斥萨特，坚持认识个人的普遍人性正是实现个人自由之道。因为认识个人的普遍人性，就是超越个人特殊性的囿限，借助理性与意志的力量以肩负起行为的责任。

然而上面的说法会错失萨特真正的论点。有人会说，萨特想问的是关于道德的本体证明，亦即人类应被视为由客观性质来定义的客体，而不应被视为纯粹的主体吗？我们

① 关于“实践理性”的力量问题，我们可以指出，康德与休谟之间有一个显然差异：康德认为理性能够胜任实践的权威，因为理性即“善的意志”；休谟则分开“善的意志”与“智能”，因而在道德感的抉择中，发现理性的实际功用。

对于儒家道德思想及其形上基础的辩证分析，已经解答了此一问题。从儒家的观点看来，我们当然应承认在人的存在及其自我体验之中，有一种介乎主客与介乎普遍之性、个殊之性间的辩证性的不平衡状态。不过儒家亦在对此不平衡状态的自我意识之中，看到一种介乎主客与介乎普遍之性、个殊之性间的辩证性的平衡与合一。此中的问题在于我们如何将此自我意识看成客体转变为主体，看成普遍之性转变为个殊之性等历程的起点，以及同时看成透过客体赋予主体以意义，透过普遍之性赋予个殊之性以意义等历程的起点。这种转变的历程乃刻画出人类存在的现象，而在个人与他人、与世界的实际对待中，此历程对于个人具有内在的意义。

从儒家的观点看来，人类存在的客体乃是无限定的实在，而人类存在的主体则是实现的力量与自由的动力。我们已在儒家道德辩证中看到，人类存在的主体被称为“性”或“主体性”，而人类存在的客体则被称为“命”或“客体性”。对儒家道德哲学家而言，如何转变“命”为“性”的这个问题，乃内在于人性的动力之中。是以，道德问题不在人性的存在，而在正确理解人性及其内在的动力。如果除了显然矛盾的拥有自由以外，人类不具其他本性的话，那么其将必须以整个疏离的世界为其本性，并且在一场永无尽期的自我解救的战斗中，悲剧性地面对这个“世界性”（world-nature）。就儒家道德而言，由于自我本性根植于世界的实在之中，而且被视为一个实现世界意义的潜在历程，因此，世界即自我本性。人类的自由，来自其自我转变与动态的创造性。

国际《易经》研究：回顾与展望*

本文是对国际范围的《易经》研究而作的一个总体性的述评。需要说明的是，在对国际《易经》研究的学术演进及其研究方式进行历史性的追溯和分析时（第一、第二部分），我把着眼点主要放在西方。这样处理出于两层考虑：（1）中国大陆及港台《易经》研究状况是一个很大的专题，须详细探讨才能说明问题；（2）《易经》研究在西方世界的展开，由于学科化的、新的学术范式和科学化的研究方法引进，及其日益密切地与世界主流学术相结合的趋势，体现了近代以来易学发展的真正的国际性质和世界意义。因此，为了深入地理解和把握当代《易经》研究日益强化的国际化趋势，有必要对导向这一趋势的西方易学的演进过程及其文化背景作较为深入的了解。本文的归结点是当代（第三部分），而对今日国际《易经》研究的学术考察，由于涉及的地域、范围和材料都十分广泛，现象和材料的罗列固然也能说明不少问题，但势必要用很多的篇幅，且容易因堆积实例反而使主题冲淡，不足以突出和显明这些现象、材料的意义和价值。这里，繁而执要的最好办法也许是以今日国际易学界共同关注和致力于解决的一些问题为纲，从易学与现代世界主流学术相关而形成的某种总体性的问题情境中，对当代易学进行综合性的概括和评价。

一　西方《易经》研究的历史

《易经》在西方世界传播、产生影响，及在后来学术研究上多方面的展开，乃至在当代由于与现代科学和哲学诸领域中重大课题相结合而形成一种很有发展潜力的国际性的文化思潮，这一过程从 17 世纪开始，今日乃处在演进的过程中。为了便于评述，我们将西方《易经》研究的历史分为四个阶段。由于直到现在，西方易学的文献尚未进行系统的整理，并涉及许多复杂的背景材料，所以这里每一阶段主要勾勒其发展的轮廓和

* 原载《易学本体论》，北京，北京大学出版社，2006。

基本特征，只能简略地列举一些代表性人物和基本文献资料。

（一）第一阶段（17、18世纪）

这一阶段是《易经》传入西方，西方人对之初步展开学术研究时期。17、18世纪正是西方文化思想上的启蒙时代。在这一时代，法国、德国、英国等西方主要国家都抱着极大的热情对中国的历史文化进行了解和介绍。

西方《易经》翻译史是以法国的耶稣会传教士金尼阁（P. Nicolas Trigault，1577—1628）的工作为开端的，他是西方最早的《易经》翻译者。金尼阁作为利玛窦的弟子，他赞成老师的主张，力图在儒家思想和基督教教义之间进行调和。金尼阁翻译《易经》用的是当时欧洲国际通用的学术语言拉丁文。他继利玛窦于1594年（明万历二十二年）将"四书"译成拉丁文之后，于1626年（明天启六年）将包括《易经》在内的"五经"也译成了拉丁文。另一位较早向西方世界介绍、传播《易经》资料和信息的人物是比利时的耶稣会士柏应理（Philippe Couplet，字信末，1624—1692）。柏应理曾和在华耶稣会士恩理格（Christian Herdtricht，奥地利人，1624—1684）、殷铎泽（Prosper Intorcetta，意大利人，1625—1696）、郭纳爵（P. Lgnace da Costa，葡萄牙人，1599—1666）一起，于1661年至1662年，将《大学》、《中庸》、《论语》译成拉丁文，陆续出版。1687年，柏应理去法国将这三种译本汇集，在巴黎重版，题为《中国哲人孔子》（*Confucius Sinarum Philosophus*，*Sive Scientia Sinensis La-tine exposita*，这部书的汉文名称《西方四书直解》更为我们所熟知），供那些到东方传教的人参考用。该书附有《易经》六十四卦及其大意。西方较全面地得知儒家思想和《易经》从此开始，其后并常常将《易经》作为构成儒家和孔子思想系统的一个组成部分来接受和理解。

17、18世纪西方易学家辈出，其中著名者除金尼阁、柏应理等人外，还可以列举出白晋（Joachim Bouvet，1656—1730）、马若瑟（Joseph de Prémare，1666—1735）、刘应（Claude de Visdelou，1656—1737）、傅圣泽（Jean Foucquet，1663—1740?）、汤尚贤（Pierre de Tartrè，1669—1724）、雷孝思（Jean Régis，1663—1738）等人。德国科学技术和思想家莱布尼茨（Gottfried Wilhelm Leibniz，1646—1716），他虽仅仅稍懂中文，却对《易经》十分着迷，试图对《易经》作深入的阐释。

白晋是对莱布尼茨的《易经》研究产生重大影响的人。他是在康熙皇帝亲自指导和支持下研究《易经》的。1710年，白晋在他的法国同事傅圣泽的协助下，撰成《易学总旨》，进呈康熙皇帝。在这部易学著作中，作者从"《易》数之头绪"写起，进而论证"《易经》之内意与天教实有相同"。这实际上触及了17世纪西方传教士《易经》研究的两个不同的主题。对"《易》数之头绪"的探究与当时欧洲正在研讨的某些学术问题显然有关。早在《易学总旨》完成前十年，白晋就开始与莱布尼茨通信，讨论《易经》中象数的原理及其意义问题。莱布尼茨试图从中阐发出一种普遍科学的方法。而对

《易经》与基督教思想关系的讨论，显然涉及后来不断有人提出和反复加以探讨的比较宗教学的问题。应该看到，这种讨论原初的意图比较狭隘，当时研究《易经》等中国典籍是为了有助于中西“礼仪之争”问题的解决，在西方教会人士看来，《易经》中关于中国人某些特有的信仰，只是组成“礼仪之争”这种十分实际的问题的一部分。因此，不管怎样看，《易经》在多重意义上与这一时代中西文化交往和思想交流的一些最基本的问题有关。

尽管传教士们为《易经》在西方的传播、为在西方对《易经》展开学术性的研究做了一些重要工作，但最能代表17、18世纪之间西方易学学术水准和未来发展动向的，是上面提到的那位传教士圈子之外的人物——莱布尼茨，他可说是近代西方用理性眼光观察世界的最有代表性的人物。莱布尼茨继承了罗马文化的思想传统——那是一个庞大的哲学、神学和科学的历史综合，发扬了内涵于罗马文化中的世界主义精神，而将其纳入一个新的发展方向。中国构成了莱布尼茨整个精神世界的不可分离的有机组成部分。我们今天对他的易论最为熟悉的可说是他对易图所作的二进位解说，至于这种解说所关涉的更普遍的哲学意义和逻辑思想内涵，由于他的许多文稿尚有待于进一步整理，再加以理解上的限制，中外学术界至今仍未能对其展开透彻的讨论。在今天看来，他的易论不仅可以与他就中国文化问题发表的许多很有价值的思想联系起来重新理解，而且可以与他的哲学、科学乃至神学领域里的一些成果和思想联系起来，使二者关系相互显明。我们还可以提示他的“普遍表征说”（Universal Characteristic）和对“普遍演算机”的设想都应对《易经》的认知和理解具有启示意义。

在17、18世纪几种《易经》译本中，雷孝思的译本（1736）流传下来了。雷孝思翻译的拉丁文《易经》，原名作 *Y-King antiguissimus Sinarum Liber quemex Latina interpretation*（《〈易经〉：中国最古的书》），共二册三卷。第一卷是概述，第二卷和第三卷是对《易经》经文和注疏的翻译，及他本人对经文和注疏作的注解和评论，实际上是一部对《易经》进行翻译和研究的综合性的著作。雷孝思的拉丁文译本《易经》是西方现存的第一部完整的《易经》译本，是西方《易经》研究学术史上一部重要著作，它首次为西方完整地了解和研究《易经》提供了较充分的原始资料，同时也为而后用各种欧洲民族语言翻译《易经》，提供了可以参考和借鉴的范本。雷孝思翻译的《易经》虽然完成于1736年，但直到一个世纪以后才正式出版。雷孝思在翻译上曾借助于冯秉正（Joseph de Mailla，1669—1748）的研究成果，并采用了汤尚贤对《易经》的注释。

无论从文化传播还是从《易经》的学术研究本身着眼，17、18世纪西方《易经》翻译和研究的成就都可以说是很大的：（1）从金尼阁到雷孝思，《易经》翻译已经形成了一些成规和范例；（2）由于莱布尼茨等人富有发现精神的研究，《易经》作为一个具有普遍思想意义的哲学课题开始引起西方人的重视；（3）以法国狄德罗为代表的百科全书派的思想家将《易经》作为阐述中国哲学思想发展的基本文献来运用；（4）《易经》

作为研究和了解中国古史的基本典籍，它的史学价值被一些学者所强调。所有这一切，在中西文化交往和思想交流中无疑都是富于启发性和开创性的工作。

（二）第二阶段（19 世纪）

若就对《易经》思想评价或学术的批评这一点看，19 世纪可说突出了理性批判的一面。不仅黑格尔（Georg Wilhelm Friedrich Hegel，1770—1831）突出地体现了这种倾向，即便是理雅各这样的《易经》忠实翻译者，他对《易经》的占筮的思想意义亦持审慎批评的态度，而不像某些浅薄的西方学者那样神乎其说。

黑格尔在创立他的新的哲学体系过程中，曾受到中国哲学的影响。当然，这种影响不能仅仅从形式方面来寻求，而须从其基本观念方面来理解。黑格尔熟悉当时传入欧洲的一切中国古代文献。不过，到 1825 年，黑格尔已完成了哲学体系创建的大部分工作，才开始在其哲学史课程中加进中国哲学的内容。黑格尔的《哲学史讲演录》长达一千七百页，而论及中国哲学的只有六页。因而，他对《易经》的评论无论如何也是不充分的。但我们并不应该因此而忽略不顾，因为评论虽简略，但显然是经过深思熟虑而做出的。黑格尔在关于中国哲学的演讲中，把《易经》和孔子、老子作为主要内容。此外，他在导论中也附带地用极简略的语言，对当时西方流行的关于《易经》的看法作了批评。黑格尔指出，《易经》的卦象体系在两个要点上接近了真正的哲学：其一，《易经》表达了抽象的思想和纯粹的范畴；其二，《易经》揭示了作为纯粹的思想存在中最深邃而又普遍的东西，与偶然外在的东西之间形成对比。但黑格尔对《易经》卦爻辞的思想意义作了相当严格的批评，他认为其哲学价值并不高，并不是真正概念式的表达。由于在整体上缺乏严格规定性，《易经》在思想上“沦于空虚”。总的来说，中国哲学在欧洲的影响，到了 19 世纪黑格尔哲学活动的时代，从介绍和阐述转向研究和批判。

19 世纪下半叶，英国和法国汉学家相继从事《易经》的翻译工作，仅英译本就有三种，法译本也有两种。到了 19 世纪末，关于《易经》研究性的著作也开始出现。

《易经》的西语翻译是一项综合性的学术研究工作。如前所述，早在 17 世纪就有一些耶稣会传教士在从事把《易经》译成拉丁语的工作，并取得了一定的成功，而将《易经》译为西方现代语言，则是 19 世纪后半叶的事。英国学者在这方面做出了卓越的贡献。

在 19 世纪，理雅各的《易经》译本是最有代表性的。理雅各将中国经书《易经》称作“古典作品”。他认为，这种经书显然是理解中国人心灵的钥匙，并努力通过系统迻译的方式，将中国经书“呈现为整个人类文化遗产的一部分”。为了翻译《易经》和其他中国经书，理雅各花了近二十年的时间“进行预备性的学习”。经过这种长时间的钻研之后，他才觉得“现在要解释最古老的中国文献很少有困难，或捉摸不定之处”。不过，要将《易经》从汉语译成英语，事实上仍是相当艰难的工作。在完成《易经》的翻译工作之后，理雅各深有感触地说：“对译中国古籍的人来说，没有一部比《易经》更难的了。”《易经》的文字往往多义。“如何克服这种困难?”理雅各在其译《易经》前言中说，“一直到我发现解释的线索之后才出现，这就是我无意识地在我所有其他中国古籍的翻译中所做的，把写下的中国字，不是作为话语的代表，而独创地作为思想观念的符号。而它们的组合并非代表作者所说的，而是作者所想的。”理雅各从事《易经》翻译是在他从中国返回英国之后，并得到了中国学者王韬的帮助。1867 年，理雅各请长假从中国返回苏格兰，邀请王韬同行。而在这之前，他已译完了《论语》、《孟子》、《大学》、《中庸》、《尚书》、《诗经》和《春秋左氏传》。那是他翻译整部“十三经”宏大计划的一部分。王韬在《漫游随笔》中说：“余至香海，与西儒理君雅格译‘十三经’。旋理君以事返国，临行约余往游泰洗，佐辑群书。”十五年后，《易经》才翻译完毕。1882 年，《易经》收入由英籍德国学者缪勒主编的《东方圣典》(*Sacred Books of the East*, vol. 16 or as *The Sacred Books of China*, part 11)，由牛津克拉来登公司出版。《易经》的书名，理雅各采取音译，为“The Yi-King”。理雅各翻译《易经》在辞义和卦爻原理的理解和阐释上，主要循从宋朝理学家的注，但从他对“经”、“传”关系的处理看，他有自己的见解。他把“经”与“传”分开，强调如果不把“经”与“传”看成各自独立的两部分，要正确理解《易经》是困难的。理雅各虽然极其推崇《易经》的结构和它积累起来的智慧，却经常对其是否能起实际作用持存疑态度，他怀疑作《易经》者在传授哲学时，是以神谕作为借口的。当然，理雅各并没有将翻译《易经》和对《易经》的论述看作可以独立进行的事，而是将其看作整个工作的一部分。他在《论牛津开设汉学讲座事》的就职演说中指出：“为了永久的成功，应该有一个学者把中国所有的经书都完整地翻译出来并加以评价，包括中国各圣贤的思想领域和中国宗教、道德、社会、政治生活的基础。而不像过去那样只有个别的书，由不同的人加以评价。”但《易经》的翻译，奠定了理雅各在英国《易经》研究史中的地位。在后来《易经》的英译者的心目中，理雅各的译本一直是一个标准本，后来中国学者沈仲涛的中英文对照本《易经》(*The Text Yi King Chinese Original with English Translation*)，其译文就是在参照理雅各译本的基础上写成的。而英语世界的一些“占筮”书(*Orcal*)所用的《易经》引文，许多都选自理雅各的译作，由此可见其译本影响之大。

19 世纪，英、法新教传教士和汉学家的《易经》翻译工作，为《易经》在西方进一步的传播和随后展开的《易经》学术研究打下了基础。19 世纪的《易经》的翻译和研究从属于西方的汉学系统。尽管这一时期几乎所有的《易经》翻译者都是神职人员，但他们对《易经》的研究动机可说都是学术的，而非单纯出于神学的目的。与前一阶段耶稣会系统的《易经》研究者相比，他们不再局限于论证基督教教义与儒家思想的一致性，而能注意到《易经》思想的某些独特方面——深入探讨这些方面就会发现，它们可能与西方思想很不一样，并试图从中国文化和传统的形成发展的历史背景上来加以分析和推论，这可说是19世纪西方《易经》翻译和研究的基本倾向。

（三）第三阶段（20世纪初至60年代）

西方《易经》研究在学术上较重大的进展是从20世纪上半叶开始的。在18世纪时，莱布尼茨虽然对《易经》作了理性主义的了解，并认为它可能代表一种通用的语言和一种具有普遍意义的推理与计算功用的方法，但对《易经》本身所包含的宇宙论问题并没有触及。更确切地说，这一时期的西方思想家只是涉及了《易经》的象数方面，尚未触及其义理方面。19世纪时黑格尔虽然提出了《易经》的义理问题，触及了哲学方面，但只是初步的涉及，并没有认真展开。对《易经》做较全面而透彻的理解和阐释是从20世纪上半叶德国学者卫礼贤（Richard Wilhelm，1873—1930）的工作开始的。要了解20世纪以来西方易学进展的性质和意义，我们也许只要将理雅各和卫礼贤两人的译著作一些比较，就可以获得一个深刻的印象。

概言之，理雅各翻译的《易经》所表现的是英国近代汉学重视文字的正确理解和原著的历史性研究的实证主义传统。在他的译本中有许多注，翻译者的解释也夹在注文里。这种翻译方式倒很接近中国传统的注疏体著作。卫礼贤译本则充满了德国哲学的思辨精神，译者不仅注重《易经》本身思想内容的系统性，其译解方式本身也相当系统化，因而与英国《易经》翻译者注重文字训诂的特征不同。进而言之，这种不同既可表明英国和德国汉学传统的差异，也可说是一种理解上的发展。总的看来，理雅各的译本带有中世纪经院哲学的面貌，烦琐注疏的结果反而使《易经》的整体面貌隐而不显，同时其文字也较直观，且夹杂着古英语的运用，所以不能普及。只是通过后来研究者的改变，译本才产生较广泛的影响。而卫礼贤译本则注重对《易经》的哲学理解和对中国古代思想的解释。卫礼贤在翻译《易经》之前就对中国古代各家哲学做过系统的钻研工作，所以这一哲学性的译本才能对西方思想界有吸引力。尽管卫礼贤译本繁复的体系结构和深奥的语言风格，使得一般读者很难掌握它，但对于那些训练有素的学术界人士，这正是他们所需要的。因为它是用思辨语言译解《易经》的哲学思想。随着卫译本被转译为多种其他西方语种，它就成为20世纪以来西方世界最为流行的译本。

值得注意的是，理雅各的译本尚遗留着基督教神学影响的痕迹，正是卫译本的出现，促使德国深层心理分析开创者荣格（Carl G. Jung，1875—1961）进一步对《易经》展开研究，从而使西方的《易经》研究摆脱了19世纪的神学的狭隘的解说方式，将其推广为具有普遍理论意义的文化心理学研究。借助于人类集体无意识的理论来说明《易经》，可说是荣格对《易经》研究的最大贡献。荣格认为，某个民族在长期的意识发展中，逐渐对世界和人生有所了解，形成了集体的意识，以后慢慢沉淀在自己的文化传统中，成为集体无意识。他的理论对于了解世界各民族的文化及内含于文化中的思想、语言、人的行为显然有指导性的作用。因此，用这一理论来说明《易经》所包含的文化理念、宇宙意识和人生智慧可说是非常恰当的。同时，对《易经》的深入了解，也为集体无意识的理论提供了很好的例证。《易经》是中国文化最有民族代表性的经典，由于时代久远、文字古奥和象征符号的特殊，相当完整地体现了中国文化的意识框架。因而，通过对《易经》进一步的了解，不但可以看到深层的心理学所显示的民族集体意识的一面，而且还可以看出，《易经》所显示的民族集体意识是通过世代经验积累而形成的，它反映了这个民族内涵深厚的人生智慧和对宇宙变化的认识，这可以说是荣格的理论最具卓识的方面。

值得注意的是，荣格在这里并不限于说明中国人的民族意识，而是强调在这种民族意识中内含着的一种超越时空的生存智慧。他特别强调“同时性”（Syn-chronicity）观念。所谓同时性，即是指宇宙间、人世间事件发生的同时性，说明很多同时发生的相关事件是有密切联系的。荣格认为，这种关联是意识上的连锁反应，即主、客观之间的先天配合，这或者可以看作莱布尼茨所谓的“先行建立的和谐观念”（Pre-established Harmony）在文化心理领域里的运用。这样看来，对《易经》符号所代表事件的主、客观配合加以心理学的说明，就明显地把《易经》的主、客观配合作为一条具有普遍性的原理提出来。事实上，荣格的理论与《易经》确实有许多相互发明之处，他所提出的“同时性”观念，用《易传·系辞》的话来讲就是“寂然不动，感而遂通”。

20世纪上半叶，西方《易经》研究出现了一些令人瞩目的新动向。其意义在于，《易经》开始普遍被西方学术界认为是具有科学意义的著作，而不是单纯的占卜的经典。这与同时代在中国进行的《易经》研究相比有其优异的地方。因为直至50年代，中国的易学研究大体还是停留在注解、论述的阶段，而西方学者已能从科学原理的层次上来阐释《易经》，应用易理了。由于荣格的名声及其在心理学上应用的示范作用，《易经》逐渐在欧美世界流行，从而开始了易学的真正国际化的历程。虽然这种阐释和应用有相当的实效，但其局限性也是很明显的，这就是依然未能向哲学的方面深入展开，仅仅只是提出一些哲学性的解说，因而未能与西方哲学的主流相结合。

（四）第四阶段（20世纪60年代至今）

自20世纪60年代起，由于《易经》的自然科学研究课题的初步确立，西方易学的研究进入了丰富而有独特性的阶段。这一阶段有两大相关的特征：其一，一些从事现代基础科学研究的第一流西方科学家对《易经》的科学意义有了认识和重新发现；其二，在宇宙观的整体及其内在结构层次上，科学家们开始探求现代科学发展所揭示的宇宙图景与《易经》的宇宙变化图式二者间的相互作用，这确实是一个令人惊异的进展和发现。我们可以就这两个方面的问题作一些说明。

第一，现代科学的发展回归到《易经》的问题上来，从而造成东西方科学思维相互趋近的新动向。这显然并不是偶然的巧合，而是与西方现代自然科学的发展直接有关。

首先与西方物理科学的发展及其暴露的问题有关。西方物理学在20世纪以来因相对论和量子论的出现而面貌一新。

相对论突破了近代宇宙观的“太阳中心论”和牛顿的绝对时空论，使宇宙在一个范围更广大的“场”里设定下来。此外，相对论还将绝对值，即光速的绝对值原理中内含的“变中之常”的观念凸显出来。这些基本思想在一些对《易经》有较多了解的现代科学家看来，已经可以用古老的易学原理以揭示。

量子论所涉及的问题也许更复杂些。量子论从宇宙论的整体层次来处理微观世界的复杂问题。从量子论的观点看来，宇宙的基本粒子的存在无不受整体宇宙系统的影响，这种影响又不能用单纯的线性状态的因果论来解释。因为量子的运动具有不确定性，即具有变化的内在能力，所以，量子现象的存在是开放性的，而不是因果决定论意义上的存在。这种决定性和开放性互涵的思考方式正是《易经》思维的最鲜明的特征之一。不仅如此，在现代一些科学家看来，量子论所谓的光具有的波粒互补的形态，亦体现了《易经》阴阳互补的思想。任何事物都有阴阳两个方面，阴阳互涵成为事物存在的条件。再者，量子论所谓的“测不准原理”，若从《易经》更高层次上看，由于主、客体在观察活动中的关系及其相互相关性还是可以大体确定的，所以二者的统一性还是可以建立起来的。因而，如何用微观来证实宏观，用宏观来协调微观，《易经》的思维模式至少在量子论研究的哲学层面上是富有启发性的。

第二，在现代科学的发展所涉及的宇宙论问题中，最复杂的一个问题就是追寻宇宙的起源，因为它既与宇宙结构论有关，同时也与处于时间之流中人的存在密切相关。因而现代科学所关切的问题和《易经》的基本观念是可以相互发明的。宇宙现象不仅是物理现象，也是生活现象、社会现象和精神现象。新物理学之所以能够成为科学的基础，是由于它进而将人的存在、人的来源与宇宙的起源和演进连贯起来思考，正是在这一基本点上，它与《易经》的思考方式存在着高度的一致性。

20世纪中叶以来，在《易经》与现代自然科学的相关研究中，另一重大课题就是如何用六十四卦的序列和整体结构来深化最初由新兴生化科学所做出的发现。因而《易经》的符号体系被系统地应用于生化科学领域亦非偶然。新的生化科学的基本研究课题是生命的内部结构及其演化基础问题。这一时期最大的发现是生物的基因问题，由此说明人类的遗传有一定的结构和内涵。这一发现表明，脱氧核糖核酸（DNA）具有64种结构，以4的3次方而选择发展，即有4种模型，3种不同的可能，造成64种不同的形态，这显然可以与《易经》的象数模式连贯起来考虑。生化科学技术正是在脱氧核糖核酸的基本结构中发现了《易经》象数模式的内核，从而将其结构与六十四卦作整体的配合。这种配合若从易学的角度看，显然还有文化上的意义。它通过现代科学发展最具有典型性的实例表明，任何科学理论的基本结构都包含着《易经》哲学所呈现的宇宙存在结构，或者至少可以用《易经》的原理进而探讨现代科学的一系列基本问题。

进至20世纪80年代及90年代初，西方人将《易经》研究的成果应用于现代自然科学，其基本方式是在《易经》哲学与现代科学之间建立相互发现和相互认同的关系。如何进而在这种发现和认同的基础上相互充实，激化创造，开拓出新的研究领域，产生新应用，从而发展出更具统一性的宇宙理论，这可能是未来易学发展在科学领域里的重大课题之一。

20世纪下半叶以来，西方在《易经》的文本研究上亦有令人鼓舞的成绩。70年代，由于《易经》在西方世界广泛流行，学者们不满足于既有的成就，开始尝试《易经》的新翻译。在这方面，英美的成绩较为可观。这种翻译上的推进显然也和五十年代以来西方汉学研究在语言教学上的发展有关。此外，朝鲜战争以后，由于亚洲政治经济上的发展，要求了解亚洲的热情重新高涨，《易经》成为了解东方文化的钥匙而备受重视。在美国，亚洲研究包括中国文化研究已有数十年的历史，培养了不少精通汉语、熟悉中国典籍的学者，在这一背景下，出现了众多的译本是不足为奇的。值得重视的是，众多的具有研究性的新译本中，有西方学者对《易经》的种种新解释。这一阶段对《易经》的掌握已能跳出程朱易学解释的窠臼，而在此以前，无论是理雅各，还是卫礼贤，他们都是基于程朱一派的解释而翻译《易经》的。这说明西方易学家的学术视野已经大大扩展了。这可以托玛斯·克莱列（Thomas Cleary）《易经》系列翻译为代表，他的三部译著《道家易经》（*The Taoist I Ching*, Shambhala Publication, 1986）、《佛教徒的易经》（*The Buddhist I Ching*, Shambhala Publication, 1987）、《易经：致治之书》（*The I Ching: The Book of the Organization*, Shambhala Publication, 1989），分别是据中文原典译出的，包括了中国道教（全真派）、佛教（禅宗）、儒家（程颐）三教最有代表性的思想家对易学的理解，从而为西方读者了解和掌握《易经》，展示了中国传统易学的丰富内容。

这一阶段中西方的《易经》翻译从约翰·布劳菲尔德（John Blofeld）起，掀起了一个热潮，至今仍在继续推进。五六十年代间，就有不少汉学家对理雅各和卫礼贤的译本提出批评。而在70年代前后出现的一批《易经》新译本，也许可以看作将批评变为富于建设性的实践的最初的尝试。

布劳菲尔德的英译本《易经》（*I Ching, The Book of Changes*, E. P. Dutton Co., 1968）从中文直接译出，附有如何用于占筮的详细说明。在他的译本出版后数年间，仅新译的英译本就有十数种之多，如 R. G. H. Siu 的《飞龙在天：西方人易经指南》（*The Portable Dragon: The Western Man's Guide to the I Ching*, Cambridge, Mas.: MIT Press, 1968）、克拉克·伍尔桑（C. Waltham）的《易经，中国变化之书》（*I Ching, the Chinese Book of Changes*, New York: Ace Books, 1969）、约瑟夫·墨菲（Joseph Murphy）的《易经的奥秘》（*Secrets of the I Ching*, West Nyack, New York: Parker, 1970）、阿弗莱德·道格拉斯（A. Douglas）《如何求救于易经》（*How to Consult the I Ching*, New York: Putnam and Sons, 1971）、Y. 海耶席（Y. Hayashi）的《易经：预测和变化之书》

(*I Ching: Fortune Telling and the Book of Changes*, San Francisco: Japan Publishing, 1972)、黛安娜·霍克(Diana Hook)的《易经与你》(*The I Ching and You*, London: Routledge, 1973)等。其中不乏佳译。

在《易经》的翻译上，70年代在“古经”部分的译解上成绩较显著。80年代期间出现了数量更可观的译本。不过，除了少数学者(如前面提到的托玛斯·克莱列)从事《易经》的完整翻译——将《易经》的“古经”和“大传”全部译出，这期间的翻译工作没有超出70年代。当然，在翻译水准上，80年代已有不少提高。新译本在理解原文意思和义理把握上显得更准确，文义把握更得当。

许多《易经》译本在西方世界广泛流行，逐渐进入西方人的精神生活，并对许多人的行为模式和价值观念产生了一定的影响。此时《易经》的应用显然更普及、更广泛了。基于汉学家的翻译，产生了实用性的《易经》手册，诸如《每日一卦》、《占卦图解》，甚至还有《电脑易经》一类的书，这从某些侧面反映了今日西方对《易经》的理解和解释已日趋多元化的动向。

在易学日趋多元化的情形下，当代国际《易经》研究面临着很大的考验，如何将民间的习用和科技界的关注提升到哲学的整体研究，使之既与中国哲学内涵的精神相一致，又能不断接纳和开拓人类现代新知识，这可能是未来国际易学发展的重点所在。另一值得致力的工作是，如何通过国际性的易学组织和机构媒体，加强东西方学术界、易学界之间的沟通、交流、切磋和合作，使《易经》的学术研究成为更具科学规范性和文化有效性的现代学问。

二　西方《易经》研究的方式和方法

《易经》自17世纪传入西方，在很长的一段时间内从属于综合性的汉学研究范围。这种情况到了20世纪开始有所改观，特别是最近二十年以来，由于《易经》与现代科学和哲学的相互发明，以及在实用层面上被西方公众广泛接受，《易经》研究开始成为多学科研究和应用的课题，因而开始形成有别于西方传统汉学的相对独立而自成系统的学问。

通过前面的概述，我们可以看出，在西方《易经》研究的演进过程中，每个阶段都有自己的研究方法上的特色。我们若着眼于其发展的主要倾向及研究方式的基本特点而论，可以将西方《易经》研究归纳为四种基本方法及与这种研究方法相关的四种相应的评价层次。

(一)汉学性质的《易经》研究

总体而论，西方第一、第二阶段的《易经》研究主要是在所谓汉学范围内进行的，是西方汉学的一个基本课题。所应用的是文字与语言研究方法，即从文字训诂上掌握中文原典。西方人研究《易经》的最初动机是为了感受和了解包含于这部经书中古老而神秘的智慧，但感受、了解《易经》就必须对其文字、章句有所把握。为此，早期西方《易经》的研究者大多在文字训诂和原典体会上花工夫。在钻研的过程中，如何将经文和中国传统的权威性的注疏恰当地翻译为西方的语言，从而把中国人深邃的思想传达给西方的读者，这是早期《易经》翻译家所特别注重的。雷孝思和理雅各的译作就是这种研究的最好例证。

原典研究在整个《易经》研究中是最具基础性的工作。即使是中国学者，要深入理解和把握《易经》经文亦非易事。对于西方学者，他们在刚展开《易经》研究时，既要逾越文字上的障碍，直接从中文理解原典及传统易学的各家注解，又要进一步将汉语这种象形表意文字恰当地译为完全不同的拼音文字，困难是双重的。因而，西方早期《易经》研究在学术上的局限性是不足为怪的。这一时期西方易学家对《易经》的认识是以朱熹的注本作为起点的，这在很大程度上决定了他们的学术眼界。例如，理雅各对朱熹所谓“《易》原为卜筮之书”及占卜方法无疑是有所了解的，由于占卜观念与基督教的神学观念很难调和，他就竭力从《易经》中排斥这方面的内容，而将“传”从“经”中独立出来，把它作为儒学经典归为孔子所著。这就使西方读者无从知道中国《易经》通行本的历史原貌。

大多数早期汉学家都跟理雅各一样，他们研究《易经》，比较注重如何准确地把握其字义和文义，注意了解《易经》的成书年代和作者问题，并重视将“经”和“传”做一定的区分。在西方，这种汉学方法是非常细致的，并在字义疏证和文义阐释上有许多独到的创建，这些成果反过来推动了中国易学家的研究工作。如 20 世纪 30 年代中国学者沈仲涛的英译《易经》及其研究著作中，就从理雅各的译著中采纳了许多见解。这是西方汉学家的工作受到重视的一个佳例。

整体而论，尽管在文本的初步研究和翻译上，早期的汉学家为西方读者所做的贡献可以说是很大的。但由于这种研究受到中国传统经学种种成见的束缚，不足之处就很明显，其最大的局限性就在于把《易经》当作类似历史博物馆里的陈列品，对其活泼泼的精神和内在的生命力不能有深入的把握。加之，由于这些汉学家所展开的工作尚处于西方《易经》研究拓创阶段，他们对东方文化背景还来不及做深入的了解，因此，在对《易经》翻译和阐释上，诸如注疏、标点、句法以及“易”的题名、题解上都存在种种问题，犹待进一步完善。

（二）作为史学课题的《易经》研究与历史研究方法

《易经》研究作为历史研究的课题确立起来是汉学研究方式的转变和发展。西方早期汉学家在对待诸如《易经》的成书过程及其作者等历史问题上，往往非批判地采用经师成说，而较晚近的《易经》研究者一般都有较自觉的历史批判意识。他们开始注意到《易经》所包含的历史意义及《易经》产生的背景、易学发展受到社会文化诸因素的制约和影响，以及易学诠释的历史性的演进过程等问题。这种研究者可以鲁连安·舒茨基（Lulian K. Shchutskii）和卫礼贤为代表。卫礼贤对文王、孔子等人与《易经》的关系做过详尽的历史性的探讨，而对孔子的论述较为详尽。此外，他对宋明时期程朱一派的多家易说下过一番深入钻研的工夫，这为他能成功地完成《易经》的德译做了充分的准备工作。舒茨基则强调确定经传的成书年代对于理解《易经》的思想内容具有决定性的意义。为此，他对中国和日本近古以来涉及《易经》成书过程和作者等问题的数量相当可观的文献做了深入的钻研，从而提出了他自己的见解。值得注意的是，他的历史研究的视域并没有局限于“经”、“传”问题上，为了透彻地探讨“经”、“传”问题，他涉入了易学史的领域，这在国际易学界显然是有开创性的意义的。

从西方《易经》研究角度看，《易经》的历史研究尚处在较为初步的阶段。70 年代以来中国大陆易学考古有“数字卦”和“简帛《周易》”等一系列发现，西方学者对此还未及做出积极的学术反应（如同中国大陆和港台学者，以及日本学者那样）。而要较为透彻地解决诸如《易经》的成书过程及其作者等基本问题，除了深入了解这些考古发现的意义外，还须深入了解中国早期文化和地域广大的史前文化，如半坡文化，新石器早期文化，及山东、河南、河北、山西、陕西、内蒙古、江苏、浙江、湖南、湖北乃至东北等广大地区近年来考古上的众多发现，其中许多发现都与《易经》产生的文化背景有关。深入展开这一研究意义很大，亟须中外学者进行多方面的交流与合作。

（三）《易经》的自然科学研究与科学研究方法

《易经》的自然科学研究既是科学对《易经》的发现和认同，也是易学对科学的接纳和吸取。即是说，现代科学为人们重新认识《易经》提供了重要渠道，同时，《易经》的符号体系和方法也为现代科学思维提供了很多启示，从而建立《易经》具有一般科学意义的共识。

这方面的研究在西方是突出的。弗里乔夫·卡普拉（Fritjof Capra）在《物理学之道》（*The Tao of Physics*，1975）一书中对《易经》与现代物理学基本思想的平行性所作的简要述评，是令人佩服的。他的见解已为许多人接受，并予以进一步发挥。此外，还有一些专业的科学技术领域的学者，分别从不同学科角度来讨论《易经》。这种讨论涉及了数学、天文学、生物学、物理学等现代基础科学领域，以及系统论、控制论、全息论、计算机科学等综合性的科学课题。大体而论，一般学者应用现代科学知识来研究《易经》，以此论证或描述易理与现代科学的某些结论和定律的相同或相似，只是零星的对比、印证、解释，虽然富于探索性和启发性，但尚未达到方法论和理论上的严格性。应该充分予以关注和重视的是，这种研究已初步有了一些较有系统性的著作。据初步统计，较早的著作有沈仲涛的《易卦与代数之定律》（1924）、薛学潜的《易与物质波量子力学》（中国科学公司，1937）、刘子华的《八卦宇宙论与现代天文》（法文，1940 年后由作者本人译成中文，四川科学技术出版社，1989）。晚近的研究则以 L. A. 戈文达（Lama A. Govinda）的《易经的内部结构：转化之书》（*The Inner Structure of the I Ching*: *The Book of Transformation*, Wheelwright Press, 1981）和马丁·许伯格（Martin Schonberger）的《生命之迷匙——易经生命起源的宇宙模式》（*Verborgener Schlüssel zum Leben*: *Welt-formel I-Ging im genetic Code*, München, 1973）最有代表性。此外，玻尔的某些科学研究成果及杨振宁、李政道的最主要的科学发现与《易经》的关系如何，值得我们将其作为《易经》的科学研究实例，从方法论的层面上进行深入的分析，重新加以检讨。

由此看来，我们现在已经到了将《易经》与现代科学的相互关系作为一个完整的课题来进行综合性研究的时候了。当代的科学，尤其是物理科学，有一个发展新科学的需要，而各种科学的新思路都趋向寻求一个达到重新整合的重点和基础。在这样一种前景下，《易经》的科学研究显然是很有潜力的。

（四）《易经》的哲学研究与哲学研究方法

从 20 世纪起，西方的《易经》研究者开始对其中的哲学理念有更多的了解。这种了解基本上是从原典的文字研究和历史研究中引申出来的。而对《易经》与中国传统哲学各派思想关系有所认识还是较晚近的事。

在国际易学里，对《易经》展开哲学性的研究，首先就会涉及如何运用西方哲学的范式和方法及二者的比较问题。我们看到，以《易经》为代表的传统中国哲学，尽管其内涵相当丰富而复杂，在表述方式上却未形式化、学科化，而基本上采取整体性的层层连贯的思维方法。因而，自近代以来，在西方哲学的分门别类的情况下，这种方式就被当作一种哲学研究的楷模来遵奉。《易经》的哲学研究最初就是在这样一种方法论意识的支配下开展起来的。早在 19 世纪初，黑格尔就对《易经》做了哲学评论，但由于并未将《易经》哲学当作与西方哲学对等的思想来讨论，因而这种讨论还是很皮相的。到了 20 世纪上半叶，卫礼贤和荣格对《易经》哲学思想作了较深入的阐释，特别是荣格，他提出“同时性思想”作为《易经》哲学的最基本原理，并认为这是与支配西方哲学和科学的“因果性思想”具有同等基本意义的原理。但由于荣格主要是从心理学哲学的角度立论，未能从形而上学的一般哲学角度来加以透彻发挥，《易经》作为与西方哲学进行同等比较和研究的课题仍只是初步地被提出来而已。

在国际学术界，真正将《易经》提到主流哲学高度，将之与西方哲学进行对等研究，建设性地提出创化哲学、场有哲学及哲学本体诠释学理论，还是 70 年代以后的事。美籍华裔学者成中英和唐力权是这类研究者的主要代表。这种研究可分为前后两个相互关联的步骤：首先是通过西方哲学的眼光来了解《易经》，以西方哲学的架构来显明《易经》。唐力权在其《〈周易〉与怀特海之间——场有哲学引论》一书中将《周易》与怀特海哲学加以系统比较；成中英在其较早的《中国哲学与象征指涉：怀特海、〈易经〉与〈道德经〉》（载《东西方哲学》，第27卷第3期，1977）等一系列论著中，也将怀特海与卦象、太极图展开多方面的比较。随着研究的深入，成中英等人尝试用《易经》来阐释、批评西方哲学，这种阐释和批评涉及了英美分析哲学和欧洲大陆哲学的基本领域。特别是以《易经》对海德格尔进行重新诠释有较深入的展开，这种研究方式与前一时期将怀特海与《易经》进行比较有重要的不同。前者主要以西方哲学的眼光来发现和揭示《易经》的哲学意义，后者则力图基于《易经》对西方哲学家的问题做出创造性的回应和重新诠释。

当然，如何将《易经》哲学研究作为一个严格的整体性的学术课题确立起来，尚有许多基础性的工作要做。首先是如何在用西方哲学系统对《易经》做了一系列的阐释和解说之后，重新回到其内在思想系统的基点上来，将内含于它的符号揭示出来，并能与现代哲学相配合，加以发展，使之成为新时代的哲学论题和体系。更具体些说，这样的研究就是要从多方面透视《易经》所包含的逻辑前提和思想方法，透视《易经》所内含的宇宙意识、价值观念和人文理想。这同时也要求研究者须具有对宇宙、人生、意识、心灵、价值等观念的高度把握和整体认识。

三　当代国际《易经》研究的基本课题

基于以上对西方易学发展阶段和研究方法的分析，我们可以进一步规划和展望今日国际易学的学术课题及其未来发展前景。

1989年，我曾提出，当代国际化的《易经》研究可以基本概括为十大课题。这些课题范围基于《易经》与现代科学诸基础学科的互动关系而确立。

1.《易经》的文史研究，或可称之为“文史易”。对《易》本身的历史研究，对《易经》的形成过程作历史性的考察，是文史易最基本的课题之一。这种研究，作者称之为“原点”探寻。《易经》的形成显然经历了一很长的过程。中国古代社会从半坡到夏、商、周是一个文明发生和成熟的过程。在这一过程中，人与自然、人与人及人与自己完成一个全面性的融合。由《易经》所体现的“原点”，既是整体的，又是变化的；既是客观的，又是主体的；既是对自然的认识，又是对人自身力量的发现。由此，人类的各种经验不断趋于范畴化。人与天、内与外、主与客、体与用，均在一个历史经验激烈的过程中融合在一起，从而形成了《易经》的思维方式。由此看来，由《易》所体现的华夏文化精神的形成不是偶然的，而是由很多历史和文化因素的合力作用造成的。推而广之，文史易的范围可说是很广的，可以区分为文化易和历史易。文化易是基于

《易》而对中国文化各个方面的联系作整体的研究和分析。历史易则是用《易》的眼光对中国整个历史，其中当然也包括易学的历史进行了解，深入把握其内在的意义。易学本身就是一个历史的存在，对易学作历史的了解以及对其发展的历史过程作深入的把握和阐释也是文史易的重点。

2.《易经》的哲学研究，或可称之为“哲学易”。现代哲学易是基于两方面的认识建立起来的：其一是用哲学的眼光来看《易经》，将其与当代哲学的进展联系起来，从现代哲学的立场来作进一步的阐发；其二是通过《易经》来把握、评估现代哲学。在历史上，《易经》对汉以后中国哲学发展的影响是深刻而久远的。汉魏哲学家董仲舒、王弼等都受到《易经》的影响，而自觉地将《易经》作为哲学经典的是宋儒，其代表人物是周敦颐、程颐、朱熹等。认识到这一点，也就认识到理学建立其思想基础的方法。由于近代以来西方哲学的兴起，通过《易经》来进行哲学的比较研究，以西方哲学来充实、融合、发展东西方哲学，就成为哲学易的任务和发展的方向。

一切哲学的来源是对宇宙的认识和心灵的认识，面对真实的存在而形成的理念。哲学易把《易经》放在直接面对宇宙本体存在的场合去了解，通过自身对变化的感受去了解宇宙的变化，因而这种了解是创造性的、富于成效的。《易经》的哲学内涵是很丰富的，可以从宇宙论、方法论的角度对《易经》作多层次的发挥，将隐藏在其中的哲学理念发掘出来。

3.《易经》的科学研究，或可称之为“科学易”。《易经》的科学研究显然不是单纯地用它来解决科学难题或为其发展提供现成方案，因为在知识的层面上现代自然科学已经超出了古代人的历史实践。我们需要进一步做的是了解现代科学的理论及其发展，了解《易经》内含的深刻的智慧、它的意义结构和运思方法，从《易经》的意义结构和运思方法反过来启发、深化、拓展新的科学研究。这才是科学易兴起的基本动力。在国际上已有一些第一流的科学家，像玻尔、杨振宁、李政道、普利高津等人，他们对《易经》的科学意义做了虽然是初步的却有全新意义的揭示。现在需要有更多这样的科学家和易学家进行“科际合作”，更系统地展开这方面的研究。这样的研究在从事现代科学理论探索时，能同时吸取中国思维的方式，尤其从《易经》的智慧中了解宇宙，对生命有一种新的体认，从而使其理论结构更趋完善。

今日科学的发展已经走向既分门别类又相互交叉综合的阶段，从现代科学的分门别类的角度来阐释《易经》丰富的内涵，通过《易经》来把握科学统一的基础。科学易的基本目的在于提供现代知识的综合系统，能将不同层面的知识整合起来，形成既各异又互补的体系。科学易还有其实用的目标，这就是了解《易经》的应用价值，即把科学对《易经》的了解使用在技术上，产生新的发明和实际成果。在这些发明和成果的基础上可以进一步开发出工艺易或技术易。

4.《易经》的数理逻辑研究，或可称之为“逻辑易”。在传统的象数学里有数理逻辑的层次，但其数理化和逻辑化尚未确立现代的形式系统。逻辑易则是重建性的，特别注重与现代数学成就相结合。今天数学已是一门成熟的学科，包含了“行使主权”、“直觉主义”、“逻辑主义”多元方法的运用，许多地方可以与易学象数相互发明。特别值得重视的是，西方思想和一个形式化的传统，如何借用这种形式结构来发挥《易经》隐含的逻辑结构和方法是一个应首要考虑的问题。

从逻辑的观点看《易经》，《易经》所包含的逻辑、数理系统具有自己的一系列特点，它不像公理或数学那样仅仅靠一两个基本公理或定律的推导来解决问题，在《易经》中公理或定律的运用是不能脱离其形上学基础的，即是说，逻辑与本体论是密切相关的。在经过现代逻辑多元而又充分的发展之后，重新回到《易经》的整体思维的层面上，从逻辑的基础和原点上来重新建立更具整体性同时又更富有效用的逻辑系统是一项富于开创性的工作。

5.《易经》的语言学研究，或可称之为“语言易”。中国语言是一座丰富的精神宝藏。对中国语言的构成原理作深入的考察，就可以看出，由取象比类而造字，由平仄清浊而定声韵，由吉凶悔吝而显辞义，由虚实序位而见语法。在这种意义上可以说，中国语言就是《易经》的语言，体现了《易》的精神。《易经》的语言特征可以从两个基本方面来了解：首先，它把声音、形象、意义融合为一体，用以表达宇宙的真实。宇宙的真实既是作为变动不居的整体存在，又表现为种种具体的个体。掌握这一存在及其具体表现，就成为中国语言形成的根源。其次，中国语言的发展进程合乎易理。中国语言所表达的是自然和生活。对变动不居、变而有常的自然及人的生活所处的环境的真实了解和表达，就成为中国语言发展的基本动力。《易经》所运用的语言与整个中国语言一样，所代表的既是一种宇宙智慧，也是一种生活智慧。中国语言作为一种知识系统和象征系统，是对人类生活的总结，因而对这种语言的深入研究具有世界文化意义。

6.《易经》的应用研究，主要可以从管理、决策和战略等角度展开分析，或可称之为“管理易”，或“兵法易”。从现代社会科学的观点看，《易经》具有多方面的致用价值，特别可以作为智力开发的工具来运用。《易经》运用于管理的领域，则代表人的行动、决策、组织、领导、协调、沟通的大系统。20 世纪 80 年代初一批海外易学家倡导的管理易理论和实践表明，通过《易经》来了解管理科学、发展管理科学，比通过管理科学来了解《易经》更具重要性。这也是易学的新时代课题。

兵法易是社会科学的一项综合研究，是谋略学、战略学的研究。在今日，世界作为一整体的系统，已经形成一种专门的研究，称为“世界模型论”。当代世界面临各种对立和冲突，如何对各种矛盾进行平衡和协调，如何来追求一个能普遍实施的最佳的、人类最好的利益，实现人类最高的价值，从而建立一种日趋正义的、平等的、开放的、互惠的世界体系。这方面，《易经》整体的世界观为人类提供了一种思考方式。直到目前，世界模型论或世界的系统研究还没有形成一个完整的理论基础，而《易经》仍是可能为这种研究提供完整方案的系统。

7.《易经》的医学研究，或可称之为“医学易”。现今医学易的研究领域在不断扩充，中医学、易学的关系是一个传统课题。此外，像气功、人体科学、心理咨询和精神分析的某些方面也被纳入医学易的范围。

就易医关系而论，中华医学的理论基础及其经验归纳方式与《易经》的关系显而易见。中医学的理论是基于或借用易学的阴阳、五行、太极、道等范畴和象数模式而建立起来的，中医学的医疗实践和药物学系统是通过观察物象、测验物性的长久的经验过程而不断完善的。今日中医学发展已到了结合西医建立整体医学的阶段。如何把《易经》作为思想基础，将西医的治疗、诊断、保健、卫生制度纳入中医的系统中，使之构成互补互动的关系，是未来医学易发展的方向。特别是在保健方面，《易经》强调人的自强不息、生生不已，强调扩充人的生命力。如何发挥人的生命潜力，充分实现人的健康价值，正是易理在气功、人体科学、心理咨询和精神分析上的目标。

8.《易经》的宗教研究，或可称之为“宗教易”。人类宗教是多元的，但可以从其统一的精神基础来进行理解和阐释。宗教作为主题性的建构，是一种使人的内心世界得以充实和完满的活动。因此，各种宗教应从人类精神内在的需要、功能，以及从它在整个人类生活中的意义来了解。由于《易经》本身不仅在其起源文化功用上与宗教有关，由“神道设教”体现了一种高度理性自觉的宗教意识，而且这种宗教的设定，其性质和功用是在一个整体的宇宙论上定位的。因此，《易经》可以帮助我们了解各种宗教之间的关系。今日“诸教合一”、“诸教融合”的说法可以通过《易经》来予以深化，因为东西方宗教交流和对话业已成为世界性的文化课题之一。现在的问题是，西方的犹太教和基督教、印度的印度教、阿拉伯世界的伊斯兰教、东亚的佛教，以及中国的儒道诸教，各种宗教性的精神文明体系怎样进行交流？它们共同的思想基础和文化目标又是什么？易学史上已有一些意义深刻的实例表明，佛教和基督教可以从《易经》哲学的宇宙论高度来对其基本的宗教精神作深入的把握，对它们所代表的境界做出衡量。从《易经》的观点看，内在与超越是宗教由以确立起来的两个极点或两种基本向度。这使我们接触到宗教里的一个逻辑难题，即如何把超越的变成内在的，又把内在的超越出来，《易经》将其指明为“既济”而“未济”的关系，即是说将二者纳入一个过程中来把握，因此，也可说是超越而又内在、内在而又超越的关系。内在刹那完成，内化后即转向再超越、再分化，这就是易道所呈现的生生相继、循环递进的过程。宗教的安身通向哲学，宗教的不同分化及其历史形成的相互关系非常复杂，但仍可以基于宇宙本体论的立场对其做出整体的了解。

9.《易经》的艺术应用，或可称之为“艺术易”。中国传统艺术浸透了《易经》的精神，对《易经》的感召力缺乏深切的体会，对中国艺术的神韵和意境就很难有深入的了解和完全的把握。《易经》对中国传统艺术的理论和实践的浸润，犹如水乳交融。很难想象，从中国的文化、乐论、画论、书论中抽去了贯融其中的易理因素，中国艺术理论的架构中还会剩下什么。

20世纪以来，《易经》开始对国际性的现代文学、美术和音乐产生积极的影响。自觉地对《易经》的意象进行吸取、利用、认同、改造，催发了当代世界文艺的新思维，使我们有可能对一系列审美难题做出全新的思考。现代艺术易已经产生一系列堪称杰出的作品，诸如赫尔曼·黑塞的《玻璃珠游戏》、麦克·凯奇的《变化的音乐》（《易乐》）、赵晓声的《太极作曲系统》等等，都是依据易理或假借《易经》的象征系统而创作的。这表明，不但可以通过现在艺术来了解《易经》，更可以将《易经》作创造性的运用，应用于现代文艺的评论和创作实践。

10.《易》的生活应用和民俗研究，或可称之为“民俗易”。《易经》不但是深奥的哲学，须作深入的研究才能了解它、掌握它，而且事实上亦可作为世俗的价值系统而存在，因而它能够给普通人的日常生活以具体的指导，这就是趋吉避凶，规划未来，尽可能使生活变得平衡和谐。正是这一点使《易经》的发展具有深厚的文化潜力。自古以来，《易经》对命理、风水、星相等影响极大，并积累了大量经验性的文献资料。在现代社会里，对《易经》在生活应用方面的支流（占卜等）及民俗上承袭的一面，我们不必提倡它，但需要研究它，应当从其学术性的层面、从现代学术的立场来展开研究，对其做出合理的说明，因为这种民间生活与民俗的运用是不会停止的，它依然还会存在并发生衍变。人的精神活动有其潜意识宣泄的需要，给它一个适当的框架，不使它变成粗陋的迷信活动，这是很重要的。因此，从文化学的观点看，今日国际范围内的“易学的复兴”，除了其以自觉的科学意识从事学术研究的一面，亦有其非自觉的民俗影响的一面。不同的民族对《易经》作民俗上的借用，本身就是一个值得从民俗学的角度进行深入了解的当代易学课题。

通过对国际范围的《易经》研究的历史、现状及其延伸方法和学术课题的多方面的考察，我们可以初步得出这样的一个结论：易学业已经过一番错综复杂的发展，它在今日及将来相当长的一个时期里，仍可以成为显学。未来易学的重大发展需要有更多的学者的共同努力，尤其需要多学科的专题研究和综合性的整合研究相配合，多方合作，齐头并进。

《易经》的最高目标是“止于至善”，这一目标是当代易学发展的动力。如何使当代易学成为贯通古今、融合中外的更具整体性的哲学体系，又如何开拓21世纪人类文明的智慧和思维方式，更是当代易学者必须紧迫面对的历史性的和划时代的学术挑战。

儒家的现代转化

自目的论、责任论分析与重建儒家道德哲学*

道德哲学是有关人的道德行为的学问。人的道德行为是显露人之为人的行为，也是造就人之为人的行为。哲学家思考道德行为时，往往仅就人的最起码的道德行为立言，而此最起码的道德行为，往往被认定为相对社会群体的关系以及相应特别事项而言，故道德行为变为责任与义务的表现。但道德行为亦有向上提升自我、用自我之力来启导社会、使社会臻于至善的另一面。所谓利用自我之力来改变社会使之趋善，是指非直接借助任何个体或组织的外力，而是纯由个人行为的影响力以求达致。在此意义下，道德行为不是最起码的道德行为，亦非相对人与人间关系来维护社会秩序立言：道德行为含有最高度的道德意义，成为人之实现自我以及他人的一种方法与过程。西洋宗教神学或称此为“额余善行”（supererogation），甚至认为“额余善行”不属于道德哲学考虑范围之内。但吾人在此用道德行为一词时，是把此一“额余善行”方面之道德行为涵盖在内，且认为最起码的责任行为即责任性的道德行为，与目的性的道德行为构成一连续的整体及一动态过程。在此一过程中，崇高的人生目的能被赋予责任的意义，而任何道德责任亦可被认定为人生目的之一部。故此一意义的伦理学应包含责任与目的两部分以及二者之转化关系。更有进者，吾人确定人的目的以及责任时往往与责任对象或目的对象之大小相应，如以个人为对象的道德行为，吾人可讨论个人伦理；如以家庭为对象的道德行为，则吾人可讨论家庭伦理；如以社会为对象的道德行为，则吾人可讨论社会伦理；如继续把道德行为对象扩而充之，大至生活环境、生命现象以及宇宙整体，则我们显然就有了生活环境伦理、生命现象伦理以及整个宇宙的伦理，而不必局限于一特别的范畴或层次上了。

任何普通性命题都是与其对象适用的范围相关的。因而，说所有人，是以人为对象，以人的实体为其适用范畴，但是否所有人才是决定道德行为的对象呢？为何不可以以宇宙，以环境，以及以人能确定价值的一切事物为对象呢？又人是通词，所有的人不

---

* 原载《文化·伦理与管理》。

等于所有健康的人，也不等于所有的好人，是否因人之差别性而有适用之不同呢？人中有我父母，有我子女，因人之通性而有一般性的道德律，是否也可因其有差别性而有差别的道德律呢？当差别的道德律与一般性的道德律有冲突时，适用差别性的道德律还是一般性的道德律呢？显然此处涉及的不仅是适用问题，而且是实质的伦理问题。当然，适用问题亦可为理论问题之一部，因其为行为决策理论的一部。现代社会有不同差别之人，因情况、职业、专业等等而有差别，因关系、目的以及各种需求等等而有差别，何取何从以作判断，是差别伦理学必须考察的对象，也是解决冲突必须考虑的问题。

为了建立一个兼具普遍性与差别性的伦理学，吾人必须面对两个基本问题：如何确定责任？如何确定目的？在西洋哲学中，吾人可透过西洋伦理学的目的论及责任论来说明目的及责任问题，并在此种理解的基础上判断中国儒家伦理学之特性及其价值。在此一过程中，吾人可以肯定亚里士多德有提供目的论以说明儒家伦理学的功能，而康德道德哲学则具有提供责任论模型以说明儒家伦理学的功能。事实上，儒家伦理学必须在目的论及责任论两重模型对照下，方能显示其特质，即其具备责任与目的相互为用的伦理，而其基础则为一动态的开阔的宇宙观与本体论。故其特点包含：（1）责任论与目的论的相互为用；（2）二者并行的逐渐实现；（3）二者的本体理性上的统一。责任及目的等观念亦必须在此一过程中得到说明。

一　亚氏目的论伦理学分析

亚氏以目的（telos；end）即善。但所谓目的即人所追求的一个满足该项活动的最后状态。在人来说，目的的确定显然与人的知能与需要等有关，故人不同的知识及技艺的追求都表现了人活动的目的性。要深入了解人的目的性则必须了解人之为人的条件以及人之确定目的活动的能力，这又不能不自亚氏对人的实体的了解来考察。

自亚氏看，人由心身两物合成。早期亚氏受柏拉图影响，以心身为两个不同实体（substance），后期在《灵魂论》（*De Anima*）中则以人为一个整体的实体，心身分别为形式及质料。基于亚氏对形式与质料的关系的说明，显然身心整体构成一层级结构。心身之合如用 soul 一词代表，则包含了营养功能、活动功能、知觉功能及思想功能。此等功能亦即身与心之功能，故心并非必然自觉的，并非完全可以离开身体的活动。当然身体的活动也可视为心之活动，但人具思想功能，能够知悉永恒事物之真理，人可说具有神性，亦可说具有相应此等能力而言的永恒性。但此一“心”的观念毕竟不同于近代哲学自笛卡儿以后理性哲学心（mind）之观念：心（mind）为纯理性之思想及认识活动，并为一独立的实体，其活动是自足的，与身体活动迥然有异，因而心物分别为两个不相同的实体，此即心物二元之说。又亚氏所谓心亦非同于中国哲学中之心，此中国哲学之心（无论儒家或道家）均为一“虚明灵觉”的活动，这在宋明理学中特别彰显出来，但在《论语》中已有此意。此心中所含之思想功能及知识能力能够体验理义，或认识道理，如孟子之所说“理义之悦我心”，如荀子之所说心之“知道”。此点与亚氏强调人之灵魂含有代表神的成分及具有独立思考理论知识的能力，庶几近之。但亚氏无儒家哲学中人之“性”的观念。亚氏哲学中的人性或人之天性为自然产物，其存在为一整体，但其存在并无外在的目的，虽其具有基于自省的内在目的，但此内在的目的却无形上学的根源：人的目的性乃是由灵魂的功能实现来决定，亦即人的存在由于其为一整体的实体，具有不同功能组合为一独立的统一体的目的性。此一目的性显然要自两方面来决定：（1）每一功能有其实现自身的目的性；（2）各项功能共同实现之和谐状态。

亚氏受柏拉图影响，认为灵魂功能之实现以初级功能应接受上级功能之控制为原则，亦即欲望应接受理性整体之指导方可获得和谐。故亚氏视人生目的的追求为整体人的实体实现其理性的活动。此一活动即称为“善的体验”（Eudaimon）。一般译“Eudaimon”为幸福，但此种译名不能彰显亚氏“Eudaimonism”一字之真正含义。当然“善的体验”亦即目的的统一，亦即人生存在的最高目的的实现，亦即统一的理性的功能的实现，亚氏称之为“灵魂功能之活动”①。此一人生活动，如亚氏所言，即具有内在的快乐，故为自身可求的，而非缘外在的价值，称为理性的快乐亦无不可。

亚氏的目的论伦理学是以对人之为一实体的分析为基础的。但亚氏对人的实体的认识并不深刻，其对人的实体的分析可谓基于他对人的经验观察以及他的“形式与质料”实体形上学的应用。在此一建构中，他对人之性有一般性的掌握，但他的掌握却无深度，也不完全及不明确。这样才引起后期宗教神学对人的来源的诸种讨论，也引起后来哲学家对实体观念更深一层的内省观测，如海德格尔所表现者。更有进者，亚氏对人的理性活动的了解亦不完全，故有康德现代意义的责任观之建立。撇开这些后来的发展不说，有一点值得注意的是，亚氏确把人当作一个具机体性的实体。人非心身分别为二实体，而为心身合一的一整体，此一整体内之各层级功能息息相关，而每一功能又均能发挥为一“德性”或“卓越（Excellence）的性质”，使其功能实现，故此一德性即为其内在的目的。故亚氏的人的存在的有机论及人存在的内在目的论是现代伦理学不可忽视者。此点即可见到目的论对了解人之为人的重要贡献。

有关德行及理性方面，我们还要进一步说明以为目的论的目的确定标准。“德行”（arete）一词在希腊哲学中是一个“行为”（performance）名词，显示一个动作的完成和一个功能的发挥，造成一个高尚卓越的品质，令人钦羡，如“勇气”、“高尚”、“节制”等之为德行均以描述某些行动的卓越性以及某些功能之完满实现。就此一点看，德行有两方面的基础：一是人的功能的实现，一是为人认定的行为的高尚品质。如勇气，一方

---

① 亚氏说：“The good of a man is the activity of the soul in accordance with the excellence or virtue”（*The Nicomachean Ethics*，the Martin Ostwald，1962，the Bobbs Moriil Co.，17 页，1098a-15）。

面表现实现了勇气的功能，一方面则必为所有实现勇气功能之最佳者。此一判断显然为价值判断，而此一价值亦必须积累长久经验之比较而得。故总言之，“德行”有其自然存在的基础，代表一种完美理想的实现。因而德行即为善的价值的实现，而善的价值的实现应即为德行。善在其实现以前可视为人生的价值目标或目的，在其已实现之后则可视为“德行”。合此二者为一即为善（agathos）。诸德即诸善，亦即诸目的的实现。人之总目的既为实现基于理性活动的生活，故人之德行都可看作对此种生活的目的的追求与实现。

构成德行之条件还有三因素：立志、力行、取中。亚氏把人的灵魂区分为理性的部分与非理性的部分。显然除人的理性功能外，人的其他功能均非理性部分。所谓理性部分即人之思考能力能够以永恒事物为对象，思考永恒的真理。但人之思考能力也能以变化事物为对象，思考变化事物之法则。二者均为理性之内涵，其活动构成“理性德行”（intellectual virtues）。前者是灵魂中最高尚部分，名为“理论智慧”（theoretical wisdom），后者名为“实践智慧”（practical wisdom）。人之“实践智慧”在能够发现行为之是非善恶，促使人之欲望遵从理性达到“实践德行”（practical virtues）。它也能确定人的行为目的以及达到目的的途径与方法。显然，“实践智慧”同时具有确定行为目的及达到该目的的能力。因此，也同时含有知及意的成分。知与意的关系是：理性能够指导意志，意志能够服从理性。在此一意义下，“实践智慧”实相当于后来康德所谓“实践理性”，具有以理性裁定行为的能力，亦为人之自由意志之表现。

亚氏特别强调此一“实践智慧”具有“前择能力”（prechoosing），即选择行为及考虑行为效果之能力。这一种能力包含了三种因素：选择能力，考虑行为后果及选择方向能力，指导观念能力。在此等意义下，“实践智慧”实乃智慧的合成体，有如王阳明哲学之“良知”，良知能辨是非，并能去恶为善，当然圆满实行则有待“良知”的达致。另一方面，孟子之“立志”一词亦可显示“实践智能”之功能。亚氏并未确定任何“实践智慧”内涵的决定是非标准的方法或考验何在，亦未讨论此一问题是否可解决。到了康德方才面对此一问题，把“实践智慧”充分理性化，不但形成了“实践理性”，而且表现为道德的“绝对命令”（moral categorical imperative）。但相应亚氏的目的论而言，此一“绝对命令”之标准是否实用及绝对有效则为另一问题。事实上，亚氏对德行之决定亦有数项（而非一项）标准：他从“力行”与“取中”两面来观察德行之存在，德行之为德行不仅为“实践智慧”的经过思虑后的自由选择（deliberations），亦为实行的活动。此一活动不但可经常实行，且可形成一习惯。故德行非一时之品质，而为恒常之行为方式。更有进者，“德行”所指乃是两极端行为间之适中行为。亚氏所谓“中”（the medium），乃是相对主观及客观因素的考虑来决定的：一个人必须先行确定两极端，而后理性地决定适合理性的中道，故中道不是极端，也不是外在的机械性决定的量的中，而是内在思考决定的质的中。这点很重要，因为它显出了亚氏具有整体思想并能将之应用，乃不致陷入康德的绝对形式主义。

基于以上的讨论，吾人对目的论应有一确切认识：目的论视一切道德行为为一“德行活动”，而一切“德行活动”则为内在于人的功能的目的活动，即以达到一定目的的功能的实现当之。确定目的即确定人之功能，使其发挥实现以达到目的。吾人可命此为“内在的目的原则”，此一目的原则在亚氏系统为“内在的活动原则”。当然，目的亦可视为外在的，如以人的目的为得救于上帝。此一目的非人的功能所确定，亦非其能成就，而必须假借上帝之力以成就。基督教神学就是基于人之限制之反省而发展出一个“外在的目的原则”：人生当以笃信上帝获得拯救为目的。目的为神学所规定，而非为人之能力自反所确定。“内在的目的原则”亦为人之自主原则，表示人之求善及知善之自我圆足。在此了解下，吾人可问此一自主原则与康德之理性责任自主原则有何差异。要回答此一问题，吾人必须了解亚氏目的论中德行如何引发责任，亦即责任在亚氏目的论中之地位为何。

亚氏伦理学自始至终均以讨论德行为首要内涵。因其自目的论立论，故一切行为均自其实现目的的功能来加了解及衡估，因而一切行为亦被视为“德行活动”或“非德行活动”。吾人所了解的“责任”及“义务”均以德行活动的方式出现。所谓“责任”，康德了解其意义为：基于对律则之尊重的行为必然性（Duty is the necessity of acting from respect for the law）。此意义说明责任具备两个条件：（1）遵行律则；（2）为尊重律则而遵行律则。此显示责任包含了对律则的自觉及律则的规范效力。责任的行为动机显然有预设了下列理性的判定：（1）律则的或非律则的行为的判定；（2）正确律则的与非正确律则的行为的判定；（3）为律则的或非为律则的行为的判定。此等判定均依赖高度的理性认识及分析能力。此为康德责任论之标准及其特色所在。

据以上的责任论观念，吾人反观亚氏的目的论，就其把责任视为对一国家（实为城邦）律则的遵守，以及公平的行为德行，也可说包含了一层理性判断的自觉。此一意思可见于其所著《尼各马可伦理学》之第五部分。第五部分论正义（dikaiosyne；justice），而所谓正义实乃包含了一切正直诚实的德行行为。此即相应于社会中的人际关系所作的合于法律及合于公平原则的德行。一个国家的法律可好可坏，正义乃为法律制定的基础。在此一意义下，正义即为达致社会中所有人的目的的德行与行为德行判断标准。故在此一意义下，亚氏命之为“完全德行”，因而与“个别德行”区别开来。[①] 在此一意义下，所有德行都包含在正义之中，因为所有德行均能达致在正义的律则要求之下的正义效果。但正义的德行仍有其特殊具体的行为范围，此即名誉及利益的分配，社会间个人交易等民事关系，以及伤害惩罚等刑事关系。这些关系间的正义行为均必须依靠理性的合乎比例的思考来决定，也就是按照两极端（过多及过少）间的一个中数来决定。

---

① 参见亚氏：《尼各马可伦理学》，BK5 1300，20~25 页。

就以上观点来说，正义行为不但呈现为一种理性行为，而且可说是人的理性功能的一种自觉与判断的活动。在此一意义下，义务与责任都必须看成理性思考用之于具体的特殊事项决定，而表现为基于某些特定关系的行为。当然，责任或义务也不过是从另一角度来认识的某些德行。当然，并非所有德行都是责任或义务。德行是就行为的目的及功能而言，而责任与义务则是就理性的对人之某些目的功能及其实现判断而言。事实上，责任或义务因而可视为社会功能或社会目的的理性肯定，亦即理性的社会目的及需求以发挥社会的功能。有此一认识，方有责任与义务可言。总言之，近代意义的责任在亚氏目的论的体系中被目的化了，也不具备统一的形式，而为实现个人目的功能及社会目的功能的部分德行。责任所包含的强制性及必然性（亦即应然性）自然仍以目的的确定来说明的，一如法律的存在是以达到社会秩序化的目的为其说明基础的，在此一认识下，吾人可称亚氏的目的论的伦理学为自然理性的实现伦理学。所谓自然理性仍是基于理性的实现人的需要，故注意德性的合理适用内核，而不着重功能德性的统一的理性形式。

二　康德责任论伦理学分析

康德责任论的伦理学是以责任为一切道德行为的动机与目标。在此一要求下，道德行为不是人的一般目的的实现，也不是人的差别功能的发挥，而是符合普遍理性形式的理性命令之执行。也就是说，德行之为德行乃在德行之责任化。如果德行不能责任化，它就不成为德行了。这是一个道德哲学的革命，把道德与理性（所谓实践理性）等同起来。在康德之前的休谟以及其他道德知觉（moral sense）论者如库德沃斯（Cudworth）和沙夫茨伯里（Shaftesbury）等人都以实现目的、实践德行为道德行为的决定标准。但到了康德，道德行为的决定标准却是先验的理性意志对理性的服从了。

康德的道德哲学革命可自两方面来考察：一是人性的理性化，一是必然性取代自然性（即是用责任感取代目的感）。就人性的理性化而言，康德所有的伦理学著作莫不是自理性来彰显人的价值，以及人之为人的立场。所谓理性，康德继承亚氏，仍分为理论的及实践的两类。但是不同于亚氏的是，“理论理性”（即“纯粹理性”，pure reason）也只能用于现象及经验世界，产生自然知识，却无法达致本体的认识或永恒真理的认识，故康德并无如亚氏所持的本体论的理性论。至于“实践理性”方面，康德也有亚氏以外新的了解，但仍是在亚氏“实践智慧”基础上规定“实践理性”为意志的选择决定力，以及其对目的的确定力与对价值的认识力。康氏不同于亚氏的乃是肯定“实践理性”意志的选择决定力为人实现自由的方式，而此一实现是透过转化其选择决定对象为普遍及必须律则来完成的。这可表明为“实践理性”的意志化、目的对象（选择对象）的法则化（即普通化与自然化）、意义自由的责任化、法则认识的权力化，人的存在也就成为道德责任的主体，而人性的最高目的也就是实现与符合道德命令的责任行为了。

康德道德哲学的基本思考，见之于其主要著作《实践理性批判》以及《道德形而上学基础》，但更见之于他较晚的著作《道德形而上学》。前二书在讨论道德之形成原则，后一书则在讨论道德的应用，即确定具有道德价值之行为为何，亦即何种行为可视为责任行为。在后一书中，吾人可以很明显地看到康德的泛责任主义：一切人性目的和人性德行都责任化了，而且是系统地责任化了。在此一了解下，人也就为执行道德责任的意志主体了。当然在此一书展示的道德律的应用中，康德仍然肯定行为目的的存在。事实上，当他把“实践理性”看成道德意志时，他就赋予道德行为以目的性。尽道德意志所选择、所决定者即为目的。我们称责任化乃是目的非以实现功能的方式达致，而是以执行理性的命令方式完成。此一执行命令其中所经过的法则化的过程，我即称为目的的责任化。其意义即在此责任化中理性的制约力与必然性（合称为应然性）比亚氏目的论对德行的实现的要求显然要强烈多了。这也就是反映了下列三项事实：（1）理性能力概念之突出与严格化。“实践理性”就是能够依据理性所肯定的目的规范普遍律则及制定律则命令的能力。这一普遍律则乃是无条件的、超越时空的，故“实践理性”可说为认识此一本体真实并将之命令化与实施有效性的能力，自然也可以说是对其自身立法的能力。（2）理性的立法是对理性的个人而言，而此一个人已非具体特殊的个人，而为一般化的个人，亦即理性规定的人之应为的人。基于此，吾人自然可探询相应此一理性的人其理性立法的一般适用性如何，其理性立法之内容一致性如何。（3）理性个人的存在也就成为抽象的个人的存在。人生的具体内涵如情感、欲念、期求、适应调和的意志与努力都不复具备道德的价值，因为不复对道德的善与恶（责任之执行与责任之违失）有任何意义。遵行理性命令的行为就是善，也就是责任的实现。违背理性命令之行为就是恶，也就是责任的丧失。既然一切德行都责任化了，如无责任即无德行可言，为达致责任，具体个人的其他行为动机或价值自然都无道德意义可言，不但不是道德之所依，反为恶行之所由了。人性内涵也就难以说明了。

由于康德未能深入讨论道德律的实际适用问题，他也就未能讨论责任的适用条件以及责任的冲突解决问题，这些都需要就实体的人来考虑以及就实体的人之功能来处理。也许康德认为这些问题都不存在，理性统一性与绝对性的假定就把这些问题摒除了，但这是一种先验的界定存在法，不合存在的反省印证及要求。康德对道德行为的分析仅及道德行为之“道德性”（morality），以及该行为之“一般律则性”（Lawlike universality），前者是道德行为的内容或品质问题，后者则是道德行为的形式或量域问题。所谓道德行为的道德性乃是指该行为之善来自吾人意志选择该行为时以认识（思想）该行为所包含之“一般律则性”为动机，故“道德性”即意涵了“一般律则性”。“一般律则性”之认定及遵从就是“道德性”。在此一无上形式道德下，康德于其《道德形而上学》书中建立了个人两类责任化系统：一类为国家及社会法律的规定及实施，而无须假借个人之道德意志者，是为法律的责任系统。这是他在该书中之“法律论”（Doctrine of Law）所讨论的。另一类则必须凭借吾人的“实践理性”之认识与意志决定以建立，是为伦理的责任系统。这是他在该书中之“德行论”（Doctrine of Virtues）所讨论的。法律责任与道德责任的分别在前者为外在的立法，而后者为内在的定法。但二者却分享同一道德形上原则基础，这是法律与道德有共通性的认识。在此共通性的认识下，吾人可以建立法律与道德的相互批评。相对法律言，吾人可问法律是否有公共意志的认同使其为善；相对道德言，吾人可问道德是否有法律的强制力及一般性使其为一般可行。在此种法律与道德的相互批评中，吾人即可看出道德原则涉及的一般性与必然性正是“实践理性”所含的理性面。而其作为无上命令的形式与其对此命令之接受（此是以说明其必然性者）则为实践理性中所含的意志面。一个有效法律及道德法则的建立显然包含了此一“实践理性”的两面。

就以上所述，吾人必须指出包含此两面之“实践理性”却仍未能决定道德行为及其所遵行法则的内涵。要确定一个道德行为及其法则的具体内涵显然不能不理性地考虑人生的具体实况以及人性的功能。此与“实践理性”所决定的道德律则的形式有效性显然为两回事，若吾人名决定形式有效性的道德律则之理性为“纯粹实践理性”（pure practical reason），则吾人可名决定实质有效性（即应用性）的道德律则为“具体或实质实践理性”（concrete practical reason）。后者之为理性活动，因其能对主观及客观道德行动者的实况有正确真实的把握及认识。后者之为实践活动，因其理性活动是以达致行为为目的，且其所达致以合于“纯粹实践理性”之要求的理想目的。后者之为具体活动，因其理性考虑的对象均为实际具体的人生，亦即人的主观与客观条件及关系，而非仅行为规则的形式而已。就此一理解，吾人可见“具体或实质实践理性”（相对纯粹或形式实践理性而言）必须以目的功能的确定为其活动内涵。因其所关注的均是实际可行的、具体可知的人生行为，而此等行为必然与人性的了解、人生境遇的了解，以及人生问题的了解有密切关系。因之也必须与人生追求的价值与其追求的能力有关系。此一了解非经过目的及功能的思考与认知不为功。若以国家立法来言，国家法律的建立不是要考虑国家与社会之具体需要及具体目的吗？立法的实施不是也要考虑到社会具体的秩序与具体的效果吗？同样，就个人道德行为的立法言，个人的理性意志一如国家的立法权威，不是也要考虑到个人具体人生的目的与功能来决定行为法则吗？其人生的目的自然包含建立个人行为之秩序，但普遍性的律则应用能够脱离具体的实现条件吗？明显的是，康德的形式立法论是以人为对象的，故其一般有效性本质上是限于人工范围。若就国际公法言，自然应以国家为对象，使其有效性包括所有的国家。如果一个国家立法考虑到环境的保护以及人类以外其他生物的权利等问题，吾人的法律及道德的立法自然也应以环境为对象，以其他生物为对象。这些实质的考虑均可视为“具体或实质实践理性”思考活动。

就以上对“具体或实质实践理性”的分析，吾人可以看到“具体或实质实践理性”无法自“纯粹实践理性”引申出来。此即说明形式的道德律无法引申出具体的道德要求或具体道德律则。具体的道德律则甚至也不可说为形式道德律的应用，因为并没有一个应用的程序使吾人可以把形式道德律的命令应用在实际的例子上。事实上，第一个道德行为实例是一方面接受形式道德律的要求，另一方面接受人生实质目的及功能的要求而决定的。若以“不可说谎”的道德要求为例说明，则立刻可见此一道德要求可以普遍化为一般对人的律则，故能满足形式道德的要求；但在另一方面，其认识及实行也依据对“诚实”一德行的内在目的性（价值）认识，此认识则为满足实质理性的要求。其他道德行为要求，如“不可自杀”、“不可心怀恶意（包括不还钱）向人借钱”，也都必须同时自普遍化的一般性及自内在人的目的与功能性双管齐下来定其意义，仅就一方面考虑乃不可行。当然就“实质实践理性”言，更特殊的具体落实运用以及责任冲突之解决仍尚待知、能与行方面多重的了解。

据以上分析，吾人可把“纯粹实践理性”与“实质实践理性”的关系看作相互发明与相互要求，“纯粹实践理性”要求人能接受一般法则性的指导，因而接受必然性之立法规约；“实质实践理性”则提供具体的实质的行为事项与其条件作为立法的对象。前者提供形式，后者提供材料，此才能使实践的“不可说谎”成为理性的“不可说谎”，也才能使理性的“不可说谎”成为实践的“不可说谎”。此即必须以普遍性律则之认识及理性意志之接受落实具体行为完成之。于此，如吾人探究前者立法的来源与后者认识的根据为何，吾人则可说前者基于理性实践性的反省与自觉，即为内在于理性活动。康德在其所著《道德形而上学基础》一书中之结论曾言：“吾人应用理性之根本原则为：促使吾人之知识达到具有必然性之意识，因无此必然性即无理性知识。”此为内在于实践理性的自觉。此内在于实践理性的自觉显然不同于纯粹理论理性之自觉，后者是logic的形上根据，前者却是意志自由的形上根据。又“实质实践理性”之活动对象则为人性的经验世界，包含人类行为的发展以及人生功能的发挥。故对人生目的及人生功能的反省，却为认识“实质实践理性”的根据。亚氏的伦理学中对人之目的确定与认识即属于“实质实践理性”的范围。这也是与人类的需求及生命的价值反省相关联的。“纯粹实践理性”可说是规范性的，“实质实践理性”则可说为实现性的，二者配合起来则为形式、实质两全的道德行为规则了。自前者言，彰显此律则的即为德行。前者把德行责任化，后者把责任德行化。更统一来说，吾人可视“实践理性”本具备两部分：一为纯粹部分，一为应用部分。二者相互为用，并结合起来即产生实质的道德律则。吾人可用下图表示以上所说的“实践理性”两面的关系：

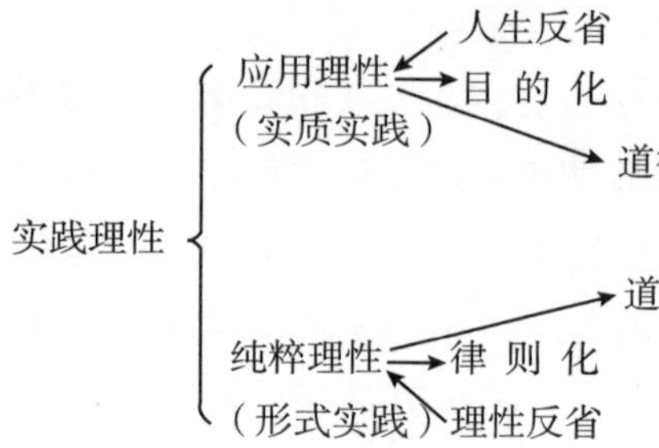

在此种对“实践理性”运作的新的解释下，吾人可获得如下数项重要的结论：

1. 康德道德哲学用“实践理性”无上命令说明道德行为的道德性（善的必然性与普遍性）无须假借任何外在权威或力量为道德行为奠基，因而主张“道德自主”（autonomy of morality）或“实践理性之自主”（autocracy of practical reason）。但“道德自主”的意义若仅为“实践理性”的自我立法与理性意志之遵从，则显然并无实质内容可言。若涉及实质内容，则必须借助于“实质实践理性”对人生目的与人性功能的确定与认识，因而非纯超于经验之事了，也非纯理性的自主了。当然，我们仍可以肯定为“道德理性的自主”，但这却非“纯粹实践理性”的自主，而必须把“道德理性”说明为“纯粹实践理性”与“实质实践理性”相互接合与作用。近人谈道德理性，往往不作分析，故未能确切地界说“道德理性”一词。但“道德理性”并非单纯观念，而必须借理性分析以了解其所指。且此词来自康德，尤其要对康德的“纯粹实践理性”如何决定道德律则形式及命令有了解，从而对“实质的道德立法”与道德行为有所认识，方不致流于空谈含混。事实上，“实质实践理性”的应用既含有人生情况之经验认识与人性的功能的反省，则仍可说为内在“实践理性”中的活动。然而此一活动却必须对为人而立的主观及客观的真实世界有所把握，不可向壁虚构，自作主张。在此一意义下，则不必侈谈“道德自主”，使人有理性有独立经验之错觉或误解。另一方面，“实质实践理性”在主、客观的认识基础上，仍能提出实质的道德律则以为“纯粹实践理性”立法之用，则实质的人生认识自有其自主的一面。“实质实践理性”有如个别的议员草拟法案，提交议会通过立法。“纯粹实践理性”则如议会全体议员的公共意志，有肯定及通过法案法律之权。吾人必须了解吾人所称“道德自主”的内涵为何。此处经吾人分析及修正后的“道德自主”意义自与一般论及的康德的“道德自主”意义不同。近有青年学者黄进兴在其《所谓“道德自主性”：以西方观念解释中国思想之限制的例证》一文中，指出原始的康德，这是正确的。但对“道德自主”一词的新的分析与解释表明，中国儒家哲学也可说有“道德自主”，但其“道德自主”所指的道德原不是康德主张的责任形式的道德，而是具备以目的价值为内涵的德行道德。这也是儒家的重要见地，当在本文下半部说明。

2. 由于实质的道德律则必须兼具律则形式及实质内涵，故任何道德行为一方面可说为道德律则的具体应用（concrete application），另一方面也可以说为道德律则的“发明”

或“发现”（manifestation）。人可以先有律则再有行为，也可以先有行为再有律则。吾人必须同时肯定“实践理性”的落实（自律则落实到具体行为）以及“实践理性”的创发（自具体生命体验以创新具有道德意义即律则性的行为）。此一创发因对人性的深度反省获得，或因对宇宙本体的深度认识所致。苏格拉底的舍生取死，历史上许多志士仁人的舍生取义，都可看作“实践理性”的创新，往往需要追求、探索方可明了其普通性的意义何在。就此一意义来说，道德的创造行为并非守成不变的，而是超法则性的，亦即相对于现存的法则为超法则、非法则。但相对于未来的人类社会以及更高的人性境界，则为开创了新的法则，即以其独一之行为开创了新的法则。吾人此处可指出亚氏目的论中的“德行”往往具有开创的超法则的意义，而康德责任论中的“责任”则一定具有规范性的法则意义。

无论就吾人以上分析“实践理性”的两部分言，或自人类道德意识发展的过程言，吾人均可认识到德行可以责任化，即律则化，而律则也可以落实为德行，故二者在正确地了解架构中可显示其互换性。此一互换性显示“责任德行化”与“德行责任化”的均衡互等，只是必须依不同角度以及不同相关因素来决定转化方向。依此转换的可能言，吾人因而也解决了道德哲学中之“额余善行”的问题。道德哲学中真有“额余善行”吗？如果纯自责任论来看，自然有所谓“额余善行”，非责任的德行即为“额余善行”。但自目的论来看，任何善行均为实现及彰显自我人性价值的方式，故无所谓“额余善行”。若自责任论与目的论的相互转化关系来看，则任何善均可责任化，正如任何责任均可德行化。如此，所谓“额余善行”也就不存在了。“额余善行”此一观念所显示的道德哲学的问题是人性论与道德律则形上学的境界问题，也是道德行为的含义问题与道德律则形成的架构问题。解决了此等问题，“额余善行”的意义也就明白了。

3. 以上对康德“实践理性”的分析与重新架构，显示了道德律则互相冲突的解决的可能。若道德律则的确定仅仅偏向其普遍性及必然性，则吾人可以想象两项道德律则，相对一特殊事件或情况可以发生冲突。譬如有一情况：说谎可以挽救生命，不说谎则不可以挽救生命。如此，则“不说谎”与“不可杀害生命”两条律则必然导致冲突。任何的解决之道显然必须对此两律则之适用条件加以考察，以及对二者适用对象加以了解。此等了解与考察，显然涉及事实认知问题、意义解释问题与价值评审问题。在一定的事实认知、意义解释与价值评审的条件下，此两项律则的冲突即可解决。自然，除认知、解释、评审外尚可采取更上一层以获得第二度的道德律则方式以求解决之道。第二度的道德律则可名为后设道德律则（meta-moral principles），以此为二项第一度的道德律则定序，因而得以确定二律则的先后、轻重、本末问题。当然，在此一情形下，第一度的律则的必然性与普遍性却要接受限制了。依其存在的根据立言，第二度的超律则必然预设一“超意志”（metawill）的出现。此一可能当可视为“实践理性”的创发性的发挥。在这种创发性的发挥下，一个“超意志”的“实践理性”可以确定二项第一度律则外的第三项第一度律则为道德行为的根据。此第三项的第一度道德律则往往为“牺牲自我”以转化冲突，并以达到前二项律则的维护。苏格拉底的服药自杀与吴凤[①]的自我牺牲都是转化二项律则冲突、开启新道德境界的实例。

在康德的“德行论”（Doctrine of Virtues）中，他已注意到道德律则的应用性问题带来的疑难，他称之为“辨难问题”（casuistical questions）。他在对每一德行责任化讨论后，均附此一应用性的辨难问题，并酌予解答。但并非所有疑难都有解答或有完善的解答，康德却未有专著讨论两律或多律冲突问题。但此类问题很明显在他的《道德形而上学》书中隐然出现。若他分人之道德责任为对人与对己，则对人对己的责任如何调和、以后在不同的特殊情况下对人对己的责任如何调和都是问题。显然，要达到此调和，仅靠“道德疑难问题立法”（moral catechism）是不够的，而必须依赖更深度的对人性反省与对人性了解。此即展开实质与应用的“实践理性”，并依目的论的思考来扩大思考的对象范围与深度，获致智能以求解决。实质与应用的“实践理性”是与人的内在与外在的经验密切关联的，因而对冲突问题的解决能够提示及开拓新道。实质应用的“实践理性”与“纯粹实践理性”相互为用的作用（影响交通与批评）亦有助新境界的开拓，在冲突未兆的起点上，以及在人生总理想目的了解下提出新方（这将是中国儒家伦理学的主要贡献之一，见下文）。亚氏在其《尼可马可伦理学》书中的第九章讨论友爱问题时，曾讨论了义务冲突问题。[②] 亚氏采取的观点是非常具有儒家精神的。他主张因人因时因情况因关系而作不同的义务调适。他说：“很清楚的，我们毋须对任何人作同样回报。我们毋须把我们一切回报奉献我们的父亲，正如我们毋须把每一献品都给宙斯。”[③]但他随即又说：“在奉养方面，我们必须先要奉养我们父母，因为我们差欠他们，而且先行奉养生我们的父母，再满足自己，是一件高尚的行为。”为了要解决荣誉与实物的分配问题，显然，我们要明辨亲疏及价值大小，而要多做分疏。多做分疏自然能解决冲突之一部，但却并非全部。亚氏在同章同节结尾时称：“我们应尽量多做不同义务的分别（以解决问题）。有时吾人显然要持中有节。多做分别外，也要多做综合工作方能解决更多的冲突问题。”以上所提“实践理性”的分析是同时具备分别与综合作用的。

4. 康德在其“德行论”中已实际运用了实质的“实践理性”。他在一个人的“内在自由”（inner freedom）基础上规定了一些人生应该实现的目的（obligatory ends）。吾人不能说这些目的是“纯粹实践理性”规定的或发现的，而应视为在“实践理性”实质的应用下发现的。因为只有在“实践理性”实质的应用下，吾人才可以赋予“内在自由”以实质意义，而使人的其他欲求受其节制。康德自己未能指出此点。相反，他只看到此等目的即为“内在自由”的条件，故当视为“纯粹实践理性”立法的对象，因而称它们

---

① 吴凤系清末台湾高雄县的地方官，他为反对高山族的“人头祭”风俗而献身。

②③ 亚氏：《尼可马可伦理学》第九章，1065a。

为“德行责任”（duties of virtue）。名之为“德行责任”，是加强理性意志对德行的强制性，也就是以命令方法执行，并抵制及克服一切相反的欲念。这个观点就是康德责任论的观点。但从另一个角度来看，如果人生目的包含了一种实质的人生内涵，必须经过人之自由选择方能达到，则这就是目的对德行的确定了。康德自己也说：“一个目的乃是自由选择的对象，对其思想即已加以行动选择之力，并借之以达到此对象。”①

康德以目的之确定为一个“自由之行为”（act of freedom），而非“自然之运用”（operation of nature）。因之，称之为“纯粹实践理性与责任化之活动”，非与经验的人性需求有关，因而更意谓德行为理性必然对自然欲念或自然倾向的克服。他说：“换言之，当欲念反抗律则时，德行包含一个人对克制其欲念的权力意识。此一意识并非立即呈现而自道德无上命令中引申出来。”② 此一说法，在康德把德行定义为“吾人基于道德意志（即理性意志）对其反抗力量之对抗力”③ 的说法下，当然可以了解。但此一定义就已经把德行抽象化及责任化。吾人反观亚氏所述德行：德行为一人性功能表现的卓越，故不能独立于自然能力与自然倾向之外。相反，德行是依赖或借助自然能力与自然倾向方获得实现，事实上，德行往往即为自然倾向与自然才能的实现。此一自然主义的德行观，自然不能与康德的纯理性主义的德行观大异其趣。但也可以看出，由于康德把德行理性化及责任化，他已将“德行”变质了。

为了对抗理性化及责任化的倾向，吾人必须把责任德行化与理性自然化，以避免吾人对人生真际的了解有所偏失。人生真际不是只有必然的责任，也不能只看作自然德行。人生真际可以包含责任与德行二者。德行中有可以责任化的德行，也有不可以责任化的德行；有可以德行化的责任，也有不可以德行化的责任。每一项行动均有其道德意义，而不可偏执一端以垄断道德意义。更有进者，人生目的选择有纯为“自由之选择”或必然之选择（自由即道德律的必然性），也有纯为“自然之选择”，但也有自然与自由共同的选择，并非只有“自由之选择”才是最高的道德境界。事实上，吾人更有理由说：自然与自由共同的选择才是最高的道德境界。因为此一境界表示了“实践理性”之纯粹反省与实质应用之一致，也表示了自然性与理性之和谐一致。这正是儒家道德哲学之最高境界，此处即可见到康德“纯粹实践理性”道德哲学与儒家本质之差异。

康德道德哲学与儒家道德哲学之差异之原因有二：其一，康德未能分辨“实践理性”之纯粹应用与实质应用，因而忽视正面的人生目的的价值确定的需要及重要性；其二，康德以任何人生目的的确定为“纯粹实践理性”的选择，而不含实质的整体人性与人生意义，使他对人性的人生内涵的创发力及多元性（情感、气质、功能）视若无睹，导致道德的形式主义与严格主义（rigorism），使道德生命呈现机械僵化的状态。这正与

---

① 康德：“德行论”原书，384 页，Mary 43。

② 同上书，382 页，Mary 41。

③ 同上书，388 页，Mary 38。

儒家道德哲学所呈现的一片生动活泼的气象形成了强烈的对比。

5. 无疑，康德的理性主义道德哲学较之亚氏的自然主义道德哲学更具有系统性、抽象性，但也因之更容易发生实际应用的问题。吾人可问亚氏如何选择中道以为德行，吾人更可问康德如何把道德落实运用以解决人生问题并增进人生价值。关于这点，吾人已指出在“纯粹实践理性”平面上无上命令如要导向实质的道德律，则必须凭借实践理性之实质应用以开拓人生目的与人性价值（基于人性功能实现之价值），吾人即不能不对人性功能作反省与对人生需要作体验。这即是目的论的道德哲学的重点所在。

吾人还要指出，实质的道德律的实际应用又涉及一个更具体的平面，此即对事实宇宙的认识，对人际时空情况与人际相对关系的了解。若无此等认识与了解，具体的德行也无法成全，具体的责任也无法正确实现。

要了解此一平面的落实与应用问题，吾人可借助语言哲学中“语言行为”（speech act）的实现条件来说明。吾人当指出“行为”（act）与“行动”（action）不一样，行为可以间接表示，而非必直接为他人感知；行动则原形上可以为人际所感知。“语言行为”涉及意向决定（decision by intentionally），再由语言行动表现出来。此一“语言行为”的实现条件为何？英国哲学家奥斯汀（Austin）特别就具体的“履行动词”（performative verbs）① 有效实现之条件分析，举出了下列三组条件：（1）恰当的字眼，适当的人与事；（2）程序执行的正确性，程序执行的完全性；（3）真实的意向，实际的履行。只有当这三组条件完全满足后，一个“履行动词”的“语言行为”才真正有效实现。有任一条件之缺失就不能说有效实现。在第一个条件欠缺时，行为是“错示”（misinvocation），故行为“被否决了”（disallowed）；在第二个条件欠缺时，行为是“错行”（misexecution），故行为被“取消”（vitiated）；在第三个条件缺失时，行为是“滥用”（abuses），行为乃无内容可言（hollow）。若第一、第二组条件同时缺失，则行为“不着边”（misfire），行为自然失效。若三组条件均缺失，则行为为一项“不幸”（infelicity actions），其价值固无足论矣。

若以“语言行为”有效性的实现条件模型作参考，吾人可以看出道德律的具体实现是要有许多事实与价值条件的。吾人要对主观状况与客观状况有所正确的了解与认识，这些了解与认识就是其道德律则实现的条件。如果此等条件都正确成立与真实存在，而吾人也真确认此等条件的真实存在，则吾人又不能不假设“实践理性”对认识主观心灵的有效活动，以及假设“理论理性”对外在世界认知的有效活动。因此，“纯粹实践理性”与“实质实践理性”确定道德律之后，又不得不与“理论理性”的经验认知活动相互为用了。若就选择观点来言，吾人可以引出两项应用原则以为理性认知的凭借。一是全面证据（total evidence）原则：就已有证据及无相反证据为全面证据之假设，并以

① Austin, *How to Do Things with Word*, Harvard University, 1981, pp. 14-18.

之为假设成立之有效根据。二是相反例证原则：尽量找寻相反例证，只有当相反例证出现时，才认定条件不满足，否则认为满足。这是道德律应用时不可避免的逻辑性的解释原理。若撇开道德律不言，而仅就独立卓异的道德行为立言，则应用问题失其意义，吾人对道德的了解将转化成对人生、人性功能与价值的了解了。上面所指出道德的两类了解——律则了解与德行了解是同等重要的（圣贤之道，并非理性先定之道德律则，而是自实际德行中反省出来的人生之道与人性修持之道）。

三　自目的论、责任论相互比较与批评开拓儒家道德哲学

前两节分别对亚氏目的论伦理学与康德责任论伦理学作了分析，对康德道德哲学除作了分析，且作了批判和积极性的重述。吾人的目的在显示亚氏与康氏两人的道德哲学分别代表了西洋哲学中的两个同等重要但却恰恰相反的传统与模型：目的论的传统与模型及责任论的传统与模型。当然西洋哲学中尚有其他道德哲学的传统及模型，如自我主义（egoism）、功利主义（utilitarianism）、利他主义（altruism）等传统与模型。但这些传统与模型均可纳入重目的或重责任两个范畴之内。此两大范畴之不同不在二者分别讨论目的及责任，而是对目的与责任分别给予不同的重要性。目的论重目的，先立目的，再引入律则，并以目的说明律则；责任论则先立律则，再引入目的，并以律则说明目的及其道德性。从吾人以上的分析可以看出，目的及律则均不可偏废，而且在二者确定的过程中应无分轩轾。律则与目的应该同时肯定，因而责任与德行应同时肯定。而且，从律则与目的交互为用中，吾人更可肯定德行与责任的互相转化，因而肯定德行的责任性、责任的德行性。当然，如何作此等肯定是需要对人生与人性作深度的了解与考察的。

总结亚氏与康德两个道德哲学的模型来看，二者缺一不可，二者也相互为用。若只就亚氏立言，吾人可以批评责任系统的缺失。若就康氏模型立言，吾人可以批评德性系统的缺失。康氏的系统与亚氏的系统相较，正可见出亚氏的缺乏责任系统。此一批评也引申出另一批评，亚氏对实践理性的了解不够深化，未能达到系统化及一般化的境界。但自亚氏反观康氏，则又未尝不可批评康德过分拘谨于“纯粹实践理性”，而对其实质的应用并不深入了解，以致缺乏开放的人生目的与人性功能的认识。吾人甚至又可指出康德忽略了“理论理性”的重要。盖“理论理性”能够带来更深广的对人生与人性的本质认识。此一认识十分重要，唯有在此一认识下，吾人才能更了解人生之最高理想与目的何在，否则“至善”（summum bonum）一词即失却实质的意义。康德摒却“理论理性”，以其无法显示真实（无论其为主观的或客观的），因而无法开拓出一个开放的事实的人的理念与人的世界。此为其局限性之一。另一局限性即为实践理性的纯粹形式化倾向。

基于亚氏和康氏两个道德模型的相互批评，以及基于两模型间互补性的认识，吾人当可举出中国儒家伦理学以为此两互补系统及其统一性的说明。质言之，儒家哲学实具亚、康两氏之长，而为其自然的综合。这个结论得来并不容易，这是要独立地对儒家有所分析及综合才能得到。当然，这也是基于比较西洋哲学传统中不同系统模型之后的见解。如果吾人再简单地检讨近世（现代）中国哲学学者对中国哲学现代化的了解与解释，我们不难发现论者往往只取一家之言以作解释，因而仅得一偏之见，不但失其全貌，更失去本真。要获得全貌与本真，必须对中国哲学与西洋哲学同时进行了解，而且要同时进行二者的相互了解与解释。事实上，为了获得更丰富与更灵活的对中国哲学现代化的解释与理解，吾人当同时进行对西洋哲学中两种不同模型的了解，尤其是对两种相反模型的了解，并了解二者之相互批评以互见其短，也互见其长。因而更能发展出一完善的哲学架构与语言来了解与说明中国哲学。这就是一种“执两用中”之法。在此种了解下，吾人也才能发现中国哲学往往包含了两个相反的模型，而且也综合了两个相反的模型，构成了一个统一的整体。这点也正显示了中国哲学的综合能力与综合内涵。也唯有如此，吾人才不致陷入出主入奴之境，对中国哲学产生一偏之见或偏执一端的主张。

总结吾人所倡导的中国哲学的现代化的开拓法与理解法，吾人可制订下列步骤：(1) 分别了解相反模型；(2) 综合了解相反模型之相互批评与相互补充之道；(3) 在对两互补系统的了解下，引进中国哲学并应用两互补系统以说明之；(4) 再运用中国哲学说明两相辅系统之所以相辅相成，并进一层提出综合。此四步骤是一辩证过程。第一步骤是一分为二，第二步骤是合二为一，第三步骤是一的丰富化，第四步骤是一的整体化。此一方法，自中国哲学的立场看，可称为“两行夹持，以显其中”之方法，亦可称为“论其两端以取其中”之方法。

就当前中国哲学的研究言之，中国哲学学者往往借助康德来解释儒家的道德哲学。但就以上分析，吾人可以看出康德之长，亦可看出康德之短，若全用康德解释中国哲学，不但不能显其长，反而要掩盖其长，以其长为短了。当然康德哲学也可以补足中国哲学之所缺，帮助中国道德哲学发展其实践理性的一般系统性与细致精微面，使其更具有理性的形式。但康德哲学却无法彰显儒家道德哲学中所蕴含的丰富的人性（人心）思考，以及对人的存在与本体了解，而这方面正是儒家道德哲学可以提供给康德的智慧。若能再参考亚氏系统，则立刻可见儒家道德哲学的德性系统充满生气活力，是康德所不及，反可与亚氏目的论的系统相互印证了。在此相互参照下，儒家开拓出的一个更深厚的生命与人生观也就更凸显出来。

在吾人对儒家道德哲学进行说明之前，还要指出儒家道德哲学是有形上学的基础的。此一基础深厚、广大、高明、中庸，正如《中庸》之所说：“致广大而尽精微，极高明而道中庸。”但这个形上学乃同时是宇宙的形上学，生命的形上学，道德的形上学。

吾人无法限制其仅为“道德的形上学”(moral metaphysics)。此一词为牟宗三先生所行,目前为许多年轻的新儒学者所用。用此一名词固无妨,但无论如何至少要了解此一名词含义之所在。就逻辑意义言之,“道德的形上学”并不限制形上学于道德属性上,则“道德的形上学”与“非道德的形上学”又可以指谓同一件事,正如一个高的人与一个胖的人可以指同一个人。又若谓“道德的形上学”指的是自道德体验推演出形上学,并以实践道德为指归。如此,则把形上学源头与目标限制太狭了。事实上,唯有采取一个多元的开放的形上学,亦即肯认形上学的多缘由,吾人才更能掌握道德经验、道德体验的丰富性与活泼性。因为唯有对人有更广大深入的了解,才能引发吾人对道德哲学更广大深入的了解。此一整体理性思考建立是必需的,吾人将名之为“本体理性”的建立。在此一了解下,道德哲学有其形上学,但却无须用“道德的形上学”一词了。最后可以指出的是,由于吾人对康德“道德自主”的批评,吾人不必狭义地以“道德自主性”为解释行为道德性的根据。事实上,儒家哲学所启示的“道德自主性”并不等于康德的“道德自主性”,而为具有充足创造性及辩证性的一个观念。在儒家的“道德自主”下,道德哲学融入生命哲学之中,而生命哲学则融化于本体哲学之中了。

四　儒家的道德哲学定位:人、人生、人心、人性

儒家的道德哲学是基于对人的了解而发生的,亦即基于对人的认识而产生的对人的道德行为的认识。但什么是对人的认识?吾人可以循三个方面对此问题加以考察:第一个方面是人在社会中的地位,第二个方面是人在自我反省中的自我发现,第三个方面是人在天地宇宙中的地位。这三个方面也正好显示了人在社会自我与宇宙反省中的价值。以先秦儒家哲学的发展过程来看,这三方面也正好形成一个儒家哲学发展的阶段。第一个方面是以社会为人定位。这可以《尚书》与《论语》两书的义理为代表。第二个方面是人的自觉和自我发现。这可以《孟子》为代表。第三个方面是人的发生根源,可以宇宙本体为人定位。这可以《易传》、《中庸》为代表。当然,代表这三方面的儒家经典不一定应合历史发展的先后次序,但贯穿于其中的思想线索则有一定的逻辑与辩证过程。事实上,第一阶段人在社会人群中的定位早在《尚书》与《诗经》中就已出现。《尚书》中所出现的也可视为《论语》的背景思想。《尚书》、《诗经》所包含的问题即人如何在社会国家的网络中获得安稳生活。《洪范》篇提出的治国御民之道,就指出了为人君者应重视的为政纲领。在这种政治网络中,人的本原并未被多作分析的了解。人只是相应社会的存在,被认定具有一促进社会秩序及对人群能够有效统治的能力,此一能力即德。《洪范》举的三德——正直、刚克、柔克,每一德均可以对治一种情况发挥其作用,如平康用正直之德,沉潜用刚克之德,高明用柔克之德,达到统御及使社会行为一致的目标。由此可见人的行为的是非善恶是以德为标准,而德的发挥也正是行为的善的

实现。就此一意义观之，道德行为就是德的行为，是符合社会生活与国家秩序要求的（如酗酒即非德，懒惰亦非德，如《酒诰》及《无逸》两篇所言）。用亚氏的话说，道德的善就是德，德就是一个人所具社会功能的卓越表现，有促进其社会存在价值的力量。当然在此一了解下，德行也是责任，此责任是以达到个人生存与社会生存为目标的，故可视为康德所说的“德行责任”。但此一“德行责任”也是以生存目的为内涵的，故同时具责任性与目的性，兼为德行与责任。

从社会的需要所定位的人及所引申出来定位的道德行为，也并非没有形上学的基础，事实上一个人君的德是被认为接受天命认可的。人君有德则有天命维护其统治权力，人君无德则会遭受天谴，步向危亡。故在社会中定位的人的德行仍有其超社会性的基础，不过此一超社会性的基础，无论其为天命或上帝，亦是以社会国家的繁荣与安定为目标的。孔子的《论语》把人的社会意识更明显地表现出来，德不再是当位的大人君子之德，德是属于所有人的。而且就德而言，人人是平等的。德是达致善的人格能力。德是人天生就有的，但却需要琢磨才能完成一个人的善的人格。人格即是君子，德未经琢磨、人格也未能趋向善的人，只能称为小人。孔子曾说：“君子之德风，小人之德草。”① 显然，孔子并不否认小人有德，但小人要成为君子，却要修养琢磨。故他说：“德之不修，学之不讲，闻义不能徙，不善不能改，是吾忧也。”② 这里我们可以看出德含两义：一方面是指实现德行能力，使人成为君子；另一方面指修养成功的德行。③ 德的性能修持成为德行，就能完善一个人善的人格（也就是使其更能为人），也同时能对社会产生好的影响。故孔子说：“草上之风必偃。”④ 又说：“道之以德，齐之以礼，有耻且格。”⑤ 可见讲究德行以治理国家就能使人民向心，而且循善生活。于此也可见到孔子对德所赋予的意义：德就是人人为善的能力，但却需要人人修持才能实现人人的德行，发挥其社会上的影响力量。相反，如果一个人不修德，不崇德，则不但不能影响他人，且无以成就其应成的人格。如果更要巧言令色乱德，就成为德之贼而为社会所弃了。

在以上所述德的观念上，孔子也建立了一个理想的人格国家：“志于道，据于德，依于仁，游于艺。”⑥ 道是德行的基础，也是已经实现的德行的一个轨道。孔子并未明言道为德的内在基础，但道显然是为人能知解及向往的一个人格理想及社会理想，同时也

---

① 《论语·颜渊》19。

② 《论语·述而》3。

③ 陈大齐指有两义：一为性能，一为恩惠。但他却未能指出德也有性能修养完成的德行之义。凡德之修必有影响，恩惠只是德的修持的一种影响而已。德行能对社会个人作一般性的影响力，但并不等同能够完成德行之性能的个别成就。（参见陈大齐：《孔子学说集》，28页，正中书局，1961）

④ 《论语·颜渊》19。

⑤ 《论语·为政》3。

⑥ 《论语·述而》6。

是人能够努力以求达致与光大的。故他说“人能弘道，非道弘人”①，甚至认为“朝闻道，夕死可矣”。事实上，君子之道就是完成的德的典型，他说的君子之道有三，即指出“仁者不忧，知者不惑，勇者不惧”②，至于据于德、依于仁，更是以己修持的德行为恒常的依据来完成自己了。孔子所述道德即为能力，自然是人之为人之德性的表现。但孔子很少言性，如果以德逆推何为性，性就是德的基础。且人有相近之性，方有平等之德。故孔子说：“性相近也，习相远也。”③ 既显示了孔子对性所持比较具体的观念，即他的性显示包含个人的特性，而不仅指人的通性，也显示了孔子重视习染与后天的德性的影响力。人之德为性之一部，有如后来《中庸》所说仁与知都是“性之德也”。如何修德就是如何实现人之性。有关德之修持方法，孔子却有很多提示，此处仅就仁德的修持以了解修持的意义，并借以确定德行的目的性及实践性。孔子说“克己复礼为仁”，此一命题可视为仁的一个定义，也可视为治仁之方，也就是修持仁德一道。若更进一层分析，此一命题更透露出一个人的存在具有本体性的结构，也许只有了解此一命题代表的方法性质，吾人才更能了解仁之为德的性质，也更能透视人的存在结构。何为克己，何为复礼，是否克己即可复礼，或同时克己复礼方称为仁，这些都是值得深思的问题。朱子以为己即指人己之私欲，克己即是以天理胜人欲。天理本在人心，为人心之生德，但因人易受物诱役，故必须用天理以克胜之。朱子此一观念，自然是把程颐提示的理学思想发挥尽致了④，但是否合于孔子原意则未可知，是否为唯一正解也不一定。但若以亚氏伦理学观之，则显然有相合处，天理即理性，理性克服人欲，使其遵行理性即是德行，而此理性显然又具有意志的意思，而为一理性意志。克己则是以己之理性意志克制己之私欲以达致理性的行为。

至于复礼则显然有两种解释的可能：返于已存之礼，或自无礼返归于礼。第二种解释较第一种解释具有哲学深度。复礼不是返于已存之礼，而是返于一个体的状态和行为。不克己即无礼，克己则有礼，礼之返与复是克己后自然的流露，而所谓返所谓复乃隐示礼之状态与行为原为内在于人之理性（人理）的状态。在此一意义下，所谓礼可以有一个哲学的解释：礼即是人与己相处于和谐的能力与行为方式。《论语》中有子说“礼之用，和为贵”⑤，又说“恭近于礼”⑥，似乎都反映了礼不仅是形式问题，而且是内涵问题，以及因某一内涵配合情事发展形式的问题。如此了解，则克己复礼虽有两阶段，但却是一贯的自我修持与实现的过程。克己所以复礼，这是自我人格的成长，复礼

① 《论语·卫灵公》29。

② 《论语·宪问》28。

③ 《论语·阳货》2。

④ 程子作四箴以说明四毋（“非礼毋视，非礼毋听，非礼毋言，非礼毋动”），说明孔子所说克己复礼的具体做法。

⑤ 《论语·学而》12。

⑥ 《论语·学而》13。

则能达致人与人间的和谐、促进他人发展的社会，故克己复礼同时成己成人，故为仁。

值得注意的是，孔子并未把人己的存在分为天理与人欲两部分，他把人看作一整体，由于后天的习染和影响，可以走上德行的路，也可以走上乡愿的路，克己乃是对一己加以约束使之循社会规范的礼仪行为。这乃是德行的意义，是把人的存在视为整体加以约束，而不必是整体内两力量之争了。这种对己的解释显示人生的目的性，人当依其生命的目的以约束自己及成就自己。人生的目的性可以在经验中发现，也可以经反省而认识。经验与反省对认识自我目的性是同时重要的。在了解自我的目的后，也就了解了自我及对自我的约束何在，并以自我为标准厘定普遍的行为法则。如“己所不欲，勿施于人”①、“己欲立而立人，己欲达而达人”② 都是以目的化的自我为标准来确定以他人为目的的普遍行为。注意，孔子说的是完整的自我，而非抽象的纯粹的实践理性，或其所依的行为法则（maxim），而己之所欲亦非单纯之理性意向，而是能兼含人性整体的希求。故此三命题所表现的律则性是以自我的具体价值为目标的，也是以整体的自我为基础的，完全不同于康德实践理性的运用。

由于“己”为一整体，故孔子所言修己，应不认为只是理性意志的把握问题。他说：“修己以敬……修己以安人……修己以安百姓。”③ 修德就是修一己之德，修一己之德就是修己，就是就人生的总目的来发挥生命的功能，达到成己安人、安百姓的目标。朱子的解释有一好处，就是把德之修视为责任，并能把目的性转换为一般道德律则。如人有天理与人欲两个部分，则天理克制人欲就有命令的意思。据此立法，更可以把目的价值转化成依据普通法则的责任了。所有孔子的德行都是“目的价值”，也都是“律则责任”，在人与人间的关系的社会网络中显示出来。

孟子把自我透过自我反省深一层地加以托现把握，孟子的道德哲学也就更能够建立在他的自我省觉与自我判断中。虽然孔子在《论语》中已有“君子求诸己”④ 的提示，而孔子所说“己所不欲，勿施于人”，是明显地建筑在自省意识中。但孔子毕竟未能把此一意思明朗展开，也就未能彻底肯定自反自省为自我实现的过程，人的存在仍偏向确立于社会的关系定位中。到了孟子，自我省觉明显成为发现自我、实现自我能力，以及实现自我、发挥自我能力的方法了。在运用这一方法的过程中，人的内部结构与本性也就实现出来。故孟子不罕言性命与天道，相反，他是最能开拓天道性命之学的哲学家。孟子强调的“反”而“求之”以及“反其本”都来自求事之源实与真实基础的意思。“自反”就是探求自我的根本与真实，也就是“求诸己”以求事情的根本缘故和解决之道，故他说：“爱人不亲反其仁，治人不治反其智，礼人不答反其敬。行有不得者，皆

① 《论语·卫灵公》24。
② 《论语·雍也》30。
③ 《论语·宪问》42。
④ 《论语·卫灵公》21。

反求诸己，其身正而天下归之。”① 仁、智、敬都是内在于我的，故反求诸己即可更充分地掌握行德的能力，因而更成功地行德并产生效果。“求诸己”也就是“自反”，人之“自反”以发德行而不逮，但因其“自反”，人之德行乃可有逮。孟子说：“有人于此，其待我以横逆，则君子必自反也。我必不仁也，必无礼也，此物奚宜至哉?”②

“自反”也就是“反身而诚”，因省思自我而获致更多自我的真实，也就更能发挥自我的德性，达到德行的目的了。所以他说：“悦亲有道，反身不诚，不悦于亲矣。”他又接着说：“诚身有道，不明乎善，不诚其身矣。是故诚者，天之道也；思诚者，人之道也。至诚而不动者，未之有也；不诚，未有能动者也。”③ 于此孟子更显示了“自反”的两个性质作用：(1) 自反是明乎善，自反也能明为善。善即目的，即德性。(2) 自反更能显示天道本体，亦即真实与德性的根源。这是由“自反”为人定位所引申到人在天地宇宙中的本体定位了。④ 基于“反身而诚”的道理，孟子甚至推出“万物皆备于我”的道理。因自我包含了真理及诸德，且因“自反”显示了人之性根于天，则“自反”必能体认天下事理于我的真实之中。依此体认，人也就能行仁得仁，且能自得其乐，这也更可见到“自反”作为自我发现、德行修持、德行实现的功能了。若就“自反”的成效言，“自反”就是“自得”，而“自得”则居安资深，左右逢源，遂能把人生的功能完全实现于人生的理想境界之中。此一境界也就是道德的化境，把责任化为自由，把自我化为天地。道德的实践不仅是天理对人欲的克服，而且是整体的人的整体的和谐流行了。孟子提出如何达到这个“自得”的境界，这就是要“深造之以道”⑤。此道不仅指学问之道，且实以“自反”所追求一己之真实性为道。

“自反”此一“自得之道”不必视为纯粹理性的活动，也不必视为纯粹实践理性的活动，因其不是以理论的了解自我为自律，也不是以建立必然的道德律为标准。就实言之，它是以呈现自我的本然，发挥此一本然的潜力以完成自我为目标，故其所涵摄的活动是深广而精微的。此一活动愈深广、愈精微，则愈能把握自我之本质，也愈能发挥其中潜力。同时，此一活动也不能不对其面临及经验的世界作了解，借反省的智慧来解决世界的问题。因此，一人对世界的经验与德行的实践也就可看作“自反”以“自得”的机缘与动力了。由此一了解，“自反”的成果可以用之于实践理性、理论理性及实践行为，由此等活动，再“自反”求更深与更广的自我实现与世界把握。此一了解，吾人可称“自反”为一“自反圆环”（circle of self-reflection）。此一“自反圆环”是一创造性

---

① 《孟子·离娄上》4。

② 《孟子·离娄下》28。

③ 《孟子·离娄上》12。

④ 本段所引与《中庸》论诚及《大学》论诚悬之道完全合为一气，或可显示《孟子》接受《大学》、《中庸》的启示，间接显示了《大学》、《中庸》之早于《孟子》。

⑤ 《孟子·离娄下》14。

的不断扩大的活动，可表示如下：

> 自我→自反→自得→自反→自得……⇒居安资深、左右逢源⇒主客一致，内外一体⇒绝对自由，绝对自然（此可谓之本体）。

此一"自反"的活动我们或称之为"体认"或"自我体认"。此处，吾人要指出的是，此一"自反"活动并非立刻即能达致最后的目标，而是要经过磨炼、修养的过程，到了一定火候才自然呈现为一完全自然的本体。从其自然呈现的现象言，或可称之为"顿悟"；从其琢磨、涵泳的过程言，则可称之为"渐悟"。顿渐本不可绝对划分，只可相对个人才质及境遇划分而已。因为本体的呈现本无一定公式可循，但其实现的轨迹则大致是一"自反"以"自得"的道路。孟子论集义以养浩然之气，论扩充四端，就"勿助长"、"勿忘"两点意思言①，是主张循序而进的。他说尽心以知性、知性以知天，故人要存心养性②，此也是显示了渐进的层级。但孟子讲良知、良能、四端之发，则又含有顿然呈现的意思。二者当然并不矛盾，却是要在不同层次上加以肯认。

总结以上所述，吾人可把"自反"、"自得"二活动定名为本体理性的活动。称其为本体理性的活动就是标示其与理论理性与实践理性之不同，因后二者均无彰显自我、涵盖世界真实之功能。"自反"、"自得"以开拓自我及世界之真实为鹄的，而其活动也能自证其开拓功能，故名之为本体极为当。又因其能涵摄理论理性与实践理性之作用，从事分析及综合，既用博且约，故名之为理性也是恰当的。因其理性活动显示本体，亦即显示自我界定本体、本体界定自我的活动，故可名之为"本体理性"。"本体理性"显示的就是自我本体的构成，自我本体根源以及依之而推演出来的本体之德与其德之行。此一德与其行既是自由，又是自然；既是目的，又是责任。很明显，无本体理性是相对宇宙生命而言的，而不再限制于人伦范围之内了。③

孟子的"自反"、"自得"的"本体理性"活动开拓了一个新的人性观及人心观，也就为人的生命及人的整体存在作了更深一层的定位。此一开拓首见之于《公孙丑》章的"我尝不动心"一段。孟子说明他的志动，不同于告子的尝不动心。他作了下列的肯定："不得于心，勿求于气，可；不得于言，勿求于心，不可。夫志，气之帅也；气，体之充也。夫志至焉，气次焉，故曰：'持其志，勿暴其气。'"④ 这里，孟子对人心性的构成及其功能有所表示。但吾人必须分辨"事实的"与"应当的"两个层次来了解。孟子说"不得于心，勿求于气，可；不得于言，勿求于心，不可"⑤，这是一个"应然命题"，代表了一个价值判断及其实现的要求。何以有此价值判断，其根据如何，孟子

---

① 参见《孟子·公孙丑上》。

② 参见《孟子·尽心上》1。

③ 在此一本体理性的影响下，张载乃有"为天地立心"的说法。为天地立心，必须相对宇宙生命而言才有意义。在为天地立心的基础上，自然才能为生民立命，为往圣继绝学，为万世开太平。

④⑤ 《孟子·公孙丑上》2。

在同文中并无说明，但就其整体的思想看，吾人却可了解心是人的思想能力，也是人的情感能力。故他一方面说“心之官则思”①，因其“思”，人得以认识其自身之善并从其善；另一方面他又把心看成一种道德情操的活动或发端，倡言四端之说并强调人皆有不忍人之心②。值得吾人重视的是：此能思能感的心仍是一个完整的整体，故可名之为心心（即 heart/mind），不可单名为感（heart）或单名为思（mind）。更有进者，孟子所倡之心还有两个作用：一是能够自反自得，了解其自身之性。做到此就是尽心。尽心即可知性。知性仍是心之事，因知性而知天。天与性是生命之本，也是宇宙本源，故尽心可以知其心性本体，也可以了解宇宙大本，这是孟子的“万物皆备于我”所显示的“天人合一”思想的一个说明。其次，心非静止，人心生来就有感物而知、触物而能的能力，孟子称此一能力为“良知”、“良能”，也可称“本心”、“本能”。他说：“人之所不学而能者，其良能也；所不虑而知者，其良知也。孩提之童，无不知爱其亲者；及其长也，无不知敬其兄也。”③ 注意孟子虽然强调本心之良知，但对良知（亦即亲兄敬长）等德性之知的扩充达成却十分强调经验学习与后天努力。这就涉及“志”的作用问题，此更见之于他提出“勿忘”、“勿助长”有关学习及培养方法的体认。若回到孟子认识心之本性问题，吾人可以说心同时具有理论理性与实践理性的作用，而为一不可分割的整体。由于心之思的作用，心也同时具有纯粹理论思考与实际知解的能力，并有纯粹实践理性的实质。这些都是成就一个顶天立地的完美人格，亦即圣贤人格的要素。故心之存在是目的性的，而对人的自觉的理性之要求言，则又可以是责任性的，这就是何以孟子有“应然命题”的提出。他以心主气，不得于心，求之于气也无益。相反，心应自求于己，方可见理，他说心之所同然为理为义。④ 故心有其所知的对象及原理。人要收拾放心，自求本心，就可以了解所当了解的理义了。在此一了解下，吾人当然也可以了解“不得于言，勿求于心”之不可“言”是外在化的意义形式。故人若不能自“言”中学习到理义，人就可以借反省本心以求理义之所在。这也是一种理性要求，作此等“可”与“不可”的要求的就是心之另一作用——“志”。根于“志”，吾人可以有理性命令，也可以有责任化的规范。孟子把“志”看成气之帅，由于气是体之充，自然“志”也是体之归了。事实上“志”是一个理性作用。

就上所分析，孟子把心看成三个作用：一是“思”（mind），一是“感”（heart），一是“志”（will）。“志”是与心“思”的理性、心“感”的情绪不可分开的。“思”与

---

① 《孟子·告子上》15。

② 参见《孟子·公孙丑上》6，《孟子·告子上》6。

③ 《孟子·尽心上》15。

④ 孟子曰：“心之所同然者何也？谓理也，义也。圣人先得我心之所同然耳，故理义之悦我心，犹刍豢之悦我口。”（《孟子·告子上》7）

“感”就已有“志”的成分，故志可以就“思”自觉而坚持“思”的方向，也可以就“感”的体验掌握“感”的内容。“思”与“感”本为一体，“感”是“思”之“感”，“思”是“感”之“思”。“思”为体，“感”为用。“志”即体用合一的心的自觉与自我肯定，故可名之义理性意志。如果“志”另有所向，此即为“思”及“感”之异化，也就是人性的异化了。在此一了解下，吾人也就更能了解孟子言“志至气次”、“持其志，勿暴其气”的当然含义。但此一“应然”在“志”的引导下也是“自然而然”，因志至气必次随之，气仍有其相对的感发性。故“志”仍要归领其气，使之勿失其自然平衡的状态。在此点上，即可见到孟子对心身问题的一个透视：心身可以相互影响，二者不可分割。孟子因而指出：“志壹则动其气，气壹则动其志。”他并举“蹶”与“趋”两个情况来说明气之可以反动其志。有一点值得提出的是：此一“反动”显然为非意志性的（involuntary），但人是否用有意志性的气来反动其心志呢？若用实例来问，人是否可能因食色之欲而自动放弃本心之志的引导呢？孟子显然认为这是可能的，故他有“自暴”、“自弃”之说。这点尤见出心志自主之重要，这就必须求后天努力涵养心志，非以求其自持深造不为功。

关于后天培养及实行，孟子与亚氏的意见相同。德行是要理性化才能持久，但孟子不同亚氏者乃在其强调心志之自我超升及深造为趋向完美意义之道。故他一方面言知言，一方面言集义与道，以善养浩然之气。他并不把心推向理论活动，而以沉思永恒真理为满足。心之深造之以为道，其目的仍在追求人生行为的完满无缺，居安资深，左右逢源。这与孔子“七十而从心所欲，不逾矩”的心身一致、知行一致的思想一样，故孟子的本心或良知实为包含理论及实践理性之统一的整体，善能体认本体，并就本体的体认以充实道德实践能力与认识，此一本心实即我上述之“本体理性”。在指出孟子本心或良知之能开拓的本体境界前，吾人对孟子之心性作为道德行为基础哲学作三点总结：

1. 孟子的心性观念包含了一套心身合一、心身互用的理论。我们已见孟子把身体看成“气”之充，质言之，身体即气的存在。心为能动的，又为气之帅，也当是气的存在无疑。但心之为气的作用是多重的，就像身体有不同的官能一样。思、志、感都是心的功能，分别代表理性、意志与感情，三者合为一整体的心，又与不同官能合为一整体的身体，相互影响、相互作用。人的目的在追求一个整体的人格实现，也就是以心的活动为主体的生命实现。

2. 心身为气的合一，但其相互作用都有一个共同的基础，此一基础即是性。孟子与孔子不同，他对性有明显的讨论，但他讨论性也仍还不如他讨论心为多。他提出性善的理论与告子的性无善恶论相对抗，告子的理论建筑在他“生之谓性”的说法上。孟子却未正面提出对性实体的说明，事实上他也无法完全否定“生之谓性”、“食色性也”的说法，他自己也说过“形色，天性也”[①]。他要坚持的是性不只是形，性是心的根本，也就是思、志与感的根本，因为思、志、感都是天生的性能。因之，吾人可说心即自觉的性，故充实心的活动，人也就能知其性之为性。孟子主性善，是在性发之心端上见其善，故他说“仁义礼智根于心”[②]。所谓善就是仁义礼智的表现，也就是可欲的个人行为修持。[③] 因而他说性善乃是指性有理性肯认的普遍可行的德（能力），当其表现及实行即为德行或善行。心与性之分别在心为活动，性为能力；心是气，性也有气的成分。

孟子并未开展一套宋明理学的理气说，他的心性论只是心性论，而非理气心气论。他虽然以理与义为心之所同然，但理乃是心之所向的对象，并非一定为性的结构。故他的心性论可说仍是以气为基础的。基于此，性并非静的[④]，而且性也一定表现为心，为生命的气与形色的气。下列所引可以明白地说明与证明此点：“君子所性，仁义礼智根于心。其生色也，睟然见于面，盎于背，施于四体，四体不言而喻。”[⑤] 故自此观之，一个人的身心均是一体的。作为一体的功能与目的活动的是性，这是“大体”；作为部分的身体的功能与目的活动的是私欲，这是“小体”。孟子有关“大体”与“小体”的分别，并不妨害其心身一体、相互影响的心性整体观。相反的，只有在对孟子的“心性”与“心身”、整体观念有正确的了解时，吾人才能分辨何为“大体”，何为“小体”。人人都有大体与小体，一个人如果从其大体，就可以为道德上的大人君子。一个人若从其小体，就只能为道德之小人，也就无法发挥其整体的功能而实现为整体的德行。[⑥] 他所谓“存心”、“养性”也就是修持人的大体并培养之，使其卓然勿失。

3. 孟子有关“性”、“命”的分辨及价值认识，更可反映出他的“人的形上学”所包含的整体贯通性。“口之于味也，目之于色也，耳之于声也，鼻之于臭也，四肢之于安佚也，性也，有命焉，君子不谓性也。仁之于父子也，义之于君臣也，礼之于宾主也，智之于贤者也，圣人之于天道也，命也，有性焉，君子不谓命也。”[⑦] 感官喜其所喜是性的表现，此是基于大体与小体之别的认识。如果一个人以感官的满足为性而求其实现，但其实现却有外在的限制，故君子不必把它当作性。若努力求其实现，则必失其大体的人生目标。相反，仁义道德固然可以作为被决定的存在，但却是内在于人本性之中，而为人之大体，是应该为人去追求实现的。在此一认识下，孟子不但显示出人的生命是性命的一体两面，而人生的目的即在能掌握不同层面上性之为命、命之为性。人能

---

① 《孟子·尽心上》38。

② 《孟子·尽心上》21。

③ 可欲即“应该欲求”，乃“可”与“不可”之“可”，非仅为能力之谓。但“应当”即为“能够”，而“能够”则透过理性的肯认为“应该”，故当孟子说善为“可欲”时，他已从理性立场上肯定德行之应行。

④ 亦即并非如《礼记·乐记》所说：“人生而静”。

⑤ 《孟子·尽心上》21。

⑥ 参见《孟子·告子上》15。

⑦ 《孟子·尽心下》24。

够作此判断，是因为人有理性。人能够有此掌握，是因为人有其理性意志。这也就间接地透露出来整体的“心性”与“性命”、“心身”所含的本体理性的智慧了。

总结吾人对孟子心性、性命思想的分析，吾人可以图示其所言层面及其关系如下：

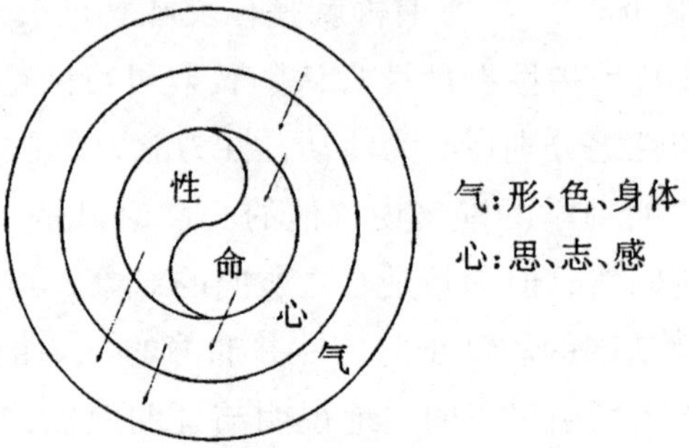

孟子有关心的功能的了解也可以图示如下：

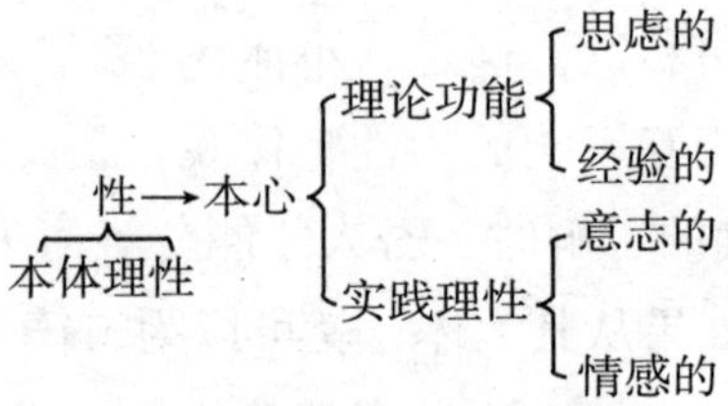

孟子心性哲学的提出，也是由其道德哲学提供了基础与结构。就此一心性哲学看，德行自然是自发的，且是有具体的内涵与理想的目的的，故一切德行可视为实现自我的过程。但在另一方面，德行的发挥又有其相互的社会目标与“与人为善”的意义。这说明儒家道德哲学第二阶段的道德涵盖第一阶段的。孟子曰：“大舜有大焉，善与人同。舍己从人，乐取于人以为善。”① 孟子并能基于人对德性根植于心的反省，提出“善的可欲性”，亦即善之应当性、普遍性。在此一了解下，善不但是德行，也是康德所称之德行的责任化，最能表现此一责任化的命题是：“无为其所不为，无欲其所不欲。”② 这是一般性命题，对人人都适用，也没有条件的限制，但“所不为”、“所不欲”则包含了理性的判断与“命令”，显示了实践理性的自觉。但吾人要指出的是，孟子并未把实践理性的自觉纯粹应用与实质并用，如康德一般分为二。“所不欲”、“所不为”均有人心在人性的基础上确定及体验的内容，故内在的人性目的价值就自然被理解为人性的德行责任了。此一内在的统一性，也显示了孟子理论与实践的内在的统一，表现了心的更深层的作用，亦即良知、良能的作用。吾人可称为“本体理性”的作用在此一统一的“本体理性”的作用下，孟子也能以下列同一命题同时表现理论与实践理性的意蕴：“无恻

① 《孟子·公孙丑上》8。
② 《孟子·尽心上》17。

隐之心，非人也；无羞恶之心，非人也；无辞让之心，非人也；无是非之心，非人也。”① 此一命题可视为对人之为人的必然条件的认识，也可视为对实际的人所作的价值判断。

以上吾人以孟子为儒家道德哲学发展第二阶段中的范型。在此范型下，德行不但可在社会面肯定，也可在人性面肯定。此可称为德行的人性化。但孟子也是第三阶段的发展者，亦即把德行透过人性根植于天道，因而把人提到更高一层加以定位，这就是在大化流行的宇宙中定位。在此定位中，先秦儒家就得以完成其天人合一、天人合德的最高理念。此第三阶段的了解，我们可以透过《孟子》及《易传》、《中庸》简单表明。因不论《易传》与《中庸》是否在历史发展中早于《孟子》，也不论《孟子》是否受《易传》、《中庸》影响而发展其心性之学，以逻辑理路来看，人的德行基础可返本于心性，也可直溯天道，此两条线索的同时发展也是可能的。但就儒家道德哲学内在性的体验立言，自心性以掌握天道，实现天人合一、天人合德的理想境界是很自然合理的事，孟子已有“人之心性为天所与”的了解：“心之官则思，思则得之，不思则不得也。此天之所与我者。”② 他又以“仁义忠信”为“天爵”，即失之所命，因天能生物，天能降才。显然天为心性的形上学的根源，因而人的道德实践的最后根基也应是天。人性秉于天，人能知性，就能知天；人能尽性，也就能与天合一。把天人合一、合德、合能的思想表现得最清楚的当然是《中庸》：“唯天下至诚，为能尽其性；能尽其性，则能尽人之性；能尽人之性，则能尽物之性；能尽物之性，则可以赞天地之化育；可以赞天地之化育，则可以与天地参矣。”③ 能赞天地之化育，自然就能发挥影响人事的创造力。这是道德行为的最高境界。孟子所说“君子所过者化，所存者神，上下与天地同流”，也包含了这一个参天地之化育的意思，但却没有明白地表示出来，而且他并不只提到尽心、知性，即未讨论到尽性境界。尽性在《中庸》不但是实现个人一己的性德之事，而且是实现社会他人及世界万物的性德之事。这将使“大德敦化，小德川流”。这是何等的气魄！这气魄是何等广大！从此观点言之，明显地展开儒家第三阶段的人的定位与道德意义的拓深，应该是《中庸》以及与其思想能相互发明的《易传》。

《中庸》举出至诚为天地之道，也即天道的性德。诚，朱子注为“真实无妄之谓，真理之本然也”。但诚也是一个动词，更应包含实现真理及真理本然的力量与活动，故可名之本体的创造性与原始的创造力。此一创造性与创造力，生生不息，博厚悠久，故能“不见而章，不动而变，无为而成”。人为天所生，故人的存在即含有天的至诚，而为人性善之来源。人之能够感物而显四端，也可以说是至诚之性的显露。《中庸》揭橥

① 《孟子·公孙丑上》6。
② 《孟子·告子上》15。
③ 《中庸》二十二章。

“天命之谓性”，更为人的本质定位，说明了人性之所由生存及所必然均为天之至诚作用。人要完成自己，要尽心知性，知天尽心，与天合德，就要发挥人之性中的至诚作用，这在《中庸》叫作“诚之”。《中庸》说：“诚者，天之道也；诚之者，人之道也。”① 孟子也一样表示：“是故诚者，天之道也；思诚者，人之道也。”② 他并接着说：“至诚而不动者，未之有也；不诚，未有能动者也。”③ 这就点明了至诚为一创造的动力与活动，人能思诚而诚天之道，就是把性的力量发挥出来，也就是“尽性”了。

基于《中庸》对天道的说明，我们可以说儒家到此阶段已完全掌握了天道为性的本体，把孔子的道德哲学发挥到形上学的层面。若结合孟子的心性哲学，更为儒家的道德哲学提出了一个完整的架构。在此一架构下，道德行为不仅为现实人生目的的德行，也不仅为表现实践理性意志的责任命令，抑且更是人性本体与宇宙生命的一种创造转化的流行了。若就其涵盖的范围及所涉对象来看，道德行为不只是社会实现或个人实现的，也是对宇宙本体与生命本体的一种完成。在此一意义下，吾人不必称之为德行目的与德行责任，但也不必认定为西方宗教所称之超越，因它仍是内在的性的延伸与钻深。但由于其意义已不限于社会个人的平面，倒可称之为内在超越本体体验，乃是一种责任与德行合而为一的本体的实现，具备了《中庸》所称“广大精微，高明中庸”的特质。

第三阶段的儒家道德意识（德行目的意识与德行责任意识）以社会化的德行观念透过人的心性理解与体验达到了本体化的境界，故吾人可名之为本体的伦理学或本体境界的伦理学。此项伦理学应导自社会伦理学与心性伦理学，代表道德意识转化为本体意识，兼具有目的性的个体人发展到理想的极致，不仅是社会的道德模范，也是配天匹地的人类生命的典型。上面指出此一本体化的道德意识并非西方宗教的超越意识，其理由乃在本体意识已包含了道德意识，但却不限于道德意识，更不会与道德意识相冲突。因是，本体意识并不含有克尔恺郭尔所说的“道德判断的悬正”（suspense of the moral)。《中庸》所说的“赞天地之化育”、“与天地参”的境界并非于道德境界之外另辟天地，而是在道德境界之基础上显露（disclose）另一境界。因为此一境界是由一个人的尽己之性、尽人之性、尽物之性而来，故一个人如能与天地参，他的赞天地之化育的活动就已经包含了道德的活动了。更有进者，赞天地之化育的活动也是促使社会实现善的运行，也就是“成己”（仁)、“成物”（知）的活动，而且能够促使道德行为成为道德行为。《易传·系辞》也表示得很清楚：“与天地相似，故不违；知周乎万物而道济天下，故不过；旁行而不流，乐天知命，故不忧；安土敦乎仁，故能爱。范围天地之化而不过，曲成万物而不遗，通乎昼夜之道而知，故神无方而易无体。”④ 朱子解说这是圣人尽性至命之事。这个圣人当然指的是第三阶段的圣人，其尽性是能同时自我完成（不忧)，及完

① 《中庸》二十章。

②③ 《孟子·离娄上》12。

④ 《易传·系辞上》第四章。

成他人（能忧）。从其至命则是能够赞天地之化育（范围天地、曲成万物），从“尽性”、“至命”这两点看，圣人与天地合德并非脱离了道德的内涵目的及责任，而是达到这一目的，转化为更广大的目的，而且达致了此一责任，转化意志的命令为生命的自然流行了。此一创造性的自然而然之境界也就像日月天地一般运行无阻，动静自然合节了。《周易·乾·文言》曰：“夫大人者，与天地合其德，与日月合其明，与四时合其序，与鬼神合其吉凶。先天而天弗违，后天而奉天时。天且弗违，而况于人乎？况于鬼神乎？亢之为言也，知进而不知退，知存而不知亡，知得而不知丧，其唯圣人乎？知进退存亡而不失其正者，其唯圣人乎？”① 在此一最高层次上，圣人德行也就与宇宙本体的德行合而为一，圣人之德也就是天地之德了。

从以上儒家道德哲学的多向结构与动态统一的说明，我们可以看到先秦儒家道德哲学发展的内在线索以及其各发展阶段中的内涵。综合此一发展模型，我们还可作下列两个观察：

其一，此一发展模型显示了人本身的转化过程并非本质不变的存在。社会的存在可以有个体性，个人的生命也可以有社会性，更有接受天命的创造性，故人的本体是与天地相通，人的生命就是如何实现此一与天地相通的生命。这一个进程也就是人的尽心尽性的过程，包含知行相互为用的体验，以及新境界层次之推展的体验，也就是孔子所说的“修己”的过程，孟子所说的“修身”的过程。

其二，儒家道德哲学的发展性，也正反映了人的本体实现的发展性。人的本体及其功能的展现发挥也正好反映了道德的形上学基础，并在不同层次上透露了道德行为的意义内涵与范围外延以及其性质。换言之，人并非一个层次的存在，故道德也非有一个层次的意义。仁在《中庸》与《易传》关于人的本体的自觉体验中，明白地说明了人的行为的绝对自由。以此反观代表第一阶段的孔子，实现人生的理想，我们也就能赋予它以同样的意义，使其得到更深的解释，换言之，第三阶段本体的儒家道德哲学也在孔子言论中透露出来了。孔子言：“仁远乎哉？我欲仁，斯仁至矣。”② 我之欲仁使仁即能达到，是基于人己均能尽性的境界，在此境界中，仁也无须意志的勉行，就自然实现及发挥影响了。同样，孔子言“七十而从心所欲，不逾矩”③，也是显示此一尽性后的绝对自由境界。孟子所描述的“大而化之，左右逢源”的境界也具有同样意会，此显示了儒家道德哲学的内在贯通一致的人生理想。

基于以上两点说明，我们可以透视儒家道德哲学所具有的丰富意义。此项丰富意义依其发展层次及其所显人性实现境界言之，有其结构的多面，而又形成一动态的整体。就其多面看，它包含了亚氏的目的论与康德的责任论而又超出之。就其整体看，它赋予

---

① 《周易·乾·文言》。
② 《论语·述而》30。
③ 《论语·为政》4。

亚氏目的论与康德责任论以一个辩证的统一以及应用的定位。首先，自儒家道德哲学的社会层次看，德行具有目的论的意义，因而与亚氏伦理学能够会通。自人的个体层次看，人的德行不但具有目的论的意义，也同时具有责任论的意义，此盖由于人之心性中意志的明显出现，赋予了德行以理性的普遍性与必然性。在这个关节上，自然可与康德相通。但儒家的心性论所显示的，一如前所指出，不是抽象的形式道德律则，而是具体的德行责任律则。这已包含了一种目的论与责任论的融合，故不同于亚氏与康德，并同时超越了亚氏与康德。这个不同点及其融合亚、康两氏并超越二者则是基于对人性的反省与对人的本质的了解所致。此一人的本体的了解是远胜于亚氏及康德的。其超过两氏者乃在儒家人性论中所展现的统一的整体性、环节关联性及动态开拓性，其所显露的人性本体更可与宇宙生命打成一片、合而为一，使人性与天性互相为用，展现无穷的生机活力。以此衡之，当可见出亚氏人性论之不完全以及康氏人性论之拘束狭窄，二者缺乏动态活力以及与本体形上学的内在关联，更是显露无遗了。故以宇宙整体的层次来看，人的德行不只是目的论的或责任论的，人的德行已具有宇宙的目的性，也具有宇宙的责任性，但在其实践及实现中却已非目的或责任了，而是宇宙生命之流行，无人而不自得了。这是从自然到必然再回到自然的境界，德行也就成为天道创造的活动，而道德也成为心灵与天性实现的一种自觉了。同时在此一宇宙整体层次，社会与个人的价值也就合而为一，这在《中庸》就叫作“合外内之道也，故时措之宜也”①。

基于以上的了解，我们可以把儒家的哲学标举出来的德行作多向意义的分析。此处仅以仁为例说明这一分析，当然其他德行也可依此一模型作分析。仁在社会上有实现人际和谐的功能，故仁者克己复礼爱人，导向家庭、社会、国家的亲和与安稳。在个体生命面上，则有实现人的本性与本心的作用，使人更能成其为人。故仁也为根植于心的诸德之本，对于个体生命的肯定完成与发挥是必要的。在宇宙整体层次上，仁即本体的流行、天命的性的彰显，也就是达到生命最高价值及其最后归依的力量。在实现人的本体创造性时，仁之德行同时又具有实现社会功能目的的价值，故为社会的目的之所在。仁的实用性是依时、依地、依人而具体达致的，这是仁的实质的实践理性的表现。在另一方面，仁之自觉在意志上可肯定为普通的行为法则，且具有必然及命令性，如“己所不欲，勿施于人”所示，故显现为一般原则性之责任意识，此亦即形式的实践理性的一种表现。就孔孟儒家言之，价值的形式与实质不可分，责任价值与目的价值也不可分，法则与其应用也不可分，实践理性之抽象与具体活动也不可分，亦即理性意志与其心性修养不可分。此一不可分性及其整体性来自人性的本体的统一，对其本体统一的自觉以及其自然的运用意识，结合心知感情与意志为一体者，即为本体理性的良知了。在此良知自我修持及观照下，人性之本体及其创造力也就愈为实现，遂使仁成为天地之德了。这

① 《中庸》二十四章。

不但见之于《易传·系辞》，也见之于宋明理学。在此意义下，仁不仅是理性之事，也不仅是意识之事，也不仅是道德情操，而是涵盖理性、意志与情感相互贯出之一大整体。兹以下列一简图表示“仁”之意义的多向性：

天命德行（本体理性）
↑
外（德行目的）←仁→内（德行责任）
↙　↘
形式的实践理性　　实质的实践理性

五　结论：知识意志与本体理性

康德道德哲学建立了纯粹实践理性的自主性，亦即一个人的意志不基于任何非理性思考的外在经验的理由，而只基于理性普遍律则之理由，选择普遍律则为其行为之目的，并以理性的对此目的的思考为其行为之动机。此一意志的作用亦即康德所谓纯粹实践理性，亦可称为理性意志。理性意志能够选择理性律则，亦即以理性律则为目的，但对此一目的实际内涵却无法作实质的决定。吾人已申述如上，理性意志所决定的目的为：行为律则的普遍性、必然性以及对此法则的目的规范与责任规范，必须无条件地把意志之选择对象（即目的）作为普遍律则行使。但意志之选择对象即为普遍律则的行使，故无上道德律则变为：必须无条件地把“普遍道德律”当作普遍律则行使，亦即必须无条件地把其自身当作普遍律则行使。但其自身也是普遍道德律，故无上道德律则具形式而无内涵。实质道德律则还是需要意志实质的选择，但如果意志是先验的理性意志，则其选择者不流于形式，就必须透过对人生真实的需要及人生内涵之目的来作选择，但对此人生真实的需要与人生内涵目的的认定却必须借人的自省与经验来启示。这就是儒家道德哲学的要点所在。人当了解人何以为人，人的本体为何，如何把握及确认人的本体以及如何实现此一本体，这当是人心的工作。此一人心的工作并非单纯的意志形式选择，而是要以智的理性的了解与认识来决定选择的对象。故在儒家，意志只被认为是一选择目的能力，“智”的理性即认识人生目的的能力，亦即可名为实践理性，因其以认识的对象为实践的对象，而非思考的对象，如此，则“智”的理性乃是实质性的而非形式的了。孔子说：“里仁为美。择不处仁，焉得知?”① 这说明选择处仁是以智能认识为条件的，这即是说，因智识仁，就不得不借助人对人的生命内涵（包含情感的活动）的观察了。简言之，孔子所谓知，其知识论的根据就是对人性的内省与外在的观察。如《论语》中言：“孝弟也者，其为仁之本与?”② “巧言令色，鲜矣仁!”③ 都是内

① 《论语·里仁》1。
② 《论语·学而》2。
③ 《论语·学而》3。

省与外察交相作用获得认识仁的例子，其他德性也复如此。有了对仁或德性价值的认识，意志可以肯定选择与坚持德行，德性也就成为行为的对象，更可由理性赋予律则的形式成为意志的无上命令与立法。① 孔子以人对一价值目的的选择及坚持为志的作用，故志即意志。故若确定仁为价值目的，则必志于仁才能行仁，他说："苟志于仁矣，无恶也。"② 显然，他教育他的弟子常常要视其弟子之志为何，也就是要从其志了解其人生目的何在以及其意志用力的程度。他也勉励人要志于道，志于学。对于志要加强其实践的能力及坚持的能力，此即笃志。

若就智与志的作用分析，则道德的自主显然不应该只了解为纯粹实践理性即意志的自主，而当为实质理性实践的自主，即智与志的自主才有道德（德行）可言。更有进者，儒家所谓智，其作用在知识，人生在世上不能无知识。仅有知识的能力而无知的对象，无以成为知识。孔子所说的知，有的可以说是经由反省而知的，有的却必须要学而后知。即使是"生而知之者"，也并不意涵脱离经验而知，而是像颜回一样，"闻一以知十"③，故孔子特别重视学，学则必以经验为基础以求知。孔子认为他自己"非生而知之者"，而是"好古，敏以求之也"④。所谓"知人"、"知言"、"知礼"都是学的成绩，即使是知天命也是用体验、反省和力行人生之事而得知。故孔子甚至说"好知不好学，其蔽也荡"⑤，又说"学而不思则罔，思而不学则殆"⑥。子夏也说："百工居肆以成其事，君子学以致其道。"⑦ 以此观之，仅靠智的反省而不从生活及人生经验当中实际学习，是无法建立正确的对德行的知识的⑧，亦即无法确定人的德行的理想目标，更不能以致其实际应用。因而"纯粹实践理性"无法成为道德的自主基础，道德的自主必须是实践理性与理论理性相互配合的结果，亦即智与志相互为用的结果。但志的对象必须以生活体验来显示人性的实体，此即为仁，仁是由智的反省人性、认识人生而来。故真正的道德都是仁智互用的志行，仁也可因之名为善的意则。仁智如何互相为用，成为道德志行，其有待于心的综合智慧与整体智慧。此一慧识，孟子谓为"本心"、"良知"，吾人则定名为本体之理性。自此一本体理性的观点言，实践理性与理论理性均为其功能分衍，代表其不同目标的作用，是一分为二的发展。但一分为二之二仍应合为一，而二之间也应有有机的关联，此一会合的作用即是本体理性的作用。此一作用能为理性定位而

① 如"孝弟也者，其为仁之本与"一言可以给予意志以命令的形式，人必须行孝悌以成就仁德。

② 《论语·里仁》4。

③ 《论语·公冶长》9。

④ 《论语·述而》20。

⑤ 《论语·阳货》8。

⑥ 《论语·为政》15。

⑦ 《论语·子张》7。

⑧ 程子所作闻见之知与德性之知的分别，并不能表示德性之知完全独立于从经验得来的有关人与物的知识与智慧。

又能创造出整体的智慧，为整体的人带来实现。故此一本体的理性亦可称为整体的理性，或统一的理性，道德基础仍为本体理性的自主或整体统一理性的自主。先秦儒家充分显示了此一本体理性的动能及其内涵，因之为本体理性提供了一个完整的模型。康德“道德自主”之说不但不足以解释儒家道德之自主性，且在儒家道德自主性，亦即本体理性的自主性的观照下，显示其内在的局限性与僵硬性了。

上面所指出的“本体理性”现已包含了仁智两面，也就是包含了意志和知识的两面（意志是仁的发用，知识是智的发用）。二者的融合既可说为具体又普遍的善，又可同时视为具体的责任（律则）以及普遍一般的德行。任何先秦儒家都重视此一仁智互相为用的融合，而不偏执一端。此一认识十分重要，因为与先秦相较，宋明理学往往都有趋向一偏之弊。如小程与朱子偏向格物穷理，虽然也谈居散涵养，却未能给予二者相融合为一体的整体感，这是招致象山批评的缘故。至于阳明，他虽一时强调本心与良知本体，似乎掌握了整体或本体理性，但对格物穷理所意涵的知与学却未能发挥，因而也无法达到良知而变成主观的“现存良知”，有如任何现成成品，不但缺乏深度，也缺乏客观应用的正确性。即使以心学家尊崇开其端的孟子也为此一偏之见所歪曲，其以为孟子只谈良知不谈其他，把孟学钉死在心学及禅学的圈架上。这对孟子是不公平的，也是对先秦儒道哲学的扭曲。孟学一如孔子，不但谈志、谈仁，也谈智、谈知、谈学。智是内在于心辨别是非的能力，也就是“始条理者”。但智之端及其他德的三端都必须扩而充之。如何扩而充之，乃并非单纯的反省作用与意志作用，而是实际去履行，去锻炼。因而，孟子对知、对学有特别的关注。“知言”、“知义”都是要经过实际的学习才能达致的。

孟子对齐宣王说的一段话特别有启发性：“古之人所以大过人者，无他焉，善推其所为而已矣。今恩足以及禽兽，而功不至于百姓者，独何与？权，然后知轻重；度，然后知长短。物皆然，心为甚。”① 如果智而不知不学，不实际去考察，就好像不权、不度，徒有准，而不能掌握实际，何是以言应用之？孟子所说的“老吾老以及人之老，幼吾幼以及人之幼”②，都是要把本心之仁推己及人，但不知人情，不明时宜，不了解情况，又如何具体通用之？基于此项认识，孟子也如孔子，是十分讲究“学”的。他说：“博学而详说之，将以反说约也。”③ 守约而施博者，善道德，又如何广施应用，使根本原则发生效益？唯有学才能在经验的世界里把博与约同时掌握，亦即唯有学才能博而约、约而博。《中庸》有自诚明谓之性、自明诚谓之教的说法，诚是智的内省，明则为智的外学。内省而明乎人生的目的、人性的功能，也就是了解“性”了。但自经验中认识人的价值与意义，并进而掌握之，也就是教化学习之功了。这也显示了经验与反省、意志与智慧、仁与智、志与行二者不可偏废，且须相互为用才能成其完美的一体性。

---

①② 《孟子·梁惠王上》7。

③ 《孟子·离娄下》15。

《中庸》这种诚明互用的观点也同样说明了本体理性一分为二、二合为一的内在逻辑。总结以上所述，吾人可把本体理性（或整体理性）的发用展现为仁与智、意志与智慧的相互影响及统一，并表现为一生生不息的连续过程。经此过程，逐渐把人生带入理想之境，也把人性逐渐实现与完成。

吾人简示本体理性的发用如下：

仁→意志 ←学的反省
本体理性← ↕互动作用 人生的志律
智→知识 ←学的经验

当代儒学两面相：信仰儒学与知识儒学*

在世界范围内中西文化交流的大背景下，儒学面临最好的发展时机，所以我很高兴在这里和大家一起讨论发扬儒学精神的问题。

在这次世界汉学会议上，大家对西方汉学有所批评，一些德国、法国汉学家也自我检讨，提出汉学与国学应相互为用、相互促进。国学里最重要的一部分就是儒学，所以儒学如何帮助国学发展，国学如何帮助汉学发展，使西方人了解中国，使国人了解自己，就显得尤为重要。据说全世界的孔子学院已达100多所，主要教授语言，如果能融入孔子的哲学等思想，作为一种讨论、研究，我觉得对人类是很有意义的。

一　信仰与知识

我的报告是《当代儒学两面相：信仰儒学与知识儒学》。之所以有这样一个题目，是因为我认为儒学既可以是一种信仰，也可以说是一种知识。事实上，信仰与知识是密不可分的：信仰的内涵指向一个目标、一个价值，知识是要认识现状、了解人的处境、面对世界的。信仰与知识的不同在于，信仰是一种力量，因为有了信仰，我们才能够行动、投入，所以信仰很重要。但如果只有信仰，没有知识的话，这种信仰就会变得很盲目。知识是我们的眼光，是我们对世界、对自我的认识。所以从整体上来说，知识是多方面、多层次的。对历史、对儒家的发展、对孔子的生平等的理解都是一种知识。知识是对人或物的具体的认识，涵盖面是很广的。知识的目标是什么？是为了让人成长，让人成为一个真正真实的人，让人做符合时代需要的事情，让人追求真理，让人在真理中转化，从这个意义上来说，知识与信仰一样，也是一种力量。如果没有知识，只有信仰，我们是散漫的、无力的。一般来说，知识会产生一种信仰的力量，信仰往往带动知识的发展，但有时信仰也会对知识产生一种负面作用，知识也可能对信仰产生一种批评

---

* 原载《中国图书评论》，2007年第6期。

或破坏的作用。信仰与知识之间的关系是我们首先应该了解的。

拿西方来说，中世纪哲学家强调的是首先要信仰上帝，然后才能研讨人生、世界的真理，在他们看来，哲学是神学之奴婢。文艺复兴、启蒙运动之后，这个问题已经扭转过来了。知识是启蒙人、使人对自我产生了解的一个基础；人需要启蒙，启蒙就是追求知识和真理。有了真理，我们才能有信仰。事实上，文艺复兴、启蒙运动并没有取消信仰，而是在掌握知识的基础上来信仰。从这个意义上来说，知识与西方现代理性主义之间有很深的关系。问题的另一个方面是，随着现代知识的迅猛发展，特别是其范围日渐缩小为科学知识、科技知识，人们开始对知识的权威性或独断性产生怀疑。后现代对科技主义的质疑也由此开始。

因此，人们又开始找寻另外一种信仰，一种脱离了科技主义的信仰，这是对人的新的探讨，也是20世纪以来西方一些宗教复兴运动及新宗教兴起的部分原因——在知识特别是科学知识之外，找寻另外一种信仰。可见，信仰与知识之间的关系是需要被正视及理解的，只有如此，我们才能掌握信仰与知识之间的平衡，使之相互为用、相互促进。

从这个角度出发，我提出的问题是，儒家是不是一种信仰体系、知识体系？或者说，作为信仰体系它有什么内涵？作为知识体系它又有什么内涵？当然，这个问题很大，我现在只就孔子来表达一下自己的初步认识。

二　孔子（儒家）的信仰与孔子（儒家）的知识

孔子信仰天道，他继承了过去的传统，即虽然天道遥不可及，但人不可不知天命，这是他经常流露出来的一种感受。在中国古代，“天”代表一种最高的权威，代表着道德的最高标准，也代表着一种宇宙力量的来源（从《尚书》、《诗经》等古代经典中可见这些描述）。客观地说，孔子对人的发展及文化发展的阐释无不体现了这种天命信仰，所以才有“五十而知天命”。那么他所说的“不知命，无以为君子也”中的“命”和“天命”是不是一回事呢？我认为是。知命就要知天，所以“五十而知天命”便包含了知天的意思。更为重要的是，孔子亦对传统之信仰有所转化，具体到他对“天命”的理解，就有“天命之为性”的说法（当然，这非孔子本人所说，乃其孙子思在《中庸》里的开宗明义）。从某种意义上来说，从信仰天命到信仰人性，孔子开拓了对信仰的知识性认识一脉，他不只是把信仰当作一种接受对象，而是通过自己的深思在知识概念里找寻它的意义。所以说是“三十而立，四十而不惑，五十而知天命”，“知天命”不是一个起点，而是经历了一个长期的过程的、深思熟虑后的状态。

这也许可以用来解释孔子为何晚（50岁左右，或许更前）而好《易》。实际上，这是他此前一贯的追问使然。在孔子看来，《周易》具有一种启蒙性的认识，他对之进行过深入的思考，所以才会有后来的帛书《二三子问》（“六易”之一）等。孔子曾这样表述自己研究《周易》的目的——“《易》，我后其祝卜矣！我观其德义耳也”（帛书《要》），即不是为了占卜，而是为了知晓德义。研究的原因在于，《周易》有“古之遗言在”，即有古人对人生的理解与表达，也就是说有历史意义。孔子说“不知言，无以知人”，显然孔子看出了《周易》的重要性，那便是找寻人之本质。易道更进一步地说明了天道为何，天命为何——是一种生生不息的生命创造。从这个意义上说，孔子充实、发展、转化了传统观念，他从信仰中开辟出知识之路，又从知识中发现一种人生智慧。在孔子那里，信仰的根本是天命，天命显现为道，显现为一个变化的世界以及一种生命的创造过程，最终我们可以志于道，居于德，依于仁，游于艺。这个认识是一个很重要的发展。

还必须指出的是，孔子对于天与人之间的关系认识也很深刻。因为，“三十而立，四十而不惑”，讲的都是关于人的发展；“五十而知天命”，也就是达到天人合一后，便是“六十而耳顺”，他又回到了人本身。从这个意义上来说，天人合一是一个过程，是一个自我认识的过程。理解了个人的生命根源及道德根源后，再进一步扩大，使人对自己、对社会有一种认识。“耳顺”当然指的是更能够接受这个社会，也更能够关怀这个社会。到了七十岁能够“从心所欲，不逾矩”，所谓“不逾矩”是指在社会中能够找到自己的位置，成为一个既有高尚道德又自由的人。这种天人合一的状态是实践的结果，当然也可以说是一种境界。

总而言之，我认为孔子从传统发展出了一种充满知识和智慧的信仰。

再来看知识。孔子也是有知识的人，他非常看重知识。有人诟病他只知道“不知命，无以为君子也；不知礼，无以立也；不知言，无以知人也”。事实上，他从小就对夏礼、周礼及殷礼等非常熟悉，有着丰富的社会历史知识。与此同时，他“多识鸟兽草木之名”，对自然知识也有一定的关心和认识。在孔子那里，“知”字有多种含义，比如观察（品其言，观其行）、学问（君子学以致其道），特别是学，学就是学习规则、道理，也就是学习知识。我们只能说，他没有将自然知识当作一个唯一、专注的对象来看，但他确实预设了或者说表现了对自然知识的关心和认识。所以说，孔子不是漠视知识的人，是重视知识的人，他采用的是将知识运用于生活之中的态度。从《论语》到《中庸》、《大学》、《孟子》、《荀子》，从先秦儒学的整体认知（包括语言学著作《尔雅》等书籍）来看，孔子名实相副的证明思想及其对于学问的重视是非常明显的。知识的目标就是要建立人生的基本价值来作为我们信仰的对象，在孔子那里，信仰与知识构成的是一种循环的关系，因为我们有信仰，所以能再进一步了解生命，通过经验来学习，通过行为来检验，最终增强我们的信仰，开放我们的信仰。信仰又作为一个起点来引导我们追求知识，而不是一个约束我们、控制我们的系统。所以孔子才提出了“博学、慎思、明辨、笃行”的方法论。这种方法论是非常开放的，是重视知识与实践信仰、接受知识与发展信仰这样一种活性的、开放的、动态的循环。所以我说，在孔子身上体现了一种信与知之间的动态的平衡，以及信与知相互为用的关系与模型。我觉得应该重视这一点。

三 信仰儒学与知识儒学

原始儒学始于人性与人心的一种觉悟，故为人的自觉与人的意识的开始，其中包含了两个面向：信仰性以建立规则、促进行为为目的，知识性以增进理解、扩大眼光为目的。前者为信仰儒学，以创造理想与尊重权威为诉求；后者为知识儒学，以发展知识与智慧为主题，与人生的个人与群体都有密切的关联，因而代表了儒学的两个方向。当然，信仰是一个动力或力量，往往必须凭借道德的理想与对未来的憧憬来达到行为的目的，改变这个世界，而非只是理解这个世界。在这个过程中，知识也是重要的，但获取知识、发展智慧并非最终目的。获取知识以发展智慧当然也非远离价值行为。无论在何种人生处境中，人都不能不自觉地有选择地行事。但是否仰赖一个根本的信仰或依靠一个生活的信念与人性理解来行事却是有区别的。其实我们可以进行下列的划分：

面向 主体	知识	信仰
个人	1. 建立生活所必需	2. 身心发展所必需
群体	3. 发展利益所必需	4. 转化群体所必需

1. 知识与个人：知识对个人来说很重要，是个人建立生活所必需的。孔子对此多有论述，如《论语・为政》“三十而立”，《论语・子张》“君子学以致其道”，《论语・为政》“多闻阙疑，慎言其余，则寡尤”，《论语・泰伯》“笃信好学，守死善道。危邦不入，乱邦不居。天下有道则见，无道则隐”，等等。

2. 信仰是人类发展的一种目标，它使人渴望成为一个完整的人、善良的人，一个能够自我满足同时又对社会有贡献的人，是人自身就应该有的生活的目标和价值，这是身心发展所必需的。孔子对此亦有言，如《论语・述而》“志于道，据于德，依于仁，游于艺”，《论语・学而》“君子务本，本立而道生”。

3. 个人要走向群体，也就是说个人要结合其他个人来发展一种社会生活、社会价值。人和人之间应该建立一种亲和的关系、协力的关系，所以就产生了政治的需要。我曾经强调，“从政为政之道”是一个知识的问题，这种知识是综合了一些经验所产生的价值上的知识，就像《论语・尧曰》所言“尊五美，屏四恶”，《论语・述而》所言从政要“文行忠信”，也就是《论语・季氏》里所说的“君子有九思：视思明，听思聪，色思温，貌思恭，言思忠，事思敬，疑思问，忿思难，见得思义”。这些都是从经验里归纳反思出来的关于为政之道的一些看法。当然，为君子也要“知命、知礼、知言”。

4. 要想建立一个好的政治、好的社群，就要有一个基本的信仰。《论语·颜渊》中孔子特别强调的“君君，臣臣，父父，子子”，《论语·为政》“道之以政，齐之以刑，民免而无耻；道之以德，齐之以礼，有耻且格”，以及《论语·雍也》“己欲立而立人，己欲达而达人”，“克己复礼以为仁”等的基本信条，都是基于信仰之于一个群体的重要性而言的。

所以我们可以说，知识和信仰可以通过个人和群体的发展来传承及展现，而群体发展的最高形态是国家的发展。

四 孔子作《春秋》与《春秋公羊传》

孔子晚年有两件事值得关注，一个是对《周易》的研读，晚而好《易》，竟至韦编三绝。这直接促成了《易传》的出现。如果按照成文来看，《易传》可能出现得很晚，但即便这样的论断凭借的也仅仅是其中的只字片语符合某个时期的历史情形，但能不能就此断定其他话语也是随之出现得很晚呢？我是不将此类考古推断视为定论的，我们需要更多的证据才能说明它究竟属于什么时代，应该从整体上来看待孔子所处时代的事实。他在教授学生中受到的启发以及对易学的思考，引发了后来人的写作，在这一过程中他的某些思想可能存在，但形成文字可能较晚。从这个角度来看，《易传》的形成可能就是在这样的时代。因而，对孔子思想的关注应该是从对“礼”的关注到对“人性”的发现，然后到对《易传》的开发的过程。另外，孔子的关注还存在一个历史的评判，比如对《春秋》的关注、对《易传》的关注建立在一个很高的道德信仰之上，如“天人合一”；另外，他对历史的发展也有着深刻的关怀。因此，孔子作《春秋》，将鲁编年史加以编著，在著述的过程中必然会提出他的看法，对关于“君”（如鲁哀公、鲁穆公）所发生的历史事件会存在一定的认识，这种认识一方面是认识历史事实，另一方面是认识其价值。孔子在帛书《要》中要表述这样一种想法：我对《易经》和《春秋》作解释可能也会被别人解释。这是一种新的看法。关于“欲”的解释，他用“欲”来说明“天道”，“欲”包含了古人之言，在这种情况下对本体论和宇宙论的思考才有了实义的产生。孔子认为，我们对于历史的理解应该有一种价值的判断，对历史评判的好坏在我们的语言中，表明语言是如何来说明人的，我们说“一言九鼎”，因而“言”可以作为一种承诺、一种褒贬。为何说读“诗”很重要？因为不读“诗”未知言，“诗”可以言志，“‘诗’可以兴、‘诗’可以观、‘诗’可以群、‘诗’可以怨”。故而，“言”的含义是丰富的。我们不但要认识历史事实，而且要对其作出评价，是抱着对历史负责任的态度。但这种评价的基本点在于你是否掌握了一种标准，是否存在价值的信仰，这种信仰是否具有客观性。我认为，孔子在晚年编《春秋》是将他的价值信仰透过语言来说明历史的发展，从而进行道德的判断。有人认为《春秋》只是对历史事实的重复，但《春秋公羊传》里有道义的成分存在，因而《春秋》成为道德的历史学，且属孔子有意为之，并成为汉代今文经学发展的重要组成部分。

五　道德的起源与政治的起源

那什么才是政治的起源呢？人的本性是群体性的，人的发展是需要群体的，人不可能独立生存，人在任何情况下都需要群体性的依托，人本身的发展脱离不开家庭、社群。从这个层面来讲，政治的起源拥有人心的基础，是由人的群体性意志造成的，从而形成人群的组织，又由组织来持续地解决人的问题来帮助更多的人发展。它与道德究竟有何联系？我们借用西方政治起源中的与中国政治相关的问题，认为政治的起源在于"乱"，人与人之间是纷争的，在这种情况下需要一个保护者，所以，得到一个强有力的征服者的保护就要听从他的命令。因而，政治是一种强者与弱者之间的契约，这是一种社会契约论。洛克认为，政治起源是人和人的交往友善地形成的一种同盟关系，通过联盟来实现共同的利益。从儒学的角度上来讲，当洛克出版《政府论》的时候，欧洲已经出现了一本名为《哲学家孔子》的书，它对西方的启蒙思想很重要，以至于影响到拉伯雷，我认为也影响到洛克。在洛克的《政府论》第2篇中写道，假如一个君王不能够保护人民的权利，不能够为人民谋幸福，人民有权利把他革除。这一说法很可能受到儒家"以民为本"、人民依赖于君主来谋福利的思想影响（人民还有权利去约定一种具体的权力的思想）。这一思想后来又影响到卢梭，他的社会契约论认为人们必须以自己的自由来换取社会的保障，因而更彰显了法律的需要，并不是真正达成社会契约，而是社会组织基于公共的意志和达成一致来进行的。由此来看，卢梭和洛克更接近儒家的政治体验。将这种政治体验表现得最好的是黄宗羲的《明夷待访录·原君》：君主都是自私自利的，以天下为私产。在古代，最初君主应得到民众的认可，而只有真正关心他人的人才愿意出来做君主，而权力的集中则造成了后来的世袭制产生。权力滋生腐败，更大的权力就会产生更大的腐败，绝对的权力就会产生绝对的腐败。儒家认为"人之性"可以让人们关心世界，甚至可以有公共意志的表达，因此政治的状态良好与否在于为政者是否能够坚持原来的承诺和规则为天下做事，道德和政治是不矛盾的。

六　儒学的信仰化与儒学的知识化

从另一方面来说，成为一个道德的人是不是有必要成为一个政治的人呢？有很高的道德是不是要以自己的道德信条来进行政治规划呢？还是说政治能代替一切来否定道德呢？我要说的是，儒学的两个面向之一就是信仰儒学为我们找到了一个政治和道德的共同起点。孔子建立的道德哲学可以作为治国的思想、治国的准则，只要有道德的眼光，接触道德的权威来安排和执行政治规划。这样的一种想法我称为知识儒学，认为我们可以从这个角度来规划政治，它在传统的权威里面发挥了很大的作用。由《春秋公羊传》可见，公羊儒学发挥了改革政治的作用，影响了汉代的王莽，宋代的王安石，近代的康有为、梁启超。康有为要改制，要把道德变成一种权威，权威就变成道德宗教，从道德宗教再到规划政治，他完全可以站在为民做主的立场，这就叫作政治儒学，而这里的政治儒学基本上是西洋儒学，相信为政就是治国。政治为道德批评，政治成为道德的权威，再把道德当作为政治立法的工具。赋予有道德的人建立法律和体制的权力来进行改革，而我认为这种信仰儒学是违反知识儒学的。而儒学的衰落在于没有针对知识儒学的知识性，没有在知识儒学上进行很好的工作。五四以后已不存在真正的权威，既然没有权威，有人想坚持权威，把儒学变成宗教，若变成国家宗教则是个很大的问题，那么谁又能来支持这个权威呢？今天，我们需要一种权威，一方面道德权威丧失，宗教性消失，而我们又需要这样的道德权威，需要宗教式的信条，需要回复传统；另一方面，儒学的知识地位也丧失了，因为儒学不是知识，不重视知识，与知识无关，且儒学包含的知识性、理性这方面也没有被加以看重。只是把儒学变成历史的儒学，只是把它看作历史国家的陈述，对于孔子也只是把他看作那个时代的历史性建设者。所以在这种情况下，儒学一方面面临着信仰危机，也面临着知识危机。然而，另一方面我们需要知识，也更需要信仰，在信仰方面非常突出。儒学目前的最大问题在于怎样建立儒学的信仰，我的提法在于我们必须重视儒学的知识性，来建立知识儒学，从而建立信仰儒学。因为知识是与时俱增的，是可以更新的，是我们可以体验到的；个别是可以掌握的，也可以汇集成一套人与世界的认识。知识也是开放的：西方的知识可以为我所用，我的知识的丰富也可以看作一种社会的需要。要真正像孔子所说的“知人”、“知言”、“知理”、“知命”、“知天”。“知言”不只是知少数几个人的言，而是要知道人人在讲什么，其他人在讲什么；“知人”要知道他人。因此，从“知”的广延性来看，我们可以扩大我们的视野，来重新整合我们自己。我们可以思考“仁”的道德根源何在。

七　现代儒学的发展与再发展

我们已经了解到，人有关心他人的倾向，而这种倾向是否可以在其他层面或者宗教、传统里找到？所以，从“知人”、“知言”、“知理”建立关系需要节制和规范，我们可以建立新的规范。从知识的眼光来看，儒学有很大的发展空间，我们不能总是在找一个执着的信仰，而是要在知识面上去充实儒学和人的关系的各方面。对知识的认识经过整理后形成对人的学问，我们可以建立新的信仰。人所需要的是彼此关怀，是国与国的关怀、人与人的关怀、人对自然的关怀、人对自己的关怀；人还可以进一步来发现人，人仍然可以去探讨“天命”、“天”、“天道”。今天，我们要掌握儒学的发展，就要认识儒学知识性的本质。我们可以继承，如批判继承、抽象继承，我在这里要提出诠释继承的概念。继承作为经验存在是必需的，我们要尊重历史的经验，批判继承固然重要，但什么是精华，什么是糟粕，我们要建立一个标准来进行评判。在了解之前，我们该怎样评判呢？诠释是理解、认识清楚历史处境之中孔子为何这样说，孟子为何这样做，荀子为什么这样想。有了这样的理解，根据我们的需要和经验可以建立一个合理化的规划，诠释一方面是古为今用，另一方面是对今和古的经验整合。抽象固然很好，但是也要具体，所以诠释也包含了从抽象到具体、从具体再回到抽象。所以，诠释继承是整合了批判和抽象而达到具体运用的一个结果。

儒学之本与儒学的当代意义*

孔子哲学在21世纪将有一番空前的复兴与发展，理由是人类的文化将进行新的创新与新的发展。而此一创新与发展又必须要提炼无论东西的人类历史的智慧，并加整理组合，开发出新的但却是最根本的人性本体与生活世界，其中包含本体宇宙原理、人性自觉原理、个人自我实现原理、社会和谐原理、国家正义原理等。

孔子所处的时代与今日我们所处的世界有极大的相似性，当然也有极大的不同。这是一个后后现代的世界，需要一个非常创新的儒家或孔子思想的发展。如何理解此点，如何超越又投入是目前最根本的问题。本文将对此等问题进行本体的论证与说明，为中国的文化与国家的发展及其世界角色的界定提出重要思考内涵、方法与景观。

一　本的概念的重要性

任何事物的发生均有本。本就是根的意思。本末为甲骨文象形字："本"下面的一横就是根的表象，"末"上面一横就是枝叶的表象。此可考察本根、根基、本家、舍本求末等用词的含义。如就河流来说，则本就是其源头，故有本源之义。本还有中心的、原来的、现今的意义（如本年）。本是不可以须臾离的，因为本有持续滋养与支撑的意思。故本为动态的、活力的事物之本。越是活力的东西越是有活力的本或本的活力。动力为动之源，静力为静之源。何以动者恒动，静者恒静？可发挥原本状态与变化状态的差异。从原本的概念上，我们还要认识到本的开始性。本是基础，是根源与开始。物有本末，事有终始，知所先后，则近道矣。今日我们开始重视儒学，可说是一种回归本体的精神。但此一回归并非复古，而是找到与认识到自己的本源，不但产生一种安顿稳定的根源感，而且能够自此发出创新的精神。

---

* 原载《杭州师范大学学报》（社会科学版），2008年第2期。

二　中西哲学与中西文化的本的差异

西方有两个本的理论：一个是以上帝创造为宇宙起源的上帝论，一个是以万物自真相流出的流出说。基本上，区别了假象与真相，这是一个难以填补的鸿沟，而且还产生如何得知真相/真理的知识论问题，又发生人的起源的合法性与人性何在、生命有何意义、道德何价等问题。这些问题导向了西方哲学、宗教与科学的发展。在近代西方，理性的启蒙与科学的发展又导向了一种新的世界观：尼采宣告上帝死了，人们已无法假设上帝的存在与上帝的创造性，人的世界也就变得无本无根了。后现代的问题也就从此丛生，成为西方的现状。西方仍想寻找上帝，若找不到，干脆发明与制造一个上帝。是科学吗？是科学怪人吗？能不能面对人而深思人之本？能不能从中国的文化传统的经验与智慧中找到一个出路？中国的天人合一的思想能不能为西方提供一个出路？儒家反身而诚的修身之道以及与时俱进的创造哲学是不是人类寻求安顿生命的精神之源？

三　中国文化之本与源

从本源的"当前义"与"历史义"的差别与关系出发，中国的文化与哲学传统如要为西方提供一个出路，必须先把自己文化的本末、源流、目标与理想弄清楚。对这些问题，学者议论纷纭。先说疑古派，此派认为中国的文化发源于神话传说，要从实证来建立中国历史。西方以为我们的文化从商开始。其实不然，要分开"充分证据"论证与"最佳解释"论证，实物与文字的考证可以同时作为证据提出。但如就思想与对自然世界的认识的前设经验来说，我们可以把中国的文化与思想之源溯向我所称的"羊文化时代"①。这是就《周易》发生的源头说的，也是就人的形成宇宙天地意识说的。也就是以天地的发生论为宇宙论的开始，而且是以观测自然事物为根据的。故中国有宇宙论、宇宙发生论、本体论、本体宇宙论等发展层次。宇宙有本有体，本体有宇有宙。何为宇宙之本之体？何为本体之宇与宙？要在自我体验与反思的现象学的基础上概念化一个形而上的动力或动能整体，此即易道与太极思考的开始。在此系统中，我们将可以引申出一个不同于西方传统的创造力与创造性理论：无极而太极的层级创化论。同时我们亦可以认识到孔子哲学与儒学的基础及其开始。

以下就五点进行简要的论述与发挥：

---

① 我把人类文化的发展区分为三个阶段：第一阶段是马与狗的圈养与利用时代，是游牧民族的特征；第二阶段即羊文化时代，圈养羊作为生活资源，作为防卫定居的生活支柱，是人类从游牧过渡到农业的重要发展阶段，羊文化的不断发展使农业成为可能，同时也带来合乎人群需要的价值概念，如与羊有密切关系的美、善、义（義）、祥、群等字所表现者；然后我们才可以进入第三阶段，即圈养、利用牛与猪的农业时代。

1.《易传》的太极宇宙创化论与人的继善成性创化论。结合《易传》与宋明理学，我们可以看到易→太极→阴阳之道→无极而太极之道→乾坤之道→五行→万物→人→人性→人心→人文→文明差异与矛盾的发生→道德与知识→和谐化六层次。人性中“成性存存，道义之门”的高度自觉导向和谐的创造性循环。

2. 儒家思想的根源与地位。儒家的开发建立在《周易》哲学的创造性思维与人性自觉的基础上。其中有一个关键，即是周礼的发展。礼崩乐坏，象征着改革的需要、创新的需要、和谐的需要。孔子的伟大在于认识到此等需要并对此需要的满足作出深刻的思考。他提示了一个结论是，人们走入了“意、必、固、我”的自我膨胀与自我坎陷的状态，只有透过人心三思而后行的检讨才能发现真正的自我——仁者的自我。他提出“我欲仁，斯仁至矣”、“克己复礼为仁”、“推己及人”等等道德认知，目的在发现我的根源与本体，理想在成就为己以为人的自我生命的实现与和谐社会的实践。孔子开辟了儒家的哲学之道。在当代出土文献的研究基础上，我们可以看到由孔子而子思而孟子而荀子的儒家哲学的一贯之道。

3. 两个本源（源头）意识与思考的统合。在《周易》到儒家的发展过程中，我们认识到中国哲学中的两个源头：一个源头是《周易》的生生不息的思考，另一源头是人类自我生命的反思，形成仁道的任重道远的思考。从《周易》的宇宙时间与历史理解中，我们可以激活自我反思的动力。我们也可以在人道即仁道的思考中，重新认识人类历史的道德的实践内涵：以史为鉴，以《易》（创造性）为本；以史为纬，以《易》为经。儒家以回归自己为其求道的起点，但最后必然寻求到人的生命与宇宙生命的关联与统一，导引出天人合一的体验与意识。《周易》的太极创造哲学也自然导向人的呈现与人文的体现，在阴阳因素不协调的历史处境中更进一步促进人性的个人自省与社会的集体自觉。面对当代人类文明的冲突矛盾，人类只有在对人类宇宙根源与人性道德根源相互作用的认识下，方能化解人文的危机与人的存在价值（意义）危机，形成新的宇宙与人文的相互结合的历史意识、人的价值自我不断提升的自我实现意识。在儒学此一新的发展中，我们才能同时提供中国哲学所凝聚的多元智能与精华发展的空间，彰显道家的自然意识、墨家的主宰意识、法家的国家统一意识、名家的语言意识等。孟子强调一本，而批评墨者夷之之说“爱无差等，施由亲始”为二本。墨者此说显然与以上我所论述的二元统合论有很大的差异。

4. 儒学中的本的意识与发挥。(1) 道德以仁为本。《论语·学而》中有子曰：“君子务本，本立而道生。孝弟也者，其为仁之本与?”仁为诸德之本。(2) 为政以正名为本。《论语·八佾》“绘事后素”，《论语·子路》“必也正名乎”。(3) 国家以民为本。孟子的义利之辩，强调利以义为本。《周易·乾·文言》：“利者，义之和也。”(4) 财用以德为本。《大学》曰：“仁者以财发身，不仁者以身发财。”(5) 治国平天下以正己修身为本。《孟子·离娄上》曰：“天下之本在国，国之本在家，家之本在身。”(6) 修身以正心诚意为本。(7) 正心诚意与格物致知互相为本。(8) 元亨利贞为宇宙之道，以太极为本，以保合太和为用。

5. 儒家之学的本即可用来界定国学。中国文化的再发展是我们今日必须严肃面对的问题，为此我们必须返本以创新。儒家哲学的再发展因之也必须严肃面对，新的界定与新的发展必不可免。此处界定儒学为知本之学，亦为本体用之学。整个《大学》即为知本之学。“无情者不得尽其辞，大畏民志，此谓知本，此谓知之至也。”《大学》之本为知之至，本与回归本之循环为至为止，因而《大学》得到知止而后有定、定而后能静、静而后能安、安而后能虑、虑而后能得的结论。在此基础上发展儒学，结合人类文明的多元和谐化的认识，即可发展为儒学的本体用之学。

附记：浙江一地，历代人文荟萃。当前浙江学界在吴光教授的倡导下成立省儒学学会，是一件极为重大的学术与文化创举，必能对儒学的再发展与中国文化的再发展产生积极的影响。我极为高兴撰写此文以为热烈祝贺与殷切期勉。

儒家宪政与理性形式的现代化*

儒家具备十分充实的宪政理念，但却是潜存的、过程的、动态的、人本的、实践的，具有确定的人生目的、确定的社会理想。如何赋予它一个外在的理性的规范形式，形成一个组织的结构与系统，表现为普遍的规范命题，明确规定国家主权，人民义务与权利，治理者权力的基础，更新的定位、定性与定量，也就是将它转化为一个现代化的国家基本法典或宪法以及治理的法则，是儒家学者以及中国文化创化论者必须面对的课题与挑战。此一课题与挑战包含了我们对人性、对文化传统、对现代化、对现代民族国家、对世界秩序和对当前全球化的理解与认识，以及对中华民族长远而可持续发展的理想的反思与策划。①

当然我在这里假设了两套语言：儒家的伦理与政治之道的语言以及现代化、社会科学化的语言。前者是价值论的，后者是实在论的。二者也各有其对现实与价值的认识，也就是脱离不了时间、空间、人文环境与历史因素的认识。但二者显然表现为主体性与对象化的对照。对照却不必对立，也许我们可以把后者看作理性的形式，前者看作价值的内涵，二者可以相互决定，形成一个整体，既具有现代性与理性，也具备文化性与德性。如此，我们说的儒家化的宪政或宪政化的儒学既不失其儒学的特色，也不少于其为现代性的范畴。认识到这点很重要，因为它提出了在形式与内容之间，是让内容决定形式，还是从形式与其功能来规范内容或彰显某一特定内容的问题。在我理解，儒学并非西方式的宗教，是理性表达人性普遍性的一个方式，更发挥了人性具有德性的特殊性，是中国文化体现的普遍真理，当然可以相应体现在宪法的内涵之中，如强调基本群体如家庭与个人之间的相对义务与权利等内涵。儒学重视统和、和谐与合作，因之在理性的分别功能的差别以及相互监督的需要之下也强调事先沟通与事后协调的合情合理的法理化。

---

* 本文在多次会议上发表，经多次充实。

① 参见拙文《儒学的宪政发引：从〈洪范〉到〈正名〉》，载《北京大学研究生学志》，2011年第3期。

总之，体现现代性不是扬弃古典的精神，尤其不是无视人性的文化内涵与文化中的人性价值。现代性是用理性简易明显的方式彰显时代变化中不变的道理。它是可以明显立为法的，可以界定对象与目的的，可以列举与说明特征与要求的。总之，它在说明一个社会之为一个社会，一个国家之为一个国家。除了界定的描述外，它也是规范性的，是个人的或团体的行为的规则。当然一个结构不可能离开过程，它必须与过程息息相关，为过程所凝聚，并范围过程。所谓“范围天地之化而不过，曲成万物而不遗，通乎昼夜之道而知，故神无方而易无体”。一部好的宪法是可以用来表述现实而又理想的国家的形态的，同时也允许理性地补充或修订。

儒家的宪政思想与价值虽未彰显出来，但却可以从《周易》来论说，从《尚书》来论说，从《周礼》来论说，从《诗经》来论说。《周易》重视变易中的不易与简易。《尚书》重典范，《大禹谟》中有16字真言：“人心惟危，道心惟微，惟精唯一，允执厥中。”所谓中可说是中道，如果表象出来，应该有其恒常的理在，在《洪范》篇里可见其端倪。《周礼》则有周官的组织理论。《诗经·大雅》则有“天生烝民，有物有则。民之秉彝，好是懿德。天监有周，昭假于下。保兹天子，生仲山甫”的诗句。这说明中国儒学从其历史根源上就重视礼，重视政，重视德，重视万物的秩然有序，也就是重视规则与结构，并以之见于物的表征与质地以及人的性向与教养。出土资料上博楚简《性自命出》篇说“道始于情，情生于性”，已经把内在的功能体现为外在的秩序了。在此等认识的背景下，儒家有天地的基本的法则概念与人性内涵可以遵循的基本法则概念，是毫无疑问的。宪法作为社会国家的大法、基本组织与结构规范自是当然之事。《中庸》说“合外内之道，故时措之宜”，提出宗庙之礼、郊社之礼，提出五达道、三达德的为政之道以及为天下国家的九经，从知所以治己，到知所以治人，到所以治天下国家，都有一贯的原则。这在《大学》就形成了一个完整的体系，到《孟子》则为这一体系提出了一个性善论的形上学与认知论以及实践论的基础，把儒学的价值更发展为一个偏向内在道德与人文的创造精神的整体体系，不再有任何诉诸鬼神的语言，不说天命，而说知天立命了。在此基础上建构一套基本的实证法典是可能而合理的。此一法典可以具有普及性，同时引导与规范个人及社会国家的行为。孟子说的“恶乎定？定于一”、“徒善不足以为政，徒法不足以自行”就有了重要含义。

宪法英文是Constitution。Constitution的一般意义是结构与组织，故宪法也就是国家组织的结构或社会形成的基本法则。但由于社会是先于国家而存在，社会的规范是更为自然化的，而国家的立法则显然更为一个政治自觉的建构。社会（此处也可以用人民一词）与国家之间是社会支持国家的权力用以发展社会的潜力。社会与国家之间应该不是一个对立冲突的关系。但由于政治、经济、宗教与种族等问题，二者缺少沟通或形成阶层的分裂，则国将不国，社会也必沦于混乱。要维护二者的沟通与相互支持，显然必须有一个法典明确二者的相互支持与与时俱进的关系，这一法典就是宪法，而以之为基础来发挥国家的正当权力的实用与社会人民的潜力是绝对必需的。当然这个宪法必须落实。这在儒学的传统中，根本不是一个问题。因为儒学的宪政是寓法于行、寓政于德的。发挥儒学的实践性与现代宪法的结构指导性，一部合乎中国社会及国家发展的宪法将有重大的转化与创化作用，对世界的发展也将产生良好的启蒙与教化的作用。要实际做到此点，必须考虑到教育与教化的问题。

基于以上的理解，我们应对儒学的宪政概念抱着一个开发与开放的学习态度，不能局限于一家门户之中。这里我想简单指出三个有关儒学宪政思想的误区：一是儒家的政道与治道是可分而又合一的，并未如牟宗三先生所说中国只有治道而无政道。儒家的政道就是以民为本、以民为主、以人为善的认知，以其为标准，为根据，为理想。所有修持与管理的方案都是以三者为标的，为基础的。三者也就是现代民主与自由、平等等价值的基础。二是君民之间有上行下效的关系，但为君者却并非圣人。我们不能把治理者神圣化，同时以之为君，以之为师。君有管理的作用，师有教化的作用，二者不可混为一体。事实上，我们应该把“尊师重道”看得与遵从法律与尊重领导权威一样重要。《中庸》说的天命、率性、修道，加上治理可以诠释为人性自觉、社会伦理、人文教育与政治管理四个层面的活动，彼此关联，但不可化约为一个。三是西方的民主的发展首先是经济权利与义务的划分，在中国孔子则强调“庶之、富之、教之”三个作用。但这都要全民的参与与分享，不能把社会与国家的关系看成只是纳税与收税的关系；纳税之外，人民也应获得普遍富有与普遍受到教化的机会，二者当然是要国家保障使之实现的。

从历史与哲学理解儒家全球领导力：古典模型与现代模型[*]

一 引言：愿景、理论及行动

中国历史长河里，在哲学上曾出现过四种政治领导力模型，并在政治上实践，分别为道家的无为而治模型、儒家的为政以德模型、墨家的天志与功利主义模型，以及法家的严刑峻法模型。道家模型在很久以前曾对小国寡民实行过，法家模型在秦朝曾短暂施行，墨家模型则由墨者在封闭的组织里奉行，但并不长久，只有儒家模型自秦朝以降，在帝王统治下奉行了超过 2 000 年。总体来说，儒家模型在治理百姓上，主要有两大功能：第一个功能是缓和及约束独裁统治，在考虑到人民整体福利时，不致走向极端；第二个功能是透过科举制度，规划人民参政的方法，并建立人伦的道德责任伦理，将社会发展导向社会和谐的方向。我们可以看到这两项功能在社会及行政组织机构的复杂系统下，对政治领导力有令人满意的影响。

显然，儒家政治哲学是一个开放的系统，深植于对人的人道关怀基础，以及个人作为领导者或被领导者自我教化的道德理想主义。一方面，它涉及对道家、墨家及法家的批判，这三家模型对我们如何在国际上建立当代全球领导力也有影响；另一方面，它可以吸收、实际上也吸收了道家、墨家、法家的见解、手段及方法，以努力达到社会更需要的稳定，避免邦与邦之间不必要的冲突。儒家领导力的总体目标是互动的和谐、成长的和谐以及永久和平的和谐。而在人与人之间、人民与领导阶级之间、君臣之间、中华民族与外族之间、人类行为与自然之间，也要达到其他形式的和谐。

由于儒学的哲学与道德思想底蕴深厚，儒家政治领导力模型的理想形式从未完整实践，但这并不表示它不可实践，或者除了提供冲突解决及和平共生的方法外，不能成为建立国家及全球领导力的终极目标及指导。要建立儒家政治领导力的理想模型，我想提

---

* 本文在多次会议上发表，经多次充实。

出三种管理原则以达到此理想目标：整体协调原则，极力要求评估与解决方法，以达到整体及长远的和谐目标；适时原则，目的在寻求或建立适当时机，使适当作为可为之；转变原则，目的在达成正面结果的互动，而非负面结果。每个原则都应对充满变动因子的变动世界，但每项原则也都针对改变的结果投入力量，并由面对改变的领导者发起。领导力最终就是要促使改变达到和谐形式的理想目标。

有了对思想及行动背景架构的了解，首先我将以发扬古典儒家核心价值，着重在道德与责任的教化及推广，来说明政治领导力的古典模型。接着我将结合功能之道德与正义以及正当性之道德，提出一新儒家模型。新模型以古典模型为核心，由此可以引导并建立新伦理学以及新政治系统。新模型没有改变古典儒家模型中对于人类天性，以及在全球化下人类憧憬人性互爱互敬互利之原始见解。但必要的改变在于吸取中西历史教训，朝向在全世界更实际的应用以及实践。此必要改变需要更多理性控制及更加注意行动的结果与后果，同时为维持个体与公共利益，利益、权力及正义也须公平分配。因此新模型体认当代个人需求及团体权利，并结合能获得大量重大报偿的计划，所以必须建立功能的道德，为个人以及所处的社会创造最大利益。此新儒家模型是基于将个人、国家及世界视为开放且完整的个体，可以劝服的方式增进相互依赖以及互补的关系，而非控制及强迫。

有这样的了解，我们可以借由对尊严、内在人性价值、安全、义务与权利、利益及人性未来发展全盘考虑，建立强化国家、国际及全球领导力的新儒家模型。检视当代全球政治议题，我们很清楚传统及价值的全球化与本土化都需要均衡地朝向更乐意合作、更可调整以及更公平的世界发展，发展和平及和谐的国家和小区。

全球领导力的新儒家模型仍可视为关乎道德发展的事情，和古典儒家思想相同。但当中也涉及范围更广且整合更多道德层面之集合的新伦理学，可以以整合方式应用。此新伦理学将考虑关系的道德伦理学、义务的道义论、一般行为后果的计算功效系统，以及对照不同文化与宗教背景，主张并宣告人权。此新伦理学并不只是将上述种类的伦理学拼贴而成，而是经由对人性状况缜密且深入地考虑所产生，可以称为全人类的综合伦理学，在全盘考虑过权利与义务后，以动机及计划为达到可预见的未来结果之开端。此新伦理学也以仁慈与正义、部分与全体、个人与他人、人类与环境之间的对等互惠为目标。

作为政治模型，此综合伦理学结合了管理社群、国家及全世界的个人或一群人之领导力绩效与能力。如果我们的正确的付出达到正确的作为，在个人层次上培养了良善、有能力、可信赖、有知识的领导者，那么我们用同样的作为可以建立同样的家庭、小区、国家以及世界。在每一个阶段，领导者都必须考虑人伦关系的挑战、人类需求之新视野与新深度，但同时不能忘记知识、理解、责任及顾虑他人福祉的基本原则。在此发展中，所需要的是互相体谅的开放精神、深度的反省谅解以及奉献投入以达到完整的愿景。

总结而论，在新儒家模型下，为了实践理想与令人向往的全球领导力，我要阐述以下十点：

1. 怀抱一愿景，是以考虑全人类及国家乃一和谐整体为基础。

2. 知道并了解民族与国家之间实际的相互依赖与关系。

3. 鉴于人民与国家之间的互动，推行活动以增进此关系。

4. 根据愿景，考虑协调计划的所有行动目的和动机，并从当中最基本的着手。

5. 研究现存的义务，考虑且尊重这些义务，如此我们可以遵守义务，或根据理性协商，做合理的改变。

6. 考虑相关人士及民族的基本权利，如此领导行为才不致违反基本权利。

7. 确定所有义务和权利在正当性、可靠的动机及初始行动的基础上得以实现。

8. 考虑包含所有相关人士的进一步或新的行动的可能性，以计算所有可能随之发生的效用。

9. 提出或试图提出所有目标中最佳的目标，作为在此环境下可以实践的可能目标，并确保此目标满足最大利益原则或利益团体、小团体之间最小利益原则。

10. 依照上述之愿景及理由做谨慎的选择。在评估时保持开放态度，在导正实践与发展过程中发生的错误时，保持开明。

二　古典儒家政治领导力模型

从帝王及历史的研究，我们可以看到领导力在于正面力量，指导、鼓舞、激励及驱使所有人去追求领导者、领导党派或团体所梦想、宣扬的令人向往的目标。为何领导者可以这么做？一个简单的答案是因为他可以提供令人向往的目标，人们受到鼓舞来达到此目标。令人向往的目标也许必须真正让人渴望，而此值得向往的事物可以满足我们的需求，增进我们的价值。换句话说，达成向往的目标时，我们必须振奋而不是消沉，必须对我们有利而不是伤害我们。在现实中，人们有时候会被愚弄以为真有其事，然而实际却恰恰相反。这表示要宣扬一个令人向往的目标，必须要有知识，因此我们可以保持信念，此目标是值得向往且能提供正当性的。为达此目标而不脱离原本愿景、偏离原本的追求，无疑地需要智慧、正确锁定的能力以及坚定的意志，那么领导者便能向人们确保最后的成功。

在此我们必须了解领导力在追求想象目标时矛盾的特质。我们必须体认到目标是在未来，而统治者可能无法达成，因为那是错误的目标，或环境改变了目标的特性，也或者即使该目标令人向往，却没有正确的手段或方法来达成。但我们为何仍重视且追随领导者的领导力？这是因为一个真的领导者有能力提供我们向往的目标，且同时以他追求目标的意志和能力说服我们，因此我们有理由和强烈的信心相信此目标可达成。他必须向我们展示，他有能力克服改变的问题、方法及手段的问题、组织或其他可能阻碍目标达成的因素的问题。最重要的是，他必须使我们信服，他梦想的目标是正确的，而且代表人民最终利益，人民最终可以认同，因此有了道德上的正当性。问题是，如何正当化不仅是主观上的信念，也要有客观立场。在这点上，真正的领导力在于将主观正当性转化为客观正当性。在此转化过程中，可以质疑或辩论该目标的合法性及正当性，而领导者必须说服人民或追随者他是对的，而且他知道自己是对的。这表示真的领导力成为一股力量，不仅将正确的信念转化成珍贵的行动及成就，也必须在客观立场上被接受及合理化。

在这点上，我们看到真的领导力可以创造价值，让价值支撑起令人向往的目标，以及执行行动达到目标。有许多人因为无法控制的因素，不能担保成功，但一位好的领袖必须是无畏的领袖，不怕困难，尽全力达到目标。他不只要有斗志和毅力追求目标，他也必须永远坚忍不拔地维护他的目标，精进自己来实现目标。他必须不断充实知识，运用知识来加强意志并鼓舞他人。他更必须有能力做组织变革及结构性的改革，由此他可以将世界及人民塑造成他认为对的目标，并且能够带给人民利益。为此目的，他不懈怠，永远往对的方向前进。对于任何偏离正轨的行为，他必须非常警觉，并且不怕去导正。他必须有洞察力而且有智慧，因此可以视时视情况做出合理且必需的调整。一方面他可以控制并鞭策自己，另一方面也能有效地提供诱因给人民，一起达到目标。最后，他有能力守成，并为未来继续擘画新的愿景，如此生活可以不断向前进，向上提升，有开明的未来。

以上就是儒家对领导者必备条件的观点。我们可以发现这样的领导力可视为完美的领导力，甚至是所有统治者、领导者都必须仿效此模型的理想的领导力。这的确是孔子所鼓吹及要求的。他认为这样的领导者是仁者，并且定义仁为“克己复礼”。《论语·颜渊》说：“一日克己复礼，天下归仁焉。”这表示天下将因“仁”德而和谐，而这是仁者作为领袖必须以身作则的。我们可以从《易传》摘录一段来看它如何描述真正的、完美理想的领导力：

> 与天地相似，故不违；知周乎万物而道济天下，故不过；旁行而不流，乐知天命，故不忧；安土敦乎仁，故能爱。①

从分析观点，容我将此种领导力的需求划分为以下几类：（1）提供且宣扬令人向往的愿景。一个领导者必须以此愿景说服其子民。对孔子而言，此举必须对人性及人性的知识有深刻体认，也就是对仁有深刻了解。（2）展示对此愿景的信念与知识，并解释此

① 《易传·系辞上》第四章。

愿景如何比起其他愿景优越。对孔子而言，这表示领导者必须有能力及美德来维护此令人向往的目标。这也就是儒家理想中的为政以德。(3) 使自己成为正直的人，以教化德行、实践仁义为基础，维持自己的愿景。对孔子而言，美德代表实践自己信念并影响他人的内在力量。(4) 能够就个人及集体需求与目标价值，正当化此信念的状态，并提供蓝图，让政府对内施行仁政，并建立以德和其他国家来往的国家权力。孟子称此对内政策为"仁政"，对外政策为"王道"。(5) 借由了解人民、与民共享，显示对人性的了解（此为孟子的"与民同乐"概念）。这也是儒家基于内省及体恤他人，以互惠和他人互动的原则：知仁，知礼，知法，知天命，知识。诡计及阴谋（怪力乱神和巧诈，即自欺欺人）都须受谴责。(6) 鼓励及建立信任与尊重。对孔子而言，这表示领导者为人正直与诚实。这也表示建立全面的美德并关怀人民。孔子说："子帅以正，孰敢不正?" (7) 正直且正当，根据对人民的基本考虑，有时是特殊考量，做对的事。连同"礼"，我们可以从这些考虑中衍生出"法"和规则。在礼的系统中，并不排除法，而是包含了法。因此儒家发现了礼或道理的共同点，可以应用在社会及国家中。(8) 能解决现存的冲突，并且随机应变，持续做出正确决定并且防患于未然。这是孔子所说的道德智能以及应用知识（智）的范畴。(9) 体认极限且为人谦逊，但有勇气面对危机及困难不屈不挠，并教育有潜力的继任者。这就是知天命的范畴，也关乎重要的训练、尝试及学习。(10) 安排或选择贤能的继任者，然后退休交出政权。这种禅让制度是在尧传位给舜以及舜传位给禹时所采用的。古典儒学相当看重这种权力转移的方式，也许认为这是最可取且合法的方式。而在孟子学说当中，则认为人民有权利推翻暴君，并且可选举或选择一位会照顾人民的统治者。而现代，虽然西方学者鼓吹自由的民主制度，但在实践上，或多或少结合了禅让、群体代表以及社群民主制度，而非个人主义的民主制度。我们也注意到，在广泛的儒家模式当中，也可能有道家分支、墨家分支及法家分支。①

我们可以进一步阐述这十点，它们不只定义儒家伦理学，也定义儒家的政治领导力模型。但就本文目的，这些已足够我们了解古典儒家领导力模型如何及为何塑造，以及在应用及实践上如何被预期。

我们应该了解此模型如何一方面作为个人道德发展模型，以此形成一和谐社会；另一方面，是集体政治发展模型，以此形成和谐政府或国家。孔子的独特之处便在于他要求道德发展为政治发展的基础与来源，并将此过程视为自然且自觉的自我教化过程。此过程随后在《大学》当中系统化地整理为自我教化的三原则与八步骤。②

---

① 这表示即使在儒家模型，也如道家一样，可以强调无为或最少政府作为的原则；或如同墨家，强调所有行为基于正当性及功利的原则；或像法家，强调管理和控制。

② 《大学》为四书之一，被认为是体现古典儒家思想的标准教学书。三原则为：在明明德，在亲民，在止于至善。八步骤是：物格而后知至，知至而后意诚，意诚而后心正，心正而后身修，身修而后家齐，家齐而后国治，国治而后天下平。

然而在现今世界，我们也许会有疑问，道德发展是否为政治发展的必要基础。我们可以将此分野视为分工，因此圣贤未必是有能力的统治者，反之亦然。这使得两个种类的人平行发展，一种是道德的，一种是政治的。但这不代表道德派的人就没有政治才能，或者政治派的人就没有基本道德。这两个种类的分野，可视为个人个体发展重心与公共个体发展重心的区别。但我们随即也必须了解这两种发展不能完全区隔开来，个人个体与公共个体必须互动且和谐以避免利益冲突。这当中还有其他复杂的议题牵涉在个人与公共的区别上，亦即如何各自管理，以及当发生冲突时，如何解决二者之间的冲突。权利与义务理论及社会契约论因此而生。①

至于儒家立场，则坚持道德我作为个人个体永远是公共服务及政治发展的前提及必要基础。道德人格就算不能被证明，至少也要假设。这是因为政治权力与领导力需要敬重和信任。若有官员被发现私底下从事不道德行为，他在公领域的作为信用会遭到质疑，因为他的自制能力以及做正确决定的能力用在公权力上不被信任。这显示出个人个体及公共个体本质上如何透过一个人的薄弱意志和民众对人类心理的感知紧密关联。②

另一个现代方式则强调制度化的管束与监督权力，例如法律与规范。一般相信，只要有适当的法律，并建立遵守法律的习惯，对个人道德的依赖以及完美领导能力的需求就可以减少，或者可视为理所当然，除非被证明完全相反。这就是为什么民主政治、民主制度以及分权对防止个人缺失来说是很重要的发明，因为这些制度承认人的缺失及弱点，并已提前预防。民主选举对维持一个能保有最起码道德标准、令人满意的政府，自然是有用的机制。但我们仍会质疑以最低限度的道德搭配最高程度的机构及过程控制，对形成良善社会或令人向往的繁荣社会，是否足够。要求充分的道德教化更能建构良善社会，因此真实的领导力必须发展自己的道德权力而不是消除它。由此观点，我们必须回头建构新的儒家领导力模型，在建立、维护或维持现代国家上，追求道德与权力的平衡。

三　现代化的儒家政治领导力模型

现在我们可以将真实的领导力视为基本“德”的表现，体现了前文分析讨论的儒家传统领导力之所有美德。我们可以看孔子如何对比他的道德模型与我们所谓的法家模型：

法家领导力：权力统治+刑事法规→人民不识道德

---

① 参见约翰·罗尔斯（Confer John Rawls）：《正义理论》，尤其是第四、第五章，剑桥，哈佛大学出版社，1971。

② 最近纽约州州长埃利奥特·斯皮策（Eliot Spitzer）辞职的案例就是这种状况。请参阅2008年3月13-16日的新闻报道。

儒家领导力：道德统治+礼仪规则→人民有道德品格

一般认为法家领导力是统治者以严厉的控制手段治理，这可以很有效力，而最好的统治者只要跟随法律，避免惩罚，然而在个别人民的部分，并没有道德意识觉醒或养成道德品格。因为人民无法管理自己，无法按照他们认为对的事做出正确行为。虽然这也许不是现代政治人物或统治者直接关切的，但从儒家观点，统治者有任务或义务创造道德发展或提升人民品格的自然环境。照此观点，孔子将“富民”需求紧列在“庶民”需求之后、“教化”之前。在回答学生问政问题时，他说：“庶矣哉”，“富之”而后“教之”。① 由此观点，他提供了德的模型，此模型在于以“仁”关怀百姓而治，并且有优先级的规则，在百姓部分必须进行道德教化，也不需要排除法律或经济发展。依照孔子的说法，如此可建立稳定的社会，同时也可确保个人培养自律的道德品格以及羞耻心。

我们不难发现法家模型作为统治模型的困难和缺失，虽然孔子也曾亲身赞美过郑国的法家政治家子产或齐国的法家政治家管仲。问题是虽然法律是有效的统治手段，但须理性的深思熟虑及广泛的支持以建立法家统治。而通常法律却不合时宜，且只为少数人的利益服务。孔子还为另一个不同的理由反对，亦即当人民知法，统治者就不会努力培养自己的品德，因为他认为靠法治就可以安稳。在我继续往下谈到奠基于古典模型的新儒家模型前，请注意实际的帝王术模型不等同于前文中孔子提到的法家模型。汉朝时，汉武帝提倡独尊儒家思想为官方意识形态，并罢黜其他诸子百家，包括法家。从历史上，我们可以注意到决策经常来自统治者的命令，而不是严格遵行儒家的道德教条。我们也注意到汉朝自秦朝承袭了某些习俗和规范。另一方面，汉武帝的确听进臣子的建言，努力提升自己。但由汉朝大儒董仲舒提出，以儒家伦理学为中心的三纲，可被视为且作为集权统治的政治工具，和古典模型中更加自由且互动的政治领导力有所不同。因此古典模型转变成历史上我们所称的领导力：

历史上的领导力：由主观意志与愿望统治——刑事法规及已建立的习俗+儒家角色及礼仪伦理学→人民可能有一般道德

然而此模型在1911年辛亥革命推翻传统君主专制，采用西方宪政体制建立政府组织及功能之后，被彻底否决了。宣称人民有政治统治的独占主权，且必须采取民主法治。因此我们有了以下的西方形式民主统治的非儒家模型：

西方民主制度领导力：民治（通常是名义上）——法律及刑事法规→人民可能没有一般道德

我们必须体认到，虽然政府罢黜儒家，但仍有一套社会价值系统存留下来，影响立法及一般百姓，且对于维持广大社会和谐扮演重要角色。正如我们所见，传统儒家模型

① 参见《论语·子路》9。

以个人道德教化及此教化的证据为基础，成为公共服务和统治的后盾。即使统治者无法完全实践，公职人员最终仍然受到皇帝控制及监督。这表示无论是好皇帝或坏皇帝，仍是塑造他的统治领导力最重要的角色。这决定社会是依照道德及责任被好好治理，或由其自身惯性维持，或甚至因邪恶及自私而败坏。在儒家模型下解决帝王权位的方式，就是君主宪政或完全民主。但从领导力观点来看，民主政府对有效改变及改革而言，未必是最令人向往的。

现在我们要谈到建构现代或现代化的儒家政治统治或领导力模型。此现代模型有何新意？第一点我要提出的是在现代版本当中，人民与政治统治权力关系更加紧密。统治的政治权力或领导力必须直接来自一般民众，因此必须有基于人民意志的法律，毫无疑问地仍仰赖道德、法律以及机构。

既然法律不只是统治者的王权，那么法律也许会更加客观，当然这并没有保证，我们可以看到英国查理一世的例子。接着我们要问，是否可由人民立法？如果我们有以民为基础的法律，我们将会有民主。另一方面，立法的民主程度当然取决于有多少人或有多少比例的人民是立法的来源。通常提倡民主必须融入新儒家统治模型，因此我们可以论及民主的儒家统治或领导力模型。我们可以下列公式代表新民主儒家统治及领导力模型：

> 儒家民主制度领导力：以人民意志为基础的法律——刑事法规+道德——礼仪规则→人民表现并学得道德品格。

这无疑会是一种理想的现代儒家政治领导力模型。

理想的现代儒家领导力模型假定是起源于中国历史及中国哲学的评论，这形成一种“综合创新”的完美典型，而我个人称之为“超融”，因为所需要的不只是综合体，而是从宏观角度对开放、效率及全面性有利的综合。① 若要了解此模型的需要及实际组成，我们必须了解历史经验及权宜如何为了发展与维持政治领导力而创造出道德训诫。在此不细说历史事实，我们只看政治领导力的发展，关乎应对社会及世界的改变，以及关乎了解和察觉民之所欲。

首先，先问人民到底需要且希望从现代政治领导人那得到什么？在我们了解现代领导力是为应对改变、改善结构、机构改革，如此可以确认或预期一种适当的领导力形式，接着我们就可以列出加诸政治领导力上的重要因素，包括向历史学习，学习当前知识以及对未来的渴望。在此附加重担下，我们将发现自己重要经验及记忆的保存，向竞争者或邻人学习，以及现代化和全球化的发展同等相关。（1）研究、预防并确认一套目标系统，形成具体计划，并承担该计划责任与执行。这包含建立一套价值系统，定义目

---

① 我在方法论及形而上学的论文中建立此种概念。

标并证明执行与应用之正当性。这也包含引导我们为目标和价值奉献的愿景和洞察力，以及顾虑到责任、组织、人力资源及资源和支持的创新发展。广义来说，就是认清真理、拥有知识以及发觉价值的能力。这最终形成了整合上述所有以替自己和他人带来和谐与安乐的人类智慧。（2）如同在方案中提及的，有能力建构及组织有效管理计划和方案的能力系统。为了做到，必须指挥、控制团体或团队工作，同时也提供监督、动力及支持以成功实现计划及方案。必须防止权力的滥用、傲慢以及腐化。在发展或拥有权力时，个人可以用权力取代及转化，而不是使用权力改变现状以实现目标。必须培养个人道德以加强自己的公共责任。广义来说，这是以民主或民主参与者及利益相关者为基础来制定法律和法规的能力，并且遵守。（3）有能力在影响力发展与转型力量上和对手竞争。这很必要，因为一个领导者能行使的领导力就在于影响力及转型力量，并且有许多竞争对手，因为也许会有其他方式来实现人民需要的良善与福祉，或其他吸引人民的目标。为了有效竞争，必须互相学习，并且找到合作的方法，以达成更好结果，使合作双方互惠。在这点上，主要的原则是结果原则以及策略手段原则。为达此目的，个人及他人的知识、对这世界以及发展局势的知识同等重要。广义来说，要有能力带给相关人民更好的利益和功效。（4）能够满足人民需求和欲望，并在发展目标及价值系统时预先设想。在领导力可以提供什么给人民方面，不能留白。在管理经济学上，需要的是货物和商品来满足市场需求；在政治领导力上，需要及预期的则是改变及转变情况，改善社会和人民成长的状况。这些状况可能包含权利和自由，以及人民在生活上得到福祉与满足的机会。一般来说，大多数百姓的首要顾虑是财富和安全。因此稳定、安全和环境是安身立命的必要条件，而接着就需要富裕及政治参与。政治人物应该体认到他的领导力可以让这些面向的发展成真。为了做到这些，他必须创新、革新，建立更好的制造及分配系统，同时促进社会及社会上的个人之繁荣与正义。而正如同研究国家和社会现代化的政治科学家哈罗德·拉斯韦尔（Harold Lasswell，1902—1978）所说的，现代社会还有其他商品。[①] 广义来说，这是体认个人及自然人类团体如家庭和小区的基本权利与自由之能力。（5）以自身为榜样达到实际劝说及公众信服，在道德正直与正义方面提升人性等级之能力。事实上，在考虑过上述所有政治领导力面向之后，需要的是着重将人类发展当作目标，而不只是当成资源。这需要所有领域中所有层级一起合作沟通。基本上，这项努力是要鼓舞及教育周遭的人，以及将追随你的人。这显示为何权力使用应该道德正当化，因为在使用权力时心存道德目标。这样彻底地投入发展人性以提升道德，就是政治领导力的起点，因为这是将一个人的道德正直扩大到社群及社会的所有人。这传达了道德创造力是以满足所有人为目的，而非手段。这也确保从具较高道德以及有同等责任感的人处得到适当传承。广义来说，这是建立人类天性及性格中道德传承之能力。

① 参见哈罗德·拉斯韦尔：《权力与人格》，1948。

(6) 有能力回到原点，无论成功或失败，检视所有结果就可从中学习以做到更好。这也是在回馈及自我修正的开放循环过程中，不断加强自己。但若领导人不愿在此回顾过程中学习，他就注定要重蹈覆辙、无法超越。因此有必要更正过去以创造新未来。这也是为什么经验绝对必要，一位真的领袖必须基于经验运用其心智，必须像在自我实践的过程中那样有系统、如供给需求的循环所显示。(7) 最后，超越自己的系统，才能建立新的系统或将不受欢迎的转变为令人向往的。这需要政治领导人有强烈意志，做出重大决策，放弃或坚持重要的理想或方案，以增信自己的道德并带给人民福祉。他必须有极大的忍耐力、洞悉力及自我修正的美德。此条件也许比上述其他条件更沉重，因为这是要求他无论有多大障碍或困难，都要是伟大的创造者及改革者。

有了以上七点必备能力，我们就可以讨论如何建立体现人类综合伦理学的现代化儒家政治领导力模型。很清楚，此现代化领导力必须包含上述七面向的能力及才能，因为它们显示出现代社会和个人对人性的了解。在我的著作《C 理论》当中第一次提及这些能力，每一个必要条件都以 C 开头命名，因为它们被视为人类心智的创意（creative）表述。因此在我的著作中，它们被命名为 C1、C2、C3、C4、C5、C6 及 C7。我们对现代国家和社会的经验，造就我们对这些相互关联的要求的看法。但有人可能会问，为何这被视为儒家思想，本质上如何从儒家衍伸出来，又如何超越传统儒家模型。在整合这些要求成为成熟的 C 理论之前，也许确实要回答这些问题。①

这七个面向都说明了对人类在现代社会及跨国关系的复杂环境中发展的顾虑。人性的政治、经济及社会状况，在孔子创立他的政治领导力道德模型后的两千余年间已经进化、改变。处理这些改变需要对改变的力量予以更密切详尽的注意以及加深了解。基于对由《易经》引申出来的改变的哲学之了解，我们可以看到，一种力量如何导出另一种力量，以及它们如何互动，在平衡及互补的过程中形成创造与毁灭力量的完整系统。意思是，对整体人性及社会的忧虑正是儒家人道主义的灵感。

因此第一项做计划的能力，是以人性的思考天性以及基于知识寻求改革的理性思考为基础。我们也可用它来证明人类应付世界变动以及借由参与积极寻求改变的创意。因此这可视为一种儒家动机，虽然我们也可以主张这是基于道家对道的理解。但是道家以及儒家对新模型的第一个面向的诠释，并没有不一致。这是因为它们都是以《易经》的改变的哲学为基础。只是道家着重于改变的整体过程，而儒家着重于人类心智对改变过程的反应。两种考虑观点都呈现了出来。在《C 理论》当中，我强调道家思想的重要，因为道家学说以人性之道反映出事实之道，并增进以道为中心思想的领导人之领导力的全面性及坚忍不拔条件。另一个重要的儒家思想是在第五面向，目标是要以增进人类现

---

① 参见拙著《C 理论：中国管理哲学》，北京，中国人民大学出版社，2006。我在 20 世纪 90 年代初期首度提出 C 理论并且出版了著作，名为《C 理论：〈易经〉管理哲学》，台北，1995。之后我修订并改写本书，以现今的书名于 1999 年在上海出版。中国人民大学出版社的版本为第三版。

状、实现人类作为道德存在之潜能为基础，建立和谐社会。这点在我的《C 理论》著作中讨论 C5 时，讲得非常清楚，这是改善人力资源及人类团结的要求。

至于如何推导出这七项要求，主要有两点。首先，事实上每项要求都可视为一种领导力及管理的古典立场，以哲学省思和诠释的方法论为基础。因此第一项要求如上述，可视为道家的要求。第二项要求可视为法家要求，代表法家应对改变的方式。其次，第三项要求可视为谋略模型，以孙武和孙膑的战争与谋略哲学为基础。第四项要求代表墨家应对改变的方式，墨家一直以来没有得到应有的评价。为了让人民从事有生产力的活动，领导者可能要面对许多稳定与和谐的挑战。墨子的功利主义也很重要，因为我们不能避免如何在经济利益及道德正当性之间取得协调的问题。孟子也高度关切这个议题。

至于儒家面向与其他面向有何关联，我们可以看到中心目标和动机是要将所有面向融合为整体，如此我们可以更有余力面对许多可能性，领导力及管理在当中扮演的角色是基于我们面对其他许多可能性，而这取决于我们的道德意志及有智慧的了解来实现。因此整个模型是基于儒家动机，且最终是要达到儒家目标。

现在我们的立场就是要在现代化儒家政治领导力模型中，整合上述七项考虑或人类能力的七个面向：我们看到第一项能力是源自“信”的美德，第二项能力则是源自“义”，第三项源自“智”，第四项是“仁”，第五项是“礼”。这是我在《C 理论》这本书中建立的整合系统。此整合的重点是要显示领导力最终的顾虑及目标是建立人道社会的人道关怀。但要做到，必须整合其他所有模型的考虑，以应对改变的力量及小区、社会演进的需求。我们确实指出不同的面向和能力，显示出人性及小区发展的现代需求。因此 C1 也许可以代表对人性朝向以个人与社群的自我实现和自我了解。C2 代表政治权力命令及培育的功能。C3 代表经济权力在市场竞争及分配中的功能。C4 代表制造产品以分配和竞争的科技生产力量。最后，C5 代表建构道德社会及和谐小区的文化与社会力量。

很明确，在这 5 个 C 当中有逻辑顺序，从人类对价值观的意识开始。但若要有所作为，实现权力及领导力，就必须考虑 C2。因此 C2 可以说是 C1 的结果及目标。C2 必须作为发展的手段，以达成 C3。此发展是要建立竞合的关系，如此可以在众人之中取得一席之地。经济上，这是要建立市场分享，政治上则是在国家之间的权力分享。但是我们该用什么来提供世界竞合？因此我们必须有 C4 来发展自己，成为有生产力的因子，从而 C4 代表科技生产及其他商品，是交易及增加财富的基础。有了在 C3 确认的交易及竞争，在 C5 将能达到国际和谐及团结的社会。因此 C5 代表道德的等级以及受道德规范影响的人类文化，从而代表在由道德个人组成的道德社会中，人性实现的程度。

至于 C6 和 C7 呢？答案是 C6 代表在回馈及相互加强的循环中，开放循环的事实与价值。C5 必须回归到 C1 的基本考虑，并加强或改变以与当代知识一致。同样，C1 会回归到 C2，以此类推，每一个回归都是人性的相互加强、更新、再生与提升。至于 C7 则定位为应付危机、重大困难或灾难的自然损坏之能力与功能，因此领导人不必为特定的过程或定位受限、拖累，能够以创意开启新局面，超越原本系统。这显示宇宙和人类都会遇到极限，但都以不断创新永续发展过程来克服。

现在我们以下列图表来显示现代化儒家政治领导力模型：

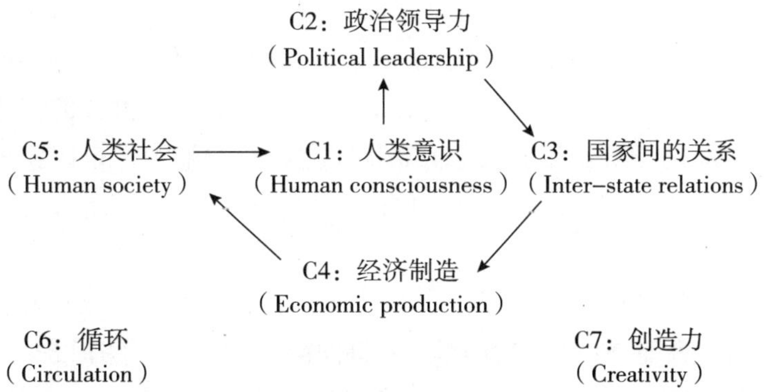

根据道德能力在领导力功能之具体整合，正如新模型的七点当中所解释的，我们也可以用下图来解释这些能力如何代表道德领导力的整合伦理学系统：

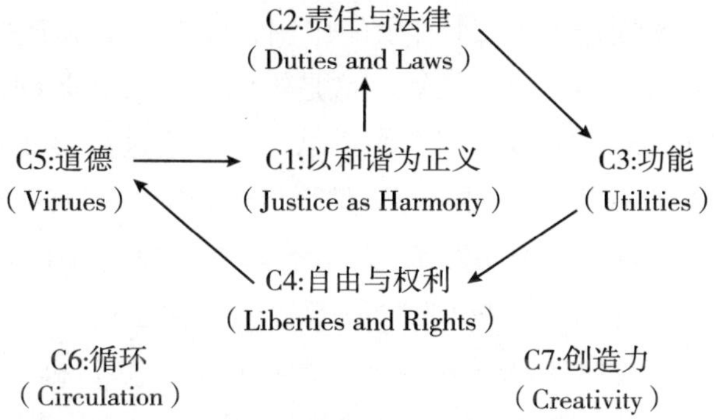

为了将现代化儒家模型看作伦理学及政治权力的道德导向及动机性的系统，我们可以将 C5 置中，看它对政治领导力的意涵会有何不同的功能和结果，这可以应用在地区、国内、全球以及国际：

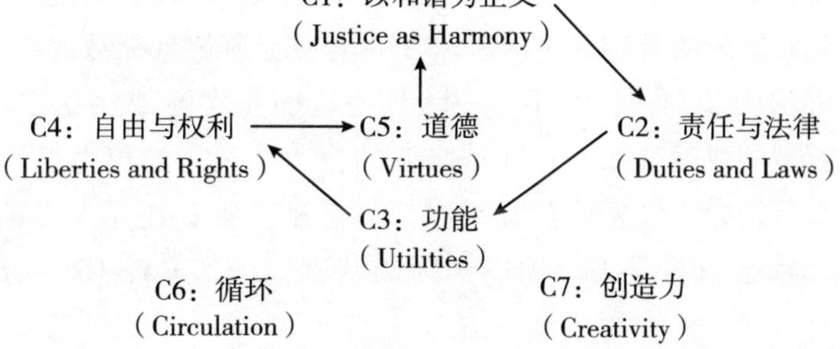

四　从国家领导力到全球领导力

在上述现代化儒家政治领导力模型的建构之下，我们可以看它如何作为在中国建立国家的政治过程之描述，以及作为执行此过程的指示。有此图作为索引，我们可以看到中国如何在19世纪中期受到欧洲列强侵略之后，开始现代化启蒙，并开始转变的过程，最终成为古典儒家政治领导力现代化的过程。它由人类对现代世界的意识以及在现代世界保全一个地方的危机开始，几乎花了150年才完成重新组织一个国家成为现代国家的整体计划，历经两大革命以及许多动荡，同时还要处理危机、侵略以及来自外面世界的反对力量。

我们必须看中国在外来及敌对势力之下如何深切反省，如此才知道要采取什么行动，以及该怎么做。这是20世纪初期的C1时期的中国。到了20世纪中叶，中国已经基本解决了组织的问题，并且实行社会主义体制，这是第二阶段，称为C2。我们可以称在C2阶段的中国为C2的中国。到了20世纪末，它已经发现了经济的力量，并且投入发展国际市场，所以中国可以在国际世界竞争与合作，这就是C3的中国，实行改革开放政策的中国。现在看来则进入了C4阶段的中国，需要同时在质与量上升级生产力以及消费产品。这阶段是智慧的考验与挑战。这是中国文化及文明创造力的挑战，因为这包含在科技发明等方面，对世界做出创新的贡献。此阶段也是要建立或加强约瑟夫·奈（Joseph Nye）所称的柔性权力、聪明权力。但最后，在前方还有一个阶段，此阶段所有上述人的努力，都因对人性发展有贡献而道德正当化；在此基础上，人性、艺术及文化受到鼓舞而蓬勃发展。但这也表示在C5阶段奉行的人性道德权力应该为道德努力提供诱因，使世界和平与和谐得以实现，并应该为世界达到儒家目标。这就是理想中C5的中国要奋斗去达到的。

根据最后这段陈述，我们可以看到现代化的儒家政治领导力模型如何被引导：它从经济、科技、政治权力甚至宗教信仰的全球化，引导向道德世界。在全球化的背景下，所有人类努力都可以且应该转变为相互支持、共同成长。这些力量全球化的儒家目标，是要使它们道德化，朝向和平与和谐，如此人性才能真正发展。正是基于此愿景的基础以及不断努力达到此愿景的基础，中国可以建立实质上道德且无敌的全球领导力。此全球领导力以道德诉求为基础，但并不是一无所有，而是实际地建立在经济和政治的了解，以及道德与智慧的成就基础上。这是协调的权力、教化的权力以及道德化的权力。因此现代化儒家政治领导力模型不仅提供在全球基础上重新建立人类社会的理想目标，也在经济、政府、社会及哲学上，提供实际的基础，正如C4、C2、C3、C1所分别代表的。

儒学复兴与现代国家建设*

1985年，我第一次回到国内，在北大做演讲，当客座教授，同时又在当时的中国文化书院做教师。那时93岁高龄的梁漱溟先生跟我们一起，在军事学院、外交学院演讲，礼堂里有1 000多人，当时的热情是非常令人吃惊的。20多年后的今天，中国和世界的经济、文化不断发展，我们更需要进行再三思考。尤其是在当今中国面对世界、世界面对中国这样一个大环境之下，更应该思考中国自身、中国文明、儒家思想的重新定位问题。这是个老生常谈的问题，但在今天它又有新的意义。过去一百年来，中国基本上处在一种被西方人界定的地位上——什么是中国的文化、中国的哲学、中国的社会，什么是中国人应该扮演的角色。这种界定在很大程度上影响乃至决定了我们自己对自己的认识，当然其背后隐藏的权力关系也被过去的我们不加警惕地接受下来。在中国建设一个现代化民族国家的当下，儒家思想怎样才能积极恰当地参与进来，发挥正面的积极作用，就成为我们不得不重新思考的问题。

一　民族主义并非儒家的问题

中国当前如何建设现代国家，或者说得更深刻一点叫现代民族国家，既是所面临的现实问题，也是世界已有格局的要求。这一问题，从五四以来就一直困扰着国人。是不是因为在国力上没有西方强大，就干脆不要谈中国的传统，来全盘西化？其实西方文化也是发源于古希腊和希伯来，中间经过文艺复兴和宗教改革的挖掘转化，所以其内部有民主的东西，也有反民主的东西，有科学的东西，也有反科学的东西，有反人权的东西，也有反法律的东西，关键看如何发展。对中国而言，它不可能跟过去的历史完全斩断，全盘西化第一是做不到，第二也不利于中国的发展，甚至不利于人的发展。

20世纪80年代中期我回国，大家最关心的问题就是中国怎么现代化，或者在现代

---

* 原载《文化纵横》，2012年第1期。

化过程当中，中国文化尤其是儒家文化会扮演什么角色。其实，我一直以为，中国革命能够成功，甚至今天中国经济的巨大成就，都和儒家有莫大关系。没有儒家对人的一种信心，没有儒家刚健自强的精神，没有所谓“变则通，通则久”的变通精神，中国不可能有现代化。所以儒家必然会成为中国现代化的一个重大的机制。

具体而言，是因为儒家有如下几个十分重要的特点：一是重视人的发展能力；二是这个能力本身具有社会性，因此它也具有道德性，所以发展不是为了个人而是为了社会；三是发展是一个过程，它是可以按部就班、从内而外、从小而大、推己及人的，所以它是可以执行的生活修养程序；四是它不但可以从个人修养发展到国家治理，而且还有一个天下观，就是等国家发展到一定程度，它也可以兼济天下，使天下获得和平；五是儒家对异己思想采取开放并包的态度，它符合人的基本需要，不走极端，允许把国家治理需要的各种条件集合成一体，达到发展社会、国家、天下的一种可能。

在上述意义上，我赞同儒家思想能够建构一种相对温和的“儒家民族主义”，我也觉得它不太会变成某种心智封闭的、以族群为基础的民族主义。

人的社会是由小而大，是基于社会发展的需要与人发展的需要而进行的。但无论如何发展，都不能脱离维护社会存在的正义秩序，也就是必须紧密地切合人的生命与人的知识而发展，即使道义也正是建筑在生命的需要与知识的需要之上的。一个全球化的社会就必须要有一个维护生命秩序的知识体系，一个维护知识体系的道义体系。当然今天的人类历史还没有发展到这样一个能维护生命与知识的正义体系，使人们在生活中可以享受和平安全与生活的福利，充实生命，开拓知识，可以进一步来完善我们的社会及其道义的秩序。但完美的社会是可以追求的，也是可以作为目标来改善现实的，至少是我们生活的动力与生命的价值所在，所谓“虽不能至，心向往之”。这是儒家的信念，也是中华文化的信念。

但前段时间挪威爆炸案中所体现出来的欧洲种族主义却和这种信念背道而驰。当我们在逐渐了解西方之后，会发现西方的价值观虽然十分重要，但可能有适合我们的，也有不完全适合我们的。它不是唯一的发展方式。我讲中国哲学的现代化与世界化，并不是说儒家就要排除世界，自己再创造一个世界，也不是因为其有“天下”的概念，就不重视“国家”的概念，而是讲儒家具有作为一个现代国家所需要的主要因素。

民族国家，即 nation state，是由单一民族发展而来的，最早出现在欧洲。这种方式和中国以汉族为主体建立多民族国家的传统有很大差别。

西方因为是纯粹的民族国家，所以内部矛盾很多。例如最近英国的动乱，也或多或少与其作为一个民族国家的种族因素和宗教因素有关。英国除爱尔兰之外，民族成分比较单一，但由于其殖民霸权历史，现在涌入大量印度和非洲移民，成为民族国家高速发展的负担和不稳定因素。原来的民族国家是单一的民族，现在已经不可能单一了，在全球化以及后殖民时代的国家，必须要面对所谓新移民的问题，以及由此而带来的种族问题。

这些移民很难和本国的人融合在一起。因为除了价值观，生活传统（文化生活、社会生活、宗教生活）也很不同。移民比较多的国家一般都会出问题，如几次大骚乱都发生在英国；德国也有很多骚乱，像新纳粹主义等；北欧一些国家，如丹麦、挪威也好不到哪里去。在这种意义上讲，民族问题不但在西方社会长期没有解决，而且还很可能会继续出现。这也是全球化所面对的问题。

回来看中国，因为在历史上一直要面对外来民族，所以中国对民族从来都有认识。不管面对什么样的外来民族，都采取融化、融合的方式。儒家说得很清楚，夷狄入华夏，只要遵守华夏的礼仪，则华夏之。在这个意义上讲，中国是尽量用文化的方式来提供少数民族提升发展的机会，用教育的手段和文明的手段把少数民族容纳到一个大家庭里边。所以中国的基本问题不是民族主义，而是文化融合的问题。

《论语》里面讲："言忠信，行笃敬，虽蛮貊之邦行矣。"乃至"修文德以来之。既来之，则安之"。这两段话很重要。所以关键问题是我们的文德怎么样，怎么来证明自己也是有一套的，别人采用了也能够化解一些冲突和矛盾。

二　中西价值差异与天下大同

一百多年来，西方文化作为一种强势文化，对中华文化形成很大压力，乃至一直有人质疑，如果和西方的所谓普遍价值相比，我们是更应该强调儒家的统一性，还是特殊性?

必须指出，普遍价值实际是由众多的个人、族群、社团逐渐实现与发展出来的，有其一定的内在的历史性与文化性。由于西方文化与东方文化的不同以及历史发展的不同，所谓普遍价值是具体的情志集合为一体发展出来的，到了一定的层次就成为自觉的理性的普遍要求，具有一定的目的性与理想性以及规范性，但仍不应脱离情志的现实及其发展的条件。基于任何普遍价值都有特殊性的一面，而不能脱离特殊性来谈，我们必须说尊重特殊性方是发展普遍价值的重要手段。而自觉为普遍价值的文化与政治主导者必须反躬自省，是否应该尊重他人的历史与文化行为。尊重他人的特殊性，并非不可以以己之所具有与所成就向世人示范，引发他者的学习兴趣与尊敬，而非以之为获取自身利益的手段与实现个人或国家权力的方法，甚或强加于人，勒索于人。这里牵涉到一个普遍价值如何落实与应用的裁断的问题。如上所说，普遍价值是一个理想的价值，是人们应该去追求的，但不是所有的普遍价值都可以在同一个情况下同时实现，因为这有一个起点的问题，有一个先后次序的问题，有一个整体需要的缓急问题，有一个实践资源的发展问题，也有一个不同价值的冲突问题，等等。

基于理想价值的历史性与文化性，我们有中西两个不同的价值系谱，包含两类不同的理想价值。此处就中国、西方社会与国家一般的理想价值来表露。

西方社会与国家对内的理想的价值系谱是自由、平等、人权、法治、制衡，对外的价值取向是强权、实力、先进、占有、控制。这些都具有不同的目的性，但也往往形成相对的工具性，都与西方实际的历史发展有关。举例言之，古希腊城邦制度的发展容许不同城邦各自发展有利自我生存繁荣的政治体制，导向了雅典民主与斯巴达军权的相互竞争，罗马帝国的发展则导向了专制独裁的法制社会。

至于近欧自由经济与资本主义以及科技发展则在其强力的工具性上形成了强力的目的性，比如人们以聚集财富或大量牟利为最大之乐，此为西方发展出来的资本主义走向侵略压迫他国的帝国主义强权提供了发展的动力与动机。西方社会与国家强调了个体与全体的对立性，故在国内处处防范集体或个人权威的压迫，发展了民主与法治，但对外却为利益与权力无限扩张，逐渐成为强权霸主。西方过去的大国兴起莫不如此，而今天的美国更是突出这个内外矛盾的特征，形成了对内民主、对外霸权的不伦组合。

由此观之，我们不能只就一个或两个基本政治价值来评价一个国家的政治形态。

中国社会与国家对内的理想价值系谱是诚信（良知）、忠孝、仁爱、信义、礼数、责任、和善；对外的价值取向则是传统的恩威并施、以德服人、怀柔、道义，现代的自主、互惠与友善。在传统中国文化中，情感与需要从个人的类比转移到小团体，然后扩大到大团体，并不强调大群体对小群体与个体的可能侵害或个体与团体的对立。相反，强调的是大对小的关注与小对大的依赖或信赖。当然这也就给了当政者一个假公济私的机会以及扩大权力的机会，形成了中国历史上的政治专制与封建独裁，也使道德的五常伦理转化为政治上的三纲体制。但中国在近代史上经过了两次革命与多场斗争之后，却不必走传统政治的老路，也不必接受西方的发展模型，而大可融合中西文明之普遍价值，走一个整体的和谐化、上下的沟通协调、左右的相互合作互惠之路，把自由民主与社会和谐以及道德责任结合在一起来发展社会，建设国家。

中西之间，哪个体系更为真为善为美，应该说并无绝对固定的答案。我们可以用最后效果来衡量，也可以用人性的最初偏向来衡量。其实西方更偏向国家主义，要用民权宪法来限制国家权威。故强调超越个人德行走向康德的责任主义，随后又建立功利主义的新典范，相对地废除了康德的绝对责任主义，20世纪西方又建立了个人权利主义的范型，在英美形成了民主自由主义的世界观。中国事实上更重视个人的发展，重视在个人层次上的理想价值，因而不以国家为对抗的对象，而以之为个人发展的依托。此一事实说明了个人修身的重要，走向向上发展的德性主义潜在地涵括了责任、功利、权利等价值功能。必须指出：凡是西方正面的普遍价值，中国也都能理解与实行，并进行制度化。同样我也相信，凡是中国具有的正面价值，西方也可以理解与实行，并进行制度化。但如用西方已发展的普遍价值及制度来衡量与促进另一国家与社会的发展，则是不当的，这实际是一种工具性的权力运用而已。此一现象可名为“现代普遍价值的工具化问题”。要认识的是，以儒学为代表的中国文化早就摒弃了以强加己于人为普遍原则的行为，即使是善，也不可强加于人，只能“善与人同”，“与人为善”。这也才是“推己及人”的真正意思。

由此，我们谈一下天下大同，这是现代意义上的全球和谐。在《大学》中，全球和谐的理想就是平天下，它依然是以个人的努力为基础，认为有了德天下就能太平。确切地说，个人的努力必须符合互惠原则：“所恶于上，毋以使下；所恶于下，毋以事上。所恶于前，毋以先后；所恶于后，毋以从前。所恶于右，毋以交于左；所恶于左，毋以交于右。”

为了实现全球和平，应当遵守上述原则。因为在世界上，国家不应分上下、左右、前后。这些原则可以应用于不同时期、不同发展模式和不同生存方式的国家。

世界各国都应当思考这样一个问题，在这个由众多国家组成的世界上应该如何确定自己的位置，应当如何依据作为仁德的克制与自律原则去行事，因为只有把其他国家看成是独立平等的国家才能得到对方的尊敬。这种克制原则可延伸为上面所提到的互惠原则，不要占任何国家的便宜。克制原则和互惠原则的形成是极其理性与自然的事，其目的是让大家知道，什么样的事不应该做。但是，需要做什么事则是另外一个问题。《论语》中就有“己欲立而立人，己欲达而达人”的原则。运用这两个原则的困难是，我们需要知道我们想获得的东西或许恰好是他人不想获得的，还需要知道他人的需要和欲望以适应他人。如果每个国家都这样考虑他国，全球和谐便容易实现。但问题经常是人们不知道他人的需要，而他国的需要也许正是自己国家的需要。各个国家为了自己的发展展开竞争，成为竞争对手。因此，实现和谐不仅要克制，还要理性地、公开地进行谈判，为了双方的利益达成谅解。

从这个角度讲，就是和而不同。暗含的困难是：差异是否能造成不同，是否对未来构成威胁。就此而言，理性地思索与讨论，并进行合理的交流，毫无疑问是非常重要的，所以，只注重个体的道德也是行不通的。在《礼记·礼运》中，实现天下太平的理想国又被描绘为“大道之行也，天下为公”。这个理想国家的重要特点是，选出圣人与智者来服务众生，倡导诚信、和谐与友谊。在这样一个理想的世界中，人人都能得到关心，就像在家里一样，人人都关心他人，不仅善待老人，儿童和弱者也会得到很好的照料。鳏寡孤独均有所养，男女同样居有其所，行有所止。其他理想性质的内容还包含：财物不必只为己用，做不做事无人忌妒。在此完美的社会中，夜不闭户，路不拾遗，无盗无抢。

这个国家被称为大同。我们确实可称其为同和或共和，可以借用汉语中“共和”这个词来说明这个理想国家：天下为公，人尽其才，和谐相处。这也是《中庸》里所描绘的国家：“万物并育而不相害，道并行而不相悖，小德川流，大德敦化。此天地之所以为大也。”问题是，这样的国家是否只是一个乌托邦，而不能存在于现实中。从理论上讲，还没有一个国家能达到这种程度，它涉及相互间的信任，对政策的信任，以及对统治权力的信任；它还涉及对目前的生产和分配的经济模式的修正。它不完全是由公正分配占主导地位的社会主义国家，因为它是由人的道德转化而来的，其依据是他们的道德品质和信任互助的能力。需要说明的是，仅仅通过理性是无法建立这样的国家的，只有通过每个人的道德修养，这样的国家才能出现。确切地说，这就是儒家的观点，即把普遍的道德修养看作国内和国际利益以及社会利益和谐化的基础。

三　儒教是否可能？

从上面的分析可以看出，儒家尽管一直强调道德，但并不将道德看作一种纯然的个人修为，而是把它当作一种从内而外的治理方式。它建基于对人的基本认识和信仰。由此，蒋庆他们提出所谓“政治儒学”，这从儒家来讲并没有什么出格的地方，在此我想一并简单谈点自己的感想。

据说蒋庆他们的提法里配有一套很实际的操作设想，如建立贤人院，或者如陈明所主张的那样，把儒家作为一种公民宗教来实现。他们认为找到了一个儒家发展的模式，中国人应该走这一模式。但是从纯粹学术或者从一个文化发展、世界发展的角度来讲，我对蒋庆这种第一以儒家为宗教、第二以儒家思维建立一种明显经验主义的社会制度，即所谓的政治儒学，是有保留的。

今天的潮流是把宗教开放成一种自由信仰。很多人认为儒教就是以儒的哲学来教化大家，这叫儒教。修道即为教，就是要修身养性。对这种从内部建立德行的做法，我没什么反对的，但如果把它理解为儒家的宗教，那意思就不清楚了。把儒家“天”的概念变成超验的“上帝”，用西方宗教的那一套来塑造一套儒家的宗教，我认为这是违反儒家基本精神的。其他宗教里都有一个超验的神存在，而儒家却从来不把天人绝对分开，所谓平凡里面有神圣，神圣里面也有平凡，人是处在一种开阔的精神空间里面，可以实现发展提升的现实可能。

当然传统的政治儒学中有些东西，比如内圣外王，也是把某些人神圣化，大家要以他为准，他是一个新教主，这个我也是反对的。因为每个人都应该有自己的信仰空间。事实上，也没有可能将儒家定义成宗教，你怎么宣布国教？为了中华民族的发展，我们是要强调国学，要把这个发挥出来，这是我们的精神价值、社会价值、核心价值。要信仰这个是好的，是我们所需要的，但要把它变成一个宗教性的信仰，还是说把它当成全球化伦理中一个最高的伦理原则，我可能更倾向于后者。

第四代儒家现在在中国大陆，他们讲什么生活儒学、政治儒学、宪政儒学、人民儒学，这些我觉得都是很好的。当初，第一代新儒家的产生，也主要是为了应对所谓西方的冲击。到第二代就基本在中国台港，第三代基本是在海外，与中国大陆稍微间隔得远了一点。现在第四代应该说又产生于中国大陆，主要针对中国大陆目前发展过程中所凸显出来的问题，这是很好的。儒学本来就是回应社会、回应时代、回应人的需要的，在某种意义上讲是把前几代儒家基本的哲学理念落实了一点，应该可以期待接下来的儒家学者会在未来中国的现代化建设中起到一个更大的推动作用。

当然，我要提醒一点，即第四代儒者不应该脱离第三代、第二代乃至第一代已有的研究成果，应该在这些成果的基础上来进一步完善，不应该无根地去谈问题。比如，就第三代儒者来说，他们在中西哲学、中西文化的沟通上，所做的贡献就多一点。第四代与之相比，这方面明显还欠缺一些。因此，如果第四代儒者能够和前几代更好地沟通、汇合，则会对中国的经济发展、社会发展和政治发展产生更好的激荡。当然儒家的现代化或者儒学的现代化，应该有它可持续发展的视野，不可能从第三代转型到第四代就算完成了，而是还应该有第五代、第六代，一代代传下去，建立一个更开阔的现代中国的生活格局、政治格局和道德格局。

儒家哲学的理论重建及其五项实践*

一　重新认识儒家哲学理论重建的意义与重要性

必须承认儒学的传统已丧失其整体精神，而其价值体系则散落在现代生活的平台之上，往往无关乎现实的生活方式与社会习俗，成为少数人的理念或信念而无法发挥其转化社会与教育下一代的有效力量。儒家哲学中天人合一、知行合一、言行一致、内外表里如一、择善固执、与人为善的自我与他我要求，已非当今社会的普遍价值的期待。这个社会不但没有了君子、大人与圣贤，也没有了单纯的小人，更多的是小人化的君子与君子似的小人。代之而起的是利益导向、权谋手段的功利主义思想与行为规则，配置以一种邪理与似是而非的矫情。这是反儒学的潮流，但在其根源上却也同时发挥了现代化加上后现代的个人主义兼理性与反理性主义精神。理性纯粹成为工具被利用。纵然如此，我们为什么还要积极地追求儒学的价值与规范呢？为什么我们仍能为儒家的古典经典所激励与感召呢？难道只因它是我们历史人格的一部分，而对之有深厚的情感认同吗？或是它含有精微宏大的生命智慧让我们难以舍弃吗？我们在生活中不能采用德性的儒家的性情伦理，行仁为义，难道是为环境所迫吗？我们不能实现儒家治国平天下的理想，难道是我们无法进行自由的选择吗？从这些提出的问题所面对的可能回应中，我们显然可以感到儒学在中国现代化中的失落是有其客观与现实原因的。其中最大的原因是传统（非原始）儒学的气质已无法适应世界的文化潮流，也就是无法抵御现代化与西方化的组织文化与科学技术的影响，不能满足现代国家发展与社会生活的需要，无力面对国际的竞争，无力对抗世界强国的暴行与其经济、文化的侵蚀性。

因此，我们也必须以现代化来武装自己，来发展我们求生存与独立自强的力量，建立一个现代化的国家，一个现代化的社会，一个现代化的经济，一个现代化的治理之

* 原载《社会科学战线》，2013 年第 1 期。

道，一套维持生计与保护自我权益的现代化策略。因此，我必须说儒学并不必然反对这些求生存有竞争力的生活模式，或一个自然演进的知识社会与现代文明。当然我们可以追究何以人类发展到这样一个现代化生活模式，而我们作为人到底能做些什么。在此我无法做出详尽的说明，只能简单地指出：人类历史的进程有其不同的遭遇，东西方文化的差距及其发展后果是人类全体必须共同承担的。现代化的发展并不是偶然的、任意的，但也不是完全为历史因素决定的或支配的，而是一个有意或无意的情况带动了另一个有意或无意的情况的连锁，是一连串历史事件逐渐发展出来的可能性的实现。存在的不一定是合理的，合理的也不一定存在。在这个反黑格尔的命题中，我们看到人类的历史必须向前发展的理由与动力，而人的意志与理性的参与也是必要的。有了这个现实性和理想性的分别，我们才能认识到为什么人类有很多美好的价值往往未能实现，而已实现的美好价值却能在一定时空中被抹杀或销毁，代之以低下的现实的粗糙的生活元素。但也让我们相信我们的意志与努力也能改变自己的命运与人类历史。

无疑，现代人类生活的一个特点是走向平民化，因之体现出来的是孔子所谓小人的庸俗的价值概念与行为。一些高贵的气质与生活信条在现代化的紧迫与纷扰中早已随风而去。这里说明了当代中国社会对儒家君子的敬意，对所谓大人、贤人与圣人的崇高情怀，会显得如此微弱与遥远了。这自然不是单一的个人因素所造成的，而是现实社会在现代化的环境中形成的状态。但我们作为现代的儒者却不一定那样心甘情愿地放弃我们体验到的或知道的儒家情操与理想或者对人性的信念。

基于这样的理解，我们要认识的是儒家作为一套人的存在与生命的本体哲学，在中国历史上曾扮演极其重要的指导角色。我们必须面对的是，由于现实的文化与社会变迁以及经济与政治力量的强力发展，儒学的价值体系已无法驾驭现实与指导现实，而不得不让位于政经发展的意识形态，甚至接受其受批判而面临消解的命运。如果儒学在鸦片战争以后能够自行更化，找到一个最佳的整合现代化与儒家社会伦理的方案，主导或引进现代制度与工业化的进程，中国的社会显然将有不同的历史境遇。如此我们或可想象中国作为现代国家当以某种方式构筑在儒家自觉的价值体系之上，同过去历史与文化传统或许就不必有猛烈撕扯与断裂的痛苦。不幸的是，历史的进程往往走迂回的道路。在此迂回中我们还得承受诸多暴力与不义，几近覆灭。庆幸的是，我们毕竟发展到此一关头，我认为当代新儒学的发展已为儒学的生命哲学与价值体系创造出一个革新而独立的地位，且能发挥道德上与政治上的某种影响力量。当然儒学能不能作为社会危机的解救者、文化价值的创新者与政治制度的改革者，正面临着严峻的考验。

显然在目前这样一个社会处境中，无论儒家的理想价值能否获得指导与规范社会发展的地位，我们仍可深信儒学有其蕴藏深处的活力与泉源。问题在我们如何挖掘这块土地深处的灵泉。就我看来，儒学的再发展端在重建儒学的理论体系，以作为社会发展与进步的力量与价值根据，还要同时扮演起转化社会、解决政经问题的基本资源。当然这不是把儒学变成宗教，完全用超越的信仰来发展儒学，而是把儒学变成一个论证者、抉择者、决策者、领导者，在一个知行合一的文化高处维护人类文化的价值发展，使现实社会多一份理想的色彩，也多一份发展的动力。

此处我想提示儒家发展的两个重要角色：一是把儒学看成文明与经济发展的必要工具，这是儒者必须认识的，所谓俯首甘为孺子牛，因为这是今天的企业管理与社会秩序维护者所需要的；一是肯定儒学的主体性，策略地运用社会进步的力量作为实现理想的工具，也就是用以追求一个兼容理性文化与德性文化的社会目的。我认为儒学角色这样的双重性是儒学能够起死回生的奥秘所在。但如何才能发挥这双重的角色力量呢？我的回答是：只要不断地把儒学的理论说清楚，把它的理性原则与德性伦理的理想价值举出来，儒学就能把历史文本的沉默转化为现代话语的说服力，再转化为现实的实践力了。在此一理解下，儒家哲学的理论重建成为必然，理论重建的理由就是把儒学建立为价值的标准，使它能成为社会发展的目标，也能成为人们行为的标准与崇高的价值理想。简言之，理论重建在建立可理解的话语，把精华的元素与精微的智能提炼出来为人们所体现与实用。

秉承儒学发展的历史使命，我们必须从多方面来理解儒学及其实践的重大意义。首先我们注意到对儒学的理解必须是上下左右贯通的，也就是贯通东西而不仅贯通古今。我们也要注意到儒学在与道、佛、耶等宗教思想竞逐中应如何辩证发展，并说明儒学历经不同时代的发展与其坚忍不拔、锲而不舍的精神活力。就我个人而言，我对儒学的理解始于对生活的体验与反思，然后贯穿了中外对照与中外互通的认知。由于对西方哲学传统深刻的认识，我深知掌握西方哲学的本体特性及其所以然的发展，是提升中国哲学或儒学发展的不可或缺的方法途径。我们必须认识到在全球化的世界格局中，中国哲学或儒学目前处于何等地位以及面临何等发展的困境。我们当然也要从人类发展的需要中认识到中国儒家哲学的复苏对人类社会与西方世界的重要性，而不仅是对中华民族的复兴与中国国家的崛起具有重大意义。在这个认识下，我们必须坚持在理论与实践上充实儒学的活力，使其有能力在全球化的整体意识下建立一个正义与和谐的世界。

我自 20 世纪 70 年代构思中国哲学的重建工作，目的在推动中国哲学的现代化与世界化，于 1972 年出版《中国哲学的现代化与世界化》一书，说明如何重建及重建对中国哲学走向现代与世界的必要性。事实上，在此重建的基础上，才有在现代的西语世界里中国哲学发展的可能。我说的重建在当时的西方哲学的语境中指的是哲学概念的意义澄清与论证推理前提的分析，是涉及语言的意义分析与语句的逻辑分析的。当时有三个方法学的学术意见相互争胜，形成哲学方法论上的三国分立：一是以逻辑为基础的分析哲学，在奎因与卡尔纳普的论辩中凸显出来；一是以摩尔（G. E. Moore）日常语言用法分析为中心的日常语言哲学派；一是基于乔姆斯基（Noam Chomsky）的转型文法形成的语意与认知科学的语言心理学派。20 世纪 60 年代，我深入奎因教授的语言哲学体系，从事科学方法论与自然化知识论的研究，对于哲学问题首重逻辑的分析，再予以整体的概念的构建，同时展示逻辑的理论结构与经验的意涵结构是与科学理论建构方法接轨的。我认同一个理论代表对一个真实世界的肯认，用以说明与预测时空中变化的事实与经验现象，甚至进行对经验世界的理论结构的规范。但我却从头质疑此一方法学涉及的化约主义（reductionism）形上学，把语言中所有的意义都推向物理世界或感觉世界。在我的观感中，物理世界之上有生命世界，感觉世界之上有心灵世界。但这二者如何统一或结合呢？显然我们不能不有一个整体的本体结构来进行此一统合的工作。

此一统合的功能在奎因是不存在的，但在康德却是用纯粹理性来完成。经过长期的思考，我悟到只有具有深刻含义的中国传统名词“本体”才能堪当此任。但要本体担当此一统合的任务，我们必须对本体一词的原意进行疏解，使其具有活生生的经验与体验意义，然后再加以概念的构建，使其具有自觉的多功能的理论含义。总之，我给予“本体”一个结合了古今中外的义理，用它来担当一个融合东西哲学的重大任务。在此过程中我吸收了以摩尔及后期维特根斯坦为圭臬的日用语言学派。透过我的语言哲学课程，使它理解文化社群中人的相互的心灵认知，我定位它为语言用法的现象学，参考了胡塞尔的刮除法的现象学，强调了整体的观感现象学的重要。① 我也吸收了乔姆斯基的转型文法学的普遍认知结构的见解，认为人类经验语言包含了此一结构，并深化为本体的日常生活的存在结构。在此同时，我开始重视伽达默尔的“哲学诠释学”，因其更重视效果历史与诠释认知的关系，对促进跨文化理解与人的存在的理解有重大意义。再者，基于德国哲学的传统，所谓诠释并不必陷于理论建设，应该也展示（Auslegung）体验的含义，因而给予非建构性的真实性的含义。然而“哲学诠释学”并未能解决人的本体存在的根本意义问题，因而陷入早期海德格尔存有论的相对主义之中而不能自拔。

面对这样根本的问题，我发现我们对人的存在的真实理解必须体验一个根源及其创造性的发展的重要性，因而把诠释学推向了本体诠释学，解决了根源问题以及超于语言而又发生语言的本体问题，为世界上所有的语言体系确定了一个根本的但却可以多元发展的本体基础，同时也化解了“化约主义”，在本体的概念与理论建构中不必局限在物质知识的层面，而否定了“发生而呈现的创造过程”（onto-generative/onto-creative emergence），因而也为奎因与戴维森的分析的诠释学或理论构建弥补了一个本体诠释学的基础。在此意义下，我说的儒家哲学的理论重建就自然地包含了两个部分：一部分是分析的概念与理论重建，一部分是基于存在根源意识的发展展开的本体诠释说明。在此一理解下，我进行了下列儒家哲学五大方面的理论诠释与重建：儒学的本体论、儒学的本体学、儒学的伦理哲学、儒学的政治哲学、贯通之道及批判的自我实践与实现。

① 关于日用语言学派，我的硕士论文就与摩尔有关。我的语言哲学课程对摩尔与维特根斯坦有十分的关注，20世纪80年代我把此派定位为语言用法的现象学，认为它与自然理性的发展有密切的关系。此一学派对历史文本与生活世界的历史文化传统的含义却未能涵盖。

二　儒学的本体论：本体建立的方法化

自第一代新儒家开始提倡儒学以来，对儒学的方法论较少着墨，对儒家如何发展成为儒学的方法基础缺失探讨。牟宗三崇尚王阳明传统，基本上以智的直觉作为认识世界真实的方法，但如何鉴定智的直觉的真实性与有效性呢？其实，中国哲学的开端就同时看重客观与主观经验的积累与思考，注重一个公共生活世界的建立与分享。从三《易》发展的历史以及中华文化的发展来看，中国古代先民对自然界的认识是整体的、系统的，但却是开放的，而并非把主观的情绪注入，因而并未形成像古希腊神话般的神话世界。然而，从《诗经》的风雅颂的篇章中，自然的美感却耀现着生命的活力，并体现在多元有序的变化之中。在此基础上，进而反思人的能力、感情与需要的定位，形成了对人性与人情的基本认识，并体验到人的创作活力与自我控制的社会需要，形成了深厚的社会意识与群分功能，建立以自然秩序为本、以人民大众为体、以贤明仁爱为用的政治模型。这都可以看作一个开放的方法学的运用，潜藏在古典经籍的文字之内。

在此基础上，我们运用天赋的想象力与逻辑推理，仔细推敲《易经》与《尚书》的文本，不难发现观、感、学、思与体用合一的方法哲学：观是整体经验与知觉的认知，反映一个客观的世界；感则是反思自我的创意，引申出强而有力的自我意识，不断的反思形成了一个开放的心灵境界与自我整合的能力，有利于道德意识与行为的发展；有此基础，学在强化观察的能力，思则在拓深内在自我的空间；继此，建立一个整体的宇宙存在意识与一个整体存在的自我意识则成为顺理成章的事，这也是本体意识的来源。此一方法论的实践是自然发生的，其实其作为方法的认识是后期的，是在建立人的真实存在与宇宙存在的真实性的过程中发生的，并非独立于经验的、抽象的方法意识。具体地说，它是一个本体意识发生的过程，体现了本体发生即是工夫所致、工夫所致即是本体发生的创造性的活动。此一过程到了宋明理学就发展为察识与涵养的工夫论了。所谓察识就是我说的观与学，而涵养则是基于感与思的内在蕴含与持有，形成了一种状态与潜力。我名为本体的存有或本体（onto-generative being or rooted being）。

最后还需要指出的是，此一内外夹持而互动的本体化及工夫化的过程产生了天地大宇宙与人的小宇宙的相应效应。宇宙的有序与动态启发对人自身结构的理解，而人自身的理解也是在宇宙的理解中进行，也自然折射出我作为人对天地大宇宙的理解。如此相互交感才能产生易学中《象传》这样的天人相应以及人能从天道中学习到人道的当然与规范意识。《论语·卫灵公》中孔子并以此为“人能弘道，非道弘人”的灼见。《易经·复卦·彖》中就有“复见其天地之心乎”的眼界，到了宋明也自然引申出以天地之心为心的宏通心怀。《易传》所谓“会通”或孔子所谓“贯通”就自然成为终极的对宇宙整体与本体的认识。

统合言之，此所说的本体论，不外乎体现下列几个重要的思考与体验真实的命题：观以见整体，以见变化，以体验本而体的发生；感以认识自我的感动能力，以体认自我的本体整体机构的动态内涵；学则在认识此一观察与感受经验存在于事事物物；思则在反思的体验与组合此一感受的经验。学而思、思而学是建立自我的重要过程，以及体察本体发展的重要工夫。在此基础上，我们说的体验就是观感与学思，我们说的观感与学思就是体验与本体的认识可名为知的活动。基于此，我们可以建立本、体、知、用、行的活泼的心灵内涵，把潜在的理解提升为自我存在的本体。由此本体方能与物相应，形成一个感应与感通，以至贯通内外整体的道的思想，故而工夫所至，即是本体。在这一题解下，不但我们可以理解《论语》中一以贯之、智仁互依的知识论与方法论，我们也能进而理解自我之中心性的发生过程，从而再引申出《大学》与《中庸》的方法与工夫原理。我在下章将发挥此一方法工夫发展的本体化过程，与此处本体的方法化息息相关。

在此理解下，牟宗三所说的“智的直觉”是一个未经分析的概念，乃是假借了西方的直接认知的说法，而不能彰显中国哲学或儒学中“学以致其道”的整体发展，以及贯通而开放的体验真实的生动形象。纯内在并不可只有直觉或知觉作为方法。所谓“君子学以致其道”的学就不是直觉，而是一个经验学习与思考交替形成的认知过程。就儒学的认知基础研究，我们应可掌握从广博的观察与深刻的反思之中的学习之道。学习的目的就在发现自我，同时也在认识世界。

我们要注意到方法意识是抽象出来的，是理性在观感本体经验中经反思与实践提炼出来的策略方案，是一种思想工程的管理作用。我在讨论西方哲学的方法意识与中国哲学的本体意识时提到，西方的哲学史方法如逻各斯（logos）决定了其本体的形成，而中国的哲学则在本体中蕴融方法，因而谓之为工夫，其特点是本体不离工夫、工夫不离本体，而与西方之方法超越本体而决定本体的基本思路形成强烈的对比。

三 儒学的本体学：学思实践方法的本体化

我曾就本体的概念提出重要的澄清，说明“本体”一词不是用本来形容体而是有本以致体，具有整体发展意义的存有概念，因而与“存有”一词分别开。存有或为本体的存有，或为本质的存有即抽象的存有。海德格尔说的存有则为非本质也非本体的存有，因为其存有为抛出的（geworfen）存有，不具有本发展为体的内在性与目的性，故非本体的存有。这一个分别是很重要的，因为这涉及人的本体的修持与发展的问题。在海德格尔的早期的存有论里，人的存有（Dasein）处于焦虑之中，无法建立与世界、他者的联系，必须在无根的基础上做出面对未来的决策，而后期的海德格尔则回归到天主教二元存有的上帝依托论，始终未能认识到人的本体存有的宇宙意义与生命意义。我们必须说在世界上诸大文化与哲学传统中只有中国的哲学传统在其根源及其发展中充分地肯定了人的本体发展的重大意义，此一意义的来源在于：（1）人是宇宙本体活力的一个重要实现，因而具有体现与发扬宇宙创造存在的意义；（2）人能够自觉其生命内涵的价值与意义，因而能创建人类的文明而建立人类道德的社会；（3）在个人与自然、社会的互动中能够体现终极的内在的根本价值，也是人的自身中可以体验与持续发展的；（4）面对其他文化传统能以一个包含的态度来调和冲突与解除矛盾，同时实现外在与内在，并用内在超越的方式体现外在超越；（5）不断地更新本体，从不断反思本源的创造力以更新我现存之体，以体现宇宙本体的生生不已创造力与我的自我创新，实现一个个体与群体存在的潜力。

若从一个存有论的现象学的观点来看，显然我们必须面对人的存在的意义问题，而不必先验地决定人的存在与宇宙的存在为本体的存在，而人的存在则为宇宙存在的一个最重要部分，后者是要透过自身体验与自我启发的过程来达到的，所谓“反身而诚”就具有这个含义，回归自我以体现真实。但必须理解体现自我的真实也包含了体现世界的真实的要求，因而必须面对世界，回到事物本身上去，这是胡塞尔“回归事物本身”的现象学的要求。结合此一要求与《中庸》、《孟子》对人的存在真实性的追求，我在上节提出的观感方法论就提供了一个可以认知人为本体的存在的方法基础。但另一方面，我们也不能不指出，此一方法的提出却是站在一个对人的本体的前解上面。当然，我们也不必漠视基于某些特殊的观察与反思产生的其他世界性的存有论的思想模式。对此等模式的探讨是世界主要文明相互理解所需要，目的在建立世界上重大文明的系统理解，借以消除冲突与矛盾，实现一个和谐而正义的全球秩序。这也即是本体诠释学作为方法学提出的“相互诠释、反思真理”以沟通中西的看法。

基于本体诠释学对世界主要文化与哲学在本体论的基础上探讨，我们看到中西文化的差异显现在四个基本的核心存在范畴系统之中。首先我们必须在形上学上看到四种思考方式，代表四种可能的价值方向的选择，最后导向四种文化存有的方式，即外在性的价值选择、思考与存有方式，内在性的价值选择、思考与存有方式；外在超越的价值选择、思考与存有方式，内在超越的价值选择、思考与存有的方式。我们可以以“择”字代表价值选择，“思”字代表思想方向，“存”字代表存在方式，如此我们可以把这个“择→思→存”看成人的存在本体化的过程，一方面表明了与宇宙自然的本体发展有所差异，另一方面也显示了人的存在事实上是一个不断选择、不断创新的过程。我对此四者有如下的说明：

外在性的“择→思→存”方式：从外在世界的认识与知识建立价值行为；

内在性的“择→思→存”方式：从内在心灵意识解构外在世界以肯定意识之真。

外在超越的“择→思→存”方式：从超越的存在的信仰以解说内外在世界的相

关性；

内在超越的“择→思→存”方式：从人的内在性寻求对外在与内在世界的本体超融。

显然这四个存有的方式或模型是人类面对存有方式的选择以及对选择进行后的安顿措施。我这里说的存有方式的选择，事实上，是在一定时空与生态环境的条件下自然发展出来的，显示了一定历史文明与文化的成就。不同的时空与生态环境自然影响了一个社群的文化发展的方向与方式，因而在其终极的形态上表现不同的方式，而此等方式又反过来影响以后的选择与决策，如此形成一个比较稳定的文化倾向与效果历史。但这并不是文化决定论，而是文化本体论，而且是一个开放的、渐发的文化形态论，因而允许创新的发展与改革，在一定条件下凸显出整体的改变。这样的改变也有科学革命创新典范的精神在。

就事实言之，外在性形态的典型代表是科学主义，以科学客观的知识为真理的依归；内在性形态的代表则为印度的瑜伽唯识文化，在个人心灵意识的深入开发中寻求终极的生命真理，从佛学中也可以看出这一个内在化的取向。至于外在超越形态，显然必须以亚伯拉罕宗教的超越上帝思想为代表，认为只有在超越的甚至不可知的上帝的存在中看到真理；最后说到内在超越形态的代表，则非中国文化与儒学哲学传统莫属。在儒家哲学中最需要指出的是，在观感的反思中看到内外上下存在的会通，形成知识与价值的互基以及信仰与体验的结合。这是我说的“超融”的心态，也就是我说的内在超越，既不局限于内在性或外在性，也不脱离心灵与世界，而是整合二者为一体，实现一个肯定生命存在、开发生命存在与不断提升生命存在的动态发展的价值行为。基于以上对选择思考与存在方式的思考，我们看到了儒学对人的存在的定位，同时也看到了儒学发展的方向。此一方向乃是以内外合一之道来拓展与体现上下合一或天地合一之道。它并非不重视形而上的信仰，而是要把信仰建筑在知识与价值互动的基础上，以维护生命发展与实践的价值活动。其中涉及与科学、心灵哲学、神学等的对应及整合关系。这是需要不断认知与决策的，也是需要不断整合与融通的。这是一门自我修持的学问，是一个所谓博学、审问、慎思、明辨与笃行的工夫。这也就是《中庸》提出的中庸之道。孔子已经看到它是一个艰巨的实现过程，但孔子并未因此而放弃，反而更能锲而不舍地去追求，体现了尽性致曲的、致诚以至诚的学习而创新精神，如此则能在实践中“虽愚必明，虽柔必强”。

最后我要强调的是，儒学就是人的本体存在的修持学，亦即在择、思、存的学习与创新的过程中，实现个人或群体的整体化创新，与时并进，以应时需，也创造时需。对此一过程与作为，我称为本体的修持学或本体学，以别于在思想认识上的本体论。本体学能导向本体论，而本体论的存在理由乃在笃行，亦即本体学的体现。基于本体学，这样我们对本体论也就有了一个新的认识，即本体学要与实践联系在一起，而本体论则不一定要与身体力行的实践活动联系在一起。英语中以 logy 表示论，以 ics 表示学，故就 metaphysics 的本义应区分存在论（ontology）与存在学（ontoics），因而区分本体论［generative（creative）ontology］与本体学（creative ontoics）。就 ics 之为学来说，物理学与伦理学都是学，而物理学中的相对论与伦理学中的责任论则是论了。

四　儒学的伦理哲学：德性、责任、权利与功利的整体化

我对儒家的伦理哲学有两个重要的表述：一是基于对孔孟的认识所重建的德性体系，一是对整体人类伦理学（integrative ethics）的发展与儒家德性伦理的定位。就前者而言，我们都知道孔子以仁为人之本，以人为社会国家之本。但对仁的诠释与基于仁对诸德的诠释却可以有不同的路径，在西方语言中"仁"之一字有不同意涵的翻译。我的对仁的理解与认识是本体性的，仁为本，但仁也是仁本发展出来的仁体，故《论语·学而》中有子说："君子务本，本立而道生。孝弟也者，其为仁之本与?"其精神在体现仁为基于孝悌推展出来的体性。但另一方面，仁作为人性的根源与异于禽兽的几希却是任何德性的本，故本体地说仁是人的存在的本，而不仅是人的存在实现的体。事实上，以仁为本，以仁为体，其最高的境界与理想就是与天下万物一体之为仁、能参与天地的化育者，此乃人的本体存在的最高体现。

从仁本到仁体的完成乃是一个道德与伦理实现的过程，也就是不同德性凸显与实现的过程，因为这一过程中必然涉及各种人生处境与各种人物关系。第一个涉及的是智的发展。学者对智的理解往往处在仿佛之中。此处我要指出：智者知也，必然涉及对世界万物与生活处境的知觉与认识，乃是具体的理性的认识与具体情性的感通。知而后能做出是非善恶的正确判断就是智。人有此一能力是必须肯定的，我们可以从常识上论证，也可以基于人的生命的目的性、意志选择的自由与学习反思的能力，来彰明是非善恶的原初分野与应然取向的自觉。总言之，人的关切必然导向智。就具体处境与差别环境的判断，然后诉诸仁以为保全与持续。这是我的仁智互通的诠释。在仁智互通的情景下我们才能谈义与礼的兴起。

如果我们把仁看作等同原则，义则可看为差异原则。仁者基于一己之仁，要自然而正确地对待他人，就不能不运用知来达到知人知物的目的，并基于仁的实践性，体会价值以对人与处世，此即是智，或名实践智慧。基于对差异的认识，予以适当的对待，以建立合理的分配、合乎条理的远近与差等原则，此即是义的所以提出。义是适当地处理实践与对待他者，除适宜性的含义外，当然也有是非的分别与正义的坚持的含义。待人以仁是宽容，待人以义是尊敬，二者都是需要的。有了仁智下的义，我们才可以建立社会人与人间的行为规范，此等行为规范必然要顾全人与人之间的关系形成的情感，也要有保障社会人与人的沟通的能力。因之它不是死板的法，也非单纯的社会规约，而是合

情合理的规范，这就是礼。礼是仁而至智的圣者制作出来的，必须应乎情、合乎理而又有教化的功能。礼的运行是一个文明社会之为文明的标志，知礼也是一个文明人的标志。但必须注意的是，礼的体系是可以应时而革新的，孔子对礼制的损益改革是十分看重的。因为礼制反映一个社会的道德品质。有了礼自然可以引进法律。孔子并不一定反对法的重要性，因为对于不能自主的小人只有用礼以化之，用法或罚以范之，如此这个社会才有信。所谓信就是值得信托，值得信赖，《论语·颜渊》所谓“民无信不立”。

如要问人之为仁的基础为何？回答当然是人之为人的真实。如果一个人不能做到为人的真实，则他是不能启发初期内在的存在的感情的。这就是诚的重要。诚是人的真实，表现在人的表里一致、前后一贯的真实性的自觉之中。因为易于沦入虚妄与蒙蔽，追求真诚与保持真诚是随时需要的。《论语·述而》中孔子曰：“仁远乎哉？我欲仁，斯仁至矣。”已预设了人的本性的真实性。自《中庸》而《孟子》，提出反身而诚，说明儒家理解到回归人的真实无妄的重要，如此方能发掘出仁义的道德感情与意志之所自。如此不但仁义成为可能，明智也成为可能。明智与真实相为表里，故《中庸》说：“诚则明，明则诚矣。”此处必须注意的是，诚不但是德性与能力，也是心智活动的根源，显示了自我认知的自觉。只有在此自我认知的自觉中才有道德的自我可言。“诚”之一字对道德的心性哲学的建立具有关键性的作用。更有近者，诚之为自我的真实，更为自我的真实源于宇宙的真实的体验，显示了外在的宇宙经验与内在的自我体验的一致。在此一义上，儒家的伦理德性就有了一个宇宙本体的根源基础，也就成为了天地的道与生命的德。宋明儒家中周敦颐讲诚能感通，二程与朱子讲德性即天理，王阳明讲心之即理，都是以天人一体之诚为基础的。

基于以上所述，我对儒家伦理的深入诠释导向了下列的体系表述：

天地生生不已之道→为己一体之诚→仁智合→仁居义行→义质礼表→信达上下

这一儒家伦理德性的诠释，也说明孔子的伦理是以道德的一贯性作为内在线索的。

现在我再就儒家伦理学的现代与世界定位进行简单扼要的阐述。这个定位是与儒家的仁的基本内涵与活动的认识密切相关的。首先我们必须认识到孔子所谓的仁如何去理解。我们的体验显示它是一个超越差异的情感和知觉，一般我们都看到他人表面与我的异同，而无法看到他人的内心的真相，因为我无法进入他人心中。但仁却是一种在差异中对他者的移感（empathy）与同情（sympathy），事实上是用自己的情感投入他心之中，《孟子·梁惠王上》所谓“他人有心，予忖度之”，用想象与经验来感受他者。这是一个经验的事实，但也可以体会为先验的对人心的理解，即所谓“人同此心，心同此理”。孔子对仁的提出就是对此一能力的自觉的发现。对这一能力的分析应包含实际地感受他人，但这个感受也不纯然是情感，而是有知觉与认知的成分在内。或者这样说，这种情感是预设了差异的意识的，往往正因为差异和他者的差异以及特殊的状态而引发我的移感同情。这个差异的知觉很重要，因为我如基于我的情感而行动，必然是要把这个差异的知觉考虑在内的，我必须要问在何种情况下才能做到《论语·卫灵公》所谓“己所不欲，勿施于人”或《论语·雍也》所谓“己欲立而立人，己欲达而达人”。仁因而是一个有知觉他者与我异同的感情，再进一步要把这种知觉的感情转化为一种考虑他者情况而予以有益于他者的行为或行为动机，也就是助人利人之心。

此一转化就把原有的同情转化为道德的感情了。这里我们又可以说此一仁的感情有一个引发实践理性的力量，使我在感情上去建立对行为或行动的要求，使感情转化为意志的要求与理性的规则。因而仁的感情也就可以体现为仁的理智与仁的意志，使感情转化为价值，去规范行动，而且以实现他人的利益为目的。这里主要说明仁的性质是逐步表达的，也是逐步实现的。更重要的是指出事实的情感在人心中可以转换为一种德性或德行，又可以转换为一种责任或义务，甚至转化成一种根本的权利。最终仁也可以指向一个在权责满足情况下的共同功利。当然，我们也可以说仁以义务与权利的满足为导向善的目标。有此理解，我们可以看到义的重要，义是在仁的情感的自觉下对差异的他者做出公平与公正的行为。透过差异去认识人的共通的感情并用以同情他者是仁，从同情的共感再掌握差异以施行考虑差异在内的公正即是义。儒家的仁义哲学即是基于差异中的同来回应差异他人获得应有的利益。仁是同情共感，但仁感预设差异，应差异导向义或正义。

基于以上分析，一个以仁为基础的道德与伦理具有动机与动力，可以导向责任与权利的意识，最后在责任与权利满足或实现的基础上导向对他者的功利。我如此分析，其目的在指出儒家的伦理是一套德性伦理，却涵摄着一套责任伦理与相应的权利伦理，最后实现为超越私利的对他者或群体的功利伦理。如此论证，则可以看到对仁的理解不但是德性伦理的基础，也是责任伦理与权利伦理的基础，并不排除功利伦理的可能性。如此我们甚至可以界定仁为实现责任与权利的公共利益行为，不但与西方的亚里士多德的德性伦理相协和并包容，亦且涵盖了康德以来的责任伦理与权利意识（个人之应得），以及以全体与多数的利益以及长远利益为利益的功利主义。在此一深入的对仁的理解下，仁可以成为全球伦理、生态伦理、经济伦理的基础与行为动力。

五　儒家的政治哲学：基于人性与仁德的国家治理与全球社会的和谐化

我对儒家的政治哲学基本上保有两个重要观点：第一个重要观点是，儒家阐述的古代圣王的禅让制一方面显示了孔孟对理性政治的向往，另一方面也反映了一个早期社会走向政治权力的历史境遇。儒家理想的政治体制是以民为本的圣王治理。圣王之为圣王有三个要素：第一，有完美的道德情怀，无私地关心百姓的待拯处境；第二，有智能与能耐解决或帮助解决社群面临的公共问题或灾难；第三，百姓表示听从有能有德者的组织安排，接受领导以发挥解决公共问题的作用。此一认识是重要的，即圣贤的君权以其无私的有能力的领导服务于民，而无任何基于地位而非职务或任务的特权。鉴之五帝的传说，这三个条件都是适用的。自禹以后，王权流于家传，显示了君权的特权地位，为有权力野心者所角逐。最后君权沦为非常的特权，但仍有传统天命的约束。《孟子》引《尚书·皋陶谟》说天命即民命，也仍然反映了百姓民众的支持。三代以后王权不再从圣贤的要求来看待，而圣贤只是用来点缀王权的谀辞。明代黄宗羲深深体会到君权独裁的恶果，在《明夷待访录》中论述君权的腐烂造成国家的败亡，所谓“一人贪戾，一国作乱”。而历史上天下的兴亡，往往系于一国之君的有为与无为了。显然，如果天下没有了圣王，百姓也选不出贤能有德之人以为国家社会的治理者，百姓至少要以天下事为己分内事，要关心，要参与，要监督，而不是只有等到革命为解决问题的唯一手段。我认为这一观点就是儒家的观点。当然，儒家的观点更在提醒、教导、协助及督导为政者，使其趋向于正，居正位而行正道。所谓正则在以民为本，惠民与利民，提供一个发展、繁荣与教化的环境，使社会进入安和乐利的境地。当然，儒家也有教民化民的职志与抱负，孔子就是一个最好的榜样。但据历史上的发展，儒家扮演的角色显然是以辅导君子以德从政为主要任务的，所谓“学而优则仕”。

禅让政治也可以是一段时间内的历史事实，原因是中国地大物博，考古上看得出远古时代各个族群分布辽阔，不必用战争来维护生存，反而靠通婚与交往来发展生计，形成了原始社会中九族敦睦的状态，才有《尧典》所谓的“平章百姓，协和万邦”的理想。在这样的历史背景下，中国历史上的政治管理就不必雷同于西方的历史。西方霍布斯提出的神权说显然不适用于中国。但洛克与卢梭之社会契约说又如何呢？我认为二者的政治学说有可能受到启蒙时代传入的儒家学说的影响。两说一方面体现了人民自然权利的重要，另一方面显示了贤能政治的必要，以及君主可以转化为集权专制的可能。我看到二者的理论认识可以用来说明中国从圣王走向专制君主的实际情况，以及孟子为何主张革命民权的政治哲学。当然西方在近代逐渐走上了民主法治的政治，这是一个制度性的发展，而中国虽经列强的侵略，历经战乱，仍能秉承着儒家传统的以民为本的精神，向民主法治的方向发展。

我对儒家政治哲学的第二个重要观点是：儒家看重人治，也同等重视法治，但二者必须有效地结合，方可相得益彰；如不能有效地结合，则适得其反，人以法犯法，法以人搁置。《孟子·离娄上》说：“徒善不足以为政，徒法不能以自行。”但人与法二者如何调和与整合，孟子说得很清楚的。为政者，必须要有良好的目标，有足够的聪明才智，力行仁政才能达到治理的目的。他说的仁政是包含了惠民的制度规章的，而不是空说的理想。既然涉及制度规章，当然也不能排除法律与惩罚制度，以为克制违法乱纪者之用。当然最大的问题是此一法律典章又如何产生呢？回答仍是回到先王之法，《诗经》

所谓“不愆不忘，率由旧章”。但时代是变化演进的，如何制作新的礼法仍是一个重要问题。荀子主张法后王，并不废弃先王，把问题导向至在何种基础上建立良好的治理的礼法制度。显然，基于先王，有些制度可以继承下来，面对时代的改变与人民的需要，进行损益的改革，应是可行的。问题在如何选贤与能，让有意志有能力者来进行改革。问题也在当权者有无改革的眼光与决心。

孔子在《论语·为政》中提出了两个治理模式：一是“道之以政，齐之以刑，民免而无耻”，一是“道之以德，齐之以礼，有耻且格”。如上所示，此两模式不必是冲突矛盾的。事实上是可以兼容的，而且二者的并行是必要的。何以故？这是因为社会上有君子也有小人，也许小人更多。因之接受教化的民可以发展为君子，可以自我管理；另一方面，更大多数的人必须用法律与规章来阻止其犯法，故不论其有耻或无耻。儒家的政治可说是先给予礼的制约，但如沦落为小人，则不得不受君子的惩罚了。

儒家的政治如何建立标准？此一问题到《中庸》已有比较清晰的回答。《中庸》提出了王天下的六个重要的考虑：“故君子之道，本诸身，征诸庶民。考诸三王而不缪，建诸天地而不悖，质诸鬼神而无疑，百世以俟圣人而不惑。”对此六项要求的诠释，学者多未能细探其究竟，往往与《中庸》提出的“三重之道”混淆起来。再者，这里明明说的是六项，绝不可能变成三项。我们对此六项的内涵也要有深刻的反思，找到它们最实际与合理的诠释。在此理解下，我们可认为第一个考虑的是治理之道必须基于主政者或希冀主政者的信念与智慧，而非附会他人；第二，必须从考察中看到它获信或取信于普遍大众；第三，征引成功的历史作为例证，以见支持；第四，合乎天地之理，放诸四海而皆准，也就是符合自然与人道；第五，必须在一般宗教的鬼神信仰中不会引发质疑或对立，“鬼神”代表的是精神信仰或价值，而不必是超越的上帝，也许更应该是祖先与天道；第六，诉诸长远的实行以待圣王之出。如此理解，此一王道的建立乃在寻求合理合情的可持续发展的中和与中庸之道。因之任何符合这个意思的要求都不必排除在外。在时代的发展过程中，对人民大众的征信显得尤其重要，这也可说是一种民主化的趋势，以民众群体的参与来实现以民为本的精神。从人类文明历史发展的精神来看，宗教的信仰应受到保护，但却不应成为立国为政的基础。如就内圣与外王的各自的内涵来看，宗教信仰可以是个人内圣的修养的一部分，但却不能也不必是建立政治制度进行有效管理的根据，后者有其自身的系统性的要求。这也就是我把政治的内在基础与外在基础分别开来的缘故。政治的内在基础最重要之外在道德的修持，体现在《大学》中的修身这一项要求上。但修身却必须以正心诚意为基础，而正心诚意则必须以格物致知为基础，其中并不包含涉及鬼神的宗教信仰。当然，这一宗教信仰对个别的人来说是重要的，可以看成内圣的一部分，其作用在可以提供个人生命的精神稳定性或道德修持的坚定性，是针对个别的个人精神需要而发展的，而非全体或公共的需求。再说，宗教信仰可以是多元的，而事实上，也是多元的发展，因而不必用政治力量强加一个宗教信仰于大众之上，这也是西方自启蒙运动以来政教必须分离的理由。西方强调的自由往往指的是免于宗教迫害的自由，其次才是免于政治迫害的宗教信仰的自由。在两种自由的意义下，都可以看出即使在西方宗教信仰也是内在个人的事，而非外在政治管理的元素。孔子事实上也看到此点，故而《论语·雍也》强调“敬鬼神而远之”，《论语·八佾》主张“祭如在……吾不与祭，如不祭”。

在如此的理解下，内圣外王的关系是什么呢？内圣的修养在完善个人的心智与道德情操，能克制私心与私欲，关注社会的秩序与群体的福祉，也就是培育自我管理的能力并建立管理社会的能力。后者是为了社会需要贤明的领导与管理。因为有公共的事务必须管理，要能做到明辨是非善恶，主持合理的分配与正义的裁决，维护社会之是与善，涤除社会之非与恶。这些都是能力与眼光问题，而非单纯的道德问题。显然，道德能保障从政者的基本出发点的正确性。在此基础上，为政者治理的能力却是内在修养的重大要求。从政的外在要求则在提出可行、可信以及符合群众整体长远利益和发展的规章制度与政策策略的建立方面，反映了从政者的本体存在之用，而非其内在的信仰的直接挪用。在此一理解下，孔子提出正名的思想作为行政的措施并非他的道德修养的直接挪用，而是他在对仁与义的道德情怀基础上针对管理对象所提出的对策。由此理解，内圣不一定能够开出新外王，因后者乃知识、民意、社会需要与政策方针、法律规章之事，而非个人的道德的或宗教的修养之事。前者是必要的，但却非充分的条件，故内圣开不出新外王。内圣外王并举，指的是兼内圣与外王，而非内圣引发外王。如此，我把管理哲学提出来，以别于道德哲学，旨在说明管理之事除需要道德的修养外，也需要或更需要其他管理的能力，因之也不能在方法上局限于儒家。我在《C 理论：中国管理哲学》中就明确地指出管理之道应考察七家之言，以符合现代管理的需要。七家之言代表了七组现代管理要素——承诺与计划、组织与领导、竞争与合作、改造与创新、沟通与协调、整体化与循环改进、整体清理与新出发，相应于道、法、兵、墨、儒、易与禅。在此儒家的仁义之道与生命的道德感情仍然是管理的主体与本体，而七家之言包含了儒家自身，也都成为儒学本体之用与行。

儒家政治哲学的终极目标是治国而平天下。关于治国之道，孔子强调了“德而礼”之人治，但也不废除“政而刑”的法治。强调了道德的修持以建立自我管理的能力，这是道德意义上的君子，但政治意义的君子除却有自我管理的道德修养外，还应有管理他者与群体社会的能力，这必须是仁智合一的更进一步的运用，必须有充足的认知能力以及维护社会发展的智慧，而且能为庶民所征信，所谓“无征不信，不信民不从”。为了达到贤明政治的目标，《大学》提出了为国九经的制度要求，《中庸》提出了三重之道与六点判准，这些也都表明了儒家在原本的思考中是注重本也重视体的，而所谓体却必须同时体现现实的需要、理想与客观的价值。因之政治的政是对社会客观价值标准的建立，也就是在众多的可能性中找寻一个“正”的标准。孔子早就提出了正的要求，而且是以真实作为正名的基础，显示“正”是离不开事实与仁义之道的。最后荀子提出“隆正”的概念，以正为隆。追溯历史，实际在《尚书》中已有“洪范”的提出，分析“洪范”的内涵，也可以看出当时对政治管理的标准的认识。我曾把此一认识说为中国宪政思想的发引。

基于以上所述，我们在儒家的政治哲学中做出四个分别：一是为政者个人的道德修持；一是客观为政需要遵从的大原则大方向；一是在具体为政时的各项要求，包含民意的要求；一是实际为政的管理方案与行为。从儒家的文献与观点，我们可以看到从《尚书》以下到孔、曾、思、孟、荀都有一个基于人性与仁道的“以正为隆”的政治理想与目标，因之可说已有一个政统的理念，非如牟宗三先生所未能认识者。至于治统及如何实行仁政也有一致的方法与策略认知，此点牟先生是无异议的，但却没有做出以上有关第三点与第四点的分析，因为他尚无管理哲学的概念。当然，儒家所说的正或隆正仍可看作一个开放的概念。在今天，我们有了更深刻的民主意识、更深刻的经济发展意识、更深刻的社会分配正义，民意或社会意志及其所要求显然可以考虑为政治之“正”的一个构成成分。

儒家政治哲学的一个重要概念是平天下。但何为平天下？在《大学》与《中庸》的文本中并没有详细的论述。《大学》是把重点放在治国之道的延伸上，把治国的絜矩之道推引到人与人之间、国与国之间的关系上，也是建筑在仁义道德为文明的基石的信念上，故如《论语·卫灵公》中孔子所说：“言忠信，行笃敬，虽蛮貊之邦行矣。”但这并非平天下的意涵。实际上，平天下应该有两个意思：一是统一天下以管理之，一是协和万邦以实现天下太平与世界大同。可能在战国晚期平天下就有前一个意思，《孟子·梁惠王上》说天下“定于一”，但我看《大学》的平天下尚无此意，而是协和万邦的继承。至于《中庸》，虽有“经纶天下之大经，立天下之大本，知天地之化育”的天下一家的思想，但还非以一国平定天下的想法，而是天下的人民都能得到道德君子的管理而享受安乐与和平，因之也不必一个多元的国家形成的协和与开放。也许可以看成一个最早期的全球化以社群思想为主的设想，对现代人类如何解决国家主权纷争与世界霸权争霸提供一个超越国家利益的世界和平理想。

六　贯通之道、批判的自我实践与实现

基于以上对儒家哲学的理论重建的诠释，我们看到儒家哲学有非常丰富深邃的对人的生命及其内涵的透视。当然，我们必须说没有一个重视真实本源的诠释与一个分析义理的重建，我们是无法掌握儒学的精微系统的。总结论述儒家的四个方面，我们可以提出儒家哲学的五个特点与基本性质：

1. 儒家哲学是对人性的开发、充实与体现进行的反思。人的存在是有意义与价值

的，因为其呈现的人的存在是宇宙自然创造力的发展，因而人具有与生俱来的创造力，但人类必须自觉地开发这一个创造的力量，必须肯定生命而培育理解自然真实与人类真实的创造能力，必须成就一种自由而不违反自然，却能扩大自然。

2. 儒家哲学是一个自我实现的批判的实践过程。儒学从肯定人的存在于生命的价值开始，是一门透过自觉的思与学而建立自我与实现自我的活动。人之为人取决于人之生的潜能的发挥与实现，是人与人的交往以及人与天地自然、与自我之间的探索来界定自我，故能日新又新，逐渐形成一个心灵生命的自由，如孔子对自己生命的成长的描述。这一过程也是一个自我修持的过程，无论在人伦的关系或政治处境的关系上都要有独立自主的精神与尊严。只有在此修持中人才能超越自我而成就精神的完美。

3. 儒家哲学要求一个不断改革的政治制度。《论语·子罕》中孔子说："法语之言，能无从乎？改之为贵。巽与之言，能无说乎？绎之为贵。"儒家并没有预设当权者就是圣贤，但却坚持他必须是一个君子，即一个能够自我管理以及有能力管理社会的人，因之他必须日日反思自身，有过能改，方能做到仁和正直，与民为善。所谓明明德、新民或亲民，以至趋于至善都必须有不断精进、不断自我检讨的精神。君子议礼、制度、考文都是为了适应新的环境与创新文化的需要而要求的。以《周易》的易道为基础的礼乐文化就是文、武、周公改革旧章而形成的新制，绵延数百年，由于不能继续创新与改革，周文疲敝而衰落瓦解是历史上革而兴、不革而衰最好的例子。改革的政治是重视根本目标的管理，是持续管理。

4. 儒家哲学是一个本体知用行的学问。儒学基于对宇宙的观察，认识到存在的本源性与体系性，尤其强调本体的动态生成与发展。在人的本体形成过程中，自觉的心性扮演了极为重要的角色，有了心性的知，才有了价值目标自觉的追求。把人的创造力用于自我的创新与文化或知识的创新，这就是用。有本有体不能没有用。因有了此用，人类文明的推陈出新才形成了辉煌的历史。但更重要的是，本体的个人或集体的人更能进行彼此的理解与相互的关怀，逐渐形成相互沟通、相互学习的发展关系，不但以此可以互通有无，且能取长补短，相互补充，携手共进大同和谐之境。这是人类的本体的行的作用。不幸的是，在人的本体道德的行的方面，人类离理想之境甚远。现代化最大的危机即在一旦有人掌握了国家权力就开始玩弄权力，称霸世界，图谋他国土地，发动侵略战争，或利用职权，私相授受，置正义于不顾。这是对儒学之行的最大的迫害，如何对治是儒学最大的挑战。在国家政治的发展中，儒家哲学可以发挥其融通与创新的精神，虽不当其位，却能致其用，也可以发挥其领导与管理的影响与作用。

5. 儒家哲学是一套贯通上下左右的体系。从观察自然事物到反思人的心性，孔子认识到人与自身、人与他人、人与天地的一贯之道。所谓一贯是指连贯各方面的生生而条理的原理，但却内含于事物之中，并非外在于事物，因之是贯通人与天地的生命发展的原理，或可名为天能生人、人能弘道的生命创造力。在此基础上乃有贯通人的心性的同情共感的仁爱原则，再进而形成具有道德意识的絜矩之道，具体表现为人与人之间交往的忠恕之道，再表现为实现自我的中和之道以及维护平衡的中庸之道。前已指出，大宇宙的天地与小宇宙的人的本体自我是可以相互沟通的，沟通之道即是本以成体的、体以溯本的观感学思体用过程。但人之个体与人之群体如何沟通以形成文化、和谐的相互理解的社会，却有待个人在理解他人以及推己及人的过程中，发挥天地创新与包含之道的精神，以解决社会不协调与国际的纷争问题。

这些都是孔子的一贯之道，而它们之间也有相应的贯通，体现在我诠释的方法意识与本体意识之间以及道德哲学与政治哲学之间。事实上，从方法到本体、从本体到道德与政治的应用都是一种推广的创新与差异功能的融合。因其贯通故能理一分殊，一元多体，殊途而同归，百虑而一致，无形中实现了易道展现的变易、不易、简易、交易、和易的“五易”结构与过程。

以上基于对儒家哲学融会贯通的理解，我系统地诠释了儒家哲学，也给予它一个理论性的架构，我名之为儒家哲学的理论重建。我深知儒家哲学的精神贯穿中国历史数千年，经过我说的五个重大的发展阶段，涉及的典籍与著述不下几万种，可阐述的论点何止千百个。我在此并未详加征引，只用简易之道强调它的精华之所在、精微之所示、精神之所至，但却与我们的世道人心密切相连，与我的个人生命、与我所属的群体、与我所在的世界血脉相通，继承了一个传统，涵盖了一个过去，面对着一个现代，指向了一个未来，与时俱生，与时俱进，与时俱成，或名之为“新新儒学”，不亦宜乎？

图书在版编目（CIP）数据

成中英文集．第四卷，儒学、新儒学、新新儒学/成中英著．—北京：中国人民大学出版社，2017.5
ISBN 978-7-300-23714-5

Ⅰ.①成…　Ⅱ.①成…　Ⅲ.①哲学-文集②儒家-文集　Ⅳ.①B-53②B222.05-53

中国版本图书馆 CIP 数据核字（2016）第 285592 号

成中英文集·第四卷
儒学、新儒学、新新儒学
成中英　著
Ruxue　Xinruxue　Xinxinruxue

出版发行	中国人民大学出版社		
社　　址	北京中关村大街 31 号	**邮政编码**	100080
电　　话	010－62511242（总编室）		010－62511770（质管部）
	010－82501766（邮购部）		010－62514148（门市部）
	010－62515195（发行公司）		010－62515275（盗版举报）
网　　址	http://www.crup.com.cn		
	http://www.ttrnet.com（人大教研网）		
经　　销	新华书店		
印　　刷	涿州市星河印刷有限公司		
规　　格	185 mm×260 mm　16 开本	**版　　次**	2017 年 5 月第 1 版
印　　张	25 插页 3	**印　　次**	2017 年 5 月第 1 次印刷
字　　数	503 000	**定　　价**	98.00 元